KB175799

토머스 칼라일(1795~1881)

▲칼라일의 생가 스코틀랜드, 에클페칸

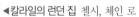

◀칼라일의 런던 집 첼시, 체인 로

▼칼라일의 무덤 스코틀랜드, 에클페칸 묘지

칼라일 동상

빅토리아 여왕(1819~1901, 재위 1837~1901) 칼라일은 빅토리아 시기의 물질주의, 배금주의, 쾌락주의, 천박한 낙관주의 등을 비판했다.

▲에든버러 대학교
칼라일은 이 대학에
서 신학과 수학을 공
부했으며, 만년에 명
예총장(1866)을 지내
기도 했다.

▶괴테와 실러 동상
바이마르
칼라일은 독일문학
에 심취하여 괴테·실
러의 작품을 영국에
소개했고, 칸트·피히
테 등의 영향을 받아
《의상철학》을 썼다.

셰익스피어 동상 시카고, 링컨 공원
"…셰익스피어의 예술은 기교가 아니다. …그것은 자연의 맨 밑바닥에서 나온 것이며, 자연의 음성인 그의 고상하고 성실한 영혼을 통해 나온 것이다."(《영웅숭배론》 제3강 시인으로서의 영웅)

ON HEROES AND
HERO-WORSHIP

THOMAS CARLYLE

《영웅숭배론》(초판 1841) 표지

SARTOR RESARTUS.

IN THREE BOOKS.

———•———

Reprinted for Friends from Fraser's Magazine.

———

Mein Vermächtniss, wie herrlich weit und breit !
Die Zeit ist mein Vermächtniss, mein Acker ist die Zeit.

———

LONDON:

JAMES FRASER, 215 REGENT STREET.

———

M.DCCC.XXXIV.

《의상철학》(초판 1838) 표지

세계사상전집069
Thomas Carlyle
ON HEROES, HERO−WORSHIP, AND THE HEROIC IN HISTORY
SARTOR RESARTUS

영웅숭배론/의상철학

토마스 칼라일/박지은 옮김

동서문화사

디자인 : 동서랑 미술팀/표지그림 : 「Napoléon」, Musée du Louvre

영웅숭배론/의상철학
차례

On Heroes, Hero-Worship, and the Heroic in history
영웅숭배론

1강
신격으로서의 영웅
북유럽 신화 주인공 오딘

1840년 5월 5일, 화요일

여기서 잠시 위인들에 대하여 이야기하기로 하자. 이 세상에 그들이 어떻게 나타났는가. 세계의 역사 속에 그들이 어떻게 자기를 형성하여 왔는가, 사람들이 그들을 어떻게 생각하여 왔는가, 그들이 어떤 일을 하였는가에 대하여―즉 영웅과 그들이 받은 특별한 대우와 그들의 업적, 말하자면 영웅숭배 또는 모든 인간사에서도 영웅정신에 대해서이다. 이것은 분명 큰 주제이다. 우리들이 여기서 다룰 수 있는 것과는 완전히 별개로 취급하는 것이 마땅할 것이다. 큰 주제, 실로 무한한 주제, 세계 역사 자체만큼이나 큰 주제이다. 내가 보는 바에 따르면 세계 역사, 즉 인간이 '이 세계에 이룩한 역사'는 결국 이 땅에서 활약해 온 위인들의 역사이기 때문이다. 그들 위인들은 인간의 지도자들이었으며, 어떤 일에서나 일반 사람들의 집단이 이룩하고자 노력해 온 모범이 되는 자 또는 전형(典型), 다시 말해서 넓은 의미에서의 창조자들이었다.

오늘날 세계에 이룩되어 있는 일체의 사물은 정당히 말해서 세상에 왔던 위인들의 생각 속에 깃들었던 사상의 외적·물적 결과, 실제로 실현되어 형체를 가지게 된 것이기도 하다. 온 세계의 역사의 본질은 이들 위인들의 역사였다고 생각해도 좋다. 이것은 분명히 여기서 우리가 남김없이 논구할 수 없는 커다란 주제이다.

오직 다행스러운 일은 위인은 어떻게 다루더라도 유익한 벗이 된다는 것이다. 아무리 불완전하게 다루더라도 반드시 무언가를 얻게 되는 것이다. 위인은 모든 빛의 원천으로 그에게 다가가는 것은 유익하고 유쾌한 일이다. 세상에 빛을 주는 광명, 세상의 어둠을 깨우쳐 온 광명, 그것은 사람이 켠 등잔불이라기보다는, 하늘의 은총에 의하여 빛나는 천연의 광원체(光源體)이다. 말하자면 넘쳐흐르는 빛의 원천, 인간성, 영웅적 숭고함에서 오는 것이다. 그 광명의 빛이 유익하다는 것은 모든 인간이 느끼는 바이며, 어떤 조건 아래에서라도 잠시 그 광명의 가까이에서 산책하는 것을 여러분은 싫어하지 않을 것이다.

여기서 다루려는 여섯 종류의 영웅들은 서로 멀리 떨어진 나라와 시대에서 택한 것이므로, 단순히 겉으로만 봐서는 전혀 일치할 수 없지만, 자세히 관찰한다면 많은 것을 예증해줄 것이다. 만약 우리가 그들을 잘 관찰하기만 한다면 우리는 세계 역사의 본질을 조금이나마 엿볼 수 있을 것이다. 지금과 같은 시대에 여러분에게 영웅정신의 참뜻을 어느 정도 밝힐 수 있다면, 즉 어느 시대에서든지 위인을 다른 인간과 결부시키는 신성한 관계(이렇게 불러도 좋을 것이다)를 밝힐 수 있다면, 그리하여 나의 주제를 충분히 다루지는 못해도 그 실마리만이라도 풀 수 있다면, 얼마나 행복하랴! 이제부터 그것을 이야기해 보기로 하자.

'종교는 누구에게나 가장 중요한 일이다'라고 말하는 것은 모든 의미에서 옳다. 한낱 개인으로서나 국민 전체로서도 그렇다. 여기서 내가 의미하는 종교란 사람들이 흔히 신봉하는 교회신조나, 그가 서명하는, 또는 말이나 그 외의 것으로 표명하는 신앙조항이 아니다.

그러한 것은 절대 아니다. 사람들은 온갖 신조를 신봉하지만, 그 어떤 신조 아래에서도 사람들이 도달하는 덕, 부덕의 가치는 천차만별이다. 이러한 신앙고백과 주장은 내가 말하는 종교가 아니다. 이것은 흔히 인간의 외부로부터, 즉 인간의 순전한 의론적(議論的) 부분(그 정도의 깊이는 있는 것이라고 본다면)으로부터 오는 것에 지나지 않는다. 하지만 사람이 실제로 믿는 것(사람은 자신에게도 무엇을 믿는다고 말하지 않으며, 타인에게는 더욱 말하지 않으나), 사람이 실제로 마음에 새겨두고 또 확실히 알고 있는 이 신비롭기 짝이 없는 우주에 대한 그의 사활적(死活的) 관계와 우주에서의 그의 의무와 운명, 즉 모든 경우에 있어서 그에게 제일 필요한 일이며 다른 모든 일을 창조 세력으로서 결정하는 것, 그것이야말로 그 사람의 종교 또는 단순한 회의(懷疑) 혹은 무(無)종교이다. 이것은 사람이 불가시(不可視)의 세계 또는 비(非)세계와 자기가 정신적으로 관련되어 있다고 생각하는 그 방식이다. 그러므로 나는 말한다. '만약 여러분이 가진 종교가 무엇인가를 나에게 말한다면 그것은 여러분이 어떤 사람인가, 어떤 일을 할 것인가를 거의 다 말한 것과 같다'라고.

그러므로 우리는 우선 개인 또는 국민 전체에게 어떤 종교를 가졌는가를 묻는다. 그것은 이교(異教)인가? 즉 여러 신(神)을 인정한 것, 인생의 신비를 단순히 감각적으로 표현한 것, 또는 인생의 주요한 본질로서 물리적 세력을 인정한 것인가? 그렇지 않으면 기독교, 눈에 보이지 않는 존재로서 있을 뿐만 아니라, 그것만이 유일하게 실재하는 것이라는 신앙, 모든 순간이 영겁에 기초를 둔 시간, 이교(異教)의 물리적 권위가 아닌 더욱 숭고하고 신성한 권위에 대한 신앙인가? 그렇지 않으면 회의주의적인가, 눈에 보이지 않는 세계란 과연 있는가, 망령된 인생 이외에 생의 신비가 과연 있는가 하는 불신(不信)과 불안을 안고—관계되는 모든 것을 의문·불신, 또는 전적으로 부정할 것인가? 이와 같은 물음에 대답하는 것은 그 개인 또는 국민 전체의 역사의 본질을 아는 것이 된다. 사람들이 가지고 있던 사상은 그의 행동의 근본이었다. 그들의 감정은 그들의 사상의 근본이었다. 그러므로 그들의 마음속에 있는 보이지 않는 것, 정신적인 것은 그들의 외면적인 것, 또는 그들의 현재의 상태를 빚어내었다. 따라서 나는 말한다. 종교는 누구에게나 정말 중대한 사실이다. 앞으로의 강연이 제약되어 있기는 하지만, 우리의 관찰을 주로 하여 문제의 종교적 면을 지향하는 것이 가능하다고 생각하기 때문이다. 그것이 분명해지기만 하면 모든 것이 분명해진다. 이 강연의 첫 번째 영웅으로 스칸디나비아의 종교적 중심 인물인 오딘을 택하였다. 그는 지극히 광범위한 분야에 걸친 사물의 상징이다. 이제부터 우리는 신격(神格)으로서의 영웅, 영웅정신의 가장 오랜 형태에 대해 고찰하기로 한다.

이 이교(異教)는 정말 이상하게 보인다. 오늘날의 우리로서는 상상할 수조차 없는 점이 많다. 허다한 망상·혼란·허위·어리석음 등이 엉킨 복잡한 밀림이 삶의 모든 분야를 덮고 있다. 이것은 우리들의 마음을 놀라움과 의심으로 가득 채운다. 왜냐하면 정상적인 사람이 눈을 뜨고 태연하게 이러한 교리를 신봉하고, 그것을 따라 살았다는 것은 도저히 이해하기 어렵기 때문이다. 사람들이 자기와 똑같이 생긴 다른 사람을 신(神)으로서 숭배하며, 비단 그뿐만 아니라 나무나 돌 같은 물건까지 숭배하고, 이러한 망령된 환각을 우주관으로 삼았다는 것은 도저히 믿을 수 없는 꾸며낸 이야기처럼 들린다. 그럼에도 불구하고 이것은 명백한 사실이다. 이런 그릇된 숭배, 그릇된 신앙이 복잡하게 얽힌 밀림을 우리와 같은 인간이 종교라고 믿고 그 속에 안주하고 있었던 것이다.

이것은 이상한 일이다. 그러므로 보다 더 순수한 시야를 갖는 높은 자리에 서 있음을 기뻐하는 우리는, 인간의 마음속에 있는 끝 모를 암흑을 보고 설움과 침묵 속에 잠기지 않을 수 없다. 이러한 것은 과거에도 있었고 지금도 인간에게 있다. 모든 인간에게, 우리들에게도 있다.

어떤 사람들은 이교(異敎)를 간단하게 설명하기도 한다. 단순한 사기꾼의 장난이니, 종교인의 수작이니, 기만이라고 말한다. 정상적인 사람은 누구도 그것을 믿지 않으며, 정상적이라고 할 수 없는 사람들을 꾀어 믿게 하려고 하는 수작에 지나지 않는다고 말한다. 인간의 행동과 역사에 관한 이런 종류의 가설을 배격하는 것이 우리의 의무가 될 경우도 있다. 그러므로 나는 이 강연을 시작하면서 이교에 관련하여 인간이 오랜 세월 이 세상을 거쳐가면서 의지하고자 해온 모든 교리에 대해 이 가설을 배격한다. 그러한 교리는 모두 그 속에 어느 정도의 진리를 내포하고 있다. 그렇지 않다면 인간이 숭배하였을 까닭이 없다. 사기꾼의 장난·기만은 세상에 수두룩하다. 특히 말기에 이른 종교에는 두려울 만큼 많다. 그러나 기만은 종교적인 것에서는 결코 창조적인 세력은 못된다. 그것은 종교의 건전성이나 생명이 아니라 종교의 병폐와 사멸의 징조였다. 우리는 이 일을 결코 잊어서는 안 된다. 야만인들의 경우일지라도 기만이 어떤 신앙을 낳는다는 것은 대단히 놀라운 가설이라고 나는 생각한다. 기만은 아무 것도 낳지 못한다. 오히려 모든 것을 사멸시킨다. 사물의 진상을 깊이 알고자 한다면 절대 기만에 좌우되어서는 안 된다. 기만은 질병이자 부패로서 단호히 배척하지 않으면 안 된다.

그것과 절연하고 우리의 생각과 행동에서 없애버리는 것만이 우리의, 아니 모든 사람의 유일한 의무이다. 사람은 날 때부터 거짓의 적이다. 나는 저 라마교마저도 일종의 진리를 가지고 있다고 본다. 우선 저 솔직하고 현명하고 약간 회의적인 터너 씨(동인도회사의 대표로서 티베트에 사절로 갔던 사람)의 《티베트 사절단의 보고서》를 읽으면 곧 알게 될 것이다. 그 불쌍한 티베트 사람들은 하늘이 항상 각 시대마다 그의 대리자를 내려보낸다는 신앙을 가지고 있다. 이것은 일종의 교주에 대한 신앙이다. 이 세상에 최고의 위인이 있다는 신앙, 그런 자를 찾을 수 있으며, 기어코 찾아내어 뭇사람이 무한한 복종심으로 그를 숭배한다는 신앙, 이것이야말로 대 라마교의 진리이다. 찾아낼 수 있다는 것만이 이 종교의 유일한 잘못이다. 티베트의 승려들은 누가 가장 위대하며 자기들에게 절대적 권위를 행사하는데 적합한가를 판정하는 독특한 방법을 가지고 있다. 실로 졸렬한 방법이지만, 그런 사람은 반드시 어떤 혈통의 장손(長孫)이어야만 한다는 우리들의 방법보다는 낫다. 아, 만족스런 방법을 찾아낸다는 것은 참으로 어려운 일이다.

어떤 이교라 할지라도 그 당시 그것을 숭배한 사람들에게 있어서는 절실한 진리였다는 것을 깨달을 때 우리는 그것을 이해할 수 있게 된다. 우리는 장님이 아닌, 건전한 의식을 가진 우리와 꼭 같은 사람이 이교를 믿었다는 것, 우리도 만일 그때 살았더라면 그것을 믿었으리라는 것을 지극히 확실한 사실로서 간주하기로 하자. 이교란 무엇인가?

여기 또 하나의 가설이 있다. 이것은 앞서 이야기한 것보다 조금 나은데, 이교를 비유한데서 온 것이다. 이 가설은 이교가 시상(詩想)이 풍부한 사람의 정신적 유희였다고 잘라 말한다. 시상이 풍부한 사람들이 우주에 대하여 알고 느끼는 것을 비유적 이야기로서 의인화하고 가시적인 형상을 주어 표현한 것이라고 그들은 설명한다. 이것은 지금도 곳곳에서 행하여지고 있는 인간성의 근본적 법칙, 즉 인간은 강렬하게 느낀 것을 충분히 표현하고 눈에 보이는 형상을 빌려서 그것에 일종의 생명과 역사적 실재성을 부여하려고 노력한다는 법칙과 합치된다. 이런 법칙이 있다는 것, 그것은 인간의 본성에 가장 깊이 뿌리박힌 것 가운데 하나라는 것, 따지고 보면 종교의 경우에도 그것이 작용했다는 것은 의심할 수가 없다. 그러므로 이교를 거의 이 작용 탓으로 돌리는 것은 지난번 가설보다 좀더 낫다고 생각한다. 그러나 아직도 이것이 참된 설명이라고는 할 수 없다. 생각해 보라. 사람이 하나의 비유, 하나의 시적 유희를 신앙으로 삼고 그것을 삶의 지침으로서 받아들일 것인가? 우리가 필요로 하는 것은 유희가 아니라 진지함이다. 이 세상에 산다는 것은 가장 진지한 사실이며, 죽는다는 것은 인간에게 유희가 아니다. 한 사람의 삶과 죽음은 본인에게는 결코 유희가 될 수 없다. 사람이 이 세상에 산다는 것은 엄연한 현실이며, 어디까지나 엄숙한 문제이다.

그러므로 이들 비유론자들은 이 문제의 진상(眞相)을 파악하는 쪽으로 접근하였지만, 지난번 주장하던 사람들과 마찬가지로 진상에 도달하지는 못하였다고 본다.

이교(異敎)는 하나의 비유이다. 인간이 우주에 대하여 느끼고 알게 된 바의 상징이다. 다시 말해서 모든 종교는 인간이 느끼고 아는 것의 상징이며, 그 내용이 변화함에 따라 달라진다. 그러나 나는 이것을 일의 순서가 바뀐 결과 종말을 원인이고 기원이라고 주장하는 것은 문제의 근본적인 왜곡이라고 생각한다. 아름다운 비유나 완전한 시적 상징을 얻는 것이 인간이 원하는 것은 아니었다. 이 우주에 살면서 무엇을 믿을 것이냐, 어떤 길을 향해 나갈 것이냐, 이 신비스러운 인생에서 무엇을 바라고 또 두려워할 것이냐, 무엇을 하고 무엇을 하지 않을 것이냐 등을 알아내는 것이야말로 인간이 원하는 것이었다. 《천로역정》은 하나의 아름답고 의롭고 성실한 비유이다. 그러나 생각해 보라. 버니언의 우화(寓話)가 그것이 상징한 신앙보다 앞서 있었던가? 만인(萬人)이 믿는 것으로서 신앙이 이미 있었고, 그 뒤에 그것의 그림자로서 우화가 있게 되었다. 이 경우의 우화는 어디까지나 성실하지만, 그것이 시적으로 표현하려 노력한다는 그 어마어마한 사실이나 과학적 확실성과 비교한다면 우화는 하나의 유희적인 그림자이며 단순한 공상의 장난이라고 말해도 좋을 것이다. 우화는 이 확실성의 산물이다. 그것의 생산자가 아니다. 버니언의 경우에도, 그 외의 어떠한 경우에도 같다. 그러므로 이교에 대하여 우리는 이제 이렇게 물어야 한다. 저 과학적 확실성, 즉 우화·과오·혼란의 근원이 되는 과학적 확신은 어디서 왔는가? 어떤 것인가?

사실, 그 어떠한 자리에서도 이교라고 하는 막막한 구름 속에 싸인 것을—굳은 땅과 사실로 된 대륙이라고 하기보다 오히려 구름의 허허벌판에 가까운 것을—설명하려고 하는 것은 지극히 어리석은 일일 것이다. 그것은 이제는 실재(實在)가 아니다. 그러나 한때는 실재였다. 우리는 구름의 벌판 같은 이것이 한때는 실재였으며, 하물며 시적인 우화나 기만과 사기 따위가 그 기원이 아니었다는 것을 알아야 한다. 인간은 결코 함부로 시가(詩歌)를 믿지 않았다. 그의 영혼의 생명을 우화에 걸지는 않았다. 인간은 어느 시대에 있어서나, 특히 옛날의 성실한 시대에 있어서는 더욱 기만을 간파하고 사기꾼을 미워하는 본능을 가지고 있었다. 우리는 기만설(欺瞞說)을 다 같이 배격하고, 머나먼 이교 시대의 혼미한 전설을 주의 깊게 들으며, 이 시대의 핵심에는 어떤 사실이 있었다는 것, 그것은 허위나 광기의 시대가 아니고, 빈약하지만 성실하고도 바른 것이었다는 것을 확신할 수 있는가 검토해 보기로 하자.

여러분은 아리스토텔레스(^{실제로는 플라톤의 말.}_{저자의 기억착오})의 다음과 같은 상상을 기억할 것이다. '지금까지 까마득한 암흑 속에서 자라다가 갑자기 땅 위로 솟아올라온 사람이 있다면, 그는 태양이 떠오르는 것을 보고 어떻게 생각할까!' 우리가 무관심하게 날마다 바라보는 그 광경에 대한 그의 놀라움, 황홀한 놀라움은 어떠하랴! 자유롭고 천진난만한 아이의 감각에다가 성인의 지능을 지녔으므로, 그의 온 영혼은 이 광경을 보고 불길처럼 타오를 것이다. 그는 이것을 보고 신(神)이라고 여기고, 그의 영혼은 숭배하는 나머지 그 앞에 엎드렸을 것이다. 원시민족 속에는 바로 이러한 천진한 위대성이 있었던 것이다. 미개인 가운데서 맨 처음 종교를 사색한 사람은 바로 플라톤과 같은 성인이었다. 그에게는 단순하고 아이처럼 순진하면서도 성인 같은 깊이와 힘이 있었다. 대자연은 아직도 그에게 이름을 붙여주지 않았다. 우리가 오늘날 총체적으로 우주·자연이라 이름 지어—그리하여 하나의 이름과 함께 우리들의 의식에서 씻어버린 광경·음향·형체·운동 등의 한없이 잡다한 집합을 그는 아직도 하나의 이름 아래 통합하지 않았었다. 이 미개하지만 깊은 마음을 가진 사람에게는 모든 일이 신기했고 이름이나 형식 밑에 숨겨져 있지 않았다. 그것은 숨김없이 그의 앞에 찬란한 광명을 비쳐주는 아름답고, 무섭고, 형언할 수 없는 것이었다. 이 사람에게 있어서 대자연은 사상가나 예언가에 대하여 늘 그렇듯이 신비스럽고 알 수 없는 것이었다. 이 싱싱한 꽃방석으로 이루어진 대지·수목·산악·하천, 파도소리 드높은 바다, 그리고 그의 머리 위에 있는 넓고 깊은 푸른 하늘, 그곳을 지나가는 바람, 때로는 불, 때로는 우박과 비를 쏟아내는 검은 구름, 도대체 이들은 무엇인가? 정말 무엇인가? 결국 우리도 아직 알 수 없다. 우리로서는 결코 알 수 없다. 우리가 이 곤란한 문제를 회피하는 것은 우리의 통찰력이 우수하기 때문이 아니라, 우리의 경박함·부주의함이 두드러지고 통찰력이 없기 때문이다. 우리가 이 대자연에 놀라지 않는다는 것은 생각하지 않기 때문이다. 전통·풍문·무의미한 말들이 우리의 주위를 에워싸고 굳어져, 우리가 지니는 모든 개념을 하나도 빠짐없이 틀에 맞추어버린다. 우리는 검은 소나기구름 속의 불을 전기라고 부르고, 그것에 관하여 학자인 체하며 강의를 하며, 유리와 명주를 비벼서 그와 비슷한 것을 만들어낸다. 그러나 그것이 무엇인가? 무엇이 그것을 만들어냈는가? 어디서 그것이 오는가? 어디로 가는가? 과학은 우리에게 많은 공헌을 해왔다. 그러나 우리가 결코 무시할 수 없는 것, 즉 모든 과학은 다만 그것의 겉을 스치는데 지나지 않으며, 크고 깊고 신성하고 무한한 불가지(不可知)를 우리로부터 숨겨버리니, 과학이란 변변치 못한 것이 아닌가? 이 세계는 아직도 우리의 모든 학문으로도 알 수 없는 하나의 기적이다. 그것은 놀라움에 찬, 더듬을 길조차 없는 마술, 아니 그 이상의 무엇이다.

다른 것은 고사하고 저 시간이라는 위대한 신비(神秘), 무궁하고 묵묵한, 그러면서도 결코 쉬지 않는 시간, 화살같이 소리없이 지나가면서 만물을 휩쓸어가는 해양과 같은 그 흐름, 우리도 우주 전체도 그 위를 스쳐가는 증기, 또는 나타났다가는 곧 사라지는 유령처럼 보이게 하는 시간, 이것은 영원히 문자 그대로 기적이다. 우리를 아연하게 만드는 기적이다. 그것을 논(論)할 말을 우리는 가지고 있지 않다. 아, 그 미개인이 이 우주에 대하여 무엇을 알았겠는가? 우리인들 무엇을 알고 있는가? 이것은 일종의 힘, 무수한 힘의 복합체라는 것, 우리가 아닌 하나의 힘이라는 것, 우리가 아는 것은 겨우 이정도이다.

그것은 우리가 아닌 힘, 곳곳에 가득한 힘이며, 우리 자신은 그 중심에 있는 불가사의한 힘이다. 길가에서 썩는 한 조각의 나뭇잎 속에도 힘이 있다. 그렇지 않다면 그것이 어찌 썩을 수 있겠는가? 아니, 무신론적 사상가에게 있어서도―그런 사람이 있을 수 있다면―역시 우리를 에워싸고 있는 이 거대하고 무한한 힘을 가진 회오리바람, 끝없이 높고 영겁처럼 오랜 이 거대한 회오리바람은 기적에 틀림없다. 경건한 사람들은 이것은 신이 창조한 것이라고, 전능하신 신(神)의 것이라고 말한다. 무신론적인 과학은 그것을 라이덴 병(甁) (전기 실험에 쓰는 병의 한 가지) 속에 간단히 넣어 처분할 수 있는 죽은 것처럼 다루며, 과학적 술어와 실험 등을 늘어놓고 어림도 없는 설명을 하려 든다. 그러나 인간의 타고난 이성은 모든 시대에 걸쳐 그것을 하나의 생물이라고 단언한다. 아, 말로써 표현할 수 없는 신과 같은 것, 그것에 대하여 우리가 취해야 할 가장 훌륭한 태도는, 아무리 과학이 진보하더라도, 두려움과 영혼의 경건함으로 엎드려 절하고 하다못해 침묵으로 숭배하는 것이다.

이제 좀 더 이야기를 진행시켜 나가자. 오늘날과 같은 시대에 선지자나 시인이 가르쳐주지 않으면 안 될 일, 즉 지금 말한 전문용어라든가 과학적 미신 따위의 쓸데없는 불경한 겉껍질을 벗겨버리는 일—아직 이런 것에 시달리지 않았던 옛날의 성실한 인간은 이 일을 스스로 해낸 것이다. 오늘날은 천재만이 모든 것을 신성한 그대로 볼 수 있을 뿐이다. 그러나 옛날에는 만물은 그것에 눈을 돌리는 사람 누구에게나 신성한 것이었다. 그는 세계를 정면으로 있는 그대로 대하였다. "만물은 신성한 것, 또는 신이었다"라고 진 폴(1763~1825, 독일의 문인) 같은 사람은 아직도 생각한다. 그는 왜곡된 지식의 구속을 뿌리칠 만큼 큰 힘을 가진 거인 같은 사람이다. 그러나 예전에는 왜곡된 지식이란 존재하지 않았다. 푸른 다이아몬드 같은 광채(그 원시적인 푸른 넋과 같은 광채, 오늘날 우리가 볼 수 있는 것보다 엄청나게 밝은 광채)를 가지고 사막을 내리비추는 별 카노프스, 그것은 홀로 광야를 가는 저 미개한 이스마엘의 후손의 길을 인도하며 그의 가슴 속으로 뚫고 들어갔던 것이다. 온갖 감정으로 넘치면서도 그 감정을 표현할 언어를 가지지 못한 그 미개인들의 생각에는, 이 별이 광막하고 심원한 영원으로부터 내리비추며, 그 내부의 찬란함을 계시해주는 작은 눈처럼 보였을 것이다. 그들이 이 별을 얼마나 숭배하였기에 이른바 배성교도(고대 아라비아, 페르시아에서 태양, 달, 별을 숭배했던 종파)가 되었는지 짐작할 수 있지 않은가? 나는 모든 종교의 비결은 이것이라고 생각한다. 숭배란 절대적인 경탄, 한계도 한도도 아주 초월한 경탄이다. 이러한 원시인에게는 자기 주위에 있는 만물이 모두 신성한 것 또는 신이었다. 이 속에 영구불변의 진리의 본질이 얼마나 있는가! 우리도 만약 마음의 눈을 뜨고 본다면, 모든 별 모든 풀잎을 통하여 하나의 신의 모습이 보이지 않을까? 오늘날의 우리는 이런 식으로는 숭배하지 않는다. 그러나 오늘날도 역시 만물이 그 얼마나 신성한 아름다움을 가지고 있는지, 만물은 지금 역시 '무한(無限)을 들여다볼 수 있는 창(窓)'임을 깨닫는 것은 하나의 기특한 시심(詩心)의 증거라고 하지 않는가? 사물의 미(美)를 알아보는 사람을 우리는 시인·화가·천재·재사(才士), 사랑할 만한 이라고 부른다. 저 배성교도들은 그들의 방식을 좇아 이런 사람들이 하는 일을 하였다. 어떤 방식으로 하였든지 간에 그들이 이런 일을 하였다는 것은 훌륭한 일이다. 전혀 몽매한 인간이 한 일임에도 불구하고 말이나 낙타의 무위(無爲)에 비해서 훨씬 나은 것이었다.

만일 우리 눈에 보이는 만물이 최고 신(神)의 상징이라고 한다면, 무엇보다도 인간이야말로 이러한 상징이라고 하겠다. 여러분은 성(聖) 크리소스톰(349~407. 콘스 탄티노폴의 사제)이 세키나, 즉 히브리 민족이 신이 계시다는 사실을 보여주는 징조로 삼은 증언의 상자(세키나는 상자 자체가 아니라 그 위에 나타난 광채로운 구름)와 관련하여, "진정한 세키나는 사람이다"라고 한 금언을 들었을 것이다. 과연 그렇다. 공연한 말재간을 부린 것이 아니라 사실 그렇다. 우리의 진정한 본질은 '나'라고 하는 것 가운데 있는 신비이다. 아, 우리는 어떤 언어로 그것을 표현할 수 있을까? 그것은 천국의 넋이다. 가장 높으신 존재는 그 자신을 인간 속에 나타낸다. 우리의 육체·능력·생명은 모두 이름지을 수 없는 자의 의복과도 같은 것이다. 경건한 노발리스(1772~1801. 독일의 시인)는 말하였다. "우주에는 단 하나의 신전이 있다. 그것은 사람의 몸이다. 이 고귀한 자태보다 더 성스런 것은 없다. 사람 앞에 절하는 것은 이 육체가 나타내는 신에게 드리는 경배이다. 우리는 사람의 몸에 닿았을 때 하늘나라에 닿는 것이다." 이것은 단순한 수사적 문구처럼 들리지만 결코 그렇지 않다. 잘 생각해보면 이것이 과학적인 사실이며 가능한 한 진실 그대로를 언어로서 표현한 것임을 알 수 있을 것이다. 우리는 기적 중의 기적이며, 헤아릴 수 없이 위대한 신의 신비이다. 우리로서는 그것을 이해할 수가 없다. 어떻게 말해야 할지를 모른다.

그러나 만일 그렇게 하기를 원한다면, 우리는 그것을 진실한 모습 그대로 느낄 수도 있고 알 수도 있을 것이다.

그러나 이런 진리는 옛날엔 지금보다 더 쉽게 느낄 수 있었다. 깨끗한 어린이 같은 마음을 지닌 채 그 위에 진지한 성인으로서의 깊이를 가진 유년기의 세계의 사람, 천지(天地) 사이의 모든 사물에 그저 이름을 지어준 것만으로 끝내지 않고 두려움과 놀라움으로 모든 것을 바라보는 사람, 그들은 사람과 자연 속에 깃들어 있는 신성함을 더욱 절실히 느꼈다. 그들은 바른 기운을 잃지 않고 대자연을, 그리고 대자연 중에서도 우선 인간을 숭배할 수 있었다. 숭배, 즉 앞에서 말한 무제한의 감탄, 이것을 그들은 그들의 능력을 충분히 활용하여 열성적으로 정성을 바칠 수 있었다. 나는 영웅숭배가 저 고대의 사상체계를 이룩하는 절대적 요소였다고 생각한다. 내가 말한 이교(異教)의 미로 같은 밀림은 수많은 뿌리로부터 자라난 것이라고 말해도 좋을 것이다. 별이나 또는 자연 중의 모든 것에 대한 감탄과 숭상은 그 하나의 뿌리 또는 뿌리털이었다. 그러나 영웅숭배는 모든 뿌리 중에서 가장 깊은 것이다. 즉 다른 뿌리의 대부분에 양분을 대주고 생장시켜준 근본이었다.

하나의 별을 숭배하는데도 얼마간의 의의가 있었다고 할 수 있는데 하나의 영웅을 숭배하는데는 그보다 얼마나 많은 의의가 있었으랴! 영웅숭배는 위인에게 대한 절대적 감탄이다. 나는 말한다, 위인은 오늘날에도 역시 찬탄할 만한 존재라고. 세상의 다른 무엇을 찬탄하는 것도 그것에 비하지 못한다. 자기보다 고상한 사람에 대한 이 찬탄보다 더 고귀한 감정은 결코 사람의 가슴 속에 있을 수 없다. 그것은 오늘날에 이르기까지, 또는 모든 시대에 걸쳐서 인간생활에 생기를 불어넣는 힘이 되어 왔다. 종교는 그 위에 서 있음을 나는 본다. 비단 이교뿐만 아니라 오늘날까지 알려진 모든 종교가 다 그렇다. 영웅숭배, 즉 가장 숭고하고 신령스런 인간의 형태에 대한 절대적 찬탄, 불타는 듯한 무한량의 복종, 이것 역시 기독교의 싹이 아닌가! 우리가 여기서 감히 이름을 말하지 않으려는 그 한 사람도 모든 영웅 중에서 가장 위대한 이였다! 신성한 침묵으로써 그 신성한 사실을 명상해 보라. 지상에서의 인간의 역사 전체를 지배하는 하나의 원리를 궁극적으로 완성한 것이 곧 그것임을 알게 될 것이다.

또는 조금 내려와서, 말할 수도 없을 만큼 신령스럽지도 않은 왕에 관해 언급한다면, 왕에 대한 충성이란 결국 종교적 신앙과 비슷하지 않은가? 신앙이란 어떤 거룩한 스승 또는 정신적 영웅에 대한 충성이다. 그러므로 충성의 본질 또는 전체 사회의 정기(正氣)는 영웅숭배, 즉 진실로 위대한 인물에 대한 복종적 찬탄이 아니고 무엇이랴? 사회는 영웅숭배 위에 서 있다. 인간사회가 기초를 두고 있는 지위의 권위 일체를 우리는 영웅정치라고 부른다. 종교정치라고 불러도 좋을 것이다. 왜냐하면 그것은 그만큼 신성하기 때문이다. 후작(Duke)은 지도자(Dux)를 의미하고, 왕(King)은 아는 사람 또는 능력있는 사람(Könning, Canning)을 의미한다. 사회는 곳곳에 여러 가지 차등(差等)의 영웅숭배를 보여준다. 얼마간의 부정확성은 있지만 그리 심하지는 않다. 진실로 위대하고 현명한 사람들에게 존경과 복종을 드린다.

다시 말한다, 부정확하기는 하지만 결코 심한 것은 아니라고. 이들 사회적 위인들은 모두 은행권(銀行券)과 마찬가지로, 모두가 순금(純金)을 대표한다. 그러나 그 중 더러는 위조지폐이다. 우리는 조금의 위조지폐는 용인할 수 있다. 얼마쯤 많아도 용인할 수 있다. 그러나 전부나 대부분이 위조지폐라면 그것은 안 된다. 아니, 그때에는 마땅히 혁명이 일어나지 않으면 안 된다. 민주주의·자유·평등, 그 밖에 별의별 구호들이 많다. 지폐가 모두 위조품이어서 그것을 순금으로 바꿀 수 없게 되면 사람들은 절망 끝에, 순금은 없다, 순금이란 있어본 일조차 없다고 외친다. 그러나 순금, 즉 영웅숭배는 인간 자체가 없어지기 전에는 결코 없어지지 않을 것이다.

오늘날에는 내가 말하는 영웅숭배가 이미 소멸해서 아주 없어졌다고들 하는 것을 나는 잘 알고 있다. 여러 가지 이유 때문에 오늘날은 위인의 존재를 부인하는 시대, 위인의 필요성을 부인하는 시대이다. 하나의 예로써 우리의 비평가들에게 위인 루터를 제시해 보라. 그들은 곧 그를 평가하려고 들 것이다. 곧 그를 숭배하지 않고 그 크기를 재기 시작한다. 다시 말하면 그도 역시 소인물(小人物)이라고 발표한다. 그는 '시대의 산물'이었다, 시대가 그를 불러냈다, 모든 것은 시대가 한 일이지 그가 한 일이 아니다, 라고 말한다.

그러나 쩨쩨한 비평가들인 우리는 무엇을 할 수 있었던가? 생각할수록 우울해진다. 시대가 그들을 불러냈다고! 아, 우리는 시대가 위인을 부르고 갈구해도 나타나지 않은 예를 많이 알고 있다. 위인은 없었다. 신은 그를 보내지 않으셨다. 시대는 힘을 다해서 외치고 찾았으나 이러한 위인은 부르는 때에 오지 않았으므로 시대는 혼란과 멸망 속에 빠지지 않으면 안 되었다.

생각해보면 충분히 위대하고 현명하고 선(善)한 사람을 찾아낼 수 있었다면, 파멸의 시대가 있었을 까닭이 없다. 시대가 무엇을 요구하는가를 진실로 식별할 수 있는 지혜와, 시대를 바르게 이끌 수 있는 용기, 이것이야말로 어떤 시대라도 구제할 수 있는 힘이 아니겠는가. 그러나 나는 불신·고민·혼란과 무기력한 회의적 성격, 혼미한 사태가 충만하여 날이 갈수록 더 심한 고통에 시달리며 결국 멸망할 수밖에 없는 범상하고 나태한 시대, 이런 시대를 마른 땔감 더미와 같다고 본다. 그것은 하늘의 번개가 떨어져 불살라 버리기를 기다리고 있는 것이다. 신으로부터 직접 능력을 받아 내려오는 위인이 바로 그 번개이다. 그의 말은 모든 인간이 신조로 삼을 수 있는 구원의 말씀이다. 그가 한 번 때리면 만물은 그의 주위에서 불붙고 그 자신과 같은 불이 되고 만다. 저 마르고 썩은 나무토막은 저희들이 그를 불러냈다고 생각한다. 실로 그들은 그를 절실히 필요로 했다. 그러나 그를 누가 불러냈느냐 하는 문제는!

"보라! 불을 일으킨 것은 나무토막들이 아니더냐?" 이렇게 외치는 자들은 소심한 비평가들이라고 생각한다. 사람이 위인을 믿지 못하는 것처럼 그 자신을 소인배라고 입증하는 것은 없다. 한 시대가 마르고 타지 않는 땔감 더미만을 믿고, 정신적 광휘는 장님처럼 보지 못한다는 것같이 슬픈 일은 없다. 그것은 불신앙(不信仰)이 최고조에 다다른 상태이다. 세계 역사의 모든 시대마다 위인은 그 시대의 구제자였음을—번개가 없었다면 나무는 결코 타오르지 못했을 것이다. 세계 역사는 위에서 말한 바와 같이 위인들의 전기(傳記)이다.

이러한 쩨쩨한 비평가들은 불신앙과 일반적인 정신적 마비를 일으키려 갖은 애를 쓴다. 그러나 그들은 완전히 성공하지는 못한다. 그들과 그들의 주장은 환상이며 거미줄에 지나지 않음을 알 만큼 위대한 사람이 나타날 가능성은 어떤 시대에도 있다. 그뿐 아니라 어떤 시대에서도 이런 비평가들은 산 사람의 마음 속에서 일종의 특유한 위인숭배의 관념을 완전히 없앨 수는 없다. 진정한 탄복·충성·숭배는 아무리 비방하고 왜곡되어 있을지라도 완전히 없어지지는 않는다. 영웅숭배는 인간이 존재하는 한 언제까지나 계속된다. 보즈웰$^{(1740\sim1795.\ 존슨\ 박사를}_{숭배하여\ 그의\ 전기를\ 씀)}$은 18세기와 같은 시대에 진정으로 존슨$^{(1709\sim1784,\ 18}_{세기\ 영국의\ 문호)}$을 숭배하였으며, 불신으로 가득한 프랑스 사람들도 볼테르$^{(1694\sim1778,\ 프랑}_{스의\ 작가·철학자)}$를 신뢰한다. 다시 말하면 '장미꽃 밑에 그를 질식시킨' 그의 생애의 최후의 한 장면에서 볼테르와 그의 주위에 극히 이상적인 영웅숭배의 현상을 돌발시켰다. 나로서는 볼테르에 관한 이 사실이 항상 이상하게 생각되었다.

만일 기독교가 영웅숭배의 최고의 예라고 한다면, 그에 관한 최저의 예를 우리는 볼테르 숭배에서 본다. 반 기독교적 삶을 살았던 그는 이 점에서 기이한 대조를 이루고 있다. 어떤 사람이라도 볼테르 시대의 프랑스인처럼 찬탄하는 마음이 적었던 적은 없었다. 조롱하는 것만이 그들 정신의 특질이었으며, 숭배하는 마음은 그 어디서도 찾아볼 수 없었다. 그러나 보라, 페르네이$^{(볼테르는\ 1758년\ 이후\ 생애의\ 대부분}_{을\ 스위스의\ 페르네이에서\ 보냈다)}$의 할아버지가 파리로 돌아온다. 84세의 어정거리는 허약한 노인이다. 그러나 프랑스인들은 그를 영웅이라 생각한다. 그는 일생을 부정과 불의에 항거하여 싸웠으며, 칼라스 가문을 구원하고(칼라스는 프랑스 투루즈의 대상인 그의 아들이 자살하자 그의 적(敵)들이, 그가 종교상의 이유로 아들을 살해하였다고 고소하여 그 결과 1782년에 사형되고, 그의 처는 스위스로 도망쳤다. 볼테르는 이 사건에 관하여 칼라스의 무죄를 3년을 두고 주장하며 싸워, 칼라스 가문은 다시 권리를 회복하였다), 상류사회의 위선자들의 가면을 벗기는데 생애를 바쳤다고 생각한다. 요컨대 그도 또한 별난 방법이기는 하지만 한 사람의 용사처럼 싸웠다고 생각한다. 조롱하는 것도 하나의 위대한 일이라고 한다면 이와 같은 조롱은 없다고 생각한다. 즉 그는 모든 프랑스인의 이상적인 인물이다. 그들이 되고자 원하는 사람, 즉 모든 프랑스인 중 가장 프랑스인다운 사람이다. 그야말로 그들의 신(神)이다. 가장 적절한 신이다. 그러므로 모든 사람이, 즉 앙투아네트 왕비로부터 생 드니 개선문의 세관에 이르기까지 누구나 다 그를 숭배하지 않는가? 지체 높은 사람이 여관의 심부름꾼 흉내를 내고, 역부(驛夫)는 큰 소리로 마부에게 명령한다. "자, 잘 부탁한다. 볼테르 님을 모시고 가는 걸 명심해라." 파리에 도착한 그의 마차는 혜성(慧星)의 핵심이어서 그 꼬리가 전시가를 뒤덮고 있다. 부인들은 그의 털옷에서 한두 올의 털을 뽑아 신성한 기념물로 삼는다. 프랑스 전국에서 가장 고상하고, 가장 아름답고, 가장 귀한 그 어느 것보다도 이 사람이 더 고상하고, 더 아름답고, 더 귀하다고 느끼지 않는 사람이 없었다.

그렇다, 스칸디나비아의 오딘으로부터 영국의 사무엘 존슨에 이르기까지, 기독교의 신성한 창시자로부터 백과전서파(18세기 프랑스 계몽시대에, 《백과전서》의 집필과 간행에 참가하였던 계몽사상가들을 이르는 말. 볼테르는 대표적 인물이었으므로 칼라일은 그를 교황이라 부른 것이다)의 늙어빠진 교황에 이르기까지, 모든 시대 모든 나라에서 영웅들은 숭배를 받았다. 또한 앞으로도 항상 그렇게 숭배를 받을 것이다. 우리는 항상 위인을 사랑하고 존경하며, 그 앞에 무릎을 꿇고 복종한다. 다른 누구에게 우리는 진심으로 무릎을 꿇을 수 있었던가? 모든 참다운 인간은 진실로 자기보다 더 훌륭한 것을 존경함으로써 스스로 더 고상해진다는 것을 느낄 수 있지 않은가? 인간은 이보다 더 숭고하고 복된 감정을 마음속에 가질 수 없다. 어떤 시대의 회의적인 논리도 일반적인 경박함·불성실함 또는 이들로부터 오는 온갖 영향으로도 인간이 타고난 충성심과 숭배심은 절멸시킬 수 없음을 생각할 때, 나는 힘을 느낀다. 신앙을 잃은 시대는 곧 혁명의 시대가 되는 것이지만, 그러한 시대에는 많은 타락상과 슬픈 퇴영의 풍조가 누구에게나 보인다. 이러한 시대에도 영웅을 숭배하는 마음은 절대로 없앨 수 없는 것이라는 점, 즉 혁명이 일어나 모든 것이 무너지고 일대 혼란이 생겨도 그것만은 영원히 남는 반석임을 본다. 이러한 혁명의 시대에는 우리 주위에 있는 모든 것이 무너지고 부딪치고 쏟아지며 대혼란을 일으키지만, 파괴는 이 반석에까지만 이르고 그 이하로는 미치지 않는다. 이것은 일종의 영원한 주춧돌이며, 그 위에 다시 재건할 수 있다. 인간이 이런 의미 또는 저런 의미에서 영웅을 숭배한다는 것, 우리는 누구나 다 위인을 숭배하며 또 숭배해야만 한다는 것, 이것이야말로 온갖 전락(轉落) 속에서도 그대로 살아남는 반석이라고 생각한다. 현대의 혁명적 역사 가운데에서 오직 이것만이 변치 않는 주춧돌이며, 이것이 없다면 현대의 역사는 밑도 끝도 없는 혼란의 바다일 것이다.

옛날 민족들이 신봉한 이교(異敎)로부터 실로 많은 진리와 낡아빠진 의상에 싸여 있기는 하지만 그 정신은 아직도 진리임을 확인한다. 대자연은 오늘날까지도 역시 신성하며, 신(神)의 역사를 계시한다. 영웅은 아직도 숭배할 만하다. 이것이야말로 초라하고 왜곡되고 유치하긴 하지만, 모든 이교가 있는 힘을 다하여 내세우고자 노력한 것이다. 오늘날 우리에게는 다른 어느 것보다도 스칸디나비아의 이교가 가장 흥미롭다. 이것은 가장 최근까지 볼 수 있는 이교이며, 유럽의 이 지방에 11세기까지 존속하였다. 800년 전까지만 해도 노르웨이 인들은 아직 오딘을 숭배하였다. 이것은 우리들 선조의 신앙으로서도 흥미롭다. 즉 우리의 혈관 속에 흐르는 피를 남긴 사람들, 그리고 우리가 여러 가지 점에서 닮아 있으리라 생각되는 이들의 신앙이다. 우리가 아주 다른 것을 믿고 있음을 생각할 때, 그들이 그것을 믿었다는 것은 실로 이상하다. 여러 가지 이유에서, 나는 이제부터 이 북방의 종교에 관하여 고찰하고자 한다. 우리에게는 이 일을 어느 정도까지 할 수 있는 수단이 있다. 즉 스칸디나비아의 이 종교가 매우 잘 보존되어 있다는 매우 흥미로운 점이 있기 때문이다.

저 이상한 섬 아이슬란드—지질학자들에 의하면, 바다 밑바닥에서 불이 솟아올라 이루어졌다는 그 섬, 용암으로 된 거친 불모지이며 일년 중 대부분이 검은 태풍 속에 싸여 있지만, 여름철이면 야생적 아름다움으로 찬란하고, 저 북방 해상에 홀연하고도 처절하게 우뚝 솟은 눈덮인 산봉우리와 용솟음

치는 샘물과, 유황의 못과, 무서운 화산의 균열이 가득하여, 마치 서리와 불의 전쟁으로 황폐해진 듯한 그 섬—문학이나 문서화된 기록이 있으리라고는 전혀 생각할 수 없는 그곳에 이들 사물이 기록되어 있다. 이 쓸쓸한 나라의 해안을 따라서 풀이 무성한 한 폭의 땅이 있어, 가축이 생식할 수 있으며, 가축과 바다의 산물로서 인간이 생식할 수 있다. 그들 주민은 시적이며 마음 속 깊숙이 사상을 가지고 있어, 이것을 음악적으로 발표할 수 있는 사람들이었다고 보인다. 아이슬란드가 바다 속에서 솟아나지 않았고, 북방인에 의하여 발견되지 않았더라면 그 손실은 실로 엄청났을 것이다! 고대 북방인의 시인들은 대개 아이슬란드 사람들이었다.

이 땅에서 초기 기독교 사제 중 한 사람인 세문드($\substack{1056\sim1135년,\\ 사제\cdot시인\cdot역사가}$)는 이교(異敎)가 멸망하는 것이 무척 애석했던지, 그즈음 쇠퇴하는 고대 이교의 가요들을 간혹 수집하였다. 신화적이고 예언적이며 대개 종교적 성질을 띤 시나 노래, 즉 스칸디나비아 비평가들이 《고(古) 에다(Edda : $\substack{아이슬란드의\\신화\cdot시가집}$)》, 《시(詩)의 에다》라고 일컫는 것들이다. 이 '에다'의 어원은 분명하지 않으나, 여선조(女先祖)를 의미하는 말이라고 생각된다.

아이슬란드의 신사이며 크게 이름을 남긴 인물인 스노리 스툴루손($\substack{1178\sim1241,\\시인\cdot역사가}$이며, 아이슬란드의 고관(高官)이었으나, 노르웨이 왕의 노여움을 사서 암살되었다.)은 이 세문드의 손자에게서 교육을 받았으며, 그보다 약 1세기 뒤 여러 종류의 저술 가운데 하나로서, 신화 전체를 산문으로 수집해 놓았다. 이것은 전래 시가 단편들을 새롭게 발견하여 더욱 소상하게 보충해놓은 것이다. 이 저술은 실로 엄청난 창의성, 천부적 재능, 또는 무의식의 예술로써 구성되어 있으며, 실로 훌륭한 작품으로, 매우 유쾌한 읽을거리이다. 이것이 《신(新) 에다》 또는 《산문(散文) 에다》이다. 이것들과, 대개는 아이슬란드 것인 많은 사가($\substack{saga, 고대 스칸\\디나비아의 전설}$)와, 오늘날에 이르기까지 아이슬란드를 비롯한 북방제국에서 열심히 계속 간행되고 있는 많은 주석서에 의해서 어느 정도 직접적인 통찰을 할 수 있고, 이른바 고대 북방의 신앙체계를 눈 앞에 볼 수 있다. 우리는 이제 그것이 그릇된 종교임을 잠시 잊고, 하나의 고대사상으로 간주하여 조금이라도 공감할 수 있는지 살펴보기로 하자.

이 고대 북방신화의 일차적 성격은 눈에 보이는 대자연의 모든 현상(現象)을 인격화하는 점이다. 물적 자연의 여러 작용을 진지하고도 단순하게 인식하여 모든 것을 기적적이며 경탄스럽고 신성하게 본 점이다. 우리가 오늘날 과학으로 설명하는 것에 대해 그들은 경탄하고 엎드려 절하며, 그것을 종교로 삼았다. 자연의 검고 적의(敵意)에 찬 세력들을 요툰(Jötuns), 즉 모발이 무성하고 악마적 성격을 가진 거인으로 생각하였다. 얼음·불·바다의 폭풍, 이런 것들이 모두 요툰이다. 그리고 인간에 대해 반가운 모든 세력인 여름철의 더위, 태양 따위는 좋은 신(神)들이다. 이 두 종류의 존재가 우주를 나누어 통치하며, 영원히 싸움을 되풀이하고 있다. 신들은 하늘에 살고 있으며, 그곳은 아스가르드 즉 에시르(신들)의 낙원이라 부르고, 거인들이 사는 곳은 요툰헤임이라는 머나먼 곳에 있는 암흑과 혼돈의 나라이다.

이 모든 것은 정말 이상하지만, 근본을 살펴보면 결코 실없는 장난이나 광상(狂想)이 아니다. 예를 들면, 불의 힘을 우리는 하나의 대수롭지 않은 과학적 술어로 표기하며, 그 속에 깃든 경탄스러운 본질적 성격을 감추어 보지 못하고 있지만, 이 북방인들에게는 로크(Loke)라고 부르는 가장 날쌔고 영악한 악마로서, 거인들 가운데 하나였다. 스페인의 어떤 항해가들이 전하는 바에 의하면, 라드로네스 군도(1157년 마젤란이 발견한 군도 / 오늘날의 마리아나 군도(群島))의 원주민들도 불을 처음 보았을 때, 그것은 마른 나무를 먹고 사는 일종의 악마 또는 신이며, 사람이 건드리면 따끔하게 문다고 생각하더라는 것이다. 우리가 만일 이토록 어리석지 않다면 아무리 화학이니 뭐니 해도 우리 역시 불이란 신비한 것임을 볼 수 있을 것이다. 도대체 불이란 무엇이냐? —서리를 고대 북방의 예언자들은 백발의 거대한 요툰, 즉 스림(Thrym)·흐림(Hrym) 또는 라임(Rime)이라는 거인이라 했다. 라임이라는 말은 오늘날 이곳에서는 쓰이지 않지만 스코틀랜드에서는 서리를 의미하는 말로 아직도 쓰인다. 그때의 라임은 그때는 화학에서나 쓰는, 생명이 없는 물건이 아니라 살아 있는 요툰 즉 악마였다. 이 무서운 요툰은 밤이면 자기의 말들을 집으로 몰고 가서 갈기를 빗으로 빗겨주었다. 그의 말들이 곧 우박구름 또는 날쌘 한풍(寒風)이라는 것이다. 그의 소들—정확히 말하면 그가 아니라 그의 친척인 거인 히미르의 소들은 빙산이다. 이 히미르가 그 악마적인 눈빛으로 '바위산들을 노려보면' 바위산들은 그만 부서져버린다는 것이다.

번개도 당시에는 단순한 전기가 아니라 도너 또는 토르(Thor)라는 신이었다. 또한 인자한 여름철 더위의 신이기도 하였다. 천둥은 그의 노여움이며, 먹구름이 모이는 것은 그가 노하여 미간을 찌푸리는 것이고, 하늘에 치는 번개는 토르가 철퇴를 휘두르는 것이었다. 토르가 그의 수레를 재촉해 몰고 산꼭대기를 넘어오는 소리, 그것이 천둥이었다. 그가 노기(怒氣)를 띄고 '붉은 수염을 흔드는' 것이 천둥이 시작되기 전의 거센 바람이다.

또 발데르(Balder) 즉 백신(白神), 아름답고 정의롭고 인자한 이 신(神)은 (기독교의 초기 전도자들은 이 신을 그리스도에 견주었다) 태양이다. 우리는 천문학이니 역서(曆書)니 하지만 그래도 태양은 아직까지도 사람의 눈에 보이는 모든 것 중 가장 아름답고 신비하고 신성한 것이다.

그러나 우리에게 전래된 이들 가운데 가장 고상한 신은 독일의 어원학자인 그림 (1785~1863, 유명한 동화집을 남긴 그림 형제 중 형인 야곱을 가리킨다) 이 찾아낸 소망의 신이다. 우리가 원하는 것이면 무엇이든지 다 줄 수 있는 소망의 신이야말로 인간의 마음에서 나온 것 중에서 가장 소박하면서도 가장 진실한 소리가 아닌가? 인간의 가장 원시적인 이상(理想)인 동시에 가장 최근의 우리들 정신문화의 형태에도 반영되고 있는 것이 이것이다. 소망이란 신이 진정한 신이 아님을 알려면 우리는 아직도 더 높은 수양을 쌓지 않으면 안 된다.

다른 신들 가운데에서 그저 어원을 밝히기 위해 바다의 폭풍 아에기르(Aegir)에 대해 이야기하자. 그는 지극히 위험한 요툰이었다. 오늘날도 트렌트 강의 강물이 불면(조수가 밀려 올라오거나 소용돌이가 생겨 극히 위험한 상태가 되었을 때) 이 지방 노팅엄의 뱃사공들은 그 상태를 이거(Eager)라고 부르고, '조심해라, 이거가 온다!'라고 서로 외친다. 이상하다, 함몰한 세계의 꼭대기처럼 남아 있는 이 낱말! 아득한 옛적 노팅엄 지방의 뱃사공들은 에기르 신(神)을 믿고 있었던 것이다.

사실, 우리 영국인의 피에는 데인 족(族) 노스 인 (중세 스칸디나비아의 사람·언어·문화·정착지 등을 통틀어 일컫는 말) 의 피가 다분히 섞이어 있다. 근본적으로 데인·노스·색슨 사람들은 다 같은 종족이었다. 다른 점이라면 다만 이교(異敎)를 믿는다, 또는 기독교를 믿는다와 같은 피상적인 관점에서의 이야기뿐이다. 우리나라 섬 전체에 걸쳐 우리 민족은 순수한 데인 족과 섞여 있다. 예전에 그들의 침략이 그치지 않았기 때문이었다. 그러므로 그 비율은 물론 동해안 쪽에서 더 심하였으며, 내가 보는 바에 의하면 그 중에서도 북쪽 지방에 특히 많았다. 험버 강 북쪽의 스코틀랜드 전역에 걸쳐, 보통 사람들의 언어는 아직도 이상할 정도로 아이슬란드 어와 비슷하다. 그들의 게르만적 어법도 역시 노스 어조를 띠고 있다.

그들도 역시 '노르만 인' 곧 북방인이다.

  주신(主神) 오딘에 관해서는 곧 이야기하겠지만 그보다 우선 이 점(點)만은 유의하라. 스칸디나비아의 종교, 사실은 모든 이교(異教)의 본질은 자연력을 신령시하여 거대한 인격적 행위자로서—즉 신이나 악마로서—보는 것이다. 우리로서도 이것을 이해할 수 있다. 이것은 인간의 유치한 생각이 항시 놀라운 이 우주에 대하여 공포와 경탄으로써 눈을 뜨게 된 것을 의미한다. 내가 보기에 이 노스의 신앙체계는 매우 순수하고 위대하고 웅장하다. 고대 그리스 이교의 가볍고 우아한 것하고는 전혀 다른 단순성·소박성이 그 특색이다. 그것은, 깊고 거칠고 참된 마음이 주위의 사물에 상당히 눈에 뜨였을 때에 가질 수 있는 사상이며, 사물을 정면으로 보고 마음속에 받아들인 것이다. 이런 태도야말로 어떤 시대에 있어서나 모든 참된 사상의 가장 큰 특질이다. 그리스의 이교에서 볼 수 있는 가볍고 장난스러운 우아함이 아니라, 일종의 단순한 진실성과 소박한 힘과, 위대하고 야성적인 진지성이 여기 나타나 있다. 아름다운 아폴로 신의 초상과 웃음 띤 맑은 신화적 인물들을 본 뒤, 북방의 신들이 바다의 요툰인 아에기르와 술잔치를 벌이기 위해 '맥주를 빚고' 있는 장면, 요툰의 나라에서 솥을 가져오라고 토르를 보내니, 토르는 많은 모험 끝에 그 솥을 얻어 모자처럼 쓰고 오는 장면—온몸이 그 속에 들어가 솥귀가 발꿈치에 닿았다는 등의 이야기를 들으면 실로 이상한 기분이 든다. 일종의 허구인 거대성, 웅대하고 쓸모없는 거인같은 모습이 노스 신앙체계의 특징이다. 거대한 세력이 아직도 서투르게 불확실한 걸음걸이로 시름없이 걷고 있다. 천지창조에 관한 그들의 초보적 신화를 생각해보라. 신들은 거인 이미르(Ymer) 즉 서리와 불의 싸움에서 따스한 바람과 세밀한 조작으로 생겨난 그 거인을 죽인 다음, 그를 가지고 하나의 세계를 창조하기로 결정하였다. 그의 피는 바다가 되고 살은 땅, 뼈는 바위가 되고 눈썹으로는 신들이 사는 아스가르드를 만들었다. 두개골은 거대한 푸른 하늘이 되고, 그 속의 뇌수는 구름이 되었다. 이 얼마나 어처구니없는 과대망상이냐! 실로 막대·거대·광대한 분방한 사상이다. 이것이 시간과 더불어 세련되고, 막대하지 않고 다만 위대하게 되어, 셰익스피어나 괴테의 경우와 마찬가지로, 거인적인 위대성보다 더 긴밀한 신적인 위대성을 가지게 되었다. 정신적으로도 육체적으로도 이 사람들은 우리의 선조였다.

나는 또한 저 '위그드라실 나무'에 관한 그들의 이야기를 좋아한다. 모든 생명은 하나의 나무로서 비유되어 있다. 위그드라실, 즉 생명의 물푸레나무는 그 뿌리를 죽음의 나라에 뻗고, 가지는 온 우주에 넓게 펼치고 있다. 그 나무 아래 죽음의 나라에는 세 사람의 노르넨, 즉 운명의 여신─과거·현재·미래─이 앉아서 신성한 샘물을 퍼서 나무에 부어 주고 있다(이 신성한 샘물은 '지혜의 샘'으로서 거인 중에서도 가장 총명한 미미르가 맡아보았는데 개벽(開闢) 초에 오딘은 한쪽 눈을 저당잡히고서 이 샘물을 한 모금 얻어마셨다 함). 잎이 피고 지는 가지들은─사건, 겪은 일, 한 일, 재난 등을 의미한다─모든 나라와 시대를 덮고 있다. 이 나뭇잎 하나하나가 한 사람의 일생이며 그 잎의 금 하나하나가 하나의 행동 또는 말이 아닌가? 이 나뭇가지들은 민족의 역사이며, 스치는 가지의 소리는 태초로부터의 삶의 소음인 것이다. 이 나무는 자라고 있다. 인간의 정열이라는 바람이 이 나무 속을 훑어간다. 또는 이 나무는 폭풍에 뒤흔들리고 있다. 나무를 울리며 지나가는 태풍은 모든 신들의 음성이다. 이 나무가 위그드라실 즉 생명의 나무이며, 과거·현재·미래이며, 이미 한 일, 현재 하고 있는 일, 앞으로 하게 될 일이며, 동사 '하다'의 모든 변화이다. 인간이 뗄래야 뗄 수 없는 관계로 서로 얽매어 돌고 도는 것을 생각해보라. ─내가 오늘 여러분에게 말할 때 쓰는 이 말도 메소고트(고트 족(族)의 한 갈래로 메시아 지방에 자리잡은 족속)의 울필라스(311~381, 성경을 고트 어로 번역하고 고트 족에 그리스도교를 포교한 사람)가 쓰던 말뿐만 아니라, 인간으로서 처음 말을 한 사람 이래의 모든 사람들이 쓰던 말을 빌려 하는 것이 아닌가? 위그드라실 나무처럼 참된 비유는 없다. 아름답다, 실로 아름답고 위대하다. '우주는 기계다'라는 말─아, 이 말과 대조해서 생각해보라.

그런데 이 고대 노스의 자연관은 아주 이상하다. 우리가 자연에 관해 믿고 있는 것과 매우 다르다. 특히 이것이 어디에서 유래한 것이냐고 자세히 묻는다면 매우 곤란하다. 그러나 한 가지는 말할 수 있을 듯하다. 그것은 노스 인들의 사상에서 왔다─특히 창의적인 사고력을 지닌 최초의 노스 인의 사상에서, 이들을 노스 최초의 천재라 할 수 있을 것이다. 무수한 사람들이 이 세상에 와서 형언하지 못할 막연한 경이감을 느끼면서 살다가 갔다. 그저 짐승들이 느끼듯이 느끼며, 또는 오직 사람만이 느끼는 것에 대해 애절하게 보람없이 대답을 찾다가 그저 경탄하며 다시 갔다. 그러다가 마침내 위대한 사상가, 창의적 인물 또는 선지자가 나타나서, 자기의 사상을 말로 표현함으로써 모든 사람의 잠든 능력이 사상이 되게끔 깨우쳤다. 사상가, 즉 정신적 영웅이란 항상 그런 것이다. 그가 말한 사상은 모든 사람들도 표현할 수 있을 듯하여 애태우던 것이다. 그러므로 모든 사람의 사상은 정신을 잃었다가 깨어나는 듯 그의 사상을 중심으로 하여 깨우쳐진다. 그의 사상에 호응하여 깨우쳐진다. 그렇다! 어두운 밤이 지나고 동이 트듯이 모든 사람은 환희에 넘친다. 실로 무(無)가 유(有)로, 죽음이 생명으로 눈뜨는 것이 아니던가? 오늘날까지도 우리는 그런 사람을 존경하여, 시인이니 천재이니 하고 부른다. 그러나 원시적인 사람들이 보기에는 그런 사람은 기적을 지어내는 사람이었으며, 전혀 생각지 못한 축복을 인간에게 가져다준 사람이었다. 선지자이자 신이었다! 일단 깨우쳐진 사상은 다시는 잠들지 않고 사상체계로 전개된다. 사람으로부터 사람으로 대대로 자라나서, 마침내 그 이상 더 자랄 수 없는 사상체계로 성장한 다음, 다른 사상체계에 의해 대치된다.

오늘날 오딘이라고 부르는 사람은 노스 인에게 있어서 이러한 존재였다. 그는 그들의 주신(主神)이었다. 그들의 거룩한 교사이며, 정신과 육체의 주재자였다. 무한의 가치를 지닌 영웅이며, 그에 대한 존경은 모든 한도를 초월하여 숭배되었다. 그는 생각을 표현하는 큰 권능과 그 밖에도 신령한 많은 권능을 가지지 않았던가? 그리하여 노스 인들의 원시적인 마음은 무한한 감사로써 떨렸던 것이다. 그는 이 세상의 스핑크스 같은 수수께끼를 그들을 위해 풀어주지 않았던가? 그로 인하여 그들은 자기들이 이 세상에서 무엇을 하여야 하며, 다음 세상에서 어떻게 될 것인지를 알게 되었다. 그로 인하여 삶은 형언할 수 있는 것이 되고 선율적인 것이 되었다. 그로 인하여 삶은 비로소 사는 것이 되었다!

우리는 이러한 오딘을 노스의 모든 신화의 원전이라고 말할 수 있을 것이다. 노스 인들 가운데 최초의 사상가가 이 세상에 살아 있을 동안의 이름이 오딘이든 또는 무엇이든 상관 없다. 그의 우주관이 일단 선포되자 모든 사람의 마음속에 같은 우주관이 솟아나고, 거침없이 자라나며 숭배의 대상이 된다. 모든 사람의 마음 속에는, 이미 그것이 쓰여져 있으나 단지 눈에 보이지 않게, 마치 요술 잉크로 쓰여진 듯이 새겨져 있다. 그러나 그의 말을 접한 동시에 갑자기 나타난다. 실로 모든 시대를 통하여 위대한 사건은, 즉 다른 모든 사건의 원인이 되는 위대한 사건은 대사상가가 출현한 일이 아니고 무엇인가?

우리가 잊어서는 안 될 일이 또 하나 있다. 그것은 노스의 두 《에다》에 관해 혼미한 점을 밝혀줄 것이다. 두 에다는 조리 있는 사상체계가 아니라, 정확하게 말한다면 여러 개의 연속적 체계의 모음이다. 우리에게 남겨진 고대 노스 인의 신앙은, 에다 속에 거리의 차이 없이 평면적으로 수록되어 마치 한 장의 캔버스에 그린 그림 같지만 실제로는 결코 그런 것이 아니다. 그것은 그 신앙이 시작된 이래의 무수한 세대를 두고, 거리에 있어서도 깊이에 있어서도 온갖 차이를 내포하고 있다. 최초의 이 사상가 이래로, 모든 시대의 스칸디나비아 사상가들은 이러한 사상체계의 성장에 이바지하여 왔다. 항상 새로이 가꾸고 첨가하여 왔다. 따라서 그것은 그들 모든 사상가들이 어떤 역사를 가졌으며, 형태가 어떻게 변천해 왔기에 오늘날 우리가 에다에서 보는 형태를 가지게 되었는지는 아무도 알아낼 수 없을 것이다. 이 종교의 트레비존드 회의 (트레비존드는 소 아시아 북동부 흑해에 면한 항구,) , 트렌트 회의 (이탈리아 북동부의 한 도시로, 이곳에서 1545년부터 1563 , 아타나시우스 (273 ? ~373, 알렉산드리아의 사제, 이며, 초기교회 시대의 종교개혁자) , 단테, 루터 같은 이들은 모두 망각의 암흑 속에 잠겨버렸다! 다만 변천의 역사가 있었다는 것만을 우리는 알고 있을 따름이다. 사상가가 출현한 곳이면 어디에나 사상내용에 대한 공헌·보충·변혁 또는 혁명이 있었다. 아, 모든 혁명 중에서 가장 위대한 혁명, 오딘 자신에 의하여 이루어진 것, 이것 또한 다른 것들처럼 이지러졌다!

오딘에 관한 역사가 어디 있느냐? 그에게 역사가 있다고 생각하는 것이 오히려 이상할 정도이다! 거친 노스의 옷을 걸치고, 사나운 눈과 덥수룩한 수염, 거친 말과 태도를 가진 그는 우리와 다름 없는 사람이었다. 우리가 느끼는 설움과 기쁨, 용모를 가진 사람이었다. 본질적으로는 우리와 아주 같은 사람이었지만 그런 일을 하였다! 그러나 그가 한 일은 대부분 다 사라지고 그 자신도 이름만 남아 있다. 사람들은 내일은 수요일 (이 강연을 한 날은 1840년 5월 5일로, 화요일. 수요일은 영어로 Wednesday, 곧 Odin's day—오딘, 의 날이라는 뜻이다) , 곧 '오딘의 날'이라고 말할 것이다. 남은 것은 그것뿐이다. 오딘에 관해서는 역사도 기록도, 다시 옮길 정도의 가치를 가진 추측도 남아 있지 않다.

스노리는 그의 저서 《헤임스크링글라》에 지극히 조용하고도 사무적인 문구로, 오딘이 흑해 지방의 영웅적 왕이었으며, 12인의 제후와 많은 백성을 거느리고 국토를 넓히려고 싸웠으며, 아센족(아시아 인종이란 뜻을 가진 옛말로, 실제)을 이끌 로는 스칸디나비아 신화의 신들을 가리킴)을 이끌고 아시아로부터 와서 유럽의 북부지방을 정복하여 정착하고 문자와 시가를 창조하였다—그리하여 그의 족속인 스칸디나비아 인들은 그를 자기들의 주신(主神)으로서 숭배하고, 그의 12인의 제후는 그의 아들이라고 여기고 그와 마찬가지로 신으로서 모시게 되었다고 전한다. 스노리와 같은 세기의 사람이며 남달리 호기심이 강한 노스 인인 삭소 그라마티쿠스(1185년경에 유명한 덴마크 사(史)를 지음)는 더욱 대담하여, 하나하나의 신화를 모두 역사적 사실로 보고, 덴마크와 그 밖의 곳에서 실제로 있었던 사실로 다루었다. 그보다 몇 세기 뒤의 사람이며 박식하고 세심한 토르페우스(1639~1719, 아이 슬란드의 역사가)는 연대까지 추정하였다. 그의 주장에 의하면 오딘은 기원전 70년경에 유럽으로 왔다는 것이다. 이런 모든 설은 매우 불확실한 것에 근거를 두고 있으며 지금도 믿을 수 없는 것임은 물론이다. 아주 먼, 기원전 70년보다 훨씬 더 먼 저편! 오딘의 연대, 활약, 지상에서의 모든 역사, 그의 인물, 환경 등은 모두 사라지고 천만 년이 지나도 알 수 없게 되었다.

독일 고고학자 그림은 오딘이란 사람은 있지도 않았다고 주장하며, 어원을 따져서 그것을 증명하고 있다. 오딘(Odin)이란 말의 원형인 보탄(Wuotan)이란 말, 튜턴 민족의 모든 나라에서 주신(主神)의 이름으로 되어 있는 이 말은, 라틴어의 바데레(Vadere), 영어의 웨이드(Wade)와 연결된 말로서 일차적 의미에서는 '운동, 운동의 원천, 힘'을 뜻하여 최초의 신의 이름으로서 적합하며, 결코 사람의 이름이 아니라는 것이다. 고대 색슨족, 게르만족을 비롯한 모든 튜턴 족 사람들 사이에서 이 말은 신을 의미하며 그것에서 파생한 형용사는 모두 '신성하다', '지존(至尊)하다'와 같이 신의 속성을 의미하였다는 것이다. 과연 그럴 성싶다. 어원에 관계되는 사항에서는 그림의 주장을 따르지 않을 수 없다. 보탄은 웨이딩(Wading, 걸음), 운동의 힘을 의미한다고 생각하자. 그렇다 하더라도 그것이 모든 것을 움직이는 원동자(原動者, Mover), 영웅적 인간의 이름이 아니고 신의 이름이었어야만 한다는 이유는 무엇인가? 그것에서 파생한 형용사에 관해서 말하더라도 스페인 사람들은 로페(1562~1635, 스페 인의 시인·극작가)를 숭배하는 나머지 지극히 아름다운 꽃이나 여자를 '로페 꽃', '로페 부인'이라고 부르는 습관이 있지 않은가? 이것이 더 심해지면 스페인에서는 로페라는 말이 '신성하다'는 의미도 가질 수 있지 않을까? 사실 아담 스미스(1723~1790, 영
국의 경제학자)는 그의 저술인 《언어론》에서, 모든 형용사는 그와 같은 과정을 거쳐 생겼다고 말하고 있다. 즉 매우 푸른 것, 푸른 것이 두드러진 특징인 것은 '푸름'이라는 이름을 얻게 되고, 다음으로 그 특징이 두드러진 제2의 사물, 예를 들면 나무는 '푸른' 나무라 불리었다는 것이다. 마치 우리가 오늘날에도 '증기'차(車), '사두(四頭)'마차 운운하는 것처럼 아담 스미스는 모든 형용사는 이처럼 해서 생긴 것으로 최초에는 모두 명사(名詞)인 사물이었다고 한다. 그러므로 우리는 어원을 따진답시고 있는 사람을 없는 사람으로 만들어버려서는 안 된다! 맨 처음엔 지도자가 있었을 것이며, 오딘 같은 사람이 있었을 것은 확실하다. 오딘은 한때 살아 움직이는 사람이었으며, 하나의 형용사가 아니라 살과 피를 가진 실재했던 영웅이었다! 모든 전설·역사 및 역사의 메아리는 사상이 이에 관하여 사람에게 가르치는 모든 것과 일치하며, 우리들에게 이것을 보증해준다.

오딘이라는 사람이 어찌하여 신, 가장 높은 주신(主神)으로 받들어졌던가? 그것은 누구도 독단하기를 원치 않을 문제이다. 오딘의 국민은 그를 찬탄하는 데에 한도를 몰랐다고 나는 위에서 말한 바 있다.

그들은 찬탄의 정도를 계량할 저울을 아직 갖지 못했었다. 어떤 지극히 위대한 사람에 대한 여러분의 진심에서 나온 사랑이 모든 한도를 넘어 커지고 커져서, 마침내 여러분의 생각의 모든 분야를 가득 채우고 넘치게 하였다고 상상해보라! 아니면 또 이 오딘이라는 사람이—위대하고 심원한 정신은 어디서 오는 것인지 모를 계시와 신비한 환상의 조류가 있어, 그 자신이 생각하기에도 항상 하나의 수수께끼이며, 일종의 두려움과 놀라움이 되어 있기 때문에—반드시 그가 신적 존재라고 느끼고 '보탄', '운동', 지존한 권능, 또는 신격자라고 느끼고(그의 황홀한 눈에 비친 대자연 전체는 하나의 두려운, 이글거리는 불길 같은 영상에 불과하였다) '보탄'으로부터 분출한 것이 더러 그의 내부에도 깃든다고 느꼈다면 어떨까! 그는 반드시 허구였다고는 할 수 없다. 다만 오해하여 자기가 아는 가장 참된 진실을 말하였던 것에 지나지 않는다. 위대한 정신, 모든 참된 정신은 자기가 무엇인지 모른다—가장 높은 곳과 가장 낮은 곳 사이를 오가며, 무엇보다도 자기 자신을 측정하지 못한다. 다른 사람들이 생각하는 그와, 그 자신이 생각하는 그가 서로 불가사의하게 작용하여, 결정을 짓도록 서로 돕는다. 모든 사람들이 엄숙하게 그를 찬미하고, 그 자신의 소박한 정신이 숭고한 열성과 사랑으로 충만하며, 회오리 바람 같은 혼돈의 암흑과 찬란하고 신선한 광명으로 가득 차서, 신성한 우주는 갑자기 그의 주위에 신령스런 아름다움이 넘치게 하지만, 아직껏 이와 같은 일이 아무에게도 일어난 일이 없었다고 하면 그는 자신을 무엇이라고 생각할 수 있었을 것인가? '보탄'일까? 모든 사람들은 대답하였다. '보탄'이다, 라고!

이런 경우 시간이 어떤 작용을 하였을지 생각해 보라. 만일 어떤 사람이 살아 있을 때 위대하였다고 하면 죽어서는 열 배나 더 위대해진다. 전설이란 이렇듯 거대한 암흑 상자 속의 확대경이다! 인간의 기억, 인간의 상상에 사랑과 숭배와 그 밖의 사람들의 마음속에 자리잡고 있는 모든 것이 작용하여 조장하면 하나의 사물은 엄청나게 확대되는 것이다. 더욱이 암흑과 완전한 무지 속에, 연대도, 기록도, 서적도, 아룬델 대리석^(아룬델 백작이 1624년에 모은 고대 그리스의 대리석 초상·비석들. 기원전 1582년부터 264년에 이르기까지의 그리스 역 사상 중요한 사건을 새긴 것) 따위도 전혀 없고, 다만 여기저기 침묵에 싸인 약간의 돌무더기가 있을 따름이다. 이 세상에 만일 책이 없다면, 3, 40년이면 그들을 눈으로 본 같은 시대 사람들이 모두 죽은 뒤에는, 모든 위인은 신화적 존재가 될 것이다. 하물며 300년, 3000년이면!

이런 문제를 추론해 본다 해도 아무 이익도 얻지 못할 것이다. 이들은 정리되고 도표로 만들어지는 것을 거부하는 문제들이다. 여기에 관해서 논리로 따질 수가 없다고 알아야 한다. 우리로서는 멀고 먼 저편의 거대한 암흑 상자 속에 있는 영상의 중심에서 빛나고 있는, 말하자면 진실의 미광(微光)과도 같은 약간의 광명을 보는 것, 그것의 중심은 광기(狂氣)도 무(無)도 아니며, 건전한 무엇임을 보는 것으로 만족하자. 생명이 있는 광명만을 기다리는 노스 인의 마음이라는 거대한 암흑의 구멍 속에 불이 켜진 이 광명, 이것이야말로 나에게는 모든 것의 중심으로 보인다. 어떻게 이런 광명이 빛나는가. 또는 여러 종류의 형상과 색채에서 알 수 없는 1000배의 확장력으로 어떻게 확대되어 가는가 하는 것은 이 광명에 의한 것이 아니라 오히려 이것을 받아들이는 국민의 마음에 달려 있다. 여러분의 광명의 색채와 형상은 그것이 투과한 프리즘의 광명일 것이다. 모든 인간의 가장 참된 진실은 그 사람의 본성에 따라서 형성된다는 것을 생각하면 이상하지 않은가! 나는 말하였다, 성실한 사람은 그의 동포에게 틀림없이 늘 자신에게 대자연의 참된 사실이라고 보인 것만을 말했을 것이라고. 그러나 그런 현상 또는 사실이 형성된 방법—그것이 그에게 있어서 어떤 종류의 사실이 되었느냐는 것—그것은 그 자체의 사고법칙에 의해서 변화하였고 현재도 변화하고 있다. 심오하고 미묘하면서도 보편적인, 부단히 활동하는 법칙에 의해서이다. 대자연의 세계는 모든 인간에게 있어서 그 자신의 공상(空想)이다. 이 세계는 수많은 복잡한 '그 자신의 꿈의 영상'에 불과하다. 이교(異敎)의 신화들이 어떠한 정신적 법칙의 말로 표현할 수 없는 미묘함에 의해 형성되었으리라고 누가 알 수 있으랴! 12는 모든 숫자 중에서 가장 나누기 쉬운 것, 2로도, 4로도, 3으로도, 6으로도 나눌 수 있는 가장 신기한 숫자이다—그러므로 12는 '조디악의 기호'의 숫자도, 오딘의 아들의 숫자도 되었던 것이며, 그 밖에도 12라는 숫자는 무수히 많이 쓰였다. 숫자에 관한 모든 막연한 이야기는 자연스레 12로 귀결되는 경향이 있었다. 다른 모든 일에 관해서도 이와 같다. 하물며 전혀 무의식적으로—'우화(寓話)'를 지어낼 생각은 없었다. 그러나 저 원시 시대의 청신하고 밝은 안광(眼光)은 사물의 비밀관계를 알아내는데 민감했으며, 또한 그것에 순종하는 것은 자유스러웠을 것이다. 실러는 그의 《비너스의 수놓은 금띠》에서 모든 아름다움의 본성에 대한 영원불변의 심미적 진리를 발견하고 있다. 이상한 일이다—그러나 그는 고대 그리스의 신화작가가 '비판철학'에 대해서 강의하려는 의도를 가졌다고는 암시하지 않는다! 우리는 그러한 한없는 영역을 떠나야 한다. 우리는 오딘을 하나의 실재로서 생각할 수는 없을까? 실로 오류는 많으나 순전한 허구이며, 실없는 옛말이며, 나중에 생각해낸 비유를 우리 선조가 신앙으로 삼았다고 믿을 수는 없다.

오딘의 룬 문자는 그의 중요한 특징이다. 룬 문자와 그가 이것에 의해서 이룬 '마술'의 기적은 전설상에 하나의 크나큰 이채(異彩)를 띤다. 룬 문자는 스칸디나비아의 알파벳이다. 오딘을 문자뿐만 아니라 마술을 발명한 사람이라고 상상해보라! 보이지 않는 생각을 기호에 의해서 기록한다는 것은 그때까지 인간이 이룩한 최대의 발명이었다. 이것은 또한 제2의 언어에 뒤지지 않는 것으로서, 제1의 언어에 뒤지지 않는 기적이다. 여러분은 페루 왕 아타왈파(페루의 잉카왕국 최후의 왕. 정복자 프랜시스코의 손에 암살당함)의 놀라움과 의심을 기억할 것이다. 그가 자신을 지키는 스페인 병사를 시켜서 자기 엄지손톱에 Dios(신)라고 쓰게 한 다음 이것으로 다음 병사를 시험하여 문자의 기적이 과연 가능한가 어떤가를 확인하고자 하였다는 것을 말이다. 오딘이 그의 국민들 사이에 문자를 가져왔다면 그것은 충분한 마술을 부린 것이다.

룬 문자로 사물을 쓴 것은 노스 인에게 독창성이 있었음을 말한다. 페니키아(지중해 동해안의 고대 주민)의 알파벳(이 알파벳 문자는 기원전 약 1천 년에 시작되어, 그리스·로마를 거쳐 근대 유럽 여러 나라에서 문자의 조상이 되었다)이 아닌, 스칸디나비아 고유의 것이었다. 스노리는 오딘이 시가(詩歌)를 발명했다고까지 말하였다. 인간 언어의 음악, 아울러 그것을 기적적인 룬 문자로써 기록하는 것이다. 여러 나라의 요람기, 최초의 아름다운 새벽, 만물이 아직 거룩한 여명과 같은 청신하고 생기에 찬 광명 속에 놓여 있고, 우리 유럽이 처음 생각하기 시작한 그때로 여러분 자신을 이주시켜 보라! 희망과 경탄의 무한한 광채가 마치 어린이의 생각처럼 이 강건한 사람들의 마음속에 충만하였다. 대자연의 강건한 아들인 그들에게 여기 그의 원시적이고, 빛나는 눈으로 무엇을 할 것인가를 분별하며, 원시적인 대담한 심장으로 그것을 감행하는 사나운 장수요 전사일 뿐만 아니라 또한 시인이며 선지자, 위대하고 경건한 사상가·발명가 모든 것을 겸비한 인물—진정한 위인이란 항상 그러하다. 영웅은 모든 면에서 영웅이다. 특히 무엇보다도 그의 정신과 사상에서 그러하다. 오딘은 거칠고 충분히 분명하진 않았지만, 하고자 하는 말이 있었다. 위대한 우주와 그 속에서의 인간의 삶을 받아들이고 그것에 대해서 위대한 말을 하려는 마음이 있었다. 그렇게 원시적이면서도 현명하고 천재적이며, 고상한 마음을 가진 그 사람은 실로 영웅이었다. 이와 같은 사람을 두고 우리가 아직도 다른 어떤 사람보다도 더 감탄하고 있는데, 처음으로 생각이라는 것에 눈이 뜬 미개한 노스 인들에게는 그가 어떻게 보였을 것인가! 아직도 그것에 이름을 붙이지 않은 그들에게는 그는 가장 고상한 인물이요, 영웅·선지자·신(神)인 동시에 만물 중 가장 거룩한 존재인 보탄이었다.

사상은 사상이다. 어떻게 말하든지 어떤 글로 쓰든지, 본질적으로 말하면 오딘은 인간 중 가장 위대한 자와 같은 부류였을 것이다. 그의 원시적인 깊은 심령에 깃들인 사상! 그의 입에서 나온 미숙한 언어, 그것이 우리가 아직 쓰고 있는 영어의 근원이 아니냐? 저 어두운 세상에서 그는 그렇게 일하였다. 그러나 그는 그 세상을 비추는 광명이었다. 지혜의 광명, 고상한 마음이라는 광명이었다. 이것은 아직까지도 인간이 가진 유일한 광명이다. 실로 그는 영웅이었다. 그는 거기서 빛나 어두운 세상을 더 밝게 하였다―이것은 아직까지도 모든 인간의 사명이다.

우리는 그를 전형적인 노스 인, 튜턴민족이 일찍이 낳은 가장 훌륭한 사람이라고 상상해보자. 그의 주위를 둘러싼 소박한 노스 인의 마음은 끝없는 찬미와 동경·숭배로 넘쳤다. 그는 많은 위대한 것의 근원이 되어, 그의 열매는 튜턴민족의 생활 전체에 걸쳐 수천 년의 깊이에서 양분을 얻어 자라고 있다. 우리의 수요일(Wednesday)은 아직도 오딘의 날(Odin's Day)이 아닌가? 웬즈버리·완스버러·완스테드·완즈워드, 오딘은 이러한 영국 지명에서도 뿌리 내리고 아직도 자라나고 있다! 그는 모든 튜턴민족의 주신(主神)이며 그들의 전형적인 노스 인이다. 이와 같이 그들은 그들의 전형적 노스 인을 숭배하였으며, 이것이 오딘이 세상에서 받은 운명이었다.

이리하여 오딘은 완전히 사라지고 말았지만, 그의 거대한 그림자는 아직도 그의 국민의 역사 전체를 덮고 있다. 이 오딘을 신으로 인정하면, 고대 스칸디나비아 인의 우주관 또는 막연한 무(無) 체계가, 그것이 과거에는 어떤 것이었든지 간에, 이제는 전혀 다르게 발전하여 새로운 방식으로 생장하기 시작하였으리라는 것을 우리는 쉽게 납득할 수 있다. 오딘이 들여다본 것, 그의 룬 문자와 운율로 가르친 것을 튜턴민족은 마음에 새기고 계승하였다. 오딘의 사고방식은 그들의 사고방식이 되었다―모든 위대한 사상가의 역사는 새롭지만, 예전의 것과 같은 것이다. 과거의 죽은 밑바닥으로부터 올려 던져져 북방의 하늘 전체를 덮는 일종의 거대한 암흑상자 속의 형상처럼, 웅장하고 혼란한 윤곽을 지닌 스칸디나비아 신화는 오딘의 일종의 초상화가 아닌가? 그의 거대한 얼굴이 알아볼 수 있게 또는 없게, 거기 그와 같이 확대되고 얼버무려져 있는 것이다. 아, 사상은 언제나 사상이다. 위인은 결코 헛되이 살지 않는다. 세계 역사는 위인들의 전기에 지나지 않는다.

이 영웅정신의 원시적 모습에는 나를 감동시키는 그 무엇이 있다. 곧 한 영웅을 그의 동포가 이처럼 꾸밈없이, 진심으로, 전적으로 받아들이는 뒷면에서 말이다.

겉으로는 실로 보잘것없으나 이것은 가장 숭고한 감정이며, 어떠한 형태로든지 인간 자체와 마찬가지로 불멸의 감정이다. 내가 오랫동안 느낀 것을 조금이라도 보여줄 수 있다면 이것이야말로 인간의 필수적 요소이며, 이 세상에서의 인간 역사의 영혼이다―지금 하는 이 강연도 여기에 주로 쓸모가 있는 것이다. 우리들은 오늘날 우리들의 위인을 신이라 부르지 않으며 또한 무제한으로 찬미하지도 않는다―아니 오히려 지나칠 만큼 충분한 제한을 가하고 있

오딘
북유럽 신화에 나오는 주요 신들 가운데 하나. 8개의 다리가 달린 말을 타고 있는 모습. 스웨덴 고틀란드에서 출토된 석관.

다! 하지만 우리들이 어떠한 위인도 가지지 않고, 또 전혀 찬미하지도 않는다면 더욱더 해로운 일이 생기리라.

이 변변치 못한 스칸디나비아의 영웅숭배, 노스적(的)인 우주관, 그리고 그곳에 자신을 조화시키는 것은 우리에게 있어서 절대적인 가치가 있는 일이다. 대자연의 신성함, 인간이 신성함을 어린이처럼 초라하고 지극히 소박하지만 진심으로 굳세고 거대하게 인식하는 것은, 이 어린이가 얼마나 거대하게 성장할 것인가를 암시한다! 그때는 그것이 진리였다. 그러나 지금은 아니다. 이것은 말하자면 오랫동안 매장된 세대들인 우리의 조상의 짓눌린 음성이, 혈관 속에 아직도 그들의 피가 흐르는 우리들을 향하여 시간이 밑바닥에서 외치는 것 같지 않은가? "자, 이것이 우리들의 세계관이다. 이것이 인생과 우주라는 이 위대한 신비(神秘)에 관해서 우리가 형성한 모든 형상이며 관념이다. 경멸하지 말라. 너는 그것을 뛰어넘어 높이 올라서, 넓고 자유로운 시야를 가지게 되었다. 그러나 너도 정상에 다다른 것은 아니다. 그만큼 더 넓어졌다고 하지만 너의 관념은 아직 부분적이고 불완전하다. 그것은 어떤 인간도 결코, 시간 안에서도 시간 밖에서도 이해할 수 없는 물건이다. 몇천만 년에 걸쳐 그치지 않고 시야를 넓혀도, 인간은 다만 이것의 일부분만 이해하려고 애쓰고 있는 자신을 보게 될 것이다. 이것은 인간보다 크다. 인간으로서는 이해할 수 없다. 하나의 무한(無限)이다!"

스칸디나비아 신화의 핵심은, 모든 이교(異敎)의 신화처럼 자연의 신성함에 대한 인식과, 인간을 둘러싼 세계에서 작용하며 눈에 분명히 보이는, 눈에 보이지 않는 신비한 여러 가지 힘과 인간의 성실한 소통에 있음을 우리는 본다. 이것은 내가 아는 다른 어느 신화에서보다도 스칸디나비아 신화에서 더 성실하게 행하여졌다. 성실이야말로 그것의 위대한 특징이다. 고대 그리스신화의 우아함은 전혀 갖추고 있지 않으나, 한층 더 성실함으로써 우리에게 위안을 준다. 성실은 아름다움보다 낫다고 나는 생각한다. 이들 고대 노스 인들은 열린 눈과 영혼으로 자연을 들여다보았다고 나는 생각한다. 가장 진지하고 정직하며 어린이다우면서도 성인다운 눈과 영혼을 가지고, 위대한 단순성과 깊이와 청신함을 가지고, 진실하고 사랑스럽고 경탄스럽고 두려워하지 않는 태도를 가지고, 자연을 관찰했다고 나는 생각한다. 그들은 진정 용감하고 진실한 고대 인종이었다. 자연에 대한 이러한 인식은 이교(異敎)의 주요한 요소이다. 인간과 그의 윤리적 의무에 대한 인식도 없지는 않았으나, 이것은 더 순수한 형태의 종교에 있어서만 주요한 요소로서 등장한다. 여기에 인간의 신앙상 한 가지 큰 구별과 한 가지 큰 기원이 있고, 인류의 종교적 발전에서의 하나의 큰 경계표가 있다. 인간은 먼저 자신을 대자연과 그의 여러 가지 힘과 관련시키고, 이들에게 경탄과 숭배를 바친다. 모든 힘은 윤리성을 띠며, 중대한 것은 선과 악, 해야 할 일과 해서는 안 되는 일을 구별하는 것임을 알게 되는 것은 훗날의 일이다.

《에다》에 있는 우화적인 묘사는 이미 암시한 바와 같이 훨씬 후세의 것이라고 본다. 그리고 처음부터 그것은 고대 노스 인들로서는 문자적인 것으로, 이른바 일종의 시적인 유희였다. 우화와 시적 묘사는 위에서 말한 바와 같이 종교적 신앙이 될 수 없다. 마치 정신을 에워싸고 몸이 있듯이, 신앙이 먼저 있고 그 뒤에 그것을 에워싸고 이야기가 생긴다. 노스 인의 신앙은 다른 모든 신앙처럼 주로 침묵의 상태에 놓여 있을 때 가장 활발하였으며, 그때는 아직도 자신에 대하여 할 말도 많지 않았고 또한 부를 노래는 더욱 적었다.

그들의 시가적 신화에 있어서의 모든 가공적인 주장과 전설에 묻혀 몽롱하게 되어버린 《에다》의 내용 중에 사람이 가질 수 있는 실제적 신앙의 핵심은 아마 다음 정도였을 것이다. 즉 발키리(전사한 용사를 '오딘의 궁전'으로 안내해 가기 위해 파견된 전쟁의 처녀들)들과 오딘의 궁전에 관한 것, 운명은 피할 길이 없다는 것, 인간에게 필요한 유일한 것은 용기라는 것들이다. 발키리는 전사자를 선택하는 자이다. 굽히거나 유화(柔和)하게 하려고 해도 소용없는 절대적 운명이 전사할 사람을 선정한다. 이것이 노스 인의 신앙에서 근본적인 요점이었다. 아니, 이것은 실로 모든 곳의 모든 진지한 인간인 마호메트, 루터, 나폴레옹에게 있어서도 그러하다. 이러한 모든 사람의 밑바닥에는 이것이 있다. 그러한 사람의 사상의 모든 체계는 이것을 기초로 삼고 짜여져 있다. 사자(死者)를 선택하는 발키리들이 용사들을 천상의 '오딘의 궁전'으로 안내해 간다는 것, 오직 저 저열하고 비굴한 자들만이 다른 곳에 내던져져 죽음의 여신 헬라의 나라에 떨어진다는 사실, 이것이 노스 인이 갖는 신앙의 근본정신이라고 나는 생각한다. 그들에게 절대로 필요한 것은 용기이다. 용감하지 않으면 오딘은 반기지 않고, 오히려 경멸하고 내던진다고 그들은 알고 있었다. 여기에 무언가 의의가 있지 않은가 생각해 보라! 이 용감해야 한다는 의무는 예나 지금이나 변치 않는 영원한 의무이다. 용기(Valour)는 여전히 가치(Value)이다. 사람의 첫 번째 의무는 여전히 공포를 정복하는 것이다. 우리는 공포를 제거해야 한다. 그때까지는 우리는 전혀 행동할 수가 없다. 공포를 발 밑에 눌러 딛고 서기 전까지 사람의 행동은 노예적인 것이다. 진실하지 않은 흉내에 불과하다. 사람의 생각은 허위이다. 그는 노예처럼 겁쟁이처럼 생각한다. 그 진정한 핵심을 찾아낸다면 오딘의 신조는 현대에도 진리이다. 사람은 용감해야 하고 용감하지 않을 수 없다. 사람은 앞으로 전진하며 사람답게 행동하지 않으면 안 된다—태연자약하게 하늘에 있는 여러 신들의 지시와 선택에 자신을 맡겨야 한다. 다시 말해 공포를 모두 없애야 한다. 지금이고 언제고 공포에 대한 그의 승리의 완전성이 사람된 정도를 결정한다.

의심할 것도 없이 노스 인의 이러한 용기는 매우 원시적이었다. 그들은 전사(戰死)가 아닌 죽음은 수치이며 불행으로 생각하였다. 만일 자연적인 죽음이 다가오면, 전사한 용사로서 오딘이 반겨주도록 몸에 상처를 냈다고 스노리는 말하고 있다. 고대의 왕들은 임종이 가까우면 한 척의 배에 몸을 실었다. 곧 배는 돛을 올리고 서서히 불에 타기 시작하면서 떠나간다. 바다 한복판에 나가면 불이 크게 타올라, 하늘과 바다 한가운데에서 늙은 영웅에 어울리는 장엄한 종말을 맞이하도록! 원시적이고 처절한 용기, 그러나 훌륭한 용기이다. 그대의 해양왕들도 (고대와 중세의 북유럽 해적왕) 굴복치 않는 얼마나 강한 기상을 가졌던가! 내가 상상하기로는 묵묵히 입을 다물고 자기가 특별히 용감하다고 의식하지 않고, 미쳐 날뛰는 대양(大洋)과 늠실대는 괴물과 모든 인간도 겁내지 않았다—우리의 브레이크, 넬슨 같은 용사들의 선조이다! 이들 노스의 해양왕을 노래한 호메로스는 없으나, 그들 중 어떤 왕과 비교해도 아가멤논의 용맹은 오히려 미약하고 세상에 준 열매도 적다. —이를테면 노르망디의 흐롤프 (일명(一名) 롤로, 유명한 중세의 해양왕으로, 북해 연안을 점령하고 센 강을 거슬러 올라와 루앙을 함락시켰다. 프랑스왕 샤를 3세는 화평을 청하고 그를 노르망디 공(公)으로 책봉하였다) 같은 사람에 비교하면, 흐롤프 즉 노르망디 공(公) 롤로, 이 용감한 해양왕은 오늘의 영국을 통치하는 데도 참여하고 있다.

그리고 그렇게 오랜 세월에 걸쳐 바다를 떠돌면서 싸운 것도 전혀 공연한 일은 아니었다. 확실히 해야 할 것은, 누가 가장 강한 사람이며 누가 누구를 지배해야 마땅한가 하는 일이다. 노스의 왕들 가운데에는 또한 벌목왕(伐木王)이라는 별명을 가진 왕이 두셋 있었다. 이들은 삼림벌채의 왕이다. 이 사실은 많은 것을 의미한다. 그들 가운데 많은 왕들은 전쟁의 왕일 뿐만 아니라 벌목의 왕이었다. 그러나 스칼드 (고대 북유럽의 음유시인)들은 주로 전쟁에 관해서만 노래하여 많은 사람들에게 그릇된 인상을 주었다. 왜냐하면 어떤 민족도 전쟁만으로는 살 수 없다. 그것만으로는 충분한 생산을 기대하지 못한다! 정말 전쟁을 잘한 사람은 또한 정말 벌목도 잘한 진정한 개혁가·판별자(判別者), 모든 분야에서의 실천자, 일꾼이었다고 나는 생각한다. 왜냐하면 진정한 용기는 흉포한 것과 달라서 모든 것의 기초를 이루기 때문이다. 그것은 더 바른 종류의 용기로서, 야생의 삼림, 자연의 어둡고 가혹한 힘과 싸워 우리를 위해서 자연을 정복해 준다. 그들의 자손인 우리도 같은 방향으로 계속해 싸워오지 않았던가? 그러한 용기가 우리와 영원히 함께 하기를!

오딘은 하늘에서 내려오는 듯한 장엄한 소리로, 영웅의 음성과 마음으로 그의 민족에게 용기의 무한한 중요성과 그것으로써 인간은 신이 될 수 있음을 말하였다. 그리고 그의 민족은 그에 대한 호응을 자신들의 마음에 느끼고, 그의 말을 믿고, 그것은 하늘이 보내준 사명이며 그 말을 한 그는 신이라고 믿었다. 이것은 노스 인의 종교의 맨처음 씨앗이며, 이것으로부터 온갖 종류의 신화, 상징적인 습관·우화·시가 및 전설이 자연히 발생하였다. 생장(生長)—얼마나 기묘하게 생장하였던가! 나는 그것을 광대한 노스의 암흑 천지에 빛나며 형성되어 가는 작은 광명이라고 불렀다. 그러나 그 암흑이 살아 있었다는 것을 생각해 보라. 그것은 오직 분명한 소리를 가지고, 끊임없이 더욱 더 분명한 소리를 가지려고 갈망하는, 열렬하지만 불분명하고 교화되지 않은 노스 민족 전체의 영혼이었다. 마치 바니안 나무(인도의 신령 스런 나무)처럼 생명이 있는 교리는 생장하고 또 생장한다. 최초의 씨야말로 필수적이다. 땅에 내려 드리우는 가지가 모두 새로운 뿌리가 되고 끝없이 생장해서, 끝내는 숲이 되고 밀림이 된다. 이 전체의 근본은 한 알의 씨이다. 그러므로 노스 인의 종교 전체가 근본에 있어서는 위에서 말한 바와 같이 '이 사람의 거대한 그림자'가 아니었던가? 비평가들은 천지창조 등에 대해서, 노스의 신화가 인도의 신화와 상당히 유사하다는데 주의하고 있다. 아우둠라라는 암소가 '바위 위에서 흰 서리를 핥아먹는 것'은 인도 신화와 유사하다. 인도의 암소가 서리의 나라로 옮겨진 것이다. 의심할 것 없이 우리는 이렇게 말할 수 있을 것이다. 이러한 사물은 멀고 먼 땅, 원시의 시대와 상통하는 바가 있음에 틀림없다고. 사상은 죽지 않고 다만 달라질 뿐이다. 이 지구상에서 처음 생각하기 시작한 사람이 모든 것을 시작한 사람이다. 그의 뒤를 이은 제2, 제3의 인물—아니 오늘날에 이르기까지의 모든 진정한 사상가는 일종의 오딘이다. 그의 독특한 사고방식을 사람들에게 가르쳐주고, 세계 역사의 여러 분야에 그의 그림자를 던진다.

노스 인의 신화가 지닌 특이한 시적 성격 또는 가치에 관해서 말할 여유가 없다. 또 그것은 우리가 그다지 관심을 갖게 하지도 않는다. 옛 《에다》의 뵐루스파(무당의 노래라는 의미로, 옛 《에다》의 맨 처음 에 있던 것이며, 천지창조를 기록한 것이다)와 같이 황당무계한 예언이 더러 있다. 이것은 황홀하고 열성적인 무녀(巫女)의 노래이다. 그러나 상대적으로 말해서 이것은 알맹이에 덧붙은 물건에 지나지 않으며, 말하자면 후세의 스칼드들이 장난을 한 것이다. 살아 있는 것은 주로 '그들의' 노래이다. 그 노래가 마음 밑바닥으로부터가 아닌 전혀 마음에서도 우러나지 않게 된 뒷날의 세기에 있어서, 이것은 현대 화가들이 그림을 그리는 식으로, 그저 시적으로 사물을 상징하면서 노래로서 계속 불려질 것으로 생각된다. 이것은 어디서나 잘 기억해야 한다.

그레이(1716~1771, 영국 시인. 오딘의 하계행 등의 고대 전설에 주제를 둔 시가 있다)의 노스 가요의 단편(斷片)은 그 개념을 주지 못하리라—포프(1688~1744, 영국 시인. 호 메로스의 시를 번역하였다)가 호메로스의 개념을 주지 못하는 것처럼. 그것은 그레이가 묘사한 바와 같은 공포에 사로잡힌, 검은 대리석으로 지은 방형(方形)의 음산한 궁전이 아니다. 그것은 북방의 암석처럼, 아이슬란드의 광야처럼 황량하다. 그처럼 무시무시하면서도 성심, 소박, 그리고 명랑한 색조와 건전한 웃음까지 지니고 있다. 굳센 고대 노스 인의 마음은 연극적인 장엄미를 꾸미지는 않았다. 그들은 공포를 느낄 시간도 없었다. 그들의 건강한 단순성, 그들의 진실성, 개념의 간략함을 나는 몹시 좋아한다. 토르 신(神)은 진정한 노스 인처럼 분노하여 미간을 찌푸리고 '손마디가 하얘질 때까지 그의 철퇴를 움켜잡는다. 그들에게는 아름다운 인정도 있었다. 백색의 신 발데르가·죽는다. 미와 자비의 신, 태양신이다. 여러 신들은 온갖 방법을 다하여 치료하고자 하였으나 그는 죽었다. 그의 어머니 프리가(오딘의 아내)는 헤르모데르(그리스 신화의 헤르메스에 해당하는 가장 신속한 신(神))를 저승으로 보내서 그를 찾아오게 한다. 헤르모데르는 아흐레 낮 아흐레 밤을 무시무시한 깊은 골짜기, 암흑의 미로 속을 말을 타고 달려 황금 지붕이 있는 다리에 도착한다. 이 다리를 지키는 자가 말한다. "과연 발데르는 이 다리를 건너갔다. 그러나 사자(死者)의 나라는 저 아래, 먼 북쪽에 있다." 헤르모드는 그대로 말을 달려 저승의 문, 헬라의 문을 뛰어넘어 발데르를 만나 이야기까지 한다. 그러나 발데르를 구출할 수는 없다. 절대로! 오딘 또는 어떤 신이 원한다 해도, 헬라는 발데르를 내주려 하지 않는다. 아름답고 어진 자는 거기 있어야만 한다. 그의 아내도 그와 같이 죽기를 원해서 스스로 그곳에 와 있었다. 그들은 영원히 그곳에 있어야만 한다. 발데르는 자기의 반지를 뽑아서 기념물로 오딘에게 보내고, 그의 아내 난나는 골무를 뽑아서 프리가에게 보낸다.

진정 용기는 인정의 샘이며, 위대하고 어진 모든 것의 샘이다. 이런 이야기 속에 나타나는 노스 인의 강건하고 소박한 용기는 무척 마음을 끈다. 울란트(1787~1862, 독일 시인)는 토르 신에 관해서 훌륭한 논문을 썼다. 그는 고대 노스 인이 이 천둥의 신을 벗으로 삼았다는 것은 정녕 순수하고 올바른 힘의 증거가 아닌가라고 말한다. 그의 철퇴에 놀라 달아나지 않고, 여름철 더위, 아름답고 고상한 여름은 천둥을 반드시 가져야 한다고 생각한 것은! 노스 인의 마음은 이 토르 신(神)과 그의 철퇴를 사랑하고 그와 더불어 희롱한다. 토르는 여름의 더위와 천둥뿐만이 아니라 평화로운 산업의 신이다. 그는 농부의 친구이다. 그의 진정한 조수는 티알피(토르의 아들이 된 농부의 아들, 가장 빠른 발을 가지고 있었음), 즉 신체적 노동이다.

토르 신 자신도 온갖 종류의 힘든 노동을 하며, 아무리 평민적인 일도 경멸하지 않는다. 항상 쉬지 않고 요툰의 나라로 원정해서, 그들을 괴롭히고 해를 입힌다. 이런 사건에는 일종의 웅대한 유머가 있다.

토르는 위에서 말한 바와 같이 요미르의 나라로 가서 히미르의 가마솥을 구하였다. 그것으로 신들이 마실 맥주를 만들려는 것이었다. 회색 수염에 서리가 허연 히미르가 나타났다. 눈으로 한번 쏘아보기만 해도 기둥이 갈라진다. 토르는 일대 활극을 벌인 끝에 그 솥을 빼앗아 머리에 썼다. '솥의 고리가 발꿈치까지 닿는' 솥이었다. 노스의 시인들은 이와 같이 토르를 다정하게 희롱한다. 이것이야말로 빙산들을 가축으로 삼는 (비평가들이 발견한) 히미르이다. 거대하고 미개한 브롭딩나그 ^(영국의 소설가 스위프트의 《걸리버 여행기》에 나오는 거인국)의 천재—만약 배웠다면 셰익스피어·단테·괴테가 되었을 것이다! 저 고대 노스 인의 사업들은 지금은 없다. 천둥의 신(神) 토르는 거인을 죽인 잭 ^(영국의 옛 이야기에 나오는 소년영웅)으로 변하였다. 그러나 그것을 지어낸 마음은 아직도 세상에 있다. 사물들이 생성·사멸하며, 또 사멸하지 않는 것이 그 얼마나 이상한가? 노스 인의 신앙이라는 저 위대한 세계를 덮었던 나무의 잔가지는 아직까지도 살아 있다. 하늘을 나는 구두, 몸을 숨기는 외투, 무엇이든지 베는 검(劍) 등을 가진 동화 속의 가련한 잭이 그 하나이다. 하인드 에틴 ^{(선(善)한 영혼의 뜻)}, 그리고 특히 '아일랜드의 붉은 에틴'은 스코틀랜드의 가요에 남아 있지만, 이들은 다 노스 인의 나라에서 건너온 것이다. 에틴은 분명히 요툰이다. 아니, 셰익스피어의 《햄릿》도 또한 이와 같은 세계수(世界樹)의 가지 하나가 생장한 것이다—자연인지 우연인지 그 가지는 생장하였다!

사실, 이들 고대 노스의 시가들은 그 속에 진실을 지니고 있다. 내재적인 영원한 진리와 위대함을 지니고 있는 것이다—전설만으로 매우 오래 보존될 수 있는 모든 것이 지니고 있는 것과 같이. 그것은 단순한 몸이나 또는 거대한 형상의 위대함이 아니라 정신의 소박한 위대함이다. 이들 고대인의 마음 속에는 숭고하고 불평을 하지 않는 우울성(憂鬱性)이 있다. 사상의 밑바닥까지 파고 들어가는 위대하고 자유로운 눈빛이 있다. 모든 시대의 모든 사람에게 명상이 가르쳐 준 것, 즉 이 세상은 결국 하나의 광대놀이—환상 또는 허울이며 진실이 아니라는 사실이 이 용감한 노스 인들에게는 보인 것이다. 모든 심오한 영혼은 그것을 꿰뚫어 본다. —인도의 신화작가 ^{(감각 세계의 공허를 가르친 신화시}

《기타고빈다》를 쓴 12세기 작가), 독일의 철학자 (칼라일은 《노발리스 논(論)》에서, 칸트 이후의 독일 철학자들은 / 물질의 존재를 부인하는 것을 근본원리로 삼고 있다고 설명하였다) ─셰익스피어, 위대한 사상가는 모두 그것을 꿰뚫어본다.

우리는 꿈과 같은 물건이다.

셰익스피어 극 《템페스트》 제4막 제1장

토르의 여러 원정 중 우트가르드(외원(外圍)이란 뜻, / 요툰 국(國)의 중심지)에 대한 것은 이런 점에서 특히 주목할 만하다. 티알피와 로키도 함께 갔다. 온갖 모험 끝에 그들은 거인의 나라로 들어가 황량한 벌판을 건너고 바위와 숲이 우거진 산 속을 방황하였다. 해가 저물어 집 한 채를 보았는데, 이 집은 한쪽 면 전체가 문이었다. 그 문이 열려 있었으므로 안으로 들어갔다. 그것은 아주 간소한 집으로, 집 전체가 거대한 방 하나였고 텅 비어 있었다.

그들은 거기서 묵었다. 그런데 한밤중에 갑자기 큰 소리가 나서 모두 깜짝 놀랐다. 토르는 철퇴를 들고 문앞에 버티고 서서 싸울 자세를 취했다. 그의 동행자들은 겁이 나서 갈팡질팡하며 달아날 구멍만을 찾다가, 마침내 작은 방 하나를 발견하고 그 속에 숨었다. 그러나 싸움은 벌어지지 않았다. 이튿날 아침 알고 보니 그 큰 소리는 스크리미르라는 거인이 그 근처에 누워 자며 코를 고는 소리였다. 그리고 집이라고 생각한 것은 거기 벗어던진 그의 장갑이었다. 문으로 안 것은 장갑의 팔목이고, 도망쳐 들어간 작은 방은 엄지손가락 구멍이었다. 이 장갑은 우리 장갑처럼 손가락 구멍이 여러 개 있지 않고 엄지손가락이 들어갈 데만 따로 있고 나머지는 하나로 되어 있었다─아주 오랜, 벙어리 장갑!

스크리미르는 이제 이들의 짐을 종일 날라 주었다. 그러나 토르는 그의 태도를 수상하게 여기어 의심을 품고 밤에 그가 잠들어 있을 때 죽이려고 결심하였다. 철퇴를 높이 치켜들고 바위라도 깨려는 듯이, 거인의 얼굴에 정말 벼락을 떨어뜨렸다. 거인은 눈을 조금 뜨고 볼을 쓰다듬으며 나뭇잎이 하나 떨어졌나 할 뿐이었다. 스크리미르가 다시 잠이 들자마자 토르는 또 때렸다. 전보다도 더욱 세게. 그러나 거인은 모래알이라도 떨어졌나 하고 중얼거렸다. 토르는 이번에는 두 손으로 철퇴를 들고 때렸다. (아마 손마디가 하얘졌을 것이다) 이번에는 스크리미르의 얼굴이 찌그러질 것이라고 생각하였다.

그러나 다만 코고는 소리를 그치고, 나무에 참새들이 있나, 고놈들이 뭘 떨어뜨렸을까 하고 중얼거릴 뿐이었다.

이윽고 우트가르드의 대문 앞에 가서 스크리미르와 작별하였다. 그 대문은 어찌나 높은지 꼭대기를 보려면 목을 뒤로 젖혀야만 하였다. 토르의 일행이 그 안으로 들어가자 한창 거기서 벌어진 내기에 끼라는 초청을 받았다. 토르에게는 뿔로 된 술잔을 주면서 이것을 단숨에 다 마시라고 하면서 그것은 쉬운 일이라고 말했다. 토르는 쭉쭉쭉 힘껏 세 번이나 마셨지만 조금도 자리가 나지 않았다. 이런 허약한 애를 봤나, 저기 보이는 고양이는 들 수 있을까, 라고 그들은 말하였다. 대수롭지 않은 일 같았으나 토르는 있는 힘을 다하여서 겨우 고양이의 목을 조금 치켜올렸을 뿐 고양이의 발은 여전히 땅에 버티고 서 있다. 겨우 다리 하나만 약간 올릴 수 있을 뿐이었다. 우트가르드의 사람들은 '너는 사나이가 아니구나, 저기 저 할머니하고 씨름을 해보면 어때' 라고 하였다. 토르는 부끄럽게 생각하고 그 마른 노파에게 달려들었으나 넘어뜨릴 수가 없었다.

일행이 우트가르드를 떠날 때 괴수 요툰이 정중히 전송을 나와서 토르에게 말하였다. "지셨지만 그다지 부끄럽게 여기지 마시오. 눈을 속였으니까요. 당신이 마시려고 한 그 잔은 바다였소. 썰물이 일더군요. 무한한 바다를 누가 마셔버릴 수 있겠소! 당신이 든 고양이는 미드가르드 뱀(미드가르드는 중원(中園)이란 뜻, 인류가 사는 세계. 이 세계의 바깥을 요른문 간다는 뱀이 감싸고 있다)이었소. 그것이 꼬리를 입에 물고 온 세상을 둘러싸고 있기 때문에 세상이 무사히 있는 것이오. 그것을 들어올렸더라면 세상은 무너져버렸을 것이오. 그리고 그 노파는 시간이었소. 누가 시간과 씨름을 할 수 있겠소? 사람도 신도 안 되오. 시간은 사람도 신도 모두 지배하오! 그리고 당신이 나를 세 번 때린 것은—저 세 개의 산골짜기를 보시오. 당신이 만든 것이오." 토르가 상대를 다시 바라보니 그것은 스크리미르였다. 노스 신화를 설명하는 사람들은, 스크리미르는 다름 아닌 고대의 황량한 땅이었으며, 장갑의 집은 땅의 깊고 넓은 구멍이었다고 한다! 그러나 스크리미르는 사라졌다. 아득한 하늘에 대문이 있는 우트가르드도 토르가 철퇴를 들고 때려부수려 하니 공중으로 사라지고 거인의 조롱하는 목소리만 들려왔다. "요툰의 나라에 두 번 다시 오지 않도록 하시오!"

이것은 우화시대의 것, 따라서 반유희적·예언적인 종류, 완전히 경건한 종류의 것은 못된다. 그러나 신화로서는 그 속에 진정한 고대 노스의 순금이 들어 있지 않은가? 미미르(북유럽 신화에서, 지혜의 샘을 지키는 거인. 바니르 신족들에게 살해되어 / 그의 머리가 오딘에게 입수되었기 때문에, 오딘은 지혜를 얻었다고 함)로부터 얻은 대로, 그러나 그보다 더 잘 구성된 수많은 유명한 그리스 신화보다 더 많은 순금을 가지고 있다! 이 스크리미르에게는 진정한 쾌활성이, 브롭딩나그적(的)인 광대한 웃음이 있다. 마치 무지개가 검은 태풍에서 오듯이 이 쾌활성은 진지성과 설움에서 온다. 오직 진정으로 용감한 자만이 그것을 가질 수 있다. 이것은 우리들의 벤 존슨(1573~1637, 셰익스피어와 / 같은 시대의 영국 시인)의 우울한 유머이며, 우리의 피 속에도 흐르고 있다. 그것은 아직도 아메리카의 깊은 숲에서 다른 형식으로 찾을 수 있다.

저 라그나뢰크, 즉 종말 또는 신(神)들의 황혼이라는 개념도 매우 특이하다. 이것은 《뵐루스파》의 노래 속에 나오는데, 몹시 오랜 예언 사상처럼 보인다. 신들과 요툰들, 즉 신성한 모든 세력들과 혼미한 수성(獸性)이 오래 싸워 신들이 더러 이기기도 한 뒤, 마침내 전면적, 세계적으로 결투를 벌이게 된다. 세계를 감싼 뱀과 토르, 힘과 힘이 맞붙어 싸워 서로 죽고, 전 우주는 파멸·암흑 속에 잠겨 들어가는 '황혼' 속으로 삼켜진다. 신들이 있던 옛 세계는 침몰하였으나 그렇다고 아주 사멸을 의미하지는 않았다. 새로운 하늘과 새로운 땅이 있게 된다. 더 숭고한 단일신과 정의가 인간을 지배하게 된다. 인간의 영혼에 가장 깊이 새겨진 이 윤회의 법칙이 이들 오랜 옛적의 진지한 사상가들에 의해 소박하나마 설명되었다는 점은 재미있다! 만물은, 심지어 신들마저 죽는다. 그러나 모든 사멸은 피닉스(불사조 아라비아 사막에 단 한 마리 산다 / 는 새로서 600년에 한 번씩 이집트의 헬리오폴리스 시(市)에 가서 스스로 자기 몸을 태워 제단의 재가 된 뒤, 그 재 속에서 다시 / 젊고 아름다운 자태로 소생하여, 또 600년을 살며 이같이 영원히 윤회전생한다고 함)가 불에 타서 다시 살아나듯이, 더 위대하고 어진 것으로 새롭게 탄생하는 데 지나지 않는다! 이것은 시간으로 만들어져 있으며, 희망의 땅에 살고 있는 생물의 근본적인 생존법칙이다. 모든 진지한 사람들은 이것을 보았으며 앞으로도 볼 것이다.

이것과 관련하여 이제 토르가 출연하는 마지막 신화를 잠시 고찰하고 마치기로 한다. 이것은 연대로 보아도 이 종류의 옛 이야기의 마지막 것이며, 밀려오는 기독교에 대한 비분에 찬 항의—어떤 보수적인 이교도에 의해 비난조로 제기된 것으로 생각된다. 울라프왕(995~1033, 노르웨 / 이 왕 울라프 2세)은 기독교를 이입(移入)하는데 너무 열성을 보여 심한 비난을 받았다. 그러나 나로 말하자면 그와 반대로 너무 열성을 보이지 않았더라면 오히려 더 한층 비난했으리라. 그러나 그는 열성을 보인 값을 비싸게 치렀다. 즉 이교(異敎)를 믿는 민중이 반란을 일으켜, 그 전란 중인 1033년에는 트론헤임 부근의 스티클레스타드에서 전사하였다. 그 뒤 이곳에는 성도가 된 울라프를 추모하여 세운 노스의 총본산(總本山)인 큰 교회가 건립되어 지금까지 여러 세기 동안 서 있다.

토르에 관한 신화란 대략 다음과 같다. 기독교로 개종한 울라프왕은 적절히 호위를 거느리고 노르웨이 연안을 순항하며 정의를 행하고 또 왕으로서의 그 밖의 사명을 다하고 있었다. 어느 항구를 떠나면서 보니 위엄있는 눈과 풍채, 붉은 수염, 그리고 건장한 체구를 가진 이상한 사람이 타고 있다. 왕의 신하들은 이 사람과 대화를 했는데, 그의 대답이 어찌도 적절하고 깊이가 있는지 놀라울 정도였다. 그래서 왕에게로 데리고 갔다. 이상한 사람의 대화는 여기에서도 역시 놀랍다. 이때 배는 아름다운 연안을 따라 가고 있다. 얼마쯤 있다가 그는 왕에게 이렇게 말한다. "그렇습니다. 울라프왕, 실로 아름답습니다. 저기 저렇게 햇살이 쏟아지고, 푸르고 비옥한 땅은 사람들이 살기에 실로 알맞은 아름다운 나라입니다. 그러나 그렇게 만들기 위해, 토르 신께서는 오랜 세월 바위산의 요툰들과 치열한 싸움을 전개하셨습니다. 그런데 왕은 토르 신을 배척하기로 결심하셨나 봅니다. 울라프왕, 조심하시오!" 이상한 사람은 이렇게 말하며 눈을 흘기었다. 그리고 다들 다시 살펴보았을 때 그 사람은 벌써 사라지고 자취도 없었다. 이것이 토르 신이 이 세상의 무대에 마지막 나타난 장면이다.

신화는 어느 편에서 보아도 허위성을 띠지 않고 생길 수 있음을 여기서 잘 볼 수 있지 않은가? 대부분의 신은 이와 같이 인간세계에 그 모습을 나타낸다. 핀다로스(서기전 522?~442? / 그리스의 시인)의 시대에 바다의 신(神) 넵튠이 네메아의 경기대회(네메아는 그리스의 아르골리스 땅에 있는 지명. 유명한 제우스 신(神)의 성전이 있었으며, 여기서 한 해 걸러 한 번씩 성대한 운동경기의 제전이 열렸음)에 나타났다면, 이 넵튠 역시— 보기에 적절한— '고귀하고 위엄있는 풍채의 이상한 사람'이 아니고 무엇인가? 이교(異敎)의 이와 같은 종말의 소리에서 나는 애처롭고 비극적인 무엇을 느낀다. 토르는 사라지고 노스의 세계도 완전히 사라지고 영원히 다시 돌아오지 않을 것이다. 아무리 고상한 것도 이와 같이 사라진다. 이 세상에 있던, 그리고 앞으로 있을 모든 것은 사라지기 마련이다. 우리는 그들에게 슬픈 이별을 고한다.

저 노스의 종교—소박, 열렬하고 엄숙한 인상을 주는 용기의 신성화(神聖

化) (우리는 이같이 말해도 무방하리라)는 이들 고대의 노스 인에게 있어서는 만족스러운 것이었다. '용기를 성스럽게' 하는 것은 나쁜 일이 아니다. 우리는 그것이 좋은 것임을 인정하자. 우리 조상들의 이 옛 이교(異敎)에 관해서 무엇이건 안다는 것은 쓸모없는 일도 아니다. 의식하지는 못할지라도 더 고상한 것들과 결합하여, 그 오랜 신앙은 아직도 우리들 속에 있다. 그것을 의식적으로 안다는 것은 우리를 더 긴밀하고 분명하게 과거와―과거의 우리의 소유물들과 연결시킨다. 왜냐하면 내가 늘 말하는 것처럼 과거 전체는 현재의 소유이다. 과거는 항상 진실한 무엇을 가지고 있으므로 귀중한 보물이다. 서로 다른 시대가, 다른 장소에서 항상 스스로 발전하는 것은 항상 우리에게 공통된 인간본성의 다른 어떤 일면이다. 실상 진실은 이 모든 것의 화합이다. 그 중 어떤 것도 그것만으로 지금까지 발전된 인간의 본성을 구성하지 않는다. 그들을 모두 아는 것이 그들을 그릇되게 이해하는 것보다 낫다. "이 세 가지 종교(자기보다 위에 있는 자, 자기의 곁에 있는 자, 자기보다 아래 있는 자를 숭배하는 세 가지. 제1은 이교적, 제2는 철학적, 제3은 기독교적 종교) 중 어느 것을 특히 따릅니까?"라고 마이스터(괴테의 장편소설 《빌헬름 마이스터의 편력시대》의 주인공 빌헬름 마이스터)는 그의 선생에게 묻는다. 선생의 대답은 이렇다. "셋 다. 왜냐하면 셋을 다 화합해야 비로소 진정한 종교가 이루어진다."

2강
예언자로서의 영웅
마호메트·이슬람교

1840년 5월 8일, 금요일

북(北) 스칸디나비아 인의 최초의 소박한 이교(異敎) 시대로부터 옮겨와서 매우 다른 민족의 매우 다른 종교 시대로, 즉 아랍인의 이슬람교로 들어간다. 위대한 변천—인간의 일반적 상대 및 사상에 있어서 얼마나 큰 변천과 진보가 표시되어 있는가!

영웅은 이제 그의 동포 인간들에 의하여 신(神)으로 인정받지 않고 신의 계시를 받은 자, 곧 예언자로 인정받는다. 이것은 영웅숭배의 제2 단계이다. 제1 단계, 즉 가장 오랜 단계는 영원히 지나갔다. 아무리 위대한 사람이라도 그의 동포인 인간에게 신으로 인정받지는 않게 되었다. 아니, 우리는 다음과 같이 물을 수도 있을 것이다. 즉 어떠한 집단의 인간이 자기들 곁에 서 있는 사람을 이 세계의 조물주라고 생각한 일이 있을까? 아마 없을 것이다. 그것은 대개 그들의 기억 속에 있는, 또는 과거에 본 사람들이었다. 그러나 이것도 이제는 불가능하다. 위인은 이제 신으로서 인정받지는 않는다.

위인을 신으로 인정하는 것은 어리석고도 큰 과오였다. 그러나 위인이란 어떤 것이냐, 어떻게 대할 것이냐를 안다는 것은 어떤 시대에서나 어려운 일이다. 한 시대 역사의 가장 의의 깊은 특색은 위인에 대한 그 시대의 태도이다. 인간의 진정한 본능은 위인에게서 신적(神的)인 무엇을 본다. 위인을 신으로, 예언자 또는 무엇으로 인정하느냐 하는 것이 항상 중요한 문제가 된다. 이것에 대한 대답을 통해서, 우리는 작은 창문을 통해서 보듯이, 그 시대 사람들의 정신적 상태를 들여다볼 수 있다. 왜냐하면, 위인은 위대한 대자연의 손에서 이 세상에 올 때에 항상 같은 종류의 사람이다. 오딘·루터·존슨(1709~1784, 영국
의 시인·비평가)·번스(1759~1796,
영국의 시인), 이 사람들이 모두 다 본래 같은 재질로 되어 있다. 다만 세상이 그들에게 주는 대우, 그들이 취하는 형식에 의해서만 그렇게 심각하게 달라지는 것을 밝히고자 한다.

오딘에 대한 숭배는 우리를 놀라게 한다. —그의 앞에 엎드려 절하며 사랑과 경탄의 극치를 드리고, 충심으로부터 그를 하늘나라 사람, 신이라고 느낀다는 것! 이것은 과연 온전한 일이 아니다. 그러나 우리가 번스를 학대한 것은 온전한 일이었던가? 하늘이 땅에 줄 수 있는 가장 귀한 선물인 이른바 '천재'적인 사람, 신의 사명을 띠고 하늘에서 내려온 사람의 영혼—우리가 이것을 실없는 인공적인 불꽃놀이, 일시적인 장난감처럼 낭비하고 깨뜨려 재가 되고, 폐물이 되고, 무용지물이 되게 하는 일, 이와 같이 위인을 대하는 것을 나는 그다지 온전한 일이라고 보지 않는다. 이 일의 중심을 들여다볼 때, 번스에 대한 태도는 스칸디나비아식 방법보다 더욱 슬프고 온전치 못한 태도이며, 더욱 추악한 현상이다! 이성을 잃고 사랑과 감탄의 밑바닥으로 떨어지는 것은 좋지 않았다. 그러나 이와 같이 이성을 잃은 불합리한, 전적으로 오만불손한 무경의(無敬意)는 그보다 더욱 나쁘다. —영웅숭배란 항상 변천하는 것으로서 시대에 따라 다르며, 어떤 시대에도 제대로 하기 어려운 일이다. 실로 한 시대의 모든 사업 중에서 가장 중요한 것은 이 일을 제대로 하는 일이라고 해도 좋을 것이다.

우리가 마호메트를 택한 것은 가장 탁월한 예언자로서가 아니라, 우리가 가장 자유롭게 논할 수 있는 예언자이기 때문이다. 그는 결코 가장 진실한 예언자는 아니다. 그러나 진실한 예언자로서 나는 그를 존경한다. 그리고 또 우리 가운데 아무도 이슬람교도가 될 위험성은 없으므로 나는 공정하게 말할 수 있는 한 모든 미점(美點)을 말하려고 한다. 그것이 그의 비밀을 알아내는 길이다. 그가 세상을 어떻게 대했는지를 이해하려 한다면, 세상이 그를 어떻게 대하고 있느냐 하는 문제도 쉽사리 풀리게 될 것이다.

오늘날 마호메트에 대해 유포되고 있는 억측, 즉 그는 음흉한 사기꾼이며, 허위의 화신(化身)이며, 그의 종교는 순전히 기만과 우둔을 얼버무린 덩어리라는 것은, 어떤 사람도 지지할 수 없는 것이 되기 시작하였다. 이 사람의 주위에 선의의 열성이 쌓아올린 거짓말들은 우리들의 불명예일 따름이다. 포코크 (1604~1691, 17세기의 영국 사학자. 《아라비아사 개요》라는 저술이 있다) 가 그로티우스 (1583~1645, 네덜란드의 저작가. 《기독교의 진리》라는 저술에서 마호메트의 비둘기 이야기를 하였다) 에게 마호메트가 비둘기를 훈련시켜 자기 귀에 넣은 콩을 쪼아 먹게 하고, 그것을 신(神)의 계시를 전해주는 천사라고 속였다는 이야기의 증거가 어디 있느냐고 물었을 때, 그로티우스는 증거가 없다고 대답하였다. 실로 이런 모든 것을 버릴 때가 되었다. 이 사람이 한 말은 1,200년 동안 1억 8,000만 명의 인생 길잡이가 되어 왔다. 이 모든 사람들은 우리와 마찬가지로 신이 지으신 인간들이었다. 신이 지으신 좀 더 많은 수의 사람들이, 이 시간에도 다른 어떤 말보다도 이 사람의 말을 믿고 있다. 이렇듯 전능하신 신이 창조한 많은 인간들이 신조로 삼고 살다가 죽은 것이 다만 초라한 정신적 사기술이었다고 상상할 셈인가? 개인적으로는 결코 그런 억측을 할 수 없다. 그보다는 차라리 다른 무엇이라고 믿겠

마호메트 (무함마드) (570~632)
이슬람의 예언자. 이슬람교 창시자.

다. 사기가 이렇도록 만연한 것으로 인정받는다면, 이 세상이란 대체 무엇이라고 생각해야 할 것인지 알 수 없게 될 것이다.

　아, 이런 억측은 실로 개탄할 일이다. 진정 신의 피조물인 무엇에 대한 지식에 도달하고자 한다면, 이러한 설은 전적으로 부인해 버리자! 그것은 의심하는 시대의 소산이며, 또한 가장 비통한 정신적 마비와 인간 영혼의 산 죽음이다. 이보다 신을 부인하는 가설은 이 지구상에 나타난 일이 없었다. 거짓된 인간이 종교를 세웠다? 아니, 거짓된 사람은 벽돌을 가지고 집을 짓지 못하는 법인데! 자기가 가진 재료, 반죽한 회, 구운 진흙의 성질을 '진실로' 알고 따르지 않는 사람이 만드는 것은 집이 아니라 쓰레기 더미이다. 그런 것이 12세기 동안 굳건히 서서, 1억 8,000만의 사람들을 수용해 주지는 못할 것이다. 당장 무너지고 만다. 사람은 자연의 법칙을 따르고, 자연과 사물의 본질과 진실로 소통하여야 한다. 그렇지 않으면 자연은 이같이 대답하

리라. "안 된다, 절대로!" 라고. 허울은 어차피 허울이다.

—아, 칼리오스트로$^{(1743\sim1795,\ 본명\ 주세페\ 발)}_{(사모\ 이탈리아의\ 대사기꾼)}$, 그 많은 칼리오스트로, 저명한 세상의 지도자들은 사기로써 번영한다. 단 하루 동안. 이것은 마치 위조지폐와 같다. 그것을 그들이 가치 없는 손으로 사용하면, 그 때문에 그들이 아닌 다른 사람들이 골탕을 먹게 된다. 대자연은 화염을 터뜨린다. 프랑스혁명 같은 것이 일어나서 위조지폐는 위조라고, 가공할 진실을 선포한다.

그러나 특히 위인에 관해서 나는 다음과 같이 주장하고자 한다. 즉 위인이 진실하지 않았다고는 믿을 수 없다고. 위인의 영혼 속에 있을 수 있는 모든 것의 일차적 기초야말로 바로 이것이다. 미라보$^{(1749\sim1791,\ 프랑)}_{(스의\ 정치가\cdot웅변가)}$·나폴레옹·번스·크롬웰$^{(1599\sim1658,\ 영국의\ 정치가\cdot군인,\ 엄격한)}_{(청교도\ 주의에\ 의한\ 독재\ 정치를\ 단행하였다)}$과 같이 어떤 일을 하기에 충분한 사람들은 모두 그것에 대하여 무엇보다도 진실하였다. 내가 말하는 바 진실한 사람이었다.

깊고, 크고, 참된 진실이 어떠한 면에서든 위대한 모든 사람들의 첫째 특질이다. 자신만이 진실이라 부르는 진실이 아니다. 단연코 아니다. 그런 것은 실로 초라한 것이다. —얕은 입에 발린 의식적인 진실이며, 대개는 자부심에 지나지 않는다. 위인의 진실은 그가 말할 수 있는 종류의 것이 아니다. 그 자신은 의식도 하지 못한다. 아니 그는 진실치 않음을 의식한다. 왜냐하면 단 하루라도 진리의 법칙에 따라 바르게 걷는 사람이 어디 있겠는가? 위인은 자기가 진실하다고 자랑하지 않는다. 그러기는커녕 자기가 진실한가를 스스로에게 물어보지도 않는다. 그의 진실은 그의 의사(意思)에 달려 있지 않다. 그는 진실하다. 존재한다는 위대한 사실(事實)이 그에게는 위대하다. 그는 아무리 도망치려 해도 이 현실의 장엄한 존재로부터 벗어나지 못한다. 그의 마음은 그렇게 되어 있다. 그렇기 때문에 그가 위대한 것이다. 그에게 이 우주는 두렵고 경탄스럽고, 삶처럼 죽음처럼 진실하다. 설령 모든 사람들이 그 진실을 잊어버리고 그 한평생이 실로 한오라기 그림자일 뿐$^{(시편\ 39)}_{(장\ 6절)}$ 그는 그렇게 되지 않는다. 그의 영혼 속에는 항상 타오르는 불의 영상이 비쳐 번쩍인다. 부인할 수 없이 저기 저기에. 이것이 위인에 관한 나의 첫 정의이다. 소인도 이것을 가질 수 있을지도 모른다. 신이 지으신 모든 사람으로서 가능한 일이다. 이것을 가지지 않는 위인은 있을 수 없다.

이런 사람이 우리가 말하는 독창적인 인물이다. 그는 다른 아무것도 거치

지 않고 직접 우리에게로 온다. 그는 무한한 불가지적(不可知的) 존재로부
터 소식을 가지고 우리에게로 온 전령이다. 우리는 그를 가리켜 시인·예언
자·신(神) —어느 이름으로나 부를 수 있다. 그가 하는 말은 다른 어떤 사람
의 말과도 다르다고 우리 모두가 느낀다. 사물의 내적 본질로부터 오는 것이
다. —그는 날마다 이 본질과 사귀며 산다. 그리고 그러하지 않을 수 없다.
와전(訛傳)도 그것을 그로부터 감추지 못한다. 와전을 좇으면 그는 의지할
곳 없는 장님이 될 것이다. 오직 그것만이 그에게로 휘황한 빛을 보낸다. 사
실, 그의 말은 그대로가 일종의 '계시'가 아니던가? —다른 이름이 없으니
계시라고 부를 수밖에 없다. 그는 세계의 영혼으로부터 온다. 그는 사물의
근본적 진실의 일부분이다. 신(神)은 많은 계시를 주셨다. 그러나 이 사람
도 또한 신이 주신 가장 새로운 계시가 아닌가? "사람에게 슬기를 주는 것
은 사람 안에 있는 영, 곧 전능하신 분의 입김(욥기 32장 8절)"이므로, 우리는 무엇보
다도 먼저 그의 말을 들어야 한다.

그러므로 우리는 이 마호메트를 하나의 허위 또는 광대로, 가련하고 의식
적이며 야심적인 술책가로 생각해서는 결코 안 된다. 그렇게 생각할 이유가
없다. 그가 전한 소박한 말들은 진실한 것이었다. 불가지(不可知)의 밑바닥
으로부터 나온 열렬하고 이채로운 소리였다. 이 사람의 말은 허위가 아니다.
이 땅에서 그가 한 일도 허위가 아니다. 허구도 허식도 아니다. 대자연의 큰
가슴에서 분출한 타오르는 불 같은 생명의 덩어리이다. 세계에 불지르기 위
해 세계를 지으신 이는 그에게 명령하였다. 설령 마호메트의 과실, 불완전
성, 불성실성이라는 것이 아무리 그에게 불리하게 증명되었다 하더라도 그
의 이 근본적인 사실은 흔들지 못한다.
　대체로 우리는 그의 과실을 지나치게 과장한다. 사건의 너무 세세한 부분
들이 진정한 중심을 가린다. 과실? 과실치고 가장 큰 것은 과실을 전혀 의
식치 않는 것이다. 성경을 읽은 사람은 더욱 잘 알 것이다. '신의 마음에 드
는 사람'(사무엘 전서 13장 14절. 사도행전 13장 22절. 다윗을 가리킴)이란 누구인가? 히브리 국민의 왕 다윗도 많은
죄를 범하였다. 극악한 죄가 얼마든지 있었다. 그러므로 믿지 않는 사람들은
이것이 너희들의 신의 마음에 드는 사람이냐고 조롱하였다. 이 조롱은 천박
한 것이었다고 생각한다. 만일 삶의 내적 비밀·회개·유혹, 진실하나 때때로

실패하는, 그러나 그치지 않는 삶의 투쟁이 망각된다면 과실은 무엇인가? "아무도 자기 생명을 조종하지 못한다는 것도, 제가 이제 알았습니다." ^{(예레미야 10장 23} _{절 후반, 전반은—주님, 사람이 자기 운명의 주인이 아니라는 것을, 제가 이제 깨달았습니다}). 사람의 모든 행동 중 회개가 가장 신성한 것이 아닌가? 가장 무서운 죄는 죄가 없다고 생각하는 불손한 의식이다, 라고 나는 말한다. —그것은 죽음이다. 이런 의식에 사로잡힌 마음은 성실·겸손 그리고 진실과 절연되어 있다. 생명을 잃고 있다. 그것이 순수하다면 생명이 없는 마른 모래가 순수한 정도와 같을 것이다 _{(여기서 칼라일이 말하는 '순수'는 칸트철학풍의 의미로 무의식적}). 시편에 기록된 다윗의 삶과 역사는 이 땅에서의 인간의 논리적 발전과 전쟁에 관한 것 중 가장 진실한 상징이라고 나는 단정한다. 모든 진지한 영혼은 항상 그 안에서 선(善)을 지향하여 성실하게 싸운다. 싸움은 흔히 실패로 돌아가, 완전한 파멸에 떨어진 듯한 경우가 있다. 그러나 싸움은 결코 그치지 않고 눈물·회개, 진정으로 굽히지 않는 결의로써 새로이 전개된다. 가련한 인간성! 사람의 걸음이란 실로 처음부터 끝까지 이러한 것, '차질(蹉跌)의 연속'이 아닌가? 사람은 달리 어찌할 도리가 없다. 이 삶이라는 사나운 조건에서 사람은 싸워 나가야만 한다. 쓰러져서 심한 고생을 하는 경우도 많지만 항상 눈물·회개, 그리고 피 흘리는 심장으로 다시 일어나서 또 싸워 전진하여야만 한다. 그의 투쟁이 충실하고 절대 굽혀지지 않는 것이 문제 중 문제이다. 정신만 진실하다면 우리는 많은 사소한 일들은 참고 견디고자 한다. 사소한 것만을 가지고서는 그것이 무엇인지 알 수 없다. 마호메트의 과실을 과실로서조차 우리는 잘못 판단하고 있다고 나는 믿는다. 과실을 따짐으로써 그의 비밀을 찾아낼 수는 없다. 우리는 이 모든 것을 버려두고 그가 어떤 진실한 것을 뜻하였음을 믿고, 그것이 무엇이었을까, 무엇일 수 있었을까 솔직히 묻기로 한다.

마호메트를 배출한 아랍 인들은 확실히 주목할 만한 민족이다. 그들의 국토도 주목할 만하다. 그곳은 그러한 민족이 살기에 적절하다. 거칠고 험악한 바위산, 광막한 사막, 그 사이를 수놓는 아름다운 오아시스의 조각. 물이 있는 곳에는 오아시스가 있고, 아름답고 향기가 높은 향목(香木)의 숲과 종려나무·유향목(乳香木)이 서 있다. 생각해 보라, 광막한 모래벌판의 지평선, 아무것도 없고 아무 소리 들리지 않는 모래 바다가 살 수 있는 곳과 살 수 없는 곳으로 나눈다. 거기에 그대 혼자 있다. 단지 우주와 벗할 뿐이다. 낮이면 맹렬한 태양이 견딜 수 없는 타는 빛으로 내리쬐고, 밤이면 광대하고 검은 하늘에 별들이 가득하다. 이러한 나라는 민첩하고 마음이 깊은 인종에게 적합하다. 아랍 인은 지극히 민첩하고, 활동적이고, 그러면서도 명상적·열광적인 성격을 띠고 있다. 페르시아 인은 동방의 프랑스 인이라고 하지만 아랍 인은 동방의 이탈리아 인이라고 부를 수 있다. 천재적이고 고상한 인종, 분방하고 강렬한 감정과 그것에 대한 굳은 자제력을 가진 인종, 마음이 고상하고 천재적인 자의 특색이다.

저 야만적인 베두인 족은 처음 만난 사람도 자기 천막집에 반갑게 맞아들이고, 거기 있는 모든 물건에 정당한 권리가 있는 사람으로 대우한다. 가장 미워하는 적이라 할지라도 망아지를 잡아 접대하고 신성한 호의로써 사흘 동안 환대하고 보낸다. 그 뒤 동등하게 신성한 다른 법률에 의하여, 가능하다면 그를 죽인다. 언어에 있어서도 행동과 마찬가지이다. 그들은 말이 많은 인종이 아니다. 오히려 침묵하는 사람들이다. 그러나 한번 입을 열기만 하면 웅변가로서의 소질이 풍부하다. 진지하고 진실한 사람들이다. 그들은 우리가 아는 바와 같이 유대족과 혈연이 있다. 그러나 유대족의 무서운 열성과, 유대족에게는 없는 부드럽고 빛나는 무엇을 가지고 있다. 그들은 마호메트 이전 시대에도 '시짓기 대회'를 개최하였다. 세일 ^(1680~1736, 코란을 영어로)
(번역한 영국의 동양학자)에 의하면, 아라비아 남부의 오카드에 매년 큰 장이 섰는데, 거래가 끝난 다음에 '시짓기 대회'가 개최되었다고 한다. ―이 소박한 사람들은 그것을 듣기 위해 모여들었다고 한다.

아랍 인들은 일종의 유대인적인 성질을 나타내고 있다. 그것은 모든 좋은 성질이 빚어낸 것이다. 즉 깊은 종교심이다. 유구한 옛날부터 그들은 자기들 나름대로 마음의 광명에 따른 열렬한 신앙을 가졌었다. 그들은 별을 숭배하고 많은 자연물을 숭배하였다. 그리고 그런 것들을 조물주의 상징, 직접적 표현으로 인정하였다. 그릇된 일이었다. 그러나 전적으로 그릇된 것은 아니었다. 신이 만드신 모든 것은 어느 의미에서는 항상 신의 상징이다. 종류의 여하를 막론하고 자연물에서 어떤 무궁한 의의, 소위 '시적(詩的) 미(美)'를 찾아내는 것을 우리는 아직도 훌륭한 일로 여기지 않는가? 그것을 찾아내고, 말하고, 노래하는 사람을 시인이라고 하며 존경한다―희박하기는 하지만 일종의 숭배이다.

이 아랍 인들은 많은 예언자를 가지고 있었다. 그들은 저마다 가진 광명에 따라 그의 종족을 교육했다. 실로 우리는 이 소박하고 명상적인 종족의 마음이 얼마나 경건하고 고상하였느냐에 대한 지극히 훌륭한 증명을, 지금도 우리 모두가 믿는 증명을, 유구한 옛날부터 가지고 있지 않은가? 우리의 '욥기'^{(구약성경}
제18권)는 이 지방에서 쓰여진 것이라는 판단이 성경학자들의 일치된 견해인 듯하다. 그에 관한 모든 구구한 주장에 관계없이 욥기는 일찍이 펜으로 쓰여진 모든 것 중 가장 위대한 저술이라고 나는 일컫는다. 그것은 히브리 민족의 것이 아닌 듯 느껴진다. 고상한 민족애나 종파심과는 다른 숭고한 보편성이 그것을 지배하고 있다. 하나의 숭고한 책, 모든 사람의 성서이다! 그것은 끝없는 문제—인간의 운명과 지상의 인간에 대한 신의 섭리를 적은 우리의 최초·최고의 기록이다. 모든 것이 자유분방한 필치로 쓰여져 있으며, 성실, 청순, 시적(詩的)인 선율, 그리고 미(美),와 인종(忍從)에서 볼 때 실로 웅대하다. 거기에는 만물의 깊은 비밀을 꿰뚫어 보는 눈과, 고요히 이해하는 애정이 있다. 모든 면에서 보아도 어디까지나 진실하다. 유형·무형의 만물에 대한 진실한 눈이 있다. 말에 관한 구절을 보라. "그 목에 천둥을 달아준 것이 너냐?"^{(욥기 39장 19절. 우리말 성경은 독(獨)·불(佛) 성경의 seiner Mähne(G) d'une flotttante crinière(F)}
를 좇아 '흩날리는 갈기를'이라고 되어 있으나, 칼라일과 영어 성경의 더 시적인 thunder(천둥)를
살려
둔다) —그는 "창이 날아오는 소리에는 코웃음만 친다!"^{(동 41장 29절. 악어에 관한}
것인데 잘못 인용한 듯) 이와 같이 생동하는 묘사는 예전에도 없었고 앞으로도 없을 것이다. 장엄한 비애, 장엄한 인내, 인류의 심금(心琴)이 울려나오는 듯한 유구한 합창곡—그처럼 부드럽고, 위대하고, 마치 한여름 밤 같고, 바다와 별들의 세계와 같다! 이와 같은 문학적 가치를 가진 것은 성경 안에도 밖에도 없다고 나는 생각한다.

우상을 숭배하는 고대 아랍 인들이 일반적으로 숭배한 물건 중 하나는 저 검은 돌이었다^{(가브리엘 천사가 이스마엘에게 준 것인데, 처음에는 하얀 것이었으나}
부정한 신자(信者)와 여인들의 키스로 검게 되었다는 전설이 있다). 이 돌은 지금도 메카에 있는 카바 성전에 안치되어 있다. 디오도루스 시켈루스^{(기원전 1세기 무렵}
의 그리스의 역사가)는 이 카바를 그의 시대에 있어서 가장 오래되고 숭배받는 성전의 하나라고 하였다. 즉 기원전 반세기에 말이다. 실베스트르 드 사시^{(1758~1838,}
프랑스의 사학자)는 이 검은 돌은 운석이 아닐까 싶은 점이 있다고 말했다. 그렇다면 그것이 하늘에서 떨어지는 것을 본 사람이 있을 것이다. 이것은 지금도 젬젬(Zemzem) 샘 곁에 자리잡고 있으며, 카바는 그 돌을 덮도록 지어져 있다. 굳은 땅에서 생명처럼 솟아나오는 샘은 어느 곳에서 보나 아름답고 감동적인 물건이다. 샘이 생명의 첫째 조건인 것은 저 혹서(酷暑)의 건조한 나라에서는 더욱 그렇다. 이 샘의 이름은 물이 솟아나는 소리, 곧 젬젬에 유래하는 것이며, 그들은 하같이 어린 이스마엘과 함께 광야에서 찾은 샘이 이것이라고 생각한다 (창세기 3장 19절). 운석과 이 샘은 수천 년 동안 신성시되어 카바 안에 있다. 이 카바는 기이한 물건이다! 그것은 오늘날도 술탄(이슬람교 나라의 왕)이 해마다 보내는 검은 천에 싸여 거기 자리잡고 있다. '높이는 27 큐빗'(1큐빗은 팔꿈치에서 가운뎃 손가락 끝까지의 길이), 주위에 기둥들을 두 겹으로 돌리고, 등잔들과 이상한 장식물들을 줄에 달아 맸다. 그 등잔들은 오늘 밤도 불을 밝혀 별하늘 아래에서 다시 반짝일 것이다. 유구한 과거의 신빙성 있는 단편. 그것은 모든 이슬람교도의 키블라(절하며 기도할 때 시선을 보내는 지평선 너머의 곳)이다. 델리로부터 모로코에 이르기까지 기도하는 무수한 눈들은 언제나 하루에 다섯 번씩 그쪽을 향한다. 이 지구상에서 가장 주목할 만한 중심지의 하나이다.

이 카바의 돌과 하같의 샘에 따르는 신성함과, 아랍 인의 모든 종족이 그곳으로 순례를 옴으로 인해 메카는 도시가 된 것이다. 지금은 매우 쇠퇴하였으나 한때는 큰 도시였다. 도시로서 하등 유리한 자연적 조건이 없고 바다로부터 멀리 떨어진, 아무것도 없는 불모의 산들 사이에 있는 모래 벌판의 우묵한 곳이다. 생활필수품, 심지어 빵까지도 다른 곳에서 운반해 오지 않으면 안 되는 곳이었다. 그러나 수많은 순례자들의 숙소가 필요했으므로, 모든 순례지가 그러하듯 장이 서게 되었다. 순례자들이 모이는 첫날 상인들도 모였다. 사람들은 한 가지 목적을 가지고 한 곳에 서로 모인다는 사실에 의존하여 여기서 다른 여러 목적도 이룰 수 있음을 본다. 메카는 온 아라비아의 시장이 되었다. 그리하여 인도와 서방제국, 시리아·이집트·이탈리아를 포함한 여러 나라로부터 몰려드는 상인들의 시장 또는 창고가 되었다. 이곳은 한때 인구가 10만이 넘었으며, 그들은 대개 동방 또는 서방의 산물의 구매자·운송자, 또는 자신을 위한 식량·곡물의 수입자들이었다.

정치체제는 일종의 이상한 귀족적 공화제에 신정(神政)을 가미한 것이었다. 주요 종족에서 어떤 조잡한 방법으로 선출된 18명의 사람이 메카의 위정자가 되고 카바의 수호자가 되었다. 마호메트의 시대에는 쿠라이시 족이 가장 지도력을 가진 종족이었으며, 마호메트의 집안도 이 종족에 속해 있었다. 나머지 국민들은 사막으로 분리·분산되어, 한 사람 또는 여러 사람에 의한 족장 정치 아래에 살았다. 그들은 목축업자·운송업자·상인, 그리고 대체로 도적들이었으며, 걸핏하면 서로 전쟁을 하였다. 아랍 인의 우상숭배의 모든 형식은 공통된 숭배행위를 위해 카바에 모이는 것 외에는 어떤 뚜렷한 유대로도 결속돼 있지 않았다—주로 혈통과 언어가 같다는 그 내적인 불가분의 관계에 의해 속박되어 있을 따름이었다. 이런 식으로 아랍 인들은 오랜 세월 동안 세상의 주의를 끌지 못하고 살아왔다. 위대한 자질을 가진 민족이 전 세계의 주목을 끌게 될 날을 기다리며 살아온 것이다. 그들의 우상숭배는 와해 상태에 있는 것처럼, 그들 가운데 많은 것은 뒤끓는 혼란 상태로 들어가고 있었다. 이 세상에서 생긴 가장 중요한 사건—곧 유대의 신성한 사람의 탄생과 승천, 세계 모든 백성에게 있어서 무한한 변화의 징조인 동시에 원인이 되는 일에 관한 막연한 소문이, 여러 세기 지나는 사이에 아라비아로도 퍼졌다. 그리하여 여기서도 저절로 들끓는 상태를 초래하였다.

이같은 아랍 족 사이에서 570년에 마호메트가 탄생하였다. 위에서 말한 것과 같이 그는 쿠라이시 족의 하심 가에 속하였다. 가난한 집안이었으나 그 나라의 중요 인물들과 관련이 있었다. 태어나자마자 아버지를 여의고 여섯 살 때에 어머니도 잃었다. 마호메트는 100세나 되는 할아버지의 손에 양육되었다. 좋은 할아버지였다. 마호메트의 아버지 압둘라는 그의 사랑하던 막내 아들이었다. 마호메트의 할아버지는 노쇠하고 삶에 지친 100세의 노안으로 마호메트를 바라보면서 잃은 아들 압둘라가 다시 살아 있음을 보았다. 압둘라가 남긴 모든 것을 보았다.

노인은 어린 고아를 사랑하며, 저 귀여운 어린 것을 잘 길러야 한다, 우리 가문에 저 애보다 더 귀한 것이 없다고 늘 말하였다. 아이가 두 살밖에 안 되었을 때 그는 죽었다. 아이는 큰아버지들 중 가장 연장자인 아브 탈리브에게 맡겨졌다. 이제부터는 이 큰아버지가 가장이었기 때문이다. 큰아버지는 모든 증거가 증명하듯이, 공정하고 사리를 잘 아는 사람이었다. 마호메트는 당시 아라비아에서는 최선의 방법으로 양육되었다.

마호메트는 자라면서 큰아버지를 따라 상업여행을 다녔다. 18세 때에는 큰아버지와 함께 전쟁에도 나갔다. 그러나 그의 모든 여행 중 가장 의미 깊었던 것은 이보다 몇해 전 시리아의 시장으로 간 일이었다. 소년은 여기서 아주 생소한 세계, 그에게 끝없는 계기가 된 외국적 요소 즉 기독교와 접촉하였던 것이다. 아브 탈리브와 그가 숙소를 같이 했던 '네스토리우스교(네스토리우스가 창시한 기독교의 한 파. 페르시아를 거쳐 인도와 중국까지 전파됨)의 승려 세르기우스'를 어떻게 이해할 것인지, 또는 아직 그렇게 어린 소년에게 승려가 가르칠 수 있었던 것이 어느 정도였는지는 모른다. 네스토리우스교의 승려에 관한 이야기는 아마 매우 과장된 것임에 틀림없다. 이때 마호메트는 겨우 14살, 자기 나라 말밖에 모르는 아이였다. 시리아에서 본 많은 것은 그에게는 이상하고 알 수 없는 소용돌이였을 것이다. 그러나 소년의 눈은 크게 열려, 얼핏 본 많은 것이 독특하게 열매를 맺어, 뒷날 신앙과 통찰(洞察)이 되었다. 이때의 시리아 여행이 마호메트에게는 많은 수확의 시초였다.

또 한 가지 잊어서는 안 될 것은, 그는 학교 교육을 받지 않았다는 것이다. 글씨를 쓰는 기술이 아라비아에 갓 들어왔을 때였으니, 마호메트가 글씨를 쓸 줄도 몰랐다는 것은 아마도 사실이었을 성싶다! 사막에서의 생활과 거기서 얻은 경험이 그의 교육의 전부였다. 그의 미미한 처지에서, 그 자신의 눈과 생각으로 무한한 우주에서 흡수할 수 있는 것, 그는 그것만을 알 수 있었다. 책을 가지고 있지 않았다는 것은 생각할수록 이상하다. 자기 스스로 볼 수 있는 것, 또는 막막한 아라비아 사막에서 들을 수 있는 불확실한 풍설들 이외에 그는 아무것도 몰랐다. 그보다 이전에 있는 지혜나 먼 세상에 있는 지혜는 그로서는 없는 것이나 마찬가지였다. 위대한 형제들, 그 많은 나라와 시대들의 봉횃불들은 어느 하나도 그의 영혼과 직접 통하지 않았다. 그는 광야 속 깊이 홀로 떨어져 있었으며, 그와 같이 외롭게 성장하여야만 했다. 그는 대자연과 자기의 생각하고만 함께 있었다.

그러나 일찍부터 그는 생각이 깊은 사람으로 주목받았다. 친구들은 그를 '알 아민(Al Amin)', 즉 성실한 사람이라고 불렀다. 행동에 있어서도, 말과 생각에 있어서도 진리와 성실을 갖춘 사람이었다. 말은 비교적 적었다. 말할 것이 없을 때는 침묵을 지켰다. 그러나 한번 말을 꺼내면 적절하고, 현명하고, 진실한 말로써 항상 화제에 광채를 주었다. 이것이야말로 말할 가치가 있는 유일한 말이 아닌가. 일생을 통하여 그는 완전히 진실하고, 형제애가 풍부하고, 진정한 사람으로써 인정받았음을 우리는 본다. 열성적이고 성실한 성격, 그러나 인정과 진심이 있고, 우의가 두텁고 명랑한 사람이었다— 게다가 마음속으로부터 웃는 유쾌한 사람이기도 했다. 웃음이 다른 모든 것처럼 거짓된 사람, 다시 말하면 웃지 못하는 사람도 세상에는 있다. 마호메트는 미남이었다고 한다. 그의 잘생긴 현명하고 솔직한 얼굴, 갈색의 불그레한 얼굴빛, 광채나는 검은 눈—그리고 성날 때는 스콧$^{(1771\sim1832,\ 영국의\ 시인\cdot소설가)}$의 《붉은 장갑$^{(월터\ 스코트의\ 소설(1824))}$》의 '말발굽 모양의 핏줄'처럼, 그의 이마에 검게 부풀어 오른 핏줄도 나는 어쩐지 마음에 든다. 이마의 검은 핏줄, 이것이 하심 일가의 특징이긴 했으나 마호메트는 특히 두드러졌던가 보다. 자발적·정열적이며 그러면서도 공정하고 진실한 마음을 가진 사람! 이상한 재능, 불·광명이 넘치고 다듬어지지 않은 야성의 가치가 충만한 그는 사막 깊은 곳에서 생애의 대사업을 이루어 나갔다.

그가 부자 과부 카디자의 경리로 채용되어 이 여인의 일로 다시 시리아의 시장으로 여행을 떠난 일, 그리고 우리가 알 수 있는 것과 같이, 모든 일을 성실하게 잘 처리한 일, 그에 대한 여인의 감사와 존경이 자라서 결혼하기에 이른 일 등은 아라비아의 여러 저술가들이 이야기하는 것처럼 아주 아름답고도 납득이 가는 일이다. 마호메트는 25세, 여인은 40세, 그러나 아직도 아름다웠다. 그는 이 은인과 결혼하여 지극히 다정하고 평화롭고 건전한 생활을 하며, 부인을 진정으로 사랑하고 또 부인만을 사랑하였다. 마호메트가 이와 같이 평온무사하게 젊음의 정열이 다할 때까지 살았다는 것은 그가 사기꾼이었다는 주장과 크게 상반되는 사실이다. 그는 40살이 되어서야 비로소 하늘이 주신 사명을 말하기 시작하였다. 사실이었든 지어낸 것이었든 그의 모든 비정상적인 일은 양처(良妻) 카디자가 죽은 뒤인 50세 이후의 일이었다. 그때까지의 그의 모든 '야망'은 외견상 바르게 사는 것, 자기를 평가하는 사람들로부터 좋은 평(評)을 듣는 것으로서 충분하였던 것으로 보인다. 이미 노년에 들어, 일생의 정욕의 불길이 다 꺼지고, 평화야말로 이 세상에 기대하는 주요한 목표가 되었을 때 마호메트가 갑자기 '야심의 길'에 나섰다거나, 그리고 과거의 그의 모든 성질과 생활을 배반하고, 이미 즐길 수 없는 것을 탐내어 초라하고 공허한 사기꾼이 되었다는 것은 나로서는 전혀 믿어지지 않는다.

아, 아니다. 이 깊은 마음을 가진 미개척지의 아들, 광채나는 검은 눈과, 열려 있고 사교적이고 심오한 영혼을 가진 그는 야망이 아닌 다른 생각이 있었던 것이다. 침묵을 지키는 위대한 영혼, 그는 진실하지 않을 수 없는 종류의 사람, 대자연으로부터 진실하라는 사명을 직접 받은 사람이었다. 다른 사람들은 허식과 평판 속을 걸으며 그 곳에 안주하여 만족해 있을 때, 이 사람은 형식적으로 자기를 감추고 있을 수 없었다. 그는 자신의 영혼과 사물의 진실만을 상대로 하여 살았다. 위에서 말한 바와 같이 삶의 깊은 비밀이, 그의 공포, 그의 광휘를 가지고 이 사람 위에 휘황한 빛을 던졌다. 세상의 어떤 평가도, 말문이 막히는 저 사실 "제가 여기 왔습니다!"^(사무엘 전
서 3장 4절)를 감추진 못하였다. 이러한 '성실'은 진실로 어떤 신성함을 가지고 있다. 이러한 사람의 말은 대자연 그 자체의 깊은 곳으로부터 직접 울려나오는 소리이다. 사람들은 이런 소리를 다른 모든 것을 대할 때와는 달리 듣고, 또—들어야 한다—다른 모든 것은 이것과 비교하면 다만 빈 말에 지나지 않는다. 오래 전부터 이 사람은 여러 차례의 순례와 방랑의 길 위에서 무수한 생각을 하였다. 나는 무엇인가? 내가 살고 있는 이 불가지(不可知)의 것, 우주라고 부르는 이것은 무엇인가? 삶은 무엇이며, 죽음은 무엇인가? 나는 무엇을 믿어야 하는가? 나는 무엇을 해야 하는가? 히라 산·시나이 산의 위엄있는 암석과 사막의 준엄한 고독은 대답이 없었다. 머리 위에 말없이 펼쳐진 광대한 하늘과 거기 반짝거리는 푸른 별들은 대답이 없었다. 그 사람 자신의 영혼과 거기 깃든 신의 영감이 대답해야만 하였다!

이것은 모든 인간이 자신에게 묻고 대답해야 하는 문제였다. 이 야생적인 사람은 이것이 '무한히' 중요하고 다른 모든 것은 이것에 비교하면 전혀 아무것도 아니라고 느꼈다. 이치를 따지는 그리스의 여러 학파들의 수다스러움도, 유대인의 막연한 전설도, 아랍 인의 우상숭배의 어리석은 관습도 이 문제에 대답하지 않았다. 나는 거듭 말하지만, 영웅은 사물의 겉모습을 투시하고 사물 자체를 본다는 최고의 특성을 가지고 있다. 이것은 그의 영웅성의 처음이자 마지막, 알파이자 오메가이다. 습관과 관례, 존중되는 전통, 존중되는 형식, 이 모든 것은 혹은 좋거나 혹은 좋지 않다. 이 모든 것 뒤에는, 또는 미치지 않는 그 너머에는 이러한 모든 것이 부합해야 하고 반영해야 하는 무엇이 있다. 그렇지 못하면 이 모든 것은 우상이다. 신(神) 행세를 하려는 검은 나무조각이며, 진지한 사람에게는 우롱하고 증오해야 할 대상이다. 아무리 금박을 입히더라도, 쿠라이시 족의 족장들이 정성들여 섬기더라도, 우상숭배는 이 사람에게 아무 소용도 없다. 모든 사람이 그것을 좇아 걷더라도 그에게 무슨 소용이 있을까? 위대한 사실은 그에게 휘황한 광채를 던지며 저기 멎어 있다. 거기서 그는 그것에 대답하지 않으면 안 된다. 그렇지 않으면 비참한 멸망이 온다. 당장, 지금 당장, 그렇지 않으면 영원히 결코 대답하지 못한다. 그것에 대답하라, '네가' 대답을 찾아야 한다—대망이라고? 전 아라비아가 이 사람에게 무슨 소용이 있으랴? 그리스의 헤라클리우스(마호메트 시대에／비잔틴의 황제), 페르시아의 코스로에스(같은 시대의／페르시아 왕)의 왕관이, 땅 위의 모든 왕관이 무엇하는 것이냐? 그가 듣고자 하는 것은 현세에 관한 것이 아니라, 위로는 천계, 아래로는 지옥에 관해서였다. 왕관도 왕위도 순식간에 어디로 사라져버리는 것일까? 메카와 아라비아의 셰이크(여기서는 족장, 후세／에는 마호메트 족 장로)가 되어 금칠을 한 지팡이를 손에 쥐는 것—이것이 과연 구원일까? 결코 그렇지 않다고 나는 생각한다. 그가 사기꾼이었다는 주장은 믿을 수 없고, 용납할 수 없고, 버려야 마땅한 것으로서, 아주 버리기로 한다.

마호메트는 해마다 라마단(9월, 더위의 달이라는 뜻으로, 이슬／람교에서 안식과 재계를 하는 달)이 오면 고독과 침묵 속에서 수도하였다. 이것은 아라비아의 좋은 관습으로, 특히 그러한 사람에게는 자연스럽고 유용한 것이었다. 산속의 침묵 속에서 자기의 영혼과 벗하며, '부드럽고 조용한 소리'에(열왕기상／19장 12절) 영혼을 여는 것은 실로 자연스러운 습관이었다. 마호메트가 40세 때, 라마단 동안 메카 부근의 히라 산 동굴 속에 들어가서 기도와 이러한 큰 문제에 대한 명상으로 그 달을 보내던 어느 날, 이 해에는 가족을 데리고 그의 가까이 또는 함께 와 있던 아내 카디자에게 다음과 같이 말하였다. 하늘의 말할 수 없는 특별한 은총에 의하여 이제 모든 것을 깨달았다. 의심과 암흑에 싸여 있지 않고, 모든 것을 꿰뚫어 보게 되었다. 이 우상과 형식들은 아무것도 아니다. 초라한 나무조각에 지나지 않는다. 모든 것에는, 모든 것을 지배하는 단 하나의 신(神)이 있다. 우리는 모든 우상들을 버리고 그 신을 섬겨야 한다. 신은 위대하다. 그 밖에 위대한 것이란 하나도 있을 수 없다! 신은 '실재(實在)'이다. 나무로 만든 우상들은 실재가 아니다. 신이야말로 실재이다. 그는 처음에 우리를 만들고, 지금도 우리를 보호한다. 우리와 만물은 신의 그림자에 지나지 않는다. 영원한 영광

을 싸고 있는 일시적인 옷이다. '알라 아크바르(Allah akbar), 신은 위대하시
다'—그리고 '이슬람', 즉 우리는 신에게 복종해야 한다. 우리의 모든 힘은,
신이 우리들에게 하시는 모든 일에 자신을 내맡기고 순종하는데 있다. 이 세
상에서도 저 세상에서도! 신이 우리에게 보내시는 것이 삶이든 죽음이든,
죽음보다 나쁜 것이든, 모두 선(善)이고 지선(至善)이다. 우리는 신에게 맡
겨야 한다. —"만약 이것이 이슬람이라면 우리는 모두 이슬람 속에 살고 있
지 않은가"라고 괴테는 말한다. 그렇다, 적어도 도덕적 생명을 가지고 있는
모든 사람, 우리는 모두 그와 같이 살고 있다. 단순히 필연에 순종할 뿐만
아니라—필연은 사람을 순종시킨다—필연이 명령한 엄격한 일이야말로 가
장 현명하고, 가장 선(善)하고, 필수적이라는 것을 알고 또 믿는 것이, 사람
으로서는 가장 고상한 지혜라고 예로부터 생각되어 왔다. 사람이 조그만 머
리로 이 위대한 신(神)의 세계를 분석하려는 외람된 광분(狂奔)을 그치는
것, 사람으로서는 더듬지도 못할 정도로 깊은 하나의 정의로운 대법(大法)
이 이 세계에 있어, 그 정신은 선(善)이라는 것을 알고—이 세계에서의 사
람의 근본 의무는 이 전체의 대법을 섬기고 경건한 침묵으로 그것을 따르며,
의심치 않고 의심을 허락지 않는 것으로써 그것에 순종하는 것임을 아는 것
이다.

나는 말한다. 이것이야말로 지금껏 세상에 알려진 유일하고도 진실한 도
덕이다. 사람이 정의롭고 적(敵)이 없고 미덕이 있어서 확실한 승리에의 길
을 가는 길 위에 있다는 것은, 바로 그가 세계의 크고 깊은 법에 자신을 합
치시키고 모든 표면적인 법과 일시적인 외관, 이익과 손실을 따지는 버릇 등
을 버리는 동안이다. 이 위대하고 중심적인 대법(大法)과 협조하는 동안 그
에게 승산은 있으나, 그렇지 않은 동안은 승리를 얻을 수 없다—그리고 그
가 이 법과 협조할 수 있는, 또는 이 법의 길로 들어갈 수 있는 제1의 기회
는 자기의 온 심령을 가지고 이 법이 있음을, 이 법이 선(善)함을, 오로지
이 법만이 선함을 아는 것이다! 이것이 이슬람교의 근본 정신이며, 기독교
의 근본 정신이다—왜냐하면 이슬람교는 혼란스런 형식의 기독교라고 정의
를 내릴 수가 있고, 기독교가 없었더라면 이슬람교도 없었을 것이기 때문이
다. 기독교도 또한 우리들에게 무엇보다 먼저 신에게 인종(忍從)하라고 명
령한다. 우리는 '사람들과 의논'하지 않고 (갈라디아서 1장 16절), 헛된 설움과 소망에 귀를

기울이지 않고, 우리는 아는 것이 없다는 것, 가장 나쁘고 참혹하다고 우리 눈에 보이는 것이 보이는 그대로가 아니라는 것, 우리에게 일어나는 모든 일은 하늘에 계신 신이 내려 보내신 것이라고 수락하고, 이것은 선하고 현명하다, 신은 위대하시다! 라고 말해야 함을 알아야 한다! "하느님이 나를 죽이려고 하셔도, 나로서는 잃을 것이 없다. 그러나 내 사정만은 그분께 아뢰겠다."(욥기 13장 15절) 이슬람은 그 나름의 독특한 방식으로 자아의 부정, 자아의 절멸을 의미한다. 이것이 하늘이 우리의 땅에 계시한 최대의 지혜이다.

이 야생의 아랍 인들의 영혼의 암흑 속에 내린 생명과 천국이 혼합된 눈부신 광채, 그는 이것을 계시 또는 천사 지브릴(그리스도교의 가브리엘)이라고 불렀다. —우리들 가운데 누가 이것을 어떻게 불러야 할지 알 것인가? 실로 "사람에게 슬기를 주는 것은 사람 안에 있는 영, 곧 전능하신 분의 입김"(욥기 32장 8절)이다. 안다는 것, 무엇의 진리로 들어간다는 것은 항상 깊고도 신비로운 행동이며, 이에 대하여는 최상의 논리도 표면에 뜬 거품이다. "신앙이란 진실로 신이 알려주시는 기적이 아닌가?"라고 노발리스는 말한다. 마호메트의 온 심령이 그에게 허락된 이 위대한 진리에 불이 붙어, 그것이 유일하고 중요한 것이라고 느낀 것은 실로 당연하다. 신의 섭리가 그것을 그에게 계시하여, 사망과 암흑으로부터 그를 구출하신 것은 말할 수 없는 영광이라는 것, 그러므로 그는 모든 중생에게 그것을 알리지 않을 수 없다는 것, 이것이 '마호메트는 신의 예언자시다'는 말의 의미이며, 그것에는 진정한 의의가 존재한다.

착한 아내 카디자는 경탄과 의혹을 가지고 이 말을 들었을 것으로 생각된다. 그리고 마침내 대답하였다. 그이의 말씀은 진리라고. 우리는 마호메트가 무한히 고맙게 여긴 것, 아내가 자기를 위해 베풀어준 모든 고마운 일 가운데, 지금 자기가 말한 열렬히 터져나오는 이 말을 믿어준 것을 가장 고맙게 여긴 것도 상상할 수 있다. 노발리스는 말하였다. "다른 사람 하나가 믿어주는 순간 내 신념은 무한한 힘을 얻는다." 이것은 무한한 은혜이다—그는 어진 카디자를 결코 잊지 않았다. 오랜 세월이 지난 뒤 사랑하는 젊은 아내 아이샤(마호메트의 제자인 아부 바크르의 딸)가, 온갖 미덕으로 그녀의 긴 일생 동안 이슬람 교도들 가운데 이름이 자자했던 이 젊고 꽃다운 아이샤가 어느 날 마호메트에게 이렇게 물었다. "이젠 제가 카디자보다 더 좋지 않으세요? 그이는 과부이고, 나이가 많고, 철이 지나셨어요. 그이를 사랑하신 이상으로 저를 사랑하시지요?"

—마호메트는 대답하였다. "아니, 그렇지 않소. 알라 신의 이름으로 말하지만 그렇지 않소. 아무도 믿으려 하지 않을 때 그 사람만이 나를 믿어주었소. 온 세상에 나는 단 하나의 벗을 가지고 있었소. 그것이 바로 그 여자였소!" 그의 종 제이드도 또한 그를 믿었다. 그리고 아브 탈리브의 아들인 어린 사촌 알리도 그를 믿었다. 이들이 그의 최초의 신자였다.

마호메트는 자기의 교리를 이 사람 저 사람에게 말하였다. 그러나 대개 조롱하거나, 아니면 무관심하였다. 3년 동안 겨우 13명의 신자를 얻었다. 진보는 지극히 더디었다. 이것을 지속시킨 힘은 그러한 사람이 그러한 경우에 대개 가지고 있는 힘이었다. 별로 성과를 거두지 못하고 3년이 지난 뒤 그는 40명의 주요한 친척들을 초대하여 연회를 베풀고 그 자리에서 자기의 포부를 말하며, 이것을 모든 사람들에게 널리 알려야 되겠다, 이것은 가장 숭고한 일이며 유일한 일이다, 누가 나를 따라 이 일을 해주겠는가? 라고 하였다. 모든 사람이 의혹과 침묵에 싸여 있을 때, 오직 16살밖에 안 된 소년 알리(4대 칼리프 이맘 알리)가 침묵을 깨뜨리고 일어서서, 열렬한 어조로 말하였다. 자기가 하겠다고! 모인 사람들은(그 가운데는 알리의 아버지 아브 탈리브도 있었다) 마호메트에게 적의를 가진 것은 아니었으나, 그래도 무식한 중년의 사내가 16살 난 아이와 같이 온 인류를 상대로 그런 큰 일을 결심하는 장면은 가소롭게 보였다. 그래서 모두 크게 웃어대면서 흩어지고 말았다. 그러나 그것은 웃을 일이 아니라, 매우 심각한 일이었다! 알리 소년으로 말하면 누구나 좋아하지 않을 수 없는 소년이었다. 이때에도 나중에도 항상 보여준 바와 같이, 고상한 마음과 넘치는 사랑과, 불 같은 용기를 가진 사람이었다. 그는 옛 무사 같은 무엇이 있어서 사자처럼 용감하면서도 일종의 예절·진실, 혹은 인정이 충만하여 기독교 세계의 기사(騎士)다웠다. 그는 나중에 바그다드의 모스크(마호메트 교의 성당)에서 암살당하였지만, 관대하고 공정하여 남도 자기처럼 공정하리라고 믿었기 때문에 초래된 죽음이었다. 그는 이렇게 말하였다. 만일 이 상처로 내가 죽지만 않는다면 가해자를 용서하라. 그러나 내가 죽으면 그 사람도 곧 죽여라. 두 사람이 동시에 신에게로 가서 어느 편이 정당한가 알아볼 수 있도록!

마호메트가 쿠라이시 족, 즉 카바의 수호자, 우상 감독관들의 노여움을 산 것은 물론이었다. 유력한 사람 하나 둘이 가입하고, 사업은 서서히 커져갔다. 따라서 그는 모든 사람의 노여움을 샀다. 우리 모두보다 더 현명한 체하고, 우리 모두를 나무 조각을 숭배하는 바보라고 꾸짖는 이 자는 도대체 누구란 말인가? 착한 백부 아브 탈리브는 그에게 충고하였다. 그 모든 일에 대해 침묵을 지킬 수는 없느냐? 자기 혼자만 믿지, 남의 걱정은 왜 해서 뜻 있는 사람들의 노여움을 사고 그런 말을 해서 자기는 물론 모든 사람을 위험에 몰아넣느냐? 마호메트는 대답하였다. 내 오른편에 해가 멈추고 왼편에 달이 멈춰서 가만히 있으라고 한들, 복종하지 못하겠습니다! 그렇다. 그가 얻은 이 진리에는 대자연에서 온 그 무엇이 있었다. 해와 달 또는 자연이 만든 무엇과 동등한 지위를 가진 그 무엇이 있었다. 알라께서 허락하시는 한, 해와 달과 모든 쿠라이시 족, 모든 인간과 만물이 막더라도 그것은 그 자체를 말할 것이다. 그는 이렇게 말하고 울음을 터뜨렸다. 그는 아브 탈리브가 자기를 생각해서 하는 말임을, 자기가 해야 할 일은 결코 쉬운 것이 아니고 험하고 원대한 것임을 느꼈다.

그는 귀를 기울이는 모든 사람에게 강의하며, 메카로 오는 순례자들에게 자기의 교리를 전파하여 여기저기서 신자를 얻었다. 그치지 않는 반대와 증오, 공공연한 또는 숨은 위험이 그를 따라다녔다. 유력한 친척들이 마호메트를 보호해 주었다. 그러나 모든 신자들은 오래지 않아 그 자신의 권고를 따라 메카를 떠나 바다 너머 아비시니아로 피난을 가지 않을 수 없었다. 쿠라이시 족은 날로 더욱 분개하고, 여러 가지 음모를 꾸미고, 마호메트를 자기들의 손으로 죽이기로 맹세하였다. 아브 탈리브는 죽고, 어진 카디자도 죽었다. 마호메트는 우리의 동정을 구하지도 않는다. 이때 그의 처지는 몹시 암담하였다. 그는 동굴 속에 숨고, 변장하여 이리저리 도피하며, 집도 없이 항상 생명의 위협을 받았다. 모든 것이 다 끝난 것으로 보인 때도 한두 번이 아니었다. 마호메트와 그의 교리가 거기서 끝나고 아주 자취를 감추느냐 않느냐 하는 것이 지푸라기 한 오리, 또는 어떤 사람의 말이 놀란 일 같은 것에 좌우된 것이 한두 번이 아니었다. 그러나 그렇게 끝나지는 않았다.

그가 전도하기 시작한 지 13년, 적들이 모두 그에게 대항하여 단결하고, 각 종족에서 한 명씩 40명이 맹세하여 그를 죽이려고 노리고 있었으므로 더 이상 메카에 있을 수 없었다. 마호메트는 그때 이름으로 야스브라는 곳으로 도주하였다. 여기서 다소의 신자를 얻었다. 이 일로 인하여 이곳은 지금 '메디나' 또는 '메디나트 알 나비', 곧 예언자의 도시라고 불려지고 있다. 이곳은 바위산과 사막을 지나 200마일쯤 가서 있었다. 많은 곤란을 겪으며, 그 곳으로 도피해 환영을 받았다. 동방에서는 이 도피를 헤지라(Hegira)라고 하며, 기원으로 삼는다. 헤지라 회교기원 1년은 622년, 곧 마호메트의 생애의 제53년에 해당한다. 그는 이제 노인이 되어가고 있었으며, 친구들은 하나씩 주위에서 사라졌다. 그의 전도는 험악하고 위험에 싸여 있었다. 그가 자기 영혼 속에서 희망을 찾지 못하는 한, 외면의 형세는 절망적이었다. 이러한 처지에 빠지면 누구나 다 마찬가지인 것이다. 지금껏 마호메트는 설교와 설득으로 그의 종교를 공포하여 왔다. 그러나 이제 불의한 사람들은 그의 진실한, 하늘이 내려보낸 말들을, 그의 영혼의 깊은 외침을 듣지 않을 뿐만 아니라, 계속 그가 말한다면 살려두지 않으려고 함으로써 고국에서 몰려난 이 사막의 아들은 사나이답게 아랍 인답게 자기를 보호하기를 결심하였다. 쿠라이시가 그렇게 하기를 원한다면 그렇게 해주리라. 그들에게 모든 사람에게 무한히 중요한 소식을 그들이 들으려고 하지 않고, 폭력과 검(劍)과 살인으로 짓밟아버리려고 하니, 그러면 검으로 어디 덤벼보라! 그 뒤 마호메트가 보낸 10년은 모두 전쟁, 숨막히는 격렬한 노력과 고투였다. 그 결과는 우리가 안다.

마호메트가 검으로 그의 종교를 펼쳤다는데 대해서는 많은 논의가 있었다. 우리가 자랑으로 삼는 그리스도교의 그것이 설교와 신념으로 평화적으로 포교된 사실은 분명히 훨씬 더 고상하다. 그러나 이것을 가지고 어떤 종교의 진위를 논한다면 그것은 근본적 과오이다. 검이라고 하지만 검은 어디서 얻는 것이냐! 모든 새로운 주장은 그 시초에는 엄밀히 말하면 '세상을 상대로 한 한 사람'에게서 나온다. 그것은 아직 단 한 사람의 머릿속에만 있다. 온 세상에서 단 한 사람만이 그것을 믿는다. 단 한 사람이 모든 사람을 상대로 맞선다. 그가 검을 잡고, 그것을 전파하려고 한다는 것은 별로 효과가 없는 노릇이다. 우선 자기의 검을 얻어야만 한다. 일반적으로 말하면 만물은 가능한 데까지 스스로 성장한다. 기독교에 대해서 말하더라도, 검을 일단 잡기만 하면 반드시 무시하기만 한 것이 아님을 우리는 본다. 샤를마뉴가 색슨 족을 개종시킨 것은 설교에 의해서가 아니었다. 나는 검에는 관심이 없다. 나는 그 무엇이든 그가 이 세계에서 자신을 위해 싸울 때는 가지고 있는 또는 얻을 수 있는 것이면 검·혀·기물, 무엇이든 사용하는 것을 허용하려

한다. 설교·논쟁·전투, 있는 힘을 다하여 활동하고, 있는 수단을 다하여 하도록 내버려두련다. 결국 정복되어 마땅하지 않은 것이 정복되는 경우는 없다는 것이 확실해지리라. 자기보다 더 훌륭한 것을 지울 수는 없다. 자기보다 더 못한 것에만 이길 것이다. 이 싸움에서는 바로 대자연이 심판자이니 판정이 틀릴 수 없다. 자연에 가장 깊이 뿌리를 박고 있는 것, 즉 우리가 말하는 가장 진실한 것, 그것만이 마침내 성장하고 있음을 보게 될 것이다.

그런데 여기서 우리는 마호메트와 그의 성공 뒤에 숨겨진 많은 것에 관련하여, 대자연이 어떤 심판관이며, 대자연 속에는 어떤 위대성과 깊이와 관용성이 있는가를 생각하려 한다. 여러분은 대지의 가슴 속에 밀을 던져넣는다. 밀에는 쭉정이, 지푸라기, 헛간 쓰레기, 먼지, 그리고 온갖 지저분한 것이 섞여 있을 수 있다. 상관치 말고, 어질고 정의로운 땅에 그대로 뿌리면 땅은 밀을 기른다―쓰레기는 모두 대지가 소리 없이 흡수해버리고, 감추고, 쓰레기에 대해서는 아무런 소리도 내지 않는다. 누런 밀이 자라난다. 어진 땅은 다른 것에 대해서는 아무런 소리도 내지 않는다―그 밖의 것은 모두 어딘가에 이용하도록 제공하고, 거기에 대해서 전혀 불평을 하지 않는다. 대자연은 어디서나 그렇다! 대자연은 진실이고 거짓이 아니다. 그 진실함에 있어서 위대하고 공정하고, 모성애에 넘친다. 그는 만물이 진실한 정신을 가지고 있기를 요구하며, 진실하기만 하면 보호해 주고, 그렇지 못하면 보호해 주지 않는다. 대자연이 보호해 준 모든 사물 가운데는 일종의 진실한 정신이 깃들어 있다. 아, 이것이 이 세계에 오는, 또는 일찍이 온 모든 최고의 진리 전체의 역사가 아닌가? 그들 모두의 '몸'은 불완전하며, 암흑에 싸인 광명의 요소이다. 그들이 우리에게로 올 때는 논리, 어떠한 과학적인 우주관으로 구현되어 온다. 그러나 이런 것은 완전할 수 없다. 언젠가는 불안전함과 그릇됨이 발견되어 사멸하게 된다. 모든 진리의 몸은 죽는다. 그러나 모든 것에는 절대 죽지 않고, 새롭고 항상 더 고상한 몸 속에, 마치 인간 자체처럼 영원히 사는 정신이 있다. 자연의 길은 이와 같다. 진리의 참된 본질은 절대 죽지 않는다. 진실할 것, 자연의 위대한 밑바닥에서 나오는 소리일 것, 이것이 대자연의 법정에서 문제되는 점이다. 우리가 순수하다거나 불순하다고 하는 것을 대자연은 궁극적 문제로 삼지 않는다. 너에게 얼마나 많은 쭉정이가 있느냐가 아니라 네가 밀을 가지고 있느냐가 문제이다. 순수? 나는 많은 사람에게 이렇게 말할 수 있다. "그렇다. 당신은 순수하다. 아주 충분히, 그러나 당신은 쭉정이이다. ―진실이 없는 가설·와전·형식이다. 당신은 우주의 크고 깊은 비밀에 접촉한 일이 전혀 없다. 정확히 말하면 당신은 순수하지도 불순하지도 않다. 당신은 무(無)인 것이다. 자연은 당신과 아무런 교섭이 없다."

마호메트의 신조를 우리는 일종의 기독교라고 말하였다. 사실 그것을 믿고 마음에 새기는 강하고 황홀한 열성을 볼 때, 호모이우시온(Homoiousion―유사본질. 신(神)과 그리스도는 성질상 유)이니 호모우시온(Homoousion―동일본질. 3위(三位) 곧 성부(聖父)·성자(聖子)·성령(聖靈)은 성질상 동질(同質)이라는 설(說))이니 하는 헛된 공론을 일삼고, 머리는 쓸데없는 잡음으로 가득차고 영혼은 텅 비어, 죽어 있는 저 불행한 시리아의 여러 종파들보다는 훨씬 우수한 종류의 것이라고 하겠다. 그것의 진리는 많은 오류와 허위 속에 묻혀 있으나, 그것의 진리는 그 자체를 믿게 한다. 허위가 아니다. 그것은 그 진리로써 성공하였다. 사생아적인 기독교이긴 하지만 그 속에 생명이 약동하는 일종의 살아 있는 기독교이다. 분석만 일삼는, 창조력을 가지지 못하고 단순하며 죽은 논리만은 아니다. 아랍 인의 우상숭배, 그리스 인과 유대인의 이치를 따지기를 즐기는 신학, 전설, 세세한 이야기, 풍설, 가설을 실없이 길게 늘어놓은 저 많은 쓰레기 속에서, 이 야성적인 사막의 아들은 죽음과 삶처럼 진지한 소박하고 진실한 심정으로, 그의 위대하고 번득이는 천부(天賦)의 눈을 가지고, 일의 핵심을 통찰하였다. 우상숭배는 아무것도 아니다. 이 나무 우상들에 "너희들은 기름과 봉밀을 바르고, 파리들은 거기에 달라붙는다."―그것은 나무 조각이다. 그것이 너희들을 위해 할 수 있는 일이란 없다. 아무 힘도 없는, 신을 모독하는 허식이다. 알고 보면 무섭고 혐오스러운 물건이다. 신만이 계시고 신만이 권능이 있으시다. 신은 우리를 만드시고, 우리를 죽일 수도 살릴 수도 있으시다. "알라 아크바르―신은 위대하시다." 신의 뜻이 너희를 위해 최선임을, 육체가 아무리 고통스럽더라도 그것이 가장 현명하고 최선임을 알게 되리라는 것을 깨달아라. 너희는 그것을 그렇게 받아들이지 않을 수 없다. 이 세상에서도 다음 세상에서도, 너희가 할 수 있는 다른 일은 하나도 없다.

그런데 저 미개하고 우상을 숭배하던 인간들이 이것을 믿고, 이것이 어떤 형식으로 그들에게 왔든 그들의 불 같은 심정에 이것을 새기고 실천하려고 하였다면 이것은 믿을 만한 가치가 충분하다. 사람은 이로써 이 세계라는 성전에서 높은 성직자가 된다. 그는 이 세계를 지으신 이의 명령과 조화되어 그것에 헛되이 저항하지 않고 그것과 협조하게 된다. 나는 오늘날까지도 이것보다 더 좋은 의무의 정의를 알지 못한다. 모든 바른 것은 이 세계의 진정한 경향과 협조하는 데 자신을 포함시킨다. 사람은 이것에 의하여 성공하고 (이 세계의 경향은 반드시 성공하므로), 선하고 바른 길에 올라서게 된다. 호모이우시온, 호모우시온 어쩌고 하는 헛된 공론은, 그 시대에도, 그 이전에도, 또 어느 시대에도 빈 소리만 내며 제멋대로 사라져버리는 것이 좋을 것이다. 만일 공론이 무엇을 의미한다고 한다면, 그 자체야말로 의미하고자 애쓰는 바로 그것이다. 만일 이것도 의미하지 못한다면 그것은 아무런 의의도 가지지 못한다. 이 추상론, 논리적 명제들이 바르게 또는 틀리게 표현되어 있느냐가 아니라, 생명과 형체를 갖춘 아담의 아들들이 이것을 마음에 새기고 있느냐 하는 것이 중요한 점이다. 이슬람교는 이 모든 헛된 토론을 즐기는 종파들을 근절시켰다. 그렇게 할 권리가 있었다고 생각한다. 그것은 대자연의 위대한 밑바닥에서 직접 나온 커다란 사실이었다. 아라비아의 우상숭배, 시리아의 종교의식, 어떤 것이든 동등하게, 진실하지 않은 것은 모두 불 속에 던져져 타오르지 않으면 안 되었다—여러 가지 의미에 있어 그것은 타오르는 불이었고 이것들은 생명 없는 장작에 불과하였다.

이와 같은 격렬한 전쟁과 싸움을 하는 동안, 특히 메카에서 도피한 뒤 마호메트는 틈틈이 그의 성전을 구술하였다. 이것이 이른바 코란(Koran) 즉 '읽어야 할 것'이었다. 그와 그의 제자들이 매우 존중하고, 이것이 기적이 아니냐고 온 세상에 물은 저술이다. 이슬람 교도들은 그들의 코란에 대해, 기독교인들이 그들의 성경에 대해서 좀처럼 드리지 않는 정도의 존경을 드린다. 그것은 어디서나 모든 법률과 습관의 표준이며, 사상과 생활에 있어서의 준칙이며, 이 땅이 지키고 따라 걸어야 하는 하늘이 직접 내려보낸 복음, 곧 읽어야 할 것으로 인정되어 있다. 그들의 법관들은 이것에 따라 판결을 내리며, 모든 신도들은 이것을 연구하고, 이 속에서 생명의 광명을 찾는다. 그들의 이슬람교 사원에서는 모두 이것을 날마다 읽는다. 30명의 승려들이 번갈아 책을 받아들고 이 책의 전권을 매일 통독한다. 1,200년 동안 이 성전의 소리가 한 순간도 그치지 않고 무수한 사람들의 귀와 영혼에 울려 퍼져 왔다. 이 책을 7만 번 읽었다는 이슬람교 박사의 이야기도 우리는 듣는다.

아주 이상하다. 우리가 만일 '민족적 취미의 차이'를 찾는다면 이것이야말로 가장 특출한 하나의 예시일 것이다. 우리도 코란을 읽을 수 있다. 세일의 영역본은 매우 우수하다고 알려져 있다. 그러나 내가 일찍이 읽은 것 중 이렇게 읽기 어려운 것은 없었다. 지루하고 난잡한 범벅, 딱딱함과 조잡스러움, 무한한 반복, 장황하고도 분잡스러움, 지극히 거칠고 혼미하며—한 마디로 말하여 읽을 수 없는 어리석은 물건이다! 의무감이 아니고는 어떤 유럽 인도 코란을 끝까지 읽을 수 없다. 우리는 마치 국무원 문서실에나 앉아 있는 듯이 그것을 읽는다. 읽을 수 없는 나뭇조각 같은 것을 읽는 것은 아마 비범한 사람의 조그만 그림자이나마 보려는 생각에서이다. 우리가 이 책을 여러 가지 불리한 조건 아래 가지고 있는 것은 사실이다. 아랍 인들은 이 책에서 더 많은 질서를 본다. 마호메트를 따르는 사람들이 코란을 발견하였을 때, 그것은 처음 선교할 때 적은 대로 흩어져 있는 단편들이었다. 대부분 양의 어깨뼈에 쓰여져, 상자 속에 뒤죽박죽 넣어져 있었다고 한다. 그들은 그것을 연대나 그 밖의 찾을 만한 순서도 없이 간행하였다—다만 가장 긴 장(章)부터 차례로 엮은 듯하며, 그나마도 제대로 하지 않았던 것이다. 그러므로 실제 앞부분은 거의 마지막에 있게 되었다. 왜냐하면 가장 초기의 부분은 가장 짧았으니까. 연대순으로 읽으면 아마 그렇게까지 이해하기 곤란하지는 않을 것이다. 그리고 내용의 대부분은 매우 운율적이어서, 원문으로 읽으면 일종의 야성적인 노래 같다고 한다. 이것이 아마 중요한 점일지도 모른다. 번역한 것이니 운율의 대부분을 잃었을 수도 있다. 그러나 모든 것을 다 고려해도, 이 코란이 하늘에서 쓰여진 글이라고 하여 무조건 지상에서 읽히기에는 너무 뜻깊은 것이라고 생각하는 사람이 있다고 보기는 어렵다. 잘 쓰여진 책, 아니 사실 그냥 책이라고 보아 넘기기도 어렵거니와, 그것은 우리를 당황케 하는 한 편의 기묘한 시로서, 저술에 관한 한 그 유례를 찾아 볼 수 없을 만큼 졸렬하게 쓰여진 것이다. 국민성의 차이와 취미의 표준에 대해서는 이것으로 그친다.

그러나 이 책을 아랍 인들이 그렇게까지 존중한 것은 다 그럴 만한 이유가 있다. 이 코란이라는 혼란스러운 물건을 여러분 손에서 놓고 약간 멀리 두고 보면, 그것의 근본적 특징이 저절로 나타나기 시작한다. 그리고 거기에는 문학적 가치와는 전혀 다른 가치가 있다. 만일 진심으로부터 나온 책이라면 다른 사람의 진심과 통할 것이다. 모든 기교 또는 저작법은 이것과 비교하면 아무것도 아니다. 코란의 가장 큰 특색은 그것의 진실성, 진심의 책이라는 것이다. 프리도(1648~1734, 영국의 사제.\\(마호메트 전기)를 썼다) 와 그 밖의 사람들은 코란을 한 묶음의 사기술이며, 각 장은 저자의 잇단 죄를 변명하고 그럴듯하게 만들며, 그의 야망과 사기의 목적을 달성하기 위해 지은 것이라고 하였다. 그러나 이제는 정말 이런 모든 것을 그칠 때가 되었다. 나는 마호메트가 시종일관 성실하였다고 주장하지는 않는다. 사람이 시종일관 성실할 수 있을까? 그러나 아직까지도 그에게 계획적 기만, 전반적 또는 약간의 의식적 기만이 있었다고 평하는 사람을 나는 상대하지 않는다─그는 의식적 기만 속에서 살았으며, 코란을 쓴 것도 지폐위조자나 사기꾼과 같은 수작이었다고 말하는 사람은 더욱 그렇다. 정직한 눈을 가진 사람은 코란이 그런 것하고는 아주 다르다는 것을 읽어 낼 것이다. 그것은 위대하고 소박한 인간정신이 섞이고 발효된 것이다. 소박하고, 배우지 못하고, 글도 못 읽는, 그러나 열렬하고 진실하고, 그 자체를 언어로 표현하려고 맹렬하게 발버둥치는 정신이다. 일종의 숨막히는 강렬함을 가지고 그는 자기를 표현하려고 싸운다. 생각이 무리를 지어 어지럽게 모여든다. 말할 것은 까마득하게 많으나 말이 나오지 않는다. 그의 영혼에 있는 의미는 글의 형식으로 형성되지 않는다. 그래서 연결도 질서도 통일성도 없다─그의 이러한 사상들은 전혀 형식을 이루지 못하고, 혼돈하고 불분명한 상태로 버둥대고 뒹구는 그대로 내던져졌다.

우리는 이 책을 가리켜 '어리석은' 물건이라고 말하였다. 그러나 천성적인 어리석음이 마호메트의 위대한 책의 성격은 아니었다. 그것은 차라리 타고난 무수련(無修練)이었다. 이 사람은 연설하기를 배우지 않았다. 끝없는 전투의 급박한 압력으로 자기 생각을 적절한 말로 다듬을 시간이 없었다. 생명과 구원을 위해 전력으로 싸우는 사람의 숨가쁜 긴급함과 열성, 이것이 그의 심적 상태였다! 긴급한 가운데, 마음속에서 솟구치는 의미는 가득했지만, 그것을 말로 표현할 길은 없었다. 그런 상태의 영혼에서 잇달아 나온 소리가 23년 동안의 운명의 변천으로 채색되어, 그 표현이 어떤 때는 능란하게 되고 어떤 때는 졸렬하게 된 것, 이것이 곧 코란이다.

그러나 우리는 23년 동안의 마호메트를 완전히 난리 속에 던져진 세계의 중심으로 생각해야 할 것이다. 쿠라이시 족 및 이교도와의 전투, 그의 부하 민중들 사이의 싸움들, 그 자신의 야성적 심정 속의 논쟁, 이 모든 것이 그를 그칠 줄 모르는 혼란 속으로 던져넣었다. 그의 마음은 안식을 찾을 길이 없었다. 상상하건대, 잠을 이루지 못하는 밤, 이 사람의 야성적 마음은 이러한 혼란의 풍파에 시달리며, 이들에 대한 결심의 어떤 광명도, 정말 하늘이 주신 광명이라고 맞았을 것이며, 이렇게 축복되고, 그때의 그로서는 불가결한 그의 어떤 결심이 천사 지브릴의 계시처럼 생각되었을 것이다. 위조이며 기만이라고? 아니다, 아니다? 이 위대하고 불 같은 심장, 생각의 큰 가마솥 같이 끓고 비등하는 그 심장은 기만이 아니었다. 그의 삶이 그에게는 진실이었다. 신의 우주는 무서운 진실이고 실재였다. 그에게도 물론 결점이 허다하게 있었다. 이 사람은 교양이 없는 반원시적인 대자연의 아들이었다. 베두인 족의 흔적이 아직 그에게도 많이 있었다. 그런 사람이었던 그를 그대로 인정하여야 한다. 그러나 우리는 그가 가련한 허깨비이고, 눈도 심장도 없는 탐욕스러운 사기꾼이어서, 한 사발의 팥죽(창세기 25장 34절, 야곱과 에서 고사(故事)에서 나온 / 말로, 귀한 것을 희생하여 잃는 물질적 쾌락의 비유)을 위해 신을 모독하며 기만하고, 하늘의 책을 위조하고, 자기를 지으신 신과 자기 자신에 대해 끝없는 대역죄를 범하였다고는 생각하려고 하지 않거니와 생각할 수도 없다.

모든 의미에서 볼 때 성실이야말로 코란의 가치이며, 미개한 아랍 인이 존중하게 된 것도 그 때문이라고 나는 생각한다. 사실 그것은 모든 책의 처음 가치가 마지막 가치이며, 또한 그것은 모든 종류의 가치의 원천이다—아니, 따지고 보면 그것만이 가치의 원천이다. 이상한 것은 전설·비난·개탄·절규 등의 혼잡한 더미를 꿰뚫어 코란 속에는 일맥의 진실하고 직접적인 통찰력, 시(詩)라고나 부를 수 있는 것이 흩어져 있다. 이 책의 주요부분은 순전한 전설로 되어 있으며, 말하자면 과격·열광, 즉흥적인 설교로 구성되었다. 그는 항상 아랍 인의 기억 속에 전해 내려오던 예언자들의 오랜 이야기로 돌아가며, 아브라함·후드(역대 상 제7장 31절에 / 나오는 헤벨로 추측됨)·모세 등 기독교 또는 그 밖의 실재의 또는 우화적인 많은 예언자들이 뒤를 이어 이 족속 또는 저 족속에 내려와서, 인간들의 죄에 대해 경종을 울리고, 마호메트 자신과 똑같은 대우를 받은 것을 되풀이한다—그에게는 이 사실이 큰 위로가 되었다. 이 이야기를 그는 열 번, 아니 스무 번쯤 다시 되풀이하며 그치지 않았으리라. 용감한 사무엘 존슨이 그의 쓸쓸한 다락방에서 문인들의 전기를 그와 같이 쓴 것도 이해가 간다. 이것이 코란의 중요한 요소이다. 그러나 이상하게도, 이 모든 것을 꿰뚫고 때때로 진정한 사상가와 선지자다운 눈빛이 번득인다. 그는 실제 세계에 대한 눈을 가지고 있다. 일종의 직관과 소박한 활력을 가지고 자기의 영혼에 들어온 것을 지금까지도 우리의 영혼에 던져 넣는다. 알라에 대한 그의 찬미는 많은 사람들이 감탄하는 것이지만, 나는 그리 중요시하지 않는다. 그것은 주로 히브리에서 빌려온 것같이 생각된다. 여하튼 그보다 훨씬 떨어진다. 그러나 사물의 심장으로 곧게 들어가서 그 실상을 보는 눈, 나로서는 이것이 매우 흥미있는 일이다. 대자연 자체가 준 선물, 자연은 아직도 모든 사람에게 이 선물을 준다. 그러나 안타깝게도 이것을 버리지 않는 사람은 1000명 중 하나 꼴이다. 이것이 내가 말하는 통찰의 진실이며, 진실한 심장의 시금석(試金石)이다.

마호메트는 기적을 만들지 못한다. 그는 자주 갑갑하다는 듯 말한다. 나는 기적을 부릴 줄 모른다. 내가 누구냐고? 나는 민중의 설교자이다. 이 교리를 모든 생명에게 전하라는 사명을 받은 자이다, 라고. 그러나 우리가 볼 수 있는 바와 같이, 세계는 오래 전부터 그에게는 하나의 큰 기적이었다. 그는 말한다. 세계를 바라보라, 경탄스럽지 않느냐. 알라께서 지으신 것이! 너희 눈이 뜨여 있다면 그것은 전체가 '너를 위한 상징이다!' 이 땅, 이것은 너를 위해 신이 지으신 것이다. '그 속에 길을 정하셨다.' 너는 그 속에 살 수 있고, 여기저기 다닐 수 있다. —건조한 아라비아 국토의 구름들, 그것들도 마호메트에게는 매우 경탄스러웠다. 그는 말한다. 커다란 구름들, 하늘의 무한히 깊은 가슴에서 탄생한 저들은 어디서 오는 것인가! 거대한 검은 괴물들은 하늘에 걸려 있다가 비의 홍수를 세차게 내려 '죽은 땅을 다시 살게 한다.' 풀이 솟아 오른다. 그리고 '높고 청청한 야자수에 열매가 주렁주렁 달린다.' 그것이 상징이 아닌가? 너의 짐승들도 그렇다—알라가 그들을 만드셨다. 유용하고 말 없는 짐승들이다. 풀을 젖으로 만들고, 너에게 입을 것을 주는, 매우 이상한 짐승들. 저녁이면 떼를 지어 집으로 온다. '그리하여' 그는 말한다. '그리하여 너의 자랑이 된다!' 배들도 그렇다. 그는 배 이야기를 자주 한다. 거대한 움직이는 산, 그들은 천으로 된 날개를 펴고 저 물을 헤치고 뛰어간다. 하늘의 바람에 쫓기다가 고요히 누워 있다. 신이 바람을 거두시자 배들은 죽은 듯이 누워 움직이지 않는다. 기적? 어떤 기적이 있었으면 좋겠는가, 라고 그는 외친다. 너 자신이 거기 있지 않는가? 신이 너를 만드셨다. '약간의 진흙을 가지고 형상을 지으셨다'(코란, 16, 22, 30장). 너는 한때 어린 것이었다. 몇 해 전까지만 해도 너는 세상에 없었다. 너는 아름다움·힘·생각을 가지고 있으며, 너희는 서로 가엾게 여긴다. 너에게는 노년과 흰 머리가 온다. 힘은 사라져 쇠약해지고 침몰하며, 너는 다시 존재하지 않게 된다. '너희는 서로 가엾게 여긴다.' 이것은 내게 큰 감동을 주었다. 알라는 사람이 서로 가엾게 여기지 않게 만드실 수도 있었을 것이다—그러면 어떻게 되었을까? 이것은 위대하고 직관적인 사상, 사물의 진상 그 자체에 대한 직접적인 통찰 등이다. 이 사람에게는 시적 천재, 즉 가장 선하고 진실한 모든 것의 꾸밈없는 자취가 보인다. 굳세고 다듬지 않은 이지(理知)·눈빛·심장·굳세고 야성적인 사람—그는 시인·왕·성직자, 어떤 종류의 영웅도 될 수 있었을 것이다.

이 사람의 눈에는 이 세계 전부가 기적적이라는 것은 항상 분명하였다. 전에도 말한 바와 같이, 모든 위대한 사상가들, 또한 소박한 스칸디나비아 인까지도 보려고 노력하였던 것을 그는 본다. 그것은 진실하게 보이는 물질 세계가 실상은 아무것도 없는, 신의 전능과 존재의 시각적·감각적 표현이며, 무한한 허공의 복판에 신이 내건 그림자에 지나지 않는다는 것이다. 그는 말한다. 이 거대한 바위산조차도 구름처럼 흩어져서 푸른 허공으로 사라지고 없어질 수 있다. 세일이 전하는 바에 따르면, 그는 아랍 인 식으로 생각하며 땅은 거대한 벌판 또는 흙으로 된 평평한 장소이고, 그것이 움직이지 않도록 산들을 놓아 준 것이라고 생각한다는 것이다. 세상 마지막 날 산들은 구름처럼 사라지고 땅은 돌고 돌며 부서져서 먼지가 되어 없어진다. 알라가 손을 거두면 그것들은 존재하지 않게 된다. 알라의 우주왕국, 만물의 진정한 힘·본질 및 실재로서 곳곳에 있는 형용할 수 없는 전능과 영광, 그리고 이름지을 수 없는 공포가 이 사람에게는 항시 분명하게 보였다. 근대인은 자연의 힘, 자연의 법칙이라 부르고 신령한 것으로 생각하지 않음은 물론, 아무것으로도 여기지 않고, 전혀 신령치 않은—팔 수 있고, 진기하고, 기선을 움직이는데 도움이 되는 물건 따위로 생각한다. 과학과 백과사전을 가진 우리는 우리의 실험실 속에 스스로 갇혀 신령함을 잊기 일쑤이다. 이것을 잊어서는 안 된다. 이것을 아주 잊어버린다면 그 후에 기억할 가치가 있는 것이 무엇인지 나는 모른다. 그때 대부분의 과학은 아주 죽은 물건, 시들고 헛된 토론—늦가을의 엉겅퀴일 것이다. 이것이 없으면 아무리 좋은 학문도 다만 죽은 나무와 같다. 그것은 생장하는 수목이나 삼림이 아니다. 다른 것도 생산하고 항상 새로운 재목을 생산하는 삼림이 아니다. 사람은 어떤 방법으로든지 숭배할 수 없는 한, 무엇을 알 수도 없다. 그의 지식은 겉치장이고 죽은 엉겅퀴이다.

이슬람교의 관능적 성질에 대해서 많은 논의와 저술이 있었다. 지나치게 많았다. 우리에게는 죄악시되는, 그가 허용한 여러가지 방종은 그가 시킨 것이 아니었다. 그것은 아라비아에서는 유구한 옛날부터 당연시되며 실행되어 왔었다. 그는 이것을 여러 면으로 억제·제한하였던 것이다. 그의 종교는 쉽고 편안한 것이 아니다. 지나친 단식·정결, 엄격하고 복잡한 의식, 하루 5회의 기도·금주, 그것은 '안이한 종교가 됨으로써 성공'한 것이 아니다. 종교 또는 종교라는 명목을 가진 것치고 그것으로 성공한 것이 있는가? 안일·쾌락의 희망·보수—이 세상에서나 다음 세상에서 사탕과자를 얻기 위해 영웅적 행동을 하게 된다고 말하는 것은 인간의 명예를 손상시키는 것이다. 아무리 야비한 인간일지라도 좀 더 고상한 무엇을 가지고 있다. 총알에 맞기 위하여 고용된, 욕설을 잘 하는 가련한 병사들도 훈련규정과 1실링의 일급(日給) 외에 나름대로의 '군인의 명예'를 가지고 있다. 아무리 가련한 아담의 아들이라 할지라도 막연히 그리워하는 것은 단 것을 맛보고자 하는 욕망이 아니라, 고상하고 진실한 일을 하며 신의 하늘 아래서 자기는 신이 만드신 인간임을 증명하고자 하는 포부이다. 그에게 그것을 할 수 있는 길을 보여준다면, 아무리 둔한 날품팔이라도 분연히 불꽃을 튀기며 영웅이 된다. 인간이 안일(安逸)을 좇아 움직인다고 말하는 사람은 인간을 크게 모욕한 것이다. 곤란·극기·순교·죽음, 이것이 인간의 마음을 자극하는 원인이다. 그의 마음 속에 자리한 천부적 생명에 불을 질러라, 그 불은 모든 저열한 생각을 태워 버린다. 행복이 아니라 더 고상한 무엇이다. 경박한 종류의 사람들도 위신이니 뭐니 하는 데서 이것을 볼 수 있다. 우리의 욕망에 아첨함으로써가 아니라, 모든 심장 속에 잠자고 있는 영웅정신을 깨우침으로써 어떠한 종교도 그

신도를 얻을 수 있는 것이다.

이러니저러니 해도 마호메트는 정욕을 탐낸 사람이 아니었다. 이 사람을 주로 천한 쾌락을 탐낸 보통 사람으로 생각한다면 큰 잘못이다. 그의 살림은 지극히 검소하였다. 식사는 보통 보리로 만든 빵과 물이었으며, 때로는 몇 달씩 아궁이의 불도 꺼져 있었다. 자기의 신도 외투도 제 손으로 꿰맸다고 신자들은 당연한 긍지를 가지고 기록하고 있다. 힘든 일을 하고, 넉넉지 못하게 살며, 속된 사람들이 얻으려고 힘쓰는 것에 대해서는 무관심하였다. 결코 나쁜 사람이 아니었다고 나는 말하고 싶다. 그에게는 어떤 종류의 굶주림보다도 더 좋은 무엇이 있었다—그렇지 않다면 23년 동안 그의 곁에서 전쟁하고 서로 부딪치며 항상 그와 가까이 지낸 야성의 아랍 인들이 그토록 그를 숭배하지는 않았을 것이다. 그들은 미개한 사람이며 항상 싸움과 온갖 종류의 사나움을 터뜨렸다. 따라서 진정한 가치와 용기를 가지지 않고 그들을 지배할 수 있는 사람은 없었다. 왜 그들이 그를 예언자라고 불렀을까? 그는 그들 앞에 가리운 것 하나 없이 나섰다. 아무런 신비(神秘)에도 싸이지 않고, 자기의 옷을 깁고 신을 꿰매며, 그들과 함께 섞여서 싸우고 가르치고 명령하였다. 그들은 그가 어떤 사람인지 보았을 것이다. 여러분은 마음대로 그를 생각하라! 왕관을 쓴 어떠한 황제도 자기가 기운 옷을 입고 있는 이 사람만큼 복종을 받지 못하였다. 23년 간의 거센 현실의 시련만으로도 무언가 진정한 영웅의 요소를 가지고 있었다고 나는 생각한다.

그의 마지막 말은 기도였다. 떨리는 희망을 가지고, 조물주에게로 싸우며 올라가는 심장에서 띄엄띄엄 흘러나오는 절규였다. 그의 종교가 그를 더 악하게 만들었다고 우리는 말할 수 없다. 더 선하게 만들었다. 선이지 악이 아니다. 그의 관대함을 보여주는 많은 기록이 있다. 사랑하는 딸을 잃었을 때, 그는 자신의 독특한 방언이지만 어디까지나 진실하고 기독교인과 비슷한 대답을 하였다. "주신 분도 주님이시요, 가져 가신 분도 주님이시니, 주의 이름을 찬양할 뿐입니다."(욥기 1:) 그는 그의 두 번째 신자이며, 사랑하는 해방 노예인 제이드에게도 그와 같이 대답하였다. 제이드는 마호메트가 그리스 인들과 싸운 첫 번째 싸움인 타부크의 전투에서 쓰러졌다. 이때 마호메트는 말하였다. 잘 되었다. 제이드는 주님의 일을 하고 주님께로 갔다. 제이드의 일은 다 잘 되었다. 그런데 제이드의 딸은 시체 앞에서 우는 마호메트를 보았다—시름에 잠겨 울고 있는 백발의 노인! 제이드의 딸은 말하였다. "제 눈에 보이는 것이 무슨 광경이옵니까?" "친구의 죽음을 슬퍼하는 사람이다!" 그는 세상을 떠나기 이틀 전 마지막으로 사원으로 가서 물었다. 내가 누구에게 해를 끼친 일이 있느냐? 있으면 내 등에 매를 주라. 내가 누구에게 빚진 일이 있느냐? "있습니다, 내게 3드라크마" 하고 어느 때에 꾸어 가신 것이라고 누가 대답하였다. 마호메트는 그 돈을 갚아주라고 지시하고 말하였다. "지금 수치를 당하는 것이 심판의 날에 당하는 것보다 낫다."—여러분은 카디자의 일과, "아니다, 알라의 이름으로!"라는 말을 기억하라. 그러한 특징은 진정한 사람, 12세기를 지나고도 아직 우리 눈에 보이는 우리 모든 인간의 형제이며—인류 공동의 어머니 되는 대자연의 참된 아들임을 보여준다.

나는 또 마호메트가 위선에서 완전히 벗어나 있다는 점에서 그를 좋아한다. 그는 소박하고 자활적인 사막의 아들이며, 자기가 사실 그러하지 않은데 그러한 듯 자기를 추켜 세우지 않는다. 그에게는 남에게 보이고자 하는 자만심이 없다. 반면에 그다지 겸손해하려고도 하지 않는다. 그는 자기가 기운 옷과 신을 걸치고 자기의 모습 그대로 있으며, 여러 페르시아의 왕들, 그리스의 여러 황제에게 그들이 해야 할 일을 일러준다. 자기 자신에 대해서도 '네가 받아 마땅한 존경'을 충분히 알고 있다. 베두인 족과 생사를 걸고 싸우는 전쟁에서는 잔인한 일도 있었다. 그러나 자비의 행위, 고상하고 천성적인 연민과 관용의 행위도 없지 않았다. 마호메트는 먼저 것에 대한 변명도, 나중 것에 대한 자랑도 하지 않았다. 그러한 행위는 모두 그의 영혼의 명령대로 한 것이며, 모두 그때 그곳에서는 필요하였던 것이다. 그는 완곡하게 말하는 사람이 아니었다. 경우에 따라서는 아주 심하기도 했다. 그는 체면을 생각하지 않는다. 그는 타부크 전쟁에 대해 자주 이야기한다. 그의 부하의 대다수는 한여름의 더위와 수확 등을 구실로 삼아 진군을 거부했다. 그는 그때 일을 잊지 못한다. 수확이라? 그것은 하루면 된다. 그러면 영원히 계속될 수확은 어찌될 것이냐? 한여름 더위라고? 그렇다. 덥다. "그러나 지옥은 더 뜨거울 것이다!" 때로는 날카로운 풍자가 튀어나온다. 믿지 않는 사람들에게는 이렇게 말한다. 너의 행동을 저울에 달라. 저 거룩한 심판의 날에 받을 것이다. 저울에 달아 받을 것이니 부족하게 받지는 않을 것이다! —어디서나 그는 진실에 시선을 멈추고 진실을 본다. 진실의 위대성에 경탄하여 그의 영혼은 가끔 아연해진다. '과연'이라고 그는 말한다. 이 단어는 코란에서 때로는 그것만으로 좋은 문장이 된다.

마호메트에게는 딜레탕티슴(도락적인 기분)이 없다. 그에게 만사는 벌과 구원, 시간과 영원의 문제이다. 그는 생사를 걸 정도로 심각하다. 딜레탕티슴·가설·공상, 일종의 심심풀이로 진리를 찾으려 하고, 진리를 가지고 소꿉장난을 하는 것, 이것이 가장 심각한 죄이다. 그 밖의 상상할 수 있는 모든 죄의 근원이다. 이것은 진리에 대하여 조금도 눈떠 있지 않고 '텅빈 허영 속에 사는' 사람의 마음과 영혼 속에 자리잡고 있다. 이런 사람은 허위를 말하고 만들어낼 뿐만 아니라, 그 사람 자체가 허위이다. 합리적인 도덕원리, 신의 불꽃은 그의 마음속 깊이 묻히고, 살아도 죽은 마비상태로 고요히 있다. 마호메트의 허위는 이런 사람들의 진실보다 훨씬 더 진실하다. 이런 사람은 진실이 없는 사람이다. 반반하게 닦인, 어떤 때나 어떤 곳에서나 의젓하고, 남의 비위를 거슬리지 않고, 누구에게도 듣기 싫은 소리를 하지 않는 지극히 깨끗한 사람이다—죽음이고 독(毒)인 산화탄소와 같다.

우리는 마호메트의 도덕적 교훈이 항상 가장 좋은 것이었다고 칭찬하지는 않을 것이다. 그러나 거기엔 항상 선에 대한 지향이 있고, 정의와 진리를 목표로 삼은 신령스럽고 진실한 명령이 있다고 말할 수 있다. 한쪽 뺨을 맞으면 다른 쪽 뺨도 돌려대는 기독교의 숭고한 관용성은 없다. 당연히 복수하라고 한다. 그러나 정도를 지키고 정의의 한도를 넘지 말라고 한다. 그리고 이슬람교는, 다른 어떤 위대한 종교나 인간의 본성에 대한 통찰이 그러하듯 인간을 완전히 평등하게 만든다. 신자 한 사람의 영혼을 땅 위의 모든 왕의 권세보다 더 귀중히 여긴다. 이슬람교에서 모든 사람은 평등하다. 마호메트는 선을 행하는 것이 정당하다고 말하지 않고, 그 필요성을 역설한다. 그는 사람마다 얼마를 남에게 줄 것인가를 법으로 제정하고, 이것을 태만히 하면 반드시 벌한다. 1년 수입의 10분의 1은 그것이 얼마가 되든지 가난한 사람, 고생하는 사람 또는 구호를 요하는 사람의 정당한 소유물이다. 이 모든 것은 좋다. 자연의 이 야심적인 아들의 심장 속에 사는 연민과 인자·평등의 자연적인 소리는 이렇게 말한다.

마호메트의 천국은 관능적이다. 그의 지옥도 관능적이다. 그의 천국에도 지옥에도 우리의 정신적 감정에 충격을 주는 요소가 다분하다. 그러나 우리는 아랍 인이 일찍이 그렇게 알아 왔다는 사실을 기억해야 한다. 마호메트가 일으킨 모든 개혁은 그것을 완화시키고 경감시켰음을 생각해야 한다. 가장 심한 정욕적인 부분은 박사들과 맹신자들의 장난이지 그가 지어낸 것은 아니다. 코란에는 실제로 천국의 환희에 관한 말이 매우 적으며, 그것도 암시된 정도이지 역설되어 있지는 않다. 그리고 거기서도 최고의 기쁨은 정신적인 면이라는 것이 잊혀져 있지 않다. 최고선의 청정한 존재는 모든 다른 기쁨을 무한히 초월한다. 그는 말한다. "너의 인사말은 '평화'란 말이어야 한다." 살람(Salam), 평화를! ―이것이야말로 모든 인간이 그리워하고 찾으나, 땅에서는 얻지 못하는 축복이다. "너희는 서로 마주 보며 자리에 앉아, 마음속의 모든 원한을 없애야 할 것이다." 모든 원한을 버리고 너희들은 서로 자유로이 사랑하여야 한다. 그러면 누구나가 형제의 눈 속에 충분한 천국이 있음을 볼 것이다.

이 관능적인 천국과 마호메트의 육감적 경향, 즉 우리가 가장 슬프게 여기는 문제에 관해서는 논의할 것이 많지만, 여기서는 피하는 것이 편리하다. 나는 두 가지만 말하고 나머지는 여러분의 판단에 맡기려 한다. 처음 것은 괴테로부터 얻은 것이다. 그가 우연히 던진 암시이지만 주목할 가치가 충분하다. 《빌헬름 마이스터의 편력시대》 속의 어떤 대목에서 주인공은 이상한 풍습을 가진 사회로 온다. 그 중의 하나는 이것이다. "만일 우리가 우리 민중들에게 다른 모든 면에서 좀더 큰 자유를 허락한다면, 그가 한편으로는 자기를 억제할 것을 우리는 요구한다." 즉 어떤 한 가지 일에서는 자기의 욕망과 정반대로 나아가서, 자기가 원하지 않는 일을 자기에게 시키기를 요구한다는 것이다. 나는 이 말이 매우 타당하다고 생각한다. 좋아하는 것을 즐기는 것은 나쁘지 않다. 그러나 그것 때문에 우리의 윤리적 자아(自我) 전체를 노예상태로 타락시키는 것은 나쁘다. 나는 내 습성에 군림하며, 정당한 이유가 제시되면 그 습성을 버릴 능력과 의사가 있다는 것을 강하게 자각하라. 이런 점에서 이것은 훌륭한 법이다. 신자(信者)를 위한 라마단의 달, 이슬람교의 많은 것, 마호메트와 그의 생애의 많은 사례가 그 방향을 지향한다. 그것은 마호메트 자신이 갖는 선견(先見)이나 윤리적 향상을 위한 뚜렷한 의도에서 나온 것이 아닐지라도, 그에 못지않은 어떤 건전하고 씩씩한 본능에서 나온 것이다.

그런데 마호메트교의 천국과 지옥에 관하여 한 가지 말할 것이 있다. 곧 아무리 야비하고 물욕적일지라도, 다른 곳에서는 그처럼 잊기 쉬운 영원한 진리를 상징한다는 것이다—그의 야비한 육욕적 천국, 저 무서운 화염에 싸인 지옥, 그가 항상 역설하는 저 위대하고 웅장한 심판의 날, 이 모든 것은 소박한 베두인 족 다운 상상력이 그린 저 '의무의 무한성'이라는 장엄한 정신적 사실과 모든 사실의 기원에 관한 소박한 모습이 아니고 무엇이냐? 우리도 이것을 알고 느끼지 않는다면 불행을 피하기 어렵다. 이 세상에서의 인간의 행동은 그 사람 자신에게 대해 무한히 중요하며 결코 죽지도 끝나지도 않는다. 사람은 짧은 인생 동안 위로는 천국까지 오르고 아래로는 지옥까지 내려가며, 60년이란 시간 속에 두렵고 경탄스럽게 영원을 감추고 있다. 이 모든 생각이 마치 불로 쓴 글씨처럼 타면서 그 야성의 아랍 인의 영혼 속으로 들어갔다. 불과 번개로 쓴 글씨처럼 거기 쓰여져 있어 두렵고 말문이 막히며, 언제나 그의 눈앞에 있다. 폭발할 듯한 열성과 맹렬하고 원시적인 진실성을 가진 그는 그것을 분명하게 말하려고 하지만 말할 수가 없다. 그것을 말하려고 애쓰다가 형상화한 것이 천국과 지옥이다. 어떤 것으로 형상화되든 그것은 모든 진리 중 첫째가는 것이다. 어떤 형상을 입혀도 그것은 숭고하다. 이승에서의 사람의 주요한 목적은 무엇이냐? 마호메트는 이 문제에 대하여 우리 가운데 여러 사람이 부끄러워할 정도로 훌륭하게 대답하였다. 그는 벤담(1748~1832, 공리주의를 제창한 영국의 철학자)이나 페일리(1743~1802, 영국의 신학자)처럼 정의와 사악(邪惡)을 따지고 상호의 이익과 손해, 종국적 고통과 즐거움을 계산하며, 더하고 빼고 하여 결산을 내서, 대체로 정의가 상당히 더 무겁지 않은가, 라고 우리에게 묻지는 않는다. 아니다. 이것을 하는 것이 저것을 하는 것보다 '더 좋다'가 아니다. 이것과 저것의 차이는 삶과 죽음이다—천국과 지옥이다. 저것은 해서는 절대로 안 되고, 이것도 안 해서는 절대로 안 된다. 이 둘을 계산해서는 안 된다. 둘 다 계산되는 물건이 아니다. 하나는 영원한 죽음이고 하나는 영원한 삶이다. 벤담 식의 공리주의, 이해(利害)로 덕을 계산하는 것, 신의 이 세계를 생명 없는 몰인정한 증기기관으로, 무한히 신성한 사람의 영혼을 건초와 엉겅퀴의 무게를 재듯, 쾌락과 고통을 재는 저울대로 만드는 것—이런 것과 마호메트 중 어느 쪽이 인간과 우주에서 인간의 운명에 대하여 보다 초라하고 보다 거짓된 견해를 주느냐, 라고 묻는다면 나는 대답하련다, 마호메트는 아니다!

이슬람교는 일종의 기독교이며, 정신적으로 최고의 것이 지닌 진정한 요소가 그의 모든 불완전성으로도 가려지지 않고 엿보인다고 나는 되풀이해 말한다. 스칸디나비아의 소망의 신, 모든 미개인의 신—이것을 확대하여 마호메트는 천국으로 삼았다. 그러나 그것은 신성한 의무를 상징하며, 신앙과 선행, 용감한 행동, 그리고 보다 더 용감한 것인 신성한 인내로써 쟁취해야 하는 천국이다. 이것은 스칸디나비아의 이교(異敎)에다가 진실로 천국적인 요소를 추가한 것이다. 이것을 거짓이라 부르지 말라. 그것의 거짓을 보지 말고 진실을 보라. 과거 1,200년 동안 이것은 전 인류 5분의 1의 종교이며 인생의 길잡이였다. 무엇보다도 이것은 진정으로 믿어져온 종교였다. 아랍인들은 그들의 종교를 믿으며, 그것으로 살려고 한다! 초기 이래의 기독교인들도, 아마 근대 영국의 청교도 일파(一派)를 제외하면, 이슬람교도가 그들의 종교를 지키듯 자기들의 것을 지키지는 않았다—철두철미하게 이것을 믿고 이것으로 시간과 마주하며 영겁과 대결해 온 자는 없다. 오늘 밤 카이로의 거리를 지키는 야경꾼이 "누구냐?" 하고 물으면 통행인의 대답과 함께 그가 들을 말은 이것이다. "알라밖에는 신이 없다."

알라 아크바르, 이슬람, 이 말은 살결이 거무스름한 수백만 인의 영혼과 삶 전체에 울린다. 열성적인 전도들이 멀리 말레이 인, 검은 파푸아 인, 잔인한 우상숭배자들 사이에 가서 이것을 전파한다—보다 못한 것을 제거하고, 보다 좋은 것, 선한 것은 건드리지 않고.

아랍 인에게 있어서 이것은 마치 암흑에서 광명으로 탄생하는 듯하였다. 아라비아는 이것으로써 비로소 생명을 얻었다. 천지창조 이래 사막을 유랑하며 존재도 없던 유목민족에게 그들이 믿을 수 있는 말을 가진 영웅 예언자가 강림하였다. 보라, 존재도 없던 것이 세계적 존재가 되고, 소규모이던 것이 세계적으로 큰 것이 되었다. 1세기도 채 지나지 않아 이쪽으로는 그라나다, 저쪽으로는 델리까지 뻗어 나갔다—용기·영광·천재의 광명으로 사방을 압도하고 아라비아는 오랜 세월에 걸쳐 세계의 광대한 지역에 찬란히 빛난다. 신앙은 위대하다. 생명을 준다. 한 민족의 역사는 그 민중이 신앙을 갖게 됨과 동시에 풍부하고 위대하게 정신을 드높이는 것이 된다. 이 아랍 인들, 저 사람 마호메트, 그리고 저 하나의 세기—이를테면 암흑 속에 보이지도 않는 모래같이 세계에 떨어진 하나의 불꽃이 아니던가? 그러나 보라! 그 모래는 작렬하며 타오르는 불길이어서, 델리에서 그라나다까지 충천하는 불바다를 만들었다. 나는 말하였다. 위인은 항상 하늘에서 떨어지는 번갯불 같다고. 나머지 사람들은 마른 나무처럼 그를 기다린다. 그리고 그가 내려오면 모두 타오르는 불로 변한다.

3강
시인으로서의 영웅
단테·셰익스피어

1840년 5월 12일, 화요일

신격(神格)으로서의 영웅, 예언자로서의 영웅은 고대의 소산(所産)이다. 새로운 시대에 와서는 다시 있을 수 없다. 그런 영웅들은 과학적 지식의 진보만으로 종말을 짓는 개념의 한 가지인 소박성을 전제로 한다. 만일 인간이 그 동포 중 한 사람을 사모하고 경탄한 나머지, 그를 신 또는 신의 음성으로 말하는 자로서 상상하려면, 과학적 형식이 전혀 없거나 또는 거의 없는 세계일 것이 필요하다. 신격자와 예언자는 과거의 것이다. 우리는 이제 영웅을 야망과 의혹이 더 적은, 그리고 과거에 속하는 일이 없는 '시인'이라는 인격 속에서 보려고 한다. 시인은 모든 시대에 속하는 영웅적 존재이며, 한번 나타나면 모든 시대가 그를 소유하며, 가장 새로운 시대도 가장 오랜 시대도 낳을 수 있으며—자연이 원한다면 언제나 낳을 것이다. 자연이 영웅적인 인간을 보낸다면 그는 어떤 시대에서도 시인이 될 가능성이 있다.

영웅·예언자·시인—시대가 다르고 장소가 다르면 우리가 위인에게 주는 이름도, 우리가 그들에게서 보는 다른 점과 그들이 자기를 발휘한 분야에 따라 다르다. 이런 식으로 한다면 우리는 아직도 다른 많은 이름들을 줄 수 있을 것이다. 나는 여기서 알아두어야 할 중요한 사실 하나를 지적하려고 한다. 즉 이러한 구분의 근원은 분야가 다르다는데 있으며, 영웅은 자기가 태어난 세계의 종류에 따라서 시인·예언자·왕·성직자 또는 무엇이든지 될 수 있다는 사실이다. 모든 종류의 사람이 될 수 없는 진정한 위인을 나는 상상할 수 없다. 그저 의자에 앉아서 글귀나 짓는 시인은 대단한 시는 결코 짓지 못할 것이다. 적어도 시인 스스로가 영웅적 전사(戰士)가 아니면 영웅적인 전사를 노래할 수 없다. 생각건대 시인은 그 자신 속에 정치가·사상가·입법자·철학자가 있고—많든 적든 간에 이런 모든 것이 어느 정도 다 들어 있다. 저 위대한 뜨거운 마음, 그 속에서 솟구치는 뜨거운 눈물을 지닌 미라보 같은 사람은, 만일 그의 생애와 교육이 그를 다른 분야로 이끌어 비극과 시를 썼더라도 모든 사람의 심금을 울렸으리라. 그의 위대한 근본적 성격은 위인의 그것이다. 즉 그는 위대한 인물이라는 것이다. 나폴레옹은 그의 가슴 속에 아우스터리츠(Austerlitz) 전투(1805년 12월 2일, 나폴레옹 1세가 오스트리아와 러시아의 동맹군을 격파한 싸움) 때와 같은 말을 가지고 있었다. 루이 14세의 원수(元帥)들도 동시에 일종의 시인적인 사람들이었다. 그들 중의 한 사람 튀렌(1611~1675, 루이 14세의 원수 중 한 명)이 말하는 것에는 사무엘 존슨의 말처럼 지혜와 선의(善意)가 충만하다. 위대한 마음, 밝고 깊이 보는 눈, 거기에는 이것이 있다. 이것이 없이는 어떤 사람도 어떤 분야에서도 공(功)을 이룩할 수는 없다. 페트라르카(1304~1374, 이탈리아 시인)와 보카치오(1313~1375, 이탈리아 시인)는 외교적 사명을 훌륭하게 완수한 것으로 보인다. 우리는 쉽게 이렇게 믿을 수 있다. 그들은 이런 일보다 좀 더 어려운 일을 하였던 것이다. 천재 시인 번스는 더욱 훌륭한 미라보가 되었을는지도 모른다. 셰익스피어—그라면 무슨 일에서나 최고의 경지에 도달치 않은 것이 없었을 것이다.

하기는 자연적 소질도 있다. 자연은 모든 위인을 다른 사람들의 경우 이상으로 동일한 모형으로 창조하지는 않는다. 의심할 것도 없이 소질의 차이는 있다. 그러나 환경의 차이가 더욱 심하다. 그러므로 지극히 자주 후자(後者)만이 고려된다. 하나 보통 사람이 직업을 배우는 것도 그렇다. 여러분은 아직 능력이 뚜렷하지 않은, 어떤 일꾼도 될 수 있는 사람을 데려다가 대장장이·목수·석공으로 만든다. 그는 그때부터는 그 일만 하기 때문에 다른 일은 하나도 못한다. 그러므로 애디슨(1672~1719, 영국의 문인)이 한탄했듯이 여러분이 만일 이따금 거리에서 짐꾼이 가느다란 종아리에 무거운 짐을 짊어지고 비틀거리는 것을 보고, 그 가까이에 삼손(구약의 '사사기'에 나오는 힘센 장수) 같은 체격을 한 재봉사가 한 조각의 천과 작은 바늘을 놀리고 있는 것을 본다면—다만 자연의 소질만이 이런 때에도 고려되었다고는 생각할 수 없을 것이다. 위인도 그와 같다. 그는 어떤 일을 배울 것인가? 여기 영웅이 있다고 하자. 그는 정복자가 될 것인가? 제왕이나 철학자나 시인이 될 것인가? 이것은 세계와 그 사람 사이의, 수수께끼처럼 복잡한 논쟁점이다. 그는 세계와 그 법칙을 해명하려 들며, 세계와 그 법칙은 거기서 해명될 것이다. 이것에 관하여 세계가 무엇을 허락하고 무엇을 명령할 것인지는, 전에도 이야기한 바와 같이 세계에 대한 가장 중대한 사실이다.

시인과 예언자는 우리의 근대적 개념으로는 아주 다르다. 그러나 어느 고대의 언어(라틴)에서는 그 둘의 명칭은 같은 말로 되어 있다. 곧 바테스(Vates)는 예언자이기도 하며 시인이기도 하다. 그러므로 실제 모든 시대에서 예언자와 시인은 매우 비슷한 의미를 가진다. 근본적으로 말해서 사실 그들은 아직도 동일하다. 특히 그들은 두 가지 다 우주의 신성한 신비, 이른바 괴테의 '공공연하고도 깊은 비밀에' 통철(通徹)해 있다는 가장 중대한 점에서 같다. '무엇이 그토록 크게 비밀스러운가?' 사람들은 웃는다. '공공연하고도 깊은 비밀'—만인 앞에 펼쳐져 있으나 거의 아무도 보지 못한 것! 어디로 가나 모든 존재 속에 있는 저 신성한 비밀, 피히테(1762~1814, 독일의 철학자)의 말을 빌린다면 '만물의 뿌리에 있는 세계의 신성관념', 별이 찬란하게 펼쳐진 드넓은 하늘로부터 들판의 잡초에 이르기까지의 온갖 현상, 특히 인간과 그의 일이라는 현상은 모두 그것들의 의상, 그것들을 눈에 보이게 하는 도구에 지나지 않는다. 이 신성한 비밀은 모든 그것들의 의상, 시대와 장소에 존재한다. 진실로 존재한다. 대개의 시대나 장소에서 이것은 흔히 간과된다. 그러므로 여러 가지 표현 방법으로 항상 실현되어온 신(神)의 사상이라 규정할 수 있는 이 우주는 생명이 없고 평범한 사물로 생각되고 있다. 풍자가(칼라일 자신을 가리킨다)는 말한다. 어떤 실내장식가가 조립한 죽은 물건과 같다고. 오늘날 여기에 대해서 크게 떠든다 해도 아무 소용이 없을 것이다. 그러나 우리가 이것을 알고 늘 이 지식에 따라 생활하지 않는다면 우리 모든 사람에게 불행이다. 실로 가장 슬퍼할 불행—우리가 이것을 모르고 산다면 전혀 삶의 보람이 없을 것이다!

그러나 지금 그 누군가 이 신성한 비밀을 잊어버리더라도, 바테스는 예언자로서든지 시인으로서든지 그것에 통철했다고 나는 말한다. 그는 우리에게 이 비밀을 더욱 인상 깊게 알려주기 위하여 이 땅에 보내진 사람이다. 이것이야말로 그의 사명이다. 그는 이것을—그 누구보다도 더 가까이 접하고 있는 저 신성한 비밀을 우리들에게 계시하고자 한다. 다른 사람들은 그것을 잊고 있으나 그는 알고 있다—오히려 이렇게 말해도 좋다. 그는 그 자신의 의

사와 관계없이 그 속에서 살며, 그 속에서 헤어나지 못하게끔 되어 있다. 되풀이해 말하자면 여기에는 왜곡이 없다. 다만 직접적인 통찰과 신앙이 있다. 이 사람은 또한 진정한 사람이 아닐 수 없다. 그 누가 사물의 그림자에서 살든지 간에 이 사람은 사물의 실체에서 사는 것이 본능적으로 필요했다. 거듭 말하지만 우주에 대하여 성실한 사람, 다른 모든 사람이 그것을 장난삼아 스쳐갔다 하더라도, 그는 무엇보다도 진정하기 때문

단테(1265~1321)
이탈리아의 시인·예언자·신앙인

에 바테스이다. 이 점까지는 시인과 예언자, 즉 '공공연한 비밀'이 주어진 사람으로서 동일하다.

그들의 차이에 대해서 말한다면, 예언자 바테스는 이 신성한 비밀을 선과 악, 의무와 금지와 같은 도덕적 분야에서 파악하고, 시인 바테스는 아름다움과 그 밖의 것, 이른바 독일인의 심미적 분야에서 파악하였다고 해도 좋을 것이다. 하나는 우리가 해야 할 일의 철학자, 또 하나는 우리가 사랑해야 할 것의 계시자라고 불러도 좋을 것이다. 그러나 실제로 이들 두 분야는 서로 교착되어 분리시킬 수 없다. 예언자 또한 우리가 사랑할 만한 것에 관심을 둔다. 그렇지 않다면 어찌하여 우리가 해야 할 일이 무엇인가를 그가 알 수 있겠는가? 이 땅에서 들리는 가장 높고 낭랑한 소리 역시 이렇게 말하였다. "들의 백합꽃이 어떻게 자라는가 살펴보아라. 수고도 하지 않고 길쌈도 하지 않는다. 그러나 내가 너희에게 말한다. 온갖 영화를 누린 솔로몬도 이 꽃 하나만큼 차려 입지 못하였다." ^(마태복음 제6
장 28~29절) 이것은 가장 깊고 깊은 미(美)의 밑

바닥을 들여다본 것이다. '들의 백합꽃'—지상의 왕보다도 훌륭한 옷을 입고 거친 들 언덕에 솟아 아름다움의 위대한 내적인 바다에서 우리를 바라다보는 아름다운 눈! 이 막된 땅이 거칠게 보이고, 또 사실 거칠기는 하지만 그 본질이 아름다움이 아니라면 어떻게 그런 꽃을 피울 수 있었을 것인가? 이런 관점에서도 사람들을 놀라게 한 괴테의 말이 의미 없는 말은 아니다. "아름다운 것은 선(善)한 것보다 높다. 아름다운 것은 그 안에 선한 것을 지니고 있다." "진정한 아름다움과 허위의 아름다움은 천국과 박스홀 (런던 템즈 강가에 있었던 큰 오락장) 만큼 다르다!" 시인과 예언자의 차이에 관해서는 이 정도로 그치자.

옛날이나 지금이나 그를 비난하는 것은 하나의 불경죄로 생각될 만큼 여겨지는 완전한 시인이 더러 있다. 이것은 주목할 만한 가치가 있으며, 잘못된 일이 아니다. 그러나 엄밀하게 말한다면 하나의 환상에 지나지 않는다. 아주 분명한 사실이지만 이 세상에 완전한 시인이란 없다. 시정(詩情)은 만인의 가슴 속에 있다. 그러나 누구든지 마음 전체가 시로써 이루어진 사람은 없다. 시를 제대로 읽을 때에 우리는 모두 시인인 것이다. '단테의 지옥에 몸서리치며 싸우는 상상력', 이만큼의 차이는 있지만 단테 자신의 그것과 같은 능력이 아닌가? 삭소 그라마티쿠스로부터 셰익스피어가 이룬 것처럼 《햄릿》이야기를 구현할 수 있는 사람은 셰익스피어를 제외하고는 아무도 없다. 그러나 누구든지 거기서 어떤 종류의 이야기를 만들 수는 있다. 다만 사람에 따라 그것을 더 잘 또는 못하게 구현할 따름이다. 우리는 정의를 내리는데 시간을 보낼 필요가 없다. 동그라미와 사각형처럼 특수한 차이가 없는 한 모든 정의는 다소 임의적이다. 마음속에 많은 시적(詩的) 요소가 발전하여 뚜렷해진 사람은 주위 사람들에 의하여 시인이라고 불리게 된 것이다. 세계적 시인도 또한, 말하자면 우리가 완전한 시인으로서 생각하여야 할 시인도, 그와 마찬가지로 비평가들에 의해서 결정지어진 것이다. 시인의 일반적 수준에서 훨씬 뛰어난 사람을 어떤 비평가가 볼 때에는 세계적 시인으로 보일 것이다. 그가 그렇게 보이는 것은 당연하다. 그러므로 그것은 임의의 차별이며, 그러함에 틀림없을 것이다. 온갖 시인과 인간은 다소의 보편적 요소를 가지고 있다. 다만 아무도 그것만으로 되어 있지는 않다. 대개 시인은 지극히 빨리 잊힌다. 시인들 중 가장 귀한 셰익스피어·호머일지라도 영원히 기억될 수는 없다—그들도 또한 잊히는 때가 온다.

그러함에도 불구하고 여러분은 말할 것이다. 참다운 시와 시가 아닌 참다운 말 사이엔 차이가 있음에 틀림없다고. 그럼 그 차이는 무엇인가? 이 점에 관해서는 많은 저술, 특히 최근의 독일 비평가들이 쓴 것이 있다. 그 중에는 얼핏 보아서는 이해하기 곤란한 것도 있다. 예를 들면 그들은 이렇게 말한다. 시인은 그 마음속에 '영원성'을 가지고 있어, 그가 묘사하는 모든 것에 운엔틀리히카이트(Unendlickeit), 곧 일종의 '무한성'을 전한다고. 이것은 의미가 그렇게 분명하지는 않으나 그러한 막연한 문제에 관한 것으로서는 기억해둘 만한 가치가 있다. 만일 깊이 음미한다면 일종의 의미가 점차 그 속에서 발견될 것이다. 나 자신으로서는 시는 운율적(韻律的)이다, 그 속에 음악이 흐르고 있다, 하나의 노래이다,라는 낡고 통속적인 구별에 큰 의의를 발견한다. 만일 정의를 내리라고 한다면 우리는 주저하지 않고 이렇게 말해도 좋다. 만일 여러분의 묘사가 정말 음악적이라면 비단 용어뿐만 아니라 그 핵심과 실질에 있어서, 모든 사상 또는 표현에 있어서, 그 관념 전체에 있어서 음악적이라면 그것은 시이다. 그렇지 않다면 시가 아니다. 음악적이라는 말은 얼마나 많은 함축이 있는 말인가! '음악적'인 사상이란 사물의 가장 깊은 핵심에 막힘 없이 통하고 그 속의 깊은 비밀, 즉 그 속에 감춰진 선율을 발견한 사람이 진술한 사상이다. 다시 말하면 그것은 그 사물의 영혼인 통일성 있는 내적 조화로서, 그것에 의하여 그 사물은 이 세계에 존재하고 또 존재할 권리를 갖는다. 모든 사물은 모두 선율적이며, 그것은 자연히 노래로써 표현된다고 해도 좋을 것이다. 노래의 의의는 깊다. 이 세상에서 음악이 우리에게 주는 효과를 논리적 언어로써 표현할 수 있는 사람이 있는가? 이른바 형언할 수도 깊이를 더듬을 수도 없는 말, 우리는 잠시 그것을 들여다보기로 하자!

아니, 모든 말, 가장 평범한 말까지도 그 속에 다소의 노래를 가지고 있다. 세상의 어떤 마을일지라도 모두 그 마을의 독특한 어조(語調)가 있다―사람들이 하고자 하는 말을 그것에 맞춰서 노래하는 선율, 곧 곡조 말이다. 어조는 일종의 노래이다. 모든 사람엔 그 자신만의 어조가 있다―물론 그들은 다른 사람의 어조만 의식하고 있지만. 그리고 또 모든 정열적인 말은 자연히 음악적이 된다. 단순한 어조 이상의 훌륭한 음악을 가지고 있다. 사람의 말은 성났을 때조차도 일종의 노래가 된다. 모든 의미 깊은 것은 노래이다. 이 노래는 어쨌든 우리의 중심적 본질인 것 같다. 다른 모든 것은 포장 지나 껍데기에 지나지 않는다! 노래는 우리의 근본적 요소이며 만물의 요소 이다. 그리스 인은 천체(天體)음악에 관한 우화를 만들어냈다. 대자연의 모 든 음성 또는 소리의 정수(精髓)는 완전한 음악이라는 것이 그들이 대자연 의 내부적 구조에 대해서 품은 감정이었다. 그런 까닭으로 우리는 시를 음악 적 사상이라 부른다. 시인이란 그런 식으로 생각하는 사람이다. 반드시 그것 역시 지력(知力)에 의존한다. 사람을 시인으로 만드는 것은 그 사람의 성실 성과 깊은 통찰력이다. 아주 깊이 보아라. 그러면 여러분은 음악적으로 보게 될 것이다. 대자연의 중심에 도달할 수만 있다면 가는 곳마다 음악이다.

시인 바테스로서 자연의 선율적 계시를 전한 사람은 예언자 바테스에 비 하여 우리들 사이에 낮은 위치인 듯 보인다. 그의 직분이나 그 직분으로 인 하여 우리가 그에게 드리는 존경은 적다. 신격(神格)으로서의 영웅, 예언자 로서의 영웅, 그 다음에는 다만 시인으로서의 영웅, 말하자면 위인에 대한 우리의 평가는 시대가 지나갈수록 끊임없이 적어지는 듯싶다. 우리는 먼저 그를 신으로 보고, 다음에 신의 계시를 얻은 사람으로 보며, 그 다음 단계에 와서는 그의 가장 기적적인 말도 단지 그는 아름다운 시를 짓는 천재이다, 라고 하는 정도의 인정을 받는 데 지나지 않는다. 그렇게 보이기는 한다. 그 러나 나는 실제로는 그렇지 않다고 말한다. 우리가 만일 충분히 생각한다면, 아마도 인간의 마음에는 예부터 존재해 내려온 저 독특한 영웅적 천분(天 分)에 대한 숭배가 어떤 이름으로 불리든지 여전히 존재한다는 것이 분명할 것이다.

나는 말한다. 만일 우리가 위인을 오늘날 문자 그대로 신성(神聖)한 것으 로 생각지 않는다면, 그것은 신에 대한 우리의 관념, 즉 광명·지혜·영웅정 신의 도달할 수 없이 높은 원천에 대한 우리의 관념이 끊임없이 높아지고 있 기 때문이며, 우리와 같은 인간에 의해서 표시된 그런 자질에 대한 우리의 존경심이 차차 저하되어 간다는 것을 의미하는 것이 절대 아니다. 이것은 생 각해볼 가치가 있는 일이다. 현대의 재앙이지만, 모든 분야에서와 마찬가지 로 실로 이 인간사 최고의 분야에서도 유감스러운 작용을 하고 있다. 그러므 로 위인에 대한 우리의 존경은 현재 완전히 절름발이이고, 눈뜬 장님이고, 마비되어 불쌍한 상태를 나타내며 좀체로 알아볼 수 없게 되었다. 사람들은 위인의 겉모습을 숭배하며, 숭배할 만한 위인의 본질이 있다고 믿지는 않는다. 이것은 가장 슬프고 치명적인 생각으로, 이것을 믿는다면 사람은 그야말로 인간사에 절망을 느낄 것이다. 나폴레옹을 보라! 코르시카 섬 출생의 일개 포병중위, 그것이 그의 외관이었다. 그러나 그는 그 나름으로 세상의 모든 교황과 황제를 한데 합쳐도 못 미칠 만큼 사람들의 복종과 숭배를 받고 있지 않은가? 고귀한 공작부인도 주막집 마부도 스코틀랜드의 촌사람 번스의 주위에 모여든다―그들을 이런 사람의 말을 들은 적이 없다는 이상한 느낌, 말하자면 그야말로 참된 사람이라는 느낌을 갖게 된다. 이 검은 눈썹과 빛나는 태양의 눈을 갖고 웃음과 눈물을 가져오는 기발한 말을 하는 촌사람이 다른 누구보다 큰 위엄이 있고 다른 누구와도 비교할 수 없는 사람이라는 느낌이, 그것을 표현할 방법은 없다 하더라도 이 사람들의 속마음에 희미하게 나타난다. 우리도 그렇게 느끼지 않는가? 그러나 지금 만일 딜레탕티즘·회의주의·경박 또는 그 외의 모든 슬픈 경향이 우리로부터 제거된다면―신의 축복에 의해서 언젠가는 그렇게 될 것이지만―사물의 외관에 대한 신앙은 완전히 없어지고, 사물 그 자체에 대한 선명한 신앙으로 대치되어, 인간은 그저 그 신앙의 충동에 의해서만 행동하고 다른 모든 것은 일체 비실재(非實在)라고 생각하게 된다면, 번스에 대해서 얼마나 청신하고 생생한 감정이 우러날 것인가!

아니, 이 시대가 그렇다고는 하지만 여기에 신격화되지는 않았어도 성인 취급을 받는 두 시인이 있지 않은가? 셰익스피어와 단테는 역사상 뛰어난 위대한 시인이다. 우리가 깊이 생각해 보면, 그들은 성인으로서 모셔진 시인들이다. 따라서 그들을 비평한다는 것은 모독이다. 아무도 지도하지 않은 이 세상의 본능은 모든 완고한 장애에 저항하면서 그런 결과에 도달하였다. 단테 또는 셰익스피어는 독특한 사람들이다. 그들은 일종의 제왕적(帝王的) 고립 속에 유리되어 살았다. 그들과 어깨를 겨눌 사람도 그들을 따를 사람도 없고, 온 세계 사람들의 감정 속에서 일종의 초월한 상태, 완전한 완성과도 같은 영광에 싸여 있다. 그들은 성인이 되어 있다. 물론 어떤 교황이나 추기경이 만든 성인이 아니다. 가장 비영웅적 시대에, 요사스런 온갖 영향에도 불구하고 영웅정신에 대한 인간의 불멸의 존경은 의연하다―우리는 잠시 이 두 시인 단테와 셰익스피어를 고찰하기로 하자. 시인으로서의 영웅에 대하여 여기서 조금이나마 이야기함으로써 가장 잘 다루어질 것이기 때문이다.

　단테와 그의 작품에 대한 주해서로서 많은 책들이 쓰여졌다. 그러나 대개는 그다지 성과가 없다. 단테의 전기(傳記)는 분실되어 회수하기 어렵다. 단테는 방랑하며 설움에 지쳐 살았던 사람으로서 그의 생애에는 그에 관하여 이렇다 할 만한 기록이 없었다. 그리고 그의 기록의 거의 절반은 긴 시간이 지나면서 소멸해버렸다. 그가 이 땅에 살면서 저술(著述)을 그친 지 이미 5세기가 지났다(단테는 1321년에 사망하였다). 그에 관해 쓴 여러 가지 책들이 있음에도 불구하고 그 자신이 쓴 책 자체가 우리가 그에 관하여서 알고 있는 거의 전부이다. 그러므로 그의 책과, 일반적으로 지오토(단테와 같은 시대의 화가)가 그린 것이라고 하는 초상화가 있을 뿐이다. 이 그림을 들여다보고 있으면, 누가 그린 것이건 간에 진짜라는 생각이 든다. 이 그림의 얼굴은 지극히 감동적이다. 아마도 내가 아는 모든 얼굴 중에서 가장 감동적인 얼굴이다. 소박한 월계관을 두르고, 마치 허공에 그려진 듯이 쓸쓸하게 보인다. 불사(不死)의 설움과 고통, 불사의 승리—단테의 온 생애의 의의를 보여준다. 이 그림은 일찍이 실물을 묘사한 것 중 가장 감동적인 얼굴이다. 어디까지나 비극적인, 가슴 아프게 하는 얼굴이다. 그 속에는 그것의 바탕인 것처럼 어린이 같은 부드러움과 정답고 상냥한 애정이 담겨 있다. 그러나 이러한 모든 것은 마치 날카로운 저항·거부·고독, 고매한 절망적 고통에 굳어져버린 듯이 보인다. 부드럽고 천국적인 영혼이 마치 두꺼운 얼음 감옥에서 내다보고 있는 것처럼 엄하고 완강하고 음울한 예리성을 띠고 있다. 그러면서도 또한 침묵과 고통에 잠긴 냉소(冷笑)가 있다. 그의 입술은 그의 마음을 좀먹어 들어가는 것에 대한 일종의 거룩한 경멸을 담고 말려 올라가 있다—말하자면 그 고통이 초라하고 사소한 것인 듯이, 그에게 모진 고생을 주고 그의 목을 눌러 죽이는 힘을 가진 그 고통보다는 마치 자기가 더 위대하다는 듯이. 세상을 향하여 온 힘으로 저항하며 죽기까지 불굴의 전투를 감행하고 있는 사람의 얼굴·완전히 분노로, 풀리지 않는 분노로 화해 버린 애정, 느리고 엄하고 침묵에 싸인, 신을 연상시키는 분노! 눈도 그렇다. 눈은 일종의 놀라움, 어째서 세상은 이런가 하고 따져 묻는 듯 크게 뜨고 있다. 이것이 단테이다. 이 '침묵 속 천년의 소리'는 그같은 표정을 짓고, 우리들에게 '신비스럽고 깊이를 모를 노래'를 불러준다.

우리가 단테의 생애에 관해서 알고 있는 얼마 되지 않는 사실들은, 이 그림과 그의 책과 일치한다. 단테는 1265년 피렌체의 상류사회에서 탄생하였다. 그가 받은 교육은 그 시대로서는 훌륭한 것이었다. 충분한 스콜라 신학, 아리스토텔레스의 논리학, 소수의 라틴 고전—어떤 분야에서는 상당한 통찰력을 심어 주었다. 열성적이고 총명한 단테는 대부분의 사람들보다 더 잘 배웠음은 의심할 바 없다. 그는 명석하고 계발된 이성과 대단한 섬세함을 가지고 있었다. 단테는 교육의 이런 최고의 결과를 스콜라 신학자들로부터 얻었다. 그는 자기 가까이 있는 사물은 정확하게 충분히 알고 있었다. 그러나 인쇄된 책도 자유로운 교통시설도 없었던 시대라, 단테는 멀리 떨어져 있는 사물은 잘 알 수 없었다. 작은 빛은 가까운 것을 비출 때는 매우 환하게 비춰도 먼 것을 비출 때는 흩어져 이상한 명암을 만든다. 이것이 단테가 학교에서 얻은 학문이었다.

단테의 생활은 그 시대 보통 사람들과 같았다. 피렌체 정부를 위하여 군인으로서 두 번 출정하였으며, 사절(使節)의 임무도 수행하였다. 35세 때 단테는 역량과 공로를 인정받아 피렌체의 고급 관리가 되었다. 소년시절 단테는 베아트리체 포르티나리라는 소녀를 만났다. 나이도 가정환경도 그와 비슷한 아름다운 소녀였다. 그 뒤 이 소녀의 모습을 혼자 그리며 다소 거리를 둔 교제를 하며 성장하였다. 여러분들은 이 일에 관한 아름답고 슬픈 이야기(단테의 초기
작 《신생》)를 알고 있을 것이다. 그들이 서로 이별한 일, 이 소녀가 다른 데로 시집가버린 일, 얼마 안 가서 이 소녀가 죽은 이야기를 알고 있을 것이다. 이 소녀는 단테의 시(詩) 속에서 아주 큰 존재였다. 단테의 생애에서도 그랬을 것으로 보인다. 모든 사람들 중 이 여자야말로 그와 떨어져서, 나중에는 몽롱한 영겁 속에서 서로 떨어져 있으면서, 단테가 그의 애정의 전부를 기울여서 사랑한 유일한 존재였다고 말해도 좋다. 그 여자는 죽었다(1290년 6월, 24
세였다고 한다). 단테도 그 후 결혼을 하였으나 행복하지는 않았던 것 같다. 매사에 예민하고 심각하며 진지한 이 사람이 행복하기는 어려웠던 것이다.

단테의 불행을 한탄하지 말라. 만일 모든 일이 그의 희망대로 되었다면, 단테는 피렌체의 대관(大官)이 되어 사람들로부터 대우를 받았을 것이다—그리하여 세상은 예로부터 가장 위대한 시의 하나를 잃었을 것이다. 피렌체는 한 사람의 훌륭한 행정장관을 얻고, 침묵의 천 년은 아무 소리도 없이 계속되어, 《신곡》을 들을 수 없게 되었을 것이다. 우리는 아무것도 한탄하지 않으련다. 단테에게는 더욱 숭고한 운명이 주어져 있었다. 그리하여 그는 죽음과 책형으로 안내받은 사람인 양 운명을 완수하는 수밖에 없었다. 단테에게 스스로 행복을 선택하도록 해 보라! 그도 우리들처럼 무엇이 참된 행복이며 무엇이 정말 불행인지 몰랐던 것이다.

단테가 행정장관 재직 중 겔프 대(對) 기벨린(교황당(教皇黨) 대 황제당(皇帝黨), 12세기부터 14세기까지 계속된 파쟁), 백당(白黨) 대 흑당(黑黨 : 교황이 후자(後者)의 당에 유리한 간섭을 하였기 때문에, 전자의 지지자들은 추방되었다. 단테도 그 중 한 사람), 또는 그런 어떤 분쟁이 심각해져, 비교적 우세를 보이던 당파에 속했다가 뜻하지 않게 벗들과 함께 추방되고 말았다. 이때부터 설움과 방랑의 생애를 보내야 할 운명이 정해졌다. 재산도 몰수당하였다. 단테는 이 일에 대해 신과 사람들이 전적으로 부정·흉악하다는 가장 격렬한 감정을 가졌었다. 그는 잃어버린 것들을 다시 찾으려고 힘썼다. 손에 무기를 들고 전투적 습격까지 꾀하였으나 아무 소용 없었고, 오히려 더한 불이익을 불렀을 뿐이다. 피렌체 기록보존소에는 어디서든지 잡히기만 하면 불태워 죽이라고 선고를 내린 기록이 아직도 보관되어 있다고 한다. 이것은 사실일 것이다. 산 채로 태워 죽이라고 기록되어 있다는 것이다. 매우 진기한 공문서이다. 다른 하나의 진기한 문서는 이로부터 몇 해 뒤 피렌체의 고관들에게 보낸 단테의 서한이다. 사죄하고 벌금을 내면 귀국을 허가한다는 좀 더 관대한 그들의 제안에 대한 답장이다. 단테는 긍지를 굽히지 않고 다음과 같이 대답하고 있다. "스스로 죄를 인정하고 돌아가는 것이라면 나는 결코 돌아가기를 원치 않는다(nunquam revertar)."

단테에겐 이 세상에 더 이상 집이 없게 되었다. 그는 자기를 아껴주는 이 사람 저 사람을 찾아 이곳에서 저곳으로, 그 자신이 내뱉은 쓰디쓴 말을 빌린다면, "Come è duro calle. (세상 길이 얼마나 쓰라린 것인가)"를 맛보아가며 방랑하였다. 비참한 사람은 유쾌한 친구가 못된다. 추방당해 빈궁한 몸이 된 단테는 자존심이 강한 침울한 사람이라서 사람들과 잘 어울리지 못하였다. 페트라르카는 그에 대하여서 이렇게 전한다. 하루는 단테가 델라 스칼라(칸 그란데 델라 스칼라 이탈리아 베로나의 제후. 단테의 비호자. 〈천국편〉은 그에게 헌정되었다)의 궁정에 서 있을 때 왜 우울한 얼굴로 말도 하지 않느냐고 비난받았다. 그러자 단테는 아주 궁정인답지 않게 대답하였다. 델라 스칼라는 그의 궁정 관리들과 함께 서서 광대놀음을 흥겹게 구경하

단테의 《신곡》(1497)

다가 단테를 보고 말하였다. "저 비천한 바보들까지도 이처럼 사람을 재미나게 하는데, 현명한 그대가 그저 날마다 거기 앉아 흥겹게 해줄 방법이 전혀 없다는 것은 이상한 일이 아닌가?" 그러자 단테는 쓰디쓰게 대답하였다. "이상한 일이 아닙니다. 전하(殿下)는 '같은 것끼리'라는 속담을 기억하고 계시지요."—즐겁게 해주는 사람이 있으면 즐거워하는 사람도 있어야 한다. 이런 긍지와 침묵을 지키며 비아냥과 설움을 받는 사람의 일이 궁정에서 잘 될 리가 없다. 단테에게는 이 땅에 이미 안주할 자리도, 은혜의 희망도 얻을 수 없다는 것이 차츰 명백해졌다. 이 지상의 세계는 단테를 버리고 말았다. 그는 방랑을 계속했다. 그를 사랑하는 사람은 아무도 없었다. 이 땅의 아무 것도 그의 애절한 불행에 위로의 손길을 뻗지 않았다.

따라서 자연스럽게 영원의 세계가 단테에게 더욱 깊은 인상을 주었을 것이다. 그 세계의 무서운 실재 앞에서는 피렌체, 추방 등이 있는 이 시간의 세계도 결국 영원 위에 걸쳐진 너풀거리는 거짓 그림자에 지나지 않았다. 너는 결코 피렌체를 보지 못하겠지만, 지옥과 천국은 반드시 볼 것이다. 피렌체·델라 스칼라, 세계와 인생, 이것이 다 무엇이냐? 영겁(永劫)의 세계로,

너도 만물도 모두 가야 한다. 그 밖에 다른 그 어떤 곳도 아니다. 이 땅에 집이 없는 단테의 영혼은 점점 그 장엄한 다른 세계에서 안주할 곳을 찾았다. 물론 그의 사상은 그에게 있어서 단 하나의 중대한 사실에 집중되었다. 유형(有形)이든 무형이든 이것은 모든 사람에게는 유일하게 중대한 사실이다—그러나 그 시대의 단테에게는 과학적 정형(定形)으로서 확고히 구현되어 있었다. 그는 저 '말레볼제의 늪'^{(《신곡(神曲)》의 '지옥편'
에 묘사된 지옥의 일부)}에 관해서도 그것이 여러 음울한 구덩이와 깊은 신음과 더불어 거기 가로놓여 있어, 그도 그것을 볼 것이라는 것을 의심치 않았다. 콘스탄티노플에 가면 의심 없이 콘스탄티노플을 볼 수 있듯이. 단테의 마음은 오랜 세월 침묵의 사색과 공포 속에서 이 생각에 골몰하여, 드디어는 넘쳐나는, '신비한 깊이를 모를 노래'가 되었다. 그리하여 단테의 《신곡》은 모든 시대의 서적 중에서도 가장 이채를 발하는 것이 되었다. 이것이야말로 그 성과이다.

단테가 추방된 몸으로서 이 일을 할 수 있었다는 것, 또 피렌체도 그 누구도, 어떠한 사람들도 그를 방해할 수 없었고, 도리어 큰 도움이 되기까지 하였다는 것은 단테에게 큰 위로가 되었을 것이 틀림없다. 그리고 우리가 상상할 수 있듯이, 때때로 그에게는 자랑스러운 생각이기도 하였다. 단테는 또한 이것이 인간이 할 수 있는 일 중에서 가장 위대한 일이라는 것도 어느 정도 알았다. "만일 네가 너의 별을 따른다면(Se tu segui tua stella)" 버림받고 추방당한 가운데서도 단테는 이같이 독백할 수 있었다. "자기의 별을 따르기만 한다면 반드시 영광의 항구에 도달할 것이다." 저작(著作)의 노고가 실로 막대하고 고통스러웠던 것임을 우리는 알 수 있다. 단테는 말하였다. "이 책은 나로 하여금 여러 해 동안 살이 빠지고 쇠약케 하였다."

아, 과연 그렇다. 그 책은 고통과 노력에 의하여 유희가 아닌 진지한 열성으로 이룩되었던 것이다. 단테의 책은 사실 대개의 양서(良書)가 그렇듯, 그의 심혈로 쓰여진 것이다. 이 책이야말로 그의 온 생애이다. 이것을 완성하자 단테는 죽었다. 그다지 많다고 할 수 없는 나이인 56세를 일기로 사망하였다—애끓는 설움을 지닌 채 단테는 사망지인 라벤나 시에 매장되었다. Hic claudor Dantes patriis extorris ab orris. (여기 나 단테는 고국에서 추방되어 누워 있다). 1세기가 지나서 피렌체 인들은 단테의 유해를 돌려주기를 요청하였으나, 라벤나 사람들은 이를 허락치 않았다.

단테의 시는 하나의 노래라고 나는 말하였다. 이것을 '신비하고 깊이를 모를 노래이다'라고 말한 것은 티크($_{그의 \langle노발리스 논(論)\rangle에 나온다}^{1773\sim1853, 독일의 시인\cdot철학자.}$)였다. 그것이 문자 그대로 단테의 시의 성격이다. 콜리지($_{시인\cdot비평가\cdot철학자}^{1772\sim1834, 영국의}$)는 어디선가, 어떤 문장이 극히 적절하게 음악적으로 엮어져, 그 용어 속에 참다운 리듬과 조화가 있을 때는 반드시 의미에서도 심오하고 아름다운 그 무엇이 있다고 말한 바 있다. 왜냐하면 육체와 영혼, 언어와 관념은 이곳에서도 모든 다른 곳에서와 마찬가지로 이상스러울 만큼 병행한다. 노래는 언어의 영웅적인 것이라고, 우리는 앞에서 말하였다. 모든 옛날 시가(詩歌), 호머 등의 시가는 참다운 노래이다. 엄밀하게 말해서 모든 진정한 시는 노래이며, 노래로 불려지지 않는 것은 진정한 시가 아니라, 무리하게 운(韻)을 맞춘 시행(詩行)에 메꿔 놓은 한 편의 산문에 지나지 않는다. 그것도 대부분 문법에 크게 손상을 입히고 독자의 기분에 심한 불쾌감을 던져준다. 우리가 얻고자 원하는 것은 그 사람이 갖고 있던 사상이다. 만일 그가 사상을 갖고 있었고 이것을 평이하게 말할 수 없었다고 하면, 무엇 때문에 일부러 이것을 꺾고 구부려서 음운(音韻)에다 맞출 필요가 있을까? 그의 마음은 참다운 선율의 열정에 황홀해져서 콜리지가 말하듯이 그의 어조가 자신의 사상의 위대함과 깊이와 음악 때문에 음악적이 될 때야말로, 우리는 처음으로 그에게 운을 붙여 노래하는 권리를 줄 수 있다. 또한 그를 시인이라고 부르고 영웅으로서의 그의 말을 듣는다. 즉 그 언어가 노래인 것이다. 이런 권리가 없으면서 시인이라고 주장하는 자가 헤아릴 수 없이 많다. 그러나 진지한 독자들은 운문을 읽는다는 것이 참기 어려울 정도까지는 아니라 하여도 대체로 지극히 지루한 노릇임에 틀림없다고 생각한다! 아무런 운을 붙일 만한 내적 필연성이 없는 운문은 그 목적하였던 바를 아무 음운도 빌리지 않고 단순하게 우리들에게 이야기하여야 할 것이었다. 나는 자기의 사상을 이야기할 수 있는 모든 사람들에게 충고하고 싶다. 그것을 노래하지 말라, 진실한 시대의 진실한 사람들은 그것을 노래로 표현할 필요가 없다는 것을 이해하라고 우리들은 진정한 노래를 사랑하고 좋아하며, 어떠한 신성한 것에 의해서 그와 같이 거기에 매혹당하는 것과는 반대로 거짓된 노래를 미워하며, 그것을 그저 무감정한 소음, 공허하고 쓸모없는 것, 불성실하고 불유쾌한 것이라고 생각할 것이다.

내가 단테의 《신곡》에 관해서 이것이 여러 의미에서 순수한 노래라고 이야기할 때, 나로서는 단테에 대한 최대·최고의 찬사를 바치는 것이다.《신곡》의 어조에는 일종의 칸토 페르모^{(정선율(定旋律). 대위법 작곡의 기초가 되는 선율로서 여기에 대위 선율이 덧붙여진다)}가 있어, 노래를 부르듯이 진전한다. 그 용어, 즉 단테가 사용한 단순한 테르차 리마^{(각 행은 10음절, 행말(行末)의 운은 bcbcde……처럼 되는 시형식·3운구법(三韻句法))}는 단연 이 점에서 그를 도왔다. 우리는 저절로 일종의 억양을 띠고 읽어나간다. 그것은 당연히 그렇지 않을 수 없었다고 나는 덧붙여 말한다. 왜냐하면 그 작품의 본질과 재료가 운율적이기 때문이다. 그 심오함, 황홀한 열정, 그리고 성실은 이것을 음악적으로 만든다―충분히 깊이 들어가라. 곳곳에 음악이 있다. 진정한 내적 조화, 이른바 사람의 건축적 조화가 이 작품에서 승리를 거두어 그 전체에 균형을 잡고 있다. 건축적인 것은 또한 음악이 지닌 성질의 일부이다. 세 왕국, 지옥과 연옥과 천국은 일대 건축물의 각 부분처럼 서로 바라보고 있다. 마치 거기에 쌓아올린 엄연하고도 숭고한 일대 초자연적 세계적 가람(伽藍)으로서, 즉 단테의 영혼 세계로서 말이다. 이것은 모든 시가 중에서도 가장 진실한 것이다. 진실은 이곳에서도 또한 가치의 척도가 되어 있음을 알 수 있다. 이것은 작자의 마음 깊은 밑바닥으로부터 온 것이다. 그러므로 오랜 여러 시대를 통하여 깊숙이 우리들의 마음속에 스며든다. 베로나의 민중은 단테와 거리에서 만날 때 다음과 같이 말하는 것이 보통이었다. "보라, 저기 지옥 속에 있었던 사람이 있다." 아, 과연 그러했다. 단테는 지옥에 있었다―여러 해 동안 모진 비애와 고투의 지옥 속에 있었다. 그와 같은 인물은 틀림없이 모두 그러하였다. 그렇지 않았던들 신성하다고 불리는 인생극은 완성을 보지 못했을 것이다. 사상이나 그 어떠한 진실의 작품이나 최고의 덕(德)까지도 모두 고통의 소산이 아니던가. 말하자면 암흑의 회오리바람 같은 것으로부터 생기는―자유를 얻기 위하여 몸부림치는 사람의 필사적이고 진정한 노력 같은 것, 이것이야말로 사상이다. 온갖 의미에서 우리는 '고난으로 완성'되는 것이다. 그러나 나는 말한다. 내가 아는 어떠한 저작(著作)도 단테의 그것과 같은 노고의 소산은 없다. 이것은 말하자면 단테의 영혼이 최고 열의 용광로에서 용해된 것이다. 이것은 그를 여러 해 동안 메마르게 하였다. 그것을 단지 전체로서만이 아니라 여러 부문에 걸쳐 지극히 열심으로 이루어낸 그 결과 진리와 명료성을 가진 표현으로 나타난다. 각 부분은 다른 부분에 서로 호응하며, 각 부분은 정확하게 잘라 닦아 놓은 한 조각의 대리석과도 같이 제 위치에 알맞게 들어맞아 있다. 이것은 단테의 영혼인 것이다. 그러므로 이 속에 중세의 영혼이 영원히 운율적으로 표현되어 있다. 쉬운 일이 아니다. 진정 한결같은 일이고, 완성된 일이다.

아마도 사람들은 이렇게 말할 것이다. 한결같음이라는 것이야말로 여기에 기인하는 여러 가지 것과 함께 단테의 천부적 재질의 주요한 특질이라고. 단테는 우리들에게 넓고 관대한 마음으로 오지는 않았다. 좁은 종파적이라고까지 보이는 마음으로 왔다. 이것은 간혹 단테의 시대와 그의 지위에서 오는 결과였다. 또한 그 자신의 천성의 결과이기도 했다. 그의 훌륭한 능력은 모든 의미에서 불과 같은 강렬함과 깊이에 집중되었다. 단테의 세계적 위대성은 그의 세계적 넓이 때문이 아니라, 그의 세계적 깊이 때문이었다. 단테는 만물을 통하여 실재의 핵심 속에 깊이 파고 들어갔다. 나는 단테같이 깊은 다른 것을 알지 못한다. 우선 그의 극심한, 가장 외적인 발표의 시초를 그가 어떻게 묘사하고 있는가 생각해보라. 단테는 위대한 통찰력을 갖고 있어 사물의 특징을 잡아 오직 그것만을 표현하고 있다. 여러분은 그가 '디테의 대궐'(곧 지옥계를 뜻함. 단테의 원문은 디테라 불리는 도시(la citta che ha nome Dite)라고 되어 있다)에서 받은 최초의 인상을 기억하고 있을 것이다. 시뻘건 첨탑, 끝없이 몽롱한 어둠 속에 불꽃이 빛나는 붉게 단 철의 원뿔모양('지옥편' 제8곡, 70~72행) —어디까지나 역력하고 어디까지나 명료하며, 한 번 보기만 하면 영원히 볼 수 있는 것! 이것은 단테의 모든 천재성의 상징과도 같은 것이다. 단테에게는 일종의 간결성, 급격한 정확성이 있다. 타키투스(55~117, 그리스의 유명한 역사가)도 이보다 간결하지도 못했고, 이보다 응축되어 있지도 않다. 그러면서도 단테의 그것은 이 사람에게 자연적인 천연의 응축으로 보인다. 칼로 베는 듯한 한 마디의 말, 그리고 침묵이 온다. 이 이상은 아무것도 더 말하지 않는다. 단테의 침묵은 말보다도 웅변이었다. 그가 얼마나 예리하고 단호하게 사물의 참다운 형상을 잡아 뜨거운 불길과도 같은 펜으로 그 사물을 깊게 파고 들어가는지 실로 이상스러울 따름이다. 단테의 플루투스(부(富)의 신으로 지옥에 있는 탐욕자와 방종자들의 감시자.'지옥편' 제7곡, 13~15행)가 소리지르고 떠들다가 베르길리우스(BC 70~19, 로마 제일의 시인. 단테는 (신곡)에서 그를 지옥·연옥의 안내자로 선택했다)의 한 마디 호령에 잠잠하게 숨을 죽이는 모양은 '배의 돛대가 갑자기 부러져서 가라앉는 것'과 흡사하다. 혹은 저 불쌍한 브르네토 라티니(단테의 학교 교사)와 그의 검붉게 그을린 피로한 얼굴('지옥편' 제15곡, 26~7행), 그리고 거기에서 그들 위에 내려오는 '불의 눈', '바람도 없는 불의 눈싸라기'는 그치지 않고 천천히 내리기만 한다(^{'지옥편' 제14}). 혹은 무덤의 뚜껑, 저 침침하고 몽롱한 불타는 전당에서 각각 가책에 번민하는 영혼을 담아둔 네모난 돌 관(棺) (^{'지옥편' 제9}) 뚜껑은 열려져 거기에 있다. 그것은 최후의 심판의 날에 영구히 닫히는 것이다. 그리고 파리나타(^{'지옥편' 제10곡, 22~51행, 피렌체})는 어떻게 일어서며, 또한 카발칸티(^{1255？~1300, 플로렌스의 겔프 당(黨)의 귀족·시인})는 어떻게 그의 아들의 소식과 Fue라는 말의 과거형(過去形)을 듣고 포복절도하는가! (^{'지옥편' 제10곡, 52~72행}) 단테에게는 운동 그 자체에까지도 일종의 간결한 것이 있었다. 신속·결연함은 마치 군대식이었다. 이러한 종류의 묘사는 단테의 천부적 재능의 가장 깊은 정수이다. 어디까지나 침묵하고 어디까지나 열정적으로 신속·급격한 동작, 말없는 '창백한 분노'를 나타내는 이 사람의 불과도 같은 민첩한 이탈리아 인적(人的) 천성은 이러한 사물 가운데에 나타나 있다.

또한 이러한 종류의 묘사는 인간의 가장 외적인 발표의 하나로, 다른 모든 것과 마찬가지로 그 사람의 본질적인 능력으로부터 온다. 곧 이것은 그 인물 전체를 인상학적으로 나타낸다. 가령 하나의 사물을 제대로 그려낼 수 있는 사람을 찾아냈다고 하자. 그것은 상당한 가치가 있는 인간을 찾아낸 것을 뜻한다. 그때 그가 그리는 방법은 그의 특질을 잘 표시하는 것으로서 주의하여 보라. 첫째 그가 그 사물에 대해 공명하지 않는 한—그의 마음속에서 그 사물에 대한 공명을 느끼지 않는 한, 그는 대상을 아예 볼 수 없거나 그것의 본질적인 참모습을 볼 수가 없을 것이다. 그는 역시 여기에 관해서 진실하지 않으면 안 되었다. 진실하고도 공명을 느끼지 않으면 안 된다. 가치없는 인간은 어떠한 사물도 제대로 묘사할 수 없는 것이다. 그는 만물에 관해서 막연한 외재적(外在的) 흥미나 오해, 우매한 풍문 속에 잠겨 있다. 그런데 사물이 어떤 것인가를 식별하는 이 능력에는 이지(理知)가 따르는 법이다. 인간의 정신에 깃들어 있는 모든 능력은 여기에 나타날 것이다. 이것은 실무에 관해서도 그와 같은 것일까? 사물의 근본 본질을 보고 그 밖의 모두를 무용지물로써 버리는 자는 천재(天才)가 있는 사람이다. 또한 자기가 처리하지 않으면 안 될 사물의 진정한 모습을 인식하고 허위의 피상적인 것은 인식치 않는다는 것 또한 실무자로서의 능력이다. 그러면 어떤 것에 관하여 우리가 얻는 이런 종류의 통찰 속에는 얼마나 많은 도덕성이 있는 것일까? "눈은 무엇을 보든, 그것이 보는 능력이 미치는 것만을 본다." 소인(小人)의 눈에는 만물이 모두 사소하다. 황달병자가 보기에는 모두가 노란 것과 같이, 화가들은 라파엘로 $\binom{1483\sim1520,\ 이탈리아}{르네상스\ 시대\ 화가}$가 모든 초상화가 중 으뜸이라고 말한다. 가장 천재적인 눈일지라도 어떤 한 가지 것의 깊은 의의를 고찰할 수는 없다. 가장 평범한 인간의 모습에도 라파엘로가 그의 모든 재주로써 그려낼 수 있는 이상의 것이 있다.

단테의 묘사는 회화적일 뿐만 아니라 간결·진실하고 어두운 밤의 불빛같이 살아 있는 빛깔을 갖고 있다. 더욱 넓은 의미에서 본다면 그것은 어떤 점에서나 숭고하며, 또한 그것은 위대한 영혼의 소산이다. 프란체스카와 그의 애인 $\binom{프란체스카는\ 라벤나\ 공(公)의\ 딸.\ 아버지의\ 명령에\ 의해\ 리미니\ 공(公)의\ 아들\ 잔치오토와\ 결혼함.\ 그는\ 생김새}{가\ 추했기\ 때문에,\ 그의\ 동생인\ 미남(美男)\ 파울로와\ 연애하다\ 들통나\ 둘\ 다\ 죽음.\ '지옥편'\ 제5권,\ 99\sim104행}$, 이것에는 어떠한 특질이 있을 것인가! 말하자면 영겁의 암흑을 바탕으로 무지개의 실오리로써 짜여진 것이라고 할까. 여기서는 은은하게 들려오는 피리소리의, 무한한 슬픔을 지닌 것이 우리들 마음속을 속속들이 적셔준다. 거기에는 또한 한 줄기 여성다움이 있다. della bell persona, che mi fu tolta(아름다운 몸, 나에게서 빼앗아간 그 아름다운 몸으로)라고. 그러나 비애의 심연(深淵) 속에서도, 애인은 여자와 결코 헤어지지 않는다는 것이 어찌나 위로가 되었던지! 그들의 '깊은 신음' 중에서도 가장 비참한 비극이다. 그리하여 잔인한 열풍은 그 '갈색의 하늘' 속에 또 다시 그들을 멀리 불어내어 영원히 통곡케 한다—생각하면 이상하게도, 단테는 이 불쌍한 프란체스카의 아버지의 친구였다. 프란체스카 자신은 꽃 같은 순진무구한 어린아이로 이 시인의 무릎에 올라 앉았던 일이 있었을지도 모른다. 무한한 슬픔과 연민, 또 대법(大法)의 무한한 준엄성, 대자연은 그와 같이 만들어졌다고 단테는 본 것이다. 그의 《신곡》은 초라한 세속적 풍자로, 그가 세상에서 복수할 수 없었던 사람들을 지옥으로 떨어뜨리고 있다는 관념은 얼마나 천하고 미련한 일인가! 생각건대, 만일 연민이나 모성과도 같은 부드러운 것이 당시 사람의 마음속에 있었다면, 그것은 반드시 단테의 마음속에 있었을 것이다. 그러나 준엄함을 모르는 사람은 또한 연민도 모른다. 그러한 사람의 연민은 비겁하고 이기적이며 감상적인 다감(多感) 또는 그보다도 못한 것이다. 이 세상에서 나는 단테의 애정과 겨룰 만한 애정을 모른다. 그것은 부드럽게 떨면서 그리워하는 가련하고 절실한 애정이다. 아이올로스 $\binom{그리스\ 신화의}{바람의\ 신}$의 하프가 흐느끼듯, 부드럽고 부드러운 어린 아기의 마음과도 같다. 그렇다, 그리고 그의 엄하고, 비통한 마음! 베아트리체에 대한 그의 동경과 '천국'에서의 그들의 만남, 그와 멀리 떨어져서 기나긴 죽음으로 순결하고 이상화된 눈에 대한 응시, 사람들은 이것을 천사의 노래에 비유한다. 이것은 일찍이 인간의 영혼으로부터 우러나온 가장 순결한 애정 표현의 하나이다.

또한 단테는 모든 일에서 한결같았다. 그는 만물의 본질에 통했다. 화가로서, 또는 이론가로서의 그의 지적 통찰은 온갖 다른 종류의 한결같음의 소산에 불과하다. 무엇보다도, 먼저 도덕적으로 위대하다고 우리는 보지 않을 수 없다. 이것은 모든 것의 기원(起源)인 것이다. 단테의 조소와 비애는 그의 애정과 똑같이 초월적이었다. 실로 이것은 단테의 애정의 뒷면이 아니고 무엇이랴? '신도, 신의 적(敵)도 싫어한다'(^{'지옥편' 제}_{3곡, 63행}). 마음 아픈 조롱과 모욕, 달랠 길 없는 무언의 힐책과 혐오, '우리는 그들에 관해서는 말하지 않으련다. 그저 보고 지나칠 뿐'(^{'지옥편' 제}_{3곡, 51행}). 또는 이 구절을 생각해보라, '죽을 희망조차 지니지 못한 이들'(^{'지옥편' 제}_{3곡, 46행}). 하루는 단테의 상처입은 마음에 신의 은총이 감사하다는 생각이 처연히 떠올랐다. 왜냐하면 아무리 불행하고 항상 고생하며 지쳐 있을지라도 죽을 수만은 있기 때문이다. '운명도 나를 죽지 않게 할 수는 없다'. 이 사람에게는 이러한 말이 있었다. 엄준·진실·심오, 이 점에서 단테는 근대 세계에서는 비교할 만한 상대를 갖지 않는다. 그에게 필적할 만한 사람을 찾으려면 우리는 구약성서로 가서 고대의 예언자들과 같이 살지 않으면 안 된다.

'지옥편'이 《신곡》의 다른 2부보다 훨씬 잘 되었다고 하는 대부분의 근대 비평에 나는 찬성하지 않는다. 이것은 현대의 일반적인 바이런(^{1788~1824, 영국의}_{대표적 낭만파 시인}) 풍의 취미에 기인하며 아마 일시적 감정에 그칠 것이다. '연옥편'과 '천국편', 특히 앞의 것은 그보다 더욱 훌륭하다고 해도 좋을 것이다. 단테의 연옥, '정죄(淨罪)의 산(山)'은 숭고한 것이다. 그 시대의 가장 숭고한 관념의 상징이다. 죄는 어디까지나 치명적인 것이므로 지옥은 어디까지나 엄중하고 두려운 곳이며, 또 그러하지 않으면 안 된다. 그러나 사람은 참회에 의해서 정화된다. 참회는 기독교의 커다란 원리이다. 단테는 이것을 참으로 아름답게 그려냈다. 이 방황하는 두 사람(^{단테와 그의 안내}_{자 베르길리우스})이 멀리서 밝아오는 새벽의 순결한 빛 아래에서 듣는 저 대양의 파도의 '몸부림'(^{'연옥편' 제}_{1곡, 117행}), 이것이야말로 일변한 분위기의 표시이다. 이제야 희망은 밝아오기 시작하였다. 아직도 무거운 비애가 따른다고는 해도, 그것은 결코 죽지 않는 희망이다. 몽롱한 악마적 배회도 가책의 소리로 발밑에 사라지고 참회의 부드러운 미풍은 차차 높아져서 대자비(大慈悲)의 옥좌로까지 도달한다. "나를 위하여 기도해 주오", '고통의 산(山)'의 망령들은 모두 그를 향해서 이와 같이 말한다. "나의 딸에게 전해주오, 나를 위하여 기도하라고." 나의 딸 조반나에게, "그 애의 어미는 벌써 나를 사랑하지 않는다고 생각되니까"('연옥편' 제8곡, 70~75행). 그들은 기나긴 절벽을 고통스럽게 기어오른다. 어떤 자는 '심각하게 꼬부라져' 있고 또 어떤 자는 '거만의 죄 때문에' 짓눌려 있었다('연옥편' 제10곡, 130~135행). 그리하여, 오랜 세월이 지난 다음 그들은 천국의 입구인 그 산꼭대기에 도달하여, 대자비에 의해서 입문(入門)을 허락받을 것이다. 한 사람이 성공했을 때 만인의 환희가 되고, 한 사람이 참회의 완성으로 그의 죄와 불행을 벗을 때마다 산 전체는 환희에 싸여, 찬미의 노래가 낭랑하게 일어난다('연옥편' 제20곡, 121행). 나는 이것을 진실로 숭고한 사상의 숭고한 구현이라 부른다.

그러므로 이들 3부는 서로 의지하며 그 어느 하나도 없어서는 안 된다. '천국편'은 나에게는 일종의 분명치 못한 음악이지만, 이것은 '지옥편'의 대속적(代贖的) 일면이다. 이것이 없다면, '지옥편'은 진실치 못한 것이 되었을 것이다. 이들 3부는 서로 합하여, 중세의 그리스도교가 그린 진실한 불가견(不可見)의 세계를 형성하고 있다. 만인이 영원히 기억해야 할, 그 본질에서 영원히 진실한 하나의 세계인 것이다. 어느 누구의 마음에서도, 이것은 아마 단테의 마음에 있는 것처럼 깊고 깊은 진실성을 가지고 그려지지는 못했을 것이다. 실로 단테는 이것을 노래하기 위하여, 이것을 영원히 기억하게 하기 위하여 이 땅에 보내진 사람이었다. 그가 어떠한 단순·솔직성을 가지고 일상적 현실로부터 불가견의 세계로 들어가는가는 실로 주목할 만한 일이다. 그리하여 제2 내지 제3연(聯)에 있어서 우리들의 몸은 이미 영혼의 세계에 있는 것을 알 수 있다. 당연하고 의심할 바 없는 세계인 듯 우리는 그 세계에 살게 된다. 단테에게 있어서 영혼이란 그런 것이었다. 그 진정한 세계와 그 세계의 사실은 무한히 더 높고 큰 사실의 세계로 오르는 관문에 지나지 않았다. 이 두 세계는 반드시 똑같이 초자연적인 것이었다. 사람마다 영혼을 갖고 있지 않은가? 사람은 장차 영혼이 될 수 있을 뿐만 아니라, 현재도 영혼이다. 진지한 단테에게는 이것은 하나의 보이는 사실이다. 단테는 그것을 믿고, 그것을 보고, 그것으로 인하여 그 세계의 시인인 것이다. 나는 진실이야말로 지금이나 옛날이나 구원의 길이라고 되풀이해 말한다.

단테의 지옥과 연옥과 천국은 또한 하나의 상징이다. 이 우주에 관한 그의 신념의 상징적 표현이다—지난번 스칸디나비아의 비평가들과도 같이, 단테 같은 것은 전혀 생각지 않을 장래의 비평가들 중에는 이것도 하나의 우화로 아는 사람이 있을지도 모른다. 그러나 이것은 그리스도교의 본질의 가장 장엄한 구현이다. 이것은 세계적으로 거대하고 광대한 건축적 상징을 빌려서 어떻게 그리스도교도인 단테가 선과 악을 이 우주의 양극적 요소, 이 우주가 그 위에서 회전하고 있는 양극적 요소로 느꼈는가 하는 것을 표현한다. 이 두 가지는 그저 하나를 취하고 다른 것을 버리는 선택성에 의하여서 다른 것이 아니라 절대로 무한한 불가양립성(不可兩立性)에 의하여서 다르다는 것, 하나는 광명이나 천국과도 같이 훌륭하고 숭고하다는 것, 다른 것은 게헤나^{(초열지옥(焦熱}와 지옥의 심연과도 같이 무서운 암흑이라는 것을 표현한다. 참회가 있고, 영원의 연민이 있는 영원의 정의—단테와 중세가 가진 일체의 그리스도 교리가 여기에 상징되어 있다. 그러나 내가 전에 역설했듯이, 얼마나 목적이 완전히 진실하며, 얼마나 무의식적인 상징인가! 지옥·연옥·천국, 그런 것은 상징을 위해 형성된 것은 아니었다. 근대 유럽 인이 그러한 것을 상징이라고 생각한다는 것은, 의심할 바 없는 두려운 사실이 아닌가? 인간의 온 마음은 이것을 실제 진실로서 믿고, 모든 자연이 가는 곳마다 그것을 확증해 나가던 것이 아니었던가? 이런 일에 있어서는 늘 그와 같다. 인간은 우화를 신앙치 않는다.

이 단테의 사상을 하나의 우화로서 생각하는 장래의 비평가는 자기의 새로운 사상이 어떻다는 것은 고사하고, 하나의 심한 과오를 범하는 것이 될 것이다. 우리는 이교(異敎)를 우주에 대한 인간의 두려움에 찬 성실한 표현으로 인정하였다. 그 무렵에 그것은 성실하고 진실했으며, 지금 역시 우리에게 있어서 전혀 무가치하다고만 볼 수는 없다. 그러나 여기에 이교와 그리스도교와의 큰 차이가 있다. 이교는 주로 대자연의 작용을 상징하였다. 다시 말하면 이 세계에 있는 사물과 사람의 운명·노력·결합·변천 등이다. 그리스도교는 인간의 의무의 법칙과 인간의 도덕적 대법(大法)을 표상하였다. 하나는 감각적 본성에 호소하였다. 즉 인간의 최초의 사상의 소박한 표시였다

―무엇보다도 우선 인정받은 미덕은 공포를 초월하는 용기였다. 다른 것은 감각적 본성에 호소하지 않고 도덕적 본성에 호소하였다. 그러나 이 한 가지 점일지라도 여기에는 얼마만큼의 진보가 있었던가!

그리하여 이미 말한 바와 같이 단테에 있어서 침묵의 9세기는 지극히 이상한 방법으로써 소리를 질렀다. 《신곡》은 단테의 저작이다. 그러나 실제로 이것은 그리스도교의 10세기에 속하는 것으로 그저 작품의 완성만이 단테의 손으로 이룩된 것이다. 항상 그와 같다. 거기 있는 공예인과 대장장이가 철을 가지고 또 연장과 교묘한 기교를 가지고 대하는 일, 그가 하는 일은 얼마나 적은 일인가! 과거의 모든 창조적인 인지(人知)가 거기서 그와 함께 일하고 있다. 실로 온갖 사물에 있어서 우리들 모두 함께 일하고 있다. 단테는 중세시대의 대변자이다. 그 시대가 의지해서 살아온 사상이 여기 영원한 음악에 싸여 존재한다. 그의 숭고한 사상은 무서운 것 아름다운 것 할 것 없이 모두 그보다 앞서 죽어간 모든 사람의 그리스도교적 명상의 결정이었다. 그 사람들도 귀중하나 단테도 또한 귀중하다. 만일 그가 말하지 않았다면, 여러 가지 일들은 침묵 속에 묻히고 말았을 것이다. 사멸하지 않았다 하더라도, 아무 소리 없이 살게 되었을 것이다.

이 신비한 노래는 가장 위대한 인간 영혼이 보이는 하나의 표현이자 유럽이 그때까지 스스로 실현해 온 최고의 사상적 표현이 아니던가! 단테가 노래한 그리스도교는 소박한 노쓰 인이 품고 있던 이교(異敎)와는 다르다. 이보다 700년 전에 아라비아 사막에서 생긴 '사생아적 그리스도교'하고도 다르다! ―일찍이 인류 사이에서 실현되어 온 최고의 이상이 최고의 인간 중 한 명에 의하여 노래가 되고, 영원히 상징된 것이다. 어떠한 의미에서든지, 우리들은 이것을 소유하는 것을 진실로 기쁘게 생각한다. 나의 생각으로는, 그것은 앞으로 몇천 년의 장구한 세월이 가도 소멸할 리 없을 것이다. 인간의 영혼의 가장 내적인 부분으로부터 발표된 것은 외적인 부분에 의한 발표와는 전혀 다르다. 외적인 것은 하루의 생명으로 그때 그때의 유행의 지배를 받는다. 외적인 것은 신속하고 끝없는 변화를 이루며 지나가고 사라진다. 가장 내적인 것은 어제도 오늘도 영원히 한결같다 (예수 그리스도께서는 어제나 오늘이나 영원히 한결같으신 분입니다―히브리서 제13장 8절). 세계의 모든 시대에 걸쳐 단테를 바라보는 진실한 영혼은 그 속에서 일종의 동포의식을 발견할 것이다. 그의 사상, 그의 비애, 또는 희망의 심오한 진실은 똑같이 그들의 진실에 호소할 것이다. 그들은 단테 또한 동포였다고 느낄 것이다. 세인트헬레나에서 나폴레옹은 늙은 호머의 진실성에 매혹되었다. 최고의 히브리 예언자, 우리들과는 전혀 다른 옷을 걸치고 있는 그는 충심으로 말하였던 까닭으로 아직도 만인의 마음속에 말을 건네고 있다. 충심으로 말한다는 것이야말로 오래 기억될 수 있는 유일한 비결이다. 고대의 예언자와 비슷하다. 단테의 말은 그들의 경우와 같이 그의 충심에서 나온다. 만일 그가 유럽이 일찍이 낳은 것 중에서, 가장 오래 존속할 것이라고 예언되었다고 해도 아무도 놀라지는 않을 것이다. 어떠한 것이든 진실한 언어만이 존속할 수 있기 때문이다. 어떤 큰 가람의 성직자, 청동이나 돌로 만든 기념물, 어떤 외적인 시설이 아무리 오래 존속한다 할지라도, 《신곡》과 같이 깊은 진심에서 나온 시가에 비교하면 그 수명이 짧다. 그러한 모든 것은 사멸해서 전연 옛날의 모습을 찾아볼 수 없게 된 결합물이 되어버리고, 따로 존재하지 않게 되었을 때라도 이것은 여전히 만인에게 중대한 것으로써 남아 있을 것이라고 생각한다. 유럽은 여러 가지 사물을 만들어냈다. 대도시·대제국·백과전서·신조(信條)·이론과 실천의 단체를 만들었다. 그러나 단테의 사상과 같은 종류는 별로 만들어내지 못했다. 호머는 아직껏 존재하고 있다. 우리들 중 모든 자유로운 정신의 사람들과 얼굴을 서로 대하며 존재하는 것이다. 그러나 그리스 그 자체는 어디에 있는가. 소멸되어 사라지고 몇천 년 동안을 황량한 채로 남아 있다. 그저 돌조각과 부서진 재물이 섞인 무더기일 뿐, 그것의 생명과 존재는 깡그리 사라지고 없다. 꿈과도 같이, 아가멤논 왕의 시체와도 같이! 그리스는 한때 존재했다. 그리스는 그 남긴 말을 빼고는 지금은 없다.

단테의 공이야말로 크다. 우리는 그의 공에 대해 이런저런 말을 늘어놓지 않으련다. 한 번 그 근본적인 노래의 세계에 들어가 거기서 무엇인가를 적절히 노래해 내는 인간정신은 우리의 인간의 밑바탕에 작용한 것이다. 오랜 시대에 걸쳐 모든 우수한 인간사의 생명의 뿌리를—이른바 공리적으로는 측량할 수 없는 방법에 의하여 키운 것이다! 우리는 절약되는 가스등의 빛의 양으로 태양을 평가하지는 않는다. 단테는 무한한 가치가 있지 않다면 아무 가치도 없을 것이다. 그것은 이 점에 관해서 영웅시인과 영웅예언자 사이의 비교라고 하겠다. 우리가 보아온 것같이 100년 동안 마호메트를 따르는 아라비아 인은 그라나다에도 델리에도 있었다. 단테를 따르는 이탈리아 인은 아직도 대부분 옛날 그대로 변하지 않은 채 있는 것같이 보인다. 그러면 우리가 이 세계에 끼친 단테의 영향을 비교하면 소심하다고 말해야 할 것인가? 그렇지는 않다. 그의 무대는 마호메트보다 훨씬 많은 제약을 받는다. 그러나 동시에 훨씬 더 숭고하며 훨씬 광명한 것이다—보다 더 중대한 것은 있어도 중대치 않는 것은 없다. 마호메트는 인간 대중에 대하여, 그러한 대중에 알맞은 소박한 말, 모순과 조잡, 우둔에 찬 말로 이야기하고, 이는 다만 대중에 대해서만 작용할 수 있었다. 그러나 그 속에 선과 악이 이상스럽게도 서로 섞여 있다. 단테는 모든 시대에 있어서 고상·순결하고 위대한 사람들에게 말한다. 또한 그는 전자(前者)와 같이 진부하지도 않다. 단테는 높고 푸른 하늘에 움직일 수 없는 지위를 점령한 순결한 별과도 같이 타오르고 있다. 그 빛을 만나면, 모든 시대의 위대한 사람들이 자기를 불태운다. 그는 무한히 오랫동안 이 세계의 '선택받은 사람들'의 소유가 된다. 우리의 추정으로는, 단테는 마호메트보다 오래 살 것이다. 그와 같이 하여 두 사람은 다시 균형을 이룰 것이다.

어쨌든 사람과 그의 사업이 측량되는 것은, 이 세계에 대한 그들의 영향이라고 불리는 것, 그들의 영향에 관해서 우리가 판단할 수 있는 것에 의하여 되는 것이 아니다. 영향이나 감화나 이용성(利用性)을 따지지 말고 그저 그의 사업을 이루게 하라. 그 결과는 우리들 아닌 다른 큰 존재가 관심을 둘 일이다. 그것은 그 자신의 결과를 낳게 될 것이다. 따라서 칼리프^(이슬람 제국의 최고 통치자의 칭호)의 옥좌와, 아라비아 정복으로 구현되어 '모든 아침 저녁 신문을 채우고', 또 일종의 승화된 신문인 모든 역사를 채우는데 이를지라도, 또는 전연 구현되지 않을지라도—무슨 상관이 있으랴? 그런 것은 일의 참된 결과는 아니다! 아라비아의 칼리프는 그저 무엇인가를 성취했을 때에만 그 무엇이었다. 인간의 큰 목적, 또는 신의 대지에서의 인간의 사업이, 아라비아의 칼리프에게서 아무런 발전을 얻지 못했다면, 그가 가령 몇천 개의 활과 칼을 뽑았다고 해도, 또는 많은 돈주머니를 채웠다고 해도, 이 세계에 어떠한 호령과 고함을 울렸다 해도—그는 소리만 높은 텅 비고 헛된 것에 불과하다. 결국 그는 아무것도 아니었던 것이다. 우리들이 또다시 침묵의 대제국을 숭배하게 하라! 우리들의 주머니 속에서 소리나지 않는, 또는 사람들 앞에서 계산하거나 내밀지 않는 저 무한의 보배! 이것이야말로 그러한 시끄러운 시대에서 무엇보다도 우선 우리들 각자가 해야 할 가장 유용한 일이다.

이탈리아 인 단테는 중세시대의 종교, 우리의 근대유럽의 종교, 즉 그것의 내적 생명을 음악적으로 구현하기 위해서 이 세계에 보내진 것이다. 그와 똑같이 셰익스피어는 그즈음 발전된 우리 유럽의 외적 생명, 즉 기사도·의식과 예절·희로애락·포부, 당시 사람들이 가지고 있던, 사상·행위, 세계에 대한 관찰의 실제적인 방법 전체를 우리들에게 구현해주고 있다고 할 수 있을 것이다. 호머에 있어서 우리들은 아직도 옛날의 그리스를 해석할 수 있듯이, 셰익스피어와 단테에 있어서도, 몇천 년 뒤에도 우리 근대유럽의 신앙상 또는 실생활상이 어떠한 것이었는지가 의연히 읽혀지고 해득될 것이다. 단테는 우리들에게 신앙 즉 영혼을 주었다. 셰익스피어는 그에 뒤지지 않는 숭고한 방법으로 우리들에게 실생활 즉 몸을 주었다. 이 나중의 것도 또한 우리에게는 없어서는 안 되는 것이었다. 그 때문에 이 땅에 보내진 사람이 바로 셰익스피어이다. 때마침 그의 기사도적 생활풍이 최극점에 도달하여, 그것이 서서히, 또는 급속히 와해하려던 때에(우리들은 오늘날 곳곳에서 그것을 보고 있으나), 이 시왕(詩王)은 만물을 보는 눈을 가지고, 끊임없는 노래를 가지고, 이것을 주목하고 그 불멸의 기록을 남기기 위하여 보내졌다. 마땅한 인물 두 사람! 단테는 세계 중심의 불꽃과도 같이 깊고 열렬하고, 셰익스피어는 넓고 조용하고 명랑하며, 시야가 넓기 때문에 세계의 하늘 위에 밝게 빛나는 태양을 생각하게 한다. 이탈리아는 하나의 세계적인 소리를 낳았고, 영국은 다른 하나의 태양을 낳는 영광을 얻었다.

그들이 어떤 우연한 일로 우리들이 있는 곳에 왔다는 것은 정말 이상한 일이다. 셰익스피어는 어디까지나 위대하고 고요하고 완전하고 자족하여, 만일 워릭셔(잉글랜드 중부의 주. 셰익스피어의 고향으로 유명한 스트랫퍼드 어폰 에이번이 있다)의 지주(후에 나오는 토마스 루시 경을 가리킨다)가 그를 사슴 도둑으로 고소하지 않았다면, 우리는 어쩌면 시인으로서의 그를 들어보지도 못했을 것이라고 나는 생각한다. 숲과 하늘과 스트랫퍼드의 촌스러운 생활이 이 인물에게는 충분히 만족스러웠다! 그러나 이른바 엘리자베스 시대라는 영국이 품은 생명의 기이한 새싹은 역시 스스로 그와 같이 움트지 않았던가? '위그드라실 나무'는 그 자신의 법칙에 따라서 싹이 트고 시들고 죽는다―우리들이 연구하여 밝히기에는 너무나 심오하다. 여하튼 그것은 싹트고 시들고 말라죽는다. 그리하여 그것의 모든 가지나 잎은 영겁불변(永劫不變)의 법칙에 따라 존재한다. 토마스 루시 경(워릭셔의 지주. 셰익스피어는 젊은 시절 그의 장원에서 사슴을 훔쳤던 사건을 계기로 런던으로 떠났다고 한다) 같은 인물도, 적절한 시기가 되어야만 오는 것이다. 그러므로 나는 이상하다고 말하는 것이다. 그리고 생각이 충분히 미치지 않는다. 어찌하여 모든 개개의 것이 만물과 협조하는 것인지! 길가에서 썩는 한 잎의 낙엽이라도, 태양과 별의 불가분의 부분이 아닌 것은 없다. 인간의 어떠한 사상이나 언어나 행위도, 모두 인간으로부터 발생하지 않는 것이 없다. 따라서 나타나든 안 나타나든 조만간 모든 인간에게 작용하게 된다. 그야말로 하나의 큰 나무인 것이다. 수액(樹液)과 세력의 순환, 가장 작은 모든 잎과 가장 깊은 밑뿌리와의 연락, 전체적인 나무 줄기가 그 밖의 모든 가장 크고 작은 부분과의 소통이다. 아아, '위그드라실 나무'는 헬라(스칸디나비아 신화에 나오는 죽음의 여신)와 죽음의 왕국에 뿌리를 깊이 내리고 가지는 가장 높은 하늘 위까지 뻗어 펼치고 있다!

호화찬란한 엘리자베스 시대에 앞선 모든 것의 열매 또는 꽃으로서 셰익스피어를 갖는 이 시대는 어떤 의미에서는 중세시대의 가톨릭교에 기인한다고 말해도 좋다. 단테 시가(詩歌)의 주제였던 그리스도교 신앙이야말로 또한 셰익스피어가 노래하는 이 실생활을 낳은 것이다. 그러나 당시의 종교는 오늘이나 또는 모든 시대에도 그러하듯이 실생활의 정수(精髓)였다. 인간생활에 있어서 가장 긴요한 사실이었다. 오히려 주의할 만한 이상한 점은 중세시대의 가톨릭교는 가장 고귀한 소산인 셰익스피어가 출현하기 전에 절멸되었다는 것이다. 그런 다음 그가 나타났다. 대자연은 이러한 좋은 시기에, 가톨릭교 또는 다른 모든 필요한 것과 함께 그를 내보냈다. 의회의 법령 따위는 고려할 것도 없이 말이다. 헨리 왕, 엘리자베스 여왕(영국에서 유력한 로마 가톨릭교의 반대자)은 그들 자신의 길을 가고, 대자연도 자신의 길을 간다. 의회의 결의는 소리는 커도 결과는 매우 사소한 것이었다. 셰익스피어를 낳은 것이 어떠한 의회의 결의였던가? 세인트 스티븐 예배당(당시 하원 회의장) 또는 어떤 선거 연설장이나 그 밖의 장소에서 한 토론이었던가? 프리메이슨의 술집(당시 런던에서 인기 있었던 연회장)에서의 연회도, 기부명부의 시작, 주권의 판매, 그 밖에 무제한의 소동과 또는 진실 내지 허위의 노력도 아니다. 엘리자베스 시대의 모든 숭고한 점, 축복할 만한 점은 예고 없이 아무런 준비도 없이 나타났다. 그 귀한 셰익스피어는 대자연이 공짜로 준 선물이었다. 완전히 묵묵히 주어졌고—완전히 묵묵하게, 아무런 중요시할 것도 못되는 사물처럼 받아들여졌다. 그러나 그는 가치를 논할 수 없는 무상의 보배이다. 우리는 이 점 또한 관찰하지 않으면 안 된다.

셰익스피어에 관해서는, 때때로 다소 우상숭배적으로 표현된 의견을 들을 수 있는데, 그것은 어쩌면 당연한 것이리라. 내가 보기에는 영국뿐만 아니라, 유럽 전체의 가장 좋은 판단은 점차적으로 다음의 결론에 가까워지고 있다. 즉 셰익스피어는 지금까지의 모든 시인 중 제1인자이며, 문학 방면에 그 자신의 기록을 남긴 최대의 지성인이다. 다시 말해서, 만일 우리들이 문학계의 모든 인물들을 생각해 보아도, 다른 어떠한 사람도 그러한 통찰력과 사상 능력은 갖고 있지 않다. 그러한 깊이의 고요, 평온하고 명랑한 힘, 어디까지나 성실하고 맑게 갠 그의 위대한 영혼에 대하여 마치 평정하고 측량할 길 없는 바다처럼 그려진 만물! 셰익스피어의 희곡 구성에는 다른 모든 능력과는 다른, 베이컨 (1561~1626. 셰익스피어와 동시대의 정치가, 철학가, 문인)의 《노붐 오르가눔(Novum Organum)》에서 보이는 그것과도 같은 일종의 이지(理知)가 나타나고 있다. 이것은 진리이다. 그러나 이 진리는 모든 사람을 감동시키지는 않는다. 만일 우리들 가운데 누구든지 셰익스피어의 희곡의 재료를 가지고 그러한 결과를 형성할 수 있을까 시험해 본다면, 이것은 더욱 분명해질 것이다. 다 지어진 집은 모두 그럴 듯하게 보인다—모든 점에서 과연 그럴 듯하게 된 것같이, 그것 자체의 법칙과 사물의 본성에 의해 된 것같이 보인다—우리들은 그 집을 짓는 데 들어간 어지럽고 거친 돌과 목재를 잊어버린다. 집을 완성시켜서 마치 대자연 자신이 창조해 놓은 것처럼 되면, 건축자의 가치는 완전히 덮여버리고 만다. 다른 어느 누구보다도 완전하다는 점에서 우리는 셰익스피어를 이렇게 말해도 좋다. 즉 그는 자기가 일하는 조건과 자기의 재료가 어떤 것인가, 자기의 역량 및 역량과 재료와의 관계가 어떤 것인가를, 마치 본능적으로 안다. 그저 일시적으로 보는 정도로는 충분하지 않고, 전체 사실을 치밀하게 조명한다. 그것은 조용히 만물을 통찰하는 눈, 요컨대 위대한 지성이다. 자기가 본 어떤 광대한 사물에 대하여 어떻게 하나의 이야기를 구성하며, 어떻게 그것을 그리느냐 하는 것이야말로 그 사람이 가진 지성을 재는 가장 좋은 척도이다. 어떤 사실이 중심적인 것이어서 강조되어야 하며, 어떤 것이 사소하여 제거되어야 하느냐, 어디에 참다운 시작이 있고 참다운 계속이 있으며, 참다운 끝이 있어야 하느냐? 이것을 발견하기 위해서는 그 사람이 가진 모든 통찰력이 동원되어야 한다. 그는 사물을 이해해야 하며, 그의 이해의 깊이에 따라서 그것에 대한 그의 대답이 알맞은가가 결정된다. 이것이 그를 재는 기준이다. 같은 것은 같은 것끼리 결합하고, 혼돈 속에 방법의 정신이 움직여 혼란이 질서로 변하였는가? 그 사람은 ‘빛이 생겨라’(창세기 1장 3절)라고 외쳐서, 혼돈 속에서 질서 있는 세계를 만들어낼 수 있는가? 그는 자기 내면에 가진 빛의 정도에 따라 이 일에 성공할 수 있다.

셰익스피어가 위대한 것은 그의 이른바 초상화가 같은 역량, 즉 그가 사람이나 사물을 그리는 힘에 있다고 우리는 다시 말하려고 한다. 그의 모든 위대성은 바로 여기에서 나온다. 셰익스피어의 고요한 창조적 통찰력은 타의 추종을 불허한다. 셰익스피어가 보는 사물은 그것의 한두 가지 면을 드러내는 것이 아니라, 그의 중심적 본질과 일반적 깊은 비밀을 드러낸다. 사물은 그의 앞에서는 마치 강렬한 광선을 쐰 듯 자체의 모든 구조를 완전히 드러낸다. 창조적이라고 위에서 말하였으나, 시적(詩的) 창조라는 것도 사물을 충분히 밝게 보는 것이 아니고 무엇이랴? 그 사물을 묘사하기에 가장 적절한 유일한 말은 이처럼 밝고 강한 관찰력에 자연히 따르기 마련이다. 그러한 장애를 극복하고 거기에 보이는 것이야말로 셰익스피어의 미덕, 즉 그의 용기·솔직성·관용성·진실성이 아닌가? 그의 힘과 위대성의 전부가 아니냐? 세계와 같이 위대하다. 울툭불툭한 거울처럼 왜곡된 형상을 그리지 않고 완전한 평면거울이다—즉 모든 사물과 사람과 공정한 관련을 유지하고 있는 사람, 하나의 선량한 사람이다. 이 위대한 사람이 모든 종류의 사람과 사물을, 폴스탭·오셀로·줄리엣·코리올레이너스 등과 같은 인물들을 비추어 그들 모두의 완전한 모습을 우리들에게 제시하며, 사랑스럽고, 공정하여, 모든 사람의 형제로서 보여주는 광경은 실로 탄복할 만하다. 《노붐 오르가눔》도 또는 베이컨의 모든 지성도 이것에 비교하면 아주 이차적인 것이다. 속되고, 물질적이고 빈약하다. 근대의 사람으로서 그와 같은 높은 곳에 도달한 사람은 엄밀히 말해서 하나도 없다. 셰익스피어 이후의 사람으로서는 괴테만이 다소 그를 방불케 한다. 괴테에 대해서도 그는 사물을 ‘보았다’고 우리는 말할 수 있다. 그가 셰익스피어에 관해서 말한 대로 그를 평가할 수 있다. 즉

"그가 묘사한 인물들은 투명한 수정의 눈금판을 가진 시계와 같다. 그들은 다른 것들처럼 시간을 표시하고 또 내부의 구조도 보여준다."

사물을 볼 수 있는 눈! 만물의 내적 선율, 즉 대자연이 의미하는 것, 대자연이 흔히 무질서한 사물로 싸서 가지고 있는 음악적인 사상을 드러내는 것은 이것이다. 대자연은 무엇인가를 의미했다. 사물을 볼 수 있는 눈엔 그 무엇이 보였던 것이다. 그것이 천하고 초라한 것인가? 여러분은 그것에 대해 웃어도 좋고, 울어도 좋고, 또 어떤 방법으로써 그것과 관련을 가져도 좋다—또 하다못해 침묵을 지키고, 여러분 자신과 다른 사람들까지 그것을 외면하고 그것이 사실상 절멸하게 될 때를 기다려도 좋다. 그러나 충분한 지성을 갖는다는 것은 시인의, 또한 모든 사람의 일차적인 천부(天賦)인 것이다. 그것이 있으면 그는 시인이다. 말에 있어서 시인이고, 그렇게 되지 못하면 행동에 있어서 시인이다. 더욱 다행한 일이다. 그가 글을 쓰느냐 쓰지 못하느냐, 운문으로 쓰느냐 산문으로 쓰느냐 하는 것은 우연에 의해서 정해진다. 그것은 지극히 사소한 우연—노래 선생을 가졌던가 못 가졌던가, 소년시절에 노래를 배웠었던가 정도의 일이다! 그러나 그로 하여금 사물의 내적 본질과 거기 있는 선율(왜냐하면 존재하고 있는 모든 것은 그의 중심에 조화를 가지고 있으며 그것이 없다면 해체되어 존속할 수 없다)을 발견케 하는 힘은 습성이나 우연의 결과로서 생기는 것이 아니라, 대자연의 선물이며, 모든 종류의 영웅적 인물의 일차적 자질이다. 시인에 대하여 우리는 다른 모든 위인에 대해서와 마찬가지로, 우선 '보라'고 외친다. 볼 수 없다면 가락에 맞는 말을 주워 꿰려고 해도, 의미가 통하는 말을 주워대도, 스스로 시인이라고 불러도 아무 소용 없고 희망도 없다. 그러나 볼 수만 있다면 산문으로 글을 쓰든 운문으로 글을 쓰든, 행동으로 하든 생각으로 하든 그 사람에게는 모든 희망이 있다. 옛날 완고한 글방 선생은 누가 새로운 학생을 데리고 오면 "이 애가 바보는 아닙니까?"라고 물었다. 사실, 어떤 일을 하더라도 사람을 추천받을 때마다 같은 것을 물으며, 그것을 유일의 필요한 질문이라고 생각할 수 있다. 이렇게 말이다. "이 사람이 바보는 아닌가?" 이 세상에는 바보처럼 완전히 가망이 없는 사람은 또 없을 것이다.

그러나 사실 한 사람이 가진 직감의 정도는 그 사람의 정확한 척도이다. 셰익스피어의 능력을 규정하라고 한다면 나는 그의 지성의 탁월성이라고 대답하고, 그 한 마디 속에 모든 것을 포함했다고 생각하련다. 능력이란 대체 무엇인가? 우리는 능력이란 마치 뚜렷하게 분리할 수 있는 것처럼 말한다. 마치 사람은 지력(知力)·상상력·공상 등을 손·발·팔 따위를 가지고 있다는 것처럼 말한다. 이것은 큰 잘못이다. 그리고 또 사람에 관해 '지성'이 어떠니 '덕성'이 어떠니 하여 이들을 분리할 수 있는, 분리된 것처럼 말한다. 언어상의 필요 때문에 이런 표현형식이 생겼나 보다. 말은 해야 하므로 그렇게라도 말하게 된 것을 나는 안다. 그러나 말이 그것이 의미하려는 사물로 굳어져서는 안 된다. 이런 까닭에 이 문제에 관한 우리의 이해도 근본적으로 왜곡되어 있다고 생각한다. 우리는 위에서 말한 것 같은 구분은 다만 명목상의 것에 지나지 않는다는 것, 사람의 정신적 본질, 사람이 가지고 있는 생명력은 본디 나누어질 수 없는 하나라는 것, 상상력·공상력·이해력 따위가 모두 동일한 통찰력의 여러 가지 모습에 지나지 않으며, 서로 분리할 수 없게 결합된 것이라는 것, 인상학적(人相學的)으로 관련되어 있다는 것, 따라서 그 중 하나를 알면 곧 모두를 알게 된다는 것을 항상 잊어서는 안 된다. 사람의 덕성이 어떻다고 우리는 흔히 말하지만, 그것도 그 사람의 존재 및 행동할 때에 드러나는 생명력의 일면이 아니고 무엇인가? 사람이 하는 모든 일은 그 사람의 본질에서 나온다. 어떻게 노래하느냐로 미루어, 그 사람이 어떻게 싸울 것인가를 알 수 있다. 어떤 사람이 용기가 있느냐 없느냐 하는 것도 그 사람의 말, 그의 의견에 나타나 있다. 그가 얼마나 세게 때리느냐에 관해서도 나타나 있다. 사람은 그가 하는 모든 일에 있어서 하나이다. 다 같은 자아이다.

사람은 손이 없더라도 발이 있어서 걸을 수 있다. 그러나 다음의 경우를 생각해 보라—덕성이 없으면 지성이란 있을 수 없다. 완전히 부도덕한 사람으로서는 어떤 것을 안다는 것은 절대로 불가능하다. 어떤 것을 알려면 사람은 먼저 그것을 사랑하고 공감해야 한다. 즉 그것과 도덕적 관련을 가져야 한다. 모든 길목에서 자기의 이기성을 버리는 정의감과 모든 길목에서 위험에 처한 진실을 위해 싸우는 용기를 가지지 않고, 어찌 무엇을 알 수 있으랴? 사람이 가진 모든 덕성은 그의 지식 속에 새겨져 있다. 자연과 그의 진리는 악하고 이기주의자와 겁쟁이에게는 영원히 닫혀 있는 책이다. 그런 사람이 자연에 대해서 알 수 있는 것은 다만 그날그날을 위한 천하고 피상적

(皮相的)이고 사소한 것에 지나지 않는다―그러나 심지어 여우라 할지라도 자연에 대해 다소 아는 것이 있지 않은가? 확실히 그렇다, 안다. 그러나 그가 아는 것은 어디에 오리가 있느냐 하는 것이다. 그러한 '인간 여우'가 세상에 흔하기는 하나, '오리가 있는 곳이나 그와 비슷한 일 이외에 무엇을 아는가? 그러나 여우도 여우로서의 도덕을 다소 가지고 있지 않으면, 그는 오리가 어디에 있는지 오리를 어떻게 얻는지 알 수 없다. 만일 여우가 자기의 불행·대자연·운명 또는 다른 여우들로부터 받는 푸대접 등을 생각하여 화를 내는데 급급하며 용기·민첩성·실제성 따위의 여우로서 적합한 재주나 장점이 없다면, 그 여우는 오리를 한 마리도 잡지 못한다. 여우의 경우에도 그의 도덕성과 통찰력은 같은 차원의 것이며, 여우의 생활이 지닌 내적 통일의 두 면에 지나지 않는다―이 사실은 여기서 말할 만한 가치가 있다. 왜냐하면 그러한 사실에 정반대되는 것이 오늘날 갖가지 지극히 해로운 사태를 빚어내며 작용하고 있기 때문이다. 이에 대하여 어떤 억제와 개혁이 필요하다면 여러분 자신의 공명한 판단이 그것을 제공할 것이다.

그러므로 셰익스피어를 최대의 지성이라고 말한 것은 그에 대하여 모든 것을 말한 것이다. 셰익스피어의 지성에는 우리가 일찍이 본 이상의 것이 있다. 그것은 무의식적 지성미라고나 부를 물건이다. 거기에는 그 자신이 의식하는 이상의 덕성이 있다. 그의 희곡을 대자연의 소산이며 자연처럼 심오하다는 노발리스의 말은 실로 아름답다. 나는 이 말에서 큰 진리를 발견한다. 셰익스피어의 예술은 기교가 아니다. 그것의 가장 큰 가치는 계획이나 술책에서 나온 것이 아니다. 그것은 자연의 맨 밑바닥에서 나온 것이며, 자연의 음성인 그의 고상하고 성실한 영혼을 통하여 나온 것이다. 후세 사람들도 셰익스피어에게서 새로운 의의와 자기들 자신의 인간적 존재에 대한 새로운 해석, 곧 '우주의 무한한 체계와의 새로운 조화, 새 시대의 사상과의 부합 및 인간의 더 고상한 힘과 감각과의 일치'를 발견할 것이다. 이것은 깊이 생각해볼 가치가 있는 일이다. 이처럼 사람이 대자연의 일부가 되는 것은, 진실하고 단순하고 위대한 영혼에 대해 자연이 주는 최고의 보상이다. 이러한 사람의 작품은, 그가 최대한의 의식적 노력과 기획에 따라 성취한 것일지라도, 그의 알 수 없는 밑바닥으로부터 무의식적으로 자라난 것이다―마치 대지의 가슴 속에서 떡갈나무가 자라나듯이, 마치 산과 시내가 스스로 이루어지듯이, 자연의 법칙에 따른 조화를 가지고 있어 모든 진리와 화합하는 것이다. 셰익스피어에게는 그의 설움, 그 자신만이 아는 숨은 형언할 길 없는 투쟁, 얼마나 많은 것이, 마치 나무 뿌리나 수액처럼 지하에서 작용하는가! 말은 위대하다. 그러나 침묵은 더욱 더 위대하다.

그럼에도 불구하고 이 사람의 환희에 찬 냉정성은 놀랍다. 나는 단테의 불행을 탓하지는 않는다. 그것은 승리 없는 싸움이었지만 진실한 싸움이었다—그것이 가장 긴요한

셰익스피어 (1564∼1616)
영국의 극작가·시인. 주요 작품으로 《햄릿》《리어 왕》《오셀로》《맥베스》 등이 있다.

조건이다. 그러나 나는 셰익스피어는 단테보다 더 위대하다고 생각한다. 왜냐하면 그는 진실한 전투를 벌여, 거기서 승리를 거두었기 때문이다. 그도 또한 비애가 있었다는 것을 의심해서는 안 된다. 그의 《소네트(Sonnets)》는 그가 얼마나 깊은 고해(苦海)를 건너지 않으면 안 되었던가를 여실히 말해 준다. 그는 생명을 걸고 그 속에서 싸웠다—사실 그와 같은 사람으로서 누가 그러지 아니하였으랴? 나뭇가지에 앉은 새처럼 아무런 걱정도 없이 노래 부르며 다른 사람의 괴로움을 도무지 몰랐다고 사람들은 흔히 말하지만, 전혀 모르고 하는 소리이다. 그런 것이 아니다. 어떤 사람도 그렇지는 않다. 산의 사슴을 몰래 잡으며 살던 시골 사람이 그러한 비극을 짓기까지 어찌 설움을 겪지 않았겠는가? 자기의 마음에 고통을 겪지 않은 사람이 어찌 햄릿·코리올레이너스·맥베스 등 그렇게도 많은 고통 속의 심경을 그려낼 수 있었으랴? 그리고 반대로 그의 명랑성, 웃음에 대한 그의 넘치는 진정한 사랑을 보라! 다른 어떤 점에서도 과장하지 않는 그이지만 웃음에 있어서만은 예외이다. 셰익스피어에게는 열화와 같은 분노, 신랄하고 뜨겁게 불타는 말이 있

다. 그러나 그때에도 항상 정도를 잃지 않으며, 존슨이 말하듯이 '걸핏하면 미워하는 사람'이 되지는 않는다. 그러나 그의 웃음은 홍수처럼 쏟아져 나오는 듯이 보인다. 그는 자기가 희롱하는 대상에 대하여 온갖 우스운 별명을 지어내며, 온갖 광대놀이 속에서 그것을 굴리며 가슴이 터질 듯이 웃는다. 그것은 가장 아름다운 웃음은 아닐지라도 항상 선의(善意)의 웃음이다. 단순한 약점이나 불행 또는 빈곤을 웃는 일은 결코 없다. 정말 웃음다운 웃음을 웃을 줄 아는 사람은 그런 일로는 웃지 않는다. 그런 것을 두고 웃는 것은 다만 웃고 싶어하는 사람, 재치가 있다는 소리를 듣고 싶어하는 사람 따위에 지나지 않는다. 웃음은 동정을 의미한다. 선의의 웃음이란 '가마솥 밑에서 가시나무 타는 소리(전도서 제)'가 아니다. 어리석은 것, 분수를 지키지 못하는 것에 대해서 셰익스피어는 선의로써 웃는다.

도그베리와 버지스(헛소동' 중에)는 우리가 배를 안고 웃게 만든다. 그리고 우리는 폭소로써 그들과 작별한다. 그러나 우리는 그와 같이 웃음으로써 그들을 더욱 좋아하게 되고, 그들이 그대로 잘 살며 시(市)의 경비 책임자로 오래 있기를 바라게 된다. 이런 웃음은 깊은 바다 위의 일광처럼 매우 아름답다.

셰익스피어의 개개의 작품에 대해서 말한다면 말할 것이 많겠으나 말할 여유는 없다. 《빌헬름 마이스터》 중에서의 《햄릿》처럼 비평한다면 말이다. 그러나 이 일은 언제인가는 해야만 할 일이다. 아우구스트 빌헬름 슐레겔(1767~1845, 독일 / 시인이며 비평가)은 그의 사극 《헨리 5세》 등에 관해서 기억할 만한 가치가 있는 의견을 남기고 있다. 그는 셰익스피어의 사극을 일종의 국민적 서사시라고 부르고 있다. 셰익스피어로부터 배운 것 이외의 영국사는 모른다고 말버러(1650~1722, 영국 / 의 뛰어난 장군)가 말한 것을 여러분은 기억하고 있을 것이다. 사실 셰익스피어의 사극만큼 훌륭한 역사는 별로 없다. 특출한 점들을 경탄스럽게 파악하고 있으면서도 모든 것이 다듬어져서 일종의 선율적 통일을 이루고 있다. 슐레겔이 말한 바와 같이 하나의 서사시이다—위대한 사상가가 그린 것이 모두 그러해야 할 것처럼. 그의 사극들에는 많은 아름다운 것이 있으며, 그들은 전체로서 하나의 아름다운 것을 이룩한다. 아쟁쿠르 전투(《헨리 5세》 제4 / 막 4~7장 참조)는 그런 종류의 것으로서 셰익스피어가 지은 어떠한 것보다도 가장 완전한 것 중 하나라고 나는 감탄한다. 두 나라 군대의 묘사, 지치고 곤경에 빠진 영국군, 큰 운명을 건

전투가 시작되기 전의 그 무서운 시간, 그리고 죽음을 초월한 용기, "선량한 장병들이여, 그대들의 손발은 영국에서 만들어진 것이다!" 여기 숭고한 애국심이 있다—셰익스피어가 '무관심'하다는 말이 흔히 있지만, 여기에서는 그렇지 않다. 참다운 영국인의 심장이 장면 전체에 걸쳐 조용하고 힘차게, 그러면서도 사납거나 경박하지 않게, 그러므로 더욱 믿음직하게 숨쉬고 있다. 그 속에는 강철이 울리는 듯한 소리가 있다. 이 사람이 그 마당에 섰더라면 제법 훌륭하게 창검을 휘둘렀을 것이다.

그러나 셰익스피어의 작품에 대해서 전반적으로 말한다면, 거기서는 그에 관한 충분한 인상을 얻지 못한다. 다른 많은 사람들의 경우 우리가 얻는 정도의 인상도 얻지 못한다고 말하겠다. 그의 작품들은 그라는 사람이 가지고 있는 세계를 들여다볼 수 있는 창문들에 지나지 않는다. 그의 모든 작품들은 상대적으로 말해서 대충 만든 불완전한 것, 여의치 못한 사정에 쫓겨 지은 것이어서, 다만 여기저기서 그 사람의 완전한 모습이 드러나는 정도로 보인다. 하늘에서 내린 것인 양 광채가 터져나와 사물의 중심을 조파(照破)하는 구절들을 만날 때, 우리는 "이것은 진리이다, 천추의 명구(名句)이다. 사람의 영혼이 살아 있는 한 이것은 진리로써 인정받을 것이다!"라고 외치게 된다. 그러나 이런 구절은 그 앞뒤 구절이 광채를 던지지 않는 것을, 즉 일시적으로 진부한 부분이 있음을 의식하게 한다. 아, 셰익스피어가 글로브 극장(런던의 초기 극장 중 가장 저명한 극장. 1599년에 세워짐.)을 위해서 극을 쓰지 않으면 안 되었던 것이 애석하다. 따라서 그의 위대한 영혼은 그 극장이라는 틀에 맞게끔 위축시키지 않으면 안 되었다. 그도 모든 사람이 겪는 운명을 면하지 못하였다. 모든 사람은 어떠한 조건 아래에서 일한다. 조각가는 그의 생각을 자유분방한 모습 그대로 우리 앞에 내세우지 못한다. 그에게 주어진 돌과 연장의 규제를 받은 그의 생각을 보여줄 뿐이다. Disjecta membra(지리멸렬된 지체(肢體))는 어떠한 시인 또는 어떠한 사람으로부터도 우리가 기대할 수 있는 모든 것이다.

셰익스피어를 바로 보는 사람은 누구나 그 역시 예언자였음을, 비록 방법은 다르지만 예언적인 통찰력을 가지고 있었음을 인정하지 않을 수 없을 것이다. 이 사람에게도 대자연은 신성한 것으로, 지옥처럼 깊고 천국처럼 높은 것, 말로 형언할 수 없는 것으로 보였다. "우리는 꿈과 같은 존재이다!"(《템페스트》 제4막 1장) 웨스트민스터 대성당에 있는 셰익스피어의 초상이 들고 있는 책의 이 구절을 충분히 이해하는 사람이 적다. 이 구절은 어떤 예언자의 말과도 같은 깊이를 가지고 있다. 그런데 셰익스피어는 노래로써 말하였다. 설교할 때에도 노래를 잊지 않았다. 우리는 단테를 가리켜 중세 가톨릭교의 음악적인 설교자라고 불렀거니와, 셰익스피어는 진정한 가톨릭교, 즉 미래와 모든 시대의 '범세계적 교회'의 보다 더 음악적인 설교자라고 부를 수 있지 않을까? 편협한 미신, 가혹한 금욕주의, 종교상의 불관용(不寬容), 광신적 열성 내지 왜곡은 전혀 없고, 천만 겹으로 숨겨진 아름다움과 신성함이 모든 대자연 속에 있다고 하는 이 위대한 하나의 계시를 모든 사람이 경배하여 마땅한 것이다! 이 사람으로부터는 일종의 전세계적인 찬미가가, 더 신성한 찬미가와 함께 들려도 부적당하지 않은 찬미가가 솟아난다고 해도 지나치지 않을 것이다. 우리가 바르게 이해한다면 그것은 이런 성가와 불협화음을 이루지 않고 잘 조화될 것이다. 이러한 셰익스피어를 신자가 아니라고 하는 사람도 있으나, 나는 그렇게 말할 수는 없다. 그가 그의 시대의 신조와 종교적 논쟁에 무관심한 것으로 인해 그런 오해가 생긴 것이다. 그런 것은 아니다. 셰익스피어는 애국심에 대해 별로 말하고 있지는 않지만 비애국적이지는 않았으며, 신앙에 대해 별로 말하고 있지는 않지만 회의주의자도 아니었다. 그러한 무관심은 셰익스피어의 위대성에서 나오는 것이며, 그의 온 영혼은 그 자신의 광대한 신앙의 세계 속에 있었다. 다른 사람들에게는 중대한 관심사였던 이러한 시시비비(是是非非)가 그에게는 사소한 일이었다.

그것을 숭배라 부르든 또 무엇이라 부르든, 이 사람이 우리에게 가져온 것은 진정 영광스러운 것이 아닌가? 나로 말하면 이런 사람이 이 땅에 보내졌다는 사실에 일종의 신성함이 있다고 느낀다. 셰익스피어는 우리 모두의 눈이며, 하늘이 보내준 '광명의 사도'가 아니던가? 그리고 셰익스피어가 어떤 방면에서 보아도 무의식적인 사람이었다는 것, 그리고 하늘이 준 사명을 조금도 의식하지 않고 있었다는 것이 훨씬 다행한 일이 아니었을까? 그는 내적 광채를 보았다고 해서 마호메트처럼 자신을 '신의 예언자'라고 느끼지는 않았다. 이러한 점에 있어서 셰익스피어는 마호메트보다 더 위대하지 않은가? 더 위대할 뿐만 아니라, 단테의 경우에서처럼 엄밀히 따진다면 그의 성공은 더욱 크다. 자기가 무상(無上)의 예언자라는 마호메트의 생각은 본질적으로 잘못이었다. 그리하여 벗어날 길 없는 오류에 싸여 오늘날까지 전해 내려오며, 많은 지어낸 우화와 불순물(不純物)·불관용(不寬容)에 얽매이게 되었기 때문에 앞서 말한 바와 같이 마호메트가 진정한 설교자였으며, 야심적인 사기꾼이나 간악한 가짜로 설교자, 말장수가 아니었다고 여기서 말하는 것이 주저된다. 본고장 아라비아에서도 마호메트는 밑바닥이 드러나서 과거의 것이 되고 마는 때가 올 것이다. 그러나 셰익스피어와 단테는 아직도 무한한 앞날에 걸쳐 아라비아를 포함한 온 인류의 설교자로서 행세할 것이다.

세상에 이름 있는 어떤 설교자나 시인과 비교해도, 아이스킬로스나 호머와 비교해도, 셰익스피어는 진실과 보편성이라는 점에서 그들과 마찬가지로 오래도록 살아 있을 것이다. 셰익스피어는 그들처럼 진실하며, 세계적이고 영원한 생명원에 깊이 뿌리를 박고 있다. 그런데 마호메트에 관해서 말한다면, 그는 그렇도록 의식적이 아니었더라면 좋았을 것으로 생각된다. 아, 가련한 마호메트! 그가 의식한 것은 모두 순전한 오류였다. 소용없는 사소한 것뿐이었다—그런 것은 항상 그렇지 않은가? 그에게 있어서 진실로 위대한 것은 역시 그가 의식하지 않은 것들이었다. 그는 아라비아 사막의 사나운 사자였으며 그의 천둥 같은 위대한 음성으로, 그가 위대하다고 생각한 말로써가 아니라, 진실로 위대한 행동으로, 감정으로, 역사로써 외쳤다. 그의 코란은 우스꽝스러운 장광설(長廣舌)이 되고 말았다. 우리는 신이 그것을 지었다고 그와 함께 믿지는 않는다! 여기에 있어서도 어디에 있어서나 마찬가지로 위인은 대자연의 힘이며, 그의 진정한 위대성은 말로 표현할 수 없는 밑바닥 깊숙한 곳에서 솟아나는 것이다.

셰익스피어, 그는 워릭셔의 농군에서 출발하여 극장 지배인으로 출세함으로써, 구걸하지 않아도 살 수 있게끔 되었다. 사우샘프턴 백작으로부터는 적잖은 사랑을 받았었고, 토마스 루시 경은 그를 감옥에 보내려고 하였다. 셰익스피어가 우리와 함께 이 세상에 살고 있는 동안 우리는 그를 오딘의 경우처럼 신이라고 생각하지는 않았다—이 점에 관해서는 말할 것이 많다. 그러나 영웅 숭배가 오늘날 이렇게까지 비참한 상태에 빠져 있기는 하지만, 셰익스피어가 우리들 가운데서 어떤 지위를 차지하게 되었는가를 생각해 보라. 이 땅에 탄생한 어떤 영국인이 또는 어떤 백천만의 영국인이 우리에게 있어서 스트랫퍼드의 이 농군만큼 귀중한가? 아무리 많은 고관대작하고도 그를 바꿀 수는 없다. 셰익스피어는 우리가 이룩한 것 중 가장 위대한 존재이다. 우리 영국 가정의 장식인 동시에 다른 나라에 대하여 우리 영국의 명예가 될 것으로서 그보다 더 귀한 것이 무엇이 있느냐? 생각해 보라, 만일 다른 나라 사람들이 우리 영국인을 보고 인도와 셰익스피어 중 어느 것을 잃겠느냐고 묻는다면 어떻게 할 것인가? 이것은 정말 큰 물음이다. 공직에 있는 사람들이 공식적인 말로 대답할 것은 의심할 것도 없다. 그러나 우리는 이렇게 대답하지 않을 수 없을 것이다. 인도는 어떻게 되든 셰익스피어는 없어서는 안 된다고! 인도는 언젠가는 잃고 말 것이다. 그러나 셰익스피어는 결코 잃을 수 없다. 그는 영원히 우리와 함께 있다. 우리는 셰익스피어를 잃을 수는 없다!

정신적인 면은 그만두더라도, 그를 현실의 매매할 수 있는 유형적인 소유물로서 생각해 보자. 우리가 사는 섬나라 영국은, 오래지 않아 영국인의 매우 적은 부분만 남게 될 것이다. 아메리카로, 오스트레일리아로, 지구의 반대쪽에 이르는 지구의 대부분을 덮어버릴 색슨 국이 나타날 것이다. 그런데 이 모든 지역을 사실상 하나의 나라로서 결속시켜, 서로 싸우지 않고 평화 속에서 형제답게 사귀며 서로 돕게 만드는 것이 무엇일까? 이것은 실로 당면한 최대의 문제이며 우리의 모든 왕족들과 정부들이 성취해야 할 문제이다. 그런데 이것을 성취케 하는 것이 무엇인가? 의회의 법령이나 정부의 수상들로서는 할 수 없는 일이다. 아메리카는 이미 우리로부터 분리되었다. 의회가 분리시킬 수 있을 만큼은 다 분리되었다. 나의 말을 공상적인 것이라고 부르지 말라. 왜냐하면 여기에는 많은 진실이 있기 때문이다. 여기 시간도 운명도, 의회도 의회의 무리도 폐위시킬 수 없는 한 사람의 영국왕이 있다. 그 왕은 셰익스피어이다. 그는 왕관을 찬연히 쓰고 모든 영국인을 단결시키는 가장 고상하고 어질고도 그 위에 가장 강한 상징으로서 빛나고 있지 않은가? 그에게는 절대로 손상을 끼칠 수 없다. 또 그 점에 있어서는 어떤 수단이나 설비보다도 더 가치 있는 상징이다. 지금으로부터 1000년 뒤에도 영국인의 모든 나라 위에 찬연히 빛나는 광원체로서 그를 상상할 수 있다. 패러매타(오스트레일리아의 지명)로부터, 뉴욕으로부터, 영국인이 있는 모든 곳으로부터 이런 소리가 들릴 것이다. "암, 그렇고 말고, 이 셰익스피어는 우리의 것이다. 우리가 그를 낳았다. 우리는 그와 더불어 말하고 생각한다. 우리는 그와 피도 같고 씨도 같다." 아무리 상식적인 정치가도 이 일을 생각할 것이다.

사실, 한 민족이 자신을 표현할 소리를 얻는다는 것, 그의 진실을 아름다운 말로 토로하는 사람을 가진다는 것은 실로 위대한 일이다. 한 가지 예로서 이탈리아를 볼 것 같으면, 저 딱한 이탈리아는 지금 분열·분리되어 어떤 대외관계에도 단일국으로서 나타나지 못한다. 그러나 고귀한 이탈리아는 사실 하나인 것이다. 이탈리아는 단테를 낳았다. 이탈리아는 말을 할 수 있다! 전 러시아에 군림하는 황제, 그는 강하다. 많은 총검과 코사크 병(兵)과 대포를 가지고 있다. 그러므로 그와 같이 큰 땅덩어리를 정치적으로 결속하는 것과 같은 어려운 일을 능히 해나가고 있다. 그러나 러시아는 아직도 말을 못하고 있다. 그는 위대한 무엇을 가지고 있으나, 아직도 그것은 벙어리 상태에 있다. 모든 인간과 시대에게 들릴 만한 천재의 소리를 가지고 있지 않다. 러시아는 말하기를 배워야 한다. 그는 아직까지는 거대한 벙어리 괴물이다. 그의 대포도 코사크 병도 모두 녹이 슬고 없어지고 말 때가 올 것이다. 그러나 단테의 음성은 아직도 들려온다. 단테와 같은 인물을 가진 나라는 벙어리 러시아로서는 흉내를 못낼 정도로 결속되어 있다―이것으로써 영웅 시인에 관한 이야기는 그치기로 한다.

4강
성직자로서의 영웅
루터와 종교개혁, 녹스와 청교도운동

1840년 5월 15일, 금요일

우리의 이번 강연은 성직자로서의 영웅에 관한 것이다. 모든 종류의 영웅들은 본질적으로는 똑같은 재료로 이루어져 있다. 즉 인생의 신성한 의의에 대하여 눈을 뜬 위대한 영혼을 가진 사람은 곧 그것을 말로, 또는 노래로 표현하거나 그것을 위해 싸우고 일하여 큰 승리를 거두고 오래 이름을 남기기에 적절한 사람이라는 것이다. —그의 외적 형태는 그가 사는 시대와 환경에 따라 다르겠으나, 본질은 같다는 것을 설명하려고 우리는 거듭 노력하여 왔다. 내가 생각하기에는 성직자도 역시 일종의 예언자이다. 그의 가슴 속에도 하늘에서 내리는 계시의 광명이 있어야 한다. 그는 사람들의 예배를 주재(主宰)하며, 사람들을 눈에 보이지 않는 성스러운 존재와 연결시켜주는 사람이다. 그는 사람들의 정신적 지도자이다. 예언자가 많은 지도자를 거느린, 사람들의 정신적 제왕인 것과 같이 그는 대지와 그 영위 사이를 현명하게 안내함으로써 사람들을 천국으로 인도한다. 그의 이상(理想)은 그 자신 역시 눈에 보이지 않는 하늘로부터의 음성이 되어, 예언자들이 한 것과 같이, 그러나 보다 더 친근하게 그 음성을 사람들에게 설명하여 주는 것이다. 눈에 보이지 않는 천국—'우주의 공공연한 비밀'—지극히 소수의 사람에게만 보이는 그것을 설명해주는 것이다. 그는 두려운 광채를 내뿜지 않는 예언자이며 온화한 빛을 발산하며 타올라 사람들의 일상생활의 등불이 된다. 이것이야말로 성직자의 이상이다. 고대에 그러했고, 현대에도 그러하고, 모든 시대에서 그러할 것이다. 누구나 잘 알듯이 이상을 실현시킬 때에는 매우 큰 관용이 필요하다. 그러나 이 이상에 부합하지 않는 성직자, 그것과 같으려고 노력하지 않는 성직자는 예외적인 사람이다. —그런 사람은 여기서 언급하지 않는 것이 좋을 것이다.

루터와 녹스는 직업상으로 보면 분명히 성직자이며, 보통 의미에서도 그들은 자신들의 일을 충실히 다하였다. 그러나 여기서는 주로 그들의 역사적 지위를 중심으로 하여, 성직자로서보다도 개혁자로서의 그들을 생각해보는 것이 우리의 목적에 더 부합될 것이다. 평온한 시대에 예배의 주재자로서의 직분을 충실히 다하고, 즉 그 역할에 상응하는 성실한 영웅정신을 가지고, 자기가 이끄는 사람들의 일상생활 속에 하늘나라의 광명을 내려다 주며, 마치

루터(1483~1546)
독일의 종교개혁자·신학자.

신의 인도로써 그러는 듯이 그들이 걸어야 할 길로 사람들을 인도한다는 점에서 주목할 만한 성직자들이 그 밖에도 있었다. 그러나 걸어야 할 길이 전투·혼란·위험이 따르는 험악한 길이 되었을 때 그 길을 먼저 타개하고 나간 정신적 지도자는, 그 지도의 은혜 가운데에서 사는 우리들에게는 다른 누구보다도 괄목할 만한 것이다. 그는 싸우고 싸우는 성직자이다. 그는 그의 민중을 평온한 시대에서와 같이 평화롭고 충실한 노동으로 이끄는 것이 아니라, 혼란하고 분열된 시대에 있어서 충실·용감한 투쟁으로 인도하였다. 어느 것이 더 숭고한지는 제쳐두더라도, 그의 임무는 보다 더 위험하고 감명깊은 것이다. 이 두 사람은 우리들의 가장 훌륭한 개혁자였기 때문에 우리는 그들을 가장 훌륭한 성직자라고 생각한다. 아니, 모든 진정한 개혁자들은 그들의 성질상 무엇보다도 먼저 성직자가 아니던가? 그들은 이 땅의 눈에 보

이는 폭력에 대항하여 하늘의 보이지 않는 정의에 호소한다. 눈에 보이지 않는 그것만이 강하다는 것을 그들은 안다. 그들은 사물의 신성한 진리를 믿는 사람들이고, 만물의 가상(假相)을 꿰뚫어 보는 사람들이며, 방법의 차이는 있을망정 만물의 신성한 진리를 숭배하는 사람, 즉 성직자이다. 그는 무엇보다도 먼저 성직자가 아니라면 개혁자로서도 대단한 존재가 될 수 없다.

이리하여 우리는, 위인들이 그의 환경에 따라 종교를, 이 세계에서의 인간 존재의 영웅적 형식을 세우는 것을 보았다. 즉 단테와 같은 인물이 노래하기에 충분한 인생의 이론, 셰익스피어와 같은 인물이 노래하기에 충분한 인생의 실천을 건설하는 모습을 우리는 보아왔다. —우리는 이제 그와 반대의 과정을 보려 한다. 이 과정도 또한 필요한 것이며, 이것도 또한 영웅적 태도로 실행될 수 있을 것이다. 어째서 이것이 필요한지는 알 수 없지만 실제로 그것은 필요하다. 시인의 온화한 빛은 개혁자의 맹렬한 광채에 자리를 양보해야 한다. 불행하게도 개혁자 역시 역사상에 끊임없이 등장하는 인물이다. 사실 온화한 시인은 격렬한 개혁이나 예언의 소산에 있어 종국적 조절이 아니고 무엇이겠는가? 성 도미니크(1170~1221, 스페인의 성자, 유명한 도니미칸 파(派) 수도회의 시조(始祖))와 테베의 수도사들(이집트 테베의 동굴이나 사막에서 산 수도사들)과 같은 강렬한 사람들이 없었더라면, 화음적(和音的)인 단테는 태어나지도 못했을 것이며, 오딘으로부터 월터 롤리(1552~1618, 영국 탐험가·저술가·시인)에 이르기까지, 울필라로부터 크랜머(캔터베리 대주교, 메리 여왕의 노여움을 사서 이단자로서 1556년에 화형을 당하였다)에 이르기까지의 스칸디나비아 및 그 밖의 소박하고 거친 실제적 노력이 없었더라면 셰익스피어의 시도 없었을 것이다. 나는 때때로 말한다. 완성된 시인은 그의 시대가 완성에 도달하여 종결되었다는 표시이며, 얼마 안 있어 새로운 시대가 와서 새로운 개혁자가 필요하게 된다는 징조이다.

우리가 항상 음악의 길을 걸으며, 그 옛날 야생의 짐승들이 오르페우스(그리스 신화에 의하면 그의 음악이 절묘하여 짐승과 나무와 돌까지도 따르게 되었다는 신)를 따랐듯이, 우리가 시인들을 따르고 그들의 가르침을 받을 수 있다면 실로 좋을 것이다. 아름다운 음악적인 길을 바라기 어렵다면, 적어도 평화로운 길이라도 얻을 수 있다면 얼마나 좋은 일이랴! 즉 평화스러운 성직자가 날마다 개혁을 행하여 우리에게 만족을 준다면 얼마나 기쁘겠는가. 그러나 그렇게는 되지 않는다. 슬프지만 싸우는 개혁자도 이따금 필요 불가결한 인물이다. 장애는 항상 있기 마련이다. 한때는 꼭 있어야 할 촉진제였던 것도 어느덧 장애로 변하여 제거해버려야 할 물건이 되고 만다. —이것은 때로는 엄청나게 곤란한 일이다. 한때는 온 우주를 포괄하고, 세계에서 가장 위대한 인물의 하나였던 단테의 논증적이고 예리한 지성으로 보아도, 모든 부분에서 완전히 만족스러운 것이었던 하나의 공리(公理), 또는 정신적 상징도—1세기쯤 지나는 동안에는 일반적인 지성의 사람이 보아도 의심스럽고 그릇된 것이 되고, 다시 오늘날 우리가 보기에는 전혀 믿을 수 없는 오딘의 설(說)과도 같은 진부한 것이 되고 마는 경위는 실로 주목할 만하다. 단테에게 있어서는 인간의 생존, 또는 인간에 대한 신의 섭리는 그의 지옥과 연옥에 의해서 충분히 표현되었다. 그러나 루터에 이르러서는 그것이 잘 표현되었다고 생각되지 않는다. 이것은 어찌된 일인가? 왜 단테의 가톨릭교가 영속되지 못하고, 루터의 신교가 반드시 일어나야만 했는가? 아, 세상에는 영속이란 있을 수 없기 때문이다.

나는 오늘날 떠들어대는 '종의 진화'라는 말을 대수롭게 생각지 않는다. 여러분이 그것에 별다른 관심을 가지길 바라는 것도 아니다. 그 주제에 관한 이야기는 흔히 너무나도 과장되어 있고 따라서 아주 혼란스럽다. 그러나 그 사실 자체는 아주 확실하다. 즉, 그것의 필연성을 만물의 본질에서 찾아낼 수 있다. 내가 다른 곳에서 말한 바와 같이 모든 사람은 단지 배우는 자일 뿐만 아니라 행동하는 자이다. 그는 자기에게 주어진 지성을 가지고 이제까지 존재했던 것을 배우고, 또한 그 지성으로 새로운 것을 찾아낸다. 그는 어느 정도 자신의 것을 지어내고 생각해낸다. 독창력이 전혀 없는 사람은 없다. 누구도 그의 할아버지가 믿던 것을 그대로 믿지는 않는다. 그는 새로운 발견에 의해 우주에 대한 자기의 견해를 확대시키고 그 결과 자기의 우주관을 확대시킨다. 물론 우주란 무한한 것이어서 어떤 견해나 주장으로, 아무리 확장해 보려고 해도 결국 완전히 포용할 수는 없다. 따라서 그는 얼마간 확장시킨다고 나는 말한다. 그의 할아버지가 믿던 것의 일부를 그로서는 믿을 수 없다는 것, 자기가 발견 또는 관찰한 새로운 사실과 부합되지 않는 허위라는 것을 느낀다. 이것이 개개인의 역사이며, 이것이 인류의 역사에 있어서 쌓이고 쌓여 위대한 역사적 결과 곧 혁명, 신시대를 이룬다. 단테의 정죄의 산은 콜럼버스가 그곳에 가 보았더니 '서반구(西半球)의 대양에' 있지도 않았다. 사람들은 이런 것이 서반구에 존재하지 않는다는 것을 알게 된다. 그것은 그곳에는 없는 것이다. 그것이 그곳에 없다는 것을 믿지 않을 수 없다.

이 세상의 모든 신앙도 이렇다. —신앙의 모든 체계, 그것에서 발생한 실천의 모든 체계 역시 이렇다.

신앙이 불확실해지고, 따라서 실생활도 건전성을 잃어, 과오·부정·불행이 곳곳에 더욱 심해졌을 때 우리는 혁명의 충분한 재료를 갖추게 된다. 어떠한 경우에도 충실히 행동하려는 사람은 확고한 믿음을 가져야 한다. 어떤 일을 할 때마다 세상의 의견을 물어야 하며, 세상의 의견을 무시하고 자기의 소신대로 하지 못하는 사람은 남의 눈치만 섬기는 가엾은 사람이다. 그에게 맡긴 일은 잘못될 수밖에 없다. 그러한 사람은 모두 필연적인 몰락을 나날이 조장하는 자이다. 외관만 갖추려 하고 불성실하게 하는 그의 모든 일은, 몇몇 사람에게 돌아올 새로운 불행의 씨앗이 된다. 죄과(罪過)가 쌓이고 쌓여 지탱할 수 없을 지경에 이르면 마침내는 폭파에 이르듯이 맹렬히 파열되어 완전히 없어진다. 단테의 숭고한 가톨릭교도 지금은 이론상으로 믿기 어려운 것이 되고, 신앙은 사라지고, 회의적이고 불성실한 실천에 의하여 더욱 그릇되게 되어, 루터와 같은 인물에 의하여 파괴되었던 것이다. 셰익스피어의 고귀한 봉건사회는 한때는 외관에 있어서도 사실에 있어서도 무척 아름다운 것이었으나, 프랑스혁명으로 끝을 맺을 수밖에 없었다. 죄과가 쌓이고 쌓이면 언제나 문자 그대로 활화산처럼 폭발하여 사태가 다시 안정될 때까지는 오랜 기간이 필요하다.

이러한 문제의 한 국면(局面)만을 보고, 인간의 모든 견해나 제도에서 그것들을 모두 불확실하고 일시적이며 죽음의 법칙에 지배받는다는 사실만을 보는 것은 매우 슬픈 일이다. 그러나 따지고 보면 그런 것이 아니다. 모든 죽음은 여기에서도 형체에 관한 것이며, 본질이나 정수에 관한 것이 아니다. 모든 파괴는 아무리 무서운 혁명에 의한 것일지라도 더 큰 규모로 이룩되는 새로운 창조에 지나지 않는다. 오딘교(敎)는 용기, 그리스도교는 더 고귀한 용기인 겸손이다. 인간의 마음속에 진리로서 성실하게 살아 있었던 모든 사상은 신의 진리에 대한 인간의 진지한 통찰이었다. 그것은 그 속에 본질적인 진리를 가지고 있으며, 그 진리는 모든 변천을 초월하여 우리의 영원한 소유가 되어 있다. 그런데 우리 자신의 나라와 시대를 제외한 모든 나라와 시대의 사람들을, 오로지 우리만이 진정하고 완전한 지식을 가지기 위하여 맹목적·죄악적인 과오를 믿으며 생애를 보낸, 구제의 길을 잃은 이교도들, 고대 스칸디나비아 인, 이슬람교도들일 뿐이라고 주장하는 것은 얼마나 상(祥)스럽지 못한 일이냐! 이것은 모든 세대의 인간은 구제와 진리를 상실하고, 다만 현재의 일부 세대만이 구제와 진리를 가졌다는 생각이며, 이 세상이 시작된 이래 모든 시대의 인간은 슈바이트니츠 성(城) (7년전쟁 때의 격전지)의 도랑 속에 빠진 러시아 군대처럼 시체로 도랑을 메꾸고 우리가 그것을 타고 넘어 성을 공략하기 위해서 전진해 왔다는 생각이다. 이것은 도저히 믿을 수 없는 가설이다.

이런 믿을 수 없는 가설이 맹렬히 기세를 토하는 것을 우리는 보았다. 열두 명의 가없은 사람이 자기와 같은 목적을 가진 사람들과 함께 모든 인류의 시체 위를 걸어 확고한 승리로 나아가는 것을 우리는 보아왔다. 그러나 이런 가설과 완강한 신조를 가진 사람들 또한 도랑에 빠져 시체가 됐을 때는 뭐라고 말할 것인가? —뿐만 아니라 인간은 자기가 보는 것은 절대로 틀림없다고 생각하고 그것에 따라 움직인다는 것은 인간의 본성에 있어 중요한 사실이다. 인간은 어떤 방법으로든 항상 그렇게 할 것이다. 그러나 이것보다는 좀 더 넓고 현명한 방법에 의지해야 한다. 현재 살아 있는, 또는 일찍이 살아 있던 모든 진정한 인간은 신이 통솔하는 군대의 일원이며, 암흑과 부정의 왕국이라는 동일한 적과 싸우는 것이 아니던가? 왜 우리는 서로를 오해하고, 적과 싸우지 않고, 우리가 입은 군복이 다르다고 해서 우리끼리 싸울 것인가? 그 속에 진실하고 용감한 인간만 들어 있다면 제복 같은 건 문제될 것이 없을 것이다. 모든 형식의 무기, 아라비아의 터번과 반월도(半月刀)도, 예툰 족을 내리찍는 토르 신의 강력한 쇠방망이도 환영받을 것이다. 루터의 외침, 단테의 행진곡, 모든 진정한 자들은 우리를 도울 것이며 그들은 우리의 적이 아니다. 우리는 모두 하나의 장수를 섬기는 같은 군대의 병사이다. 이제 루터의 전투를 살피면서 그것은 어떤 종류의 전투였으며, 전투에서 그는 어떻게 행동하였나 보기로 하자. 루터 또한 정신적 영웅이었으며, 그의 나라와 시대의 예언자였다.

전체에 대한 서론으로서 우상숭배에 대하여 여기서 한 마디 해두는 것이 좋을 성싶다. 마호메트의 특색의 하나는, 사실 모든 예언자의 속성이지만 우상숭배에 반대하는 끝없는 열정이다. 우상숭배는 예언자들에게 중대한 과제였다. 생명이 없는 우상을 신으로서 숭배하는 것은 그들이 허용할 수 없는,

부단히 배척하고 집요한 비난의 낙인을 찍어야 할 것이었다. 그것은 그들이 태양 아래에서 본 모든 죄 가운데서 가장 큰 것이었다. 이것은 주목할 만한 일이다. 우리는 여기서 우상숭배에 관한 신학적인 문제로 들어가려는 것은 아니다. 우상은 눈에 보이는 물건, 상징 즉 아이돌론(Eidolon)이다. 그것은 신이 아니라 신의 상징이다. 아무리 몽매한 인간이라 할지라도 우상을 상징 이상의 것으로 생각하지는 않았을 것이다. 상상하건대, 자기 손으로 만든 변변치 못한 형상을 신이라고 생각하지는 않고 단지 그것을 통해 신을 상징한다. 즉 그 속에 신이 어떤 방식으로 깃들어 있으리라고 생각했을 것이다. 이런 의미에서 다음과 같이 물을 수 있을 것이다. 어떠한 숭배이든 모든 숭배는 아이돌론, 즉 우상에 의한 숭배, 눈에 보이는 것을 매개로 한 숭배가 아닌가? 곧 보인다는 것이 육신의 눈에 하나의 영상 혹은 그림으로써 보이는 것인가, 또는 영혼의 눈이나 상상력·지력(知力)에만 보이는 것인가 하는 것은 피상적인 차이이지 결코 본질적인 차이는 되지 않는다. 어느 경우에나 그것은 보이는 물건이며 신을 의미하는 상징 즉 우상임에는 틀림없다. 아무리 엄격한 청교도라도 신앙고백과 신성한 사물의 지적 표상이 있어서 그것으로써 예배하며, 그것이 있음으로써 비로소 그 예배가 가능해진다. 모든 신조·성가·종교의식·종교적 감정을 적절히 싸고 있는 관념은 이 의미에 있어서 볼 수 있는 물건 즉 우상이다. 모든 예배는 상징·우상으로부터 비롯된다. — 따라서 모든 우상숭배는 상대적인 것이며, 가장 심각한 우상숭배도 결국 상대적으로 더 우상적이라는 뜻에 지나지 않는다고 말할 수 있다.

그러면 우상숭배가 나쁜 점이 어디에 있을까? 모든 진지한 예언자들이 하나같이 규탄하니 거기에는 어떤 지극히 나쁜 점이 있을 것이다. 예언자들은 왜 우상숭배를 그렇게까지 미워하는가? 생각건대, 예언자의 비위를 거슬러 그로 하여금 분노와 미움으로 충만케 한 나무로 만든 저 변변치 못한 상징들은, 예언자가 그 자신의 생각 속에 가지고 있으면서 다른 사람들에게 말로 전파한 그것과 꼭 일치하지 않았기 때문이었던 것 같다. 카노푸스나 카바의 검은 돌을 숭배한 가장 미개한 이교도도 아무것도 숭배하지 않은 짐승보다는 훨씬 훌륭하였다. 그의 변변치 못한 행동 속에는, 오늘날 시인들도 가지고 있는 것과 유사한 일종의 영원한 가치가 있었다. 즉 별들과 삼라만상에 어떤 끝없고 신성한 아름다움과 의미를 인정하는 일이다. 그러면 예언자들은 왜 그렇게 가차 없이 그를 규탄하였던가? 물신(物神)^{(야만인들이 신(神)으로서 숭배하는 짐승·풀·나무 따위)}을 숭배하는 가장 가엾은 인간도, 그의 마음이 숭배로 가득 차 있는 동안은 연민의 대상이다. 기피해야 할 사람일 수는 있겠으나 미워할 사람은 아니다. 그의 마음이 진정 그것으로 차 있다면 그의 어리석고 좁은 마음 속을 그것으로 두루 비추게 하라. 한 마디로 말하면 그로 하여금 그 물신을 전적으로 믿게 하라. ─그러면 아주 잘됐다고까지는 할 수 없어도 적어도 그로서는 다행일 것이다. 따라서 우리는 그를 그대로 내버려두고 방해하지 않는 것이 좋다.

그러나 여기에서 우상숭배의 치명적인 문제가 일어난다. 즉 예언자들이 등장한 시대에는 더 이상 어떠한 인간의 마음도 그의 우상 또는 상징으로 성실하게 채워져 있지 않다는 것이다. 우상은 다만 나무 조각에 지나지 않는다는 사실을 간파한 예언자들이 나타나기 전에 이미 많은 사람들은 우상은 나무 조각에 지나지 않는다는 막연한 의심을 품었음이 분명하다. 배척해야 할 우상숭배는 성실하지 않은 우상숭배이다. 의심이 그 핵심까지 좀먹어 들어가서, 인간의 마음은 이미 어렴풋이 환상이 되어버렸다고 느끼는 '성약(聖約)의 궤'에 경련적으로 집착하는 모습이 보인다. 이것은 가장 비통한 광경의 하나이다. 사람의 영혼은 이제는 물신(物神)으로는 채워지지 않는다. 채워져 있다고 스스로 믿고 싶지만 그렇게 되지 않아서 그 시늉을 하고 있는데 불과하다. 콜리지는 말하였다. "여러분은 믿지 않습니다. 단지 자신이 믿는다고 믿고 있을 따름입니다." 이것은 모든 종류의 숭배와 상징의 마지막 장면이며, 이미 사멸(死滅)이 가깝다는 확실한 징조이다. 이것은 오늘날 이른바 형식주의 또는 형식의 숭배라고 말하는 것과 같다. 인간이 할 수 있는 부도덕한 행위치고 이보다 더 타락한 것은 없다. 이것은 모든 타락의 시작, 아니 앞으로는 어떠한 덕성도 없다는 것을 의미한다. 이것으로써 인간의 가장 깊은 곳에 있는 도덕의 핵심은 마비되어 깊은 잠에 빠지게 된다. 사람들은 더 이상 성실한 인간이 아니다. 그러므로 성실한 사람들이 이것을 규탄하고, 배척하고, 오명을 씌워 단죄하려 하는 것은 이상하지 않다. 그와 그것, 모든 선(善)과 그것은 불구대천의 원수이다. 규탄할 우상숭배는 헛소리이다. 진지한 헛소리라고도 할 수 있다. 진지한 헛소리, 이것은 생각해볼 만하다. 모든 종류의 숭배는 이 단계에 이르러 그치게 된다.

루터는 다른 어느 예언자 못지않을 우상 파괴자였다고 생각한다. 나무토막과 초로 만든 코레이시 족의 우상을 마호메트가 미워한 것처럼 루터는 양피지와 잉크로 만든 테첼(1465~1519, 도미니칸 파(派)의 사제. 교황 레오 10세의 명(命)을 받들어 독일 지방에 가서 면죄부를 팔았다)의 면죄부를 미워하였다. 어떠한 시대, 어떠한 곳, 어떠한 사정에 있어서든 진실로 돌아가, 사물의 외관이 아니라 사물 그 자체 위에 서는 것이 모든 영웅의 특성이다. 그가 말로 또는 말로 표현하지 못할 깊은 생각으로, 사물의 두려운 진실을 사랑하고 존경할수록, 아무리 정돈되고 단정하며 코레이시 족이나 로마교황 추밀회의에 의해서 인정되었을지라도, 사물의 헛된 외관은 그에게는 참을 수 없이 미운 것이다. 신교(新敎) 또한 16세기의 예언자적 사업이다. 그것은 거짓되고 우상숭배적인 것으로 타락한 낡은 것을 파괴하는 첫 타격이었으며, 진실하고 신성한 먼 미래의 새로운 것에 대한 준비였다.

　얼핏 생각하기에 신교(新敎)는 우리가 영웅숭배라고 일컬으며, 종교적 또는 사회적으로 인류에 있어 가능한 모든 선의 기초가 되어 있다고 주장하는 것에 대해 철두철미하게 파괴적으로만 작용하였다고 보기 쉽다. 신교는 세계에 이제까지 나타난 것과는 근본적으로 다른 새로운 시대, 이른바 '개인적 판단'의 시대를 시작하였다는 말을 우리는 흔히 듣는다. 교황에 대한 반항으로써 개인은 자신의 교황이 되었으며, 그리하여 더 이상 어떠한 교황도, 정신계에서의 어떤 영웅적 지배자도 믿어선 안 된다는 것을 배웠다. 그러므로 인간 상호간의 정신적인 결합, 모든 교황제도도 복종도 앞으로는 없어지지 않겠는가 하는 소리를 우리는 듣는다. 나는 신교운동이 정신생활에서의 주권자 곧 교황 등등에 대한 반항이었다는 것을 부정하려 하지 않는다. 아니, 그뿐만 아니라 현실세계의 주권에 대한 반항인 영국 청교도운동은 그 제2막이었고, 저 엄청난 프랑스 대혁명은 그 제3막이었으며, 이로써 모든 속세적 또는 정신적 주권이 제거되거나 제거가 불가피하게 되었다는 것을 나는 인정하련다. 신교운동은 그 이후의 유럽 역사 전체가 가지처럼 뻗어나오게 된 큰 뿌리였다. 왜냐하면 정신적 역사는 항상 인간의 세속적 역사에 구현(具現) 되려고 하며, 정신적 현상은 세속적 현상의 발단이기 때문이다. 그리하여 지금 자유·평등·독립을 요구하는 소리, 왕이 아니라 투표함, 참정권을 요구하는 소리로 곳곳에서 아우성이다. 세속적인 일에 있어서도 정신적인 일에 있어서도, 영웅적 지도자, 또는 민족이 한 사람에게 진심으로 순종하는 일은 이 세상에서 완전히 자취를 감춘 듯 보인다. 만일 그렇다면, 나는 이 세상에 대하여 절망만을 느낄 뿐이다. 그러나 나의 가장 확고한 신념의 하나는 사실은 그렇지 않다는 것이다. 세속적이며 정신적인 면에 있어서의 영도자, 진정한 영도자가 없다면 이 세상에서 가장 혐오스러운 무정부적 혼란밖에는 아무것도 가능치 않다. 그러나 신교운동은, 그것이 어떠한 무정부적 민주주의를 가져왔다 해도 진정한 새로운 주권과 질서의 시작이라고 나는 본다. 그것은 거짓된 영도자들에 대한 반항이며, 우리가 진정한 영도자를 얻기 위한 고통스럽고도 불가결한 첫 준비라고 나는 본다. 이것은 좀 더 설명할 필요가 있다.

첫째, '개인적 판단'이라는 것은 이 세상에서 처음 보는 현상이 아니라, 그 시대로서 새로운 것이었음에 지나지 않는다. 종교개혁에는 전혀 새로운 것이나 특이한 것이 없다. 그것은 허위와 외관을 버리고 진실과 본질로 돌아간 것이었다. 과거와 현재의 모든 종류의 개혁과 진정한 가르침 역시 그러하다. 생각해보면 개인적 판단의 자유란 어느 시대에나 항상 있는 것이었다. 단테는 자기의 눈을 도려낸 것도 아니고 자기의 자유를 구속한 것도 아니었다. 그는 가톨릭교 안에서 자유로이 보는 영혼을 가지고 있었다. 비록 혹스트라텐 (도미니칸 파(派)의 사제로, 루터를 화형에 처하고 이른바 그의 '잘못'을 바로잡고자 하던 인물), 테첼, 엑크 박사(1486~1543, 볼뮤즈 회의에서 루터 규탄파 중 유력했던 사람) 같은 많은 가엾은 인간이 가톨릭교의 맹종자가 되어버리기는 하였지만 말이다. 판단의 자유란 무엇인가? 어떠한 쇠사슬이나 폭력도 사람의 영혼을 억지로 믿거나 믿지 않게 만들 수는 없다. 사람의 판단은 그 자신도 끄기 어려운 광명이다. 그는 오직 신의 은총에 의하여 거기에 군림하고 신념을 가질 것이다. 가장 궤변적인 벨라르미누스(1542~1621, 저명한 가톨릭 신학자)는 맹목적 신앙과 피동적 복종을 역설하였으나 그도 어떤 확신에서, 자신의 신념을 가지려는 권리를 스스로 버렸음에 틀림없다. 그의 '개인적 판단'이 그가 취할 수 있는 가장 현명한 수단으로서 그것을 지시한 것이다. 진정한 인간이 있는 한, 어디든지 개인적 판단의 권리가 유력하게 존재한다. 진정한 사람은 그의 모든 판단력을 가지고, 그의 모든 광명과 분별력을 가지고 믿으며, 항상 그와 같이 믿어왔다. 거짓된 인간은 '자기가 믿는다고 믿고자' 애쓸 따름이며, 다른 어떤 방법으로 그렇게 하는 것일 뿐이다. 신교는 후자에 대하여는 재난이 있을지어다, 라고 말하였고, 전자에 대하여는 잘 하였다고 말하였다. 이것은 결코 새로운 말이 아니라, 예부터 썼던 격언을 다시 쓴 것에 지나지 않는다. 순진하라, 진지하라 하는 것이 여기서 또다시 의미한 바였다. 마호메트는 그의 온 영혼으로 믿었고, 오딘도 그의 온 영혼으로 믿었다. —오딘과 오딘교의 모든 진정한 신봉자들도 그랬다. 그들은 모두 자기들의 개인적 판단으로 그렇게 '판단'하였던 것이다.

그러나 나는 개인적 판단의 행사(行使)는 그것이 성실히 행해지기만 하면 반드시 필연적으로 이기적 자립이나 고립에 귀착하는 것이 아니라, 오히려 반드시 그 반대에 귀착한다고 감히 단언한다. 무정부 상태를 가져오는 것은 바른 탐구가 아니라, 과오·불성실·반신반의(半信半疑)·비진리(非眞理)이다. 과오에 대항하는 사람은 진리를 믿는 모든 사람과 자기 자신을 결속시키는 방향으로 가는 사람이다. 과오만을 믿는 사람들 사이에 화합이란 있을 수 없다. 각 사람의 마음은 죽어 있으므로 사물에 대해서조차 공감할 수 없다. —그렇지 않다면 과오가 아니라 사물을 믿을 것이다. 사물과도 공감하지 못하는데 사람과는 어찌 공감할 수 있겠는가. 그는 사람들과 결합하지 못하는 무정부적인 사람이다. 화합이란 오직 성실한 사람들의 세계에서만 가능하며 거기에서만 확실하다.

이 문제에서 너무도 자주 무시되는 하나의 사실을 생각해보라. 즉 사람은 그가 믿고자 하는 진리, 어디까지나 성실하게 믿고자 하는 진리를 반드시 자기 스스로 발견하여야 할 필요가 없다는 것이다. 앞에서 말한 바와 같이, 위인은 그 첫 번째 조건으로서 항상 성실하였다. 그러나 성실하기 위해서 위대해질 필요는 없다. 그것은 자연과 모든 시대의 필요조건이 아니며, 다만 부패되고 불행한 특정시대에만 필요한 조건이었다. 사람은 다른 사람으로부터 받은 것을, 가장 진정한 태도로 믿고 자신의 것으로 만들 수 있다. —그것도 다른 사람에 대해 무한한 감사를 가지고 말이다. 독창성의 가치는 새롭다는 것이 아니라 성실하다는 데 있다. 믿는 사람은 독창적인 사람이다. 그는 무엇을 믿든지 다른 사람 때문에 믿는 것이 아니라 자기 스스로 믿는다. 이런 의미에서 아담의 모든 후손은 성실한 사람, 즉 독창적인 사람이 될 수 있다. 불성실한 자가 될 운명을 타고난 사람은 없다. 신앙의 시대라고 일컫는 모든 시대는 독창적이고, 그러한 시대에 사는 모든 사람, 적어도 대부분의 사람은 성실하다. 그러한 시대는 위대하고 풍요로운 시대이다. 모든 분야의 일꾼은 외견이 아니라 실체를 위해 일하는 사람이며, 모든 일은 결실을 맺으며, 그러한 일의 화합은 위대하다. 왜냐하면 모든 일은 진실하므로 하나의 목표를 지향하며,

모두가 전체에 대하여 플러스가 되지 결코 마이너스가 되지는 않기 때문이다. 여기에 진정한 화합, 진정한 왕권과 충성이 있고, 이 보잘것없는 땅에 인간을 위해 줄 수 있는 온갖 진정한 축복이 있는 것이다.

영웅숭배란 무엇인가? 사람이 자립적·독창적이고 진실하다면 다른 사람의 진실성을 존경하거나 믿지 않는다는 것은 있을 수 없는 일이다. 그것은 단지 그의 마음을 다른 사람의 죽은 형식·와전(訛傳)·허위를 믿지 않게끔 필연적으로, 불가항력적으로 강제할 따름이다. 사람은 그의 열려진 눈으로 진리를 받아들인다. 그런데 그것이 가능한 것은 그의 눈이 열려져 있기 때문이다. 사람이 자기에게 진실을 가르쳐주신 이를 사랑하기 전에 어찌 눈을 감을 수 있으랴? 오직 그 사람만이, 그를 암흑 속에서 이끌어내어 광명으로 인도한 영웅—스승을 진정한 감사와 충심으로 사랑할 수 있다. 그런 사람이야말로 존경받기에 합당한 진정한 영웅이며 악마의 정복자가 아닌가! 흉악한 괴물, 이 세상에서 우리의 유일한 적인 허위는 그의 용기에 정복되어 쓰러진다. 우리를 위해 세상을 정복해준 것은 그였다. —따라서 루터는 진정한 교황으로서, 영혼의 아버지로서 숭배받지 않았던가? 그는 진실로 그런 존재였다. 나폴레옹은 혁명좌파의 무한한 반란 속에서 제왕이 되었다. 영웅숭배는 결코 사멸하지 않는다. 사멸할 수가 없다. 충성과 주권은 이 세계에 영원히 존재한다. 그리고 그들은 허식과 외관이 아니라 실제와 성실 위에 서 있다. 우리의 눈, 우리의 '개인적 판단'을 닫음으로써가 아니라, 그것을 열고 어떠한 볼 것을 가짐으로써이다. 루터의 사명은 모든 허위의 종교적·세속적 왕을 타도하고, 먼 미래이긴 하지만 새로 나타날 진정한 왕들에게 생명과 힘을 부여하려는 것이었다.

그러므로 우리는 자유·평등·참정권·자립 등의 모든 것은 일시적 현상이라고 생각한다. 그것은 우리 모두에게 비참한 혼란을 가져오며 상당히 오랫동안 계속될 가능성이 있지만, 우리는 그것을 과거의 죄에 대한 벌이며 앞날의 절대적인 축복의 약속으로 환영하여야 한다. 모든 면에서 허위를 버리고 사실로 돌아가는 것이 사람의 임무이다. 어떠한 대가를 치르든 그렇게 하는 것이 마땅하다. 거짓된 교황이나 개인적 판단을 가지지 않는 신자들—바보들을 지배하려고 드는 가짜들—그런 것들이 무엇을 할 수 있으랴? 불행과 재앙만을 부를 뿐이다. 불성실한 인간들로 공동체를 형성할 수는 없다. 끈에 단 추와 수준기(水準器)를 써서 서로 직각이 되도록 하지 않고서는 건물을 세울 수 없다. 신교운동 이래의 이 모든 거센 혁명적 사업에 의해서 가장 축복된 결과, 영웅숭배의 근절이 아니라 오히려 영웅들의 세계라고 부르고 싶은 것이 준비되고 있음을 나는 본다. 영웅이 성실한 사람을 의미한다면, 사람은 모두 영웅이 될 수 있을 것이다. 어디까지나 성실한 세계, 신앙을 가진 세계, 그러한 세계는 과거에 있었으며 미래에도 있을 것이다. —있을 수밖에 없다. 이것이 진정한 영웅숭배이다. 모든 것이 진실하고 선한 곳에서만이 진실로 더 선한 인물이 제대로 숭배를 받는다. —이제 우리는 루터와 그의 생애로 들어가기로 하자.

루터는 작센의 아이슬레벤에서 1483년 11월 10일에 태어났다. 아이슬레벤이 이와 같은 영광을 가지게 된 것은 우연한 일이었다. 그의 부모는 모라라는 마을에 사는 광산노동자였는데, 아이슬레벤으로 장보러 갔다가 갑자기 산기(産氣)가 있어 그곳의 어떤 초라한 집에 들어가 낳은 아기가 마르틴 루터였다. 생각해보면 참으로 신기한 일이다. 이 가엾은 부인은 남편과 함께 집에서 뽑은 실 몇 꾸러미를 팔아 겨울철 필수품이나 사려고 장으로 갔다. 그날 온 세상에서 이 광부와 그의 아내보다 더 초라한 부부는 없었다. 그러나 비교하면 모든 제왕·교황·대관들이 다 무엇이더냐? 여기에 또다시 한 위대한 사람이 탄생하여 그의 광명은 긴 세기들과 시대에 걸쳐 세계의 등불로서 타올랐다. 전 세계와 그 역사는 이 사람을 기다리고 있었다. 신기하고 위대하다. 이것은 우리로 하여금 저 멀리 1,800년 전 더 초라한 환경 속에서 있었던 또 하나의 탄생을 생각나게 한다. —그것에 관해서는 말문을 막고 오직 침묵으로 생각하는 것이 마땅하다. 말이 무슨 소용에 닿으랴! 기적의 시대는 지났다고? 기적의 시대는 영원히 여기 있다.

루터가 가장 가난한 사람 중 하나로서 가난한 집에 태어나 자라난 것은, 이 땅에서의 그의 사명에 완전히 적합하며, 의심할 것 없이 그와 우리와 만물을 주재하시는 신에 의하여 현명하게 이루어진 것이다. 그는 그 시대의 어린 학생들이 그러했던 것처럼 빵을 구걸하기 위해 이 집 저 집 돌며 노래를 불렀다. 고난과 곤궁이 이 가련한 소년을 그림자처럼 따라다녔다. 그러나 마르틴 루터는 어떤 사람 어떤 물건의 거짓 얼굴도 기뻐하지 않았다. 그는 사물의 외관이 아니라 사물 그 자체 속에서 자랐다. 용모는 소박하나 몸은 허약하였으며, 온갖 능력과 감수성이 충만한 그의 영혼은 무한한 탐구심을 가지고 큰 고생을 겪었다. 그러나 어떤 희생을 치르더라도 진실과 접촉하려는 것이 그의 본분이었다. 온 세계를 실재로 되돌리는 것이 그의 본분이었다. 세계는 너무도 오랫동안 가상(假象)과 더불어 살아왔기 때문이다. 겨울의 눈보라와 황량한 암흑과 곤궁 속에서 자라난 청년, 폭풍이 휘몰아치는 스칸디나비아와 같은 세계에서, 진정한 인간으로, 신처럼 강대해져서, 그리스도교의 오딘으로서 일어선 그는 천둥 방망이를 휘둘러 추악한 예툰 족과 거인 마귀들을 쳐부수는 정녕 또 하나의 토르였다.

그의 일생에서 큰 전환을 일으킨 사건은 아마도 친구 알렉시스가 에르푸르트 시의 성문에서 벼락을 맞아 사망한 일이었을 것이다. 그때까지 루터는 온갖 곤궁과 싸우며 탐구심에 불타는 절대적인 지성을 보여주면서 소년시절을 보내고 있었다. 그의 아버지는 아들의 장래가 유망하다고 믿고 법학을 공부시켰다. 이것은 출세하는 길이었다. 루터는 별로 내키지 않았으나 아버지의 뜻을 따랐다. 이때 그는 19살이었다. 알렉시스와 루터가 맨스펠트에 있는 친척 노인들을 뵈러 갔다가 돌아오는 길에 에르푸르트 가까이까지 왔을 때 갑자기 소낙비가 쏟아지더니, 알렉시스는 벼락을 맞아 루터의 발 아래 쓰러졌다. 우리들의 생명이란 무엇이냐? —한 순간에 종잇장같이 타서 허허한 영겁으로 돌아갔다. 이승에서 출세하는 것, 고관이 되고 왕이 되는 것이 다 무엇이냐? 그들은 모두 다 죽지 않았는가. —보라! 땅이 그들 앞에 펼쳐 있는가 하면 다음 순간 그들은 사라지고 영겁만이 남아 있다. 루터는 골수에 사무치게 감동되었다. 그는 신과 신을 섬기는 일에만 생애를 바치기로 결심하였다. 아버지와 다른 사람들의 모든 반대를 물리치고 그는 에르푸르트의 아우구스틴 파 수도원으로 들어가 수도사가 되었다.

이것이 루터의 생애에서 최초의 광명점(光明點)이며, 그의 순결한 뜻은 이제야 비로소 명확하게 표현된 것이다. 그러나 당분간 그것은 완전한 암흑 속에 있는 하나의 광명점에 지나지 않았다. 나는 경건한 수도승이라고 그는 말하였지만, 실로 그는 자기의 이 고상한 행동의 진실성을 빛내려고 충실하게 고난 속에서 싸웠다. 그러나 아무런 성과도 없었다. 그의 불행은 줄어들지 않고 오히려 무한히 더 커졌다. 수도원에 갓 들어온 사람으로서 해야 하는 온갖 고된 일은 탓하지 않았다. 그러나 그의 깊고 성실한 영혼은 온갖 암담한 의혹 속으로 빠져 들어갔다. 그는 자기가 곧 죽음에, 아니 죽음보다 더한 것 속으로 들어갈 것이라고 믿었다. 이 시절 그는 형언할 수 없는 불행의 공포 속에서 살며, 자신은 영원한 벌을 받을 운명에 놓여 있다고 상상하였다는 이야기를 듣고, 우리는 가엾은 루터에게 새로운 흥미를 느낀다. 그것은 그의 겸손하고 성실한 성격 때문이 아니었을까? 내가 무엇이기에 장차 천국으로 올라갈 수 있을까! 곤궁과 고역만을 알아 온 그에게 천국 이야기는 너무도 복되어 믿어지지 않았다. 단식·철야기도·의식·미사 등에 의해서 사람의 영혼이 구제될 수 있는지 그로서는 알 수 없었다. 그는 가장 암담한 비참함 속에 빠져 끝없는 절망의 거리를 방황해야 했다.

바로 그때 그가 에르푸르트 도서관에서 라틴어 성경을 보게 된 것은 가장 축복된 일이었다. 그는 이때 처음으로 성경을 보았다. 성경은 단식과 철야기도 아닌 다른 것을 그에게 가르쳐주었다. 또한 신앙생활의 경험이 풍부한 한 동료 수도사도 도움을 주었다. 루터는 이제 사람은 미사 때에 노래를 부름으로써가 아니라, 신의 한량 없는 은총에 의하여 구원받는다는 것을 알게 되었다. 이것은 한결 믿을 만한 가설이었다. 이리하여 그는 점차 반석 위에 기반을 두게 되었다. 이 복된 도움을 갖다준 성경을 그는 존경하기에 이르렀다. 지고한 신의 말씀이 그와 같은 인물들에게 존중을 받는 것은 지극히 당연한 일이다. 그는 성경 말씀을 따라 살기로 결심하고, 실제로 죽을 때까지 그대로 하였다.

그러므로 이것은 그의 암흑으로부터의 구원, 암흑에 대한 결정적 승리로서, 이른바 개종(改宗)이며, 그 자신을 위해서는 가장 중요한 계기였다. 그가 이제 평온과 광명 속에서 나날이 발전하고, 타고난 위대한 소질과 덕성을 발휘하여, 수도원에서, 그의 나라에서 더욱 중요한 위치에 오르고, 인생의 모든 진지한 사업에서 더욱 유용한 존재가 된 것은 당연한 결과였다. 그는 그가 소속되어 있던 아우구스틴 교파로부터 받은 사명을 띠고 여러 곳으로 파견되었다. 일을 잘 할 수 있는 소질과 성의를 가진 사람임이 알려졌기 때문이다. 현자(賢者)라는 별명을 얻었을 정도로 현명하고 공정한 작센의 선거후(選擧侯) 프리드리히는 루터를 등용하여, 새로 세운 뷔텐베르그 대학의 교수 및 설교자로 채용하였다. 이 두 직무에서도 그는 일찍이 맡아보았던 모든 일에서처럼, 일상생활의 평화로운 영역에서 모든 선한 사람들의 존경을 더욱더 받았다.

그가 처음 로마를 돌아본 것은 27세 때였다. 앞에서 말한 바와 같이 그는 수도원의 임무를 띠고 파견되었다. 교황 율리우스 2세와 그즈음 로마의 형편을 접한 루터의 마음은 그저 놀라움으로 가득 찼을 것이다. 그는 세계 최고의 성직자들의 왕좌인 성시(聖市)라고 생각하고 왔는데, 실제로 와서 보니—이미 알고 있는 그대로였다. 그에게는 분명 많은 생각이 떠올랐을 것이나 거기 대해서는 아무런 기록도 없다. 아마 그에게는 말할 길도 없었을 것이다. 이 로마, 사이비 성직자들의 무대, 깨끗한 아름다움에 싸이지 않고, 그와 전혀 다른 의상(衣裳)에 둘러싸여 있는 이것은 거짓이었다. 그러나 그것이 루터가 알 일이랴? 지위가 낮고 미천한 그가 무슨 재주로 세계를 개혁하랴? 그로서는 상상도 할 수 없는 일이었다. 겸손하고 외로운 사람인 그가 어쩌려고 세계를 상대로 대들 것인가? 그것은 그보다 훨씬 높은 사람들이 할 일이었다. 그가 할 일은 이 세상에서 자기의 발걸음이나 바르게 옮겨 놓는 일이었다. 그는 자신의 눈앞의 일이나 제대로 하고, 나머지는 엉망으로 보이더라도 신이 하실 일이지 결코 그의 일은 아니었다.

로마 교황청이 루터를 내버려두었더라면, 그 거대하고 비생산적인 궤도에서 벗어나 좁은 길로 뛰어들어와 그로 하여금 공격을 취하게 하지 않았더라면, 그 결과는 어떠하였을까. 생각해 보면 신기한 일이다. 그랬더라면 그는 로마의 남용에 대하여 입을 다물고, 다만 지존하신 신이 처리하시도록 맡겨 두었으리라고 생각된다. 그는 겸손하고 조용한 사람이었으니, 불손하게 권력을 가진 자를 공격하지는 않았을 성싶다. 그의 분명한 임무는 자기가 할 일을 하는 것, 이 어지러운 죄악의 세상을 현명하게 걸어가며, 자기의 영혼을 구하는 일이었다. 그런데 로마 교황청이 그의 길로 뛰어들어왔다. 루터는 멀리 떨어져 뷔텐베르그에 있어도 그로 인해서 마음이 편치 않았다. 그는 규탄하고, 저항하고, 극한투쟁을 벌이게 되었다. 맞고 때리고 하며 서로 크게 싸우게 되었다. 루터의 생애에서 이것은 주목할 점이다. 그처럼 겸손하고 조용한 성질을 가진 사람이 세상을 분쟁으로 채운 일은 일찍이 없었던 것이다. 우리는 그가 사람의 눈을 피해 그늘에서 조용히, 부지런히 자기의 의무를 다하고 싶어했다는 것, 그의 이름이 널리 알려진 것은 그의 뜻이 아니었다는 것을 인정하지 않을 수 없다. 이름이 그에게 무슨 소용이 있었으랴? 이 세상에서 그의 목적지는 무한한 천국이었다. 이것이 그의 분명한 목적지였다. 몇 해 뒤는 그는 거기에 다다랐거나 그렇지 못하면 그것을 영원히 잃었을 것이다. 루터가 화를 내고 종교개혁을 하게 된 처음 동기가 아우구스틴 파의 수도사인 그가 도미니칸 파에 대해 시기심을 가졌기 때문이라는 어처구니 없는 의견에 대해서는 상대도 하지 않으련다. 아직도 그렇게 주장하고자 하는 사람이 있다면 이같이 말하겠다. 루터 또는 루터와 비슷한 사람의 중상만 일삼지 말고 제대로 판단할 만한 사상분야를 먼저 탐구하라, 그런 뒤에 우리 서로 따져보자고.

레오 10세, 그리스도교인이라기보다는 오히려 이교도였던 그는 얼마 간의 돈을 마련하려고, 늘 하는 버릇대로 테첼이라는 신부를 뷔텐베르그로 보내서, 그곳에서 그 간악한 장사를 펼치게 하였다 (^{이른바 면죄부를 떠맡겨}). 루터의 신도들도 면죄부를 샀다. 성당에 와서 참회할 때 그들은 루터에게 벌써 죄를 모두 용서 받았노라고 말하였다. 루터는 자기의 직책에 충실하지 않는 사람이 되지 않고, 자기의 근거지인 작은 지역의 중심에서 거짓되고 게으르고 비겁한 놈이 되지 않으려면 면죄부에 대항하여 일어서서, 그것은 아무 소용 없는 우롱에 지나지 않으며 그런 것으로 죄가 사해지지 않음을 당당히 선언하지 않을 수 없었다. 이것이 모든 종교개혁의 발단이었다. 1517년 10월 말일, 그가 처음으로 공공연하게 테첼을 규탄하며 비난과 논쟁을 전개하면서부터—그것이 차츰 더 멀리 파급되어, 급기야 억제할 수 없는 세력으로 온 세계를 둘러싸게 된 경위를 우리는 잘 알고 있다. 루터의 소원은 이 개탄할 만한 잘못과 그 밖의 잘못들을 고치려는 것이었으며, 교회 안의 분열을 조성하거나 그리스도교 세계의 아버지인 교황에 대하여 항쟁하려는 것은 결코 아니었다. —호화롭게 지내는 이교도적 교황은 이 수도사나 그의 주장을 대수롭게 여기지 않았다. 그럼에도 교황은 그의 소리를 틀어막으려고 하였다. 약 3년 동안 여러 가지 유순한 방법을 써본 끝에 그는 '불'로써 종말을 지으려고 결심하였다. 그는 이 수도사가 쓴 글을 형리 (刑吏)를 시켜 불살라 버리고 수도사의 몸뚱이는 묶어서 로마로 가져오라고 하였다. —아마 같은 목적을 가지고 그랬을 것이다. 그들은 한 세기 전에 후스(^{보헤미아의 순교자. 1415년 6}
^{월 6일 교황령으로 화형당함}), 제롬(^{프라하의 순교자. 1416년 5월}
^{30일 교황령으로 화형당함})을 없앴을 때에도 그 수단을 썼었다. 불쌍한 후스는 온갖 좋은 말로 안전을 약속받아 콘스탄스 회의에 왔다. 그는 성실하고, 결코 반란적인 인물은 아니었다. 그러나 그들은 후스가 오자마자 '너비 1m, 높이 1.5m, 길이 2m'의 돌감방에 던져 넣고 그의 진리의 소리를 이 세상에서 없애버렸다. 연기와 불로 질식시키고 태워버렸다. 그것은 결코 훌륭한 일이 아니었다.

나 역시 루터가 이제 교황에게 전적으로 항쟁한 것을 인정한다. 호사스러운 교황은 화형령(火刑令)으로써 당시 이 세상에 살아 있는 가장 용감한 영혼의 고결하고 정의로운 분개에 불을 질렀다. 가장 겸손하고 조용하면서도 가장 용감한 영혼은 이제 화염으로 변하였다. 나의 이 말은 진리의 말, 건실한 말이며, 인간의 힘으로 가능한 데까지 이 땅 위에 신의 진리를 진작시켜 인간의 영혼을 구하려는 것인데, 신의 대리로서 세속에 사는 그대는 형리와 화형으로 대답하는가? 나와 나의 말을 화형에 처하려는 것인가, 신의 말씀을 그대에게 전하려고 한 까닭으로? 그대는 신의 대리가 아니라, 신이 아닌 자의 대리라는 생각이 든다. 그대의 교서(敎書)라는 것은 양피지에 기록된 거짓말이다. 그것이나 태워버려라. 그대는 그대가 좋을 대로 하라. 나는 이렇게 하련다. 1520년 12월 10일, 이 일이 시작되어서부터 3년 뒤 루터는 '많은 민중의 합세를 얻어' 교황의 화형 영장(火刑令狀)을 '뷔텐베르그의 엘스터 문(門)'에서 태워버리는 의분에 못이기는 거사를 하였다. 뷔텐베르그 시민은 환호성을 올리며 바라다보고, 온 세계가 바라다보았다. 교황은 그 환호성을 도발한 것이 실책이었다. 그것은 민중들이 눈을 뜨는 함성이었다. 조용하고 겸손하고 인내심이 강한 독일 민족의 마음은 드디어 참을 수 없는 광경을 보았던 것이다. 형식주의·이교도적 교황, 그 밖의 허위와 부패된 허울이 너무도 오랫동안 지배해온 끝에, 여기 다시 한 번 신의 세계는 허울이 아니라 진실 위에 서 있다, 인생은 거짓이 아니라 진실이다, 라고 모든 민중에게 외치기를 서슴지 않는 사람이 나타났다.

앞에서 말한 바와 같이, 루터는 궁극적으로 말해서 우상을 파괴하는 예언자이며, 사람들을 진실로 되돌린 사람으로 보아야 한다. 이것은 위대한 사람들, 스승들의 사명이다. 마호메트는 말하였다. 너희들의 우상은 나무 조각이다. 너희들은 이것에 초와 기름을 바르고, 파리들이 이것에 달라붙는다. 이런 것은 신이 아니다. 나는 분명히 말한다. 그 우상들은 검은 나무 조각이라고! 루터는 교황에게 이렇게 말하였다. ―면죄부라는 그대의 이 물건은 잉크로 더럽힌 종잇조각일 뿐이다. 이 따위 것은 모두 아무것도 아니다. 죄를 용서할 수 있는 것은 오직 신뿐이다. 교황, 신의 교회의 정신적 아버지가 헝겊과 종이로 얼버무린 헛된 허울이던가? 그것은 무서운 일이다. 신의 교회는 결코 허울이 아니다. 천국과 지옥은 허울이 아니다. 내가 여기 서 있는 것은 이러지 않을 수 없도록 네가 시켰기 때문이다. 여기 서 있는 나는 보잘것없는 한낱 독일 수도사에 지나지 않지만, 너희들 모두보다 더 강하다. 외롭고 친구도 없는 나이지만 신의 진리 위에 서 있으니 무거운 왕관·보물·무기, 그리고 세속적 내지 정신적 천둥 방망이를 가지고 악마의 거짓 위에 누워 있는 네가 그다지 무섭지 않다.

　1521년 4월 17일 루터가 보름스 회의에 출두한 일은 근대 유럽사상 최대의 장면이라고 생각할 수 있을 것이다. 이것을 시작으로 해서 이후의 문명사가 전개된다. 많은 협의와 논쟁 끝에 드디어 이곳에 온 것이다. 젊은 황제 찰스 5세가 독일의 모든 공후와 교황의 사절단, 그리고 법속 교단과 속계의 대관들과 회동한 이 자리에 루터는 출두하여 그의 주장을 취소할지 여부를 답해야 했다. 세계의 호화와 권세가 이 편에 앉아 있고, 저 편에는 미천한 광부 한스 루터의 아들이 홀로 신의 진리의 투사로서 서 있다. 후스의 일을 상기시키며 가지 말라고 충고한 친구들도 있었으나 그는 듣지 않았다. 많은 친구들이 말을 타고 와서 더욱 간곡한 충고를 하자 그는 대답하였다. "지붕의 기왓장만큼 많은 악마들이 보름스에 있다 하여도 나는 가렵니다." 다음 날 그가 회의장으로 갈 때 사람들은 창문마다 집 꼭대기마다 다닥다닥 나서서, 그 중 어떤 사람은 그를 부르며 결코 취소하지 말라고 외쳤다. "사람들 앞에서 나를 모른다고 부인하는 자!" 하고 높이 외치며 마치 일종의 장엄한 탄원과 간청을 드리는 듯하였다. 그것은 실로 우리의 탄원이며 온 세계의 간청이었다. 흉악하고 괴기스러운 악몽이며, 세 겹 보석으로 장식한 관을 쓴 괴물 밑에서 마비되어 영혼이 암흑 속에 속박되어 있는 세상이 "우리에게 자유를 얻어주시고 우리를 버리지 마십시오!"라고 외치는 소리였다.

　루터는 우리를 버리지 않았다. 두 시간을 계속한 연설에서 그는 공손하고 현명하고 솔직하였다. 마땅히 복종해야 할 것에는 복종하고, 그렇지 않은 것에 대해서는 굽히지 않았다. 루터는 말하기를, 자기 저작(著作)은 절반은 자기 자신으로부터 나온 것이고, 절반은 신의 말씀으로부터 나온 것이다. 자기로부터 나온 것은 인간적인 약점, 즉 무의식적인 분노, 맹목성 또는 완전히 취소할 수 있다면 다행으로 생각할 많은 것이 개재되어 있다. 그러나 건전한 진리와 신의 말씀 위에 서 있는 것에 관해서는 취소할 수 없다. 어떻게 취소할 수 있겠냐? "성경을 근거로, 또는 공명정대한 논증으로 나의 말을 반박하시라. 그렇지 않으면 나는 취소할 수 없다. 양심에 어긋나는 일을 하는 것은 안전하지도 않고 현명하지도 않기 때문이다. 나는 양심 위에 서 있다. 다른 설 곳이 없기 때문이다. 신이여, 도움을 내리소서!" 하고 그는 말을 맺었다. ―이것은 우리가 말한 바와 같이 인류의 근대사에 있어 가장 위대한 순간이었다. 영국의 청교도운동, 영국과 그 의회, 남북 아메리카, 그리고 최근 2세기 동안의 거대한 사업, 프랑스 대혁명, 유럽 및 오늘날 곳곳에서 보이는 그 사업, 이 모든 일의 씨앗은 이때 뿌려졌다. 루터가 이때 다르게 행동하였더라면 이 모든 것은 달라졌을 것이다. 유럽 세계는 그에게 물었다. 나는 더 저열한 거짓, 침체된 부패, 저주의 사망 속으로 떨어질 것인가, 또는 어떤 시련을 겪더라도 이런 허위를 버리고 치료되어 살 수 있을 것인가?

종교개혁이 있은 뒤로 생긴 큰 전쟁·대립·분열이 오늘날까지도 계속되고 있으며, 끝날 날은 아직도 아득하다. 그리하여 많은 시비와 비난이 일어났다. 이것은 개탄할 일이며 또한 부정할 수 없는 일이다. 그러나 이것이 루터 또는 그가 제창한 것과 무슨 관계가 있느냐? 모든 책임을 종교개혁에 돌린다는 것은 이상한 논리이다. 헤라클레스가 아우게아스 왕의 마구간에 강물을 끌어넣어 청소하였을 때, 그 결과로 생긴 혼란은 주위 전체에 상당하였을 것을 의심치 않는다. 그러나 그것은 헤라클레스의 죄가 아니라, 다른 누구의 죄였다. 종교개혁도 여러 결과를 가지고 왔다. 그러나 종교개혁은 오지 않을 수 없었다. 항변하고 통탄하며 비난하는 모든 교황과 그들의 변호자들을 향한 세계의 대답은 다음과 같았다. ―이제 너희들의 교황제도는 허위가 되어버렸다. 과거가 아무리 좋았던들, 지금도 좋다고 아무리 말을 한들 우리는 믿을 수 없다. 우리의 온 영혼의 빛은, 그것에 의지하여 걸어나가라고 하늘이 주신 광명은, 너희들의 그것이 믿을 수 없는 것임을 보여주었다. 우리는 그것을 믿지도 믿으려고도 하지 않으련다. ―하늘이 무서워 그렇게는 않으련다. 그것은 허위이다. 굳이 그것이 진실이라고 생각하는 체한다면 모든 진리를 주시는 이를 배반하는 것이 된다. 그것은 집어치워라. 그 대신 무엇을 원한다 해도 알 바 아니지만, 그것은 다시는 상대도 하지 않으련다. 루터와 그의 신교는 전쟁의 원인이 아니었다. 그가 항쟁하게끔 만든 거짓된 허구가 원인이다. 루터는 신이 만드신 사람이면 누구나 할 권리와 의무가 있는 일을 하였을 따름이다. 나를 믿느냐고 허위가 그에게 물었을 때―아니! ―라고 대답하였을 따름이다. 어떤 값을 치르더라도 그 값을 셈할 것도 없이 이 일을 해야만 했던 것이다. 통일, 즉 정신적·물질적 조직이, 가장 진실하였을 때의 교황제도나 봉건제도보다 훨씬 더 좋은 것이 세계에 오고 있다. 반드시 오리라는 것을 우리는 털끝만큼도 의심치 않는다. 그러나 그것은 가상이나 허위가 아니라 오직 사실 위에만 올 수 있으며, 와서도 사실 위에 기반해서만 서 있을 수 있다. 허위 위에 서서 거짓된 언동을 명하는 통일을 우리는 알고 싶지 않다. 평화? 짐승의 혼미상태도 평화롭고 죽음의 무덤도 평화롭다. 우리는 산 평화를 희망하지 죽은 평화를 원하지 않는다.

그러나 새 것의 긴요한 축복을 정당하게 평가하면서, 옛 것을 부당하게 취급하지 않도록 하자. 지금은 진실이 아니지만, 옛 것도 한때는 진실이었다. 단테의 시대에는 그것은 궤변이나 자기기만, 또는 그 밖의 부정직에 호소하지 않아도 진실한 것으로 통하였다. 그것은 그 무렵에는 선이었다. 아니, 지금도 그 본질에는 불멸의 선이 있다. 오늘날에 와서 '교황주의 타도'의 부르짖음은 어리석기만 하다. 교황주의가 새로운 교회들을 짓고 세력이 증대하고 있다고 생각하는 것은 세상에서도 어리석은 일이다. 교황주의가 세운 몇 개의 교회를 자랑하며, 신교의 서투른 논리, 신교의 이름을 더럽히며 잠꼬대 같은 헛소리를 하는 사람들의 말을 듣고, "보라, 신교는 죽었다. 교황주의에 더 많은 생명이 있다. 앞으로 더욱 생명에 충만할 것이다"라고 하는 것은 실로 무미건조한 소리이다. 신교라고 하면서 늘어놓는 잠꼬대 같은 소리는 죽은 것이다. 그러나 신교 자체는 아직 죽지 않았다! 보라, 신교의 괴테와 나폴레옹은 독일문학과 프랑스혁명을 낳았으니, 살아 있다는 증거로서 충분한 것이 아니냐! 아니, 실로 신교가 살아 있지 않다면 무엇이 살아 있느냐? 우리 눈에 보이는 대부분의 생명이란 죽어가는 생명에 지나지 않는다. —생명치고는 상쾌한 것도 오래 계속될 것도 아니다.

가톨릭교도 새로운 교회를 지을 수 있다. 어디까지나 환영할 일이다. 그러나 가톨릭교가 다시 살아날 수 없음은 이교(異敎)가 다시 살아날 수 없음과 같다. 이교도 어떤 나라에서는 아직도 남아 있다. 그러나 이들의 운명은 썰물때의 바다와 같다. 해변에 이리저리 드나드는 파도를 잠시 동안 보아서는 어디로 가는 것인지 알 수 없다. 그것이 어디로 가는지 반 시간쯤 뒤에 보라. 교황이 어디로 가는지 반 세기 동안 지켜보라. 그 허술하고 진부한 교황이 다시 살아나는 것보다 더 큰 위험이 유럽에는 있을 수 없다. 차라리 토르가 되 살아나는 것이 낫다. 게다가 이 같은 흔들림에는 어떤 의의가 깃들어 있다. 그 허술하고 진부한 교황제도는 아직도 얼마 동안은 토르가 죽은 듯이 완전히 죽지는 않을 것이다. 또한 죽어서도 안 된다. 옛 것이 가지고 있는 좋은 본질 이 실제적인 새 것 속에 들어오기 전에는 그것은 죽지 않는다고 말할 수 있 다. 로마교의 형식에 따라 행해질 수 있는 선(善)이 남아 있는 동안, 그것으 로 경건한 생활을 할 수 있는 동안, 그것을 채택하여 그것의 산 증인의 역할 을 하는 인간 정신이 있을 것이다. 그때까지 그것은, 그것을 배척하는 우리 눈앞에 나타나서 그 속에 있는 진실을 우리가 모두 생활에 흡수하기를 기다릴 것이다. 그런 뒤에는 아무도 그것에 끌리지 않을 것이다. 그것은 할 일이 있 어서 여기 남아 있다. 있을 때까지 있게 하라.

루터에 관해서 나는 지금 이 모든 전쟁, 또는 유혈(流血)에 관련하여 다음 의 주목할 만한 사실을 덧붙이고 싶다. 그러한 것은 루터가 있는 동안에는 하 나도 시작하지 않았다고. 그가 생존하고 있던 동안은 논쟁이 전쟁으로 번지지 는 않았다. 나에게 있어서는, 이 사실이 모든 의미에서 그의 위대함을 분명히 증명한다. 어떤 대규모의 동란을 일으키고, 자신이 그 속에 휩쓸려 들어가서, 죽지 않는 사람을 발견한다는 것은 얼마나 드문 일이던가! 그것이 혁명가의 보통 경로가 아니더냐? 루터는 이 최대 혁명의 군왕(君王)으로서의 위치를 상당히 지속하였다. 모든 신교도는 어떠한 신분이나 직능을 가진 자라도 그를 크게 의지하고 신뢰하며 지도를 받았던 것이다. 그는 중심에 서서 확연히, 흔 들림없이, 그것을 평화로 유지하였다. 이것을 이룰 인물은 제왕적 재능을 갖 춰야만 한다. 그는 어떠한 때에도 사건의 참다운 핵심이 어디에 있는가를 식 별하여, 강건하고 참다운 인간으로서 거기에 자신을 확립시켜, 다른 사람들을 그의 주위에 집합시킬 수 있는 천부(天賦)를 갖추고 있어야 한다. 그렇지 않 으면 그는 인간의 영도자의 지위를 지속하지 못한다. 루터의 명석하고 깊은 판단력, 그의 온갖 종류의 힘, 특히 침묵·관용·절제의 힘이 이상과 같은 상태 에서 지극히 주목할 만하다.

관용이라고 나는 말한다. 지극히 순수한 종류의 관용, 그는 근본적인 것과 그렇지 않은 것을 식별한다. 근본적이 아닌 것은 방임하여도 좋다. 어떤 신교 파 설교사는 "법의(法衣)를 입지 않고는 설교하고자 하지 않는다"라는 불평이 들어온다. 루터는 대답한다. 법의를 입는 것이 그에게 무슨 해(害)를 주는가? "입고 설교를 하게 놔두라. 입는 것이 좋다고 생각된다면 세 벌이라도 입게 하라." 칼슈타트의 광포한 성상파괴(聖像破壞) 사건, 재세례교도(再洗禮敎徒) 사건, 농민전쟁에 있어서의 그의 태도는 발작적 폭력과는 크게 다른 고상한 힘을 나타낸다. 확실하고 민첩한 통찰력으로 그는 일의 진상을 판별한다. 강건하고 공정한 사람으로서 무엇이 현명한 길인가를 설교하여 보여준다. 만인은 그것에 의해서 그를 믿고 따른다. 루터의 저술(著述)은 그에 관하여 같은 증거를 준다. 이 글의 문체는 지금은 진부한 것이 되었다. 그러나 읽는 사람은 여전히 신기한 매력을 느낀다. 순전히 문법적 어법으로 말하면 아직 읽을 수 있다. 문학사상(文學史上)에 있어서 루터의 공적은 최대의 것이다. 그의 용어는 온갖 저술의 용어가 되었다. 그의 24권의 사절(四折) 크기 책은 잘 쓰여 있지는 않다. 문학적인 목적을 완전히 무시하고 급작스럽게 쓰여졌다. 그러나 어떠한 책에서도 이 속에서 볼 수 있는 것과 같이 강건·순진하고, 고상한 인간의 능력을 본 일이 없다. 소박한 정직, 단순성, 견실한 분별력과 힘. 그는 몸 속에서 광휘(光輝)를 뿜는다. 그의 감명적인 독특한 어구는 문제의 비밀을 파고드는 것 같다. 그에게는 고아(高雅)한 유머도 있으며, 온화한 애정, 기품과 깊이도 있다. 이 사람은 또한 시인도 될 수 있었음에 틀림없다. 그는 한 편의 서사시를 쓰는 것이 아니고 창조해야 했다. 나는 그를 위대한 사상가라고 부른다. 실로 그의 마음의 크기는 이미 그것을 증명한다.

리히터는 루터의 언어를 평하여 이렇게 말하였다. "그의 언어는 반전투(半戰鬪)이다." 그렇게 불러도 좋다. 그의 근본 특질은 싸워서 이길 수 있는 힘이 있다는 것, 인간 용기의 진정한 모범이라는 것이었다. 용기를 특색으로 하는 튜턴민족 중에도, 그보다 용기 있는 인물, 그보다 더 용감하다고 할 인간이 있었다는 기록은 없다. 보름스의 악마에 대한 그의 말은 만일 오늘날 그러한 말을 했다고 하면 단순한 과장이 되었을 것이나, 루터에게 있어서는 그렇지 않았다. 세상에는 악마라는 지옥에 사는 정령이 있어서 끊임없이 인간을 괴롭히고 있다는 것이 루터의 신념이었다. 그의 저작(著作)에는 몇 번이나 이 신념이 나타나 있다. 그 때문에 더러 비웃음도 샀다. 루터가 성경을 번역했던 발트부르그 성(城)의 한 방에서는, 안내인이 지금도 여러분에게 벽 위에 있는 검은 얼룩을 가리킨다. 이러한 싸움을 상징하는 이상한 기념물인 것이다. 루터는 그곳에서 '시편'의 한 편을 번역하고 있었다. 그는 오랜 노고와 고뇌, 또한 음식물의 금계(禁戒) 때문에 몹시 지쳐 있었다. 그때 그의 눈앞에 형언할 수 없는 흉악한 형상이 나타났다. 그는 이것을 자기의 일을 방해하고자 하는 악마로 보았다. 그는 악귀를 퇴치하려는 듯 일어서서 그의 잉크병을 악령을 향해 던졌다. 악령은 곧 사라졌다. 여러 가지 일의 기이한 기념물로서, 그 검은 얼룩은 지금도 거기에 남아 있다. 오늘날은 어떠한 의사의 조수도, 이 유령을 과학적 의미에서는 어떻게 생각해야 할 것인가 말할 수 있다. 그러나 지옥에 대해서 정면으로 감연히 일어서서 맞서고자 하는 이 인물의 마음이야말로 더 없는 담대함의 증거이다. 그에게 공포를 주는 것은 이 땅 위에도 밑에도 존재하지 않는다. —도대체 공포를 모르는 것이다. 그는 언젠가 이렇게 썼다. "악마는 이것이 나의 마음속의 공포에서 나온 것이 아님을 안다. 나는 여러 악마를 보았고, 또한 꾸짖어 물리쳤다. 조지(그의 강적인 라이프치히의 조지 공(公)) 같은 것은 악마 하나에도 미치지 못한다."—"만일 내가 라이프치히에 볼일이 있다면, 잇달아 9일 동안 조지의 패거리가 밀려온다 해도, 나는 라이프치히로 들어가리라." 그 어떤 왕공(王公)의 집단에도 쳐들어갈 것이다.

이 사람의 용기가 사나움을 띄었으며, 거칠고 불손한 완강함과 야만성이라고 상상하는 사람들은 큰 오해를 하고 있는 것이다. 그러나 전혀 다르다. 세상에는 분별 또는 사랑이 없기 때문에, 미움 또는 우둔한 분노가 있기 때문에 공포감을 느끼지 않는 사람이 있다. 우리는 호랑이의 용기를 그다지 높이 평가하지 않는다. 루터의 경우는 전혀 그런 것이 아니었다. 그를 다만 흉악하고 사나운 폭력을 쓰는 자라고 하는 중상(中傷)보다 불합리한 것은 없다. 진정 용감한 사람은 항상 그렇듯이, 그는 동정과 사랑이 충만한 지극히 유순한 마음을 가지고 있었다. 호랑이는 자기보다 강한 적을 만나면 도망을 친다. 호랑이는 우리가 말하는 이른바 용기가 있는 것이 아니고, 다만 흉맹·잔인할 뿐이다. 루터의 크고 자유로운 마음속에 있는 저 부드러운 사랑의 숨결, 아기의 사랑, 어머니의 사랑처럼 부드러운 애정을 그는 별로 알지 못한다. 그는 순박하고 허위로써 오염되어 있지 않으며, 그 발언은 꾸밈 없고 거칠면서도 바위 틈에서 흘러나오는 샘물같이 맑디맑다. 그의 청년시절에 볼 수 있었던 억압당한 절망과 비난의 기분은 모두 유난히 사려깊은 온유성, 너무도 예민하고 섬세한 사랑에서 온 것이 아니고 무엇이랴? 이것이야말로 가련한 시인 쿠퍼

^(1731~1800, 영)(국의 서정시인)와 같은 사람이 빠지는 경로이다. 루터는 평범한 관찰자에게는 겁 많고 연약한 사람으로 보였을 것이다. 겸손과 소심한 애정이 그의 특질인 듯 이 보였을 것이다. 그의 이러한 성격 속에서 일어나는 용기야말로 고상한 것 이었다. 일단 자극받아 적개심이 일어나면 하늘을 찌르고 불길을 올리며 타는 것이었다.

루터가 죽은 뒤 친구들이 그의 일화와 가르침을 모아 출판한 《탁상담화 (Table Talk)》는 지금으로서는 그의 모든 저술 가운데서도 가장 흥미있는 것 이다. 거기에는 그가 어떤 사람이었던가를 무의식 중에 보여주는 많은 아름다 운 이야기들이 실려 있다. 어린 딸이 죽을 때 그렇게 고요하고, 거룩하고, 사 랑에 넘쳤던 그의 태도는 지극히 감동적이다. 그는 어린 딸 막달레네가 죽을 것으로 체념하면서도 살아주었으면 하고 애절한 소원을 걸고 있다. ―두려움 에 찬 마음으로 어린 딸의 영혼이 날아간 미지의 나라로 뻗은 길을 더듬는다. 지극히 애절하고 진지한 마음으로. ―독단적 신조와 교리를 가진 그였으나, 우리가 아는 것, 알 수 있는 것은 아무것도 아니라는 것을 그는 느낀다. 그의 어린 막달레네는 신의 뜻에 따라 신에게로 가게 된다. 루터에게도 그것이 전 부였다. 이슬람이 전부였다.

어느 땐가 그는 그의 고적한 파트모스 섬^{(사도 요한이 추방되어 '묵}(시록' 중의 환상을 본 섬)인 코부르그의 성 (城)에서 한밤중에 밖을 내다본다. 광대한 하늘, 그것을 지나가는 구름―묵 묵하고 처절하고 거대한―이 모든 것을 지탱하는 것이 무엇인가? "그 기둥 을 본 사람은 일찍이 없다. 그러나 그것은 지탱되고 있다." 신이 그것을 지탱 하신다. 우리는 신의 위대함을, 신의 선하심을 알고, 보지 못하여도 믿어야 한다. ―그는 언젠가 라이프치히에서 집으로 돌아오다가 곡식이 무르익은 벌 판의 아름다움에 감탄한다. 금빛의 노란 밀이 그 아름답고 가느다란 줄기 위 에, 금빛의 고개를 숙이고 너무나도 탐스럽게 파도치고 있다. ―온순한 대지 는 신의 뜻을 좇아 올해도 그것을 낳았다. 인간의 양식을! ―해질 무렵 뷔텐 베르그의 정원에 한 마리 작은 새가 잠자리를 찾아와 앉았다. 루터는 말한다. 저 작은 새, 그 머리 위에는 별들과 많은 세계를 감싸는 깊은 하늘이 있다. 그리고 새는 작은 날개를 접고는 그것을 집으로 삼아 믿음 속에 포근히 쉬고 있다. 그를 지으신 이가 그것을 집으로 주셨으니까! ―쾌활한 표현도 없지 않 다. 이 사람에게는 거룩하고 자유로운 인간의 마음이 있다. 보통 하는 말에도 꾸밈없는 고상함이 있으며, 표현력이 풍부하고 순수하며, 여기저기 아름다운 시적 색채가 빛을 발한다. 그는 인간의 위대한 형제임을 우리는 느낀다. 그가 음악을 사랑하였다는 것은 그의 마음속 모든 사랑을 말하는 것이 아니던가? 많은 분방한 생각을 그는 피리와 같은 선율로 말하였다. 악마도 그의 피리 소리에 달아났다고 그는 말한다. 한편에는 죽음에 맞서는 도전, 반대편에는 음악에 대한 이러한 사랑이 있었다. 이 둘을 가리켜 나는 위대한 영혼의 양극(兩極)이라고 한다. 이 양극 사이에 모든 위대한 것이 자리잡고 있었다.

　루터의 얼굴은 그의 사람됨을 잘 보여준다고 나는 생각한다. 크라나흐 (1472~1552, 루터 의 친구이자 화가)가 그린 참으로 잘 된 초상화에서 나는 진정한 루터를 본다. 소박한 평민적 얼굴, 훤하게 튀어 나온 이마와 광대뼈는 왕성한 활력을 보여준다. 처음에는 가까이 가기가 무서울 지경의 얼굴이다. 그러나 눈에는 말 못할 깊은 설움과 우울함이 깃들어, 일체의 온유하고 섬세한 감정의 요소인 그것은, 다른 부분에 진실로 숭고한 인상을 준다. 앞에서 말한 바와 같이 이 사람에게는 웃음이 있었으나 또한 눈물도 있었다. 루터에게는 눈물과 극심한 어려움도 주어졌다. 그의 생애의 기초는 설움과 열성이었다. 만년에, 모든 승리를 거둔 뒤 그는 사는 것에 정말 지쳤다고 말하였다. 오직 신만이 만물이 가는 진로를 규정할 수 있으며 또한 조정할 것이다. 심판의 날이 머지않을 것이라고 생각한다. 루터에게는 단 한 가지 소원, 곧 신의 은총으로 모든 힘든 일로부터 풀려, 이 세상을 떠나 편히 쉬고자 하는 소원뿐이었다. 이 점을 지적하여 그를 깎아내리고자 하는 사람들은 그를 이해하지 못하는 사람들이다. 나는 이러한 루터야말로 진정한 위인이라고 부른다. 지력(知力)에 있어서, 용기·애정·고결함에 있어서 위대하다. 우리들이 가장 존경할 만한 귀중한 사람 가운데 한 사람이다. 다듬어 만든 오벨리스크처럼 위대한 것이 아니라 알프스처럼 위대하다. ─그렇게 단순·충실하고 자의적이고, 위대하고자 일부러 꾸미는 일이 없다. 위대하고자 하는 것과는 전혀 다른 목적 때문에 있는 것이다. 아, 그렇다. 높이, 크게 하늘을 향해 홀연히 솟은 화강암산, 그러나 그 틈새에는 맑은 샘물과 향기로운 꽃과 아름다운 계곡이 있다. 진정한 정신적 영웅이며 예언자, 또한 자연과 사실의 소산물. 그를 보내신 데 대하여 오늘날까지 몇 세기를, 그리고 미래의 많은 세기들을 신에게 감사해 마지않을 것이다.

영국인에게 종교개혁의 가장 흥미있는 국면은 청교도운동이다. 루터 자신의 나라에서 신교는 곧 쇠퇴하여 아무런 열매도 맺지 못한 사건이 되고 말았다. 종교도 신앙도 아니고, 이제는 종교에 관한 분명한 논쟁이 되었다. 그것은 마땅히 사람의 영혼에 자리를 갖지 못하고, 그 본질은 회의적 논쟁으로 타락하여, 더욱 소란해져 마침내 볼테르 철학 같은 것이 되었다. —구스타부스 아돌푸스 (스웨덴 왕. 30년 전쟁에서 신
교군(新教軍)의 총사령관)의 항쟁을 거쳐 프랑스혁명에 이르렀다. 그러나 우리 섬에서는 청교도운동이 일어나서 스코틀랜드인 사이에 장로교와 국교로서 확립되기까지 하였다. 그 출현은 진정한 영혼의 사업으로서 실로 괄목할 성과를 이 세상에 가져왔다. 어떤 의미에서는 신교의 여러 국면 중 신앙, 즉 천국과 심적(心的) 소통을 가지며, 그러한 것으로서 역사상에 나타날 수 있는 위치에까지 도달한 유일한 국면이라 해도 좋다. 따라서 우리는 녹스에 관해서 몇 마디 말하고자 한다. 녹스는 개인으로서도 용감하고 훌륭하였지만 스코틀랜드, 뉴 잉글랜드, 크롬웰의 신앙을 설파하고 열었다는 점에서 더욱 중요하다. 역사는 앞으로 한 동안 이 일에 관해서 말해야 할 것이다.

우리는 청교도운동을 비난하려면 얼마든지 할 수 있다. 누가 보아도 그것은 매우 거친 데다가 미숙했다. 그러나 우리도, 모든 사람도, 그것이 진실한 것임을 알고 있다. 왜냐하면 그것은 대자연으로부터 선택되어 지금까지 성장하였고 지금도 성장을 계속하고 있기 때문이다. 나는 가끔 말한다. 이 세상에서는 모든 것이 전쟁이며, 참된 의미에서의 힘이 모든 가치의 척도라고. 어떤 것에 시간을 주라. 만일 성공한다면 그것은 정당한 것이다. 이제 아메리카의 앵글로 색슨민족의 세계를 보라. 200년 전 영국의 항구 사우샘프턴을 떠난 배 '메이플라워' 호의 출범이라는 저 작은 사실을 보라. 우리가 만일 고대 그리스인처럼 눈이 떠 있다면 우리는 여기서 한 편의 시를, 대자연이 스스로 노래한 시, 대자연이 광대한 대륙 위에, 명백한 사실에 의해서 쓰는 시를 볼 것이다. 그것이야말로 아메리카의 진정한 시작이었다. 물론 그 전에도 아메리카로 가서 산 사람들이 있었다. 그러나 그들은 이를테면 육신이고, 그 영혼은 바로 이것이었다. 자기 나라에서 쫓겨난, 가엾은 사람들이 신세계에 이주하기로 결심한다. 그곳에는 깜깜한 야생의 밀림과 사납고 잔인한 짐승들이 있었다. 그러나 그들은 스타 체임버 (그즈음 웨스트민스터 궁전에 설치된 재판소. 흔
히 법에 의하지 않고 횡포와 잔학을 일삼았다)의 교형리(絞刑吏)들만큼 잔혹하지는 않았다. 그들은 곧은 마음으로 농사를 짓기만 하면 땅은 양식을 줄 것이고, 무궁한 하늘은 어디까지고 그들의 머리 위를 덮어주며, 우상숭배의 방식으로가 아니라 진리라고 믿는 바를 좇아, 이 시간의 세상에서 바르게 삶으로써 영원한 세상으로 갈 길을 마음 놓고 닦을 수 있겠다고 생각하였다. 그들은 각자의 얼마 안 되는 재산들을 모아 '메이플라워'라는 작은 범선 하나를 빌려 출항 준비를 갖추었다.

닐 (1678~1743, 비통. 일파의 신학자)의 《청교도사》에는 그들이 출발에 앞서 의식을 거행하는 장면이 나온다. 제사라고 말해도 좋을 것이다. 그것은 진정한 숭배의 행사였기 때문이다. 그들의 목사는 그들을 따라 해변으로 내려갔다. 뒤에 남을 동포들도 따라 내려갔다. 모두 장중히 기도를 드려, 이 가련한 백성들에게 신이 자비를 내리시고, 이들과 함께 황량한 천지로 동행해 주시기를 빌었다. 그 천지도 신이 만드셨고, 여기도 저기도 계시는 신은 계시므로. ─아, 생각건대 이 사람들은 하나의 사업을 가지고 있다. 사업은 진정한 것이라면, 허약한 어린이보다 약한 것이 하루아침에 강해진다. 그때 청교도들은 멸시와 조롱의 대상에 지나지 않았으나 오늘날 그런 엄두를 내는 사람은 없다. 청교도운동은 무기와 힘, 군대와 해군까지 가지게 되었다. 그의 열 손가락에는 기술이 있고, 바른 팔에는 힘이 있다. 선단을 조종하고 삼림을 채벌하고, 산들을 움직인다. 그것은 오늘의 태양 아래에 있는 것 중 가장 강한 것의 하나가 되었다.

스코틀랜드의 역사에서도 나는 단 하나의 시대를 본다. 오직 녹스의 종교개혁만이 세계적 흥미를 끈다. 메마르고 끊임없는 분쟁·분열·살육으로 물든 나라, 오늘의 아일랜드에 못지않게 미개하고 빈궁한 민족, 탐욕스럽고 사나운 귀족들은 이 가련한 노동자들로부터 박탈한 것을 분배하는 데 관해서도 서로 합의를 볼 수 없어서, 오늘날의 콜롬비아 공화국처럼 모든 사소한 개혁을 혁명으로 확대시켰다. 내각을 바꿀 때는 반드시 먼저 각료를 교수대에 달아매었다. 이것은 그다지 특이한 의의를 가진 역사적 장면은 아니다. 분명히 용맹하면서도 처절한 전란이 많았다. 그러나 그들의 조상인 스칸디나비아의 해적왕의 그것보다도 용감하지도 맹렬하지도 않다. 그런 종류의 용맹에 관해서는 길게 이야기하고 싶지도 않다. 그것은 아직도 정기(正氣)를 가지지 못한 나라였다. 이 나라에서는 사납고, 외적이고 반동물적인 것만이 발달되어 있었다. 그런데 이제 종교개혁이 와서, 이 생명이 없는 외적인 것의 갈비뼈 속에 내적 생명의 불을 질렀다. 하나의 운동이 가장 고상하게 타올라 하늘 높이, 그러나 땅에서 올라갈 수 있는 높이에 내걸린 봉화가 되었다. —이 불로 인하여 지극히 미천한 자도 단순한 시민이 아니라 그리스도 교회의 사람이 되고 참다운 사람은 영웅이 되었다.

이것이 내가 말하는 '영웅들로 이루어진 나라', 신앙의 나라라는 것이다. 위대한 정신을 가져야만 영웅이 되는 것이 아니다. 근원에 충실한, 신이 창조한 정신이 필요하다. 이것이 나아가서는 위대한 사랑이 된다. 우리는 이미 이런 예를 보았다. 같은 것을 장로교보다 더욱 광대한 형식 밑에서 또 다시 보게 될 것이다. 그때까지는 영속적인 선(善)이 이루어질 수 없다. —불가능하다고 말하는 사람들이 있다. 가능할 것인가? 이 세상에서 실행된 전례가 있지 않는가? 녹스의 경우에 영웅숭배가 있지 않았던가? 아니면 오늘날 우리는 더 못한 흙으로 만들어진 사람들인가? 웨스트민스터 신앙고백이 사람의 영혼에 어떤 새로운 것을 주었던가? 사람의 영혼은 신이 만드신 것이다. 신은 사람의 영혼이 하나의 가설과 와전(訛傳)으로 채워지고, 그런 것이 충만한 세상에서 치명적인 일과 결과에 묻혀 신음하며 살라는 운명을 내리시지는 않았다.

본론으로 돌아가기로 하자. 녹스가 그의 국민을 위해 한 일은 사망에서 생명으로 부활한 것이라고 할 수 있다. 그것은 결코 쉬운 일은 아니었다. 그러나 확실히 환영할 만한 것으로서, 만일 그보다 훨씬 험난하였다 해도, 그 값은 극히 싼 것이었다. 어떤 대가로서도 싼 것이었다. —생명이 그렇듯이. 사람들은 생명을 가지게 되었다. 어떤 대가를 치르더라도 우선 그래야만 했다. 스코틀랜드의 문학·사상·산업, 제임스 와트·데이비드 흄·월터 스코트·로버트 번스, 이런 사람들과 현상의 중심에는 녹스와 종교개혁이 작용하고 있음을 본다. 이들은 종교개혁이 없었다면 존재하지 않았을 것이다. 또 스코틀랜드는 어땠을까? 스코틀랜드의 청교도운동은 영국의 그것, 뉴잉글랜드의 그것으로 확대되었다. 에든버러의 한 교회에서 일어난 소동이 모든 나라에 파급되어 큰 전란과 투쟁으로 번져나갔다. —50년 동안의 고투 끝에 '명예혁명'·인신보호조령·자유회의, 그 밖에 많은 것들이 실현되었다. —진두에 선 많은 사람들은 슈바이트니츠의 도랑으로 뛰어들어간 러시아 군대처럼 그들의 시체로 도랑을 메워 그 뒤를 따르는 사람들이 발을 적시지 않고 그 위를 건너가 영광을 얻었다고 우리는 이미 앞에서 말한 바 있다. 그것은 너무도 명백한 일이 아닌가? 얼마나 많은 열성적이고 강직한 크롬웰·녹스·농민동맹원 ^{(1638년 스코틀랜드에서 감리교를
배척하고 장로교를 옹호하기 위해}

^{생긴})들이 생명을 걸고 험악한 진창에서 싸우고, 고난을 겪고, 쓰러지고, 큰 비
난을 받고, 진창을 뒤집어써야 했던가—1688년의 위대한 혁명이, 가벼운 신사 구두와 명주 양말을 신고 온 세상의 환호 속에 그들 위를 밟고 넘어서게 되기까지는!

 이 스코틀랜드인이 300년이 지난 오늘날도 세계 앞에 죄인마냥 변명해야 한다는 것은 학대라고 생각된다. 그것도 그가 그 시대로서는 가장 용감한 스코틀랜드인이었다는 이유 때문에 말이다. 그가 만일 중간치의 사람이었다면 많은 다른 사람들처럼 한쪽 구석에 움츠리고 있었을 것이며, 스코틀랜드는 구원받지 못하고 녹스 자신은 아무런 비난도 받지 않았을 것이다. 그는 그의 나라와 전 세계에 다른 누구다도 더 많은 이익을 준 스코틀랜드인이었다. 용서를 구할 일을 하지 않은 수백만의 '흠 없는' 스코틀랜드인에 해당되는 일을 나라를 위해 하였기 때문에 그가 용서를 구해야 하다니! 그는 가슴을 헤치고 전투에 나갔고, 프랑스의 갤리선(船)에서 노를 저었고, 추방당해 구름과 비바람 속에 방황해야 했으며, 비난을 받고, 창 너머로부터 저격을 받는, 실로 비통한 전투적 생애를 보냈다. 만일 이 세상이 그가 보수를 받는 장소라면 그는 실로 어리석은 짓을 하였다. 나는 녹스를 위해 변명할 수는 없다. 녹스는 이 250여 년 또는 그 이상에 걸쳐 사람들이 그를 뭐라고 평할 것인가에는 전혀 무관심하였다. 그러나 그의 전투의 세세한 상황을 알며 지금 그의 승리의 열매를 즐기며 살고 있는 우리는, 우리 자신을 위해 그를 둘러싼 풍설과 논쟁을 헤치고 그 사람의 진면목을 보아야 한다.

 녹스가 조국을 위해 예언자의 지위에 선 것은 그가 원한 것이 아니었음을 말해 두고자 한다. 녹스는 사람들의 이목을 끌기 전 40년 동안은 별로 이름이 알려지지 않은 채 조용히 살았다. 그는 가난한 부모의 아들로 태어나, 대학교육을 받고 목사가 되었다. 종교개혁에 공감하고 그 빛을 자기자신이 갈 길의 이정표로 삼는 것만으로 만족하였다. 그러나 결코 그것을 남에게 강요하지는 않았다. 여러 상류 가정의 개인교사로 있으면서, 어떤 단체라도 그의 설교를 듣기를 원하면 설교를 하였다. 녹스는 진리에 따라 결연히 걸어나갔으며, 필요한 때가 되면 진리를 말하고, 그 이상의 야심은 가지지 않았다. 그 이상의 능력이 자기에게 있다고 상상도 하지 않았다. 이리하여 전혀 두각을 나타내지 않고 40세에 이르러, 세인트 앤드류 성(城)에 포위되어 있는 소수의 개혁파 신교도들 속에 끼게 되었다. —하루는 예배당에서 설교자가 절망에 빠진 이용사들에게 격려의 말을 한 다음, 이렇게 말하였다. 다른 사람도 설교할 수 있을 것이다. 성직자의 마음과 소질을 가진 사람은 누구나 나와서 하라. 이 가운데 한 사람 존 녹스가 이러한 마음과 소질을 가지고 있다. 그렇지 않은가? 그렇다면 그의 의무는 무엇이겠는가? 라고 설교자는 사람들에게 호소하였다. 사람들은 그렇다고 대답하고, 그런 사람이 마음속에 있는 말을 침묵으로 묻어둔다면 그것은 자기의 의무를 버리는 범죄적인 행동이라고 말하였다. 녹스는 일어서지 않을 수 없었다. 대답하려고 하였으나 말이 나오지 않았다. —녹스는 갑자기 눈물을 흘리면서 달려나갔다. 이 광경이야말로 기억할 만한 것이다. 그는 며칠 동안 비통한 번민에 싸였다. 이 대사업을 하려는 자기의 능력이 얼마나 미미한가를 통감하였다. 녹스는 자기가 어떤 것으로 세례를 받아야만 할 것인가를 느꼈다. 그는 "갑자기 눈물을 흘렸다".

영웅은 무엇보다도 성실해야 한다고 하는 말이 녹스에게는 딱 들어맞는다. 그의 다른 특질과 결심이 무엇이었던지 녹스는 가장 진실한 사람이었다는 것은 어디서도 부정되지 않았다. 특이한 본능을 가지고 그는 진리와 진실을 견지한다. 녹스에게는 오직 진리만이 이 세상에 있으며 다른 것은 모두 그림자에 지나지 않는 기만적인 허구이다. 진리가 아무리 미약하고 쓸쓸하게 보이더라도 그는 그것만을 지킨다. 로와르 강을 오르내리는 갤리선에서도—세인트 앤드류 성(城)이 함락된 뒤 녹스와 그 밖의 사람들은 갤리선 노예로서 이곳에 압송되었다. —어느 날 어떤 관리인가 신부(神父)인가가 성모의 초상을 주면서, 신을 모독해온 이단자들은 이것을 경배하라고 명령하였다. 성모? 신의 어머니? 녹스는 자기 차례가 왔을 때 이것은 성모가 아니다, '색칠한 나무 조각'이다, —이것은 경배는커녕 강물에 내던지는 것이 알맞다, 라고 하면서 강물에 던졌다. 이것은 결코 가벼운 농담이 아니라, 녹스는 어떤 대가를 치르더라도 그 물건은 색칠한 나무 조각 이상의 것이 아니다, 경배하지 않겠다는 것이었다.

이 가장 암담한 시대에 그는 동지들을 격려하며 그들의 주장은 진실이니 반드시 이길 것이다, 온 세계의 힘으로도 꺾지 못할 것이다, 진실은 신이 만드신 것이며 그것만이 무적(無敵)이다, 아무리 많은 색칠한 나무 조각이 진실인 체하여도 그것은 경배는커녕 강에 던지기에 알맞다, 라고 하였다. —녹스는 진실에 의하지 않고서는 살 수가 없었다. 그는 조난당한 선원이 암석에 달라붙듯이 진실에 달라붙었다. 녹스는 성실한 사람이면 영웅이 될 수 있다는 것을 우리에게 증명하였다. 그의 이 성격은 위대한 천부(天賦)였다. 우리는 녹스에게서 선하고 정직하고 지적인 재능을 본다. 그러나 그것은 출중하게 뛰어난 것은 아니다. 루터와 비교하면 그는 편협하고 부족한 사람이다. 그러나 진리에 대한 본능적인 애착과 성실에 있어서는 녹스는 누구에게도 지지 않는다. 그와 겨룰 만한 사람이 누구냐? 그의 마음은 진정한 예언자의 그것이었다.

녹스(1514~1572)
영국 스코틀랜드의 종교 개혁자·역사가. 퓨리터니즘 창시자.

녹스의 무덤에서 모든 백작(1572년부터 1577년까지 스코틀랜드의 섭정(攝政)이었으나, 1581년에 처형되었다)은 "사람의 얼굴을 두려워한 일이 없는 사람이 이곳에 잠들다"라고 말하였다. 그는 근대의 어떤 사람보다도 고대 히브리의 선지자들을 닮았다. 그들과 같은 불요불굴, 불관용(不寬容), 신의 진리에 대한 준엄·편협한 애착, 진리를 업신여기는 모든 것에게 신의 이름으로 주는 엄한 힐책, 실로 녹스는 16세기 에든버러의 목사로 태어난 히브리의 선지자였다. 우리는 녹스를 그런 사람으로 받아들일 것이며, 다른 사람이기를 원하지 않는다.

메리 여왕에 대한 녹스의 행동, 왕궁으로 찾아가서 여왕을 꾸짖기를 예사로 한 일 같은 것은 많은 논의의 대상이 되었다. 이런 가혹하고 무례한 행동은 우리로 하여금 의분을 느끼게 한다. 그러나 녹스가 무슨 말을 했고, 그의 진의가 무엇이었던가에 관해서 읽어 보면 우리의 비분은 사라진다. 그의 말은 그다지 무례한 것이 아니었다. 당시의 사정에서는 더없이 점잖은 것이었다. 녹스는 궁정의 신하들처럼 아첨하기 위해 온 사람이 아니라 다른 사명이 있었다. 녹스와 여왕의 대화를 읽고, 한낱 고귀한 숙녀에게 대한 평민 성직자의 거칠고 무례한 언사라고 생각하는 사람은 그의 말의 목적과 본질을 오해하고 있는 것이다. 스코틀랜드와 그 이익을 배반하지 않는 한 여왕에게 정중할 수 없었다는 불행한 사정이었다. 자기가 출생한 나라가 음모와 야심에 가득 찬 기스 일족(여왕의 어머니는 프랑스의 기스 공작 가문의 여자)의 사냥터가 되고, 신의 진리가 허위·인습·악마의 뜻에 짓밟히는 것을 보기를 원치 않는 사람이면 상대의 기분에 좋도록 하고만 있을 수는 없었다. 모튼백작은 말하였다. "수염이 허연 사람들이 우는 것보다 저 여인이 우는 것이 좋다." 녹스는 스코틀랜드의 헌법상 야당에 속하는 사람이었다. 신분상 그 위치에 있어야 할 귀족들이 이 당에 속하지 않았으므로 녹스가 가지 않으면 갈 사람이 없었다. 불행한 여왕―그러나 여왕이 행복해지면 나라는 더욱 불행해질 터였다. 메리 자신도 신경질적인 면이 없지 않았다. 언젠가는 이렇게 물었다. "이 나라 귀족과 왕공(王公)들을 교육하려고 드는 그대는 누구뇨?" 녹스는 대답하였다. "전하, 이 나라에 태어난 신하입니다." 마땅한 대답이었다. 만일 '신하'가 말해야 할 진실이 있는데 하지 않는다면, '신하'의 도리가 아니다!

우리는 녹스의 불관용(不寬容)을 비난한다. 사람은 되도록 관용으로 서로 대하는 것이 좋다. 현재에도 과거에도 시시비비는 많으나 결국 관용이란 무엇인가? 관용이란 중요하지 않은 것을 용인하며, 그것이 무엇인가 잘 판별해야 한다. 더 용납할 수 없어서 분개했을 때에도 관용은 고상하고 절도가 있으며 공정해야 한다. 그러나 우리는 용인만 하려고 이 세상에 온 것은 아니다. 우리는 또한 저항하고 지배하고 정복하려고 왔다. 우리는 허위·부정·불의가 우리를 잡으려고 할 때 용인하지 않는다. 너는 허위이다, 너를 용인할 수 없다고 우리는 큰소리로 꾸짖는다. 허위를 뿌리뽑고 현명한 방법으로 그것에 종말을 짓기 위해 우리는 여기에 와 있다! 나는 방법에 대해서는 그리 다투고 싶지 않다. 그 일을 하는 것이 우리의 큰 관심사이다. 이런 의미에서 녹스는 과연 비관용적이었다.

자기 나라에서 진리를 가르쳤다는 이유로 프랑스의 노예선에 압송된 사람의 기분이 항상 온화할 수는 없다. 나는 녹스가 온유한 성미의 사람이었다고 주장할 셈은 아니다. 또한 그가 사나운 성미의 사람이었는지도 나로서는 모르는 일이다. 사악한 성미는 분명히 가지고 있지 않았다. 많은 것을 인내하고 어려운 시련에 지치고, 항상 투쟁한 이 사람은 친절하고 곧은 사랑을 가지고 있었다. 그가 여왕을 질책하고 거만하고 사나운 귀족들 사이에서 위엄을 가졌으며, '이 나라에 태어난 신하'에 지나지 않는 그로서 그 황량한 나라에서 끝까지 사실상의 왕 노릇을 했다는 사실은, 그가 결코 저속하고 성미가 사나운 사람이 아니라, 건전하고 강하고 현명한 사람이었음을 증명한다. 그러한 사람만이 지배권을 쥘 수 있다. 성당을 파괴한 일을 그의 죄로 돌리며, 마치 광포한 선동자처럼 취급하는 사람들이 있다. 그러나 성당이나 다른 무엇에 대해서 자세히 검토한다면 사실은 그와 정반대이다. 녹스는 석조 성전들을 파괴하기를 원치 않았다. 그는 사람들의 생활에서 퇴폐와 몽매함을 제거하기를 원하였다. 소요는 그의 본질이 아니었다. 그 속에 그렇게 오래 살게 된 것은 그의 생애의 비극이었다. 그와 같은 사람은 누구나 날 때부터 무질서의 적이며, 무질서 속에 있기를 싫어한다. 그러면 어찌된 일인가? 편안한 허위가 질서는 아니다. 그것은 일반적 무질서의 더미이다. 질서는 진리이다. ―모든 것이 그것에 딸린 기반 위에 서 있기 때문이다. 질서와 허위는 공존하지 않는다.

그런데 뜻하지 않은 일이지만 녹스는 그의 마음 가운데 유머도 많이 가지고 있었다. 그의 다른 여러 성질과 관련하여 이 성질을 나는 매우 좋게 본다. 녹스는 유머에 대해서 진정한 눈을 가지고 있었다. 그의 《역사》^{(녹스의 대저(大著)로, 자세히는 《스코틀랜드에서 진행된 종교개혁의 역사》)}는 소박한 열성에 차 있으나 이상하게도 이 성질로 하여 생기를 띤다. 글래스고 대성당에 두 사제가 들어와서 서로 윗자리에 앉으려고 법의를 움켜잡고 지팡이를 휘두르며 싸워 활극을 연출하였다. 녹스는 조롱·조소·분개할 수도 있었을 것이다. 그러나 그의 진지한 얼굴에 진실하고 사랑이 감도는 밝은 웃음이 떠올랐다. 소리 높은 웃음이 아니라 눈에 담은 웃음이었다. 그는 마음이 바르고 형제 같은 사람이었다. 높은 자에게도 형제이며 낮은 자에게도 형제, 누구에 대한 마음에도 진정이 깃들어 있었다. 녹스는 에든버러에 있는 그의 옛 집에 보르도 술 한 통도 가지고 있었다. 친근한 사람들과 함께 있을 때는 명랑하고 사교적인 사람이었던 것이다. 이러한 녹스가, 음울하고 경련적으로 고함을 지르는 광신자라고 생각하는 사람은 이만저만한 잘못이 아니다. 전혀 그렇지 않다. 그는 지극히 견실한 사람이었다. 실제적이고 조심성이 있으며, 낙천적이고 인내심이 강했다. 또 지극히 예민하고 주의 깊으며 냉정히 분별하는 사람이었다. 사실, 녹스는 스코틀랜드인의 대표적 성격을 다분이 지녔다. 녹스는 어느 정도 냉소적인 침묵과 충분한 통찰력, 그리고 스스로 의식하는 이상의 강건한 의식을 가졌었다. 그에게는 자기에게 아주 중요하지 않은 많은 일에 대해서는 침묵을 지키는 힘이 있었다. —"그런 일? 그런 일은 왜 끄집어내시오?" 그러나 아주 중요한 일에 관해서는 말하기를 두려워하지 않았다. 그것도 온 세계가 듣지 않을 수 없는 어조로 말했다. 오랜 침묵을 깨뜨리고 하는 말이니 더욱 우렁찼다.

스코틀랜드의 이 예언자를 나는 결코 싫어할 수 없다. —녹스는 일생을 격렬한 투쟁으로 보냈다. 여러 교황 및 공후(公侯)들과 힘을 겨루어, 지기도 하고 논쟁도 하며 평생 투쟁을 하였다. 또 갤리선의 노예로 잡혀가서 노를 젓기도 하고, 추방되어 외국에서 방랑하기도 하였다. 극심한 투쟁이었다. 그러나 녹스는 승리하였다. 운명하는 순간, 말도 못하게 된 녹스에게 사람들은 물었다. "바라는 게 있으세요?" 그는 손가락을 들어 '위를 가리키며' 숨을 거두었다. 그에게 영광이 있으라! 그의 사업은 죽지 않았다. 모든 사람의 경우와 같이, 그의 사업의 형체는 죽더라도 그 정신은 결코 죽지 않는다.

녹스가 남긴 사업의 형체에 대해서 한 마디만 덧붙이고자 한다. 그가 저지른 용서할 수 없는 죄는 성직자를 왕 위에 두기를 원하였다는 것이다. 다시 말하면 녹스는 스코틀랜드의 정체를 신정정치로 만들려고 하였다. 실로 이것은 그의 죄과의 전부이며 또한 근본적인 죄악이었다. 이에 대해 어떤 용서가 있을 수 있으랴? 녹스가 의식적으로든 무의식적으로든 신의 정부를 세우고자 하였었음은 사실이다. 왕도, 재상도, 외교든 무엇이든 공사(公私)의 모든 일에 종사하는 사람이 모두 그리스도의 복음에 따라 움직이고, 그것이 모든 법보다 더 중요한 최고의 대법(大法)으로 알기를 원하였다. 녹스는 이 일이 언젠가 이루어져 '나라가 임하옵소서'라는 기도가 헛된 말이 되지 않기를 희망하였다. 탐욕스러운 귀족들이 교회의 재산을 빼앗을 때 그는 크게 슬퍼했다. 그때 그는 그것이 세속적 재산이 아니라 성령의 재물이며, 진정한 교회의 용도인 교육·학교·예배에 사용해야 된다고 항고하였다. —그러자 섭정(攝政) 머레이는 별 도리가 없다는 듯이 어깨를 움츠려 보이며, 이렇게 대답하였다. "신성한 망상에 잠겨 계시군요!" 이것이 정의와 진리에 대한 녹스의 계획이었으며, 이것을 실현하려고 그는 줄기찬 노력을 하였다. 이러한 진리에 대한 계획이 너무 편협하고 진실하지 못하다고 한다면, 녹스가 그것을 실현하지 못한 것을, 2세기에 걸친 노력 끝에도 실현되지 않고 아직도

'신성한 망상'대로 있는 것을 기뻐해도 좋다. 그러나 그것을 실현하려고 했다고 어찌 녹스를 비난할 수 있으랴? 신정정치, 신의 정부, 그것이야말로 세우려고 투쟁해야 할 일이다. 모든 예언자, 열성에 찬 성직자들은 이 목적을 위해 세상에 왔던 것이다. 힐데브란트$\binom{1020?\sim1085,\ 교}{황\ 그레고리\ 7세}$가 신정정치를 원하였고, 크롬웰도 그것을 원하여 그를 위해 싸웠으며, 마호메트는 그것을 세우는 데 성공하였다. 아니, 그것은 성직자·예언자, 또는 그 어떤 이름으로 불리든 열렬한 사람이라면 모두 본질적으로 원하고 또 원해야만 하는 것이 아닌가? 정의와 진리, 다른 말로 하면 신의 위대한 법이 인간들 사이에 지상의 지배권을 얻는 것, 이것이야말로 천상(天上)의 이상(理想)이다$\binom{이것을\ 가리켜\ 녹스의}{시대가\ '신의\ 뜻'이라고}$ $\binom{부른\ 것은\ 잘}{지은\ 이름이다}$. 어떤 시대에도 그렇게 부를 수 있을 것이다. 개혁자는 모든 일이 이 이상에 더욱더 접근하도록 노력해 마지않을 것이라고 역설한다. 앞에서 말한 바와 같이 모든 진정한 개혁자는 그들의 본질상 성직자이며 신정정치를 위해 노력한다.

이러한 이상(理想)이 실제에서 얼마나 이루어질 수 있느냐, 그리고 이루어지지 않는 일에 대하여 우리는 언제까지 인내해야 되느냐, 이것이 항상 문제가 된다. 가능한 한 이루어지게 하라! 내가 분명하게 말할 수 있는 것은 이것뿐이다. 만일 그것이 모든 사람의 진정한 신앙이라면 그것이 이루어지지 않는 경우 모든 사람이 어느 정도의 의분을 느끼는 것이 마땅하다. 어느 시대에건 별 도리가 없다는 듯이 어깨를 움츠리며, '신성한 망상'이라고 말하는 섭정 머레이 같은 사람도 없지 않을 것이다. 그러나 우리는 그것을 이루어 보려고 자기의 역량을 다하여, 고난·중상·반대와 싸우며 숭고한 일생을 바치면서 이 땅에 하느님의 나라를 세우려는 영웅 성직자를 찬양하자. 땅이 거룩해져서 해로운 일은 없을 것이다.

5강
문인으로서의 영웅
존슨·루소·번스

1840년 5월 19일, 화요일

신격(神格)으로서의 영웅·예언자·시인·성직자는 고대에 속하는 영웅정신의 여러 형식으로서 오랜 옛날에 나타났다. 그 중 어떤 것은 다시 세상에 나타날 수 없게 된 지 이미 오래이다. 오늘 이야기하고자 하는 문인으로서의 영웅은 오늘날 새 시대의 소산(所産)이며, 글과 인쇄술이라는 경탄스러운 재주가 존속하는 한, 그러한 영웅은 앞으로도 주요한 형태의 영웅정신으로서 계속 존재할 것이다. 그는 여러 면에서 매우 특이한 존재이다.

무엇보다도 그는 새롭다. 이 세상에서 그의 역사는 아직 1세기도 되지 않는다. 약 100년 전까지만 해도 자기 마음속의 영감을 인쇄된 책으로 토로하고, 그 일을 함으로써 세상으로부터 지위와 식량을 보수로 얻는다는 변칙적이고 고립된 방식으로 살아온 위대한 영혼은 없었다. 시장에서 팔고 사는 대상이 된 물건은 지금까지 많았으나, 영웅적 영혼의 고상한 지혜가 그토록 적나라하게 매매된 일은 이때가 처음이었다. 저작권인지 무엇인지 가지고 초라한 다락방에 묵으며 남루한 옷을 입고 살다가, 죽은 뒤 무덤 속에서 그의 생전에 빵값을 지불하였을, 또는 하지 않았을 인류와 세대를 지배하는(그가 하는 일은 실로 이것이다)—그는 지극히 이상한 존재이다. 이렇게 이상스러운 형태의 영웅정신은 좀처럼 없을 것이다.

영웅은 아주 오래 전부터 이상한 형태에 자신을 가두어야만 했다. 어느 시대에나 세상 사람들은 영웅을 어떻게 대할 것인지 잘 알지 못하였다. 세상 사람들의 눈에 그의 모습은 언제나 아주 색다르기 때문이다. 우리가 보기에 어처구니없는 일은, 아무리 소박한 감탄에서 그랬다 할지라도, 인류가 현명하고 위대한 오딘을 신으로 인정하여 숭배하고, 또한 현명하고 위대한 마호메트를 신의 계시를 받은 자로 인정하여, 12세기 동안 그를 경외하고 그의 율법을 지켜왔음에도 불구하고, 똑같이 현명하고 위대한 존슨·번스·루소는 사람들의 무료함을 달래기 위하여 세상에 존재하는 알 수 없는 인간쯤으로 간주하여 몇 푼의 돈과 칭찬을 던져주어 그것을 받아먹고 살도록 내버려둔 일이다. 이 사실은 장차 더욱 어처구니없는 일이라고 생각될 날이 올 것이다. ─그러나 물질면을 결정하는 것은 항상 정신면이므로, 이 문인영웅들이야말로 우리들 새 시대의 가장 중요한 사람이라고 보아야 한다. 그는 모든 이의 생명이다. 그가 가르치는 것을 온 세상은 실행할 것이다. 그를 대하는 세상의 태도는 세상의 일반적 상황의 가장 뚜렷한 특색이다. 그의 생활을 자세히 살펴봄으로써 우리는 그를 만들어낸 이상한 시대, 즉 우리가 살며 활동하고 있는 시대의 생활을 깊이 살펴 볼 수 있을 것이다.

모든 것에 진짜와 가짜가 있듯이, 문인 중에는 진정한 사람과 그렇지 못한 사람이 있다. 영웅이라는 말의 진정한 의미를 생각한다면, 문인으로서의 영웅은 항상 명예롭고, 항상 지극히 고상한 일을, 또는 한때 지극히 고상하다고 알려진 일을 우리를 위하여 하고 있음을 알 수 있을 것이다. 그는 그의 특유한 방법에 의하여 영감을 얻은 자기의 정신을 표명한다. 무릇 어떠한 경우에도 인간이 할 수 있는 것을 '영감을 얻은'이라고 내가 말하는 까닭은 우리가 '창의성', '성실성', '천재'니 하며 마땅한 이름을 찾지 못하는 영웅적 자질이 의미하는 것이 바로 그것이기 때문이다. 영웅이란 사물의 내적인 세계, 즉 진실하고 신성하고 영원한 것 속에 사는 사람이다. 그는 늘 일시적이고 사소한 것에 싸여 있어 평범한 사람의 눈에는 보이지 않는다. 그의 존재는 그 세계에 있으며, 그는 경우에 따라서 말이나 행동에 의해서 자신의 소신을 세상에 널리 선언한다. 그의 생명은 앞에서 말한 바와 같이 대자연 자체의 영원한 핵심의 일부이다. 모든 사람의 생명이 다 그런 것이지만, 연약한 많은 사람은 그 사실을 모르고, 대부분의 경우 그 사실에 대해 충실하지 않다. 소수의 강한 사람들만이 강하고 영웅적이고, 영원한 생명을 가지고 있는 것은 그 사실을 그들에게는 감출 수 없기 때문이다. 문인은 모든 영웅과 마찬가지로 자기가 할 수 있는 방법으로 이것을 선언하기 위하여 세상에 있는 사람이다. 본질적으로 말하면, 그의 본분은 과거의 시대에 예언자·성직자·신이라고 부른 사람들의 직분과 같다. 이 직분을 말로 또는 행동으로 수

행하기 위하여 이 세상에 온 것이 모든 종류의 영웅이다.

독일의 철학자 피히테는 약 40년 전 에를랑겐에서 여러 차례 매우 훌륭한 강연을 하였다. 그의 주제는 '문학자의 본질'이었다. 피히테는 초절주의 철학의 저명한 주창자로서 그의 철학의 취지에 따라 이렇게 선언하였다. 즉 이 지상에서 우리가 보며 일하고 있는 모든 것, 특히 우리 자신이나 모든 사람은 일종의 옷 또는 감각적 현상에 지나지 않으며, 그들의 깊은 밑바닥에는 그들의 본질이 들어 있다, 이것이야말로 '우주의 신성한 이념'이다, 곧 '모든 현상의 밑바닥에 가로놓인' 실재이다, 라고. 대부분의 사람은 이 세상에 그런 신성한 이념이 있는 것을 인식하지 못한다. 그들은 피히테의 말을 빌리면, 이 세계의 피상·공리·허울 속에서만 살면서, 그 밑에 신성한 무엇이 있다는 것을 꿈에도 생각하지 못한다. 그러나 문인은 이 신성한 이념을 발견하고 우리에게 알려주기 위해서 이 세상에 보내진 것이다. 시대가 새로워질 때마다 그것은 새로운 시대의 말로써 전달되어야 하며 문인이 있는 것은 이 일을 하기 위해서이다. 피히테의 말은 대강 이와 같다. 우리는 이 말에 대해 옳고 그름의 여부를 말할 필요는 없다. 오늘날 이름이 없는 것에 이름을 지어 주려고 내가 다른 말을 가지고 변변치 못하게 애쓰고 있듯이, 그는 그대로 이름을 지어주려고 한 것에 지나지 않는다. 즉 그것은 모든 인간, 모든 사물의 본질 속에 숨겨져 있는 광채·경탄·공포에 충만한, 말할 수 없는 '신성한 의의' 즉 모든 사람과 물건을 지으신 신의 존재를 가리킨다. 마호메트는 그의 특유한 말로 이것을 가르치고, 오딘도 그의 특유한 말로 이것을 가르쳤다. 모든 생각하는 영혼은 저마다 특유한 말로써 이것을 가르치기 위해 이 세상에 있는 것이다.

그러므로 피히테는 문인을 가리켜, 사람들에게 부단히 숭고한 것을 보여주는 예언자라고 부른다. 또는 그가 더 즐겨 쓰는 말로 하면 성직자라고 부른다. 문인은 모든 시대에 걸쳐서 존재하는 영원한 성직자로서, 그는 모든 이들을 향하여, 신은 아직도 인간의 생활 속에 실재하며 우리가 이 세상에서 보는 모든 현상은 '우주의 신성한 이념', 곧 '현상의 밑바닥에 가로놓인 것'을 싸고 있는 옷에 지나지 않는다고 가르쳐 준다. 그러므로 진정한 문인에게는 세상이야 인정하든 안 하든 항상 어떤 신성함이 있다. 그는 세상의 빛이며 세상의 성직자이다. '시간'이라는 황야를 지나가는 암흑의 순례길에서 신성한 불기둥처럼 세상 사람들을 인도한다. 피히테는 '진정한' 문인 즉 문인으로서의 영웅과 거짓된 비영웅적인 문인을 뚜렷이 구별하고 있다. 전적으로 이 신성한 이념 속에서 살지 않는 사람, 또는 부분적으로 그 속에서 살며 완전히 그 속에서 살기 위해 그것을 유일한 선으로서 찾지 않는 사람—그런 사람은 다른 어떤 곳에 살며 어떤 권세와 번영을 누리든지 결코 문인은 아니며, '얼뜨기'라고 피히테는 말한다. 만일 그가 산문의 영역에 속해 있다면 기껏해야 '품팔이 문인'일 것이다. 피히테는 다른 곳에서 그런 사람을 가리켜 '무용지물'이라고 일컬어, 아무런 동정도 베풀지 않는다. 이런 자들이 세상에 살아 있기조차 바라지 않는다. 이것이 피히테의 문인관(文人觀)이다. 이것은 독특한 형식이긴 하지만 바로 이것이 우리가 여기서 의미하려는 것이다.

이와 같은 관점에서 볼 때 과거 100년 동안 가장 탁월한 문인은 피히테와 같은 나라 사람인 괴테라고 생각한다. 그 사람에게도 이상스럽게 우주의 신성한 이념 속의 삶, 우주의 내적 신성한 비밀에 대한 통찰력이라는 것이 주어졌다. 그리하여 그의 책에서는 이상스럽게도 이 세계는 다시금 신적인 것으로서 신의 작품이요 성전으로서 나타난다. 만물은 마호메트에서처럼 강렬하고 불순한 화염 같은 빛이 아니라, 온화한 천상의 광명으로 비추어져 있다. ─실로 그것은 이 비예언적인 시대에는 보기 드문 진정한 예언이며, 이 시대에 생겨난 모든 위대한 사물 중에서 가장 수수한 것의 하나이면서도, 단연 가장 위대한 것이다. 나는 문인으로서의 영웅의 전형으로 괴테를 들고 싶다. 그리하여 여기서 진정한 영웅이라고 생각되는 그의 영웅정신에 관해서 이야기한다면 매우 유쾌할 것이다. 괴테는 말과 행동에서 영웅적이었으며, 하지 않을 말과 행동에서는 더욱 그러하였다. 실로 숭고하고 장엄한 모습이다. 가장 근대적인, 우아하고 교양이 높은 문인의 형상을 빌려 옛 영웅처럼 이야기하고 또 침묵을 지키는 위대하고 영웅적인 고대인의 모습이다. 지난 1세기 반 동안 우리는 그와 같은 사람을 보지 못하였다.

그러나 괴테에 관해서는 대중이 너무도 많이 알고 있으므로, 여기서는 그에 관해 말하지 않는 것이 나을 것이다. 내가 아무리 말해도 여러분 대다수에게 괴테는 여전히 의문에 싸여 모호한 채로 남아 다만 그릇된 인상만이 심어질 것이다. 그러므로 그에 관해서는 나중에 이야기하기로 하자. 그보다 앞선 시대의, 훨씬 열등한 환경에서 태어난 3대 인물인 존슨·번스·루소 이 세 사람이, 지금 우리에게 더 적합하다. 18세기의 이 세 사람의 생활조건은 독일에서의 괴테의 그것보다도 오늘날 영국에서의 우리의 생활조건에 더욱 비슷하다. 이 사람들은 괴테처럼 승리를 거두지는 못하고, 모두 용감히 싸우다가 쓰러졌다. 그들은 세상에 빛을 가져온 영웅은 아니었으나, 그것을 찾으려고 영웅적으로 싸운 사람들이다. 그들은 불리한 조건 아래 살며 산 같은 장애를 짊어지고 힘겹게 싸웠으나, 그들 자신을 명쾌하게 드러내거나 저 '신성한 이념'을 의기양양하게 해명하지는 못하였다. 따라서 내가 여기서 보여 줄 수 있는 것은 세 사람의 문인이 남긴 거룩한 무덤들이다. 이 무덤들은 세 사람의 정신적 거인이 묻힌 기념비적인 고적들이다. 아, 슬프다. 그러나 또한 위대함과 흥미가 가득하다. 우리는 그들 옆에 잠깐 머물다 가기로 하자.

최근 자주 들리는 불평은 이른바 사회의 무질서상태이다. 저마다의 부서에서 많은 사회적 세력들이 그의 일을 얼마나 불완전하게 수행하고 있는가, 얼마나 많은 강대한 세력들이 혼돈과 무질서 속에서 낭비되고 있는가 하는 이야기이다. 이것이 너무도 지당한 불평임은 우리 모두 알고 있다. 그러나 책과 책을 지은 사람들에 대해서 이 문제를 살펴보면, 우리는 모든 와해상태의 축도(縮圖)를 보는 느낌이 든다. ─다른 모든 혼돈의 선회 중심을 보는 느낌이 든다. 책을 쓰는 사람들이 이 세상에서 어떤 일을 하며, 세상이 그들을 어떻게 대우하느냐를 생각하면, 이 세상이 오늘날 보여주는 것 가운데 가장 기괴한 일이라고 나는 말하고 싶다. ─이것을 설명하려고 한다면 우리는 수심을 모르는 깊은 바다로 들어가는 느낌일 것이다. 그러나 우리는 주제를 위하여 잠깐 그 바다를 보아야 한다. 세 사람의 문인적 영웅들의 생애에서 가장 불리한 요소는 그들에게 주어진 일과 지위가 심한 혼돈상태였다는 사실이다. 많은 사람이 지나간 길을 가기는 덜 험하다. 그러나 아무도 밟지 않은 험한 곳에 새 길을 트고 나가는 것은 피나는 일이며, 많은 사람의 생명을 빼앗는다.

우리의 경건한 선조들은 한 사람이 여러 사람에게 하는 말 속에 얼마나 중요한 의미가 담겨 있는가를 절실히 느끼고, 성당을 세우고, 기꺼이 재물을 내놓고, 규정들을 만들었다. 오늘날 문명세계에는 어느 곳에나 설교단(說教壇)이 있고, 설교하기에 적절한 시설이 갖추어져 있다. 그들은 이것이 가장 중요한 일이며, 이것 없이는 세상에 어떤 좋은 일도 있을 수 없다고 느꼈다. 이와 같이 한 것은 진실로 경건한 일이며 보기에도 아름다운 일이다. 그러나 오늘날에는 저술(著述)의 기술, 인쇄의 기술과 더불어 이 사업에 커다란 변화가 일어났다. 책을 쓰는 사람은 특정한 날에 특정 교구에서 설교하는 사람이 아니라, 모든 때와 모든 곳의 모든 사람들에게 설교하는 사람이 아닌가! 누가 그 일을 부당하게 보든, 글 쓰는 사람이 자기 일을 정당하게 한다는 것 —그 눈이 거짓 보도를 하지 않는다는 것이 절대적으로 중요하다. 눈이 그의 역할을 그릇되게 할 때는 다른 모든 기관이 그릇된 길로 가게 된다. 그런데 그가 어떻게 그 일을 하는가. 바르게 하는가, 그릇되게 하는가 하는 것은 일찍이 누구도 생각해 보지 않은 문제이다. 책을 팔아서 돈이나 좀 벌어보려는 장사꾼에게는 다소 중요한 문제이지만 다른 어떤 사람에게는 아무런 관심사도 아니다. 그가 어디서 와서 어디로 가는 것이냐, 어떤 길로 거기까지 왔으며 거기서 더 가려면 어떤 길로 가야 하느냐 하고 묻는 사람은 아무도 없다. 그는 이 사회의 떠돌이이다. 그는 사람들을 바르게 인도하든 그릇되게 인도하든 자기가 정신적 광명이 되어 있는 세상에서 마치 이스마엘의 아들^(방랑자, '창세기' 16장 11절)처럼 방황하고 있는 것이다.

글을 쓴다는 일은 실로 인간이 고안해낸 모든 것 중에서 가장 기적적인 일이다. 오딘의 룬 문자가 영웅적인 사업의 최초의 형태라면, 책은 보다 더 기적적인 룬 문자이며 가장 최근의 형태이다. 책 속에는 과거 전체의 정신이 고스란히 담겨 있다. 과거의 형체와 물질적인 것이 꿈처럼 완전히 사라진 뒤에도 또렷하게 들려오는 과거의 소리이다. 수륙 대군과 항구와 병기창과 대도시들—모두 귀중하고 위대하다. 그러나 그들은 결국 어떻게 되었는가? 아가멤논, 무수한 아가멤논, 몇몇의 페리클레스와 그들의 그리스, 모두 지금은 사라지고 부서져서 폐허와 돌더미뿐, 그 모습이 처량하다. 그러나 그리스가 남긴 책들은 어떠냐! 그리스는 모든 사상가들 속에 지금도 문자 그대로 살아 있다. 현대에 되살릴 수 있다. 룬 문자가 마력적이기는 하였지만 책보다 신기하지는 않다. 예로부터 인류가 행한 것, 생각한 것, 얻은 것 또는 있었던 것 모두가 책의 페이지 속에 마술적으로 보존되어 있다. 책은 인류 최상의 재산이다.

룬 문자가 기적을 낳았다는 옛 이야기가 있지만, 책은 오늘날도 기적을 이

록하고 있지 않는가? 책은 사람들을 설득시킨다. 먼 시골의 무지한 처녀들이 뒤적거리는 아무리 시시한 순회문고라도 그 무지한 처녀들의 결혼과 가정생활을 영위하는 데 실제적인 도움을 준다. '실리아'가 그렇게 생각하고, '클리포드'가 그렇게 하였다 하는 어리석은 인생관이 저 젊은이들의 머릿속에 새겨졌다가 다른 날 그대로 실천되는 것이다. 신화작가들이 자유로운 상상력으로 창조해 낸 룬 문자의 기적이, 현실의 굳은 땅 위에서 책 두서너 권이 이룩한 기적과 같으랴! 세인트 폴 대성당을 세운 것이 누구냐? 핵심을 찔러 말한다면 그것은 히브리 말로 기록된 저 신성한 책이다. —거기에 적힌 말의 일부는 4000년 전의 황량한 시나이 산(山)에서 미디안의 양떼들을 돌보던 부랑자 모세의 말이다! 이것은 생각하면 이상하고도 이상한 일이지만 사실이다. 저작의 기술과 더불어 (인쇄는 곧 이 기술의 보다 단순하고 필연적인 비교적 무의미한 결과이지만), 인류에게는 진정한 기적의 시대가 도래하였다. 이 기술은 경탄할 만한 새로운 접촉과 부단한 긴밀성을 가지고 시·공간상 과거와 먼 곳의 것을 현재와 관련시켜, 모든 시대와 장소를 우리의 이 시대, 이 장소와 관련짓기에 이르렀다. 이제 사람에겐 모든 것이 변하였다. 인간의 중요한 사업적 모든 형식, 곧 교육·설교·정치, 그 밖의 모든 것이 변했다.

그 한 가지 예로서 교육을 본다면, 대학교는 근대의 주목할 만한 훌륭한 산물이다. 그 대학도 책의 등장과 함께 근본적으로 새로워졌다. 대학이 처음 생겼을 때에는 아직 책을 얻을 길이 없었으며, 책 한 권을 사려면 막대한 재산을 내놓아야 했다. 그러므로 지식을 전달하려면 배울 사람들을 자기 곁에 모아 놓고 서로 마주앉아 해야만 했다. 만일 아벨라르(1079~1142, 프랑스의 스콜라 철학자·신학자·교육자)가 아는 것을 배우고 싶으면 아벨라르를 찾아가서 그의 말을 들어야만 했다. 수천 수만의 사람들이 그를 찾아가서 그의 형이상학적인 신학강의를 들었다. 따라서 누구든 가르칠 것을 가지고 있는 다른 사람은 매우 편리해졌다. 즉 배움을 갈구하는 사람들이 이미 모인 그곳으로 가면 그만이었다. 가르친 것을 가진 사람으로서는 그곳은 더할 수 없이 좋은 장소였다. 이리하여 자꾸 더 많은 스승들이 모이게 되었다. 이러한 상황을 왕이 알고 여러 학교를 하나로 합하여, 큰 건물과 특권과 격려를 주고, '모든 학문의 집'의 뜻으로 Universitas(대학교)라고 이름을 붙인 것이다. 기본적 특질을 갖춘 파리대학교는 이렇게 생겨났다. 그 다음에 생긴 모든 대학들은 이것을 모델로 삼아 6

세기 동안 꾸준히 불어났다. 나는 이것이 대학의 기원이라고 생각한다.

그러나 책을 쉽게 얻을 수 있게 됨으로써 이러한 사정은 완전히 달라지고 말았다. 일단 인쇄술이 발명되자 동시에 모든 대학은 면모가 아주 새로워졌다. 스승들은 이제는 사람들을 자기 곁에 모으고 자기가 아는 것들을 말해줄 필요가 없게 되었다. 자기가 말하고 싶은 것은 책으로 인쇄하면 멀리 또는 가까이 있는 배울 사람은 모두 약간의 값을 치르고 사서 자기 집에서 훨씬 더 효과적으로 배울 수 있게 되었다. —물론 그래도 말에는 특이한 장점이 있다. 책을 쓰는 사람도 때로는 말하는 것이 더 편리한 때가 있다. —우리가 지금 이렇게 모여 있는 것이 그것을 증명한다. 사람이 혀를 가지고 있는 한, 말은 저작(著作) 및 인쇄와 마찬가지로 하나의 뚜렷한 영역을 갖고, 그것대로 남아 있을 것이다. 모든 일에 관련하여 그러할 것이다. 대학에 있어서는 특히 그렇다. 그러나 이 양자(兩者)의 범위가 아직 어디서건 지적되지도 확정되지도 않았고, 뿐만 아니라 극한까지 실행된 일도 없다. 파리대학교가 13세기에 그랬듯이, 인쇄된 책이 있다는 위대하고 새로운 사실을 완전히 받아들이고 19세기라는 시대적 기반 위에 확고히 서 있는 대학은 아직 나타나지 않았다. 생각하면 대학 또는 최고학부가 우리를 위해 할 수 있는 모든 일은 초등학교가 한 일과 같다. —곧 읽기를 가르쳐주는 일이다. 우리는 거기서 여러 나라 말로 여러 분야의 글을 읽기를 배운다. 모든 종류의 책들에 쓰인 문자를 배운다. 그리고 우리가 지식을, 이론적인 것일지라도 지식을 얻는 곳은 바로 책들이다. 모든 교수들이 우리를 위해 최선을 다하더라도, 지식은 결국 우리가 무엇을 읽느냐에 달려 있다. 오늘의 진정한 대학은 수집된 서적인 것이다.

그러나 이미 언급한 것처럼, 교회에서는 설교도 교회 활동도 책이 생김으로써 모두 달라졌다. 교회란 우리의 설교자 또는 예언자, 즉 현명한 가르침으로 사람들의 영혼을 인도하는 이들의 인정받은 단체이다. 어떤 저작술(著作術)도 아직 없었을 동안, 곧 인쇄술이 발명되기 전까지는 목소리로 설교하는 일이 자연스럽고 유일한 방법이었다. 그러나 책이 생긴 지금은! —참다운 책을 써서 영국 전체에 설교할 수 있는 사람, 그야말로 주교요 대주교이며, 영국에서, 모든 영국에서 제일가는 성직자가 아닌가? 나는 거듭 말한다. 신문·잡지·시가(詩歌)·서적을 저술하는 사람들이야말로 근대국가의 진정한, 효과적으로 일하는 교회라고. 우리의 설교뿐만 아니라, 우리의 예배 또한 인쇄된 책에 의하여 수행되는 것이 아닌가? 풍부한 소질을 타고난 사람들이 아름다운 말에 담아 우리에게 주는 고귀한 정서는 우리의 마음속에 선율을 가져다준다! 본질적으로 말해서, 이것이 진정한 예배가 아닌가? 이 혼란한 시대에는 이것 이외에 다른 예배 방법이 없는 사람들이 많다. 들의 백합화의 아름다움을 우리가 이제까지 알고 있는 이상으로 우리에게 알려주는 사람은, 그것을 모든 아름다움의 원천에서 흘러나오는 한줄기 흐름으로써 우리에게 보여주는 것이 아닌가? 우주의 위대한 조물주의 손가락이 써놓은 글씨로서 보여주는 것이 아닌가? 그는 신성한 시편의 한 구절을 우리를 위해 노래하고, 우리로 하여금 자기와 함께 노래하게 한 것이다. 근본적으로 그런 것이다. 그의 형제의 고상한 행동과 용기와 인내를 노래하고 말하여, 어떤 방법으로든지 우리의 마음속에 감명을 주는 사람은 더 말할 것도 없다! 그는 이른바 '제단 위의 산 불덩어리'로 우리의 마음을 녹여준 것이다. 이보다 진정한 예배는 세상에 없을 것이다.

문학은 그것이 문학인 한 '대자연의 묵시'이며, '공공연한 비밀'을 드러낸 것이다. 이것은 피히테처럼 말하여 지상적인 것, 일상적인 것 속에 보이는 숭고한 것의 '부단한 계시'라고 불러도 좋을 것이다. 문학에는 숭고한 것이 항상 담겨 있다. 때에 따라 이런 어법 또는 저런 어법으로 표현되어 내용이 분명한 정도에는 차이가 있으나, 모든 진정하고 소질있는 시인과 작가는 의식적·무의식적으로 그렇게 하고 있다. 바이런의 저 어둡고 거센 분노도, 심술궂고 변덕스러울망정 다소 그런 기미를 띠고 있다. 신앙을 잃은 저 프랑스인의 조롱과—허위에 대한 그의 조롱도 진리에 대한 일종의 사랑과 숭배를 가지고 있다. 그러므로 셰익스피어나 괴테의 천상의 음악 같은 시가(詩歌)와 밀턴의 성당에서 울려나오는 노래 같은 시야 말해서 무엇하랴! 거친 밭고랑에서 날아올라 머리 위 창공에서 천진하게 노래하는 종달새처럼 소박하고 진솔한 번스의 시 또한 빼놓을 수 없다. 왜냐하면 모든 진실한 노래는 모든 진실한 활동이 그렇듯이 모두 예배의 성질을 띠고 있기 때문이다. 이러한 노래는 우리에게 주는 진실한 활동의 기록이며 선율적인 표현이다. 진정한 '교회기도서'와 '설교집'의 단편은 막연히 문학이라고 부르는 활자화된 말의 넓은 바다 속에서, 보통 사람의 눈으로부터 숨어 파도치고 있다. 책들은 또한 우리의 교회이다.

이제 인간의 정치로 화제를 옮기자. 앵글로 색슨시대의 우리의 의회 즉 고대 의회는 위대한 것이었다. 나라의 정사(政事)는 거기서 심의되고 결정되었다. 의회라는 말이 아직도 남아 있기는 하지만, 오늘날 의회적 토론은 의회 밖에서 어느 곳 어느 때에나 훨씬 더 광범하게 행하여지고 있지 않은가? 버크 $^{(1729\sim1797,}_{영국의\ 철인\cdot}$ $^{정치}_{가}$)는 말하였다. 의회에는 3대 계급이 있다. 그러나 저편 기자석(記者席)에는 다른 모

피히테(1762~1814)
독일의 철학자. 독일 관념론의 대표자.

든 것보다도 더 큰 세력을 가진 제4 계급이 앉아 있다고. 이것은 결코 말재주를 부린 것이 아니라 문자 그대로의 사실이다. —이 시대에 사는 우리로서는 매우 중요한 사실이다. 문학은 또한 우리의 의회이기도 하다. 저작에서 필연적으로 생겨난 인쇄술은 자주 말하는 바와 같이 민주주의에 해당한다. 문자를 발명하면 민주주의가 필연적으로 따른다. 문자는 인쇄술을 가져와, 오늘날 우리가 보는 바와 같이 곳곳에서 날마다 수시로 인쇄해 내게 한다. 오늘날 말하는 사람은 누구나 온 국민을 상대로 말하고, 하나의 세력을 이루어 정부의 일부분이 되며, 법을 제정하고 권한을 행사하는 당국의 모든 행위에서 큰 무게를 가지게 된다. 그가 차지하는 지위나 수입, 복장이 어떠한가 하는 것은 문제가 아니며, 다른 사람이 귀를 기울일 말을 가지고 있기만 하면, 다른 아무것도 더 필요치 않다. 나라는 말의 힘을 가진 모든 사람에 의하여 다스려지고 있다. 민주주의는 사실상 여기에 성립한다. 이와 같이 하여 생긴 힘은 차츰 조직화되고 여러 장애에도 불구하고 은밀히 활동을 계속하여 마침내 자유로이, 모든 사람이 보는 가운데 활동하게 될 때까지 그치지 않을 것이다. 사실상 존재하는 민주주의는 명백한 존재가 되기를 주장하여

마지않을 것이다.

사람이 이 세상에서 할 수 있는 또는 하는 모든 일 가운데서 가장 중요하고 경탄스럽고 가치 있는 것은, 모든 면으로 보아 책이라는 결론을 내려야 겠다. 검은 잉크가 묻은 시시한 종잇조각 같은 일간신문으로부터 성경에 이르기까지 그것이 하지 않은 일이, 하지 않고 있는 일이 무엇이냐? 실로 그 것의 외형은 어떻게 생겼든지 간에(종잇조각에 잉크가 묻은 것), 책을 만든 다는 것은 결국 인간능력의 최고 행위가 아닌가? 인간이 모든 일을 하는 원 동력은 인간의 생각이며, 그것은 마술적인 힘을 가지고 있다. 인간이 하거나 지어내는 모든 것은 모두 생각에다 옷을 입힌 것이다. 많은 집·궁궐·증기기 관·사찰, 그리고 엄청난 양(量)의 왕래와 소음을 가진 이 런던도 다만 하나 의 생각 또는 수백만의 생각을 하나로 만든 것이 아니고 무엇이냐? —벽돌· 철·연기·먼지·궁궐·의회·마차·부두, 그 밖의 모든 것으로 구체화된 하나의 생각이 측량할 길 없는 거대한 정신이 아니고 그 무엇이냐? 벽돌 하나만 하 더라도 누가 벽돌을 만들겠다고 생각하지 않았더라면 만들어지지 않았을 것 이다. '잉크가 묻은 종잇조각'이라고 우리가 부르는 것은 인간의 사상이 가 질 수 있는 가장 순수한 구현이다. 모든 점에서 그것이 가장 활발하고 고귀 한 것임은 조금도 이상한 일이 아니다.

이 모든 사실, 근대사회에서의 문인의 중요성, 절대적 중요성과 인쇄물이 종교·정치·학문, 그 밖의 많은 것을 그렇게까지 지배하고 있다는 사실은 인 정된 지가 이미 오래이며, 또 근년에 와서는 일종의 감상적 승리감과 경탄을 가지고 재확인되었다. 그러나 감상적인 것은 오래지 않아 실제적인 것이 되 어야 한다. 만일 문인이 그렇게 큰 세력을 가지고 있고, 시대마다 우리를 위 해 그렇게 큰 일을 실제로 하고 있다면, 문인은 언제까지나 버림받은 사람으 로서 업신여겨지며 우리들 사이에서 방황하지는 않을 것이다. 앞서 말한 것 과 같이 인정은 받지 않았다 하더라도 실제로 힘을 가지고 있는 것은 무엇이 든지 언젠가는 모든 장애와 구속을 벗어버리고 우렁차게 외치며 온 세상이 볼 수 있는 권능이 되어 나타날 것이다. 갑이라는 사람이 완전히 다른 사람 인 을처럼 꾸미고 을이 한 일에 대한 삯을 받는다. 이것은 아무런 이익도 될 수 없다. 옳지 않다. 그르다. 그러나 이것을 제대로 고친다는 일은 앞으로 올 여러 시대에 걸친 어려운 문제이다. 우리들이 말하는 이른바 '문학자조합'의 결성은 온갖 복잡한 사정에 가로막혀 아직도 요원하다. 만일 여러분이 나에게 근대 사회에서 가장 좋은 문인의 조직, 즉 그들의 입장과 세상의 입장이라는 현실에 가장 바른 기반을 둔 방법과 규정의 체계는 어떤 것이냐고 만일 묻는다면―이 문제는 나로서는 도저히 감당할 수 없다고 대답할 수밖에 없다. 이것은 어느 한 사람의 힘으로 풀 수 있는 것이 아니라, 여러 세대에 걸쳐 많은 사람들이 열심히 노력하여 비로소 비슷한 해결이나마 얻을 수 있는 문제이다. 어떤 제도가 가장 좋겠는가는 우리 가운데 아무도 말할 수 없다. 그러나 만일 어떤 것이 가장 나쁘냐고 묻는다면 나의 대답은 이러하다. 우리가 지금 가지고 있는 혼란이 심판자가 되어 있는 이 조직이 가장 나쁜 것이다. 가장 좋은 것, 또는 어느 정도 좋은 것에 다다르려면 길은 아직도 아득하다.

한 가지 꼭 말해야 할 것은 왕실이나 의회가 돈을 주는 것은 결코 필요한 일이 아니다. 문인에게 봉급·사례금, 그 밖의 온갖 금전상의 도움을 주더라도 일에는 아무런 도움도 되지 않는다. 황금이 만능이라는 이야기를 우리는 질리도록 들었다. 진정한 사람에게는 빈궁하다는 것이 결코 불행이 아니다. 진정한 사람이냐 아니냐를 보이기 위해―문인은 빈곤해야 한다! 탁발 수도 사회라는 것이 교회 안에 설치되어 선량한 사람들이 구걸하며 돌아다닌 일도 있다. 이것이 곧 그리스도교 정신의 가장 자연스럽고도 필요한 발전이다. 그리스도교의 정신 그 자체가 빈곤·설움·핍박·십자가 등 온갖 종류의 세속적 고초와 오욕(汚辱) 위에 세워진 것이었다. 이런 것이 가르쳐주는 귀중한 교훈을 얻지 못한 사람들은 좋은 교육의 기회를 잃은 것이라고 할 수 있다. 거친 털옷 허리에 밧줄을 두르고 맨발로 구걸하고 다니며, 온 세상의 경멸을 받는 것은 누가 보아도 결코 아름다운 노릇은 아니다. 그래도 결국에 가서는 이렇게 행한 사람의 고결함이 일부의 사람들의 존경을 받게 된다.

오늘날 구걸하며 다니는 것은 우리에게 주어진 길이 아니다. 그러나 존슨의 경우 가난한 것이 오히려 다행이었다고 말하지 않을 사람이 누구이랴? 외견상의 이득이나 성공이 그가 지향해야 할 목적이 아니었음을 그는 알아야 했다. 그의 마음속에도 모든 사람의 경우와 마찬가지로 교만·허영·이기심 등이 싹터 있었으며, 그것들을 제거할 필요가 있었다. ―어떤 고통이 따르더라도 뿌리를 뽑아 내던질 필요가 있었다. 부유하고 고귀한 집안에 태어난 바이런은 가난한 평민 집에 태어난 번스보다 더 큰 성공을 이루지는 못하였다. 아직도 요원한 저 '가장 좋은 조직'에서도 빈곤이 중요한 요소가 되지 않을지 누가 아느냐? 우리의 문인들, 즉 정신적 영웅이 되고자 하는 사람들이, 그때도 지금처럼 일종의 '비자의적인 수도회'를 조직하고, 초라한 빈곤 속에 들어 있는 것을 맛보며, 빈곤 또한 그들에게 도움이 되도록 한다면 어떨 것이냐! 돈은 사실 많은 일을 한다. 그러나 모든 일을 다 하지는 못한다. 우리는 돈의 영역을 알고 돈을 그 속에 제한해야 하며, 그것을 넘으려고 하면 다시 거기다 차 넣어야 한다.

돈이 도움을 베풀 적절한 때와 적당한 관리자 등 모든 일이 준비되었다 하더라도—그것을 받을 가치가 있는 번스 같은 사람을 어떻게 찾아낼 수 있을 것인가? 그는 시련을 이기고 자신을 증명해야만 한다. 이 시련, 이른바 문인생활이라고 하는 사나운 파도 또한 일종의 시련이다. 사회의 낮은 계급에서 높은 지위와 보수로 올라가려는 싸움이 지속되어야 한다는 생각에는 분명 진리가 있다. 이 계급에서는 다른 곳에서도 설 수 있는 강한 사람이 탄생한다. 이런 사람들이 갖는 복잡하고 다양한 투쟁이 사회의 발전을 형성하는 것이다. 다른 모든 사람에게나 문인에게나 공통적인 큰 문제는, 이 투쟁을 어떻게 통제할 것이냐 하는 것이다. 이것을 현재 있는 그대로 맹목적인 우연의 지배에 맡겨 두어 보라. 광분하여 서로 배척하는 분자들의 선풍(旋風), 1000 사람 가운데 겨우 하나가 살아나고 나머지 999명이 자취도 없이 사라지는 것, 저 제왕다운 존슨이 인쇄업자 케이브의 멍에를 메고 다락방에서 지쳐 움직이지도 못하게 하는 것, 번스가 술통과 씨름하다 절망 속에서 죽게 하는 것, 루소가 미칠 지경으로 핍박을 받아 그 역설로 프랑스혁명의 불을 지르게 하는 것은, 이미 말한 바와 같이 가장 나쁜 통제이다. 아, 가장 좋은 통제는 아직도 요원하다.

그러나 의심할 여지없이 그것은 오고 있다. 미래의 세기들 깊이 숨어 있으나 그것이 우리에게로 다가오고 있다는 것은 의심할 여지없이 예언할 수 있다. 인간은 어떤 것이 중요하다는 사실을 알게 되면 곧 그것이 올 길을 닦기 시작하여, 어느 정도까지 성취하지 않고서는 결코 그치지 않기 때문이다. 오늘날 세상에 있는 모든 성직자 단체·귀족사회·지배계급 가운데 책을 쓰는 성직자의 계급보다 중요한 것은 없다. 이것은 아무리 바쁜 사람도 읽고 스스로 결론을 내릴 수 있는 사실 때문이다. 정치가 피트는 번스에 대한 어떤 보조를 요청받자, 이렇게 대답하였다. "문학은 그 자신을 돌볼 것이다." 이에 대하여 시인 사디는 "그럼요, 문학은 그 자신을 돌보겠지요. 뿐만 아니라 만일 당신이 돌보지 않는다면 당신까지도 돌봐줄 것입니다."

개개의 문인에게 미치는 결과는 대단하지 않다. 그들은 개개인에 지나지 않는다. 크나큰 인류 전체의 아주 작은 한 분자에 지나지 않으며, 이제까지의 관습대로 싸우다 혹은 살거나 혹은 죽고 만다. 그러나 사회가 그 빛을 높은 곳에 두고 그 빛으로 걸어가느냐 또는 지금까지와 같이 그 빛을 짓밟아 황량한 벌판에 산산히 흩어 놓느냐(화재가 일어나지 않으리란 보장도 없다) 하는 것은 사회로서는 중대한 문제이다. 세상이 가장 필요로 하는 것은 빛이다. 세상의 머리에 지혜를 주입하면 세상은 그 전투를 승리로 이끌어 인간이 이룩할 수 있는 가장 좋은 세상이 될 것이다. 조직이 없는 문인계급의 변칙상태는, 다른 모든 변칙상태의 중심이고 결과이며, 동시에 원인이라고 나는 생각한다. 이에 대한 좋은 조절은, 모든 것에 대한 새로운 활력이자 올바른 조절의 출발점이 될 것이다. 예를 들어 프랑스·프러시아 등에서는 이미 문인계급이 조직화되어가는 징조가 엿보인다. 이것은 점차 더욱 가능해질 뿐만 아니라 가능해야만 한다고 나는 믿는다.

중국인에 관해 듣는 사실들 가운데 가장 흥미있는 것은 우리로서는 분명히 밝힐 수 없으나, 그래도 무한한 관심을 자아내는 것은 그들은 문인정치를 하려고 한다는 사실이다! 그것은 어떻게 행해졌으며, 또 어느 정도 성공을 거두고 있는지는 알 수 없다. 그런 모든 제도는 아직 비성공적일 것이라고 생각된다. 그러나 아주 미미한 정도의 성공이라도 그렇게 한다는 것 자체가 지극히 소중하다. 중국에서는 청소년들 가운데 유능한 인재를 찾아내려는 일이 전국적으로 추진되고 있는 듯이 보인다. 학교가 곳곳에 있다. 변변치 못한 것이기는 하지만 그래도 교육이 있다. 하급학교에서 우수한 성적을 나타내는 소년은 상급학교의 좋은 지위로 진급하여, 거기서 더욱 우수한 성적을 낼 기회를 얻는다. 거듭 진급한 끝에 이들 중에서 관리나 정치가 뽑힌다. 백성을 다스릴 만한 인물인지 아닌지, 우선 이들에게 시켜본다. 과연 이렇게 하여 뽑힌 사람들은 가장 적절한 사람들이다. 이들은 이미 풍부한 지성을 보여주는 사람들이 아니던가? 시험해 보라, 그들은 아직 실제로 나라나

백성을 다스려 보지는 못하였으므로 그런 능력이 없을 수도 있다. 그러나 그들은 어느 정도의 지식을 가지고 있음을 의심할 수 없다. 지식이 없어서는 사람을 다스릴 수가 없다. 우리는 지식을 일종의 도구라고 생각하기 쉬우나 결코 그렇지 않다. 그것은 "어떤 도구라도 다룰 수 있는 손이다." 이와 같이 뽑힌 사람들을 써보라. 그들은 다른 어떤 사람들보다도 써볼 가치가 있다. 내가 알기로 어떤 정치형태·헌법·혁명·사회기구도 이것만큼 좋은 것이 세상에 없다. 모든 헌법과 혁명에 목적이 있다면, 바로 지혜로운 사람이 일을 맡아하게 하는 것이다. 내가 항상 주장하고 믿는 바에 의하면, 참다운 지력(知力)을 가진 사람은 또한 고결하고, 진실하고, 정의롭고, 인자하고, 용감하기 때문이다. 그 사람을 얻어 정치를 맡기면 모든 것을 얻은 것이고, 그 사람을 얻지 못하면 아무리 많은 헌법을 가지고 있고, 마을마다 의회를 가지더라도 아무것도 얻지 못한 것이다.

이런 일은 이상스럽게 보인다. 우리가 보통 생각하는 것이 아니다. 그러나 이상한 것은 우리가 당면한 시대이고, 이 일은 깊이 생각해 보아야 할 일이며 어떻게든 실천해야 할 일이다. 우리는 오랜 관례로 내려온 제도에 종말을 지었다. 오래 전부터 존재해 왔다는 사실이, 어떤 제도가 앞으로도 있어야 할 이유가 되지는 않는다는 소리가 주위에 높다. 오랜 제도는 썩어서 무력해졌다. 우리 유럽의 모든 사회에서 많은 사람들이, 이제까지의 체제 속에서는 완전히 살 수 없게 되었다. 수천 수백만의 사람들이 죽도록 일을 해도 먹을 것을 얻지 못할 때, '세 사람 가운데 하나가 매년 36주 동안 썩은 감자도 얻지 못할' 때 지금까지의 제도는 단연 자신을 개신할 준비를 해야 한다. ―문인사회의 조직에 대해서는 이 정도로 그치기로 한다.

우리의 문인영웅들에게 가장 심한 고난을 안겨준 것은 문인들이 조직화되지 않은데서 온 것이 아니라, 더 깊은 데 원인이 있었다. 어떤 한 사람이 아니라 많은 문인들과 일반 사람의 불행은 실로 그 원인에서 발생한 것이다. 우리의 문인영웅들은 무질서한 혼돈 속을, 길도 벗도 없이 헤치고 나가―그의 생명과 역량을 거기에 던져 그곳에 도로를 건설하는데 이바지해야 했다. 만일 그의 역량이 마비되어 있지 않았다면, 이것은 영웅의 일반적인 운명이라고 그는 달게 받았을 것이다. 그가 느낀 치명적인 불행은 그의 생명의 기초를 이루고 있던 시대가 정신적으로 마비되어 있었던 일이다. 그러므로 그의 생명까지도 반쯤 마비되어 있었던 것이다. 18세기는 의심의 시대였다. 이 의심이라고 하는 대단치 않은 말 속에는 불행만이 '판도라의 상자' 가득 담겨져 있다. 회의주의란 단지 지적인 의혹만을 의미하는 것이 아니라, 도덕적인 의혹, 즉 모든 종류의 불신·불성실, 정신적인 마비를 의미한다. 영웅적으로 사는 것이 이토록 어려웠던 세기는 이 세상이 시작된 이래 별로 없었을 것이다. 그것은 신앙의 시대—곧 영웅들의 시대는 아니었다. 영웅적 정신의 가능성마저 모든 사람의 마음 속에서 공공연하게 거부되었다. 영웅적 정신은 영원히 자취를 감추고, 경박과 형식주의와 범용(凡庸)이 활개를 쳤다. '기적의 시대'라는 것이 그전에 있었다면 과연 있었는지 없었는지는 모른다. 그러나 이제는 자취를 감추었다. 그것은 나약한 시대, 경탄·위대성·신성한 것이 있을 수 없는 시대—단적으로 말해서 신이 없는 세상이다.

이 시대 사람들은 생각하는 것이 얼마나 저속하고 시시하였던가! 그리스도 교도인 셰익스피어나 밀턴 같은 이들과 비교하는 것은 고사하고, 고대의 이교도인 스콜드나 어떤 종류의 신을 믿는 사람들과 비교해 보아도 말이다. 이 세계를 덮은 가지들은 저 아름다운 선율의 예언을 들려주며, 하계(下界)에 깊이 뿌리를 뻗고 있는 생명의 나무, 이그드라실은 죽고 그 대신 세상을 소음으로 채우는 기계가 판을 쳤다. '나무'와 '기계!' 이 둘을 비교해보라. 나는 선언한다. 세상은 결코 기계가 아니다! 세상은 톱니바퀴 같은 동기(動機), 자기중심·제지(制止)·균형 등에 의해서 돌아가는 것이 아니다. 방직기계의 소음, 의회의 다수결 따위와는 전혀 다른 무엇이 있다. 요컨대 세상은 결코 기계가 아니다! 옛날 노쓰의 이교도들은 이 가엾은 사람들보다도 신의 세계에 대하여 훨씬 더 참된 견해를 가지고 있었다. 저 옛날의 이교도 노쓰인들은 성실한 사람들이었다. 그러나 이 가엾은 회의파(懷疑派)들은 성실도 진리도 가지고 있지 않았다. 반 진리와 허위를 진리라고 부르고 있었다. 진리란 대부분 사람의 경우에 그럴 듯이 보이는 수단, 투표수로 셀 수 있는 어떤 것을 의미하였다. 그들은 성실이 어떤 것인지 완전히 잊어버리고 있었다. 얼마나 많은 사이비 진실이 정말 깜짝 놀라면서 화를 내고 반문하였는가. 그래, 내가 진실하지 않느냐고. 정신적 마비는 기계적인 삶밖에는 아무것도 남기지 않았다. 이것이 18세기의 특색이었다. 일반 사람으로서는 다행히도 이 세기보다 뒤에 또는 앞에 속하지 않고서는 신념을 가진 영웅이 된다는 것은 전혀 불가능하였다. 그는 이러한 시대적 해독 속에 무의식적으로 묻히게 되었다. 가장 강한 사람만이, 무한한 악전고투 끝에 그 영향에서 반쯤 벗어날 수 있었다. 그리하여 실신한 상태, 지극히 비장한 모양으로 살아도 죽은 정신적 생활, 반영웅적 생활을 할 수 있었다.

이 모든 상태를 가리켜 우리는 회의주의라고 부른다. 그것이 이러한 모든 것을 빚어낸 원인이며 여기에 대해 말한다면 할 말이 많다. 18세기와 그 시대상에 대해 말한다면, 하나의 강연 중 잠시 언급하는 정도가 아니라 얼마든지 많은 강연을 할 수가 있다. 그런데 우리가 여기서 회의주의라고 부르는 이것이 바로 인간생활이 시작된 이래의 모든 가르침과 강화(講話)가 공격의 대상으로 삼아온 검은 병폐이며 생명의 적이다. 신앙과 불신앙의 싸움은 끝이 없는 전쟁이다. 나는 여기서 어떤 시대를 탓하고자 하는 것은 아니다. 18세기의 회의주의도 이제까지의 방식대로의 신앙이 노쇠하며 새롭고 보다 더 좋은 방식의 길을 마련하려는 준비―곧 필연적인 것으로 생각해야 한다. 따라서 우리는 그 시대의 사람들을 탓할 것이 아니라 그들의 가혹한 운명을 슬퍼하련다. 낡은 형식을 파괴한다는 것은 영구불변한 본질을 파괴하는 것이 아니라는 것, 또 회의주의는 슬프고 싫은 것이기는 하지만, 시작이지 끝이 아니라는 것을 알아야 한다.

지난날 나는 미리 그런 의도를 가지고 그런 것은 아니지만, 인간과 인생에 대한 벤담의 의견을 언급하며, 그것이 마호메트의 주장보다 못하다고 말하였다. 이미 그 말을 했던 이상, 그것이 나의 신중한 소신이라고 말하지 않을 수 없다. 그렇다고 벤담이나, 그를 존경하고 있는 사람들을 나무라려는 뜻은 조금도 없다. 벤담은 물론 그의 의견도 상대적으로 말하면 훌륭하다. 온 세상이 머뭇거리며 우유부단한 태도로 이루려던 목표를 단호히 이루었기 때문이다. 우리는 이 시련을 마주하자―죽든가, 치료를 받을 것이다. 나는 이러한 거센, 증기기관 같은 공리주의를 어떤 새로운 신앙으로의 실마리라고 부른다. 이것은 위선을 버리고 이렇게 혼잣말을 하는 것이다. "그렇다면 이 세계는 생명이 없는 철로 만든 기계이고, 그 신은 만유인력과 굶주린 이기심이다. 억제하고 균형을 취하며, 이와 의견을 잘 조성함으로써 이 세계에서 무엇이 이루어지나 보자." 이러한 공리주의에는 철저하고 단호한 면이 있다.

진실이라 생각되는 것에 이처럼 대담하게 뛰어드는 점에 있어서 말이다. 영웅적이라고 부를 수도 있다. 그러나 이것은 '눈' 빠진 영웅심이다! 이것은 미지근한 상태에 있으면서 18세기 사람들의 생활 전면에 퍼져 있던 것의 절정이며, 대담한 최후통첩이다. 신을 부인하거나 입으로만 믿던 모든 사람은, 용기와 정직성을 가지고 있다면 모두 공리주의자가 되어야 할 것이라고 나는 생각한다. 공리주의는 일종의 '눈이 빠진' 영웅정신이다. 인류는 불행히 눈이 멀어, 팔레스티나 인의 맷돌을 돌리는 삼손처럼, 제분공장의 기둥을 경련적으로 움켜잡아 크나큰 파멸을 가져오나, 결국은 그와 함께 구원을 얻는다. 벤담을 나쁘게 말할 생각은 내게는 전혀 없었다.

그러나 나는 다음의 말만은 하고자 한다. 모든 사람이 알고 마음에 새겨두기를 원한다. 즉 그것은 우주가 기계로밖에 보이지 않는 사람은, 지극히 치명적으로 우주의 비밀을 전혀 파악치 못하고 있다는 사실이다. 이 우주에 대한 인간의 관념에서 일체의 신적 존재를 제거한다는 것은, 인간이 범할 수 있는 가장 비인간적인 과오—나는 이것을 이교적(異敎的)인 과오라 불러 이교를 모욕할 생각은 없다—라고 나는 생각한다. 그러한 생각은 옳지 않다. 완전히 그릇된 것이다. 그렇게 생각하는 사람은 세상의 모든 것을 그릇되게 생각할 것이다. 이 원죄는 그가 내릴 수 있는 모든 결론을 그릇되게 할 것이다. 이것보다도 통탄할 망상은 없다—귀신을 믿는 것보다도 못하다. 귀신을 믿는 사람은 그래도 조금은 산 것을 믿었으니까. 그러나 이것은 생명이 없는 쇠를 믿는 짓이다. 신도 귀신도 아니다. —그러므로 이것을 믿으면 고귀하고 신성하고 계시적인 것은 모두 사멸하게 된다. 인생의 곳곳에 흉측스러운 잔해, 일체의 영혼이 나가고 없는 기계적인 허울만 남게 된다. 사람이 어찌 영웅적으로 행동할 수 있으랴? '동기설(動機說)'은 인생을 다소 가장하고 있지만, 쾌락을 즐기고 고통을 두려워하는 것에 지나지 않으며, 인기와 돈과 먹을 것에 대한 욕망이야말로 인생의 궁극적 사실이라고 사람들에게 가르칠 것이다. 그것은 요컨대 무신론으로서, 그 자신에게 실로 무서운 벌을 내린다. 사람은 정신적으로 마비된 사람이 되고, 신성한 우주는 생명이 없는 기계적인 증기기관이 되어, 모든 동기, 억제, 균형, 그 밖에 이름도 모를 여러 장치에 의하여 움직인다. 그리하여 사람은 팔라리스처럼 자기가 만들어낸 황소의 뱃속에 들어앉아 비참하게 죽어간다.

신앙이란 인간 영혼의 건전한 활동이라고 나는 정의한다. 믿게 된다는 것은 신비하고 뭐라고 형언할 수 없는 과정이다. —모든 생명활동이 그러하지만. 우리가 심정(心情)을 가지고 있는 것은 그것을 가지고 시비를 따지자는 것이 아니라, 그것으로 무엇을 밝게 보고 무엇에 대한 명확한 신념과 이해를 가지게 되어 행동으로 옮기기 위해서이다. 의혹 그 자체는 죄가 아니다. 사실 우리는 갑자기 밖으로 뛰어나가, 가장 먼저 눈에 띄는 것을 붙잡고 곧 믿지는 않는다. 다양한 사물에 대한 다양한 의혹, 탐구심은 이성(理性)이 있는 각 사람의 마음속에 있다. 그것은 사람의 심정이 알고, 믿고자 하는 것에 대한 신비한 작용이다. 신앙은 그것으로부터 나온다. 마치 땅 속에 뻗은 뿌리로부터 나무가 솟아나오듯이. 그러나 흔한 물건에 대한 경우에도 사람은 의심을 가슴 속에 감춰 두고, 긍정 또는 부정으로 어느 정도 판명되기를 기다릴 것이 필요하다면, 하물며 전혀 말로 표현할 수 없는 최고의 사물에 대한 경우에랴! 사람이 자기의 의심을 자랑삼아 늘어놓으며, 토론과 논리(기껏해야 사물에 대한 자기의 생각, 신념과 불신을 남에게 말하는 방법을 의미하는데 지나지 않는다)가 자기가 가진 지성의 승리요 진정한 사업이라고 생각한다면! 이것이야말로 나무를 거꾸로 세워, 푸른 가지와 잎과 열매 대신 추하고 엉긴 뿌리를 공중에 자랑하는 것이나 같다. —성장은 전혀 있을 수 없고 다만 죽음과 불행이 있을 뿐이다.

앞서 말한 바와 같이, 회의주의는 지성의 문제일 뿐만 아니라 도덕의 문제이기도 하다. 그것은 영혼 전체의 만성적 위축이며 병(病)이다. 사람은 무엇인가를 믿음으로써 살 수 있는 것이지, 많은 것에 대해 토론하고 논의함으로써 살 수 있는 것이 아니다. 사람의 신앙이라는 것이 고작 주머니 속에 집어넣고, 어떤 기관으로 소화시킬 수 있는 물건일 뿐이라면 그 사람은 다 된 사람이다. 사람이 더 이상 낮아질 수는 없다. 사람이 그렇게까지 낮게 떨어지는 시대야말로 가장 비참하고 병적이고 저열한 시대이다. 세계의 심장이 마비되고 병들었으니 어느 지체가 건강할 수 있으랴? 세상 일의 모든 분야에서 진정한 행동은 그치고, 교활한 행동이 시작된다. 세상 일에 대한 삯은 착복당하여 세상의 일은 이루어지지 않는다. 영웅들은 자취를 감추고 협잡꾼들이 등장한다. 로마 세계가 종말을 지은 때—그때도 역시 회의주의와 가짜 및 전면적 타락의 시대였다. 어느 세기가 18세기만큼 협잡꾼이 횡행하고 날뛰었던가? 미덕이니 자비니 하고 큰소리치던 무리들을 생각해 보라. 그 모두 협잡꾼의 무리였으며, 그 선두에 선 자가 바로 칼리오스트로였다. 협잡 병에 걸리지 않은 사람이 거의 없었고, 진리에는 협잡이 반드시 필요한 성분 이라고 생각하였다. 채텀, 저 용감한 채텀^{(1708~1778, 앞서 나온 소(小) 피트의 아버지로, 영국의 대정치가)}도 월폴이 전 하는 바에 의하면, 온 몸에 붕대를 칭칭 감고 의회에 나왔다. 몹시 괴로운 듯이 어정어정 나왔다. 이와같이 나온 그가 그만 토론에 열중한 나머지 자기 가 병자 시늉을 하는 사람임을 잊어버리고 붕대를 감은 팔을 내휘두르며 열 변을 토하였다. 채텀 같은 큰 인물도 끝내 반(半)영웅, 반협잡꾼으로서 매 우 기이한 시늉의 생활을 보냈던 것이다. 세상에는 어리석은 바보가 가득하 며, 세상 사람들의 동의를 받는다는 것이 사람으로서는 필요하기 때문이다. 이런 상태로서 세상의 다양한 임무는 이렇게 수행될 것이며, 한두 사람, 아 니 많은 사람들에게 실패를 의미하고, 비애와 불행을 의미하는 잘못이, 세상 일의 모든 분야에서 얼마나 쌓여갈지 우리는 가늠해 볼 필요도 없다.

불신의 세상이라고 말하는 것은 이 세상이 가진 모든 병의 근원을 지적하 는 것이라고 나는 생각한다. 불성실한 세계, 신이 없는 허위의 세계이다. 사 회의 모든 병폐, 프랑스 대혁명, 챠티스트 운동 등 많은 것이 생겨난 원인은 이것이다. 그들이 일어날 주된 필연성은 여기에 있었던 것이다. 이것은 달라 져야 한다. 이것이 달라지지 않고서는 어떠한 것도 달라지지 않는다. 결국 좋은 세상이 될 수 없는 것이다. 세상에 대한 나의 단 하나의 희망, 세상의 비참상을 바라볼 때 단 하나의 위안은 이것이 달라지고 있다는 사실이다. 이 세상은 진실한 것이며 허울도 허위도 아니다. 나는 살아 있다. 죽어 있거나 마비되어 있지 않다. 세계도 살아 있다. 시간의 시초에서처럼 세상은 아름답 고, 두려운 신성(神性)으로 충만하다는 것을 아는 사람이 여기저기 보인다. 한 사람이 그것을 알게 되면 오래지 않아 많은 사람이, 모든 사람이 그것을 알게 된다. 색안경을 벗고 제대로 보는 사람이면 누구나 알 수 있도록 그 사 실은 눈앞에 놓여 있다. 그런 사람에게는 그 믿음을 잃은 세기도, 그 세기의 저주받은 많은 산물과 더불어 이미 과거의 것이 되고, 새로운 세기가 이미 와 있다. 이제까지의 저주받은 산물과 사업들은, 실제 있는 것으로 보이지만 사실은 허깨비에 지나지 않는다. 곧 사라지고 말 것들이다. 그 허깨비와 그 밖에 온 세상이 추종하며 찬사를 드리는 아주 대단해 보이는 가짜에 대하여,

그는 이렇게 호령할 수가 있다. "너는 진짜가 아니다. 너는 존재하지 않는 것이다. 있는 듯이 보일 뿐이다. 사라져라!"—그렇다. 공허한 형식주의, 조악한 공리주의, 그리고 그 밖의 비영웅적·무신론적 불성실은 눈에 보이게 빨리 물러가고 있다. 신앙을 갖지 못한 18세기 같은 것은 이따금씩 생겨나는 예외에 지나지 않는다. —나는 예언한다. 세상은 다시 성실한 것, 믿는 세상이 될 것이다. 많은 영웅을 거느린 영웅적인 세상이 될 것이다! 그때야말로 승리의 세상이 올 것이다. 그전에는 결코 오지 않는다.

그런데 세상이니 승리의 세상이니 말해서 무엇하는가? 사람들은 세상 이야기를 너무도 많이 한다. 세상이야 어떻게 되든, 승리가 있는 세상이든 없는 세상이든, 사람마다 자기의 삶을 가지고 있지 않은가? 하나의 삶은 두 개의 영겁 사이에 끼어 있는 덧없는 섬광이다. 사람에게는 또 한 번의 기회란 영원히 없다! 따라서 사람은 바보로, 허깨비로 살지 않고 현명하고 진실하게 사는 것이 마땅하다. 세상을 구원하는 것이 자기를 구원하는 것을 의미하지 않으며, 세상이 망하는 것이 내가 망하는 것을 의미하지는 않는다. 사람은 자기를 돌봐야 한다. '제집을 지킨다'는 말에는 큰 의미가 있다. 다른 어떤 방법으로 세상을 구원하였다는 말을 나는 아직 듣지 못하였다. 이 세상을 구원한다는 미치광이 같은 생각 자체가, 과장된 감상벽을 가진 18세기의 한 단편이다. 그 말을 지나치게 따르지 않도록 하자. 세상을 구원하는 일은 세상을 만드신 이에게 맡기고 나는 마음 편히 나 자신을 구원하련다. 그 정도가 나로서 할 수 있는 일이다! —요컨대 세상을 위해서나 우리 자신을 위해서나 크게 기뻐할 일은 회의주의·불성실·기계적 무신론, 그리고 이와같은 것에서 오는 모든 해독은 사라지고 있는 것이다. 다 사라지고 말았다고 해도 과언이 아니다.

존슨의 시대에 우리 문인들은 이와 같은 처지 아래 살아야 했다. 그것은 생활에 진리라는 것이 없었던 시대이다. 이제까지의 진리는 소리를 그쳤고, 새로운 진리는 아직도 나타나지 않은 채, 입을 열려고도 하지 않았다. 이 세상에서의 인간의 삶은 진실이며, 사실이며, 영원히 그런 것으로서 계속되려 한다는 생각도, 다른 어떤 새로운 계시도 그 어두운 시대에는 떠오르지 않았다. 아무런 계시도, 프랑스혁명 같은 것도 나타나지 않았다. —프랑스혁명은 비록 지옥의 불에 싸인 진리이기는 하였으나 하나의 진리였다고 여기서 다시 말한다. 확실한 목적지를 가진 루터의 순례와, 더 이상 믿을 수 없고 이해할 수 없게 된 전설·가설 따위에만 둘러싸인 존슨의 순례는 얼마나 달랐던가! 마호메트의 장애가 되었던 신앙 형식은 '초와 기름을 바른 나무'로 되어 있으므로 태워버리고 길을 열 수는 있었다. 그러나 가련한 존슨의 것은 간단히 태워버릴 수 있는 것이 아니었다. ─강한 사람에게는 항상 '일'이 생긴다. 일이란 그에게서 온 힘을 다하기를 요구하는 곤란과 고생을 의미한다. 그러나 우리의 가엾은 문인영웅들의 조건하에서 승리를 거둔다는 것은 다른 어떤 조건하에서 거두는 것보다도 어려운 일이었다. 비단 장애와 혼란, 서적 상인 오스본, 하루에 네 푼 반의 삯, 이런 것뿐만 아니라 그의 영혼의 빛마저 빼앗긴 것이다. 목표로 삼을 물건이라곤 땅 위에 하나도 없고, 길 안내로 삼을 별이란 하늘에 하나도 없었다. 그러므로 이 세 사람이 모두 성공에 다다르지 못한 것은 이상한 일이 아니다. 진실하게 싸웠다는 것만도 매우 장한 일이다. 우리는 살아서 승리를 거둔 세 사람의 영웅들은 아니지만, 세 사람의 전사(戰死)한 영웅들의 무덤을 조용히 바라보기로 하자. 그들은 또한 우리를 위해 쓰러지고 우리를 위해 길을 닦은 사람들이다. 거인들과 싸우며 그들이 던진 것들이 산이 되고, 그 산들을 짊어지고 사는 동안 그들의 힘과 생명이 소모된 것이며, 그 산들 밑에 그들은 묻혀 영원히 잠들었다.

이 세 사람의 문인영웅들에 대해서 나는 이제까지 특별히 또는 우연히 언급하였으니, 생각건대 그것은 여러분이 모두 아시는 것으로 두 번 다시 말하거나 쓸 필요는 없을 것이다. 여기서 말하고자 하는 점은, 그들은 이상한 시대의 이상한 예언자였다는 점이다. 그들은 과연 예언자들이었으며, 그들과 그들의 시대가 보여주는 특색은 이 관점에서 볼 때 우리에게 많은 생각할 점을 준다. 나는 이 세 사람을 다소 정도의 차이는 있으나 모두 진정한 사람들이었다고 부른다. 그들은 대개 무의식적으로 진실하려 애쓰고, 자신들을 사물의 영원한 진리 위에 세우려고 싸운 사람들이다. 이것이 그들을 그 시대의 가련한 비자연적인 대중들과 크게 다른 사람들로 만들어, 그들을 영원한 진리의 대변자, 그들 시대의 예언자로 만든 것이다. 그들에게 그런 숭고한 필연성을 준 것은 다름아닌 대자연 그것이었다. 그들은 사실 아닌 것에서 양식을 얻고 살 수 없을 만큼 위대한 사람들이었다. ─뜬구름, 거품, 그 밖의 모든 헛된 것은 그들의 발 아래에서 사라졌다. 그들은 굳은 땅 위에만 설 수 있었고, 그 위에서만 쉴 수 있고 제대로 움직일 수 있었다. 어느 정도까지 그들은 인위적 시대에 나타난 자연의 아들들이었다. 다시 한 번 나타난 독창적인 사람들이었다.

존슨에 대해서 말한다면, 그는 본디 영국의 위인 중 한 사람이었다고 나는 항상 생각한다. 그는 강건하고 고상한 천성을 타고난 사람이었다. 그러나 그는 자기가 가진 많은 것은 끝내 충분히 발현하지 못하였다. 만일 더 좋은 시대에 태어났더라면 그는 시인·성직자·왕, 그 어떤 것이 되지 않았으랴? 그러나 사람은 자신의 처지나 시대 등을 탓할 것은 아니다. 그렇게 한들 무슨 소용이 있으랴! 그의 시대가 나쁘다. 하지만 그래도 좋다. 그땐 그것을 보다 좋게 하기 위하여 그에게 삶이 주어진 것이다! ─존슨의 젊은 시절은 가난·고립·절망 속에 묻힌 비참한 것이었다. 사실 아무리 좋은 외적 조건 아래 놓였더라도 그의 생애가 비참하지 않았으리라고 생각되지는 않는다. 세상은 그에게 더 훌륭한 일을 시킬 수 있었을지도 모른다. 그러나 세상의 일에 대한 그의 노력은 결코 더 가볍지는 않았을 것이다. 대자연은 그의 고결함에 대한 대가로서 병든 설움의 세계에서 살라고 그에게 명령하였다. 아니, 설움과 고결함은 분리할 수 없이 서로 밀접하게 연결되어 있었을 것이다. 하여튼 가엾은 존슨은 항상 우울증에 시달리며 물적·심적 고통을 옷처럼 입고 돌아다녀야 했다. 마치 불로 태우는 듯한 고통을 주는 네수스의 셔츠를 입은 헤라클레스 같았다(네수스는 그리스 신화에 나오는 반인반수(半人半獸)의 괴물, 그에게 속아 헤라클레스의 아내가 남편에게 독이 묻은 셔츠를 입혀 죽였다). 그 셔츠가 이 사람에게 불치의 불행을 주었다. 이 셔츠는 벗어버릴 수도 없었다. 그것은 그가 입고 태어난 피부였던 것이다. 그는 이와 같이 살아야 했다. 불치의 병, 크고 탐욕적인 마음, 표현할 길 없는 사상의 혼돈을 가진 그가 이 대지 위를 이방인으로 서글피 걸어다니며, 정신의 양식을 만나면 닥치는 대로 먹고, 좀더 나은 것이 없으면 어학 교과서나 시시한 문법책까지도 가리지 않고 탐식하였다. 당시 온 영국에서 가장 위대한 영혼의 소유자였으나, 그에게 주어진 보수는 '하루에 네 푼 반'의 돈이었다. 그래도 그는 거인같이 정복되지 않는 영혼, 진정한 인간의 영혼을 지닌 사람이었다. 그가 옥스퍼드 대학을 다닐 때의 구두 이야기는 두고두고 잊히지 않는다. 거칠고 보기 흉한 얼굴에 수척한 이 대학 급비생(給費生)은 겨울철에도 밑창이 다 떨어져나간 구두를 신고 성큼성큼 걸어다녔다. 그것을 본 어떤 부잣집 학생이 불쌍하게 생각하고 새 구두 한 켤레를 몰래 그의 방 문 앞에 갖다 놓았다. 수척한 급비생이 그것을 집어들고 물끄러미 들여다볼 때 과연 어떤 생각이 그의 마음 속에서 파도쳤을까? —이윽고 그는 그것을 창 밖으로 내던졌다. 젖은 발, 흙탕물, 추위, 굶주림, 그 밖의 어떤 고생도 달가웠으나 동정만은 받고 싶지 않았다. 소박하고 완강한 자활의 정신, 모욕·불운·궁핍이 밀물처럼 밀려와도 꺾이지 않는 고매하고 남아다운 의지. 새 구두를 내던지는 이 행동이 그의 일생의 축도를 보여준다. 독창적인 인물—결코 남의 것을 빌리거나 구걸해 사는 타율적인 인간이 아니다. 사람마다 자기 힘으로 서도록 하자! 자기 힘으로 얻을 수 있는 구두를 신고 서도록 하자. 추위이든 흙탕물이든 좋으나 정직한 기반 위에 서자. —자연이 우리에게 주는 사실과 진실 위에 서자. 자연이 우리에게 준 것이 아닌 허울 위에 서지 말자!

존슨은 남자답고 자존의 정신과 자부심이 강하였으나, 자기보다 진실로 더 고상한 것에 대해서는 어떤 사람보다도 더 부드러운 사랑과 충성스러운 복종을 바쳤다. 위대한 인물은 자기 위에 있는 것에 항상 복종과 존경을 드린다. 다만 작고 저열한 사람만이 그렇지 않다. 나는 지난날 내가 말한 것에 대해 이보다 더 좋은 실례를 찾지 못할 것이다. 지난날 말한 것이란, 성실한 사람은 본질상 항상 충실한 사람이다, 영웅들의 세계에 있어서만 비로소 영웅적인 것에 대한 충성스러운 복종이 있었다는 말이다. 독창성의 본질은 새롭다는 것이 아니다. 존슨은 철두철미하게 오랜 것만을 믿었다. 그는 오랜 견해가 믿을 만하고 자기에게도 맞는 것임을 깨닫고, 진정 영웅적인 태도로 그것을 섬기며 살았다. 이 점에 있어서 그는 깊이 연구해볼 만한 가치가 있다. 존슨은 단순히 말과 형식만의 사람이 아니라, 진리와 사실의 사람이었다. 그는 오랜 형식에 따라 산 사람이었다고 해야 할 것이다. 그렇게 살았다는 것은 그로서는 좋은 일이었다. 그러나 그가 따른 모든 형식은 진정한 진실이 들어 있는 것이어야 했다. 이상한 것은, 가련한 종이 같은 시대, 그렇게 비생산적이고 인위적이고, 현학(衒學)과 허위가 가득찬 시대에 이 우주의 위대한 사실이 항상 경탄스럽고, 의심할 수 없고, 형언할 수 없고, 천국적·지옥적인 것으로 이 사람에게 보인 일이다! 이 사실(事實)에 그가 그의 형식들을 어떻게 조화시켰으며, 그 시대의 조건 아래에서 그의 모든 일을 어떻게 하였는가 하는 것은 실로 볼 만한 일이다. '존경·연민·경외(敬畏)를 가지고 볼' 일이다. 볼테르의 시대에 이르러서도 존슨이 여전히 예배를 드리던 세인트 클레멘트 데인스 교회는 내게는 거룩한 장소이다.

존슨이 예언자가 된 것은 그의 성실성 때문이다. 비록 그가 당시 유행하고 있던 인위적인 말을 쓰기는 하였으나, 그래도 아직 어느 정도 대자연의 가슴으로부터 말하였다는 사실의 결과였다. 모든 시대의 말은 인위적이 아닌가? 인위적인 것이 모두 허위는 아니다. ─참된 자연의 산물은 반드시 형체를 가진다. 모든 인위적 사물도 맨처음에는 모두 진실한 것이다. 우리가 '형식'이라고 부르는 것도 그 기원에 있어서는 나쁜 것이 아니라 반드시 선이다. 형식은 방법이고 관습이며, 사람이 있는 곳에는 어디에나 있다. 형식들은 사람들이 많이 다녀서 생긴 큰길 같아서, 많은 사람들이 목적지로 삼는 어떤 신성하고 고귀한 것으로 통한다. 생각해 보라. 누군가가 진지한 충동에 넘쳐 어떤 일을 하는 방법을 발견한다. ─신에 대한 충심에서 우러난 숭배라든지, 또는 단순히 다른 사람에게 하는 인사라든지 하는 적절하게 표현하는 길을 발견한다. 그것을 발견하기 위해서 그는 한 사람의 발명가 즉 시인이어야 했다. 그는 자기와 많은 사람들의 마음 속에서 표현을 찾아 몸부림치는 몽롱한 사상에 몸을 주었다. 이것이 그가 그 일을 하는 방법이며, 그가 남긴 발자국이며, 하나의 '길'의 시초이다. 그러면 그 다음에 오는 사람은, 자연히 먼저 간 사람의 발자국을 따라가게 된다. 그것이 가장 쉬운 방법이기 때문이다. 먼저 간 사람이 낸 길을 가되 길을 개량한다. 적어도 확장한다. 그리하여 많은 사람이 걸을수록 길은 더욱 더 넓어져─마침내 온 세상 사람이 걸을 수 있는 큰길이 된다. 이 큰길의 끝에 어떤 도시나 성당 또는 어떤 종류의 실재물(實在物)이 있는 한, 이 큰길은 좋은 길이다. 그러나 도시가 사라지면 우리는 그 큰길을 버린다. 세상에 있는 모든 제도·관습·규율이 생기고 사라진 과정은 이와 같다. 형식은 처음에는 모두 그 속에 실질을 가득히 가지고 있었다. 형식은 이미 있는 실질에 형상을 준 표현, 또는 외피이다. 그렇지 않게 생겨난 것은 하나도 없다. 우상이 우상숭배가 되고 만 것도 숭배하는 사람이 생각하기에 의심스러운 것, 공허한 것이 되어버렸기 때문이다. 우리는 형식을 매우 규탄하지만, 진실한 형식의 큰 의의를 모르는 사람은 없을 줄로 안다. 그것은 우리가 이 세상을 살아가는데 없어서는 안 될 살림도구였으며,

영원히 필요한 것이다.

그리고 존슨이 자기의 성실성을 자랑하는 일이 얼마나 적은가 보라. 자기가 특별히 성실하다는 생각이—자기가 특별한 인재라는 생각이 그에게는 전혀 없다. 심한 투쟁을 하는 마음이 지친 사람, 굶어죽지 않고 이 세상에서 정직하게 빌어먹으며 절도 노릇을 하지 않고 살아 있으려고 싸우는 학자! 일종의 고귀한 무의식이 그에게 있었다. 그는 자기의 시계에 '진리'라는 말을 새겨가지고 다니지는 않았으나 진리에 입각하여 말하고 일하고 산다. 항상 그런 것이다. 다시 한 번 생각해 보라. 자연이 큰 일을 맡긴 사람은 무엇보다도 우선 자연에 대한 열린 마음을 가지고 있으므로, 그는 성실할 수밖에 없다. 그의 크고 솔직하고 깊이 느끼는 마음에는 자연은 사실이며 허위는 모두 허위이다. 이 생명의 신비라는 말 못할 위대성은, 그가 그것을 인정하든 안 하든, 심지어 그것을 망각하고 부정하는 듯 보이더라도 그의 눈앞에 항상 있다. 두렵고 경탄스러운 것으로서 곳곳에 실재하는 것이다. 그는 성실성이라는 기반 위에 서 있다. 그러나 그는 그것을 인식하지 않는다. 의심하는 일도, 의심할 수도 없기 때문이다. 미라보·마호메트·크롬웰·나폴레옹과 같은 모든 위인은 이것을 근본적 자질로서 가지고 있다. 무수히 많은 평범한 사람들은 논리와 암송에 의해, 사람들로부터 전해 들은 평범한 교설(教說)들을 곳곳에서 토론하고 담론한다. 그러나 이런 것은 위인에게는 여전히 덧없는 것이다. 위인은 자기가 진리라고 생각하는 것을 가져야 한다. 진리를 가지지 않고서 어찌 서 있을 수 있으랴? 그의 온 영혼은 항상 온갖 방법으로써 진리 없이는 서 있을 수 없음을 그에게 일러준다. 그는 진리를 가져야 한다는 숭고한 의무를 지고 있다. 이 세계에 대한 존슨의 사고방식은 우리의 그것과는 다르다. 그것은 마호메트의 경우와 마찬가지로, 나는 이 두 사람 모두에게 성실성이라는 불후의 요소가 있음을 인정하며, 그리고 두 사람의 성실이 다 소용없는 것이 아님을 보고 기쁨을 느낀다. 두 사람이 땅에 뿌린 것은 겨가 아니라 자라날 수 있는 그 무엇이다.

그와 같은 인물들이 언제나 그러하였듯이 존슨은 그의 국민들에게는 예언자였으며, 그들에게 하나의 복음을 전하였다. 그가 전한 최고의 복음을 일종의 도덕적 분별이라고 해도 좋을 것이다. 즉 그것은 '할 일은 많고 아는 것은 적은 세상'에서 자기가 그 일을 하는 방법에 주의하지 않으면 안 된다! 고 말하는 것이다. 이것은 전할 가치가 충분히 있는 물건이다. 할 일은 많고 아는 것은 적은 세상에서 의심과, 가엾게도 신을 잊어버린 불신의 끝없는 심연에 빠지지 않도록 하라, —그렇지 않으면 비참하고 무력한 정신병자가 될 것이다. 어찌 무엇을 이룩하거나 일을 할 수 있으랴? 이런 복음을 존슨은 전하고 가르쳤다. —그것과 동시에 "마음에서 위선을 없애라!"는 또 하나의 큰 복음을 이론적으로 실천적으로 전했다. 위선과 인연을 끊어라. 추운 날이라도 찢어진 구두를 신고 차가운 흙탕물에 서 있어라, "그것이 너를 위해 더 좋다." 마호메트도 그렇게 가르친다. 나는 이 두 가르침을 합쳐서 하나의 위대한 복음이라고 부른다.

존슨의 저작은 당시에는 그처럼 유행과 명성을 얻었으나, 지금에 와서는 젊은 세대들로부터 거부당하고 있다. 그것은 조금도 이상한 일이 아니다. 존슨의 사상은 급속도로 진부한 것이 되어가고 있다. 그렇지만 그의 사상과 생활방식은 결코 진부한 것이 되지 않을 것이다. 존슨의 책에는 위대한 지성과 위대한 영혼의 뚜렷한 자취가 보인다. —어떠한 장애와 역경 밑에 있더라도 언제나 환영할 만한 것이다. 그가 하는 말은 모두 진실한 것이다. 그는 그것에 의해서 사물을 의미한다. 경탄스러운 장엄한 문체—그것은 그 시대의 그로써 도달할 수 있었던 최상의 것이다. 지금은 어색한 것이 되어버렸지만, 운율이 있는 웅변은 매우 장엄하게 흐른다. 때로는 그 내용에 어울리지 않게 과장된 문체이다. 그러나 여러분은 이것을 너그러이 용서하여야 한다. 왜냐하면 과장되었건 안 되었건 그 속에는 항상 무엇이 들어 있기 때문이다. 아름다운 글과 책이지만, 아무것도 들어 있지 않는 것이 얼마든지 있다. 그런 것을 쓰는 사람은 세상에 해독을 끼치는 사람이다. 그런 사람은 피해야 하는 족속이다—만약 존슨이 사전밖에 남기지 않았더라도, 그 속에서 그의 위대한 지성, 그가 참다운 사람이었음을 엿볼 수 있다. 그가 내린 정의의 명확성, 내용의 충실·엄정성·통찰력, 그리고 우수한 방법으로 보아 이것이 모든 사전 중 최고의 것이라고 말할 수 있다. 그 사전은 일종의 건축적 숭고함이 있어서 웅대하고 장중한 건물처럼 완전한 조화를 갖추어 서 있다. 진정한 건축가가 지은 것임을 알 수 있다.

우리가 가진 시간이 넉넉지는 못하지만, 존슨의 전기를 쓴 보즈웰에 대해 한 마디 하지 않을 수 없다. 그는 야비하고 허풍을 떠는 탐욕적인 사람으로 알려져 있다. 많은 의미에 있어서 과연 그런 사람이다. 그러나 존슨을 숭배하였다는 사실만은 영원히 남을 장한 일이다. 어리석고 자부심이 강한 스코틀랜드 출신의 지주가 먼지투성이에 쉽게 화를 내는 위대한 선생을 그의 초라한 다락방으로 찾아가서 탄복해 마지않는다. 이것은 탁월한 자에 대한 진정한 숭배이다. 영웅도 숭배도 전혀 모르던 시대에 그는 영웅을 숭배한 것이다. 그런 사실로 볼 때 영웅은 어느 시대에도 있는 것이며, 어느 정도의 숭배는 반드시 따르기 마련이라고 생각된다. 어떤 인물도 그의 하인에게는 영웅이 아니라는 재치 있는 프랑스 인의 말을 전적으로 부인하게 된다. 만일 그렇다면, 잘못은 영웅에게 있는 것이 아니라 하인에게 있다. 그의 정신이 비굴한 하인의 정신이기 때문이다. 그는 영웅에게 화려한 무대의상을 입고 의젓한 걸음으로 우렁찬 나팔 소리에 맞춰 자기 앞으로 행차할 것을 기대한다. 따라서 위의 말은 '그의 하인으로서는 어떤 인물도 왕이 될 수 없다'라고 고쳐야 할 것이다. 루이 14세의 옷을 벗겨보라. 머리를 괴상하게 가른 가련한 가랑무에 지나지 않는다. —어떤 하인이 보아도 영웅인 줄 모른다. 하인이 영웅을 알아보려면 일종의 영웅이어야 한다. —이 의미에 있어서도, 다른 의미에 있어서도 세상에 부족한 것은 이런 사람이다.

요컨대, 온 영국에서 존슨만큼 숭배할 만한 사람을 발견하지 못하였다는 것은 보즈웰이 사람을 볼 줄 알았다고 말할 수 있지 않을까? 한편 위대하면서도 가련한 존슨에 대해서는, 그는 정말 용감한 사람답게 그의 어렵고 혼돈한 생애를 현명하게 잘 살았다고 말할 수 있지 않을까? 그의 직업인 황량한 저술생활의 혼돈, 그의 종교·정치·인생론과 실제생활에서의 회의주의라는 황량한 혼돈, 게다가 가난하고, 어둑하고 지저분한 거리에 살며 병든 몸에 남루한 옷을 걸치고서도 그는 이러한 것들을 용감한 사람답게 자기를 위해 도움이 되게 하였다. 영원한 세계에 목표로 삼을 샛별이 전혀 반짝이지 않는 것은 아니었다. 그는 샛별을 가지고 있었다. 모든 용감한 사람이 가지고 있어야 하는 그 별에 시선을 동여매고, '시간'이라는 하계(下界)의 바다의 혼란한 소용돌이 속에서도 결코 진로를 바꾸려고 하지 않았다. 그는 "죽음과 굶주림을 견디어 나가며 거짓된 영에 대하여 절대로 의기를 꺾이려고 하지 않았다." 훌륭한 노(老) 사무엘, 마지막 로마인이여!

루소와 그의 영웅정신에 관해서는 말할 것이 많지 않다. 그는 강건한 사람은 아니다. 병적이고, 흥분하기 쉽고, 발작적인 사람이며, 강건하다기보다 오히려 격렬한 사람이다. 그는 지극히 귀중한 성질인 '침묵성'을 가지고 있지 않았다. 프랑스 인으로서는 이 성질을 지닌 사람이 적으며, 또 오늘날에 와서는 어떤 종류의 사람도 이 성질을 별로 지니고 있지 않다. 고뇌하는 사람은 마땅히 '자기자신의 연기를 마셔 없애야 한다.' 발화할 때까지 연기를 뿜어낸다는 것은 아무 소용도 없다. —연기란 비유적인 의미에서도 불이 될 수 있다. 루소는 진정한 위대성의 특질인 깊이·넓이, 그리고 곤란에 부딪쳤을 때의 침착한 힘을 가지고 있지 않았다. 강렬하고 준엄한 것을 힘이라고 부르는 것은 근본적인 과오이다! 이따금 발광하는 사람은 여섯 사람이 달라붙어도 억제할 수 없지만 그렇다고 해서 강한 사람은 아니다. 엄청나게 무거운 짐을 짊어지고도 비틀거리지 않고 걷는 사람이 강한 사람이다. 오늘날 같은 아비규환의 시대에 사는 우리는 항상 이 사실을 잊어서는 안 된다. 말하고 행동할 때가 오기까지 침묵을 지키지 못하는 사람은 진정한 사람이 아니다.

가엾은 루소의 얼굴은 그의 사람됨을 잘 보여준다. 고상하나 협소하고 위축된 격렬성을 보여준다. 앙상한 이마, 깊이 박힌 눈, 그 눈에는 일종의 곤혹스러움이 서려 있다. —어찌할 바를 몰라 산고양이처럼 심하게 노려보는 듯한 느낌이 있다. 수치스러운 고뇌와, 그것에 대한 반항이 가득한 얼굴이다. 그의 얼굴에는 천하고 평민적인 무엇이 있지만 그래도 그것은 격렬성으로 해서 좀 완화되어 있다. 이것은 '광신자'의 얼굴이다. —그는 슬프게도 위축된 영웅이다.

우리가 지금 그의 이야기를 하는 것은 그가 많은 결점에도 불구하고, 영웅의 가장 주요한 특성을 지니고 있기 때문이다. 그는 진실로 진지하다. 어느 누구 못지않게, 프랑스의 저 계몽사상가보다도 더 진지하다. 다감하고 약한 성격에 비하여 너무도 큰 진지성을 가지고 있다. 결국 이것이 가장 이상스러운 자아모순이다. 거의 광기라고 부를 수 있을 정도로 그를 몰아 넣었다. 마침내 그는 일종의 광기 상태에 이르렀다. 그의 사상은 마귀처럼 그를 사로잡았으며 그를 몰아 절벽 위로 달리게 하였다.

루소의 잘못과 불행은 한 마디로 쉽게 말할 수 있다. 이기심이었다. 이기심은 실로 모든 잘못과 불행의 원천이며 전체이다. 그는 단순한 욕망을 이겨낼 수 있을 정도로 자신을 완성할 수 없었다. 따라서 여러 종류의 비열한 욕망이 그의 원동력이었다. 그는 또 사람들의 칭찬을 탐내는 허세가 심한 사람이었다고 생각된다. 여러분은 장리스 (1746~1830. 프랑스의 여류작가·백작부인) 부인의 일을 기억할 것이다. 이 부인은 장 자크 루소를 극장으로 데리고 갔다. 루소는 절대로 자기가 누군지 알려지지 않게 한다는 조건을 내세웠다. ―"그이는 사람들의 눈에 띄는 것을 싫어했어요!" 그런데 그만 그가 앉은 좌석의 커튼이 열려서 사람들은 장 자크를 알아

루소(1712~1788)
프랑스의 사상가·소설가.

보았다. 그러나 큰 센세이션은 일으키지 않았다. 그는 몹시 화를 내고 공연이 다 끝나도록 불쾌해하며, 못마땅한 듯한 말만 하였다. 동행한 백작부인은 장 자크가 화를 낸 원인은 사람들의 눈에 띄었기 때문이 아니라, 보고도 갈채를 보내지 않았기 때문이라고 확신하였다. 그의 성격은 완전히 비틀려서 의혹과, 자기고립과 사나운 우울증의 덩어리가 되었다. 루소는 누구하고도 어울려 살 수 없었다. 한 지위 높은 시골 출신의 사람이 그를 찾아와서 존경하는 뜻을 나타내곤 했다. 그런데 어느 날 장 자크는 까닭 모르게 몹시 불쾌해하였다. 이글거리는 눈으로 바라보며 장 자크는 말했다.

"자네가 왜 이렇게 날 찾아오는지 난 다 알고 있다네. 내가 얼마나 초라하게 살고 있는가를 보려고 왔지. 저기서 끓고 있는 내 냄비가 얼마나 작은가 보려는 것이지. 자, 냄비 속을 보여드리지. 고기 반 파운드, 당근 한 개, 양파 셋, 그뿐이오. 자, 가서 동네방네 알려주시구려!"

이쯤 된 사람은 어찌할 방법이 없다. 온 세상은 가련한 장 자크의 이러한 심술궂고 위축된 성질로부터 웃음거리나 희극적인 일화를 공급받았다. 그러나 장 자크는 사람들이 웃는다고 가볍게 생각하지 않았다. 너무도 그들에게

마음을 썼다. 이것은 죽어가는 투우사의 잘못된 모습이다. 관람석을 메운 사람들은 재미나게 구경하고 있다. 그러나 투우사는 극심한 고통 속에서 죽어가고 있다.

루소는 모성에 대한 그의 정열적 호소, 사회계약설, 자연의 예찬, 또는 자연 속에서의 야생적 생활까지도 예찬함으로써 진실에 도달하고, 진실을 지향하여 싸웠다. 즉 그의 시대에 대해 예언자의 천직을 다하였던 것이다. 그로서, 그 시대로서 할 수 있는 데까지! 이상한 것은 그 모든 위축·타락·광증 속에서도 가련한 루소의 마음속 깊은 곳에는 진정 천상(天上)의 불꽃이 있었다는 사실이다. 그 조소적인 철학·회의·광대놀이의 시대에서도 이 사람의 마음속에는 우리가 사는 이 세상은 진실하다. 회의·형식·광대놀이가 아니라 사실이며 두려운 실재(實在)라는 감정과 지식이 솟아났다. 자연은 이 계시를 그에게 주고 선언하라고 명령하였다. 루소는 이것을 선언하였다. 훌륭하고 분명하게 하지 못하고 서툴고 모호하게 하였을망정 그로써는 가능한 한 분명하게 선언하였다. 그의 모든 잘못과 단점, 리본을 훔친 일, 목적의식도 질서도 없는 불행과 방랑까지도 호의로써 해석한다면, 자기에게 너무 벅찬 사명을 맡아 아직도 발견하지 못한 길로 심부름가는 사람이 어리둥절해서 이리저리 비칠거리는 것이 아니고 무엇인가? 우리는 항상 사람을 너그럽게 대해주며 희망을 가져야 한다. 그의 힘을 다하도록 두고 보아야 한다. 어떤 사람이나 살아 있는 동안은 희망이 있다.

루소의 문학적 소질은 그의 나라 사람들 사이에서는 아직까지도 대단한 것으로 되어 있으나, 그것에 대해서는 나는 할 말이 많지 않다. 루소의 책은 루소 자신과 같아서 건전하지 않다. 좋은 종류의 책이 아니다. 루소에게는 일종의 감각성이 있다. 그것이 그의 지력(知力)과 결합되었을 때 그려지는 그림은 찬란한 매력을 띤다. 그러나 그것은 순수하게 시적(詩的)인 것은 아니다. 투명한 햇빛이 아니라 오페라적인 것, 장미의 분홍빛 같은 인위적 장식이다. 이것은 그의 시대 이래로 프랑스 인들의 저술에 자주 나타나는 것이다. 아니 보편적으로 나타난다. 그것은 마담 드 스탈에게도 더러 있고, 생피에르, 그리고 오늘날의 놀라운 '절망의 문학'에 이르기까지 어디에나 가득하다. 이 분홍빛은 정당한 색이 아니다. 셰익스피어·괴테, 하다못해 월터 스콧을 보라! 이들을 본 사람은 진리와 거짓의 차이를 본 사람이며, 한 번 그 차이를 보면 영원히 구별할 수 있다.

우리는 존슨에게서 온갖 불행과 위축 속에서도 예언자가 세상을 위해서 얼마나 많은 좋은 일을 할 수 있느냐를 보았다. 그러나 루소에게서는 불리한 조건하에서는 얼마나 많은 악이 선에 수반되느냐를 보게 될 것이다. 역사적으로 보면 루소는 지극히 많은 결실을 초래하였다. 파리의 다락방으로 추방되어 사색과 궁핍에 묻혀 살며, 루소는 세상이나 세상의 법은 자기 편이 아니라는 것을 사무치게 느꼈다. 어떤 방법으로든 가능하기만 하였다면 그 같은 사람을 세상과 적대관계에 두지 않는 것이 좋았을 것이다. 루소를 다락방 속에 가두고 미치광이로 취급하여 조소하며, 우리에 갇힌 짐승인 양 그 안에서 굶어 죽도록 내버려둘 수는 있었다. ―그러나 루소가 세상에 불을 지르는 것을 막을 수는 없었다. 프랑스 대혁명은 루소를 복음 전도자로 만들었다. 문명생활의 불행에 대한 그의 반광적(半狂的)인 사색과, 야만의 상태가 문명생활보다 낫다는 사상은 온 프랑스를 광적으로 만드는 데 큰 도움이 되었다. 세상은 또는 세상을 다스리는 사람들은 이와 같은 사람을 어떻게 대우할 수 있는가? 세상의 통치자들이 이와 같은 사람을 어떻게 대우할 수 있는지는 정말 대답하기 곤란하다. 그가 세상의 통치자들을 어떻게 대우할 수 있었느냐가 불행하게도 더 알기 쉽다. ―많은 사람을 단두대에 달아 죽일 따름이다! 루소에 대해서는 이 정도로 그친다.

위축되고, 신앙이 없고, 창의성을 잃은 18세기의 인위적이고 허수아비 같은 사람들 속에서 한 영웅이 로버트 번스라는 사람의 모습을 빌려 나타난 것은 이상한 일이다. 메마른 사막에 솟는 작은 샘물인 듯―인위적인 복스홀에 하늘로부터의 빛이 갑자기 비쳐 들어온 듯! 사람들은 그것을 어떻게 해석해야 할지 몰랐다. 그들은 그것을 다만 복스홀의 불꽃놀이 정도로 생각하였다. 아, 그것은 이에 대하여 반맹목적으로 생명을 건 듯이 싸웠으나, 그렇게 생각되는 대로 내버려두고 있었다. 아마 이 사람처럼 세상으로부터 부당한 대우를 받은 사람도 없었을 것이다. 다시 한 번 억울한 인생극이 태양 아래에서 상연되었다.

번스의 생애가 비극적임은 여러분이 다 아시는 바이다. 한 사람이 차지한 지위와 그 사람에게 어울리는 지위와의 차이가 불우한 운명을 의미한다면, 번스처럼 불우한 사람도 없다. 18세기의 싸구려 등장인물 속의 그 대부분은 광대들이었지만, 다시 한 번 한 사람의 독창적인 거인, 영원한 생명이 깃든 심연에 뿌리를 뻗고, 사람들 속에 영웅적 지위를 갖고 있는 사람이 나타났다. 그것도 에어셔의 초라한 오두막집에서 태어났다. 영국 전체에서 가장 위대한 영혼이, 억센 손을 가진 스코틀랜드 농부의 모습으로 세상에 왔던 것이다.

가난한 일꾼인 그의 아버지는 여러 가지 일에 손을 댔으나 항상 곤궁에서 벗어날 수는 없었다. 지주들과 스코틀랜드 인의 마름들은 언제나 위협적인 편지를 보내와, 번스 자신의 표현을 빌리면 "그 때문에 우리 집안은 눈물 바다가 되었다." 우리란 곧 용감히 고된 일과 싸우며 고생하는 아버지와 그의 씩씩한 아내, 그리고 번스와 그 형제들이었다. 이 넓은 세상에 그들이 달리 의지할 곳은 없었다. "그 편지들을 받고 우리 집안은 눈물 바다가 되었다." 생각해 보라! 그 씩씩한 아버지, 그는 내가 늘 말하듯이 침묵의 영웅이고 시인이었다. 그가 아니었더라면 그의 아들도 말을 하는 영웅 즉 시인이 되지 못하였을 것이다. 번스의 은사는 나중에 런던으로 와서 상류사회란 어떤 것인가를 알게 되었다. 그러나 어떤 사람들의 집회도 이 농부네 난롯가에서 즐긴 담화보다 더 좋은 것은 없었노라고 말하고 있다. 그러나 이 농부의 '7 에이커의 농장'도, 그가 생계를 유지하려고 시작한 다른 어떤 일도 잘 되지 않았다. 그의 일생은 힘겨운 싸움으로 일관한 것이었다. 그러나 그는 용감하게 저항한, 현명하고 성실하고 굴하지 않는 정신을 가진 사람이었다. 날마다 무수한 고난을 묵묵히 삼키며, 숨은 영웅답게 싸웠다. —그의 장한 공훈을 신문기사로 쓰거나 투표를 던져 알려주는 사람은 없었다. 그러나 그는 덧없이 죽지는 않았다. 아무것도 잃은 것이 없다. 로버트가 세상에 있었다. 그의 소산이. —실로 여러 세대에 걸친 그와 같은 사람들의 소산이 거기 있었다.

번스는 온갖 불리한 조건 아래에서 나타났다. 교육을 받지 못하였고 너무 가난하여 심한 노동을 해야만 했다. 글을 짓는 일만 하더라도 그가 살던 좁은 지방에서만 통용되는 시골 사투리를 썼다. 만일 그가 쓴 글이 영국 전체에 통용되는 말로 되었던들 번스는 이미 가장 큰 위인들 중 한 사람으로서 일반적으로 인정되었으리라는 것을 나는 의심치 않는다. 그렇게 많은 사람들이 그의 사투리의 껍질을 깨뜨리려고 했다는 사실은 그 사투리 속에 심상치 않은 무엇이 들어 있다는 증거이다. 번스는 얼마간 크게 인정받았으며,

광대한 앵글로 색슨의 세상 모든 지역에서 그에 대한 인정은 지금도 더 깊어간다. 색슨말이 쓰이는 곳이면 어디서나 18세기 앵글로 색슨 가운데 가장 위대한 사람의 하나는 에어셔의 농부, 로버트 번스였다는 사실이 인식되어가고 있다. 그렇다, 여기 진정 앵글로 색슨적인 인재가 있다. 하르츠의 암석처럼 세계의 깊은 밑바닥에 뿌리를 박은 것이 있다. ― 암석이라고는 하지만 그 속에 생명의 샘이 들어 있다. 정서와 힘의 거센 분류가 그 속에 고요히 잠들어 있다. 그 중심에는 실로 천국적인 선율이 깃들어 있다. 고상하고 소박한 순수함, 허식 없고 흙냄새 나

번스(1759~1796)
영국의 시인

고, 순직하고 진정한 힘에서 오는 단순성, 그것에는 번갯불과 이슬같이 인자한 연민이 있다. ―고대 북유럽의 천둥의 신(神) 토르같이, 농부의 신(神)같이!

번스의 동생 길버트는 사려 깊은 훌륭한 사람이었다. 어느 땐가 그는 나에게 말하였다. 번스는 어렸을 때 가난한 집안에서 고생이 심했으나, 언제나 아주 명랑하였다. 한없이 유쾌한 아이여서 웃음과 분별과 인정이 충만하였다고. 나는 이 말을 그대로 믿을 수가 있다. 이 명랑성 곧 노(老)후작 미라보의 말을 빌리면 '명랑한 친구'는 광명과 기쁨의 근본 요소로, 그것이 그의 깊고 진실한 다른 성품과 결부되어, 번스의 가장 매력적인 특질의 하나를 이루었다. 그에게는 많은 희망의 원천이 있다. 그 비극적인 생애에도 불구하고 그는 우는 소리를 하는 사람이 아니다. 그는 씩씩하게 설움을 뿌리치고 그것

을 뛰어넘어 개가를 올리는 사람이었다. '마치 갈기의 이슬방울을 떨어버리는' 사자 같고, 창이 흔들리면 용감히 뛰어나가 질주하는 말과 같다. 사실, 번스의 그런 명랑성은 따스하고 너그러운 사람의 소산이며, 어떤 사람에게나 모든 것의 시초가 아닌가?

내가 번스를 가리켜 그의 시대에서 가장 풍부한 천분을 타고난 영국인이었다고 한다면 여러분은 이상하다고 생각할 것이다. 그러나 그렇게 말할 수 있는 날이 다가오고 있다고 나는 믿는다. 그의 저술과 많은 장애에도 불구하고 그가 한 모든 일은 그의 일부에 지나지 않는다. 스튜어트 교수는 말하기를 그의 시(詩)는 어떤 특정한 소질에서 온 것이 아니라, 타고난 씩씩하고 창의적인 영혼의 일반적 결과가 그렇게 표현된 것에 지나지 않는다, 라고 하였다. 실로 이 말은 아주 정당하며 모든 가치 있는 시인의 경우에 해당되는 말이다. 번스의 일상 회화의 소질도 그것을 들은 모든 사람이 감탄해 마지않는 것이었다. 모든 종류의 소질, 지극히 우아한 인사말로부터 강렬한 불꽃과도 같은 정열적인 말에 이르기까지, 기쁨의 우렁찬 홍수, 애정의 조용한 울음, 간결한 웅변, 명확한 통찰력, 이 모든 것을 그는 지니고 있었다. 재치있는 귀부인들도 그의 말에는 당할 수가 없었다고 감탄하였다. 이것도 유쾌하지만 더욱 유쾌한 것은 로카트 씨가 전하는 사실이다. 이것에 대해 나는 몇 번 언급한 일이 있다. 여관집 심부름꾼이나 마부들이 자다가도 나와서 번스의 이야기를 들었다는 이야기이다. 심부름꾼이나 마부들—그들도 사람이었다. 그리고 여기도 한 사람이 있었다. 번스의 말에 대해서 나는 많이 들었지만 그 가운데 가장 좋은 말은 오랫동안 그와 가까이 지낸 어느 노신사로부터 작년에 들은 것이다. 번스의 말의 특색은 그 속에 반드시 '무엇이 들어 있다'는 것이다. 이 노인은 말하였다. "번스는 말을 많이 하지 않았소. 마치 윗사람 앞에 있듯이 말을 삼갔지요. 그리고 말을 하면 화젯거리에 항상 새로운 광명을 던졌다오." 사람이란 말을 하려면 반드시 이렇게 해야 된다고 나는 생각한다. 그러나 번스의 일반적 정신력과 모든 의미에서의 그의 건전한 강건성, 그리고 소박한 솔직성, 통찰력, 고결한 용기와 씩씩함을 생각할 때 그보다 더 천품이 풍부한 사람을 어디서 다시 찾을 것인가?

18세기 위인들 가운데 번스는 누구보다도 미라보를 가장 많이 닮았다고 생각한다. 그들은 겉으로는 크게 다르다. 그러나 본질적으로 두 사람을 바라보라! 두 사람 모두 순박한 육체적·정신적 힘을 가지고 있다. —두 사람은 명랑한 친구였다. 그러나 천성·성장과정·국민성에서 미라보는 번스보다 더 고함을 지르며 시끄럽고 급진적이며 침착성이 없는 사나이였다. 그러나 미라보의 특질 역시 진실하고 분별이 많고 통찰력과 시야가 크다. 그의 말은 기억할 가치가 있다. 그 속에는 통찰력이 번쩍인다. 두 사람 모두 그러한 말을 하였다. 정서적인 말로 지극히 다정하고 고상한 사랑을 보여주었다. 그리고 재치·박력있는 웃음·솔직성·성실성을 두 사람 모두 가지고 있었다. 두 사람은 같은 종류에 속한다. 번스 역시 나라를 다스리고 의회에서 연설할 수 있을 것이다. 누구 못지않는 정치를 하였을 것이다. 솔웨이 만(灣)에서 밀수선을 잡을 때에 보여준 용기, 말다운 말을 할 수 없고 울분만 쌓이는 경우에 침묵을 지킨 용기, 그것으로 호령하였더라면 세상을 진동시키고 나라를 다스리고, 영원히 기억할 만한 시대를 지배할 수 있었을 것이다! 그러나 세상과 그의 상관들은 그에게 이렇게 말하였다. "자네는 일을 해야 해. 생각을 가져서는 안 돼. 자네의 생각이 나라에서 제일가는 것이라 할지라도 필요없네. 저기 있는 술통이나 살펴봐주게. 그것이 자네의 직분일세." 우리는 이에 대한 대답이 없지 않으나 매우 놀라운 소리라고 해둔다. 생각 또는 사고력이 어느 때에나 이 세상 어느 곳 어떤 사정하에서나 가장 필요한 물건이 아니던가? 구원할 길 없는 사람이란 생각하지 않고, 생각에 의해 눈이 뜨이지 않아서 보지 못하고, 장님처럼 헛짚으며 사물의 본질을 잘못 보는 사람이 아니던가? 그는 잘못 보고 잘못 짚는다. 그는 이것이라고 보는데 사실은 저것이다. 그래서 그는 그것을 무용지물처럼 거기에 버리고 간다. 이것은 불운한 사람이다. 이런 사람이 인간사회에서 높은 지위에 오르면 절망적이다. "왜 불평이냐?" 어떤 사람은 말한다. "예로부터 능력있는 사람에게는 활동무대가 주어지지 않는다." 과연 그렇다, 그러나 손해를 보는 것은 그 사람이 아니라 활동무대이다. 불평은 소용 없는 일이다. 그러나 진실을 말하는 것은 소용이 있을 것이다. 프랑스혁명이 이제 곧 터지려고 할 때의 유럽이 번스에게 준 사명이 술통을 살펴보라는 것이었다는 사실을—나로서는 그리 환영하고 싶지 않다!

우리는 여기서 다시 한 번 번스의 으뜸가는 특질은 그의 성실성이었다고 말하지 않을 수 없다. 번스는 시에 있어서도 생활에 있어서도 성실하였다.

그가 부른 노래는 환상에서 온 것이 아니라 그가 느낀 실제로 있는 것이었다. 번스의 노래, 전 생애 중의 가장 큰 가치는 진실에 있다. 번스의 생애는 위대한 비극적 진실성이었다고 말해도 좋다. 일종의 야생적, 그러나 결코 잔인하지는 않은 진실성, 사물의 진리와 적나라하게 씨름하는 씩씩한 진실성이었다. 이런 의미에 있어 모든 위인에게는 어느 정도 야성이 있다.

영웅숭배―오딘, 번스? 그렇다, 이들 문인들도 일종의 영웅숭배를 받았다. 그러나 오늘날의 영웅숭배는 얼마나 이상한 상태에 다다라 있는가! 스코틀랜드의 여관집 심부름꾼·마부들이 문에서 기웃거리며 번스의 말을 얻어들으려고 하는 것도, 본인들은 그렇게 의식하지는 않았을지라도 일종의 영웅숭배였다. 존슨은 보즈웰의 숭배를 받았다. 그리고 루소도 많은 사람들의 숭배를 받았다. 귀족들이 그를 찾아서 초라한 다락방으로 왔다. 권세 있는 사람과 아름다운 귀부인들이 이 가련하고 광기어린 남자에게 존경을 표했다. 그것은 그 자신에게는 더할 수 없이 기괴한 모순이었다. 그는 자기 생활의 양극단을 조화시키지 못하였던 것이다. 고관들로부터 초대받아 식사를 같이 하면서도 생계를 위해서는 악보를 베껴야 했다. 그런데 악보를 베낄 시간도 제대로 가지지 못하였다. 그는 말하였다. "나는 나가서 식사를 하느라고, 집에서는 굶어 죽을 지경이다." 그들 숭배자들에게는 납득할 수 없는 일이었다. 만일 숭배를 바르게 하고 그르게 하는 것이 어떤 시대가 바르고 그른 것을 말한다면, 이 시대가 가장 좋은 종류의 시대라고 우리는 말할 수 있을까? ―그러나 우리의 영웅 문인들은 우리를 가르치고 다스리며 왕·성직자 그 밖의 어떠한 사람으로도 부를 수 있다. 어떠한 수단을 써도 이것을 막을 수는 없다. 세상은 생각하고 알아보는 사람에게 복종하는 법이다. 복종하는 방식은 달리할 수 있다. 영웅을 복되고 긴 여름의 태양빛처럼 가지거나 또는 불행스러운 검은 천둥과 태풍으로 가질 수도 있다. 여기엔 말할 수 없이 큰 득실의 차이가 있으나, 그것은 세상에 대해서만 문제되는 차이이다. 영웅숭배의 방식은 아주 쉽게 달라질 수 있으나 그 내실과 실상은 하늘 아래 어떠한 힘으로도 달라지지 않는다. 광명이 아니면 벼락이다. 세상은 둘 중 하나를 택할 수 있다. 오딘과 같은 사람을 신·예언자·성직자로 부르느냐 아니라, 그가 하는 말을 우리가 믿느냐 믿지 않느냐에 모든 것이 달려 있다. 그것이 만일 진실한 말이면 우리는 믿어야 하며, 믿으면 그것을 실행하여야 한다. 어떤 이름이나 환영을 우리가 그에게, 또는 그것에게 주느냐 하는 것은 우리에게만 문제되는 일이다. 그의 말 즉 새로운 진리는 다시 말하면 이 우주의 비밀을 새로이, 보다 더 깊이 계시하는 것은 하늘에서 내려오는 말씀이라고 할 성질의 것이다. 따라서 세상은 마땅히 복종을 해야 하며 또한 복종하지 않을 수 없다.

마지막으로 번스의 생애 가운데 가장 주목할 만한 일—그가 에든버러로 간데 대해 몇 마디 말하고자 한다. 그곳에서의 그의 행동은 그가 얼마나 풍부한 지혜와 용기를 가지고 있었느냐를 가장 잘 보여주는 것이리라. 그보다 더 무거운 짐이 사람에게 주어질 수는 없으리라. 너무도 갑작스러운 일이었다. 그처럼 갑자기 인기의 절정에 도달하면 보통 파멸하는 법인데, 번스는 아무렇지도 않았다. 이 변화는 마치 라 페르 연대(聯隊)의 일개 포병소위로 있던 나폴레옹이 서서히 승진하는 것이 아니라 단번에 황제가 된 것이나 다름없는 일이었다. 아직 27세에 지나지 않는 번스는 이제는 농부라 할 수 없는 몸으로 치욕과 감옥생활을 피해서 서인도제도로 도망가려 하고 있었다. 지난 달에는 파산한 농부여서, 1년에 7 파운드의 삯일까지도 잃었다. 그러나 이번 달이 되자 귀빈과 미인들에게 둘러싸이고 보석에 묻힌 귀부인과 식사를 같이 하며, 세상의 이목을 집중시키고 있었다. 역경은 때때로 사람에게 지나치게 가혹한 것이다. 그러나 역경을 이기는 사람이 100명이라면 번영에 지지 않는 사람은 하나이다. 나는 번스가 이 때 번영에 지지 않은 점에 감탄한다. 그처럼 큰 시련을 겪고 분별을 지킨 사람은 달리 없을 것이다. 고요히, 놀라지 않고, 수줍어하지 않고, 뽐내지도 않고, 그는 자기가 인간 로버트 번스라는 사실을 느끼고, '지위란 한낱 이름에 지나지 않는다', 명성은 한낱 등불이어서 사람을 비춰줄 뿐 더 좋은 사람이나 다른 사람으로 만들어 주지는 않는다는 것을 느끼고 있었다! 사람이 여간 정신을 차리지 않으면 번영은 그를 더 나쁜 사람, 부푼 풍선으로 만들어—터져 죽은 개구리가 되게 한다. 그러면 누구의 말대로, '육신의 부활이란 없다.' 살아 있는 개보다 못하게 된다. —이 점에서 번스는 훌륭하다.

그런데 내가 다른 곳에서도 말한 바와 같이 문단의 총아(寵兒)를 찾아다니는 사람들이 번스의 멸망과 사망의 원인이 되었다. 번스의 죽음을 앞당긴 것은 그들이었다. 그들은 그의 농장으로 찾아와서 둘러싸고 그의 일을 방해

했다. 그들에게 먼 곳이란 있을 수 없다. 번스는 자기가 유명하다는 것을 잊고 싶었으나 그리 되지 않았다. 번스는 불만·비참·과오 속에 빠지고, 세상은 그에게 점점 더 처량한 것이 되어 갔다. 건강·품격·마음의 평화, 모두를 잃고 고독해졌다. 생각하면 비극이다. 이 사람들은 그를 보러 왔을 뿐이지, 그에 대한 동정이나 증오심 때문에 찾아온 것은 아니었다. 약간의 즐거움을 얻고자 왔던 것이며, 그들은 바라던 대로 즐거움을 얻었다. ―그러나 그 때문에 영웅은 생명을 잃은 것이다.

리히터가 전하는 바에 의하면, 수마트라 섬에는 큰 반딧불이 있는데 원주민들은 그것을 쇠막대기 끝에 달고 밤길을 비추며 다닌다고 한다. 이처럼 높은 지위에 있는 사람들은 유쾌한 등불을 가지고 돌아다니기를 자랑으로 삼는다. 반딧불로서는 큰 영광이다. 그러나!

왕으로서의 영웅
크롬웰·나폴레옹, 근대의 혁명운동

1840년 5월 22일, 금요일

우리는 이제 마지막 형식의 영웅인 왕으로 화제를 옮긴다. 왕은 사람들의
사령관이며, 우리는 그의 의사에 복종하고 충성으로 섬기며, 그렇게 함으로
써 우리의 복리를 발견한다. 그러므로 왕은 위인들 가운데서 가장 중요한 사
람이라고 볼 수 있을 것이다. 그는 사실상 모든 종류의 영웅들을 한 몸에 요
약해 놓은 사람이다. 성직자·교육자, 그리고 인간에게 있는 모든 세속적·정
신적 위엄을 가지고 우리를 지휘하고, 우리에게 부단한 실제적 교육을 주며,
날마다 시간마다 할 일을 지시한다. 그는 라틴 어로는 Rex, 프랑스 어로는
Roi, 우리 민족의 말로는 King, Könning이라고 부른다. 이것은 Canning, 즉
유능한 사람이라는 의미이다.

깊고 알 수 없는 경지를 가리키는 많은 생각이 여기에서 나타난다. 그 대
부분의 생각에 대해서 여기서는 아예 언급하지 않기로 한다. 일찍이 버크
(1729~1797, 영국 정)
(치가·웅변가·작가)는 말하기를, 공정한 배심재판이야말로 정치의 생명일 것이며,
모든 입법·행정·의회의 토론은 '배심석에 12명의 공평무사한 사람들을 보내
기 위해서' 있는 것이다, 라고 하였지만 그와 마찬가지로—더 강한 이유로
나는 여기서 이렇게 말하려고 한다. 즉 '유능한 사람을 찾아 그에게 능력의
상징과·위엄·숭배(worship이란 worth-ship)
(즉 가치있는 일이란 뜻)·주권·왕위를 맡겨서, 능력대로 사람을 지도
할 수 있게 하는 것이 이 세상에서 모든 사회적 행사의 의의이다! 라고. 정
견발표, 의회에서의 제안, 개혁법안, 프랑스혁명, 모두 본질적으로는 이것을
의미하며 다른 어떠한 것도 의미하지 않는다. 어떤 나라에서든지 그 나라의
가장 유능한 사람을 찾아 그를 최고의 자리에 모시고 충성으로 숭배하라. 그
러면 그 나라는 완전한 정부를 가지고 있는 것이다. 투표함, 의회에서의 웅

변, 선거, 헌법제정, 또는 그 밖의 어떤 수단도 이것을 조금이라도 개선시킬수는 없다. 이 나라는 완전한 나라, 이상적 나라이다. 가장 유능한 사람이란가장 진실하고 가장 정의롭고, 가장 고상한 마음을 가진 사람을 의미한다.그가 우리에게 하라는 일은 우리가 어디서든 또 어떤 방법으로서든 배울 수있는 것 중 가장 현명하고 가장 적절한 일이기 마련이다—그러므로 충성과감사로써 추호도 의심을 품지 않고 그대로 하는 것은 모든 의미에서 우리에게 가장 적절하다. 그러면 우리의 행위와 삶은, 정치로써 조정할 수 있는 한잘 조절될 것이다. 이것이 이상적 자치제도이다.

아, 우리는 안다. 이상이 실제에서는 완전히 실현될 수 없음을. 이상은 항상 매우 멀리 있지 않을 수 없다. 따라서 우리는 어느 정도 그것에 가까운것으로 만족하며, 그것을 고맙게 생각하여야 한다. 실러는 어떤 사람도 이세상에서는 '완전을 척도로 삼고 현실의 초라한 산물을 재어서는 안된다'고말하였다. 우리는 그러한 사람을 현명한 사람이 아닌 병적이고, 불만을 가진, 어리석은 사람이라고 본다. 그러나 한편 이상이라는 것이 있다는 것을,그것에 접근하려고 하지 않는다면 일은 완전히 와해되고 만다는 것을 우리는 잊어서는 안 된다. 반드시 와해된다. 어떤 벽돌공도 완전히 수직으로 벽을 쌓을 수는 없다. 이것은 과학적으로 불가능하다. 어느 정도 수직으로 쌓은 것으로써 충분하다. 그렇게 하였으면 일이 된 것으로 알고 그만둔다. 이는 훌륭한 벽돌공이다. 그러나 수직선에서 너무 심히 빗나가게 쌓았다면, 수직추나 수준기(水準器)들을 모두 버리고 닥치는 대로 벽돌을 쌓았다면—그런 벽돌공은 안 된다고 나는 생각한다. 그는 자신을 망각한 것이다. 그러나만유인력의 법칙은 그에게 작용하는 것을 잊지 않는다. 그와 그의 벽은 파멸하고 만다.

이것이 모든 반란, 프랑스혁명, 고대 또는 현대의 모든 사회적 폭발의 역사이다. 무능력하고, 너무도 불명예스럽고, 용기가 없고, 어리석은 사람에게일을 맡겼기 때문이다. 유능한 사람을 택하는 법칙, 또는 자연적 필연성이있음을 사람들은 망각하였기 때문이다. 벽돌은 될 수 있는 한 벽돌 위에 쌓아야 한다. 능력이 없으면서 있는 듯 가장한 가짜는 모든 인간사에서 자신과똑같은 가짜와 어울리지 않을 수 없다. 그러면 그 일은 무한한 실패와 참극만을 불러올 뿐이다. 외면적으로도 내면적, 다시 말하면 정신적으로도 비참한 가운데 있는 무수한 사람들이 그들이 마땅히 가져야 할 것을 요구하며 손을 내뻗는다. 그러나 아무것도 쥐어지지 않는다. '만유인력의 법칙'이 작용한다. 대자연의 법칙들은 모두 작용하는 것을 잊지 않는다. 비참한 가운데 놓인 무수한 사람들은 상퀼로트 운동(프랑스혁명 당시 파리의 천민들이 일으킨 과격한 공화주의 운동)과 같은 광적인 사태가 벌어진다. 벽돌도 벽돌공도 다 치명적 혼란에 빠져버린다!

100년도 더 된 오랜 옛날에 '왕권신수설(王權神授說)'에 관하여 쓴 무수한 사료가 지금은 읽는 사람이 없어서 공공도서관 속에서 썩고 있다. 그것이 서가 속에 깊이 묻혀 세상에 아무런 해도 끼치지 않고 지상에서 사라져가는 이 고요한 과정을 결코 방해하지 말라. 그러나 동시에 그 거대한 휴지 속에 있는 다소의 정신을 우리에게 남겨주지 않는 채 사라지게는 하지 마라—그것은 어떤 의미를, 진실한 무엇을 가지고 있었나. 우리 모두 그것을 마음에 새기는 것이 중요하다. 아무런 인간이나 골라서(고르는 방법은 여러 가지가 있지만) 머리에 둥근 쇠붙이를 씌워 놓고는 왕이라 부르면—동시에 그 사람에게 신성한 미덕이 있고 곧 신(神)이 되거나, 영원히 사람들을 지배할 수 있는 능력과 권리를 신으로부터 받았다고 주장하는 것—이런 것을 우리는 어떻게 할 것인가? 공공도서관 속에서 조용히 썩어가게 버려두지 않을 수 없다. 그러나 왕권신수설을 제창한 사람들처럼 나는 이렇게 말하련다. 즉 그들과 그 밖의 모든 인간적 권위자와 신에 의해 창조된 인간들 상호간에 형성된 모든 관계에는 신적 권리가 있지 않으면 악마적 부정이 있다고! 왜냐하면 회의적 세기가 우리에게 가르쳐준 것처럼, 이 세계가 하나의 증기기관이라는 것은 완전한 허위이기 때문이다. 이 세상에는 신이, 그리고 신의 법칙이, 그렇지 않으면 신에 대한 위반이 있어서, 모든 인간의 지배와 복종, 모든 도덕상의 행동 속에서 내가 본다. 그리고 사람들 사이의 행동 가운데 지배하고 복종하는 것보다 더 도덕적인 것은 없다. 정당하지 않은 때에 복종을 요구하는 사람에게 재앙이 있으며, 정당한데 복종을 거부하는 사람에게 재앙이 있으리! 나는 말한다. 신의 법이 그 속에 있다. 비록 양피지 위에 법이 어떻게 씌어 있든지 간에. 한 사람이 다른 사람에게 주장하는 모든 요구의 중심에는 신성한 정의나 악마적인 부정이 있다.

인생의 모든 관계에서, 최고의 충성과 왕을 가지는 것이 중요하다고 생각하는 것은 어떤 사람에게도 해가 되지 않는다. 모든 것은 사리사욕과 탐욕스러운 행동을 억제하고 조정하는데 따라 좌우된다. 다시 말하면 인간의 상호관계에는 신적(神的)인 것이 없다는 현대의 그릇된 견해는 신을 믿지 않는 세기에서는 당연한 일이지만, 이것은 왕들이 '신이 내린 권리'를 가진다는 사상보다도 더욱 심하게 그릇된 사상이다. 나는 말한다. 우리를 위해서 진정한 왕 또는 유능한 사람을 찾아내도록 제시하라. 그러면 그는 나를 지배할 수 있는 신성한 권리를 가졌다고 할 것이다. 그런 사람을 찾아내는 방법을 아는 것, 그런 사람을 찾아냈을 때 그의 신성한 권리를 모든 사람이 서슴지 않고 인정하는 것, 이것이야말로 병든 세상이 모든 곳, 모든 시대에 찾고 있는 치료제이다! 진정한 왕은 현실 생활의 지도자로서 항상 그 어떤 성직자적인 성격—즉 모든 현실적인 것의 원천인 정신생활의 지도자로서의 성격을 띠고 있다. 왕이 또한 교회의 우두머리라는 말은 진실이다—그러나 죽은 세기의 신학적 이론은 서가에 조용히 누워 있게 놔두고 건드리지 않기로 하자.

유능한 사람을 꼭 찾아야 하겠는데, 어떻게 그 일에 착수해야 할지 방법을 모른다는 것은 확실히 무서운 일이다! 우리 이 시대의 세상에서 슬픈 문제는 이것이다. 이 시대는 혁명의 시대이다. 이미 오래 전부터 그렇다. 벽돌공이 수직추도 만유인력도 생각하지 않고 일한 결과 그 자신도 그의 벽돌들도 다 허물어지고 지금 보이는 것처럼 와해상태에 이르렀다. 그러나 이것의 발단은 프랑스혁명이 아니었다. 그것은 차라리 종말이었다고 생각하고 싶다. 그 발단은 그보다 3세기 전 루터의 종교개혁이었다고 말하는 것이 더 진실할 것이다. 당시 그리스도교회로서 자처하는 것이 하나의 허위가 되고, 뻔뻔스럽게도 쇠붙이로 만든 돈푼을 받고 사람들의 죄를 용서하며, 대자연의 영원한 진리에 위배되는 많은 일을 하면서 돌아다니는 것, 이것이 병의 근본이었다. 속이 썩었으니 겉은 차츰차츰 더 썩어들어갔다. 신앙은 꺼지고 의심과 불신만 남았다. 벽돌공은 수직추를 내버리고 말한다.

"만유인력이 다 무엇이냐? 벽돌 위에 벽돌이 놓여 있으면 그만이지!" 아, 우리 가운데 많은 사람들에게는 아직도 이상하게 들리지 않는가? 신이 지으신 인간의 사업 속에는 신의 진리가 있으며, 만물은 일종의 허울, '임시 조처', 권모술수 따위가 아니라는 것이!

"스스로 아버지라 부르는 교황, 그대는 절대로 신에 의한 아버지가 아니다. 그대는—괴물이다. 점잖은 말로는 그대를 무엇이라 부를 것인지 나는 알지 못한다!"라고 처음 외친 것은 루터이지만, 그 이후 팔레 루아얄(리슐리외가 건축
한 파리의 궁전)에서 카미유 데물랭(1760~1794, 프랑스혁명
당시 지도자의 한 사람)을 중심으로 한 시민들이 온갖 종류의 괴물에 반항하여 일어섰을 때, "무기를 잡아라!"라고 외친 그 소리에 이르기까지, 나는 하나의 자연스러운 역사적 연결성을 본다. 그렇게 무섭고 거의 지옥과 같은 고함 소리도 또한 중요하다. 다시 한 번 잠에서 깨어난 민중들의 고함 소리—혼돈 속에서 놀라 일어나 마치 악몽에서, 죽음의 잠에서 깨어난 듯 삶이란 진지한 것, 신의 세계는 임시 조처나 권모술수가 아니라는 어떤 막연한 감정에 눈뜨게 되었다! 지옥적이다—그렇다, 다른 것을 허락하지 않으니 지옥적일 수밖에 없다. 천국적·지상적인 것이 될 수 없으니 지옥적이다. 공허와 불성실이 끝나지 않으면 안 된다. 어떤 종류의 성실성이 시작되지 않으면 안 된다. 어떠한 값을 치르고서라도—공포정치, 프랑스혁명의 전율, 그 밖의 어떠한 것을 치르더라도—우리는 돌아가지 않으면 안 된다. 여기에 진리가 있다. 지옥의 불길에 휩싸인 진리가 있다. 왜냐하면 그것이야말로 그들이 바라던 것이었기 때문이다.

영국이나 그 밖의 다른 곳에서 상당수의 사람들이 일반적으로 가지고 있던 견해는, 그 시절의 프랑스는 광적이라는 것이었다. 프랑스혁명은 광분의 행동이었다. 프랑스와 세계의 많은 부분이 일시적으로 일종의 광인(狂人)의 수용소로 변하였었다는 것이다. 그 사건이 터지자 사람들은 미친 듯 날뛰었다. 그러나 그것은 광기의 사태이며 실체가 없는 것—지금은 다행히 꿈과 그림의 나라로 물러가고 말았다, 라는 것이다. 이렇게 낙천적인 철학가들에게 1830년 7월의 '3일 혁명'은 실로 뜻밖의 현상이었을 것이다. 여기서 프랑스 국민은 다시 일어나 총을 잡고 생사를 가리지 않고, 총을 쏘고 총에 맞으며, 다시 광란의 프랑스혁명을 완성시키려 하였다! 당시 사람들의 아들과 손자들은 여전히 선조의 이 포부에 집착하고 있는 것같이 보인다. 그들은 그것을 부인하지 않는다. 그것을 완성할 것이며, 만일 완성하지 못한다면 싸우다 죽기를 원한다. '광기론(狂氣論)' 위에 인생관을 세우고 있는 철학자들로서는 이보다 더 무서운 현상은 없을 것이다. 프러시아의 교수이며 역사가인 니부어(1776~1831, 실제로는 크리스마스날 밀폐된 온도 높은 신문열람실에서 장시간 전쟁에 관
련된 뉴스를 탐독하다가 찬 바깥 공기와 접촉해 감기에 걸렸고, 폐렴으로 발전해 사망했다)는 '3일 혁명' 때문에, 믿을 수 없는 이야기이지만 상심하고 병이 나서 죽었다고 한다. 이것은 실로 비영웅적인 죽음이다. 루이 14세가 한 번 흘겨본 것 때문에 죽었다는 라신 (1639~1699, 프랑스의 시인, 극작가. 이 일화는 괴테의 《빌헬름 마이스터의 도제시대》 제3권 제8장에도 나온다)의 죽음보다 별로 나을 것이 없다. 이 세상은 상당한 격동을 겪은 바 있었으니 사흘쯤은 견디어내고 그 뒤에도 계속해서 축(軸)을 돌 수 있었을 성싶다. 그 '3일 혁명'이 모든 인간에게 말한 것은 프랑스혁명은 광적인 것으로 보였을망정 일시적인 광란이 아니라, 우리 모두 살고 있는 이 땅의 순진한 산물이며, 그것은 정말 하나의 사실이었다는 것이다. 그리고 그것을 이와 같이 보는 것이 세상을 위해 좋다는 것이다.

진실로 프랑스 대혁명이 아니었더라면 우리는 오늘날과 같은 시대를 어떻게 이해할 것인지 알 수 없다. 마치 파선(破船)을 당한 뱃사람들은 아무리 험한 암초라도 반가워하듯, 끝없는 바다와 파도뿐인 이 세상에서 우리는 프랑스혁명을 환영하련다. 그것은 비록 무서운 것이기는 하지만 이 거짓되고 위축되고 인위적인 시대에서 하나의 참된 계시이며, 자연은 초자연적인 것임을 다시 한 번 증언한다. 자연은 신적인 것이 아니면 악마적인 것이다. 가상은 실재가 아니다. 그것은 실재로 변해야 한다. 그렇지 않으면 불에 타서 그것의 본연인 무(無)로 돌아가지 않을 수 없다는 것을 세상은 증언한다. 기만은 종말을 짓고, 공허한 관례도 종말을 짓고, 많은 것이 종말을 지었다. 이것이 운명의 나팔로써 모든 사람에게 선포되었다. 이것을 가장 빨리 아는 사람이 가장 현명하다. 이것을 알기까지는 오랜 혼돈의 시대가 계속될 것이고 그때까지 평화는 불가능할 것이다. 진지한 사람들은 항상 그렇듯이 부조리한 세상에 에워싸여 있으면서도 그 속에서도 자기의 일을 다하려고 인내로써 기다리며 인내로써 싸울 것이다. 이러한 세상의 모든 것에 대하여 사형선고가 하늘에 써 있고, 지금 땅에 선포되어 있음을 그는 눈으로 볼 수 있다. 그런데 한편으로 생각하면 얼마나 큰 곤란들이 가로막고 있으며, 얼마나 빨리, 무섭게 빨리, 모든 나라에서 그 곤란들의 해결이 촉구되고 있는가— 그는 이 시대에 상퀼로트 주의의 영역에서 애쓰는 것 이외의 다른 사업을 쉽게 발견할 수 있을 것이다!

이러한 처지에서 내게는 '영웅숭배'가 형언할 수 없을 만큼 귀중하며 오늘날의 세계에서 볼 수 있는 유일한 위안을 주는 사실이 된다. 이 세상을 운영하는 무한한 희망이 거기에 있다. 인간이 일찍이 만든 전통·제도·신조·사회가 모두 소멸하더라도 이것만은 남을 것이다. 우리에게 영웅이 찾아온다는 확실성, 영웅이 보내졌을 때 그를 숭배하는 우리의 능력과 필연성, 오직 이것만이 연기의 구름, 먼지의 구름, 그리고 모든 종류의 몰락과 화재 속에서도 북극성처럼 빛난다.

프랑스혁명의 추진자나 지사들에게 영웅숭배는 아주 이상스럽게 들렸을 것이다. 그들에게는 위인에 대한 존경, 위인이 다시 이 세상에 나타나리라는 희망·신념, 심지어 바람조차 없었다. 자연은 하나의 '기계(機械)'가 되고, 생명이 없고, 위인을 더 이상 생산할 수 없었다—그렇다면 나는 자연을 보고 너의 일을 그만두라, 우리는 위인이 없어서는 안 되겠다, 라고 말하련다. 그러나 나는 저 '자유와 평등'의 문제, 현명하고 위대한 사람을 얻을 수 없으므로, 어리석고 약소한 사람들의 평등한 무한함을 가짐으로써 만족할 수밖에 없다는 신념과 다툴 생각은 없다. 그때 그곳에서는 그것이 자연스러운 신조였다. "자유와 평등, 아무런 권위도 이제는 필요치 않다. 영웅숭배, 그 따위 권위에 대한 존경은 거짓이라는 것이 판명되었다. 그것 자체가 거짓이다. 싫증이 났다! 그 따위 거짓에는 속을 만큼 속았다. 이제는 아무것도 믿지 않겠다. 너무도 많은 열등한 도금화폐가 시장에 나돌았으므로, 이 세상에 이제는 순금이란 있지도 않다—순금이 없더라도 걱정 없이 지낼 수 있다는 생각이 세상을 휩쓴다." 나는 자유와 평등에 대한 저 팽배한 외침 속에 특히 이러한 신념이 있음을 알고, 그때의 사정으로서는 그다지 무리한 것이 아님을 안다.

그러나 이것은 허위로부터 진실로의 과정에 지나지 않는다. 전체적으로 그 진상을 생각하면 그것은 완전한 허위—전적으로 회의적인, 다만 보려고 애쓰는 맹목성의 소산이다. 영웅숭배는 어느 때나 어느 곳에나 있다. 단순한 충성심뿐만 아니라 위로는 신에 대한 경배로부터 밑으로는 현실생활의 가장 저열한 실제적 부분에까지 미친다. '사람 앞에 절하는 것'은 다만 빈 시늉이 아닌 이상 영웅숭배이다—우리 동포의 그 모습 가운데는 어떤 신성한 것이 깃들어 있다는 것, 모든 피창조물은 노발리스가 말한 바와 같이 '육신에 담은 신의 계시'라는 것을 인정하는 행위이다. 인생을 고상한 것으로 만드는 우아한 예의를 만들어낸 사람들은 또한 시인들이다! 예의는 허위나 시늉이 아니다. 그런 것이 될 수는 없다. 그리고 충성이나 종교적 숭배는 더 큰 가능성과 필연성을 가진다.

　게다가 최근 우리의 영웅들 가운데 대다수는 혁명가로서 활동하였지만, 이러한 사실에도 불구하고 모든 위대한 사람, 모든 진정한 사람은 본질적으로 질서의 아들이며 무질서의 아들이 아니라고 말할 수 있지 않겠는가? 진정한 사람이 혁명에 종사해야 한다는 것은 비극적인 숙명이다. 그는 무정부주의자처럼 보인다. 그러나 사실 그의 모든 행동을 고통스러운 무질서의 세계가 방해하고 있다—온 영혼으로 무질서는 적(敵)이며 혐오할 것이라고 보는 그 사람을. 그의 사명은 모든 사람의 사명이 그렇듯이 역시 질서이다. 그가 세상에 있는 의의는 무질서하고 혼돈한 것을 규칙적이고 질서 있는 것으로 만들려는 데 있다. 그는 질서의 사도이다. 이 세상에서 사람의 모든 일은 질서를 잡는 것이 아니던가? 목공은 거친 나무를 다듬어서 규격에 맞춰 목적과 용도에 알맞게 한다. 우리는 날 때부터 무질서의 적이다. 우리 모두 우상의 파괴와 타도에 관계하지 않으면 안 된다는 것은 비극이다. 위대한 사람에게는 우리에게보다 더욱 비극이다.

　그러므로 인간의 모든 일은, 심지어 가장 광적인 상퀼로트 운동까지도 질서를 위해 활약하는 것이며 그래야만 한다. 나는 아무리 심한 광분 속에 휩쓸려 있는 사람도 그와 동시에 모든 순간, 질서를 향하여 달려가고 있다고 말하지 않을 수 없다. 그의 생명 자체가 그것을 의미한다. 무질서는 와해이며 죽음이다. 어떤 혼돈도 회전할 중심을 찾는다. 사람이 사람인 동안은, 크롬웰이나 나폴레옹 같은 사람이 상퀼로트 운동의 필연적 결말이 된다—이상하지 않은가. 누구나 영웅숭배를 가장 믿기 어려웠던 그 시대에 나타나서, 그의 주장을 세우고 모든 사람에게 인정받게 되었다는 것! 신성한 권리는 크게 보면 신성한 힘을 의미한다. 오랜 거짓된 형식이 곳곳에서 짓밟혀 파괴될 때, 새로운 진정한 실질이 파괴될 수 없는 자체를 드러낸다. 주권제도 자체가 사멸하고 폐기된 것으로 보이는 반란의 시대에, 크롬웰·나폴레옹이 다시 왕으로서 나타난다. 이 두 사람의 역사야말로 우리가 영웅정신의 마지막 국면으로서 고찰하려는 것이다. 과거의 시대가 여기에 재현되어, 왕이 생겨난 과정과 왕권이 처음 생기게 된 유래가 이 두 사람의 역사에서 다시 드러난 셈이다.

우리 영국에도 많은 내란이 있었다. 장미전쟁, 시몬 드 몽포르(1208~1265, 영국의 귀족, 정치가, 헨리 3세의 전제 정치에 억압당하는 귀족층의 지도자로서 왕의 군대를 격파하여 여러가지 개혁을 단행하였다) 전쟁 등 그리 자랑스럽지 못한 전쟁이 적지 않았다. 그러나 청교도혁명은 다른 어떤 전쟁도 가지고 있지 않는 의의를 지닌다. 그대들의 공명성을 믿으며 나는 이 전쟁을 진정한 세계사를 형성하는 하나의 세계적인 큰 전쟁—곧 신앙과 불의 간의 전쟁의 일부라고 부르고자 한다. 곧 그것은 사물의 진정한 본질을 지키는 사람들과 사물의 겉모습과 형식을 지키려는 사람들의 전쟁이다. 많은 사람들이 보기에는 청교도들이 단지 야만적인 우상파괴자이자 맹렬한 형식파괴자들로 보인다. 그러나 그들은 거짓된 형식의 파괴자들이라고 보는 것이 가장 적절하다. 나는 우리가 로드(1573~1645, 캔터베리 대주교로 청교도 운동의 반대자)와 그의 왕을 그들과 마찬가지로 존경할 줄 알기를 바란다. 내가 알기로는 가엾은 로드는 약하고 불운한 인물이었지 불성실한 사람은 아니었다. 다만 불행한 현학자였지 결코 그 이상으로 사악한 사람은 아니었다. 심한 조소를 받는 그의 '꿈'과 미신에는 일종의 아름답고 사랑스러운 특색이 있다. 말하자면 그는 대학교수였다. 형식 즉 대학규칙을 전 세계로 삼고 그러한 것이 세계의 생명이며, 안전판이라는 관념을 가진 대학교수였다. 그는 이러한 변경할 수 없는 불운한 생각을 가진 채 대학이 아니라 한 나라의 최고의 자리에 별안간 올라, 인간의 가장 복잡하고 뿌리 깊은 관심사를 다스리게 되었다. 모든 사람은 옛날부터 전해 내려온 기품 있는 규칙에 따라 움직여야 된다. 사람들의 구원은 그 규칙을 확대하고 개량하는데 있다고 그는 생각한다. 약한 사람답게 그는 목적을 위해서는 발작적인 열성을 가지고 일을 전개하며, 분별의 소리, 동정의 부르짖음에 귀도 기울이지 않고 막무가내로 돌진한다. 그는 자기의 대학규칙에 대학생을 복종시키려고 하며, 다른 아무것도 돌보지 않았다. 그는 위에서 말한 바와 같이 불운한 현학자였다. 그는 세상을 그런 대학으로만 알았지만 세상은 그런 것이 아니었다. 아, 그의 운명은 얼마나 참혹했던가! 그가 무엇을 범하였든지 간에 이미 무서운 대가를 치르지 않았던가?

형식을 고집함은 훌륭한 일이다. 종교도 그 밖의 다른 모든 것도 형식을 옷처럼 입고 있다. 어느 곳에서나 형식을 가진 세계 외에는 인간이 살 수 있는 곳이란 없다. 청교도의 적나라한 무형식을 나는 찬양하지 않는다. 그저 애처롭게 생각할 뿐이다—나는 적나라하지 않을 수 없게 만드는 그 정신을 찬양할 따름이다! 모든 실질은 형식의 옷을 입는다. 그러나 절절하고 진실한 형식이 있는가 하면, 거짓되고 적절하지 않은 형식이 있다. 가장 단적으로 말해서 우리가 바르게 이해한다면, 어떤 실질을 에워싸고 자라나는 형식은 그 실질의 본성과 목적에 부합하여 진실하고 좋은 것이다. 어떤 실질에 의식적으로 씌운 형식은 나쁘다. 이 점을 잘 생각해 보기 바란다. 인간의 모든 일에서 의례적 형식의 진실과 허위, 진지한 장중성(莊重性)과 공허한 허식을 구별하는 것은 이것이다.

형식은 진실성과 자연적인 자발성을 가지고 있어야 한다. 가장 흔한 회합에서도 어떤 사람이 이른바 '틀에 박힌 연설'을 하는 것은 하나의 실례가 아닌가? 단순한 응접실에서조차도 어떠한 의례이든 그것이 자발적인 진실에서 우러나온 것이 아니고 시늉에 지나지 않는다면, 그것은 염증 나는 것이다. 그런데 이제 여러분의 어떤 중대한 관심사, 어떤 초경험적인 일에(이를테면 신에 대한 예배와 같은) 대하여서 여러분의 온 영혼은 너무나도 벅찬 감동으로 목소리도 막히고 도무지 말로 표현할 길이 없어, 가능한 어떤 발언보다는 차라리 형식이 없는 침묵을 택하게 되는 일이 있다고 가정하자—이때 이것을 서투른 허수아비처럼 꾸며서 그대 앞에 나타내거나 말하려고 나서는 사람이 있다면 어떻게 생각할 것인가? —그런 사람이 자기를 사랑한다면 그곳에서 당장 사라지는 것이 좋으리라! 여러분은 지금 아들 하나를 잃고는 말도 안 나오고 기가 꺾여서 눈물도 안 나온다. 이때 어떤 싱거운 사람이 싱겁게 나타나서 그리스 인들이 하는 식으로 장례의 축전을 베풀 것을 제안한다고 하자! 그런 허수아비 장난은 받아들일 수도 없을 뿐만 아니라, 말할 수 없이 불쾌하고 참을 수 없을 것이다. 이것이 옛날 선지자들이 말한 '우상숭배'이며 실속 없는 광대놀이이다. 모든 진지한 사람은 지금도 배척하고 앞으로도 계속 배척할 것이다. 우리는 저 가련한 청교도들의 의도를 더러 이해할 수 있다. 우리가 말한 바와 같은 식으로 성 캐서린 크리드 교회를 헌납하며, 허다한 의례적인 절과 동작과 감탄사들을 썼다. 실로 그는 사물의 본질에 전심하는 진지한 선지자라기보다는 그의 '대학규칙'에 전심하는 엄격하고 격식만 차리는 현학자(衒學者)이다.

청교도는 이러한 형식을 참을 수 없는 것으로 보고 짓밟았다—차라리 아무런 형식도 가지지 않는 것이 낫다고 말할 이유를 우리는 가지고 있다. 청교도는 아무런 장식도 없는 설교단에 서서 손에 성경책만을 들고 설교를 하였다. 실로 그는 진지한 영혼으로부터 사람들의 진지한 영혼을 상대로 설교하는 사람이었다. 이것이 실제로 모든 종류의 교회가 가진 본질이 아닌가? 나는 가장 적나라하고 야만적인 진실이 엄숙한 허울보다 낫다고 말한다. 뿐만 아니라 그것이 진실한 것이라면, 잠시 시간이 지나는 사이에 적절한 외관을 갖추게 된다. 거기에는 정말 아무런 걱정도 없다. 살아 있는 사람이 있으면 그가 입을 옷은 있는 것이다. 그는 자신의 옷을 발견할 것이다. 그러나 아무리 좋은 옷이라도 그것이 옷인 동시에 사람이라고 주장할 수 있으랴! — 우리는 30만 개의 붉은 군복만 가지고 프랑스군과 싸울 수는 없다. 군복 속에 사람이 들어 있어야 한다! 단언컨대 허울은 실재와 인연을 끊어서는 결코 안 된다. 만일 그런다면—그런 허울에 대항해서 싸우는 사람이 반드시 있게 마련이다. 왜냐하면 그 허울은 허위가 되었기 때문이다. 로드와 청교도의 경우에도, 서로 대항하여 싸우는 이들 두 반대론은 거의 이 세계 자체만큼 오랜 것이다. 이들은 그 당시 영국 전역에 걸쳐서 치열한 싸움을 하였다. 그들이 상당한 기간을 두고 싸운 끝에 나온 여러 가지 결과가 오늘날 영국 국민 전체에게 미치고 있다.

청교도들의 시대에 곧 이어 온 시대에는 그들의 주의나 그들 자신도 정당한 평가를 받을 가능성이 별로 보이지 않았다. 찰스 2세와 그의 로체스터 ^{(1647~1680. 찰스 2세의
(총애를 받은 신하·시인)}는 그런 사람들의 가치와 의의를 판단할 수 있는 인물들이 아니었다. 인간생활에 어떤 신앙이나 진실이 있을 수 있다는 것을 이 가련한 로체스터 같은 사람들과 그들이 시작한 시대는 완전히 망각하고 있었다. 청교도들은 교수대에 달렸다—주동적 청교도들의 시체와 같이. 그럼에도 불구하고 그들의 사업은 계속해서 완수되어 갔다. 인간의 모든 진실한 사업은 그 사람을 교수대에 매단다 해도 완수되기 마련이다. 우리는 '인신보호령(人身保護令)'을 가지고 있으며 자유스런 대의원선거권도 가졌다. 모든 사람은 자유인이다. 그렇지 않다면 자유인이 되어야 하며 될 것이다—그릇된 환상이 되어버린 전설이 아니고, 진실과 정의의 기반 위에 선 생활을 가진 사람들이야말로 자유의 사람이 아닌가! 이것이, 그리고 이 밖의 많은 것이 청교도들이 성취한 사업이었다.

이런 일들이 차츰 뚜렷해짐에 따라 청교도들의 성격이 분명해지기 시작하였다. 그들의 유해가 하나씩 교수대에서 내려졌다. 그들 중 많은 사람이 오늘날에는 성자의 취급을 받게 되었다. 엘리엇·햄던·핌, 그리고 러들로·허친슨·베인 같은 사람들도 일종의 영웅으로서 인정받게 되었다. 곧 그들은 자유의 나라 영국을 이룩하는데 적지 않은 공을 세운 정치적 대원로로서 인정받는 것이다. 그들을 나쁜 사람이었다고 말하는 것은 오늘날에는 매우 위험한 일이다. 이름난 청교도치고 변호자를 가지고 있지 않거나 진지한 사람들의 존경을 받지 않은 이가 없다. 그런데 내가 생각하기에는 한 사람의 청교도인, 우리의 가엾은 크롬웰만은 아직도 교수대에 달린 채로 있으며, 아무데도 그를 옹호하는 사람이 없다. 성자도 죄인도 그만은 대역죄로부터 사면해 주려고 하지 않는다. 그는 능력과 무한한 지혜, 용기 등을 가진 사람이었으나 자기의 주의를 배반하였다. 이기적 야망, 부정직, 이중인격, 사납고 거칠고 위선적인 종교인, 헌법상의 자유를 얻고자 한 저 고상한 투쟁 모두를 그 자신의 이익을 위하여 연출하는 일종의 비통한 웃음거리로 뒤집었다. 이것이 또는 이보다 더 심한 것이 사람들이 말하는 크롬웰이다. 게다가 워싱턴이나 그 밖의 인물과의 비교, 특히 저 고상한 핌·햄던 같은 인물과도 비교하게 된다. 크롬웰은 이 두 사람의 고상한 공적을 이기적 동기로 훔치려다가 그쳤다고 한다.

크롬웰에 대한 이러한 견해는 18세기 같은 시대에서는 있을 법한 일이라고 생각된다. 이미 앞에서 하인에 대해서 말한 것은 회의론자에게도 그대로 말할 수 있을 것이다. 즉 그는 영웅을 보아도 알아보지 못한다. 하인은 다만 자주색 망토, 금칠한 홀, 호위군과 우렁찬 나팔 소리만 안다. 18세기 회의론자들은 규격에 맞는 근사한 형식과 즉 '원칙', 그 밖에 그러한 종류로 보이는 것, '의젓하고' 아름답고 똑똑하게 자기를 변명하고, 개화된 회의적 18세기의 찬성을 얻기에 충분한 언변·동작의 형식을 기대하는 것이다. 하인이나 회의론자가 예측하고 있는 것은 결국 같다. 바로 어떠한 공인된 왕의 복장인 것이다. 그것만 입고 있으면 그들은 왕위를 인정한다는 것이다. 왕이 남루하고 비형식적인 상태로 오면 그런 사람은 왕이 아니라고 배척한다.

나는 햄던·엘리엇·핌 같은 이들은 진정 훌륭하고 유용한 인물들이었다고 보며, 그들을 낮추어 말하려는 의도는 전혀 없다. 나는 이런 이들에 관해서

서적으로서 얻을 수 있는 것은 모두 탐독하였다―그들을 영웅으로서 찬미하고 사랑하고 숭배하려는 마음에서였다. 그러나 유감스럽게도 사실을 말한다면 그다지 기대가 충족되지 않았다. 그러나 그 정도로는 충분하지 않다. 그들은 매우 고상한 인간으로 그들의 아름다운 미사여구, 철학, 의회연설, 군함건조세, '인민의 왕국' 등을 위하여 그들대로 당당하게 걷고 있다. 가장 입헌적(立憲的)이고 비난할 점이 없는 위엄 있는 사람들이다. 그러나 그들을 대하는 사람의 마음은 뜨거워지지 않고 다만 상상만으로 어느 정도 숭배하려고 노력할 따름이다. 그들에 대하여 우애의 열정으로 마음이 달아오르는 사람이 누가 있는가? 그들은 지극히 무미건조한 사람들이 되었다. 저 찬양할 만한 핌의 헌법에 관한 웅변에서 그가 '일곱째로, 그리고 마지막으로' 하는 대목에 이르러 우리는 흔히 감탄한다. 그러나 그것은 세상에서 가장 탄복할 만한 것일지는 모르나 둔중하다―납처럼 무겁고 벽돌 흙처럼 메마르다. 요컨대 거기에는 여러분이 취할 만한 것이라고는 거의 아무것도 남아 있지 않음을 느끼리라! 우리는 이러한 명사들을 선반에 높이 모셔둔다. 그러나 소박하고 천대를 받는 크롬웰이야말로 그들 모든 사람 중에서 유일하게 인간적인 면을 지니고 있다. 이 위대하고 야성적인 버서커 ^(노쓰 신화에 나오는 어떤 무기로도 대항할 수 없는 투사), 그는 아름다운 글로 《인민의 왕국》은 저술하지 못할뿐더러, 재치 있게, 규칙성 있게 말하고 일하지 못하며, 어디서나 자기 자신을 위해 말할 매끄러운 이야기를 가지고 있지 않았다.

버서커는 아무 가린 것도 없이 말의 갑옷을 걸치지 않고 서서 거인마냥 사물의 적나라한 진실과 정면으로 마음과 마음을 마주 겨누었다. 그는 진실로 대장부다운 사람이었다. 나는 이런 사람을 다른 모든 종류의 사람보다 더 높이 평가하는 결점이 있다. 흔히 볼 수 있는 번지르르하고 점잖은 사람들, 그런 사람들은 대단한 것이 못 된다. 손을 더럽히기 싫어하는 사람, 장갑을 끼지 않고는 일에 손을 대지 않는 사람, 그런 사람들은 달갑지 않다.

대체로 말한다면, 좀더 행복한 다른 청교도들에 대한 18세기의 이 법적 관용성은 그다지 중대한 것이 아니다. 그것은 다른 것처럼 또 하나의 형식주의·회의주의에 지나지 않는다고 말해도 좋을 것이다. 영국민의 자유의 기초가 '미신' 위에 놓여졌다는 것은 슬픈 일이다. 이 청교도들은 칼뱅주의적인 믿을 수 없는 신조, 반(反)로드 사상 그리고 웨스트민스터 선언 등을 들고 나와서는 무엇보다도 자기 마음대로 예배를 드릴 수 있는 자유를 요구하였다. 자기들 마음대로 자기에게 세금을 부과하는 자유, 이것이야말로 그들이 요구해야 할 것이었다. 그런데도 그것이 아닌 신앙의 자유를 주장한다는 것은 미신이고 광신이며, 헌법철학에 대한 수치스러운 무지를 폭로한 것이다! ―자기에게 세금을 부과하는 자유? 제시된 이유가 없이는 주머니 안에 있는 돈을 내놓지 않으려고? 아주 피폐한 세기가 아니고서는 그러한 것을 인간의 첫째가는 권리라고는 하지 않으리라고 나는 생각한다. 오히려 전혀 반대로, 정의로운 사람이라면 일반적으로 정부에 대하여 항쟁하려고 결심하기 전에 어떤 형식으로든 금전문제에 앞서는 중대문제를 품고 있기 마련이라고 나는 말하지 않을 수 없다. 우리의 세계는 가장 심한 혼란의 세계여서, 도저히 참지 못할 정도가 아닌 어떠한 모양으로 유지되는 정부만 구경할 수 있다면 선량한 사람은 고맙게 생각할 것이다. 여기 영국에, 이 시간에, 그 사람이 거의 이유를 발견하지 못하는 세금을 기꺼이 내지 않는다면, 일은 그를 위해 그다지 잘 되어 나가지 않을 것이다. 그는 여기가 아닌 다른 풍토로 이주하는 것이 좋을 것이다. 그는 이렇게 말할 것이다. "세리? 돈? 내 돈을 빼앗아가라, 네게 권한이 있으니. 그렇게 원하니 그럼 빼앗아가라―그와 동시에 네 자신도 사라져라. 나는 나대로 일하게 버려둬라. 나는 아직 여기 있다. 아직 일할 수 있다. 네가 내 돈을 다 빼앗아갔어도!" 그러나 만일 저들이 그에게로 와서, "거짓을 용인하라. 신을 숭배하지 않더라도 용인한다고 말하라. 네가 진실이라고 보는 것을 믿지 말고 내가 진실이라고 보는, 또는 보는 체하는 것을 믿어라!"라고 말한다면 그는 이렇게 말할 것이다. "싫다, 절대로 싫다. 내 돈주머니를 빼앗아가려면 빼앗아가라. 그러나 나는 윤리적인 자아를 죽일 수는 없다. 내게 권총을 겨누는 어떤 노상강도라도 돈주머니는 빼앗아갈 수 있다. 그러나 나의 자아는 나와 나를 만드신 신의 것이지 네 것이 아니다. 나는 죽는 한이 있더라도 저항할 테다. 그리고 그것을 지키기 위해서는 모든 종류의 핍박과 고발과 혼란도 서슴지 않을 테다!"

청교도들의 항쟁을 정당화할 수 있는 가장 큰 이유는 이것이라고 나는 생각한다. 그리고 이것은 예로부터 인간의 모든 정당한 항쟁의 정신이었다. 프랑스혁명도 기아에서만 비롯된 것은 결코 아니다. 참을 수 없는, 범람하는 허위는 결국 기아와 전면적인 물질의 결핍과 허탈상태로 나타나서, 모든 사

람의 눈에 분명한 허위로 보이게
된 것이 원인이었다. 우리는 ‘세
금을 부과하는 자유’를 원한 18
세기를 더 이상 건드리지 않기로
하자. 청교도 같은 사람들이 의
미하는 것이 무엇인지 18세기가
알지도 못했다는 것은 우리에게
는 놀라운 일이 아니다. 진실이
란 것을 도대체 믿지 아니하는
사람들이 진실한 인간의 영혼,
모든 진실한 것 중 가장 강하며,
말하자면 이 세계를 지으신 이가
우리에게 보내는 음성과도 같은
그것을—어찌 알 수 있겠는가?
그러한 세기는 ‘세금’ 따위나 그

크롬웰(1599~1658)
영국의 정치가·군인, 청교도 혁명 주역.

밖에 비루하고 감각적으로 잘 알 수 있는 물질적 이해에 관한 헌법이론으로
변형할 수 없는 것은 모두 몹쓸 형체도 없는 쓰레기 더미라고 배격할 것이
틀림없다. 햄던·핌·군함건조세 같은 것은 많은 정치적 열변의 주제가 되어
광채를 발산할 것이다—만일 불처럼 아니라면 얼음처럼. 그리고 물질적 이
해문제로 저하시킬 수 없는 크롬웰은 ‘광기’·‘위선’, 그 밖의 많은 것을 얼버
무린 더미로서 남는다.

  오래 전부터 나는 크롬웰의 허위 운운하는 의견은 믿지 않았다. 나는 어떤
위인에 관해서도 그런 의견은 믿을 수 없다. 많은 위인들은 역사책에 거짓되
고 이기적인 사람으로 그려져 있다. 그러나 깊이 생각해 보면 그것은 알아볼
수 없는 그림자에 지나지 않는다. 그런 것을 가지고서는 실제로 있었던 인물
로서의 그들을 엿볼 수 없다. 천박하고 믿음이 가지 않는 사물의 표면과 가
상(假相)에 대한 눈밖에는 가지지 않은 시대만이 위인에 대해서 그 따위 관
념을 가질 수 있다. 크든 작든 진정한 영혼의 본질인 양심을 가지지 않은 위
대한 영혼의 소유자란 있을 수 있는가? —없다. 우리는 크롬웰을 허위라고

생각할 수 없다. 그 사람과 그의 생애를 오래 연구하면 할수록 더욱 그렇게는 믿어지지 않는다. 믿을 만한 이치가 있는가? 그런 증거가 전혀 없다. 그가 태산 같은 비난을 받고 진실을 말한 적이 전혀 또는 거의 없으며, 항상 어떤 교묘한 가짜 진실만 말한 '거짓말의 왕'이라고 묘사되어 있음에도 불구하고, 아직도 단 하나의 허위도 발견되지 않은 것이 이상하지 않은가? 거짓말의 왕이라면서 그의 입에서 나온 거짓은 하나도 없다. 적어도 내 눈에 띈 것은 하나도 없다. 마치 그로티우스($\text{1583~1645, 네덜}\atop\text{란드의 법학자}$)를 보고 포코크가 마호메트의 비둘기에 대한 증거가 어디 있느냐고 묻는 것과 같다. 그런 증거는 없다— 이런 비난의 괴물은 상대하지 않기로 하자. 무릇 괴물을 그래야 하는 것처럼 말이다. 그런 것은 그 사람의 형상이 아니고, 증오심과 암흑에서 오는 공동의 산물인 광적인 환영이다.

우리 자신의 눈으로 그 사람의 생애를 볼 때, 이것과는 전혀 다른 생각이 떠오른다. 그가 어렸을 때의, 잘 알 수 없는 시절에 관하여 우리가 아는 몇 가지 일들은 비록 왜곡되어 우리에게 전해졌을지라도, 열성적이고 사랑스럽고 진실한 사람이었음을 보여주지 않는가? 그가 신경이 예민하고 우울한 성격을 가지고 있었음은 오히려 지나치게 심각한 진실성을 암시한다. 한낮에 흰 귀신이 나타나서 그가 장차 영국의 왕이 될 것이라고 예언했다는 이야기는 그다지 믿기지 않는다—다른 귀신 즉 검은 귀신 악마에게 그가 우스터 전투가 있기 전에 자기 영혼을 파는 것을 어떤 사관이 보았다는 이야기가 정말로 믿기지 않는다. 그러나 어렸을 때의 올리버가 신경이 예민하고 우울한 기분에 잠겨 있었다는 것은 의심할 수 없을 정도로 알려진 일이다. 헌팅턴에 살던 의사는 필립 워릭 경에게 말하기를, 흔히 밤중에 불리어 가보면 크롬웰은 심한 우울증에 걸려 당장 죽게 될 것이라고 상상하면서, '십자가에 대한 망상에 사로잡혀 있었다'고 하였다. 이런 것은 중요한 의미를 가진다. 이런 일에는 매우 깊은 뜻이 있다. 그의 거칠고 완강함의 내면에 이렇게 깊이 느끼는 성질을 가지고 있었다는 것은 허위를 말하는 것이 아니라, 허위와는 전혀 다른 것을 보여주는 것이다.

젊은 올리버는 법학 공부를 하러 갔지만 한동안 청년들이 흔히 저지르는 실수를 범하였다. 그러나 곧 뉘우치고 아주 그만둔다. 스무 살을 조금 넘겨 결혼하고, 착실하고 조용한 생활을 한다. '그는 노름을 해서 딴 돈을 다 돌려주었다'고 전한다—그렇게 딴 돈이 정말 자기 것이라고 그는 생각지 않는다. 이렇게 '개심'한 것은 매우 흥미 있고 자연스러운 일이다. 하나의 위대하고 진실한 영혼이 세상의 수렁 속에서 눈을 뜨고 사물의 두려운 진리를 보는 것—시간과 그것의 모든 변화는 영겁 위에 수놓여져 있다는 것, 그리고 우리의 초라한 땅은 천국 또는 지옥의 입구에 지나지 않는다는 것을 보는 것이다. 세인트 아이브스와 엘리에서 부지런한 농부로서 산 그의 생활, 그것은 진실하고 경건한 사람의 생활 바로 그것이 아닌가? 그는 세속과 세속의 길을 버렸다. 세속이 주는 상(賞)은 그가 많이 가지고자 원할 물건이 못되었다. 그는 땅을 갈고, 성경을 읽고, 날마다 하인들을 불러 모아 함께 신에게 예배를 드렸다. 핍박을 받는 목사들을 위로하고 설교를 잘 하는 사람들을 좋아하며 자기도 설교를 하였다—이웃 사람들을 향해 바보짓을 그만두고 시간을 귀중히 여기라고 권고하였다. 이 모든 것에 어떤 위선·야심·헛소리, 또는 다른 종류의 허위가 있는가? 이 사람의 소망은 하늘나라에 있었으며, 그의 목적은 이 세상 낮은 길을 걸어 저 세상으로 높이 올라가는데 있었다고 믿어진다. 그는 명성을 원하지 않았다. 이 세상에서의 명성이 그에게 무슨 소용이 있었겠는가? "항상 그의 거룩하신 주인의 눈에 바르게 보이기를 원하였다."

그리고 그가 대중의 눈앞에 나타나게 된 것도 이채롭다. 그가 나타나게 된 것은 아무도 대중의 설움에 항거하여 나타나려고 하지 않았기 때문이다. 이는 베드퍼드의 늪지대에 관한 일을 의미한다. 아무도 관청을 상대로 소송을 일으키려 하지 않았으므로 그가 하였던 것이다. 이 사건이 모두 결말이 나자 그는 다시 조용히 제자리로 돌아가 성경을 읽고 땅을 갈았다. '세력을 얻는다?' 그의 세력은 가장 정당한 것이었다. 그것은 그가 의롭고 신앙심이 깊으며, 이성적이고 의지가 굳은 사람이라는 것이 잘 알려진 데서 온 것이었다. 그는 40세가 지나기까지 이렇게 살았다. 이제부터 노년이 내다보이고 드디어 죽음과 영원의 장엄한 문이 보이게 되었다. 이때 그가 갑자기 야망을 품게 되었다니! 나는 의회에서의 그의 사명을 그렇게 해석하지는 않는다.

의회에서, 또 전쟁에서의 그의 성공은, 다른 사람들보다 가슴 속에 더 많은 결단과 머릿속에 더 많은 광명을 가진 가장 용감한 사람의 성공이었다. 신에 대한 그의 기도, 전화(戰禍)에 싸인 세상의 광분·충돌 속에서, 던바에

서 포위를 당하였을 때의 절망 속에서, 그렇게 많은 전투의 죽음의 우박 속에서 항상 그를 지키시며, 잇단 하늘의 도우심, 그리고 우스터 전투에서의 '결정적인 신의 가호'에 이르기까지 인도하여준 승리의 신에게 드린 그의 감사의 말, 이 모든 것은 깊은 영혼을 가진 칼뱅주의자 크롬웰로서는 선하고 참된 것이었다. 경박하고 기분에 살며, 신을 숭배할 줄 모르고 사랑과 들뜬 것과 형식만 알고, 신을 생각하는 일이라곤 전혀 없이 신을 떠나서 ^(에베소서 제)_(2장 12절) 사는 허영과 불신앙의 기사(騎士)들에게는 이것이 위선으로 보일 수밖에 없다.

왕을 사형에 처하는데 그가 관여하였다는 것도 비난할 것이 못된다. 왕을 죽인다는 것은 큰일이다. 그러나 왕과 전쟁을 하는 이상 그 일을 피할 수도 없다. 그 일뿐만 아니라 다른 모든 일을 피할 수가 없다. 일단 전쟁을 시작하여 승부를 다투게 되면 상대가 죽지 않으면 내가 죽게 된다. 화해라는 것도 의문이다. 가능할 수도 있겠으나 불가능한 경우가 더욱 많다. 지금에 이르러서는 거의 일반적으로 인정되는 일이지만, 찰스 1세를 정복한 의회는 그 왕을 상대로 어떤 협정을 지을 수가 없었다. 다수파인 장로파는 독립파가 두려워서 협정을 짓기를 몹시 원하였다. 자기들이 살기 위해서도 원했다. 그러나 성공하지 못했다.

저 최후의 햄프턴 왕궁에서의 협상에서 찰스는 도저히 상대할 수 없는 사람임을 보여주었다. 그는 조금도 사태를 이해하지 못했으며 또한 이해하려 하지도 않았다—그의 머리는 사태의 진상을 전혀 파악하지 못하였을 뿐만 아니라, 그의 말은 조금도 자신의 생각을 표현하고 있지 않았다. 그를 이와 같이 말하는 것은 가혹하게 평하려고 해서가 아니라, 오히려 깊은 동정에서 비롯된 것이다. 이것은 사실이며 부정할 수 없는 일이다. 왕이라는 명목만 남고 모두 잃은 그는, 외면상으로 왕의 대우를 받고 있음을 보고, 이 파(派)와 저 파를 적당히 다루면서 두 파 모두를 속이고, 과거의 권력을 회복하려고 시도하였다. 아, 그런데 두 파 모두 왕이 자신들을 속이고 있는 것을 알았다. 말이 그의 생각과 행동을 알려주지 않는 사람은 상대할 수 있는 위인이 아니다. 우리는 그런 사람을 피하거나 처치해야만 한다. 장로파에서는 절망을 느끼면서도 찰스를 믿고자 하였다. 그러나 크롬웰은 그들과 같지 않았다. "그렇게 싸운 대가로 종잇조각 한 장을 받게 되는가?" 안 된다!

사실 어디에서나 이 사람은 실제적인 눈, 실제적인 것, 실행 가능한 것을 찾아내고 사실의 진상을 보는 눈을 가지고 있었음을 우리는 본다. 이러한 지성은 거짓된 사람의 것이 아니다. 거짓된 사람은 거짓된 외관, 사이비한 진실이나 이익 따위만을 본다. 실제적 진실에 지나지 않는다 하더라도 진실을 알아보려면 진실한 사람이라야 한다. 전쟁 초기에 크롬웰이 의회군에게 한 말, 즉 도시에서 모여든 들뜨고 광포한 사람들을 버리고, 그 일을 감당할 정신력을 가진 착실한 농부들로써 군대를 편성하라는 충고는 사실을 보는 사람의 말이었다. 사실을 들여다본다면 그것은 저절로 대답한다. 크롬웰의 철기병은 그의 이 통찰력의 화신이다. 그들은 신만을 두려워할 뿐 다른 아무것도 두려워하지 않는 사람들이었다. 그들보다 더 진정한 군인들이 영국 땅을, 또는 다른 어느 나라의 땅을 걸은 적은 아직 없다.

그리고 크롬웰이 한 다음의 말은 많은 비난의 대상이 되었지만, 그것도 그다지 비난할 것은 못된다. "만일 전쟁터에서 왕이 내게 맞선다면 나는 왕을 죽이련다." 왜 죽이지 않겠는가? 이것은 왕보다 더 높은 존재를 상대로 하는 사람들에게 한 말이다. 그들은 자기의 생명보다 더 큰 것을 걸고 싸우는 사람들이었다. 의회는 이 전쟁을 가리켜 공식적인 용어로 '왕을 위한 싸움'이라고 부를 수도 있을 것이다. 그러나 우리로서는 이 말을 이해할 수 없다. 우리에게는 이것이 결코 도락(道樂)이나 미끈한 형식상의 일이 아니라, 생사를 건 심각한 일이다. 그들은 그것을 위하여 전쟁을 불러내기에 이르렀다. 무서운 혈전, 사람들은 서로 눈에서 불꽃을 튀기며 미친 듯 싸웠다―인간이 가진 지옥적인 요소를 불러낸 것도 그 일을 시도하기 위해서였다! 그러면 그것을 하라, 그것이 해야 될 일이니까! 크롬웰이 승리한 것은 지극히 당연한 일이라고 생각한다. 그가 전사하지 않았으니까 승리는 당연한 것이었다. 사물을 보는 눈과 두려움을 모르는 심장을 가진 그런 사람이 한 자리 한 자리 승리에 승리를 거듭해, 헌팅턴의 농부가 드디어 영국에서 공인된 가장 강한 사람, 사실상 영국의 왕이 되었다는 것은 마술을 빌리지 않더라도 설명할 수 있는 일이다!

신에 대한 회의, 도락주의, 불성실로 전락하여 성실을 보아도 깨달을 수 없게 되는 일은 한 개인에게 있어서와 마찬가지로 한 국민에게도 슬픈 일이다. 이 세상에서, 모든 세상에서 이보다 더 무서운 저주가 무엇인가? 마음이 죽어 있고 눈이 보이지 않는다. 지혜가 아직 남아 있다면 그것은 여우의 지혜에 지나지 않는다. 그들에게는 전정한 왕이 찾아와도 소용없다. 찾아와도 모르니까. 그들은 이것이 왕이냐? 라고 조소한다. 영웅은 가치 없는 인간들의 무익한 반대 속에서 영웅적 능력을 낭비하고 이렇다 할 성공을 거두지 못한다. 자기 자신을 위해서는 영웅적 생애를 완성한다. 그것은 위대한 것, 일체의 것이다. 그러나 세상을 위해서는 완성하는 것이 비교적 없다. 자연에서 직접적으로 오는 야생적이고 소박한 성실성은 법정에서 대답할 때에는 달변이 아니다. 그대들의 법정에서 그는 가짜라는 낙인이 찍힌다. 여우의 지혜는 그의 '결점을 찾아낸다.' 1000 사람을 모은 것만큼의 가치를 가진 인간이기 때문에, 녹스나 크롬웰이 얻는 반응은 그가 도대체 사람이었던가를 따지며 2세기나 계속되는 시시비비이다. 신이 이 땅에 주신 가장 큰 선물이 조소 속에 던져진다. 마귀를 쫓는 신비한 부적은 보잘것없는 쇳조각이므로 보통의 기니화처럼 상점에서 통용하기에 충분치 못하다.

이것은 통탄할 일이다! 이 일을 고쳐야 한다고 나는 외친다. 이것이 어느 정도 고쳐지기까지는 아무것도 고쳐지지 않는다. '가짜를 간파한다?' 그래라, 부디 좀 그래라. 그러나 그와 동시에 믿을 수 있는 사람을 알아보라. 그것을 알 때까지는 우리의 모든 지식이 무엇이며, 무엇으로써 간파할 수 있겠는가? 왜냐하면 여우의 지혜 즉 지식이라고 생각하고 있지만, 여우식으로 간파한다는 것은 잘못도 이만저만이 아니다. 과연 속기 쉬운 바보가 많다. 그러나 모든 바보들 중에서도 바보 노릇을 하게 될까 봐 이유 없이 두려워하는 사람보다 가엾은 것은 없다. 세상은 존재한다. 세상에는 진실이 있다. 그렇지 않다면 세상이 존재하지 않을 것이다. 우선 무엇이 진실인가 알라. 그러면 비로소 무엇이 허위인가 간파할 수 있을 것이다. 그때까지는 결코 안 된다.

"믿을 수 있는 사람을 알라."

아, 그러나 이것은 오늘날에는 어림도 없는 일이다. 성실한 사람만이 성실을 알아볼 수 있다. 영웅만 있으면 되는 것이 아니라 영웅에 적합한 세상이 또한 있어야 한다. 하인들의 것이 아닌 세상이—그렇지 않으면 영웅이 와도 거의 아무 소용이 없다. 그렇다. 우리로서는 어림도 없다. 그러나 그때가 오고야 말 것이다. 아, 오는 것이 보이니 다행이다. 그때가 오기까지 우리는 무엇을 가지고 있는가? 투표함·선거·프랑스혁명—그러나 모든 것이 만일 우리가 하인들 같아서 영웅을 보아도 알아보지 못한다면 무슨 소용이냐? 크롬웰 같은 인물이 와도 150년간 우리로부터 한 표도 얻지 못하였다. 그도 그럴 것이 성실치 않은, 믿지 못할 세상은 본디 사기꾼의 소유물이며, 모든 사기꾼 족속과 그들이 쓰는 수법의 아버지 소유물이기 때문이다. 그런 세상에서는 비참·혼란·허위만이 가능하다. 투표함을 가지고 우리가 하는 일은 오직 사기꾼의 형상을 바꿀 뿐 그것의 본질은 항상 그대로 있다. 하인들의 세상은 가짜 영웅, 그저 왕의 차림을 한 왕에 의하여 지배되지 않을 수 없다. 그런 세상이 그의 것이 아니면, 그가 그런 세상의 것이다! 요컨대 둘 중 하나이다. 곧 우리는 영웅을, 진정한 지배자와 대장을 보면 좀 더 잘 알아보게 되거나, 또는 비영웅적인 것의 지배를 영원히 받거나 할 따름이다— 거리 모퉁이마다 투표함을 가지고 있어도 그것으로 고쳐지지는 않는다.

가엾은 크롬웰—위대한 크롬웰! 말을 갖지 아니한 예언자, 말할 줄 몰랐던 예언자. 야생적인 깊이와 철저한 진지함을 가지고 소박하고 혼란스럽게, 자신을 표현하려 발버둥치고 있다. 그러한 그가 우아하고 완곡한 말을 쓰는 사람들, 포클랜드 같은 재치꾼, 칠링워스 같은 도학자, 클래런던 같은 외교관들 사이에 끼어 있다면 그는 얼마나 이상하게 보일 것인가! 그들을 잘 살펴보라. 갈피를 잡지 못할 혼란의 왜곡, 악마적 망상, 신경쇠약적인 몽상, 거의 반광인적인 상태, 그러나 속마음에는 그렇게 분명하고 확고한 사나이의 정력이 약동하고 있는 것이다. 일종의 혼돈한 인물이었다. 별빛과 불의 순수한 광휘가 그의 무한한 우울증, 곧 형상을 이루지 못한 암흑 속에서 약동하고 있는 것이다! 그러나 이 우울증이야말로 곧 그의 사람됨의 위대성이 아니고 무엇인가? 그것은 그의 격렬한 애정의 깊이와 부드러움, 그가 사물에 대하여 느끼고 있던 동정의 특질—그가 항상 사물의 핵심에 투철할 수 있었던 통찰력, 그가 항상 사물에 대하여 차지할 수 있었던 지배력의 특질, 이것이 그의 우울증이었다. 인간의 불행이 늘 그렇듯이 이 사람의 불행은 그의 위대성에서 온 것이다. 사무엘 존슨도 또한 그런 사람이었다. 비탄에 지치고 반쯤 광인이 되어 세상만큼 큰 슬픔의 어둠에 싸여 있었다. 그것이 예언적 인간, 즉 그의 온 영혼을 가지고 보는, 또 보려고 싸우는 인간의 특색인 것이다.

크롬웰이 한 말의 혼돈도 나는 이런 견지에서 설명하는 것이다. 그 자신으로서는 내심의 의미가 태양처럼 명백했다. 그러나 그것에 옷을 입혀 표현할 재료가 없었다. 그는 침묵 속에서 살아왔다. 이름 없는 사상의 큰 바다가 일생 동안 그를 에워싸고 있었다. 그리고 그가 산 방식의 생애에서는 그것에 이름을 지어주고 말로 표현할 필요가 별로 없었다. 그처럼 예리한 통찰력과 과감한 행동력을 가지고 있었으므로, 그럴 마음만 있었다면 그는 책도 쓸 수 있고, 말도 유창하게 할 수 있었을 것을 나는 의심치 않는다—그는 책을 쓰는 것보다 더 어려운 일들을 했던 것이다. 그와 같은 종류의 사람은 어떤 일이든지 훌륭하게 처리할 수 있는 사람이다. 지성이란 말이나 논리를 늘어놓는 것이 아니다. 그것은 관찰하고 확인하는 일이다. 덕(德)과 남아(男兒)다움, 영웅기질이란 말주변 좋게 알뜰히 정돈한 것이 아니다. 그것은 무엇보다도 독일어 Tugend가 잘 표현하듯이 용기와 일을 행하는 능력을 의미한다. 크롬웰은 이것을 가지고 있었다.

크롬웰은 의회에서 연설을 잘할 수는 없었지만 그가 어떻게 설교하고 얼마나 열광적인 설교를 할 수 있었던가, 그리고 특히 즉석에서 드리는 기도가 얼마나 훌륭한 것이었던가는 사람들이 알고 있는 그대로이다. 이런 것은 마음에 있는 것의 자유로운 토로이고 보니, 거기엔 방법이 필요치 않고 열성과 깊이와 성실성이 있으면 충분했다. 기도하는 습성은 크롬웰의 눈에 띄는 특질이었다. 그의 모든 큰 일들은 기도로써 시작되었다. 암담하고 솟아날 구멍이 없는 듯한 곤경에 빠지면 그와 그의 장교들은 언제나 모여 몇 시간, 몇 날 동안을 번갈아 기도하였다. 어떠한 확정된 해결책이 그들의 마음 속에 떠오를 때까지 그러했다. 그들의 말을 빌리면 '희망의 문'이 보일 때까지 그러했다. 이것을 생각해 보라. 눈물을 흘리며 불덩어리 같은 기도를 드리면서, 거룩하신 신을 향하여 저희들에게 자비를 베푸사 신의 광명으로 앞을 비춰주소서 호소한다. 그들은 스스로를 그리스도의 군대라고 느꼈다. 그리스도가 아니라 맘몬(물질적 부유함, 욕심을 상징하는 악마)과 악마의 거대하고 어두운 탐욕의 세상을 정복하려고 칼을 뽑은 그리스도 안의 형제들의 작은 무리였다—이런 그들이 곤경에 빠지고 극단적인 곤란에 부딪쳤을 때, 저희들이 하는 신의 일을 저버리지 마시도록 신께 부르짖은 것이다. 그때 그들 위에 그 빛—어떤 방법으로 인간의 영혼이 어찌 이보다 더 좋은 빛을 얻을 수 있었으랴? 이같이 하여 결정된 목적은 가장 선하고 현명하여, 이제 더 주저할 것 없이 따를 수 있는 것이 아니던가? 그들에게 그것은 황량한 암흑 속에서 광휘를 발산하는 신의 영광, 처량하고 위험한 길에서 안내자가 되어주는 어두운 밤의 불기둥 같았다. 사실 그런 것이 아니던가? 오늘날에 이르기까지 사람의 영혼은, 소리 높여 기도하든 침묵으로 기도하든, 본질적으로 최고자, 모든 광명의 수여자 앞에 진지하고 고생하는 영혼이 경건하게 엎드려 절하는 일 이외에 다른 어떤 방법으로 안내를 얻을 수 있겠는가? 다른 방법이 없다. '위선'이라고? 그런 소리는 이제는 진력이 나기 시작한다. 그렇게 말하는 사람은 이런 문제에 대해서 말할 자격도 없다. 그런 사람들은 목적이라고 부를 만한 목적을 가져본 적이 없는 사람이다. 그들은 편의와 사이비 진실을 비교하고 셈하며, 투표와 조언을 모으는데 바빠서 사물의 진리와 한 번도 대결해본 적이 없는 것이다. 크롬웰의 기도는 '웅변'이라 해도 좋고, 그 이상의 것이었다고 말해도 좋으리라. 그의 영혼은 기도할 수 있는 영혼이었다.

사실 그의 연설은 사람들이 보는 것처럼 서투른 것은 아니었다고 생각한다. 그는 모든 연설자가 목적하는 것, 즉 사람의 마음을 움직이는 연설자였음을 우리는 알 수 있다. 의회에서도 그랬다. 그는 처음부터 무게를 가지고 있었다. 굵고도 정열적인 음성으로, 그가 언제나 무엇인가를 진심으로 말하고자 한다고 사람들에게 이해되었고, 사람들은 그것이 무엇인지를 알기 원하였다. 그는 웅변을 할 생각은 없었다. 오히려 웅변을 경멸하고 싫어하였다. 어떤 말을 쓸까, 미리 생각하는 일이 없이 말하였다. 그 시대의 신문기자들도 묘하게 단순하여, 식자공에게 자기들의 노트에 적은 그대로를 주었던 것으로 보인다. 그런데 크롬웰이 미리 생각하고 계산하는 위선자였으며 세상을 관중으로 삼고 연극을 했다고 하는데, 그가 평생 말에 전혀 주의를 기울이지 않은 사실은 얼마나 이상스러운 증거인가! 그가 세상에 말을 내던지기 전에 조금도 다듬지 않은 것은 어찌된 일인가? 진실한 말이라면 그냥 내던져도 저절로 다 추려지는 것이다.

그런데 크롬웰의 '거짓말'이라는 것에 대해 한 마디 말하고자 한다. 이것은 본질상 어쩔 수 없는 것이라고 나는 생각한다. 어떤 당파이든지 모두 그에게 속았다고 생각하였다. 저마다 그가 이것을 의미하는 것으로 생각하였으며, 그렇게 그가 말하는 것도 실제로 들었다. 그런데 그는 이것을 의미하는 것이 아님을 나중에 알게 되었다. 그를 '거짓말의 왕'이라고 모두들 규탄하였다. 그러나 따지고 보면 이것이 그 시대에 있어서는 허위의 사람이 아니라 위인의 피할 수 없는 운명이 아니던가? 그런 사람은 마음속에 말하지 않은 것이 남아 있을 수 있다. 만일 그런 사람이 자기의 속마음을 소매에 달고 다니며 어떤 바보라도 모두 건드리게 한다면 그는 오래 가지 못할 것이다. 어떤 사람이든지 유리집 속에 살고 있을 필요는 없다. 사람이 자기 마음을 남에게, 일을 같이 하는 사람에게도, 어느 정도 보여줄 것인가는 스스로 알아서 할 일이다. 필요 없이 묻는 사람이 있으면 그 질문자가 그 일에 관해서 아무것도 알지 못하도록 버려두는 것이 좋다. 오해를 사지 않도록, 가능하다면 묻기 전보다 조금도 더 아는 것이 없도록 해두는 것이 최선이다. 이런 경우 현명하고 성실한 사람이 적당한 답변을 생각해 낸다면, 그것을 써서 대답할 때의 목표가 그것이다.

크롬웰은 흔히 부하인 소당파(小黨派)의 용어를 빌려서 자기 마음의 일부를 말하였음은 의심할 여지가 없다. 모든 당파에서는 그가 완전히 자기들의 편이라고 생각하였다. 그러므로 나중에 그가 자기들의 편이 아니고 그 자신의 당파 편임을 보았을 때 모두 하나같이 분개하였다. 이것이 그의 잘못이었는가? 그의 생애의 모든 시기에 걸쳐 그는 아마 이와 같이 느꼈을 것이다. 그런 사람들 속에서 만일 자기의 보다 깊은 통찰을 설명한다면 그들은 크게 놀라거나 그들의 소인적인 가설이 완전히 허물어지고 말리라는 것이며, 그들은 그의 분야에서 더 이상 일할 수 없게 되고 그들 자신의 사적 분야에서도 일할 수 없게 될 것이다. 이것은 소인들 가운데에서의 위인들의 불가피한 입장이다. 매우 활동적이고 유용한 소인들은 어디에나 있다. 그리고 그들의 단체 활동은 제한된 어떤 신념, 불완전한 오류에 의존한다. 그러나—그런 점에서 그들을 당혹케 만든다면, 그것이 항상 친절한 일이며 의무이겠는가? 세상에서 요란한 일을 하는 많은 사람들은 얇은 전통과 관례 위에 서 있다. 그 사람으로서는 의심할 수 없는 것이지만 믿을 수 없는 기반이다. 그 사람이 서 있는 그 기반을 깨뜨려라. 그러면 그는 끝없는 심연에 빠지고 만다! 퐁트넬(1657~1757, 프랑스의 철학자·시인)은 말하였다. "나는 진리를 손아귀에 가득 움켜쥐고 있을지라도 새끼손가락만 펴보인다."

이론적인 문제에서조차 이것은 사실이니 실제적인 모든 분야에서는 어떻겠는가! 자기의 생각을 가슴속 깊이 간직하지 못하는 사람은 아무런 큰 일도 실행하지 못한다. 그런데 이것을 우리는 위선이라고 부르는가? 가령 군대의 장군이, 병장이나 졸병들이 함부로 묻는 질문에 일일이 대답하지 않고 모든 일에 대한 그의 생각을 말하지 않는다고 해서 그를 위선자라고 부를 셈인가? ─크롬웰은 이런 모든 물음을 감탄할 정도의 완전성을 가지고 처리한 것이라고 나는 말하고 싶다. 그의 온 생애 동안 이렇게 묻는 '졸병'들의 끝없는 홍수가 주위에 파도쳤다. 그리고 그는 대답하였다. 이것을 훌륭히 처리할 수 있던 그는 진정한 눈을 가진 위대한 사람이었음에 틀림없다. 하나도 거짓은 없었다. 하나도! 그런 큰 시련을 몸에 감고 있는 누구를 두고 그와 같이 말할 수 있으랴?

그러나 크롬웰 같은 인물에 관한 우리의 판단의 뿌리마저 그르치는, 널리 퍼진 두 가지 오해가 있다. 그것은 이런 인물들의 '야만'·'허위' 등에 대해 수군대는 것에 관한 것이다. 그 중 처음 것을, 그들 생애의 종착점을 그 과정 또는 출발점으로 대치하는 과오라고 하겠다. 크롬웰을 연구하는 저속한 역사가는, 그가 케임브리지셔의 늪지대에서 밭을 갈고 있을 때 이미 영국의 보호자가 되겠다는 결심을 하였다고 상상하고 있다. 그의 생애는 처음부터 설계되어 전체 극의 줄거리가 미리 다 짜여져 있었다. 그 다음에 차근차근 대본에 따라 모든 교묘한 기만적인 연출법에 의해 극적으로 전개해나갔다─ 그는 속이 빈 수단가, 연극배우였다는 것이다.

이것은 근본적 왜곡이다. 이런 경우에 거의 언제나 볼 수 있는 일이다. 그러나 잠깐 생각해 보라. 사실은 얼마나 다른가! 우리는 도대체 우리의 앞날을 얼마나 내다보는가? 바로 한 치 앞만 해도 만사가 몽롱하다. 온갖 가능성·불안·시험·막연히 빛나는 희망이 뒤섞인 혼란상태가 아닌가? 크롬웰의 온 생애는 깊이를 모를 교활함으로 한 장면씩 극적으로 연출해 가기만 하면 다 되는 어떤 줄거리에 맞춰서 미리 정한 것은 아니었다. 어림도 없는 이야기이다. 우리는 그렇게 보더라도 그에게 있어서는 결코 그렇지 않았다. 이 하나의 부인할 수 없는 사실을 역사가 무시하지 않았다면 얼마나 많은 어리석은 짓이 저절로 소멸되었으랴! 역사가들에게 물으면 무시하지 않았다고 말할 것이다. 그러나 사실이 그런가 어떤가를 보라! 통속적인 역사는 이 크롬웰의 경우와 마찬가지로 그것을 완전히 무시한다. 가장 우수한 역사라 할지라도 때때로 기억할 따름이다. 그것을 사실 그대로 엄격한 완전성을 가지고 정당하게 기억하는 데에는 실로 희귀한 능력을 필요로 한다. 아니, 불가능하다. 셰익스피어의 능력, 아니 그 이상의 것을 요구한다. 다른 사람의 일대기를 연출하며, 그 사람이 본 것을 그 사람의 생애의 모든 시점에서 그 사람의 눈으로 볼 수 있는 사람이 누구인가? 다시 말해 그의 생애와 그 사람을 역사가처럼 '아는' 자가 누구인가? 크롬웰에 대한 우리의 영상을 왜곡시키는 여러 가지로 뒤엉킨 오해의 절반 이상은 만약 우리가 정직하게 사실대로 그리려고 한다면, 사실대로의 시간적 순서로 나타내고, 우리 앞에 던져진 대로의 총체로서 처리하려고 하지 않는다면 저절로 사라질 것이다.

그런데 다른 하나의 오류, 누구나 일반적으로 이 오류를 범하는 데, 그것은 이 '야망' 자체에 관한 것이다. 우리는 위인들의 야망을 과장한다. 그것의 성질을 잘못 생각한다. 위인들은 그런 의미에서의 야망은 가지고 있지 않다. 그런 야망을 가진 이는 하찮고 변변치 못한 사람이다. 다른 사람들 이상으로 광채를 발산하지 못한다고 해서 우울하게 사는 사람, 자기의 소질과 요구가 통하지 않아 속상해하며 스스로를 선전하며 사는 사람, 마치 그것이 신을 위해서인 것처럼 자기를 위인으로 인정하고 뭇사람들 위에 앉히라고 지나치게 조르는 사람들을 보라. 그런 인간들은 이 태양 아래 있는 것 중 가장 가련한 구경거리이다. 그런 사람이 위인이라고? 그는 속이 빈 병적인 인간이며, 사람들 세상에서 왕좌에 앉기보다는 차라리 병원 입원실에 들어가는 것이 오히려 마땅하다. 그런 사람을 피하라. 그는 조용히 길을 걷지 못하는 사람이다. 그는 여러분이 바라보아 주지 않으면, 찬사를 보내지 않으면, 신문기사를 써 주지 않으면 살지 못한다. 그 사람은 속이 비어 있는 것이지 결코 위대하지 않다. 그는 속에 든 것이 아무것도 없으니까, 무엇이 있다고 해 주기를 굶주린 듯이 목마른 듯이 열망한다. 사실 위대한 사람 또는 어느 정도 건전성과 진정한 실속이 속에 들어 있는 사람다운 사람치고 이런 식의 고민을 하는 사람은 하나도 없다.

알아듣지 못할 소리로 떠드는 군중들의 인정을 받는 것이 크롬웰에게 무슨 필요가 있는가? 그를 지으신 신이 이미 인정하고 있지 않은가? 크롬웰,

그는 이미 거기 있으니, 어떠한 인정도 그를 다르게 만들지는 못한다. 머리가 희어지고 인생도 내리막길에 다다라 한계가 보이고, 무한한 것이 아니고 한정된 것이어서, 어떠한 변화가 있더라도 한계가 분명해지기까지—그는 땅을 갈고 성경을 읽는 것으로 만족하고 있었다. 그러한 그가 노년이 다 되어 더 견딜 수 없어서 자기를 허위에 팔았다는 것인가? 금칠을 한 마차를 타고 의사당에 드나들며, 종이 보따리를 가진 서기들이 "이것을 결재해 주십시오, 저것을 결재해 주십시오!" 하고 수선을 떠는 것이 부러워서? 그런데 그 재가(裁可)라는 것도 완벽하게 할 수 없는 것이 사람의 큰 비애가 아니던가!

크롬웰에게 있어서 금칠한 마차가 무슨 소용이었으랴? 오래 전부터 그의 삶에는 큰 의미가, 하늘에서 온 것인가 싶은 공포와 영광이 있지 않았던가? 이 세상의 한 인간으로서의 그의 존재에는 금칠 따위는 불필요했다. 사망·심판·영원, 이런 것이 그가 생각하고 행하는 모든 것의 배경으로서 이미 있었다. 그의 모든 삶은 인간의 말로서는 도저히 이름 붙일 수 없는 사상의 큰 바다에 둘러싸여 있었다. 그 당시 청교도 예언자들이 읽은 신의 말씀, 위대한 것은 그것뿐이지 다른 모든 것은 그에게는 아무것도 아니었다. 이런 사람을 '야망적'이라고 하며, 위에서 말한 바와 같은 허풍선이로 비유하는 것은 지극히 서투른 수작이라고 생각한다. 그런 사람은 이렇게 말할 것이다. "너의 금마차와 만세를 부르는 군중들, 너의 설레는 서기들, 세도와 중대한 용무들을 그대로 가지고 있어라. 나는 그대로 놔두라. 내게는 이미 너무 많은 삶이 있었다!" 그 시대 영국에서 가장 위대한 정신이었던 사무엘 존슨도 야망을 가지고 있지 않았다. 보즈웰이 글씨 나부랑이를 써가지고 인기를 끌려고 한 것이지, 위대한 사무엘은 제 집에 틀어박혀 있었다. 사색과 비애에 싸인 세계적인 영혼—광대놀이나 인기가 그를 위해 할 수 있는 것이 무엇이냐?

아, 나는 다시 강조하련다. 저 위대한 침묵의 사람들! 세상의 시끄러운 광태(狂態)를 돌아볼 때, 말에 별로 의미가 없고 행동에 별로 가치가 없으니, 사람은 침묵의 위대한 왕국을 생각하기를 즐긴다. 여기저기 흩어져 저마다 자기 분야에서 묵묵히 생각하고 침묵 속에서 일하는 그들, 아침 신문에 이름이 실리는 일도 없는 고결하고 말없는 사람들! 이런 사람들이 세상의 소금이다. 이런 사람을 전혀 또는 별로 갖지 못한 나라는 딱한 처지에 놓여 있는 것이다. 뿌리가 없는 나무, 다만 잎과 가지만으로 된, 곧 시들어 없어질 나무이다. 우리가 만일 외면적인 것, 입으로 말하는 것밖에는 가진 것이 없다면 우리의 앞길은 절망이다. 침묵, 위대한 침묵의 왕국, 별보다도 높고 죽음의 나라보다 더 깊은 세계! 그것만이 위대하고 다른 모든 것은 작다— 우리 영국인이 '그 침묵을 지키는 위대한 소질'을 오래도록 간직하고 있기를 바란다. 술통 위에 올라서서 거품을 뿜으며 시장바닥의 모든 사람들이 보는 앞에서 말 연습을 부지런히 해야만 되겠다면—뿌리 없는 나무가 돼라! 솔로몬은 말하였다, 말하지 않을 때가 있고 말할 때가 있다고. 사무엘 존슨은 돈이 없어서 글을 쓸 수밖에 없었다고 하였지만, 그와 달리 그런 필요성의 단련을 받지 않는 어떤 위대한 침묵의 존슨에게, "왜 당신도 일어나서 말하지 않소? 당신의 소신을 선포하고, 당신의 일파(一派)를 형성하지 않소?"라고 묻는다면 그는 이렇게 대답할 것이다. "나는 지금까지 내 생각을 입 밖에 내지 않고 있습니다. 다행히도 아직까지는 내 생각을 마음속에 간직할 수 있었고, 그것을 말해야 할 만큼 심한 강제도 받지 않았습니다. 내 '소신'은 결코 선포하기 위한 것이 아닙니다. 그것은 내 자신이 살아나가기 위한 지침입니다. 내게는 그것이 중대한 의의를 갖고 있습니다. 아, 명예라고요? 참, 그렇습니다—그러나 조각상에 대해서 카토(²³⁴~¹⁴⁹ B.C. 로마의 애국자)가 말한 것과 같이, 당신네 광장에 있는 많은 조각들은 이렇게 스스로에게 물어보는 것이 좋지 않을까요. 카토의 조각상은 어디 있느냐?"

그러나 지금 이 침묵에 대조되는 야망에 두 종류가 있음을 말하고자 한다. 한 종류는 전적으로 나쁘고 다른 하나는 찬양할 만하고 또 불가피하다. 대자연은 위대한 침묵의 사람 사무엘이 오래도록 침묵 속에 있지 않게끔 배려하였다. 다른 사람들 위에 서서 광채를 발산하겠다는 이기적 소망은 전적으로 초라하고 비참한 것으로 알라. "네가 이제 큰일을 찾고 있느냐? 그만 두어라(예레미야 제 45장 5절)." 이 말은 진실이다. 그러나 사람은 누구나 대자연이 그 사람을 만든 크기에 따라 자기를 발달시켜, 대자연이 부과하는 것을 남김없이 말과 행동으로 나타내려는 억제하기 어려운 성향을 가지고 있다. 이것은 타당하고 불가피하다. 아니, 이것은 하나의 의무이자 사람으로서의 모든 의무의 요약이다. 지상에서의 인생의 의의는 여기에 있다고 말해도 좋을 것이다. 자아를 전개하는 것, 자기의 역량으로 될 수 있는 일을 하는 것이라고. 이것은 인간으로서는 하나의 필연이며 우리 생존의 첫째 조건이다. 아기가 말을 배우는 것은 이 필연을 느끼고 하는 일이라는 아름다운 말을 콜리지는 남겼다. 따라서 우리는 이렇게 말하련다. 야망에 대해서 이것이 좋은지 나쁜지를 결정지으려면 생각해야 할 것이 두 가지 있다. 즉 자리를 탐내는 마음뿐만 아니라 그 사람이 그 자리에 적합한가 하는 그것이 문제이다. 그 자리가 그 사람의 것일 수도 있다. 그 자리를 원할 천연적 권리, 아니 의무가 그에게 있을 수도 있다. 미라보가 수상이 되고자 하는 야망을 어떻게 비난할 수 있으랴. 만일 '그 자리에 앉음으로서 이익이 되는 일을 할 수 있는 사람이 프랑스에서 그 사람뿐'이었다면? 그가 그처럼 명료하게 자기의 역량을 의식하지 않았더라면 오히려 얼마나 더 유망하였으랴! 그러나 이때 가련한 네케르(^{1732~1804,}
_{프랑스의 정치가})는 자기는 아무 것도 하지 못한다고 느끼고 버림받았다며 실망하고 앉아 있었다. 그는 그대로 종말을 지었다. 기번(^{1737~1794, 《로마제국쇠망사》}
_{를 쓴 영국의 유명한 역사가})이 이 사람의 일을 개탄한 것도 당연하다—대자연은 위대한 침묵의 사람도 말하려고 싸워야 한다는 운명을 주었다. 어쩌면 지나칠 정도로!

상상해 보라. 여러분이 세상에서 숨어 살고 있는 용감한 사무엘 존슨을 보고, 나라와 온 세계를 위하여 무한히 귀하고 신성한 일을 할 수 있다는 것을 일러주었다고. 완전한 천국의 법을 이 땅 위의 법으로 만들 수 있다고. 그가 날마다 드리는 기도, "당신의 왕국이 임하옵소서"가 드디어 이루어졌다고! 만일 그에게 이것이 가능하다, 실천할 수 있다, 설움에 싸인 침묵의 사람 사무엘이 이 일에 참여하라는 부름을 받았다는 것을 납득시킬 수 있었다면, 그의 온 영혼은 불처럼 타올라 신성한 광휘를 발산하고, 고매한 선언과 행동의 결의가 솟아올라, 모든 설움과 자기에 대한 의심을 뿌리치고, 모든 고생과 반발을 무시하지 않았을 것인가? 그의 영혼의 어두운 요소가 전부 타올라 찬란한 광명과 번개로 빛나지 않았을 것인가? 이것이야말로 진정한 야망이다.

이제 크롬웰의 경우가 실제로 어떠하였는가 생각해 보라. 오랜 옛날부터 신의 교회는 고초를 겪어왔다. 진리의 진정한 열성적 전파자들은 감옥에 던져지고, 매를 맞고, 형틀에 달리고, 귀를 잘리고, 신의 복음은 값 없는 인간들에게 유린되었다. 이 모든 것이 그의 영혼에는 무거운 짐이 되었다. 오랜 세월을 두고 그는 이 광경을 바라보았다. 침묵으로, 기도로. 땅에서는 구원이 올 데가 보이지 않으니 인자한 하늘에서 그것이 올 것을 굳게 믿었다—이러한 사태는 허위요 부정이며, 영원히 계속될 수는 없음을 굳게 믿었다. 이제 보라, 여명이 온다. 12년 동안 침묵으로 기다리던 끝에 온 영국이 움직인다. 다시 한 번 의회가 있어야 한다. 정의는 소리를 가지게 될 것이다. 형언할 수 없는 굳은 희망이 땅에 왔다. 그러한 의회의 의원이 되어볼 만한 것이 아닌가? 크롬웰은 땅을 갈던 모습을 내던지고 그리로 달려간다.

그는 거기 가서 말하였다—진지하고 자명한 진실에 가득 찬 거친 말이 터져나옴을 우리는 본다. 그는 거기서 일하였다. 강건하고 참된 거인처럼 싸우고 싸워 포연과 쏟아지는 탄환도 두려워하지 않고—앞으로 또 앞으로 그의 대의가 승리를 거두고 한때 그렇게 강하던 적(敵)이 그림자도 형태도 없이 전멸하고, 마침내 희망의 여명은 승리와 확신에 찬연한 광채가 되었다. 이리하여 그가 영국에서 가장 강한 인물이자 온 영국의 영웅으로 서게 된 것—이것은 무엇을 의미하겠는가? 이제 그리스도의 복음이 세상에 확고히 서는 것이 가능해졌다. 존 녹스가 설교단에서 '경건한 상상'으로서 꿈꾸었던 신권정치를, 매우 세찬 실제 사회의 혼돈 상태를 맛본 이 실천가는 그것이 실현될 수 있는 것이라고 감히 생각하였다. 그리스도 교회에서 가장 높고 가장 경건하고 현명한 사람들이 이 나라를 지배해야 한다. 이것은 신의 진리가 아니던가? 그리고 이것이 진리라면 바로 해야 할 일이 아니던가? 영국의 가장 강하고 실제적인 지성은 대답한다, 그렇다고! 나는 이런 것을 고상하고 진정한 일이라고 부른다. 이것이야말로 정치가나 인간이 마음속에 가질 수 있는 가장 고상한 것이 아닌가? 녹스 같은 인물이 이것을 주장하였다는 것은 상당한 의의가 있다. 그러나 크롬웰이 세상의 본질에 대한 그의 위대하고 건전한 인식과 경험으로 그와 같이 한 것과 같은 예(例)는—역사는 다만 한 번만 그 정도를 보여준다고 나는 생각한다. 나는 이것을 청교도운동의 절정이며, '성경에 대한 신앙'이 이 땅 위에서 드러낸 가장 영웅적 국면이라고 생각한다. 이것이 우리 가운데 한 사람에게 계시되었다고 하자. 우리는 무슨 방법으로 정의가 부정에 대해 완전히 승리하게 하며, 우리가 갈구하고 기도로써 원하던 모든 것이, 영국과 모든 나라의 최고의 복리로서 이루어지게 할 수 있을 것인가!

아는 체하며 '위선자를 알아내는' 민첩하고도 노련한 여우 같은 지혜라는 것은 얼마쯤은 가련한 것이다. 영국은 지금까지 크롬웰 같은 정치가를 단 한 사람밖에 가지지 못하였다. 이런 큰 목적을 마음속에 지닌 정치가는 한 사람밖에 보이지 않는다. 1,500년 동안 단 한 사람. 그런데 그가 받은 대우는 이미 말한 바와 같다. 그는 몇백 또는 몇십 명의 지지자를 가졌고, 몇백 만 명의 반대자를 가졌다. 만일 영국 전체가 그를 중심으로 단결하였더라면—영국은 그리스도적인 나라가 되었을 것이다. 그러나 사실은 아직까지도 여우의 지혜가 그대로 남아 '악한 놈의 세계가 주어지기만 하면 그들은 단결된 행동으로 선을 이끌어낸다'는 절망적인 문제를 풀려 하고 있다—이것이 얼마나 과중한 문제인지는 우리의 대법원 같은 곳에서 볼 수 있을 것이다. 마침내 하늘의 정당한 분노와 하늘의 크나큰 은총으로 사태가 가라앉기 시작하였다. 이 문제의 해결이 절망적이라는 것이 모든 사람에게 내다보이게 되었다.

크롬웰과 그의 일로 돌아가자. 흄 (1711~1776, 18세기의 스코틀랜드의 철학자·역사가·정치가)을 비롯하여 그를 따르는 많은 사람들은 다음과 같은 견해를 가지고 나를 반박한다. 즉 크롬웰은 처음에는 진실하였다. 진실한 '광신자'였다. 그러나 차츰 앞 길이 트임에 따라 '위선자'가 되었다는 것이다. 이 광신자—위선자설은 흄이 퍼뜨린 것으로, 그 이래로 자꾸 널리 퍼져—마호메트와 그 밖의 많은 사람들에게도 적용되었다. 이것을 깊이 생각해보라. 그 속에서 얼마간 무엇을 보게 될 것이다. 그러나 많은 것 또는 전부는 결코 아니다. 진실한 영웅의 마음은 이렇게 처량하게 전락하지 않는다. 태양은 불순한 것을 내뿜음으로써 점이 생긴다. 그러나 태양은 그것 때문에 꺼지지는 않는다. 태양이 태양이 아니거나 암흑의 덩어리가 되지는 않는다. 위대하고 심오한 크롬웰이 그렇게 된 일은 없다고 나는 생각한다. 결코 없다고 생각한다. 사자의 심장을 가진 대자연의 아들, 안타이오스 (그리스신화에서 바다의 신과 땅의 신의 아들. 땅을 딛고 있는 동안은 절대 무적이었다)처럼 그의 힘은 그의 어머니인 대지에 딛고 있음으로써 얻은 것이었다. 땅에서 들어올려지면 위선과 광증이 되고 그의 힘은 사라진다. 우리는 크롬웰을 완전무결한 사람, 절대 잘못을 범하지 않는 사람, 불성실하지 않은 사람이었다고 주장하려는 것은 아니다. 그는 완전과 흠 없는 행동에 대해서 운운하는 것을 도락으로 삼는 교수님은 아니었다. 그는 현실의 참된 일을 헤치고 거친 길을 터나가는 혈기왕성한 오손(콘스탄티노플의 황제의 아들로, 곰에 의해 숲속에서 성장하여 비할 바 없는 용맹으로 전 프랑스를 공포 속에 몰아넣었다는 전설적인 인물)이었다. 거기엔 물론 많은 실수가 따랐다. 불성실·과오 등 나날이 때때로 많은 실수가 있었다. 이것은 잘 알고 있는 사실이었다, 신(神)도 그도! 태양은 여러 번 어두워졌다. 그러나 태양 자체가 어둠이 되지는 않았다. 크롬웰이 죽음을 기다리며 누워 있을 때 한 마지막 말은 신을 믿는 영웅의 말이었다. 신에게 드린 마디마디 끊어진 기도는 자기와 자기의 일을 신은 심판하시라, 사람은 아무도 하지 못하니 신이 정의와 자비로 심판하시라는 기도였다. 이것은 가장 감동적인 말이다. 크롬웰은 이처럼 그의 세차고 위대한 영혼을 그의 고난과 죄가 다 끝난 지금, 그를 지으신 신에게 보낸 것이다.

나는 이런 사람을 두고 위선자라고 부르고 싶지는 않다. 위선자·광대라 부르고 그의 생애가 다만 연극에 불과하였으며, 어리석은 백성들의 갈채에 굶주린 공허하고 살벌한 협잡꾼이었다고? 그는 머리가 희어질 때까지 초야에서 아주 잘 지냈다. 그런데 지금 사실상의 영국 왕으로서 공인받아 아무런 비난도 받지 않고 있을 때 그런 것이 되었다고? 왕의 마차와 외투가 없으면 사람이 살지 못하는가? 서류 꾸러미를 가진 서기들이 따라다니면서 부산하게 구는 것이 그렇게도 복된 일이란 말인가? 천진한 디오클레티아누스(245~313, 일찍 퇴위하여 만년을 채소밭에서 즐긴 로마 황제)도 채소 가꾸기를 더 좋아하였고, 그다지 대수롭지 않은 조지 워싱턴도 그렇게 하였다. 진정한 사람이면 누구든지 그렇게 할 수 있고, 그의 임무가 끝나기 무섭게 당장 왕위 같은 것은 집어치운다!

그러나 인간의 모든 행동에 있어 왕이 얼마나 어디서나 절대 필요한가에 관하여 말하고자 한다. 전쟁에서 무리가 장군을 얻지 못하고 적(敵)을 얻었을 경우 어떻게 되는가를 생각하면 그것은 놀랄 만큼 뚜렷이 증명된다. 스코틀랜드 국민은 청교도운동에 거의 거국적이었다. 모두 한 마음으로 열광적이었다. 그러나 잉글랜드 쪽은 전혀 그렇지 못했다. 그러나 저쪽에는 위대한 크롬웰이 없었다. 비겁하고 우유부단한, 외교적인 아가일(1598~1661, 장로파의 우두머리) 따위의 인물만 있었다. 그들 가운데 누구 하나도 진리에 대한 충실한 심장을 가지고 있지 않았다. 진리를 위해 감히 앞장서려고 하지 않았다. 그들에게는 지도자가 없었다. 그 나라에 흩어져 있던 왕당파에는 한 사람의 지휘자, 몬트로스(1612~1650, 스코틀랜드의 정치가·군인)가 있었다. 모든 기사들 중 가장 고상하고 세련되고 씩씩한 영웅적 기사라고 부를 수 있는 사람이었다. 어찌되었든 한편에는 왕이 없는 부하들만 있고 한편에는 부하 없는 왕이 있었다! 왕이 없는 부하들은 아무 일도 하지 못하지만, 부하 없는 왕은 무슨 일이나 할 수 있다. 몬트로스는 총을 가진 사람도 별로 없는 아일랜드와 스코틀랜드의 몽매한 사람들 약간을 거느리고, 잘 훈련된 청교도군에게 거친 회오리바람처럼 달려들어 거듭 다섯 번이나 쓸어버렸다. 그는 한동안 전 스코틀랜드를 완전히 장악하였다. 그는 한 사람뿐이었다. 그러나 그도 사람이었다. 백만의 열성적인 군중도 그를 당해내지 못하였다! 청교도의 투쟁에서 처음부터 끝까지 정말 없어서는 안될 사람은 크롬웰이었다. 통찰하고, 행하고, 결정할 수 있는 사람, 불완전한 와중에서도 움직이지 않는 기둥이 될 수 있었던 사람―그 명칭은 어떻게 되었든 그는 뭇사람들의 왕이었다.

그런데 바로 다음과 같은 점에서 크롬웰에게 문제가 있었다. 그의 다른 행위에 대해서는 모두 어떤 지지자를 발견하고 일반적으로 시인되었다. 그러나 그가 '잔부의회(殘部議會 : 1648년, 토마스 프라이드가 많은 장로파 의원들을 추방하고 남은 의원들로써 구성한 '장기의회'의 후기를 말함. 이것을 크롬웰이 1653년에 아주 없애 버렸다)'를 해산시키고 호민관의 지위에 앉은 것은 아무도 용서할 수 없는 일이다. 그는 이미 사실상 영국의 왕, 승리한 무리의 지도자가 되어 있으면서, 왕의 외투가 탐나서 그것을 얻기 위해 자기를 팔고 멸망을 산 것처럼 보인다. 이 사정을 좀 더 자세히 보자.

잉글랜드·스코틀랜드·아일랜드가 모두 청교도의회 아래 항복하였으므로 그것을 어떻게 처리하느냐 하는 실제 문제가 생겼다. 신이 위임한 이 나라들을 어떻게 다스릴 것인가? '장기의회(長期議會)'의 100명의 잔여의원들은 최고 권한을 가지고 아직도 앉아 있다. 그러나 그들을 언제까지든지 그대로 둘 수 없는 것은 분명한 일이었다. 도대체 어떻게 할 것인가? ―이론적인 입법자들이라면 쉽게 대답을 찾을 수 있는 문제일지도 모른다. 하지만 문제의 현실적 진상을 간파하는 크롬웰로서는 그보다 복잡한 문제는 없었다. 그는 의회에 어떤 결정을 원하느냐고 물었다. 의회가 의사표시를 해야 할 문제였다. 그러나 자기들의 피로 승리를 산 군인들은, 비록 형식에는 어긋나는 일이었으나 자기들도 의사표시를 해야 되겠다고 생각하였다. 우리는 그만큼 '피를 흘리고 종잇장 하나만 받고' 있을 수는 없다. 우리를 통하여 승리를 얻은 신의 복음인 대법(大法)이 이 땅에서 이루어져야 하고 이루어지도록 노력하여야 한다는 것을 안다는 것이었다.

이 문제가 3년 동안 의회의 귀에 들려왔다고 크롬웰은 말하였다. 그러나 그들은 아무런 해답도 주지 않고, 그저 토론만 되풀이할 따름이었다. 아마 의회란 본질상 그런 것인지도 모른다. 이런 경우에는 어떤 의회라도 그저 그런 토론을 계속하는 외에 그 어떤 해답도 줄 수 없었으리라. 그러나 이 문제는 대답을 요구했고 대답하지 않으면 안 되었다. 여기 있는 그대들 60명은 온 국민이 날로 혐오하고 멸시하는 존재가 되어 '엉덩이 의회'라는 이름까지 얻었으면서 그대로 계속해 앉아 있을 수는 없다. 그러면 누가, 또는 무엇이 다음에 올 것인가? '자유의회', 선거권, 어떤 종류의 헌법상의 형식—무서운 사실이 우리에게 다가온다. 대답을 주거나 그렇지 않으면 우리는 모두 그것에 잡아먹히기 마련이다. 헌법상의 형식이니 의회의 권리이니 하면서 지껄이는 자가 누구인가? 그대들은 왕을 죽이고, 프라이드의 추방(1648년 12월 6일 청교도혁명 중의 장로파 위원 추방 사건)으로 그대들의 큰일에 장애가 되는 자들은 누구든지 강자의 법으로 추방하였다. 그대들은 이제 겨우 5, 60명이 남아서 입씨름을 계속하고 있다. 형식으로서가 아니라 현실적 사실로서 우리는 어떻게 해야 할 것인가를 말하라!

그들이 어떻게 대답하였는지는 오늘날까지도 알려져 있지 않다. 부지런한 고드윈(1756~1836. 영국의 문인·역사가·사회비평가)조차 알지 못한다. 가장 있음직한 일로 생각되는 것은, 이 가련한 의회가 아직도 해산·분산할 뜻이 없으며, 또 사실상 그것은 불가능하다는 것, 막상 해산해야 할 단계에 이르자 그들은 다시 10회 내지 20회에 걸쳐서 휴회(休會)에 들어가—크롬웰로 하여금 더 참을 수 없게 하였다는 것이다. 그러나 우리는 의회를 위하여 가장 호의적인 가설을 골라보기로 하자. 그것이 실제가 아니고 또 지나치게 호의적인 것이라고 믿더라도 가장 호의적인 가설을 채용하기로 하자.

이 가설에 의하면, 위기가 절정에 다다랐을 때 한편에는 크롬웰과 그의 막료들이 모이고, 다른 편에는 5, 60명의 '잔부의회'의 의원들이 모였다. 이때 갑자기 크롬웰은 '잔부의회'가 자포자기 끝에 매우 이상한 대답을 하기로 했다는 소식을 들었다. 즉 그들은 짜증과 질투에서 자포자기한 나머지 군대를 배제하기 위하여 하나의 선거법 개정안—의회를 전국에서 선출된 자로써 구성하는 일, 전국을 균등한 선거구로 분할하는 일, 자유선거권 등등—의 의회 통과를 서두른다는 것이었다! 몹시 의문스러운 일이지만 그들로서는 아무런 의문도 없는 것이었다. 개정안, 전국적 자유선거? 아니, 왕당파만 하더라도 말만 못하고 있을 뿐 없어진 것이 아니니 아마 우리보다 수는 훨씬 더 많을 것이다. 그리고 영국의 대중은 우리의 대의에 대하여 항상 무관심하여 그저 방관하고 말없이 복종할 따름이다. 우리가 우세하다는 것은 무게와 힘으로 따져서 이야기이지 머릿수를 세어서 하는 이야기가 아니다. 그런데 이제 그대들이 개정안을 들고 나오니 우리가 싸워서 간신히 얻은 모든 것은 다시 망망한 바다로 밀려나가 다만 하나의 희망, 희미한 가능성이 되고 만다. 그런데 우리가 신의 권능과 우리의 오른손으로 싸워서 얻은, 그래서 지금 여기 가지고 있는 것은 그런 가능성이 아니라 확실한 하나의 진실인 것이다. 크롬웰은 이들 반항하는 의원들에게로 내려가, 개정안의 통과를 서두르고 있는 그들을 제지하고—그들에게 가버려라, 더 이상 한 마디도 늘어놓지 말라고 명령했다—우리는 그를 용서할 수 없는가? 그를 이해할 수 없는가? 이 모든 일을 가까이서 직접 목격한 존 밀턴은 그에게 칭송을 보냈다. 진실이 형식을 그의 눈앞에서 없애 버렸다. 영국에 사는 진실한 사람들의 대부분은 이 필요성을 인정하리라고 나는 생각한다.

이 강하고 용감한 사람은, 모든 종류의 형식과 피상적 논리를 적(敵)으로 돌리고 이 영국의 진정한 사실에 호소하여 사실이 그를 지지할 것인가 아닌가를 물었다. 그는 어떤 합헌적인 방법으로 다스리고 그를 지지하는 의회를 얻으려고 노력하였으나, 그것이 실패하였다는 것은 이상한 일이다. 그가 소집한 최초의 의회 즉 베어본스 의회(베어본스가 가장 유력한 의원이었던 까닭으로 이 같은 별명이 붙여진, 크롬웰의 '소의회'를 말함)라는 것은 말하자면 일종의 명사들의 의회였다. 전국 각지로부터 저명한 성직자 및 청교도의 주요 군관들이 종교적 명성, 세력, 그리고 이 참된 대의(大義)에 대한 충성심이 특출한 사람들을 지명·소집하여 정책을 세우게 하였다. 그들은 과거에 이미 이루어진 일을 시인하고 앞으로의 일을 계획하였다. 사람들은 그들을 조롱하여 '베어본스(Barebones 마른 뼈라는 의미) 의회'라고 불렀는데, 아마 바본(Barbones)이라는 사람의 나무랄 데 없는 이름을 그렇게 고친 것으로 생각된다—그는 아주 훌륭한 사람이었다. 그들의 일도 조롱거리가 아니었다. 가장 심각한 현실적 문제였다. 이들 청교도 명사들로서는 그리스도의 법이 어느 정도까지 영국의 법이 될 수 있느냐 하는 큰 시험이었다. 그들 가운데에는 지혜가 있는 사람, 적지 않은 미덕을 가진 사람이 있었으며, 그들 대부분은 깊은 신앙을 가진 사람들이었다고 생각된다. 그들은 대법원을 개혁하려고 노력하다가 실패하고 무너진 것처럼 보인다. 그들은 힘에 겹다고 스스로 해산하고 그들의 권한을 크롬웰 장군에게 돌리어 그가 처리하도록 했다.

크롬웰은 이것을 어떻게 처리할 셈이었던가? '현역 및 예비역 전군(全軍)의 총사령관' 크롬웰 장군은, 이 유례 없는 중대 시국에 영국이 가지고 있는 단 하나의 권위이며, 영국이 완전한 무정치 상태가 되는 것을 막을 수 있는 자가 오직 자기뿐임을 본다. 이것이 그때 그곳에서의 그의 지위와 영국 사정의 부인할 수 없는 사실이었다. 크롬웰은 그 권력을 어떻게 할 것인가? 생각하고 생각한 끝에 이 사실을 수락한다. 정식으로, 공적인 의식을 갖추어 신(神)과 사람들 앞에 엄숙히 선언할 것을 결심한다. "그렇다, 사실이 그러하다. 나의 최선을 다하겠다!" 호민관·행정규정—이런 것은 외적 형식에 지나지 않는다. 그것은 사정이 허락하는 범위 안에서 법관, 주요 공무원, 즉 '무관 및 국가요직 인사회의'에서 입안되고 인준된 것이다. 그러나 당시의 상태로 말할 것 같으면 사태가 위기에 처한 이상 무정치 상태냐, 아니면 호민관이 되느냐의 양자택일의 길밖에 없었음에는 의심의 여지가 없다. 청교도의 영국은 그것을 수락하거나 하지 않거나 둘 중 하나였다. 그러나 청교도의 영국은 사실 그것으로 인해 자살로부터 구제되었다! —그 시대 사람들은 말을 하지 않아도 불평이 심했을 것이다. 그러나 진정한 의미에서는 대체로 고맙게 생각하고 올리버가 취한 이 이례적 조치를 수락하였다. 적어도 그와 국민들이 합심하여 그것을 효과적으로 발휘하고, 끝까지 훨씬 더 효과적으로 활용하였다고 나는 믿는다. 그러나 의회의 명료한 방법에 호소할 때가 되자 국민은 상당한 곤란을 느끼고 이 조치를 어떻게 판단해야 좋을지 몰랐던 것이다.

올리버의 제2 의회는 행정규정에 정해진 규정대로 선출된 것으로서, 정당하게 말한다면 이것이 그의 최초의 정규 의회였다. 그것은 사실상 소집되어 활동하였다—그러나 얼마 지나지 않아 호민관의 권한, '왕위찬탈' 등의 어려운 문제에 부딪쳐 법정 최단기일에 해산되고 말았다. 이 사람들에 대한 크롬웰의 최종 연설은 주목할 만한 것이다. 그의 제3 의회에 대해서도 그는 같은 어조로 그들의 학자적 버릇과 완고성을 규탄한다. 이러한 그의 연설은 모두 거칠고 지리멸렬하다. 그러나 가장 진지하게 보인다. 여러분은 그것을 진실하지만 서투른 사람의 연설이다, 그것도 그럴 것이 그는 자기의 위대한 체계 없는 사상을 말로 표현하기보다는 행동에 옮기는 데 익숙한 사람이었다고 말할는지 모른다. 그와 같은 의미의 범람을 감당할 말이 없었던 것이다. 그는 '섭리의 탄생'이라는 말을 자주 쓴다. 이 모든 변천, 이렇게 많은 승리와 사건들은 그 또 어떤 사람들이 예견한 것이나 연극적으로 꾸며낸 것이 아니었다. 꾸며낸 것이었다고 고집스럽게 주장하는 사람은 맹목적이며 신을 모독하는 것이다. 크롬웰은 무서운 분노로써 이 점을 역설한다. 당연한 일이다. 크롬웰이 완전히 혼돈 속에 던져진 세상에서 저 암흑에 싸인 거창한 일을 행할 때, 모든 것을 예견하고 마치 나뭇조각과 쇠줄로 두루 만든 인형극을 하듯이 놀았다고! 그는 말한다. 이런 일은 아무나 예견할 수 있는 것이 아니다. 단 하루라 해도 그것이 무엇을 가져올지 아무도 보지 못한다. 그것은 다만 '섭리의 탄생'이며, 신의 손이 우리들을 인도하여 마침내 활짝 트인 승리의 정상에 올라서게 되고, 신의 대의가 이 나라들에서 개가를 올린 것이다. 그 결과 여러분도 모여 하나의 의회를 구성하고, 어떤 방법으로 모든 것을 조직화하여 세상 일을 잘 다스려 나가겠는가 말하게 된 것이다. 현명한 의견으로 이 일을 돕는 것이 여러분의 사명이다. "여러분은 영국의 어떤 의회도 일찍이 가져보지 못한 기회를 가지고 있다." 그리스도의 법, 정의와 진실의 법을 그 어느 정도라도 이 나라의 법이 되게끔 할 수 있는 기회였다. 그런데 그렇게 하지는 않고, 이치와 합헌성을 따지며, '내'가 여기 오게 된데 대해 시비하며 법조문이 이러니저러니 한다—그리하여 모든 일을 다시 혼돈 속에 돌려보내고자 한다. 왜? 내가 공중인의 종잇조각을 가지고 있지 않고, 전쟁의 회오리바람 속에서 나온 신의 음성을 따라 지도자가 되었기 때문이다! 이 기회는 지나갔다. 언제 다시 올지 알 길이 없다. 여러분은 헌법 논의를 일삼아 왔다. 그러나 그리스도의 법이 아니라 맘몬의 법이 아직도 이 나라를 지배하고 있다. "여러분과 나, 어느 쪽이 옳은가. 신이여, 심판하여 가려주옵소서!" 이것이 그들에 대한 크롬웰의 마지막 말이었다. 여러분은 그 형식적인 헌법을 손에 들고, 나는 나의 형식을 벗어난 투쟁·목적·사실 및 행동을 가지고 "저들과 나를 신이 심판하여 가려주옵소서!"

크롬웰의 활자화된 연설들이 얼마나 엉키고 혼돈된 것인가를 우리는 위에서 말하였다. 대부분의 사람들은 고의적으로 모호하고 의미가 통하지 않게한 것이다, 책략적인 화술을 가지고 본성을 감춘 위선이라고 평했다. 그러나나는 그렇게 보지 않는다. 나는 그의 연설들을 통하여 비로소 크롬웰의 본질과 가능성을 엿볼 수 있었다. 그가 무엇을 의미하고 있다고 믿고, 온정을 가지고 그것이 무엇일까 찾아보도록 하라. 그러면 이 단편적이고 거친, 두서없는 소리 속에 진정한 말이 깃들어 있는 것을, 이 말주변이 없는 사람의 위대한 영혼 속에 움직이는 하나의 의미가 있는 것을 알게 될 것이다. 그때야 비로소 그가 사람이었으며, 수수께끼 같은, 알 수 없고 믿을 수 없는 괴물이아니었음을 알게 될 것이다. 크롬웰에 관한 역사나 전기들은 깊은 신앙을 가진 사람을 알 수도 상상할 수도 없는 천박하고 회의적인 시대에 씌어진 것이라, 크롬웰의 연설 자체보다 훨씬 더 모호하다. 그런 것들 속에서 우리가 보는 것은 무한한 암흑과 공허뿐이다. 클래런던 자신도 말하기를 '광열과 질투'라고 하였으나 종잡을 수 없는 변덕과 억설이, 느리고 착실한 영국 사람들이 보습과 일을 버리고, 왕 중에서도 가장 유리한 입장에 있던 왕에 대항하여 불 같은 분노와 혼잡한 전쟁 속으로 뛰어들게 하였다고! 그것이 사실일 수 있으랴! 회의주의가 신앙에 대해 저술할 때에는 큰 도움이 될지도 모르지만, 실제로 그것은 분수 밖의 일이다. 그것은 장님이 광학의 법칙을 제정하는 것과 다름없다.

크롬웰의 제3 의회도 제2 의회와 같은 암초에 부딪쳐 깨어졌다. 언제나문제는 헌법상의 형식이었다. "네가 어떻게 그 자리에 있게 되었느냐? 공중인의 종잇조각을 보여라." 이것이었다. 장님 같은 현학자들—"그래, 너희들을 의회로 만들 그 권한, 바로 그것이, 아니 그 이상의 무엇이 나를 호민관으로 만들었다!" 만일 내가 호민관도 아무것도 아니라면 내가 만들어낸 너희들의 의회라는 것은 도대체 무엇이란 말인가?

의회가 모두 실패로 돌아가자 남은 길은 전제정치밖에 없었다. 의회의 법령으로 안 된다면 군관(軍官)들이 저마다 한 지구(地區)씩 맡아서 무력으로서 왕당파든 다른 어떤 파든 모두 강권으로 다스리는 것이다. 진실이 명백하니 형식이 무슨 소용이 있는가! 나는 구애받지 않고, 밖으로는 억압받는 신교도들을 보호하며, 안으로는 공정한 법관들과 현명한 행정관들을 임명하여 진정한 복음의 전파자들을 존중하겠다. 그리하여 영국을 그리스도적 영국으로, 고대 로마보다 더 위대한 나라로, 신교 세계에서 으뜸가는 나라로 만들기 위해 최선을 다하겠다. 그대들이 하려고 하지 않으니 내가 하겠다. 신이 내게 생명을 주신 날까지!

법이 인정하지 않는데 왜 그는 다시 하야(下野)하지 않았느냐고 외치는 사람들이 간혹 있다. 그것은 오해이다. 그는 그만둘 수가 없었다! 피트·폼발·쇼와술 등 예부터 많은 수상들이 나라를 다스렸다. 그 지위에 있는 동안은 그들의 말은 법률이었다. 그런데 이 수상은 사임할 수 없는 처지에 있었다. 사임하기만 하면 죽이려고, 그의 대의(大義)와 그를 다 같이 죽이려고 기다리는 찰스 스튜어트와 기사군(騎士軍)이 있었다. 물러설 수도 돌아갈 길도 없었다. 이 수상이 돌아갈 길은 무덤밖에는 없었다.

만년의 크롬웰을 동정하지 않을 수 없다. 그는 신이 자기에게 부과하신 짐이 무겁다고 항상 탄식한다. 죽을 때까지 짊어져야 할 무거운 짐이었다. 오랜 전우인 허친슨 대령이, 그의 아내가 전하는 바에 의하면, 어떤 부득이한 일이 있어서 몹시 내키지 않았지만 크롬웰을 만나러 왔다. 크롬웰은 매우 정답고 의좋은 태도로 '그를 현관까지 배웅하면서' 오랜 전우의 인정으로 보아 화해하자고 요청하며, 예전부터 그렇게 다정했던 전우들로부터 오해와 버림을 받는 것이 몹시 슬프다고 술회하였다. 그러나 공화주의의 틀 속에 갇힌 허친슨은 불쾌한 표정을 그대로 가지고 돌아간다―그런데 이때 크롬웰의 머리는 이미 하얘졌고 그의 무쇠 같던 팔뚝은 오랜 일로 쇠약해져 가고 있었다! 또한 나는 언제나 아들의 궁전에서 함께 살고 있던 그의 늙은 어머니를 가엾게 생각한다. 어머니는 매우 용감한 부인으로, 아주 정직하고 신앙이 깊은 가정생활을 하고 있었다. 그러나 어디서 총소리만 들리면, 혹시 아들이 맞은 것은 아닐까 하고 근심하므로, 크롬웰은 적어도 하루에 한 번은 늙은 어머니에게 가서 살아 있는 모습을 보이지 않으면 안 되었다. 가엾은 늙은 어머니! ―이 사나이가 얻은 것이 무엇인가? 그는 마지막 날까지 심한 투쟁과 고난의 일생을 살았다. 명성·야망·역사상의 자리? 그의 시체는 사슬에 달렸으니, 그것이 역사에서 자리를 차지한 것일까? 정말 그는 역사에서 자리를 차지하였다―그러나 그 자리란 불명예와 비난, 암흑과 치욕의 지위였다. 오늘날까지도 그러하다. 내가 오늘 이 자리에서 그는 악인도 거짓말쟁이도 아닌, 정말 정직하고 성실한 사람이었다고 말한다면 이것이 무모한 일이 아니라는 걸 누가 알겠는가! 명복을 빈다. 이 모든 것에도 불구하고 그는 우리를 위하여 많은 것을 이룩하지 않았던가? 우리는 그의 위대하고 거친 영웅적인 생애를 거침없이 더듬어, 거기 도랑에 던져진 그의 시체를 밟고 간다. 우리는 밟고 갈 때 그것을 발길로 찰 것까지는 없다—영웅을 편히 쉬게 하라. 그가 상대로 한 것은 인간의 심판이 아니며, 또 인간은 이때까지 그를 제대로 심판하지도 못하였다.

이 청교도운동은 1688년에 평정되어 일단 가라앉았지만, 이 일의 결과가 조용해진 뒤 바로 1세기와 1년이 지났을 때에 더 진압하기 어려운 심각한 폭발이 일어났다. 그것은 '프랑스혁명'이란 이름으로 만인에게 알려진 것으로, 앞으로도 오랫동안 사람의 기억 속에 남을 것이다. 정당하게 말한다면 이것은 신교의 제3막, 결말이라고 할 만한 것으로 실재와 사실이 가상과 허위에 의하여 멸망해 갈 때, 인류는 광란적으로 폭발하여 이 진실로 복귀한 것이다. 우리는 영국의 청교도를 제2막이라고 부른다. 그것은 "성경은 진리이다, 성경에 따라 살자"라는 부르짖음이다. 루터가 "교회에 있어서는"라고 말한데 대하여 크롬웰은 "교회에 있어서나 나라에 있어서나 정말 신의 진리에 따라 살자!"고 외쳤다. 사람은 실재로 돌아가기 마련이다. 가상 속에서 살지는 못한다. 우리는 프랑스혁명, 즉 제3막을 결말이라 부를 수 있다. 왜냐하면 저 야만적인 상퀼로트운동 이하로 인간이 떨어질 수는 없기 때문이다. 그들은 거기서 어느 때 어떤 경우에도 부인할 수 없는 가장 적나라한 사실 위에 서서, 거기서부터 다시 신념을 가지고 건설하기 시작하지 않으면 안 되었다. 이러한 프랑스의 폭발도 영국의 그것과 마찬가지로 왕을 불러냈다—이 왕도 역시 제시할 수 있는 공중인의 종이조각을 가지지 않았다. 우리는 근세 제2의 왕 나폴레옹을 잠시 살펴보기로 한다.

나는 나폴레옹이 크롬웰만큼 위대한 사람이라고는 생각하지 않는다. 그의 승리는 온 유럽에 걸치고 크롬웰은 대체로 작은 영국에 머문 사람이지만, 그의 승리는 말하자면 그가 올라선 죽마(竹馬)에 지나지 않는다. 그것에 올라섰다고 사람의 키가 더 커지는 것은 아니다. 나는 그에게서 크롬웰과 같은 성실성을 찾지 못한다. 한결 부족한 종류의 것이다. 오랜 세월을 두고 이 우주의 두렵고 이름을 붙일 수 없는 존재와 더불어 조용히 걷는 일, 즉 크롬웰

나폴레옹(1769~1821) 프랑스의 군인·제1통령·황제. 나폴레옹 1세.

의 이른바 '하느님과 동행하는 것', 그리고 그것에 의해서만 얻어지는 신념과 힘, 세상에 알려지지 않은 지위에 만족하고 때가 오면 하늘에서 내리는 번갯불 모양으로 폭발하는 잠재적인 사상과 용기, 이런 것이 나폴레옹에게는 없었다. 나폴레옹은 이미 신을 믿지 않는 시대에 태어났다. 그 시대에는 모든 침묵과 잠재력의 의미는 공허한 것으로 생각되었다. 그는 청교도의 '성경'으로부터가 아니라, 변변치 못한 회의적인 《백과전서》로부터 출발하지 않으면 안 되었다. 그것이 그의 한계였다. 그러나 그만큼이라도 다다를 수 있었던 것은 매우 장한 일이다. 그의 치밀하고 신속하며, 모든 의미에서 명쾌한 성격은 아마 우리의 위대하고 혼돈스럽고 몽롱한 크롬웰의 성격에 비교하면 본질적인 형태가 작았을 것이다. 게다가 '말하고자 애쓰는 말 못하는 예언자'가 아니었다. 그에게는 협잡꾼의 요소가 간혹 섞여 있다! 흄의 광신자·위선자 운운하는 의견은 크롬웰이나 마호메트 같은 사람의 경우보다 나폴레옹의 경우에 더 한층 적용될 것이다—전자의 경우는 그 의견을 엄밀히 따지면 아무런 진실성도 가지고 있지 않다. 그러나 후자의 경우는 처음부터 비난의 대상이 될 수 있는 야망이 보이며, 그것이 마침내 그를 정복하여 그와 그의 일을 파멸로 몰아넣는다.

나폴레옹의 시대에는 '공고문처럼 거짓이다'라는 말이 하나의 격언이 되었다. 그는 구실만 있으면 거짓도 서슴지 않았다. 적을 속이기 위해, 부하들의 사기를 위해 등등의 구실을 내세웠다. 그러나 거짓에 대한 구실이란 있을 수 없다. 사람은 어떤 경우에도 거짓을 말할 자유는 가지지 못한다. 결국 나폴레옹도 거짓말을 하지 않았다면 더 좋았을 것이다. 사실, 그 시간 그 날을 초월하여 다음 날도 계속될 목적을 가진 사람이라면, 거짓을 말하는 것이 무슨 소용이 있으랴? 거짓은 드러나고, 파멸적인 벌이 오기 마련이다. 거짓을 말하는 사람은 진실을 말하더라도, 믿어주지 않으면 멸망하게 될 경우라도 믿어주는 사람이 없다. '늑대야!' 하고 고함친 아이의 옛이야기, 그대로이다—거짓은 '무(無)'이다. 무(無)에서 유(有)를 만들 수는 없다. 결국 아무것도 얻지 못하고 갖은 노력도 다 수포로 돌아가고 만다.

그러면서도 나폴레옹은 일종의 성실성을 가지고 있었다. 우리는 불성실성 가운데 표면적인 것과 본질적인 것을 구별하여야 한다. 그의 외적인 술책과 사기적인 행위는 가장 비난받을 만한 것이었으나, 그럼에도 불구하고 나폴레옹은 진실에 대한 어떤 본능적인 뿌리 깊은 감정을 가지고 있었다. 어떤 기반을 가지고 있는 한 그것을 사실이라는 기반 위에 얹어 두었다. 부리엔 ^{(1779~1834. 프랑스의 외교관으로서, 〈나폴레옹 추상록(追想錄)〉이란 저서가 있음)}이 전하는 바에 의하면, 이집트로 가는 해상에서 어느 날 밤 그의 '학자들'은 신이란 있을 수 없다는 것을 토론하며 열을 올리고 있었다. 그들은 별의별 논리를 다 동원하여 자기들이 만족할 수 있을 정도로 증명까지 하였다. 나폴레옹은 밤하늘을 올려다보며 대답하였다. "대단히 현명들 하십니다. 그러나 저 모든 것을 누가 만들었을까요?" 무신론적 논리는 그로부터 물처럼 흘러가고, 위대한 사실이 그를 정면으로 대한다. "저 모든 것은 누가 만들었을까요?" 생활에 있어서도 그대로이다. 위대한 모든 사람, 이 세상에서 싸워서 승리를 얻을 수 있는 모든 사람과 마찬가지로 그는 모든 복잡한 것을 헤치고, 사물의 실제적 핵심을 꿰뚫어 보고, 그것을 향하여 곧게 나아간다. 그의 튀일리 궁전의 관리인이 새로운 실내장식을 가리키면서 얼마나 훌륭하고 또한 싼가 하며 자랑할 때에, 나폴레옹은 별로 대꾸하지도 않고 가위를 가져오라고 하더니, 커튼에 달린 금술 두 개를 잘라 주머니에 넣고 지나갔다. 며칠 뒤 적당한 시기에 나폴레옹은 이것을 꺼내어 실내장식 담당관을 아찔하게 만들었다. 그것은 황금으로 만든 것이 아니라 번쩍거리는 금박이었던 것이다. 세인트 헬레나에서도 그는 마지막 날까지 실제와 진실을 주장하였다. "왜 떠들며 불평하느냐? 왜 서로 다투느냐? 그래야 아무런 결과도 없다. 아무 말도 하지 말아라, 아무것도 되지 않는다면!" 그는 가련하게 불평하는 부하들에게 자주 이처럼 말했다. 거기서 그는 병적인 투덜거림 속에 서 있는 하나의 침묵의 힘이었다.

따라서 그에게는 신념이라고 부를 수 있는 순수한 것이 있었던 것이 아닐까? 프랑스혁명으로써 자기를 주장하는 이 새로운 거대한 민주주의는 억제할 수 없는 하나의 사실이며, 이 사실은 온 세계가 그의 구세력과 제도를 다 동원하여도 진압할 수 없다. 이것이 그의 진정한 통찰이며, 그의 양심과 열성을 빼앗아 버렸다―즉 이것은 하나의 신념이었던 것이다. 그리고 그는 그것의 막연한 의미를 바르게 해석한 것이 아닐까? "역량을 가진 사람에게는 길이 열려 있다." 이것은 사실 진리이다. 아니 진리의 전체이다. 프랑스혁명, 또는 다른 어떤 혁명도 의미할 수 있는 모든 것을 포함한다.

나폴레옹은 초기에는 진정한 민주주의자였다. 그러나 그는 성질상 그리고 군인이라는 직업의 영향도 있어, 만일 민주주의가 진정한 것이라면 무정부주의일 수는 없다는 것을 알고 있었다. 그는 무정부주의를 깊이 증오하였다. 6월 20일(1792년) 부리엔과 그는 커피를 파는 상점에 앉아 있었다. 그때 성난 군중이 그 옆을 지나갔다. 그는 이 무질서한 무리를 진압하지 못하는 관헌들에 대한 심한 경멸을 나타냈다. 그런데 8월 10일에는 '왜 아무도 이 가련한 스위스 인들을 지휘하지 않느냐. 지휘자만 있으면 그들은 이길 수 있을 것을' 하고 이상히 여겼다. 민주주의에 대해 이런 신념을 가지고 있으면서도 무정부주의에 대한 증오가 나폴레옹으로 하여금 그의 모든 위업을 완성케 하였던 것이다. 저 찬연한 이탈리아 원정으로부터 레오벤의 강의에 이르기까지 그의 신조는 이러하였다. "프랑스혁명에 개가를 올려라. 그것을 감히 협잡물이라고 부르는 오스트리아의 협잡꾼들에 대하여 이것을 주장하라!" 그러나 그는 강한 권위가 얼마나 필요한가를 절실히 느꼈다. 그것 없이는 프랑스혁명은 성공도 유지도 못한다는 것을 느꼈다. 또 느낄 만한 사람이었다. 저 파괴적인, 자기에 대해서도 파괴적인 프랑스혁명에 억제를 가하여 혁명의 본질적 목적을 달성하고 조직적인 것으로 만들어, 다른 조직체나 형성된 사물들과 함께 존속하고 공연한 파괴만으로 그치지 않게 하려는 것, 이것이 그의 생애의 진정한 목적이 아니었던가? 그가 실제로 한 일이 아니었던가?

바그람에서, 아우스터리츠에서, 승리 또 승리—승리를 거듭하였다. 이 사람은 사물을 보는 눈과 행동하고 실천하는 정신을 가지고 있었다. 그는 자연히 왕위에 올랐다. 모든 사람은 그가 사실 그런 인물임을 인정하였다. 행군하는 일개 병졸들도 흔히 말하였다. "파리에 있는 수다쟁이들, 모두 말뿐이고 하는 일이 없다! 모든 일이 다 제대로 되지 않는 것이 뭐가 이상해? 수도로 올라가서 우리의 '꼬마 대장(隊長)'을 거기다 앉혀야 하겠다!" 그들은 가서 그를 거기에 앉혔다. 그들과 온 프랑스가. 제1 집정관, 황제, 유럽의 정복—라 페르 연대(聯隊)의 일개 장교는 여러 세기 동안 이 세상에 왔던 모든 사람들 중 자기가 가장 위대하다고 생각하는 것도 이상하지 않을 정도가 되었다.

그러나 바로 이때 치명적인 사기꾼 기질이 고개를 쳐들었다. 나폴레옹은 사실에 대한 이제까지의 신념을 버리고 가상(假相)을 믿게 되었다. 오스트리아 왕조, 교황청, 그리고 옛날의 거짓된 봉건제도 같은 것에 생각을 두게 되었다. 이것이 모두 허위임을 한때는 너무도 잘 알고 있던 그였지만 '자기의 왕조'를 창건하자 프랑스 대혁명의 의의가 그것뿐이라고 생각하게 되었다. 이 사람이 '미혹하는 힘에 사로잡혀 거짓을 믿게 된 것은' 무섭고도 확실한 일이었다. 나폴레옹은 이제 진실과 허위를 보아도 구별을 못하게 되었다—거짓에 마음을 넘겨준 사람이 치르는 가장 무서운 벌이다. 자아와 허위의 야심이 이제는 그의 신이 되었다. 일단 자기 기만에 항복하기만 하면 다른 모든 기만이 자꾸자꾸 뒤따른다. 얼마나 신파적(新派的)인 분장(扮裝)으로 이 사람은 자기의 위대한 진실을 싸고, 그렇게 함으로써 그것을 더 진실하게 만들려고 생각하였던가? 자기 스스로는 가톨릭교를 근절시키는 방법이 종교의 백신이라고 생각하면서도 가톨릭교를 부흥시키려는 듯이 교황과 맺은 빈 협약, 성대한 대관식, 노트르담의 대성당에서 이탈리아의 늙은 괴물 ^{(로마교황을}_{가리킴)}의 주재로 행해진 성유식 (聖油式) —오주로 _{의 유명한 장군}^(1757~1816, 프랑스)는 말한다. "그 호화로운 허식에는 무엇 하나 빠진 것이 없었다. 그런 수작을 없애려고 생명을 바친 50만의 사람들이 없을 뿐이었다!" 크롬웰의 취임식은 검 (劍) 과 성경으로 거행되었다. 정말 진정한 취임식이었다. 검과 성경을 들었을 뿐 아무런 괴물도 필요치 않았다. 이것이야말로 청교도 정신의 진정한 상징이며, 그것의 참된 장식이고 표시가 아니었던가? 청교도 정신은 이 둘을 가장 진정한 의미에서 사용하였으며, 이제 이것으로 서려는 것이었다. 그러나 나폴레옹은 실수를 저질렀다. 그는 인간이란 속기 쉬운 바보라는 것을 너무 믿었다. 인간에게서 굶주림과 이것보다 좀더 깊은 사실을 보지 못하였다. 잘못이었다. 구름 위에 성 (城) 을 쌓는 사람처럼, 그의 성도 그도 모두 허물어지고 세상에서 사라졌다.

아, 우리 모든 사람에게는 이 사기 (詐欺) 의 요소가 있다. 유혹이 충분히 강하면 그것이 더 세질 수도 있다. "우리를 시험에 들게 하지 마시고!"라고 하지만, 이런 요소가 자라난다는 것은 치명적인 일이다. 그것이 섞이는 모든 일은 완전히 일시적인 것이 되지 않을 수 없으며, 설령 아무리 크게 보이더라도 본질적으로는 작다. 나폴레옹이 한 일도 그처럼 요란스러운 소리를 내었지만 그것은 무엇이었던가? 말하자면 널리 퍼진 포연에 지나지 않았고, 마른 풀밭에 일어난 불길에 지나지 않았다. 한 순간 온 세상이 연기와 불길에 싸인 듯 보였지만, 그러나 그것은 잠시 동안의 이야기였다. 곧 사라지고, 유구한 산과 시내, 하늘의 별, 그 아래 깔린 인자한 땅은 여전히 거기에 있다.

바이마르 공 (公) ^(1775~1825, 칼 아우구스트)_(공, 괴테의 친구이자 비호자)은 친구들에게 늘 말하였다. 용기를 잃지 말라. 나폴레옹은 부정이고 허위이니 오래가지 않는다고. 이것은 진실한 교훈이다. 나폴레옹이 세상을 더욱 심하게 짓밟고 횡포하게 억압하면 할수록 그에 대한 세상의 반동은 언젠가는 더욱더 강해질 것이다. 부정은 비싼 이자로 빚을 받는다. 나폴레옹은 그의 가장 좋은 포병창을 잃거나, 가장 좋은 연대를 수장하는 편이 저 가련한 독일의 책장수 팔므 (나폴레옹을 비난한 《굴욕의 독일》이란 소책자를 팔았다는 이유로 총살된 요한 필립 팔므(1766 ~1806). 이 사건으로 인해 독일민중은 나폴레옹에 대한 반항심에 불타올랐다)를 총살하는 것보다 유리하지 않았을까 한다. 그것은 아무리 두껍게 페인트 칠을 하더라도 횡포·살인·부정이 아닌 것으로 만들어 낼 수는 없다. 그것과 그런 다른 일들이 사람들의 마음속 깊이 새겨졌다. 이 일이 생각날 때마다 사람들의 마음속에 억제하고 있던 불길이 그들의 눈에 타오르며―때가 오기를 기다렸다. 드디어 때는 왔다. 독일은 일어났다.

나폴레옹이 한 일이란 결국 그가 정의(正義)로써 한 일, 자연이 그의 법칙에 따라 인준(認准)한 일로 돌아가게 될 것이다. 그가 가진 것에서 진실만 남고 그 이상은 조금도 더 남지 않을 것이다. 그 나머지는 모두가 연기이고 쓰레기이다. '인생은 재능에 따라 열린다.' 아직도 그의 위대한 참된 사명, 이것은 모든 곳에서 분명하게 실현되지 않으면 안 될 것이었지만, 그는 지극히 분명치 않은 상태로 버려두었다. 그는 하나의 위대한 초안(草案), 거칠고 미완성의 계획이었다. 어떤 위인이 그렇지 않으랴? 그러나 아, 너무도 거친 상태에 버려졌다!

세상에 대한 나폴레옹의 견해는 세인트 헬레나에서 한 말로 미루어 보면, 실로 비극적인 것을 느끼게 한다. 그는 그런 종말에 다다른 것, 자기가 이곳 바위 위에 내던져진 것, 그래도 세상은 여전히 돌고 도는 것에 대해 가장 솔직한 경탄을 느낀다. 프랑스는 위대하다. 한없이 위대하다. 그러나 따지고 보면 그가 곧 프랑스이다. 나폴레옹은 말한다. 영국도 근본적으로 말하면 프랑스의 섬이다. '프랑스에게 그것은 또 하나의 올레롱 섬'에 지나지 않는다. 본질적으로, 나폴레옹적인 의미에서 본질적으로 그렇다. 그러나 사실을 보라. "여기 내가 있다!" 나폴레옹은 이것을 이해하지 못한다. 사실은 그의 이 계획과 일치하지 않는다. 프랑스는 한없이 위대하지 않았고 그는 프랑스가 아니었다. 그렇지 않은 것을 그렇다고 믿은 '강한 망상!' 그가 한때 가졌던 치밀하고, 현명하고, 과단성 있으며, 강건하고 진실하던 그의 이탈리아인다운 성질은 프랑스 인 같은 짙은 허세의 분위기 속에 싸여 거의 다 사라졌다. 세상은 짓밟히고 다져져서 그의 마음대로 프랑스와 그를 올려세울 돌이 되고자 하는 생각을 가지지 않았다. 세상은 전혀 다른 목적을 가지고 있었다. 나폴레옹의 놀라움은 실로 컸다. 그러나 이제 무슨 소용이 있으랴? 나폴레옹은 그가 갈 데로 가고, 대자연도 그가 갈 길로 갔다. 일단 진실과 결별한 그는 별 도리 없이 공허 속에 전락해 간다. 구원의 길이 없다. 나폴레옹은 그 속에 빠져 인간이 일찍이 맛보지 못한 설움으로 큰 심장이 터져 죽었다. 가엾은 나폴레옹, 위대한 역량을 남용하고 아무 소용없게 되었다. 우리의 마지막 위인!

　이중(二重)적인 의미로 우리의 마지막 위인이다. 왜냐하면 많은 시대와 나라를 다니면서 영웅들을 찾아 연구하던 우리는 이제 여기서 그쳐야 하기 때문이다. 내게 많은 슬픔을 주었으나 또한 많은 기쁨도 준 이 여정을 그치는 것은 애석하다. 영웅숭배라고 내가 이름지은 이 주제는 거창하고 중대하고 광범한 것이다. 이것은 이 세상에서의 인류의 가장 중대한 일의 깊은 밑바닥까지 들어가는 것이며, 오늘날 이것을 구명하는 것은 그 의의가 크다. 6일이 아니라 6개월 동안 이 일에 전념했다면 우리는 더 큰 성과를 거둘 수 있었을 것이다. 나는 단서를 열어 보겠다고 약속하였다. 과연 그렇게 했는지 나로서는 알지 못한다. 나는 발을 들여놓기 위해서 지극히 거칠게 파헤쳐야 했다. 아무런 연결도 설명도 없이 불쑥 내던진 표현으로 여러 번 독자의 관용성을 시험한 일도 있었다. 관용성, 인내심, 강한 솔직성, 그리고 절대적 호의와 친절 등에 대하여 여기서는 언급을 피한다. 명성·미·지혜 등 영국의 가장 훌륭한 것을 가진 이들이 나의 말을 경청해 주셨으니, 모든 이들에게 진심으로 감사를 드리며 복을 빈다.

Sartor Resartus
의상철학

내가 계승할 땅은 아름답고 광활하네!
시간이 내 땅, 내가 씨를 뿌릴 밭이라네.
괴테

제1부

1장 서론

진보된 현대 문화 상태를 생각할 때, 학문의 횃불은 2500년 이상 상당한 효과를 보며 지금까지 두루 들고 돌아다녔으며, 특히 오늘날 그 횃불은 여전히 타고 있을 뿐만 아니라 어느 때보다도 더 세게 타고 있다. 그 불을 옮겨받은 무수한 촛불과 성냥불이 곳곳에서 번득거리며 자연 또는 인문의 아무리 작은 틈이나 구멍도 모두 비추는 걸 생각할 때, 철학 또는 역사 어느 분야에서 옷에 관한 기본적 서적이 아직껏 전혀 또는 거의 저술된 바 없다는 것은, 생각 있는 사람으로서 다소 이상스러울 것이다.

우리의 '만유인력설'은 완전에 가깝다. 라그랑지($\frac{1736\sim1813년}{프랑스의 수학자}$)가 태양계가 이 체계대로라면 영원히 지속된다고 증명한 것은 이미 모두 아는 사실이다. 라플라스($\frac{1749\sim1827년. 프랑}{스 천문학자·수학자}$)는 더욱 현명하게도, 태양계는 어떤 체계에 의해서도 다르게 이루어질 수 없었으리라 추측하고 있다. 어쨌든 그 덕분에 적어도 우리의 항해일지는 더 정확하게 기록되었으며, 모든 종류의 수상운송은 더 편리해졌다. 지질학과 지구구조학에 대해서도 우리의 지식은 충분하다. 베르너($\frac{1750\sim1817년.}{독일 지질학자}$)·하튼($\frac{1726\sim1797년.}{영국 지질학자}$) 같은 학자들의 노력과 그들의 제자들이 열심으로 기울인 타고난 재주로 인해서, 왕립학술원($\frac{Royal Society. 1645년 창립. 1662년}{찰스 2세의 인가를 얻은 과학연구단체}$) 같은 많은 단체에게는 세계의 창조가 담프링($\frac{사과·고기 따위를 넣어}{찌거나 구워낸 요리}$)을 만드는 정도 이상으로 신기하지 않게 되었다. 사실 담프링에 대해서 사과가 어떻게 거기 들어갔느냐하는 의문으로 머리를 썩인 사람도 있었다($\frac{영국왕 조지 3세는 사냥을 나갔다가 어느 집에서 노파가}{담프링을 만든 것을 보고 이와 같은 의아심을 가졌다}$). 사회계약($\frac{영국인 홉스·로크 및 루소가 제창한 정치사회}{학설로 18세기 사상가들이 많이 따른 것}$), 취미의 표준($\frac{아치볼드 아리스튼이 저술한《취미}{의 본질과 원칙에 관하여》. 1790년}$), 청어의 이동 경로 등에 관한 우리의 논문까지 언급할 것은 없지 않은가? 그리고 또 지대론(地代論)·가치론·언어·역사·도자기($\frac{1830년 4월호 (프레이저)지에}{'도자기 철학'이란 논문 게재}$)·유령·술 등의 철학까지도 있지 않은가? 인간 생활과 환경 전체가 드러나고 해명되어, 인간의 영혼·육체·재산의 어떤 단편 또는 실오리도 탐구되고, 해부되고, 증류되고, 건조되어 과학적으로 분석되지 않은 것은 별로 없다. 우리의 정신적 기능도 상당히 작용한 듯하지만, 그 분야에 대해서는 스튜어트(1753~1828년, 에든버러 대학의 윤리학 교수)·쿠쟁(1792~1867년, 프랑스의 철학자·정치가)·르와이에 콜라드(1763~1845년, 프랑스의 철학자·정치가)와 같은 사람들이 있다. 모든 세포·혈관·근육의 조직에서는 그것을 연구한 로렌스(1783~1867년, 영국 의사·해부학자)·마장디(1783~1855년, 프랑스의 생리학자, 신경계통 연구로 유명)·비샤(1771~1802년, 프랑스의 생리학자·해부학자) 등을 자랑한다.

생각 있는 사람은 다시 물을 것이다. 그러면 모든 조직 중에서 가장 위대한 조직, 유일하고 진정한 조직인—의복의 조직, 즉 모직물이나 무명 조직, 인간 영혼의 가장자리 외표(外表)를 덮으며, 그 속에 다른 일체의 조직이 싸이고 가리워져 있으며, 그 속에서 모든 기능이 활동하고, 모든 자아가 살아 움직이는 그 조직을 과학이 아주 도외시해온 것은 어째서인가? 왜냐하면 이따금 무리를 잃고 날개가 상한 어떤 사상가가 이 불분명한 분야에 올빼미와 같은 눈길을 던지곤 했으나, 대다수의 사상가는 전혀 거들떠보지도 않고 그 위를 날아가 버렸다. 그들은 의복이란 우연한 것이 아니라 본질적인 것, 나뭇잎이나 새의 깃털처럼 자연적이고 자생적인 것이라고 보았다. 모든 사상활동에서 그들은 인간을 의복을 입은 동물이라고 보았다. 그런데 사실은 벌거벗은 동물이며, 다만 어떤 경우에만 고의적으로 고안하여 자신을 의복으로 감싸는 것에 지나지 않는다. 셰익스피어는, 우리는 앞을 보고 뒤를 보는 동물(햄릿 4막 4장)이라고 했다. 우리가 주위를 둘러보면서도 바로 눈 앞에서 일어나고 있는 일을 보려 하지 않는 것은 확실히 이상하다.

그러나 다른 많은 경우에서처럼 여기에서도 학식과 흔들리지 않는 굳센 정신으로 풍부하고 깊이 사색하는 독일이 우리를 도우러 온다. 오늘 같은 혁명적인 시대에 추상적 사상이 피난처로 찾을 수 있는 나라가 하나라도 있다는 것, 가톨릭 해방(영국에서는 가톨릭 교도의 많은 권리를 박탈했던 법을 1829년 4월에 폐지하였다), 썩은 선거구(쇠퇴하여 유권자가 거의 없는 지경이 되었는데도 여전히 의원을 선출하던 구역, 1832년, 개정법으로 폐지), 파리의 소요사건(1830년에 있던 일. 샤를르 10세가 추방되고 루이 필립이 왕이 되다) 등의 소음과 광분이 모든 영국인과 프랑스 인의 귀에 가득할 때, 독일인만은 그의 학술적 망대 위에 유연히 서서, 정신없이 뛰어다니며 싸우는 군중에게 때때로 우렁차게 뿔피리를 불고 외쳤다. Höret ihr Herren und lasset's Euch sagen(모두 귀를 기울이고 들거라). 즉 자주 사실을 망각하는 세상에 지금이 정말 몇 시인지 알려 준다는 것은 고마운 일이다. 독일인은 무익한 일에 근면하다는 비난을 흔히 받아 왔다. 마치 험한 여행의 고생밖에는 아무것도 얻을 것 없는 미로에 들어간 듯이, 또한 경제적 금광과 인간이 자기 몸을 살찌게 하는 수단인 살찐 소의 정치적 도살을 포기하고, 잡초가 무성한 먼 늪으로 오리 사냥을 갔다가 빠져 죽기가 일쑤인 듯이. 저 어리석은 학문에 관해서 우리의 풍자가(^{17세기 영국인 사무엘 버틀러를 가리킴})는,

> '기하학적 자를 가지고
> 맥주병의 크기를 잰다'

라고 하였으며, 더욱이 전혀 방향을 잃은 학문, 알맹이 없는 지푸라기를 열심히 타작하는 듯이 보이는 것에 대해서는 변명할 말도 없다. 독일인이 그런 비난을 받을 만하다면 그들이 그 결과를 달게 받게 하라. 그러나 러시아의 황량한 초원에도 오랜 무덤과 금패물이 있으며, 멀리서 보면 사막과 암석뿐인 듯한 곳도 가 보면 아름다운 계곡이 펼쳐져 있음을 말해 두고자 한다. 아니 그것은 차치하고, 평가는 사람의 정신을 위해 이정표와 통행료를 받는 장소뿐만 아니라 삼엄한 대문과 넘을 수 없는 장벽까지 쌓고자 하는가! "많은 사람이 이리저리 달려 지식이 더하리라"(^{다니엘 12 장 4절})라는 기록이 있다. "생각 있는 사람에게는 저마다 뜻하는 길로 가서 어디에 도착하는가 직접 보게 하라." 이것이야말로 분명한 규칙이다. 왜냐하면 인류를 구성하는 것은 이 사람 저 사람이 아니고 모든 사람이며, 그들의 일을 합친 것이 인류의 일이기 때문이다. 그와 같이 모험을 즐기고 많은 비난을 받았을 몇몇 방랑자가 멀고 잊힌, 그러나 지극히 중요한 영역에 가서, 그곳의 숨은 보물을 처음 발견하고 쉼없이 외쳐, 일반대중의 눈과 노력이 그리로 쏠리게 하여 정복이 완성된 예를 우리는 얼마나 자주 보았던가? —그리하여 아무런 목적도 없는 듯한 이런 방랑으로 무(無)와 암흑의 광대무변한 왕국에 새로운 기를 세우고, 새로이 살 곳을 건설하였다! 생각은 자유로워야 한다. 어느 방향, 어떤 방법으로든 내키는 대로, 나침반의 32방향을 두려워 말고 바라보아야 한다고 말한 사람은 정말 현명하다.

　의상철학은 고사하고, 우리가 그런 철학을 가지고 있지 않다는 인식조차도 여기서 처음 우리 말로 발표된다는 사실은, 우리 영국인 사이에서 순수과학, 특히 순수 윤리과학이 침체되어 있는 상태요, 우리의 상업적인 위대성

과 귀중한 헌법이 영국의 모든 문화와 노력의 전 분야에 정치적인, 또는 직접적·실제적 경향을 주어 사상의 자유로운 비약을 구속하고 있음을 증명하는 것이다. 어떤 영국인이 의상철학을 선택하거나 우연히 발견할 수 있었으랴? 저 독일 학자들의 구속과 세속으로부터의 해탈이 그들로 하여금 어떤 종류의 물 속에서도, 온갖 종류의 그물을 가지고 고기를 잡을 수 있게 허용하고 권장하지 않았더라면 이 심오한 연구는 그것이 가져올 수 있는 결과에도 불구하고 언제까지나 잠을 자고 있었을 것이다. 이 책의 편집자는 다른 경우에는 확실히 사색적인 사람이며 충분히 추리적이라는 자부심을 가지고 있지만, 최근 몇 달 전까지도 의상에 관한 철학을 우리가 전혀 가지고 있지 않다는 아주 평범한 생각이 전혀 떠오르지 않았음을 고백한다. 게다가 그때에도 오직 외부에서의 암시가 있었기 때문에 떠오른 것이었다. 즉 바이쓰니히트보(어딘지 모를 곳이라는 뜻의 독일어. 이 책의 결말에서 런던을 가리킨다고 암시되어 있다)의 토이펠스드레크(악마의 배설물이라는 뜻) 교수의 책이 도착함으로써였다. 이 문제를 특별히 다룬 그 책은 이해할 수 있나 없나는 차치하고 장님도 알아볼 수 있을 정도의 쉬운 문체로 명백히 논하고 있다. 이 괄목할 논문과 그의 학설은 제대로 수락되든 거부되든 편집자의 사고방식에 영향을 끼치지 않을 수 없었다.

Die Kleider, ihr Werden und Wirken : von Diog. Teufelsdröckh, J.U.D. ete. Stillschweigen und Co. Weissnichtwo, 1831.

'의복 그 기원과 영향 :
디오게네스 토이펠스드레크 법학박사 지음,
스틸슈바이겐(침묵) 회사, 바이쓰니히트보, 1831년.'

〈바이쓰니히트보 신문〉은 말한다. "여기 이 방대한, 빼곡히 조판되고 세밀히 사색된 책이 나왔다. 이 책은 오직 독일에서만, 아마 바이쓰니히트보에서만 나올 수 있는 것임을 자랑하는 바이다. 지금까지 아무 나무랄 데 없는 스틸슈바이겐 회사에서 외적인 장점을 갖춰 펴낸 이 책은 도저히 소홀히 할 수 없는 내용을 담고 있다."…… 거의 열광적인 평론가는 결론을 내린다. "호고가(好古家)·역사가·철학적 사상가에게도 두루 흥미로운 것이며, 대담·

예리·소박·순수한 독일정신과 인류애에서 나온 걸작이다. 이 책을 유포하는데는 고위층의 반대가 뒤따를 것이다. 그러나 우리 독일의 명예의 성전은 토이펠스드레크라는 거의 새로운 이름을 철학계의 제1열로 높일 것이 틀림없다."

오랜 우정을 생각해서 이 저명한 교수는, 그 명성이 하늘을 찌르고 있는 지금—그러나 그는 현혹되지 않았다—저서의 증정본 하나를, 여기 싣는다면 겸손의 미덕을 잃었다고 생각될 인사말과 찬사와 함께 보내 왔다. 다음의 마지막 말이 의미하는 것을 제외하고는 어떤 종류의 소망이나 희망도 없었다. "이 괄목할 논문이 영국 땅에서도 생장하기를!"

2장 편집상의 곤란

어떤 시인의 장엄한 말을 빌리면 "시간을 씨 뿌릴 밭"으로 삼는 사상가에게 새로운 관념을 정복하는 것보다 중요한 정복은 없다. 그렇다면 토이펠스드레크 교수의 저서가 도착한 것은 편집자의 달력에 흰 분필로 표시(운이 좋은 날을 그렇게 표시하는 것은 호레이스의 《서정시집》 제1권 36에 보인다)할 만한 일이다. 그것은 실로 '방대한 책'이다. 한계가 없고 정체를 알 수 없을 정도의 내용을 가진, 그야말로 사상의 바다이다. 고요하지도 맑지도 않지만, 마음이 굳센 잠수부는 바다 밑바닥까지 들어가서, 침몰한 배의 유물뿐만 아니라 순수한 진주도 따 가지고 돌아올 수 있을 것이다.

처음 한 번 읽어보자마자, 처음으로 자세히 검토해 보자마자, 아직까지 발견도 생각도 못한 결과를 가져올 철학의 새로운 분야가 여기 전개되었다는 것이 분명해졌다. 그리고 또 한 가지 흥미로운 점은, 아주 새로운 인간의 개성, 거의 하나밖에 없는 인격 즉 토이펠스드레크 교수 자신의 성격이 전개되었다는 것이다. 이 두 가지의 신기한 것에 대해서 필자는 가능한 한 그 의의를 구명하기로 결심했다. 그러나 사람이란 마음이 달라지기 쉬운 동물이라, 그러한 구명이 어느 정도 진척되자 새로운 의문이 생겼다. 어떻게 하면 새로 얻은 이 수확을 우리 못지않게 필요로 하는 다른 사람들에게도 나눠줄 수 있을까. 어떻게 하면 의상철학과 그 저자를, 조금이라도 우리 영국 국민의 사업과 가슴 속에 심어 줄 수 있을까 하는 의문이었다. 왜냐하면 새로 얻은 황금은 주머니를 태우고 나가 통용된다고 하거늘, 하물며 새로 얻은 진리이랴.

그러나 여기 곤란이 생겼다. 처음에는 이 괄목할 서적의 각 단락을 순서대로 편집자가 관계하고 있거나, 돈이나 인정으로 접근할 수 있는, 많은 발행 부수를 가진 평론지에 연속 게재하려고 생각했다. 그러나 한편 여기 제시하고 취급하려는 논설은 현재 있는 어떠한 잡지도 위태롭게 할 우려가 있었다. 만일 국내에 있는 모든 당파가 없어지고, 자유당·보수당·진보당이 모두 모순된 통일 속에 포섭되며, 전국의 모든 신문·잡지가 하나로 어수선하게 뭉쳐져서 의상철학을 그치지 않는 홍수처럼 내쏟는다면, 그때나 가능할 것처럼 보였다. 그러나 그런 종류의 기관이 〈프레이저〉지를 제외하고 무엇이 있으랴? 지극히 위험한 특대 워털루 크래커(전승축하용으로 만든 폭죽)가 (비유적으로 말해서) 연기 속에 갇힌 기고가의 주변 일대에 흩어져 있으므로 폭발하여 귀를 찢고 생명을 위협한다. 그게 아니라도 최근에는 이미 정원 초과로 문을 굳게 닫은 잡지! 그리고 의상철학을 철학자 없이, 토이펠스드레크의 사상을 그의 성격을 전혀 언급하지 않고 발표하는 것은 그 둘에 대해 완전한 오해를 초래하는 것이 아니겠는가? 저자의 전기(傳記)에 대해서 말하자면, 다른 경우에는 소개하는 것이 당연하지만 충분한 자료도 없고 또 그런 것을 얻을 가망도 없는 실정이라, 가진 것이라고는 절망뿐이다. 그러므로 편집자는 이 비범한 철학적 이치를 일반에게 소개할 길이 잠시 막혀서, 마음 속 어두운 밑바닥에서 그 철학적 원리를 심사숙고하면서도 불안한 생각이 없지 않았다.

이런 상태로 몇 달을 보내면서 의상에 관한 이 책을 읽고 또 읽는 가운데 여러 가지 점에서 명료·투철하게 되었다. 그러면서 저자의 성격이 더욱 더 놀라운 것이 되었다. 기억과 추측을 동원하여 그것을 이해하려 하였으나 더욱 알 수 없어, 이제까지의 불안은 급속히 불만으로 바뀌어 가고 있었다. 이때 전혀 뜻밖에도 바이쓰니히트보에서 우리 교수의 벗이자 지기(知己)인, 우리하고는 일찍이 서신을 교환한 일도 없는 궁중고문관 호이슈레케(귀뚜라미를 의미한다)씨로부터 편지가 한 통 날아왔다. 이 고문관은 전혀 관계 없는 이야기를 잔뜩 늘어놓은 다음, 의상철학이 독일문학계에 일으킨 '흥분과 관심'에 대하여, 또 그의 벗의 저서가 지닌 깊고 큰 의의와 경향에 대해서 상세히 소개하고 나서, "그 저서와 저자에 대한 다소의 지식을 영국에, 그리고 영국을 거쳐 먼 서쪽 나라에" 전달할 가능성을 복잡하게 암시하였다. 즉 토이펠스드레크 교수에 관한 저작은 현재 영국문학의 영예라고 할 수 있는 '가정문고'·'국민문고' 또는 그 밖의 애국적 문고 등도 반드시 환영할 것이며 사상의 혁

르누아르의 《물랭 드 라 갈레트》(1876)

명을 일으킬지도 모른다는 것이다. 결론으로 만일 이 편집자가 토이펠스드
레크의 전기 집필에 착수한다면 고문관 호이슈레케는 모든 필요한 자료를
제공할 수 있다고 분명히 암시하였다.

　오랫동안 증류하여도 결정화되지 않는 어떤 화학적 혼합물에 철사나 다른
고체를 넣으면 즉시 결정작용이 일어나듯이, 편집자의 마음에 호이슈레케
씨의 제안이 들어온 것은 그와 같았다. 형체없는 용액과 혼란 속에서 형체가
솟아나고, 같은 것은 같은 것끼리 결합하여 뚜렷하게 정돈되었다. 곧 실제
시야에 들어오는 모습으로 파악되거나, 또는 확고하고 조리있는 희망 속에
전체 양상이 뚜렷한 형태를 띠고, 이를테면 고체로서 결정화되었다. 조심성
있게 그러나 용감하게 2펜스짜리 우편을 통하여 그 유명하고 무서운 올리버
요크(《프레이저》지의 에게 의사를 표명하였다. 그리하여 그 기이한 사람과의 회견
이 한 번, 그리고 이어서 여러 번 있게 되었다. 우리쪽은 예상보다 더욱 자
신감이 충천했고, 그쪽의 야유는(적어도 공공연한 것은) 의외로 적었다—그

결과 지금 보는 것과 같은 결과를 맺었다. 애국적 문고에 넣으면 어떻겠느냐는 궁중고문관의 조언은 다만 말 없는 놀라움으로 들을 수밖에 없었지만, 자료를 제공하겠다는 의견은 기쁨에 넘쳐 즉시 환영하였다. 그리하여 자료의 입수를 확실히 기대하면서 우리는 벌써 일을 시작하였다. 그래서 우리의 《의상철학》—제대로 말하면 '토이펠스드레크 씨의 생애와 사상'은 점차로 진척되어가고 있다.

이 기획에 대하여 우리는 이상과 같은 자격과 재능을 가지고 있지만, 이 일이 우리에게 적절한지 어떤지에 대하여 더 말하는 것은 어쩌면 흥미가 없을 것으로 생각된다. 영국 독자들이 단순한 마음으로 여기 제시된 것을 자신의 모든 형이상학적 통찰과 명상의 재능을 가지고 연구하고 소유하기를 바란다. 자유롭고 개방된 지성을 유지하고 편견의 안개와 특히 위선의 마비에서 벗어나서, 이 책의 편집자가 아니라 책 자체에 마음을 돌리기를 바란다. 이 편집자가 누구이며 어떤 사람인가 하는 것은 추측에 맡기면 되는 것으로, 그것은 그다지 중요치 않은 일이다(그는 우리하고도 아직까지 일종의 가면 또는 면사포를 쓰고 접촉하고 있. 옮. 그의 이름도 가명일 것이라고 생각되는 이유가 있음—올리버 요크). 그는 의상철학의 새 소식을 세상에 전하는 하나의 소리이며, 많은 영혼에게 말을 보내는 하나의 영혼이다. 귀 있는 자는 들을지어다.

다른 하나의 점에서도 경고해둘 필요가 있다고 편집자는 생각한다. 그것은 곧 그가 우리의 선조가 만든 여러 가지 제도에 대해, 아마 미약할지는 모르나 진정한 애착을 가지고 있으며, 어떠한 위험을 무릅쓰고도 힘 자라는 데까지는 그것을 지킬 의도가 있다는 것, 아니 이 일을 착수하는 이유의 일부는 그것을 지키려는 의도에서라는 것이다. 새 제도의 조류를 막기 위해서는, 적어도 그 흐름의 방향을 유리하게 돌리기 위해서는, 토이펠스드레크의 저서와 같은 것을 잘만 옮겨 넣으면 논리의 침식에 대한 경시하지 못할 둑 또는 수문(水門)이 될 것이다.

또한 토이펠스드레크, 호이슈레케, 또는 이 의상철학에 대한 우리의 사적 관계가 판단을 굽히거나 완화 또는 과장할 우려는 결코 하지 않으시기를. 사적 인사치레 같은 것에는 전혀 좌우되지 않음을 감히 약속하는 바이다. 그런 인사말은 고맙기는 하다. 우정의 고마운 환상으로서, 과거에 가졌던 친교의 아름다운 기념으로서. 철학적 웅변의 교향곡과 화음에 싸여 신들이 즐기던 밤과 향연, 보다 저속한 반주곡에 맞추어 즐겼던 이후로 한 번도 그리 흡족하게 즐겨보지 못한 지성의 향연의 기념으로서! 그러나 그것이 무슨 상관인가? Amicus plato, magis amica veritas (플라톤은 나의 벗이다. 진리는 나의 더 큰 벗이다—아리스토텔레스의 말). 토이펠스드레크는 우리의 벗이지만 진리는 우리의 신(神)이다. 우리는 역사가, 평론가로서 온 세상에 대해 낯선 사람이 되기를 원한다. 우리는 어떤 사람에 대해서도 호의나 악의를 갖지 않을 것이다. —다만 악마에 대해서는, 허위와 암흑의 왕이므로 목숨을 걸고 그치지 않는 전쟁을 한다. 허풍과 기만이 인류의 연대기에서 유례없이 고도로 발달하여 영국의 편집자들도 중국 상인처럼 '속이지 않는 상점'이라고 대문에 써 붙여야 할 이 시대이니, 이와 같이 약속해 두는 것이 좋겠다고 생각한다.

3장 추억

저자가 개인적으로 잘 아는 사람들도 의상에 관한 이상한 책의 출현으로 세상 사람들 못지않게 놀랐을 것이다. 적어도 우리에게 이처럼 뜻밖의 일은 일찍이 없었다. 토이펠스드레크 교수는 우리가 서로 알게 되었을 당시에는 아주 고요하고 자족한 생활을 하는 듯 보였다. 높고 원대한 철학에 몰두하는 사람이기는 하였으나, 만일 책을 낸다면 이상하게도 뭉뚱그려 배척하고 있는 헤겔이나 바르딜리(1761~1808년, 독일 철학자)를 반박하는 논문을 발표할 것 같았다. 설마 이번처럼 흥분과 분열을 일으킬 수밖에 없는 새로운 가설을 가지고 사납고 소란한 대중 여론의 광장으로 내려올 줄은 전혀 생각지 못했다. 의상에 관한 철학을 함께 논한 일은 아무리 생각해 보아도 한 번도 없었다. 이 벗의 고상한 침묵에 싸인 명상적 선험주의를 통해 우리가 혹시 어떤 실제적 경향을 탐지하였다면, 그것은 기껏해야 정치적인 것이며 특히 일종의 미래성을 띤 과격주의, 현재로서는 아주 사변적인 과격주의였다. 그가 〈이시스〉에 글을 실었다는 것은 추측에 지나지 않았지만, 그가 정말로 예나대학의 오켄 씨(1779~1851년, 독일 예나대학 교수, 선험철학자. 나중에는 교수직을 사직하고 잡지〈이시스〉를 통해 혁명사상을 고취)와 편지를 주고 받았던 흔적은 있었다. 그러나 도덕적인 것, 하물며 교훈적 종교적인 것을 그가 발표하리라고는 전혀 기대하지 않았다. 우리는 그가 남긴 마지막 말을 잘 기억하고 있다. 그 말은 그 말을 한 밤과 함께 영원히 잊히지 않을 것이다. 구크구크(구크구크는 유감스럽게도 대학용 맥주일 뿐이다)의 커다란 잔을 든 채 잠시 파이프를 내리고, 그는 사람들로 가득 차 발디딜 틈 없는 커피점에서 일어섰다. 이 곳은 바이쓰니히트보에서 가장 큰 그륜네 간스(푸른
요리)라는 집으로, 그 고장의 모든 예술애호가와 학자들이 저녁이면 모이는 곳이었다. 그러더니 사람의 정신을 흔드는 나지막한 음성과 흰 천사인지 검은 천사인지 알 수는 없었으나 정말 천사와 같은 표정으로 건배를 들자고 제안하였다. Die Sache der Armen in Gottes und Teufels Namen! (신과 악마의 이름으로 가난한 사람들을 위해!) 우렁찬 부르짖음이 무거운 침묵을 깨뜨리자, 무수한 잔들을 들고 마시는 소리, 이어서 그에게 소리 높이 환호갈채를 보냈다. 이것이 그날 밤의 마지막 사건이었다. 모두들 다시 파이프를 집어들고, 최고조의 열광과 자욱한 담배 연기 속에 흩어져 저마다 생각에 잠긴 채 베개를 찾아갔다. 몇 사람이 Bleibt doch ein echter Spass-und Galgen -vogel. (그 사람은 정말 특이한 교수형감이로군)라고 했는데, 그 뜻은 그가 민주적 사상 때문에 언젠가는 사형을 당할 것이라는 의미이다. Wo steckt doch der Schalk? (그런데 그 자는 대체 어디 숨어 있느냐?)라고 말하며 그들은 돌아다보았다. 그러나 토이펠스드레크는 옆문으로 빠져나갔고, 이 책 편자(編者)는 이후 두번 다시 그를 본 적이 없다.

이러한 장면 속에서 이 철학자와 살며, 그의 목적과 능력에 대해 이와 같은 평(評)을 내릴 수 있는 것은 우리의 행운이었다. 그러나 용감한 토이펠스드레크여, 그대가 어떤 생각을 품고 있었는지 누가 알 수 있었으랴? 우리가 이 세상에서 일찍이 본 적 없는 심각한 얼굴을 지붕처럼 덮고 있는 길고 짙은 머리카락 밑에는 비상하게 움직이는 두뇌가 들어 있다. 짙은 눈썹 밑에 깊숙이 숨어서 그렇게도 조용히 꿈꾸듯 내다보는 그대의 눈에서도 하늘의 것이 아니면 지옥의 것인 불길의 번쩍임을 보고, 그대의 조용함은 무한한 움직임 속의 고요함이며 돌고도는 팽이가 서 있는 격(格)임을 우리는 이미 짐작하지 않았던가? 먼지도 제대로 떨지 않은 낡고 헐렁한 옷을 걸치고, 며칠씩 그 너저분한 곳에 종일 앉아 '생각과 담배연기에 싸여 있는' 그대의 작고 엉성한 몸 속에는 위대한 심장이 뛰고 있었다. 인생의 비밀은 그대에게 열리고, 그대는 우주의 비밀을 누구보다도 더 깊이 들여다보았다. 그대는 의복에 관한 그 특이한 책을 가슴속 깊이 품고 있었다. 아니, 명석한 논리적 기초를 가진 그대의 선험주의 속에, 그리고 더욱이 그대의 온순하고, 묵묵하고, 뿌리 깊은 상큐로티즘(프랑스혁명 당시 파리의 천민들이 귀족적인 바지를 배
척한데서 나온 말로, 과격한 공화주의를 의미한다) 속에 진실로 왕다운 자연적 예의와 결합된 그 사상의 눈에 보이는 싹이 있지 않았던가? 그러나 위대한 사람은 세상에 잘 알려지지 않는다. 아니 그보다 부당하게도 오해받는 일이 너무도 많다. 우리가 상상도 못하는 사이에 벌써 그대의 위대한 저서의 날실은 베틀에 메워지고, 소리 없고 신비스럽게 북이 씨실을 짜 넣고 있었다.

궁중고문관 호이슈레케가 이 경우 전기의 재료를 어떻게 제공하는가. 이것은 흥미로운 의문일지도 모르나 이에 대한 대답은 우리가 아니라 그가 알아서 할 일이다. 우리는 몇 번 시도해 본 뒤이기 때문에 바이쓰니히트보에서는 관청의 가장 박식한 사람들의 기억을 다 뒤져도 토이펠스드레크의 전기자료는 비록 허위의 것일지라도 도저히 수집할 수 없음을 알고 있었다. 그는 그곳에서는 이방인이었으며, 이른바 세파에 실려 그리로 오게 된 모양이었다. 그의 부모, 출생지, 장래의 기대, 연구제목 등에 호기심을 가진 사람이 조사해 보기도 했으나, 지극히 막연한 답으로 만족하지 않을 수 없었다. 그는 어찌나 조용하고 겉으로 드러나기를 싫어하는 사람인지, 그런 세세한 점에 관해서 멀리 에둘러 묻는 것조차 보통 힘든 일이 아니었다. 뿐만 아니라 자기 나름으로 능청맞은 점도 있고, 날카롭게 빈정대는 면도 없지 않은 이상한 기질이 있어서, 그런 실례되는 질문을 교묘하게 피하고, 또 엄두도 못내게 한다. 그는 멜기세덱(창세기 14장 17절 이하/에 나오는 신비한 인물)같이 부모도 없는 사람이라고 뒤에서 비꼬는 사람들도 있었다. 그가 역사적·통계적 지식이 풍부하고, 먼 곳의 일과 사정을 마치 자기 눈으로 본 듯이 생생하게 표현하는 것을 보고 어떤 때는 그를 영원한 유대인, 우리 식으로 말하면 유랑하는 유대인이라고 불렀다(십자가를 지고 가는 예수를 때리며 빨리 가라고 한/별로 영원히 세상을 유랑하게 되었다는 유대인).

대부분의 사람들은 그를 사람이 아니라 물건이라고 보게 되었다. 그리고 늘 보아서 아주 예사롭게 생각하게 된 결과, 그들의 일간신문인, 〈알게마이네 자이퉁〉의 제작과정이나 태양의 일상적 습성처럼 전혀 이상하게 생각지 않게 되었다. 두 가지 모두 그저 거기 있는 것이라고 보았다. 사람들은 다만 주는 혜택이나 받고, 그 이상은 생각하지 않는다. 그의 몇 안 되는 지인들 사이에서 인간 토이펠스드레크는 다른 곳보다는 독일 대학에 흔히 있는 이상하고 별난 인간으로 통하고 있었다. 이러한 사람들은 살아 있는 것이 분명하고, 따라서 내력도 가지고 있음이 틀림없다고 느껴지지만, 그들의 내력을 찾아낼 길이란 없는 듯한 종류의 사람이었다. 산의 암석이나 노아의 홍수 이

전의 유물인양 다만 다음과 같이 생각될 뿐이었다. 즉 알 수 없는 힘에 의하여 창조되고, 점차 쇠퇴해 가는 상태에 있는 물건, 지금은 빛을 반사하고 압력에 저항하고 있는, 다시 말하면 많은 다른 신비를 가지고 있는 이 환상 세계에서 인간이 보고 만질 수 있는 어떤 것이다.

한 가지 지적하고자 하는 것은 그는 칭호와 자격을 보면 Professor der Allerley-Wissenschaft, 우리 말로 하면 '박물학 교수'이지만, 이제껏 강의를 한 일이 없으며, 정부의 어떤 원조나 요구에 의하여도 강의를 하게끔 자극을 받은 일이 없었다. 바이쓰니히트보의 식견 높은 정부는 그 새로운 대학을 설립함에 즈음하여, 정부의 의사를 대변하는 취지서에 있는 바와 같이 "모든 것이 다 급속히, 또는 서서히 해체되어 혼돈상태로 돌아가고 있는 오늘날 같은 시대에, 이러한 강좌를 설립하여 혼돈 속에서 무언가를 다시 구현하는 일을 조금이라도 촉진할 수 있다면" 정부의 임무는 그것으로 충분하다고 생각한 것이다. 실제로 강좌를 열어 박물학강의를 시작한다는 것은 확실히 시기상조라고 생각하였으므로, 그들은 강좌만 설치하고 기금은 주지 않았다. 따라서 토이펠스드레크는 '가장 이름 높은 사람들의 추천으로' 이름뿐인 교수직을 가지게 되었다.

식견이 높은 사람들 사이에는 이 새로운 강좌에 대한 칭송이 자자하였다. 식견 높은 정부가 시대의 요구를 간파한 덕분으로 우리는 부정과 파괴가 아니라 긍정과 재건의 학문을 가지게 되었으며, 독일과 바이쓰니히트보는 마땅히 있어야 할 세계의 선두에 서게 되었다는 것이었다. 새 대학에 때마침 강림한 새 교수, 필요하다면 언제든지 강좌를 열 수 있고, 식견 높은 정부가 필요치 않다고 생각하면 언제까지나 침묵을 지킬 수 있는 교수에 대한 감탄도 상당하였다. 그러나 이런 칭송과 감탄은, 그것을 지속시킬 행동이 뒷받침되지 않으면 겨우 9일밖에 지속되지 않는다. 따라서 우리가 그 곳에 갔을 때에는 이미 완전히 사라진 지 오래였다. 음모론자들은 이 교수직의 설치는 어떤 대신(大臣)의 인기를 회복해 보려는 최후의 발악이었는데, 이 대신은 정치적 문란, 궁중 음모, 고령과 수종병(水腫病) 때문에 그 뒤 얼마 되지 않아 요직에서 쫓겨났다고 말하였다.

토이펠스드레크에 관해 말한다면, 밤마다 '그륜네 간스'에 나타나는 외에는 바이쓰니히트보에서 전혀 눈에 띄지도 느껴지지도 않았다. 이 커피점에서 그는 구크구크를 마시며 신문을 읽었다. 때로는 아무 일없이 자기의 담뱃대에서 오르는 연기를 바라보며 가만히 생각에 잠겨 있었다. 온화한 그는 거기서는 누구에게나 반가운 존재였다. 특히 연설을 하려고 입을 열 때는 더욱 그러하였다. 그때는 커피점 안 전체가 찬물을 뿌린 듯이 조용해졌다. 중요한 무엇을 듣게 될 것을 기대하며 귀를 기울였다. 아니, 가장 기억할 만한 생각의 강물을 기다린다고 해야 좋을 것이다. 실제로 그는 침묵의 얼음이 한 번 풀리고 옳은 청중만 만나면 몇 시간이고 그런 이야기에 빠지는 것이 예사였다. 그리고 그것이 더욱 기억에 남는 이유는, 놋쇠 수도꼭지에서 너나 없이 물을 뿜어 내며, 그것으로 음식을 요리하건 불을 끄는 데 사용하건 전혀 개의치 않을뿐더러, 그전에 물이 흐르든 않든 변함없이 한없이 진지한 얼굴을 하고 있다. 어딘가의 공원 분수의 석상처럼 보건대 청중에게는 아무런 흥미도 없으며, 애당초 청중을 의식조차 하고 있지 않는 것 같았다.

비록 변변치 못한 사람이지만 젊고 열성적인 영국인 편집자에게 토이펠스드레크는 다른 누구에게보다도 더 넓게 자기의 흉금을 열어주었다. 다만 유감스러운 것은 우리는 그의 중요성을 반도 깨닫지 못했고, 충분한 통찰력을 가지고 그를 이해하지 못한 것이다. 우리는 교수의 집에 어느 정도 출입할 수 있었는데, 바이쓰니히트보에서 이러한 영광을 자랑할 수 있는 사람은 세 사람도 되지 않을 것이다. 그것은 반가세(광가(狂街) 라는 뜻)에서 가장 높은 집의 다락방이었다. 바이쓰니히트보의 꼭대기라고 부를 만한 곳이었다. 왜냐하면 높은 언덕 위에 주위의 집들보다 아득히 높이 솟아 있었기 때문이다. 그리고 그 방 창문에서 내다보면 사방이 두루 보였다. 거실에서만 삼면이 보이고 반대편 침실에서 나머지 한 면이 보였다. 부엌에서는 두 면이 보였으나 그것은 말하자면 '복사(複寫)'일 뿐 새로운 것을 보여주지는 않았다. 그러므로 그의 사택은 일종의 망대였다. 여기 편안히 앉아서 그는 커다란 도시의 삶의 변천을 볼 수 있었다. 도시의 크고 작은 거리와 거기서 일어나는 모든 일이 대부분 보였던 것이다.

우리는 그가 이렇게 말하는 것을 들었다. "나는 저 벌집을 항상 내려다보며 벌들이 집을 짓고 꿀을 모으며, 또한 독을 만들고 유황에 질식되어 죽는 (옛날에는 꿀을 딸 때에 유황을 써서 벌을 질식시켰다) 것을 목격한다. 고귀하신 왕께서 식사를 하고 계시는 동안 음악이 연주되는 궁중의 비원부터, 늙은 과부가 문지방에 앉아 먹고 살기 위해 뜨개질을 하며 오후의 볕을 쬐고 있는 뒷골목에 이르기까지 다 볼 수 있다. 왜냐하면 궁중 예배당 꼭대기의 바람개비 수탉을 제외하고는 어떤 두 발 짐승도 이렇게 높이 자리잡고 있지 않기 때문이다. 혁대를 두르고 장화를 신은 우편 집배원이 기쁨과 설움을 가죽 가방에 넣어 메고 온다. 저기 네 필의 빠른 말을 맨 마차 가득 지방귀족과 그의 일가가 달려들어오는가 하면, 여기서는 목발을 짚은 폐인이 된 군인이 애처롭게 구걸하며 돌아다닌다. 온갖 종류의 숱한 마차들이 식량과 시골 젊은이 등 생명이 있는 것 없는 것, 갖가지 산물을 싣고 덜컹덜컹 들어와서는 제조된 산물들을 싣고 다시 덜그럭거리며 나간다. 이 거리들을 쓸고 지나가는 온갖 처지와 나이의 인간의 물결이 어디서 와서 어디로 가는지 너는 아는가? Aus der Ewigkeit, Zu der Ewigkeit, hin 영원에서 와서 영원으로 간다! 모두 유령이다, 아니면 무엇이랴? 눈에 보이는 영혼이 아닌가? 그들의 몸은 형상을 가지고 있으나, 곧 그것을 잃고 허공으로 사라지고 만다. 그들이 걷는 단단한 길은 감각의 영상에 지나지 않으며 사실은 '허무'의 복판을 걷고 있다. 그들의 앞과 뒤에 있는 것은 공허한 시간뿐이다. 저기 빨간 윗도리에 노란 바지를 입고, 뒤꿈치에 박차를 달고 모자 꼭대기에 깃을 꽂고 다니는 저 인형병사, 저것은 다만 오늘만 있고, 어제도 내일도 없는 것이라고 생각하지 않는가? 헹그스트와 호오사(³세기 영국에 침입하여 켄트왕국을 세운 주트족의 우두머리 형제)가 이 섬을 유린할 때 그의 선조는 살아 있지 않았던가? 벗이여, 그대는 여기서 역사라고 부르는, 모든 것을 섞어 짠 한 폭의 헝겊의 살아 있는 조각을 바라보고 있는 것이다. 잘 보라. 그렇지 않으면 그것은 곧 지나가 버리고 다시는 보이지 않을 것이다."

"Ach, mein Lieber! (아, 나의 벗이여!)" 어느 날 밤이 깊도록 심각한 이야기를 하며 커피점에서 돌아와서 그는 말하였다. "여기 사는 기분은 정말 숭고하다. 연기와 천 겹의 안개를 뚫고 유구한 밤의 나라 속으로 파고 드는 등불의 빛무리, 보테스(목동의 별자리)는 사냥개(별자리 이름)를 별빛 고삐로 이끌고 중천을 가로지를 때 그것들을 무어라 생각할 것인가? 왕래가 그치고, 잠들고, 다만 허영의 수레바퀴만이 여기저기 먼 거리를 달려 휘황하게 불을 밝힌 홀을 향해 사람들을 실어 가고, 오직 죄악과 불행의 아들만이 밤의 새떼같이 먹을 것을 찾거나 울며 떠도는 심야의 숨 죽인 숨소리, 병든 중생이 불편한 잠 속에서 코고는 소리같은 그 소음은 하늘까지 들린다! 안개와 썩은 것과 상상할 수 없는 가스들의 저 무서운 장막 밑에는 어떤 큰 오물통이 숨겨져 있어 넘쳐오르고 있는가! 거기에는 기쁨과 설움이 있고, 사람들이 죽어가기도 하고 태어나기도 한다. 기도를 올리고 있는 사람과 벽 하나를 사이에 둔 저편에는 저주하는 목소리가 있다. 그리고 그 모든 것을 에워싸고 있는 것은 막막하고 공허한 밤이다. 교만한 나으리는 향수를 뿌린 객실에서 아직도 무엇을 하거나 비단 장막 속에서 잠들어 있다. 불우한 인간들은 딱딱한 침대로 기어들어가거나 짚더미 속에서 주린 배를 움켜잡고 떨고 있다. 어두컴컴한 지하실에서는 '루주 에 느왈'(^{카드놀이}_{의 일종})이 여위고 주린 악당들에게 수상한 운명의 소리를 지른다. 한편 국가의 대신들은 모의를 꾸미고 앉았거나 사람을 말로 쓰는 고등 장기를 두고 있다. 남자는 사랑하는 여자에게 마차 준비가 다 되었다고 속삭인다. 여자는 울렁거리는 희망과 두려움을 안고 미끄러지듯 계단을 내려가, 애인과 함께 국경을 넘어 도망간다. 도둑놈은 그보다도 더욱 소리를 죽이고 열쇠를 부수려고 애쓰거나, 경비원이 그의 새장 같은 방에서 코를 고는 소리가 들려오기를 기다리고 숨어 있다. 화려한 저택의 식당과 무도실은 조명과 음악과 두근거리는 가슴으로 넘실거린다. 그러나 사형수의 감방에서는 생명의 맥박이 가늘게 달달 떨고, 충혈된 눈은 주위와 마음속에 있는 암흑을 두리번거리며 무시무시한 마지막 아침 햇빛을 살핀다. 날이 밝으면 사형당할 죄수가 여섯이다. 교수내에서 망치소리가 들려오지 않는가? ―아마도 그들의 교수대를 지금 세우고 있나 보다. 50만이 넘는 날개 없는 두 발 짐승들이 우리 주위에 수평 자세로 누워 있다. 수면모자를 쓴 그들의 머리는 어처구니없이 어리석은 꿈으로 가득 차 있다. 주정꾼은 고함을 지르며 퀴퀴한 수치의 굴 속에서 비틀거리며 뽐내고 있다. 어머니는 머리를 풀어 흐뜨리고 파리하게 죽어가는 아기 옆에 꿇어앉아 있다. 아기의 바싹 바른 입술은 이제 어머니의 눈물로 축여질 뿐이다. 이 모든 것이 한 곳에 쌓이고 모여 있다. 목수와 미장이들의 손길이 닿았던 벽이 그들 사이를 막고 있을 뿐 ―통 속에 넣은 소금에 절인 생선처럼 모두 빈틈 없이 누워 있다―또는 길을 들여 항아리 속에 넣은 뱀들처럼 저마다 다른 놈보다 더 높이 머리를 치켜들려고 꿈틀거리고 있다. 저 연기와 안개의 장막 속에는 이런 일이 벌어지고 있다. 그러나 나의 벗이여. 나는 이 모든 것 위에 높이 앉아 있다. 나는 홀로 별과 함께 있다."

나는 그의 얼굴을 한층 더 자세히 바라보았다. 이와 같은 이상한 밤 생각 (18세기 영국 시인 에드워드 영의 시(詩) 제목)을 말할 때 그의 마음을 더듬어보려는 것이었다. 그러나 우리가 가진 불빛은 창문에서 멀리 떨어진 곳에 있는 한 자루 촛불밖에 없었으므로, 보이는 것은 언제나 다름없는 고요함과 태연함뿐이었다.

　이것은 교수에게는 드문 수다스런 지껄임의 계절이었다. 보통 그는 외마디로 대답할 뿐 침묵 속에 앉아 담배 연기만 뿜고 있었다. 손님은 자기 마음대로 혼자 지껄이며 이따금씩 그가 하는 외마디 소리를 대답이라고 듣거나, 또는 잠시 주위를 이리저리 둘러보다가 물러가거나 자유였다. 그곳은 이상한 방이었다. 책과 너덜너덜한 문서들과, 상상할 수 있는 별별 잡동사니 누더기들이 "먼지투성이라는 공통점을 가지고" 있었다. 책들은 탁자 위에도 있고 탁자 아래에도 있었다. 이쪽에 원고가 펄럭거리고 있는가 하면 저쪽에는 찢어진 손수건과 아무렇게나 내던진 수면 모자가 널브러져 있었다. 잉크병·빵껍질·커피병·담뱃갑·신문 잡지·구두 따위가 너저분하게 뒤섞여 있었다. 교수의 침대를 정돈하고, 난롯불을 피우고, 빨래를 하고, 가정부·심부름꾼 모든 종류의 일꾼을 겸한 리이센(리제킨 또는 리자) 할머니는 매우 꼼꼼한 사람이었으나, 토이펠스드레크의 이 마지막 아성(牙城) 안에서는 아무런 권한도 갖지 못했다. 다만 한 달에 한 번쯤 빗자루와 먼지떨이를 들고 반강제적으로 방에 들어와 (그러면 토이펠스드레크는 서둘러 원고를 주워 모았다) 어느 정도 청소를 하고 문서가 아닌 쓰레기를 치웠다. 이것은 이른바 리이센 Erdbeben(지진)이라는 것으로, 토이펠스드레크가 장티프스보다도 무서워하는 것이었다. 그러나 그는 이런 정도까지는 타협하지 않을 수 없었다. 그는 쓰레기가 쌓이고 쌓여 자기를 문 밖으로 밀어낼 때까지 여기 앉아 영원히 철학에 잠겨 있고 싶었다. 그러나 리이센은 그의 오른손이고 숟가락이고 생활 필수품이었으므로 아무리 거절해도 듣지 않았다. 우리는 아직도 그 늙은 할머니가 생각난다. 하도 말이 없어서 벙어리라고 생각하는 사람들도 있었다. 귀머거리라고 생각하기도 했다. 그는 토이펠스드레크, 오직 토이펠스드레크만을 섬기고 그에게만 주의를 기울였기 때문이다. 그나마도 서로 마치 암호로 말하는 것이 아니면 이심전심인 듯 그가 원하는 것은 무엇이든지 다 알아서 공급해주었다. 바지런한 할머니! 부엌에서 빨래하고 정돈하고 청소를 해도 귀에 거슬리는 소리는 조금도 내지 않았다. 부엌은 언제나 모든 것이 알뜰하게 바로잡혀 있었고, 항상 알맞은 때에 뜨겁고 검은 커피를 들여왔다. 말 없는 리이젠 할머니는 챙이 달린 깨끗하고 하얀 모자 밑으로 주름진 깨끗한 얼굴에 친절하고 총명하며 자비로운 표정을 띠고 사람들을 바라보았다.

위에서 잠깐 비친 바와 같이 이 집에는 여간해서 남을 들여놓지 않았다. 거기서 우리가 본 사람이라고는 우리 자신을 빼면 고문관 호이슈레케뿐이었다. 그의 이름과 우리에게 준 기대는 이 책의 독자들에게 이미 알려진 사실이다. 당시 우리가 생각하는 호이슈레케 씨는 사람들 속에 섞여 있어도 알아볼 수 있는 꼭 다문 입과 황새 모가지를 가진, 깨끗이 솔질한 옷을 입은 점잖은 인물로, 날씨가 개든 흐리든 '우산을 안 가지고 외출하는 일이 없는' 사람이었다. 이 세상이 얼마나 '작은 지혜'의 지배를 받고 있는지를 몰랐다면, 그리고 다른 나라와 마찬가지로 독일에서도 공무에 종사하는 사람들 중 아흔아홉은 대개 그저 백 번째 사람의 옷자락을 잡고 말 없이 따라다니는 종들이거나 나무말(^{사냥꾼이 사냥감에 가까이 갈})이 아니면, 제가 좋아서 또는 싫어도 할 수 없이 된 바보들이라는 사실을 우리가 모르고 있었다면 호이슈레케 씨가 이곳 바이쓰니히트보에서조차 Rath 즉 고문관 내지 자문관이라고 불리는 것을 이상하게 생각하지 않았을지도 모른다. 어떤 자문을 남자 또는 여자에게 이 궁중고문관이 줄 수 있었으랴? 단정하지 못한 꾸부정한 체격, 끊임없이 이리저리 가늘게 떨리는 여원 얼굴, 더욱 심하게 혼란된 혼란(^{《실락원》 제2})이 기껏 비겁함과 체질적인 냉혹함을 나타내는 그 사람이 말이다. 그러나 그는 '사랑의 정신의 화신'이며 설움과 친절로 가득한 푸르고 진지한 눈, 항상 열려 있는 지갑의 소유자라고 칭찬하는 사람도 간혹 있다. 이 이야기는 전혀 사실무근한 것은 아니었다고 지금 우리는 여러 가지 이유로 바라고자 한다. 그러나 성격묘사에 있어 따를 사람이 없는 토이펠스드레크의 다음의 묘사가 아마 가장 정확할 것이다.

Er hat Gemüth und Geist, hat wenigstens gehabt, doch ohne Organ, ohne Schicksals-Gunst ; ist gegenwärtig aber hal b-zerrüttet, halberstarrt. (그는 감정과 재능을 가지고 있다. 적어도 이제까지 그것을 가지고 있었다. 그러나 그것을 표현할 형식도 운명의 은총도 가지고 있지 않다. 그러므로 지금은 반광란·반응결 상태에 있다)

궁중고문관이 이것을 보고 어떻게 생각할지 독자는 놀라겠으나 우리는 역사적 충실이라는 견고한 성 안에 있으므로 아무런 걱정도 하지 않는다.

우리에게 가장 중요한 점은 토이펠스드레크에 대한 그의 애착이며 이것은 또 호이슈레케 자신의 가장 결정적 특질이기도 하다. 그는 보즈웰(^{존슨의 전기}_{를 쓴 사람})이 존슨을 좋아한 것에 못지않을 정도로 교수를 추종하였다고 단언할 수 있다. 그리고 그가 받은 대가도 아마 같은 종류의 것이었다. 즉 토이펠스드레크는 자기를 숭배하는 이 여윈 사람을 별로 대수롭지 않게 대우하며 반이지적 또는 아주 비이지적인 인간으로 취급했고, 약간의 고마운 마음과 습관으로 그를 사랑하였을 뿐이다. 그러나 한편 나이도 재산도 더 많고, 실제적으로 세력도 더 크다고 스스로 자부하는 고문관이 이 작은 철학자를 마치 산 신탁처럼 생각하며, 지극히 정중한 친절과 아버지다운 보호심을 가지고 살펴주는 것은 이상스러울 정도였다. 토이펠스드레크가 입을 열기만 하면 호이슈레케는 한 마디도 놓치지 않으려고 온 몸의 힘을 눈과 귀에 집중하느라 언제나 꽉 다문 입술이 느슨히 벌어졌다. 그리고 교수의 장광설이 잠시 그칠 때마다 그 자루 같은 입으로 꿀룩꿀룩하고 웃거나(왜냐하면 그의 웃음 기관이 움직이려면 다소 시간이 걸렸고, 우물쭈물하였다) 아니면 쟁쟁 울리는 콧소리로 "잘 한다. 과연 그렇다"라고 외쳤다. 이것도 저것도 모두 진심으로 찬동하는 표시였다. 요컨대 토이펠스드레크가 달라이 라마라면—그의 고고한 생활과 신(神)다운 무관심을 제외하면 유사한 점이 없었지만—호이슈레케는 그의 고승(高僧)이었으며 토이펠스드레크가 얼버무려서 뱉는 소리조차 그에게는 다 약이고 신성한 것이었다.

토이펠스드레크는 옛날부터 이와 같은 사회적·가정적·육체적 환경 속에서 명상하며 살고 있었으니, 아마 지금도 그러한 생활을 하고 있을 것이다. 높은 반가세의 망대 위에 올라앉아 대개는 혼자 큰곰자리를 내다보며, 이 항복을 모르는 탐구자는 우매와 암흑에 대한 전면적 전쟁을 계속하였다. 그가 의복에 관한 이 놀라운 책을 쓴 것도 여기서였을 것이다.

이 외의 세세한 점, 즉 다만 추측이나 겨우 할 수 있는 모호한 그의 나이, 품이 넓은 외투, 바지의 색깔, 테가 널찍한 높은 모자 따위에 관해서도 보도하려면 할 수 있겠으나 그럴 생각은 없다. 오늘날에는 가장 현명한 자가 곧 가장 위대한 자이다. 그러므로 식견이 있는 호기심은 왕이니 뭐니 하는 것은 덮어 두고 철학적 종류에 더욱 주의를 돌린다. 그러나 약속한 자료가 도착하기까지는 우리가 아무리 기술하고 보도할지라도 토이펠스드레크를 제대로 알 수 있다고 생각하는 독자가 어디 있으랴? 그의 생활·운명·육체적 존재는 아직도 우리에게는 비밀이며 막연한 추측의 대상일 뿐이다. 그러나 달리 생각하면 그의 정신은 이 괄목할 책 속에 들어 있지 않은가! 페드로 가르시아 ^(프랑스의 소설가 Le Sage의 소설 《Gil Blas》에 나오는 인물)의 영혼이 땅 속에 매장된 돈자루 속에 들어 있듯이 말이다. 이제 우리는 기꺼이 디오게네스 토이펠스드레크의 영혼으로, 즉 〈의복의 기원과 그 영향〉에 관한 그의 의견으로 돌아간다.

4장 특징

의복에 관한 이 저술이 완전히 만족할 만한 것이라고 말하는 것은 한낱 헛된 아첨에 지나지 않는다. 모든 천재의 작품이 그러한 것처럼, 최고의 창조물이며 분명 천재적 작품이기는 하지만, 그 광휘 속에 흑점과 흐리고 모호한 그늘이 있는 태양처럼, 통찰력과 영감과 함께 우둔함·난시(亂視), 심지어 완전한 맹목성(盲目性)도 섞여 있다.

〈바이쓰니히트보 신문〉의 열광적 찬사와 예언에 반드시 동조하지는 않으나, 이 책이 무릇 서적의 최대 효과인 우리의 자율성을 촉성하였다는 것, 우리의 사고양식에 변혁을 일으켰다는 것, 아니 전 세계의 사상이 장차 어디까지든지 깊이 파들어갈 수 있는, 이를테면 새로운 광맥을 발굴한 셈이라는 것을 우리는 인정하였다. 그러나 특히 토이펠스드레크 교수의 학식, 탐구의 견인성(堅忍性), 철학적 시적 역량이 확실히 나타나 있지만, 불행히도 장황하고 이리저리 구부러져 있으며 온갖 불합리한 성질도 또한 나타났다는 것, 그리고 대체로 새로운 광맥을 팔 때 그럴 수 있는 것과 같이 가치를 평가할 수 없을 만큼 귀중한 광석 표본도 있으나, 동시에 많은 쓰레기도 섞여 있다는 것을 여기서 말해 두고자 한다. 그의 이 저작이 영국에서 큰 인기를 가지게 되리라고 약속할 수는 없다. 의복과 같은 것을 제목으로 선택한 것은 내버려 두더라도 취급하는 방법에서 저자의 조잡함과 학구적 고독함을 드러낸다. 이것은 비난할 일이 아니며 실로 독일인으로서는 불가피한 것이지만, 우리나라 대중의 인기를 얻기 위해서는 치명적이다.

토이펠스드레크는 상류사회에 관해서 많이 보지 못했든가, 아니면 본 것도 대개 잊어버린 것 같다. 그는 이상한 단순성을 가지고 말하며, 많은 것을 사전에 있는 이름대로 부른다. 그에게는 외관을 장식하는 사람은 성직자가 아니며(의식·형식만을 장중하게 갖추고 신(神)을 섬기는 본분을 잊은 자는 성직자가 아니라는 뜻, 여기 성직자의 원어(原語) Pontiff 또는 Pontifex의 자주 오해되는 어원(語源)에 관한 흥미로운 설명은 플루타르크 영웅전 제1권 누마 9절에 있음), 아무리 값진 것으로 장식하여도 응접실은 성전(聖殿)이 아니다. 그는 말한다. "브뤼셀 융단·거울·금은을 무진장으로 펼쳐 놓아도, 그런 응접실은 신(神) 이 지으신 많은 영혼이 잠시 모였다가 가는 무한한 공간의 일부에 지나지 않는다는 사실을 나로부터 감출 수 없다." 토이펠스드레크는 지극히 고귀한 공작부인은 존경할 만한 훌륭한 사람이라고 생각한다. 그러나 그것은 결코 진주 팔찌와 고급 레이스 때문이 아니다. 그의 눈에는 귀족의 훈장은 야인의 적삼에 달린 버밍엄 산의 납 단추와 조금도 다르지 않다. 그는 말한다. "어느 것이나 다 기구, 걸어매기 위한 물건이며, 다 같이 땅에서 파내어 대장장이가 모루 위에 놓고 망치로 때려서 만든 것이다."

이와 같이 교수는 이상한 공정성과 이상한 과학적 자유를 가지고 사람들의 얼굴을 들여다본다. 상류사회의 사정은 전혀 모르는 사람처럼, 별세계에서 떨어진 사람처럼. 바르게 생각한다면, 그의 사고체계를 일관하는 이 특이성이 이런 모든 부족한 점, 지나친 점, 그리고 여러 가지 형태의 괴팍스러운 점의 근원이다. 또한 당연한 이야기이지만, 그의 선험적 철학사상과 모든 물질과 물적인 것을 정신으로 보는 그의 마음이, 또 하나의 근원일 수 있다. 이로 인해서 그의 병폐는 더욱 절망적이고 더욱 개탄할 것이 되었다.

그러나 이 나라의 사상가들에게—이 부류에 속하는 사람들이 아직도 간혹 있다고 확신한다—우리는 안심하고 이 책을 추천한다. 아니, 사교계에 속한 사람들 사이에도—만일 토이펠스드레크가 말하는 것과 같이 "아무리 빳빳하게 풀을 먹인 동정 속에도 목구멍이 들어 있으며, 아무리 두껍게 수를 놓은 조끼 속에서도 심장이 뛰고 있다"는 것이 사실이라면, —그의 살신적(殺身的) 열성의 힘을 느끼고, 영혼의 화살에 간혹 찔릴 이가 있을지 누가 알겠는가? 봉두난발에 메뚜기와 석청(마태복음 3장 4절)을 먹고 살며 세례를 베푼 이처럼, 우리의 고집스런 예언자에게는 교화(教化)를 받지 않은 활력·무언(無言)·무의식적인 힘이 있다. 이것은 고상한 종류의 문학에나 있지 다른 데는 매우 드문 것이다. 그는 많고 깊은 통찰을, 흔히 말할 수 없는 정확성을 가지고 신비한 자연과 보다 더 신비한 인생에 던졌다. 이따금 그는 예리한 말로 혼란을 명쾌하게 분석하고, 깊이가 몇 파롱(8분의 1 마일)이 되더라도 사물의 중심까지

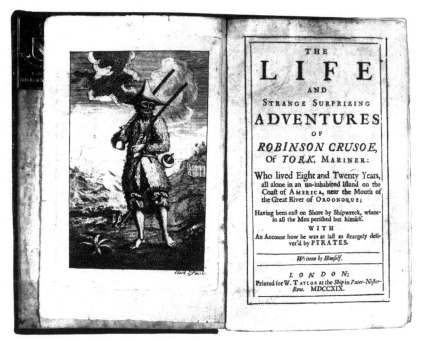

디포의 《로빈슨크루소》(1719)

파고 들어가서 거기다 못을 박을 뿐만 아니라, 압도적인 힘으로 강타하여 묻어버린다. ―한편 그는 이 세상에 살아 있는 자 가운데 가장 고르지 못한 글을 쓰는 사람임을 시인한다. 위에 말한 것과 같은 역량을 발휘한 다음에는 몇 페이지에 걸쳐 딴 짓을 하며, 시간을 낭비하고 공상에 잠겨 극도로 진부한 이야기를 두서없이 늘어놓는데, 마치 눈을 뜬 채 자고 있는 듯하다. 사실 그렇기도 하다.

그의 무한한 학식에 대해서, 즉 거의 모든 언어로 쓴 일체의 저술과 문헌 ―산코니아톤(트로이 전쟁 이전의 사람이라고 하는 고대 페니키아의 역사가)으로부터 린가드 박사(18세기 영국 역사가)에 이르기까지, 동방의 샤스터(힌두교의 성경)·탈무드(유대교의 성경)·코란(마호메트교의 성경)에다가 카시니(1677~1756년, 프랑스 사람. 1740년 《천문학 통계》를 내었음)의 《천문통계》, 라플라스의 《천체역학》부터 《로빈슨크루소》, 《벨파스 지방의 보감(寶鑑)》에 이르는 모든 것에 얼마나 정통해 있는가에 대해서는 아무 말도 하지 않으련다. 왜냐하면 우리로서는 유례가 없는 일이지만 독일인들 사이에서 이러한 광대한 지식은 물론 찬양할 일이기는 하지만 당연하고 불가결한 것이며, 신기하게 여겨지는 일 없이 널리 행해지는 것이다. 생애를 학문에 바친 사람이 어찌 박식하지 않겠는가?

문체에서도 우리의 저자는 그와 같은 천재적 소질을 보인다. 그러나 역시 그 조잡함·불균등성과 상류사회와의 접촉 결여가 눈에 띈다. 위에서 암시한 바와 같이 이따금 절대적인 박력과 진정한 영감이 있다. 그의 타오르는 사상은 그에 적합한 불꽃 같은 말로 터져 나온다. 마치 군장(軍裝)도 늠름하게 차린 미네르바들이 죠브의 머리로부터 불길과 광채에 싸여 나오는 것 같다 (그리스 신화에서 여신 미네르바 또는 아테나는 죠 브 신(神)의 머리로부터 무장한 채 탄생하였다 함). 풍부한 시어의 활용, 그림같이 생생한 비유, 불 같은 시적 강조, 이상하고 기발한 전환, 분방한 상상의 모든 아취와 위엄이 지극히 명석한 이지와 화합하여 아름다운 변화를 이루며 서로 바뀐다. 아주 잠자는, 잠이 오게 하는 구절들. 돌려서 말하고, 되풀이하고, 심지어 늙은이 잠꼬대 같은 소리를 늘어놓는 일만 그렇게 자주 섞여 있지만 않다면! 요컨대 토이펠스드레크 교수는 세련된 저술가는 아니다. 그의 글은 열 개 중 아홉 개가 제발로 곧게 서 있지 못한다. 나머지는 아주 기울어진 자세로 (괄호와 대시 등) 지팡이를 짚고 항상 어떤 누더기를 드리우고 서 있다. 심지어 허리가 완전히 부러지고 팔다리가 끊어져서 사방으로 애처롭게 늘어져 있는 글도 있다. 그러나 아무리 절망적인 경우라도 그에게는 항상 이상하게 마음을 끄는 힘이 있다. 이 사람의 모든 표현에는, 마치 조화시키는 요소 같은 일종의 분방한 화음이 있어, 때로는 천사들의 노래나 악마의 날카로운 조롱처럼 솟구쳐 오르고, 때로는 (갑작스러운 느낌이 없진 않지만) 선율적 진정이 깃든 보통 높이의 가락으로 내려와, 그 성격을 똑바로 규정짓기 어려운 단조로운 저음을 들려주기도 한다. 그것이 천재의 최고 특질 가운데 하나인 진정한 유머의 화음 또는 불협화음인지, 아니면 최저급보다도 더욱 저급한 광기와 무감각의 반사음인지 아직까지도 우리는 알아내지 못하고 있다.

개인적으로 교제한 일이 있었음에도 우리는 교수의 도덕적 감정에 관해서도 똑같은 곤란에 당면한다. 그는 거룩한 사랑의 광채와 무한한 자비심의 부드러운 울음을 터뜨리는 일이 있다. 그는 우주 전체를 가슴에 굳게 품고, 따뜻하게 데워 줄 수도 있다. 그의 거친 외모 속에 정녕 천사가 살고 있는 것 같다. 그러면서도 그는 매우 속이 깊고 조용하고 초연한 침울함을 가지고 있으며, 사람들이 저마다 추구하는 것에 대해 지극히 무관심하며 경멸하는 듯한 냉담성을 보여준다. 그리고 언제나 완전히 둔감하고 무신경한 것처럼 보일 정도로 보일 듯 말 듯한 쓰디쓴 냉소를 입가에 띠고 있다. 그래서 그를 보면 마치 되살아날 메피스토펠레스를 만난 듯이 소름이 끼친다. 그는 이 위대한 지구와 천체를, 요컨대 왕들과 거지들, 천사들과 악마들, 별들과 쓰레기들이 어지럽게 선회하는, 아이들이나 흥미를 느끼는 거대하고 어처구니없는 회전목마쯤으로 보는 것 같다. 그의 얼굴은 이미 말한 바와 같이 세상에 둘도 없을 만큼 엄숙하다. 그러나 우리 나라 대법원에서 흔히 볼 수 있는 무쇠 같은 표정이 아니고 오히려 어떤 깊은 산 속 호수, 그 조용한 검은 물 밑을 들여다보기도 무서운 사화산의 분화구처럼 엄숙하다. 그의 눈 속에 번득이는 광채는 마치 하늘의 별이 반사하는 것 같기도 하고, 지옥의 불바다가 내다보는 것 같기도 하다!

토이펠스드레크의 성격은 실로 지극히 복잡·고고하여 전혀 알 수가 없다. 그러나 언젠가 한 번 그가 웃는 걸 본 생각이 유쾌히 떠오른다. 아마 그것은 그의 일생에서 처음이자 마지막 웃음이었을 것이다. 그러나 어찌나 크게 웃는지 저 '잠든 일곱 사람'(중세의 전설, 에페수스의 그리스도 교도 일곱 사람이 박해를 피해 어떤 동굴 속에 들어가 360년 동안 잠들었다 함)도 깨우기에 충분하리라 싶었다. 장 파울(리히터. 1763~1825, 독일의 해학시인)이 웃긴 웃음이었다. 하늘로 치솟는 광채를 가진 저 큰 익살의 바다 속의 크나큰 파동(波動). 아, 이제는 죽음의 얼음 속에 응결되고 말았다! 정신 면에서 다 같이 거구인 이 시인과 토이펠스드레크가 함께 이런저런 이야기를 하고 있을 때, 편집자도 특별히 곁에서 들을 수 있었다. 파울은 진지한 태도로 흉내낼 수 없을 정도로 거침없이 말하고 있었다. 때마침 '주물(鑄物)의 왕' 따위를 만드는 것이 어떻겠느냐는 제안이 있던 때였다. 우리 교수의 눈과 얼굴에 밝게 피어나는 지극히 아름다운 광채가 차츰 떠올랐다. 그의 우울하던 얼굴에 찬란하고 젊은 아폴로 신이 나타났다. 그리고 그는 태터솔(런던의 유명한 말 시장)의 말들이 일제히 고함을 지르는 듯한 큰 소리를 터뜨리며 웃었다—두 뺨엔 눈물이 철철 흐르고, 파이프를 높이 들고 한 다리로 허공을 저으며—높이, 언제까지고, 억제할 수 없다는 듯이. 얼굴과 횡격막만의 웃음이 아니라 머리끝부터 발끝까지 온몸으로 웃는 웃음이었다. 나도 웃기는 웃었으나 한도를 벗어난 것은 아니었고, 이건 정상이 아니구나 하고 걱정이 되기 시작했다. 그러나 토이펠스드레크는 다시 진정하더니 평소의 침묵으로 돌아갔다. 그 무표정한 얼굴에 무엇이 남아 있었다면 그것은 지극히 가벼운 수치심이었다. 리히터도 다시는 그를 웃기지 못했다. 사람의 심리를 조금이라도 아는 독자는 이 사실로부터 얼마나 많은 추리를 할 수 있을까? 뱃속으로부터 온 몸으로 웃어본 적이 있는 사람은 전적으로 악인일 수는 없다는 것을 알 것이다. 웃음 속에는 얼마나 많은 것들이 들어 있는가! 웃음은 인간 전체의 수수께끼를 풀 수 있는 암호해독의 열쇠이다. 어떤 사람은 항상 헛된 애교의 웃음을 띠고 다니고, 어떤 사람은 미소 속에 얼음같이 싸늘한 빛을 지니고 있다. 정말 웃음이라고 부를 수 있는 웃음을 가진 사람은 매우 드물다. 대개는 목구멍 위로만 킥킥거리거나 히죽거린다. 기껏해야 마치 솜으로 틀어막고 웃는 듯이 가라앉은 쉰 목소리로 끅끅댈 뿐이다. 이런 사람으로부터는 아무런 좋은 것도 기대할 수 없다. 웃을 줄 모르는 인간은 음모·술책·약탈이나 하기에 알맞을 (《베니스의 상인》 5막 1장) 뿐 아니라, 생활 전체가 이미 하나의 음모이며 술책이다.

저자로서의 토이펠스드레크 씨에게는 하나의 용인하기 어려운 결점이 있다. 그것은 문장이 전혀 정돈되지 않았다는 것이다. 이 괄목할 책에서도, 단순한 시간의 경과에 충실히 따라서 서술한다는 방법은 서술적인 부분에서는 일종의 외면적 질서를 만들고는 있다. 그러나 진정한 논리적 방법이나 체계 같은 것이 너무도 적다. 여러 부분으로 크게 또는 작게 구분되어 있는 것을 도외시하면, 이 책은 자연히 역사적·서술적 부분과 철학적·사색적 부분으로 크게 나누어진다. 그러나 불행히도 확고한 분계선이 없다. 그 미궁적 결합체는 각 부분이 서로 중복되고 침범하고 얽혀 있다. 많은 부분들이 적절하지 않은 제목을 달고 있을 뿐만 아니라, 이상야릇하여 무엇이라고 이름지을 수 없는 장(章)도 적지 않다. 그러므로 이 책은 접근하기 어려울 뿐만 아니라 하나의 광적인 파티 같기도 하다. 모든 요리를 막 뒤섞어, 생선과 고기, 국과 굳은 음식, 굴소스·상추·라인 포도주와 프랑스 겨자를 모두 하나의 커다란 그릇에 담고 시장한 민중은 누구나 와서 마음대로 먹으라고 부른다. 이처럼 우리를 곤란에 빠뜨리는 부분이 너무나 많다. 이 혼돈으로부터 가능한 모든 질서를 꺼내는 데 우리 노력의 절반을 바치고자 한다.

5장 의상에 싸인 세계
우리 교수는 말한다. "몽테스키외가 《법의 정신》이란 책을 저술했듯이 나는 《의상의 정신》이란 책을 저술할 수 있을 것이다. 그리하여 엄밀히 말하면 *Esprit des Lois*(법의 정신)과 *Esprit des Coutumes*(풍속의 정신)이라고 할 수 있을 *Esprit des Costumes*(의상의 정신)을 가질 수 있을 것이다. 왜냐하면 의상에 있어서도 법에 있어서도 인간의 손은 우연에 따라 움직이는 것이 아니라, 정신의 신비한 움직임의 지도를 받고 있기 때문이다. 인간의 온갖 유행 및 의상에 관한 노력의 그늘에는 역시 일종의 건축적 개념이 잠재해 있다. 그의 몸과 옷은 사람이라는 아름답게 꾸민 건물을 세울 대지와 재료인 것이다. 주름을 잡은 외투에 가벼운 샌들을 받쳐 신고 흐르는 듯이 우아한 모습으로 거니느냐, 높은 모자에 번쩍거리는 장식, 절렁거리는 띠를 두르고 우뚝 솟느냐, 빳빳한 주름 동정과 아교풀을 한 스타핑, 엄청난 매듭 등을 사용하여 부풀리느냐, 또는 여러 부분으로 갈라서 끄나풀과 띠로 몸을 졸라매고 팔다리를 한 덩어리로 묶어 놓은 모양으로 세상을 대하느냐, 하는 것은 그리스 식·후기 고딕 식, 또는 아주 근대적으로 파리 식 혹은 영국 멋쟁이를 불문하고 그런 건축적 개념에 따라 결정된다. 그리고 빛깔에는 얼마큼의 의미가 있는가! 지극히 수수한 황갈색부터 타오르는 듯한 짙은 빨강색에 이르기까지, 사람마다 다른 정신적 특성은 빛깔의 선택으로 나타난다. 마름질이 이지와 재능을 나타낸다면 빛깔은 기질과 마음을 나타낸다. 이러한 것에는 민족의 경우도 개인의 경우와 마찬가지로 무한히 복잡하지만 연속적이고 의심할 여지 없는 원인·결과가 작용한다. 마름질하는 가위의 모든 동작은 부단히 작용하는 힘에 의하여 조정되고 규정된다. 더욱 월등한 지성의 주인이라면 의심의 여지 없이 이러한 힘을 보고 이해할 수 있을 것이다.

"그러한 월등한 지성인에게는 원인·결과적 의상 철학은 인과적 법철학과 마찬가지로 아마 겨울밤을 심심치 않게 지내기에 알맞은 오락일 것이다. 그러나 인간과 같은 열등한 지성에 대해서 이런 철학은 전혀 아무런 교훈도 되지 않는다고 나는 늘 생각하였다. 아니 저 몽테스키외도 하나의 상형문자로 된 예언서 원본—그러한 원본은 '영원' 속에, 신(神)의 품안에 있다—에서 문자를 베껴 쓰는 한낱 영리한 아이에 불과하지 않은가? 내가 왜 이런 옷을 입고 이런저런 법에 복종하느냐가 아니라, 내가 왜 여기 있으며 무엇을 입고 무엇에 복종하느냐 하는 것을 설명할 수 있는 인과철학자가 있느냐! —그러므로 저 《의상의 정신》 전체는 아니더라도 그것의 대부분을 나는 억설적(臆

說的)이고 비효과적이고 부적합하다고 보고 생략하고자 한다. 그러므로 적나라한 사실들과 이러한 전지적(全知的) 문체와는 전혀 다른 문체로 사실로부터 획득한 추리는 변변치 못한 내게 알맞은 분야이다."

이와 같은 신중한 제한에 따르면서도, 토이펠스드레크는 광대한 분야를 포괄하였다. 적어도 그 한계는 우리의 지평선 저 너머에 존재하는 일이 많다. 선택이 절대로 필요하므로 우리는 여기서 그의 저서 제1부만을 잠시 대강 살펴보려고 한다. 제1부는 의심할 것도 없이 해박한 학식과 지극한 인내와 공정성에서 이채롭지만, 동시에 결과와 묘사에서는 이 책의 잡다한 독자보다는 오히려 어떤 일반적이고 흥미 본위의 실용적 또는 비실용적 지식의 전서(全書) 편찬자의 관심을 끌 가능성이 더 많다. 호이슈레케가 '현대 영국 문학의 영광인' 저 출판의 주식체(株式體)에 우리를 추천하였을 때 생각하고 있던 것이 그 책의 이 부분이었을까? 만일 그렇다면 전서 편찬자들은 마음대로 그것을 채굴하여 써주기를 바란다.

제1장은 파라다이스와 무화과 나뭇잎을 중심으로 대홍수 이전의 형(型)에 속하는 신화적·비유적·신비적인 재봉기술에 대하여 끝없는 논술로 우리를 이끌고 있으니, 우리는 그저 무관심을 시인함으로써 만족해야겠다. 탈무드 (Talmud, 유대교의 율법, Mishnah 와 그것에 대한 해설인 Gemara) 학자의 주장에 의하면 '이브보다 먼저 아담이 취한 아내이며, 아담과의 결혼 생활 중에 하늘과 물과 땅의 모든 악마 족속을 낳았다고 하는―생각건대 전혀 불필요한 것이다―릴리스'(Lilis, 또는 Lilith, 이 전설은 바빌로 니아에서 시작되었으리라고 한다)에 대해서는 우리가 관여할 것이 더욱 적다. 이 저술의 이 부분에는 아담 카드몬(Adam-Kadmon), 즉 시원적(始原的) 요소에 관한 심원한 관찰이 고대 북구의 니플과 무스펠(북구신화에 의하면 니플헬은 죽음의 여신 Helo가 지배하는 암흑과 추위 의 나라, 무스펠하임은 불의 거인 Surtr가 지배하는 광명과 더위의 나라)을 이상하게 결부시켜 놓았다. 이 부분에 대하여서는 사고의 정확성과 탈무드나 유태교에 관한 지식의 깊이가 영국에서 가장 훌륭한 히브리 학자들도 놀라게 하기에 충분할 것이라고 말해두는 것으로 그친다.

그러나 이 여명기의 모호한 영역을 뒤로 하고 토이펠스드레크는 바벨탑에서 서둘러 나와 온 지구상에 흩어져 주거를 갖고 옷을 입고 사는 인간을 쫓아 달린다. 동양민족·펠라스족(유사이전(有史以前) 그리스에 산 종족)·스칸디나비아족·이집트민족·오타히티아족(타이티 섬 의 원주민) 등 고대와 근대의 상상할 수 있는 온갖 연구의 빛을 빌려 전진하며, 마치 뉴른베르그 사람이 '오르비스 픽투스'(Orbis Pictus, '그림으로 보여준 세 계'라는 뜻, 1657년 코메니우스가

^{뉴른베르그 시에}
^{서 낸 인간생활도})를 세상에 냈듯이 모든 나라 모든 시대 모든 인류의 의복의 개관,
즉 오르비스 베스티투스(^{Orbis Vestitus, '의상'}_{의 세계'라는 뜻})를 우리에게 보여주고자 한다. 여기에서
우리는 모든 호고가(好古家)와 역사가들을 향하여 의기양양하게 외칠 수 있
다. "읽으시라, 여기 학식이 있다." 정리되지 못한 보고일지는 모르지만
이것은 12대의 마차가 하루 세 번씩 왕복하여 12일 걸린다 해도 도저히 운
반할 수 없었던 뉴른베르그 왕의 보물처럼 무진장하다. 양피외투, 왐펌
(^{북미인디언이 존중하는}
_{조개껍데기 장식을 단 띠}), 필락크테리(^{성서의 구절을 쓴 종이}
_{를 넣고 휴대한 가죽 지갑}), 가사(Stole), 흰색 승려복, 클
라미데스(^{그리스 인의}
_{짧은 겉옷}), 토가(^{로마 인의}
_{긴 겉옷}), 중국의 명주 옷, 아프가니스탄의 숄, 트랑
크 호스(^{16·7세기의}
_{짧은 바지}), 가죽 바지 세르틱 필리베그(^{갈리아 인이 사용}
_{한 고대의 의복})—바지이기는 하지
만 갈리아 브라카타(Gallia Braccata)라는 이름으로 알 수 있듯이 더 오랜 옛
날 것이다—경기병 외투, 반다이크 식 목도리, 주름 동정, 파딩게일
(^{옛날 여자용}
_{치마의 일종}) 따위가 모두 생생하게 우리 앞에 전시된다. 심지어 킬마노크 나이
트캡(^{스코틀랜드 인이 사용하는}
_{털실로 뜬 야간용 모자})까지도 잊지 않고 있다. 우리는 이 학식이 각양각색의
잡동사니이긴 하지만 대체적으로 응축되고 정화된 학식이며, 불필요한 것은
추려버리고 남아 있지 않다는 것을 인정하지 않으면 안 된다.

철학적인 사색과 때로는 인간 생활의 감동적인 그림도 삽입되어 있다. 그
런 것들 가운데 다음과 같은 것이 우리를 놀라게 하였다. 교수가 생각하는
바에 의하면, 의복의 처음 목적은 보온도 예의도 아닌 장식이었다. 그는 말
한다. "원시 야만인의 상태는 실로 비참하였다. 사납게 번득거리는 눈 위로
내리덮인 덥수룩한 머리털은 턱수염과 함께 허리까지 드리워져 엉겨서 도롱
이 같았고, 몸의 나머지 부분은 두꺼운 천연 모피로 덮여 있었다. 이런 형상
으로 그는 숲속의 양지를 어슬렁어슬렁 돌아다니며 야생의 열매를 따먹고
살았다. 또는 고대의 칼레도니아 인(^{칼레도니아는 스코틀}
_{랜드 지방의 옛 이름})처럼 젖은 늪지대에 웅크리
고 앉아서 짐승이나 인간이 가까이 오면 잡아먹으려고 기다리고 있었다. 아
무런 도구도 무기도 없이 가진 것은 다만 묵직한 부싯돌뿐이었다. 유일한 재
산이자 방어수단인 이것을 잃지 않으려고 기다란 칡덩굴 새끼로 묶어, 능숙
한 기술로 던져 사냥감을 잡고는 돌을 다시 끌어당겼다. 그러나 굶주림의 고
통과 복수심이 충족된 다음의 소망은 안락이 아니라 치장이었다. 보온을 위
해서는 사냥감을 쫓아 달리거나 마른 잎사귀, 빈 나무 속이나 나무껍질을 모
아 지은 오두막, 또는 천연 동굴 속으로 기어들면 되었다.

그러나 치장을 위해서는 의복이 있어야 했다. 야만인들이 옷을 입기 이전에 이미 몸에다 색칠을 하거나 문신을 한 것을 우리는 본다. 야만인의 맨 처음 정신적 욕구는 치장이다. 이것은 문명국의 야만적 계급에서 오늘날에도 볼 수 있다.

"독자여, 하늘의 영감을 받아 아름다운 선율을 노래하는 사람도, 고귀하신 왕공도, 금빛 머리에 눈 같고 장미꽃 같은 아리따운 처녀, 선녀처럼 공중을 날아다녀야 마땅하며, 여신인양 그대가 사랑하고 숭배하는 처녀, 상징적으로 말하면 정말 여신인 그대의 애인도, 그대와 마찬가지로 온몸이 머리와 털에 싸여 부싯돌을 던지던 저 원시적 식인종의 후손이다! 먹는 자에게서 먹을 것이 나오고, 강한 자에게서 단 것이 나왔느니라$^{(사기 14\\,장 14절)}$. 어떠한 큰 변화가 시간에 의해서가 아니라도 시간 안에서 이루어진다! 즉 인류뿐만이 아니라, 인류가 행하고 또 보는 모든 것이 그 안에서 부단히 생성·재생·완성되는 작용을 지속하고 있다. 그대의 행동과 그대의 말을 항상 생동하고 작용하는 우주 속으로 내던져라. 그것은 결코 죽지 않는 씨앗이다. 설령 오늘은 눈에 띄지도 않는 미미한 것일지라도 (그렇게 말하는 사람이 간혹 있다) 천년이 지난 뒤에는 반얀나무 숲처럼(또는 헴록의 숲처럼!) 무성하게 자랄 것이다. $^{(반얀은\\ 인도에서\\ 신성시되는\\ 나무,\\ 햄}$
$^{록은\\ 유독식물,\\ 선악을\\ 대조한\\ 것)}$

"활자를 처음 발명하여 책을 베끼는 필생(筆生)들의 수고를 던 사람은 용병을 해산하고 왕공과 의회의원들을 해임하여 하나의 온전한 민주적인 신세계를 창조하였다. 그는 실로 인쇄술을 발명하였다. 수도승 슈발츠의 절구통이 천장을 뚫고 올라가게 한 처음 한 줌의 초석(硝石 : $^{질산}_{칼륨}$)·유황·목탄 가루는($^{화약의\\ 발명을}_{말함.\\ 1330년경}$) 마지막에는 어떤 결과를 가져올 것인가? 결국에는 폭력을 사상 앞에, 동물적 용기를 정신적 용기 앞에 여지없이 굴복시킬 것이다. 고대 목축업자가—걸음이 느린 황소를 끌고 곡식이나 기름과 맞바꾸려고 온 세상을 돌아다니다가 지쳐서—한 조각의 가죽에 황소 즉 페쿠스($^{Pecus,\\ 라틴말}_{로\\ 소라는\\ 뜻}$) 형상을 그리거나 낙인을 찍어 이것을 주머니에 넣고 페쿠니아 즉 화폐라고 부른 것은 간단한 발명이었다. 그러나 그것으로 인해서 물물교환이 매매가 되고, 가죽 화폐는 금화 또는 지폐가 되어 모든 기적보다 더 큰 기적이 생기게 되었다. 왜냐하면 로스차일드 같은 많은 부호들이 생기고 막대한 영국 국채도 생겼으며, 6펜스의 돈을 가진 사람은 누구나—6펜스의 한도 내에서 모든 사람의 상전이며, 요리사에게 먹을 것을 청하고, 철학자에게 가르치기를 명하고, 왕에게 자기를 보호해 달라고 명령할 수 있기 때문이다. 몸치장을 하겠다는 지극히 어리석은 욕망에서 시작된 의복도 오늘날에 와서는 어떻게 되었는가? 의복을 입으니 곧 더 안전하고 따스하게 되었지만 그 정도는 아무것도 아니었다. 식인종의 가슴에는 있지도 않았던 신성한 수치심이 의복 아래에서 생겨났다. 의복이야말로 인간 속에 있는 신성함을 위한, 숲에 싸인 신비한 신전이다. 의복은 우리에게 개성·신분·사회제도를 주었다. 의복은 우리를 사람으로 만들었으며 이제는 우리를 옷걸이로 만들려고 위협하고 있다.

교수는 유창한 말로 계속한다. "그러나 인간은 요컨대 기구를 사용하는 동물(Handthierendes Thier)이다. 본디 허약하고 몸집이 작으며, 작은 기반 위에 서 있다. 아무리 넓적발인 사람도 기껏해야 반평방 피트 정도에 지나지 않는 좁은 기반 위에 불안정하게 서 있다. 바람에 쓰러지지 않으려면 다리를 벌려야 한다. 두 발 가진 짐승은 가장 허약한 존재이다! 3퀸탈(1quintal은 120 파운드 가량)의 짐을 지우면 납작하게 찌그러지고 만다. 목장의 송아지한테 떠받히면 헌 넝마조각처럼 하늘로 떠오른다. 그러나 그는 도구를 사용할 수 있고, 도구를 만들어낼 수 있다. 그것으로 화강암의 바위산도 가벼운 먼지가 되어 눈 앞에서 사라지게 한다. 백열(白熱)된 무쇠를 연한 반죽처럼 다루며, 해양은 평탄한 큰길로 삼고, 바람과 불은 피곤함을 모르는 말처럼 부린다. 그는 어떠한 장소에서건 도구를 가지고 있다. 도구가 없으면 인간은 아무것도 아니고, 도구가 있으면 인간은 전부이다."

여기서 우리는 토이펠스드레크의 웅변의 흐름을 잠시 중단시키고, 도구를 사용하는 동물이라는 이 정의는 어떠어떠한 동물이라는 모든 정의 가운데서 가장 정확하고 우수한 것이라고 지적함이 어떨까? 인간은 웃는 동물이라고도 한다. 그러나 원숭이 또한 웃지 않는가. 적어도 웃는 시늉을 하지 않는가? 그리고 가장 사람다운 사람이 가장 크게 가장 자주 웃을까? 토이펠스드레크는 이미 말한 것과 같이 한 번밖에 웃지 않았다. 인간은 요리하는 동물이라는 저 프랑스 사람들의 정의는 더욱 어처구니없다. 이것은 엄밀한 과학적 목적을 위해서는 거의 무가치한 것이나 다름없다. 달단족(韃靼)은 비프스테이크를 만들 때 그저 고기 위를 밟을 뿐이라고 한다. 그것을 요리한다고 말할 수 있을까? 그리고 그린란드 인은 고래기름을 저장해 두는 것 외에 어떤 요리법을 사용하는가? 모르모트도 같은 처지에 놓이면 그만큼 할 수 있지 않겠는가? 위드(당대의 유명한 프랑스 요리사)가 오리노코 강가의 인디언 사이에서 영업한다면 얼마나 성공할 것인가? 이 인디언들은 홈볼트(1769~1858년, 독일의 유명한 자연과학자)에 의하면 나뭇가지 위에 까마귀 둥우리를 짓고 살며, 1년 중 반은 나라 전체가 침수되어 있기 때문에 진흙만 먹고 산다고 한다. 그런데 한편 어떤 시대, 어떤 기후적 조건하에서든지 도구를 가지지 않은 인간이 있다면 보여 달라. 칼레도니아 인들마저 위에서 본 것과 같이 새끼줄을 달아맨 부싯돌을 가졌다. 그것은 어떤 다른 동물도 가지고 있지 않고 가질 수 없는 것이다.

토이펠스드레크는 그의 방식대로 불쑥 다음과 같이 결론을 내린다. "인간은 도구를 사용하는 동물이다. 그리고 의복은 이 말이 진실임을 보여주는 하나의 예에 지나지 않는다. 인간이 처음 만든 원시적 나무 송곳과 리버풀의 증기철도 또는 영국 하원 사이의 거리를 생각해보면, 우리는 인간이 얼마나 발전하였는가를 알 수 있다. 그는 대지의 품 속에서 검은 돌을 파내어 그것에게 '나와 내 짐을 시속 35마일로 실어가라'라고 명령하자 그 돌은 시킨 대로 한다. 그가 제비뽑기나 다름 없는 방법으로 658명의 온갖 잡다한 사람들을 모아놓고 '국민으로 하여금 우리를 위해서 노동하고, 우리를 위해서 피흘리고, 우리를 위해서 굶주리고, 또 설움을 당하고 죄를 짓게 하라'고 명령하면, 그들은 시킨 대로 한다."

6장 앞치마

이 책 전체에서 가장 변변치 못한 부분은 앞치마에 관한 것이다. 페르시아의 대장장이였던 노장부(老丈夫) 가오(Gao, 페르시아의 전설적 인물. 아들 16명이 있어 그 중 15명을 왕명으로 구렁이에게 제물로 바친 뒤, 마지막 남은 아들마저 바치라고 하자 탄원을 올려 사면을 받았으나, 분개하여 입었던 가죽 앞치마를 창 끝에 꽂고 달려나가)는 자신의 앞치마를 반란의 기치로서 들었던 것이 다행히 성공했기 때문에 지금은 보석으로 덮여 그 나라 왕기(王旗)가 되었다. 그리고 자기 남편이 거짓말을 하여 주교가 되느니보다는 차라리 남편의 머리를 이 앞치마로 받겠노라고 국왕을 위협하였던 존 녹스의 딸(녹스의 3녀 엘리자베스는 남편 존 웰치가 반란죄로 처형되게 되자 제임스 2세에게 구명을 탄원했다. 이 때 본인이 대승정의 권위를 인정하면 사면한다고 하자 이와 같이 대답하여 신앙을 지켰다), 백작부인 엘리자베스(1207~1231년. 헝가리의 성자. 남편의 금령을 어기고 앞치마에 빵을 담아가지고 어려운 사람들에게 나눠주려고 나가다가, 남편을 만나자 치마 속의 것이 장미라고 대답하였다. 남편이 펴보니 장미꽃으로 변해 있었다고 함), 그 밖의 앞치마로 명성을 얻은 많은 사람들을 대서특필한들 그것이 무엇이란

밀레의 《이삭줍기》(1857) 그림에서 이삭줍는 여인들의 앞치마는 이삭을 담는 주머니 용도로 쓰이고 있다.

말인가. 실없이 길게 끈다는 기분, 때로는 진부한 풍자에 가까운 경박성마저 너무도 명백히 눈에 띈다. 예를 들어 아래와 같은 글을 우리는 어떻게 보아야 할 것인가?

"앞치마는 청결·안전·겸양 때로는 방종함에 대한 피해를 막는 방어물이다. 어떤 고귀한 부인이 뉘른베르그의 재봉 상자나 장난감 상자를 앞에 두고 앉아 있을 때, 우아하게 두른 톱니 가장자리가 달린 얇은 명주 천—이를테면 앞치마의 상징이면서 또한 성자의 대열에 끼인 영혼(옛날에는 신분이 높은 부인도 앞치마를 걸쳤으나 요즘은 걸치지 않으므로 영혼에 비유함)—부터 건축공이 일할 때에 끈으로 허리에 둘러매고 저녁이면 거기에 흙손을 꽂는 두꺼운 가죽 앞치마, 또는 반나체의 대장장이들이 쇠방망이를 휘두르거나 아궁이 옆에서 쇠를 녹일 때 걸치는 절경거리는 철판 앞치마에 이르기까지, 이 옷의 종류와 용도의 범위는 대단하지 않은가? 앞치마에 감춰지고 보호되는 것이 얼마나 많은가? 아니 제대로 생각해보면 헤아릴 수 없는 천만금의 경비를 요하는 군대·경찰제도 전체도 거대한 짙은 빨간색(옛날 영국군대는 붉은 저고리를 입었음) 철로 만든 앞치마가 아니고 무엇인가? 사회는 이것을 두르고 이 세상이라는 악마의 대장간에서, 흙과 불꽃을 막으며 불편한 대로 일을 하고 있는 것이다. 그러나 모든 앞치마 가운데 나로서 가장 납득이 가지 않는 것은 교회의 앞치마, 즉 카소크(법의)이다. 이 앞치마는 무엇에 쓰는 것인가? 내가 보는 바로는 영혼의 감독자라는 사교(司敎 : 에피스코포스)는 마치 하루 일이 다 끝난 듯 옷의 한쪽 끝을 접어넣고 있다. 그는 그것으로 무엇을 나타내고자 하는가?"

또 아래에 인용한 것과 같은 쓸모없는 것을 독자들은 읽은 일이 있는가?

"파리의 요리사들이 착용하는 인쇄된 종이앞치마는 비록 대수로운 것은 아니지만 인쇄업에 새로운 활로를 열어 주었다. 따라서 현대문예에 대한 하나의 장려가 되니, 장한 일이라고 하겠다. 듣건대 런던의 어떤 유명 회사에서 이 유행을 수입하여 크게 보급시키려고 한다니 적잖이 만족스럽다." 이곳에 살고 있는 우리 자신은 전혀 모르는 사실이고, 또 우리 문예를 위해 새로운 길이 트인다는 것은 고마운 일이다. 토이펠스드레크는 계속한다. "이러한 인쇄물의 공급이 계속 증가하여 국도·공도(公道)를 메운다면 반드시 새로운 무슨 방법이 나올 것이다. 산업에 의하여 존재하는 세계에 사는 우리는 불을 창조적 요소가 아니라 파괴적 요소로 사용하는 것에 불만을 느낀다. 그러나 신(神)은 전능하니 우리를 위해 어떤 활로를 열어주실 것이다. 여하튼 500만 퀸탈의 넝마가 해마다 쓰레기 더미에서 주워올려져 물에 담겨 부드러워지고, 열로 압축되고 인쇄되고 판매되어, 다시 제 고장으로 돌아오는 동안 많은 사람들의 굶주린 배를 채워주는 것은 보기도 아름다운 일이 아닌가? 특히 넝마와 헌 옷이 많이 섞인 쓰레기 더미는 위대한 전지(電池)이자 동력원이며, 일체의 사회적 활동은 (양전기와 음전기처럼) 이것을 기점 또는 종점으로 크고 작은 회선을 그리며, 사회 활동에 의해 생명을 부여받는 거대하고도 파란만장한 인생의 혼돈 속을 순환하고 있는 것이다." 이러한 대목은 토이펠스드레크를 사랑하며 또 어느 정도 존경도 하는 우리로 하여금 대단히 착잡한 심정을 가지게 한다.

더 읽어 내려가면 우리는 아래와 같은 귀결점에 도달한다. "지금은 언론인이 진정한 왕이며 성직자이다. 앞으로의 역사가들은 바보가 아닌 한 부르봉왕가·튜터왕가·합스부르크왕가 등에 관해 기록해서는 안 된다. 대신 유능한 편집인은 유능한 편집인협회 등이 세상 사람들의 이목을 모을수록 스탬

프드 브로드시이트$\binom{\text{Stamped Broad-}}{\text{Sheet, 인쇄된 신문}}$ 왕조를 논하고, 전혀 새로운 역대 왕의 이름들을 기록해야 한다. 어쩌면 세상에서 무엇보다도 가장 중요하고 그 비밀조직과 운영에서 매우 놀라운 영국 신문계에 관해서는 《폭로된 악마의 비경》이라는 제목으로 영어로 쓰여진, 귀중한 서술적 역사서가 이미 나와 있다 $\binom{\text{조지 싱클레어라는 사람이 1685}}{\text{년에 비슷한 표제의 책을 냈음}}$. 그러나 나는 바이쓰니히트보의 모든 도서관을 다 조사해 보았으나 아직도 그것을 입수하지 못하였다."

이리하여 우리의 위대한 호머도 때로는 꾸벅꾸벅 졸 뿐만 아니라 코를 골기도 한다$\binom{\text{훌륭한 문장가도 때로}}{\text{는 졸작을 낸다는 뜻}}$. 이리하여 토이펠스드레크는 아무 관계없는 영역을 방황하며 옛날 사신(邪神)을 섬기는 자를 적발하는 것을 일삼은 감독 교도와 가상의 영국 신문사 저자를 혼동하여, 아마도 근대문학 사상 최대의 엉뚱한 실책을 범하고 있다.

7장 잡기적(雜記的) 역사 이야기

유럽의 중세부터 17세기 말에 이르는, 즉 의상에서 참으로 어이없는 발달을 이룩한 시대까지 내려오면, 토이펠스드레크 교수는 본래의 특색을 발휘하여 더 순수하게 과학적·역사적으로 다루고 있다. 호고가(好古家)들과 풍속연구가들이 가장 풍부한 수확을 만나게 되는 것은 여기이다. 테니어스$\binom{\text{Teniers, 17세기 네덜란드의 화}}{\text{가. 주연(酒宴)을 즐겨 그렸다}}$나 카로$\binom{\text{17세기 초의}}{\text{프랑스 화가}}$의 모든 상상도 무색하게 하는 기상천외한 옷들이 마치 꿈속에서 괴물이 괴물을 삼켜먹듯 연달아 나타났다. 전체가 간결하고 전통적인 필법(筆法)으로 묘사되어 있으며, 옛날 의상도 다시 살아나게 하는 천재적 필치를 보이는 때도 적지 않다. 실로 이 여러 장(章)은 매우 박식·정확하고 도식적이어서 여러 가지 의미로 흥미진진하므로, 이것을 훌륭한 번역문으로 영역하여 메리크 씨의 귀중한 저서 《고대 갑옷 연구》의 1부로 편입하는 것이 어떻겠느냐 하는 문제로 관계자들을 충분히 고심하게 할 수 있으리라 생각한다. 하나의 예로서, 파울리우스의 저술 《시간을 단축시키는 도락》에서 자신있게 언급하고 있는 다음 구절을 보라.

"15세기 독일 상류사회의 의상을 본다면 우리는 미소를 금치 못할 것이다. 마찬가지로 그 시대의 독일인들이 되살아나 우리의 옷차림을 본다면 성호를 긋고 성모마리아의 가호를 바랄 것이다. 그러나 다행히도 타계로 떠나간 이는 독일인이건 누구이건 되살아나지 않는다. 그리하여 현재는 과거로부터 공연한 구속을 받지 않으며 다만 과거에서 생성될 뿐이다. 마치 나무 뿌리가 조용히 땅속에 묻혀 있어서 나뭇가지와 엉키는 일이 없는 것처럼. 그뿐 아니라 가장 위대한 사람, 가장 사랑하던 사람이라도 머지않아 이 세상에서 설 자리를 빼앗기고 마는 것을 보는 것은 실로 비통한 일이지만, 무익한 일은 아니다. 나폴레옹과 바이런도 약 7년이 지나면 잊혀지고, 그들이 석권했던 유럽에서 이제는 한낱 생소한 사람이 되었다. 이것이 진보의 법칙이 보여주는 확실한 모습이다. 다른 모든 외면적 사물과 마찬가지로 의복에서도 어떤 유행이 계속되지 않는다.

당시 군인계급의 물소가죽 혁대, 복잡한 사슬과 고제트(목을 보호하기 위한 갑옷), 거대한 군화, 그리고 기마병·전투용 복장 등은 근대 시대소설 속에 잘 그려져 있어, 전체가 어느 정도 간판 같은 성격을 띠게 되었으므로 그것에 대해서는 여기서 언급하지 않겠다. 별로 세상 사람들의 주목을 끌지 못하는, 평화로운 일반시민 계급의 복장이 오히려 진기한 것이 되고 있다.

부유한 사람들은 토이진케(Teusinke, 이것은 아마 번역불가능할 것이다)를 착용했다. 이것도 은으로 된 허리띠로서 작은 방울이 달려 있었다. 따라서 걸을 때는 항상 딸랑딸랑 소리를 냈다. 보다 더 음악적인 소수의 사람들은 그 띠에 일련의 화음을 내는 방울들(Glock-enspiel)을 달았으므로 갑자기 몸을 돌리거나 걸어가다가 무슨 일이 일어나면 즐거운 음악 효과를 냈다. 그리고 그 시대의 사람들이 얼마나 뾰족탑과 고딕식의 아치형 교착(交錯)을 좋아했는지를 보라. 남자들은 뾰족모자를 쓴다. 이것은 길이가 1엘(약 1야드 가량)이나 되며 한쪽으로 드리워져 있다. 그들의 구두도 앞이 뾰족하고 길이는 1엘이나 되며 한 쪽에 고리가 있어 쇠장식이 달린 끈으로 죄어 맨다. 나막신까지도 코가 1엘이나 되며 어떤 사람은 그 끝에 방울을 단다. 뿐만 아니라 내가 조사한 바에 의하면 남자들은 엉덩이 부분이 없는 바지를 입는다. 이 바지를 뾰족한 탑 모양으로 속옷에 달아매어 입고, 길고 둥근 저고리를 그 위에 드리운다.

또한 부잣집 아가씨들은 가슴과 등을 부채 모양으로 파낸 가운을 입고 나돌아다닌다. 따라서 등과 가슴은 거의 다 드러난다. 이와 반대로 귀부인들은 4 내지 5엘이나 되는 자락이 끌리는 가운을 입고 남자 아이에게 그 끝을 들고 따라다니게 한다. 비단으로 된 유람선을 타고 큐피드에게 키를 잡게 하여 떠도는 화려한 클레오파트라들이여! (안토니와 클레오파트라 2막 2장 뱃놀이장면을 연상한 것) 그들의 주위에 출렁거리는 넓은 단과, 이러한 단이 달린 가운의 목에서 신발까지 가득 달린 은단추 또는 은빛 조개껍데기 단추들을 생각하라. 아가씨들은 머리에 은댕기를 감고, 금장식과 달랑거리는 구슬장식이 달린 찬란한 머리 장신구를 드리웠다. 그러나 그 어머니들의 머리 장식에 대해서는 누가 말할 수 있으랴? 그리고 아름다움을 즐기면서도 보온을 잊지는 않았다. 겨울철이면 (그만한 여유가 있는) 모든 부인들은 긴 망토로 몸을 싼다. 치맛자락은 넓게 퍼져 있어 손바닥만큼 넓은 단이 하나가 아니라 둘이나 달려 있고, 위에는 빳빳하게 풀을 먹인 넓이 12인치 가량의 주름동정이 달렸다. 이것이 바로 주름동정 망토(Kragenmäntel)라는 옷이다.

이 시대에는 아직 굴렁쇠치마라는 것이 여성들 사이에 나타나지 않았다. 그러나 남자들은 파스티안 직물 저고리를 입고 그 밑에는 진한 풀을 먹여 몇 겹으로 주름을 넣어서 크게 부풀렸다. 이처럼 남녀 양쪽 모두 서로 다투어 장식술을 자랑했고, 항상 그랬던 것처럼 여기서도 강한 편이 승리하였다."

교수도 유머를 가지고 있었는지는 의문이지만 '우스운 것'에 대한 어떤 감각과 관찰력을 보여 주고 있다. 이렇게 고요한 사람에게도 어떤 감정이 있다면, 이 감정은 해학에 대한 진정한 사랑이라고 부를 수 있을 것이다. '의상의 역사'에 수없이 나타나는 방울달린 띠, 자루바지, 뿔모양 구두, 그 밖의 이와 비슷한 모양은 어느 것도 그의 눈을 피할 수 없다. 특히 이러한 옷가지를 착용한 사람들이 범하기 쉬운 실수, 두드러진 사건 등을 충실히 기록하고 있다. 월터 로리 경은 엘리자베스 여왕의 발 밑 진탕에 편 값진 외투도 대수롭지 않게 생각하는 것으로 보인다. 그는 다만 그때 그 처녀 여왕이 "코에는 연지를, 얼굴에는 흰 분을 발랐을까? 주름살 때문에 거울을 보기가 싫어서 시녀들을 시켜 화장을 시켰다던데?" 하고 물을 뿐이다. 우리는 아래와 같이 대답할 수 있다. 월터 경은 자기가 하는 일을 잘 알고 있었으므로 처녀 여왕이 푸른색으로 염색한 인형이었던들 그렇게 하였을 것이다.

그러므로 슬래시(속옷의 모양과 빛깔을 자랑/하기 위해 겉옷을 터놓은 것)와 가룬(자락에 치장으로 실/을 꼬아서 단 술)이 있을 뿐만 아니라 속에 밀겨를 넣어서 몸의 가로폭을 인공적으로 부풀린 그 굉장한 옷을 논할 때, 우리 교수는 저 운이 나쁜 궁정 관리들에 대해 언급하기를 잊지 않았다. 이 궁정 관리들이 못이 나와 있는 의자에 앉아 있다가 왕이 오는 것을 보고 예를 드리려고 갑자기 일어나는 순간, 궁정 관리들의 엉덩이에서 다량의 밀겨가 우르르 쏟아져 나왔다. 슬래시와 가룬은 맥없이 축 늘어졌고 그 자신은 꼬챙이처럼 가늘게 되어 쩔쩔매며 서 있었다. 이에 대하여 교수는 아래와 같이 논술하고 있다.

"우리는 얼마나 이상한 우연에 의하여 역사 속에 사는가? 에로스트라투스 (Erostratus, 고대 그리스 에페수스의 사람. 이름을 천고(千古)에 남기려고 아르테미스 신전에 불을 질렀음)는 횃불을 가지고, 밀로 (Milo, 그리스의 호결. 올림피아 경기장을 황소를 들고 일주한 다음, 그것을 한 주먹으로 때려 죽이고 하루에 다 먹어 버렸다고 함)는 황소로, 껑다리 애송이 헨리 단리 (Henry Darnley. 1541~1567년, 스코틀랜드의 메리 여왕의 두 번째 남편이 됨. 지능이 부족하였으나,유명한 미남자였다)는 그의 다리로, 대부분의 왕과 여왕들은 그러한 신분으로 태어났다는 사실로, 엘베시우스 (Helvetius. 1715~1772년. 프랑스의 철학자)에 의하면 브왈로 데프레오 (Boileau Despreaux. 1636~1711년. 프랑스의 유명한 평론가·시인. 어렸을 때 국부(局部)를 칠면조에게 쪼여 불구가 됐다 함. 연애를 경멸하는 시를 쓴 것은 이 때문이었다고 함)는 칠면조에게 쪼임으로, 그리고 이 운수가 나쁜 궁정 관리들은 바지가 찢어짐으로써 역사 속에 살아 있게 되었다. 왜냐하면 카이제르오토의 궁정 회고록을 쓴 필자들은 아무도 이 관리들을 빠뜨리지 않았기 때문이다. 망각의 재능을 희구한 테미스토클레스의 기도는 헛된 것이었다. 벗들이여, 기꺼이 운명에 복종하고 이미 기록되어 있는 것은 읽으라." 여행하는 영국인조차 보여주는 저 침묵의 재능은 망각이라는 불가능한 재능과 가장 밀접한 관계에 있다는 것을 토이펠스드레크에게 일러주어야 할 것인가?

교수는 말한다. "역사상 언급되어 있는 가장 간단한 의복은 최근의 콜롬비아 전쟁시에 볼리바르 (1783~1830년. 스페인에 반항하여 콜롬비아국을 창건한 장군·정치가)의 기병대가 사용한 연대복(聯隊服)이다. 이것은 대각선의 길이가 12피트인 정방형의 담요였다. (어떤 사람들은 귀를 잘라서 둥글게 만들어 썼다) 한 가운데에 뚫린 18인치의 길죽한 구멍으로 벌거숭이 병사들이 머리와 목을 집어넣어 이것으로 모든 기후로부터 몸을 보호하고, 말을 타고 싸울 때는 타격을 막는다(왼팔에 그것을 감으니까). 그것은 단순한 의복이 아니라 무장이고 성장(盛裝)이다."

진기하고 감동적인 이 자연적 상태의 묘사로써, 그리고 불필요한 것에 대한 고대 로마 인다운 경멸로써, 이 주제에 관한 부분을 끝맺기로 한다.

8장 의상 없는 세계

이 책의 서술적·역사적 부분에서 토이펠스드레크가 의복의 생성(기원과 그 이후의 개량)만을 다루어 많은 독자들을 놀라게 하였다면 의복의 작용 (Wirken), 즉 영향을 논하는 사색적·철학적 부분에서는 더욱 놀라게 할 것

이다. 편집자는 토이펠스드레크가 지닌 일의 중요
성을 여기에서 비로소 느낀다. 왜냐하면 실로 여
기에서 더 고상하고 새로운 의상철학이 시작되기
때문이다. 바로 하나의 미개척, 거의 상상도 미치
지 않는 영역, 또는 혼돈이 시작되는 것이다. 여
기로 진입하면서 어떤 것이 (탐구와 정복의) 바른
길인가, 어디를 밟으면 견고하여 빠지지 않고, 어
디를 밟으면 빈 굴이거나 또는 단순한 주름에 지
나지 않아 빠지고 마느냐를 알아내기가 얼마나 곤
란하며, 또 얼마나 말할 수 없이 중요한가! 토이
펠스드레크는 의복의 도덕적·정치적 영향, 심지어
는 종교적 영향마저 설명하려고 한다. 그리고 인
간의 이 지상에서의 관심사는 "모두 호크와 단추
로 채워지고 의복에 의해 유지된다"라는 이 커다
란 명제를 무수히 많은 것과 관련지어 천명하고자
시도한다. 그리고 그는 "사회는 의복에 기초를 두
고 있다"는 말로 논술하고, 또 아래와 같이 말한
다. "사회는 의상을 타고 무한계라는 큰 바다를
건넌다. 마치 파우스트의 망토$\binom{파우스트}{제1부}$나 사도에게
비몽사몽간에 나타난 깨끗한 짐승과, 깨끗하지 않

아메리카 독립전쟁 당시 보병 복
장.

은 짐승이 가득한 보자기$\binom{사도행전 10}{장\ 10\sim16절}$를 탄 것 같다.
그리고 이 보자기나 망토가 없다면 사회는 끝없는 심연으로 떨어지거나 허
무한 림보 $\binom{\text{limbo. 지옥과 천국 사이에 있으며, 그리스도교를 알기 전의}}{\text{사람, 또는 어린이·이교도·백치 등의 영혼이 산다는 곳}}$로 올라가 어차피 살아 있을 수
없게 된다."

　사색의 어떤 사슬에 의하여, 또는 어떤 무한히 복잡한 섬유 조직에 의하여
이 위대한 진리가 여기 해명되어 있으며 그것으로부터 얼마나 무한한 실제
적 법칙이 유도되었느냐를 설명하려고 하는 것은 아마 실성한 사람의 짓일
것이다. 우리 토이펠스드레크 교수의 방법은 모든 진리가 한 줄로 서서, 서
로 앞의 것의 자락에 매달리는 보통 형식논리에 의한 방법이 아니다. 그것은
기껏해서 호방한 직관에 의하여 모든 체계적인 집단이나 영역을 뛰어넘어

전진하는 실천이성에 의한 방법이다. 그러므로 그의 철학, 즉 자연을 주제로 한 그의 정신적 묘사에는 일종의 고상한 복잡성, 거의 자연의 복잡성 같은 것이 지배하고 있다고 말할 수 있다. 즉 커다란 미궁이기는 하나 신념의 속삭임에 의하면 그래도 계획이 없는 미궁은 아니다(영국 시인 포프의 《인간론》 1장 6행). 그런데 위에서 말한 바와 같이 일종의 고상하지 않은 복잡성, 즉 혼돈에 지나지 않는다고 할 만한 것도 있다. 저자의 전기에 관한 자료가 있으면, 하고 우리는 가끔 부르짖지 않을 수 없다. 왜냐하면 그의 철학에 대한 해명은 그의 개성 속에 많이 있는 듯하고, 그를 가르쳐준 것은 논쟁이 아니라 경험인 듯 보이기 때문이다. 그의 이론의 어느 정도의 윤곽과 면목을 전하기를 우리가 희망하는 것은, 현재로서는 그가 저술한 원본에서 어쩌다 찾아내어 주의 깊게 조회해서 얻은 부분적 지식과 함축성 있는 단편에 의해서만이다. 총명한 독자는 모든 주의를 집중시켜 주기 바란다. 그리고 심사숙고한 뒤에, 우리의 현실적 수평선의 아득한 끝에 땅 같은 것이, 거기까지 갈 돛을 가진 사람에게는 하나의 새로운 행복의 섬(예로부터 대서양 먼 끝에 있다고 상상된 이상향), 또는 미발견의 아메리카가 자태를 나타내지 않는가 말하라. 전체에 대한 서론으로 다음의 긴 인용문을 싣는다.

토이펠스드레크는 논술한다. "사색적 성격의 사람에게는 경이와 공포를 느끼며 나는 누구인가, 나라고 부르는 것의 본질은 어떠한 것인가, 하는 저 해답을 내놓기 어려운 질문을 스스로에게 던지는 시간, 명상적이고 감미롭고 또한 엄숙한 계절이 찾아오게 마련이다. 세상과 세상의 소란스러움과 복잡함은 멀리 사라지고, 종이 벽·돌 벽, 상업과 정치의 두꺼운 포장, 그리고 삶을 둘러싸고 있는 (사회와 육체의) 모든 생명이 있는 또는 없는 모든 껍질을 뚫고—여러분의 시선은 텅 비고 아득하게 깊은 밑바닥까지 도달한다. 그리하여 여러분은 우주와 단 둘이 있어, 침묵 속에서 서로 소통한다. 하나의 신비한 존재가 다른 하나의 신비한 존재에 대하여.

나란 누구인가? 나는 무엇인가? 하나의 소리, 하나의 움직임, 하나의 현상—형체가 있어 눈으로 볼 수 있는 하나의 관념이 영원한 영혼 안에 있는 것인가? Cogito, ergo sum(나는 생각한다, 그러므로 나는 존재한다). 아, 가련한 사유자여. 이것만으로는 아무런 해결도 할 수 없다. 그래 과연 나는 여기 있다. 그러나 잠시 전까지도 존재하지 않았다. 어디서? 어떻게? 어디로 가는 것이냐?" 대답은 모든 종류의 색채와 운동으로써 씌어 있으며, 기쁨과 울음의 모든 종류의 소리로 들려온다. 천 가지 형상, 천 가지 음성을 가진 조화된 자연 속 어디에나 있다. 그러나 신(神)이 기록한 계시록의 의미를 분명히 보고 들을 수 있는 밝은 눈과 귀는 어디 있는가? 우리는 하나의 무한한 요지경인지 꿈의 동굴인지 하는 것 속에 앉아 있다. 무한하다고 하는 것은 가장 아득한 별, 가장 먼 시대도 그것의 언저리에도 조금도 더 가깝지 않기 때문이다. 소리와 여러 색채의 그림자들은 우리의 감각의 주위에서 날고 있다.

그러나 꿈도, 꿈을 꾸는 인간도 함께 지어낸, 잠자는 일이 없는 그는 우리에게 보이지 않는다. 어쩌다가 반쯤 잠이 깨었을 순간을 제외하고는 그가 있다는 것을 생각조차 않는다. 사람은 말한다. 천지만물은 우리 앞에 찬란한 무지개처럼 있다고. 그러나 그것을 만들어낸 태양은 우리 뒤에 숨어 있다. 그러므로 우리는 이 이상한 꿈 속에서 그림자를 실체로 알고 붙잡으려고 갖은 애를 쓰며, 우리가 가장 말짱하게 깨어 있다고 생각할 때에 가장 깊이 잠들어 있다. 인간의 철학체계 가운데 어떤 것이 꿈의 체계가 아닌 것일까? 분모도 분자도 다 미지수일 때 자신만만하게 내세운 답이 아닌 것이 어떤 것일까? 국민전쟁, 모스크바로부터의 후퇴, 피비린내 나는 원한의 혁명, 모두가 잠을 자지 못하는 수면자들의 몽유병이 아니고 무엇일까? 이 꿈, 이 몽유병이 지상에서 우리가 삶이라고 일컫는 것이다. 대부분의 사람들은 이 몽유병 속에서 자기가 이상하다는 생각을 전혀 못하고 헤매고 있다. 마치 오른편과 왼편을 구별할 수 있듯이. 그러나 아무것도 모른다는 것을 아는 사람만이 현명한 사람이다.

슬프게도 일체의 형이상학은 지금껏 말할 수 없을 만큼 비생산적이었다. 인간 존재의 비밀은 아직도 스핑크스의 비밀처럼, 인간이 풀지 못한 수수께끼이다. 그 비밀을 모르기 때문에 인간은 죽음을, 죽음 가운데도 가장 비참한 영혼의 죽음을 겪는다. 공리·범주·체계·격언 따위가 다 무엇이냐? 한낱 말에 지나지 않는다. 높은 공중누각들은 말로써 교묘하게 지어진다. 그 말들은 논리라는 몰타르로 야무지게 쌓아올려져 있다. 그러나 그 속에는 지식이 와서 깃들지 않는다. '전체는 부분보다 크다.' 진실로 마땅하다! '자연은 진공을 싫어한다.' 진실로 거짓되고 중상적이다! '어떤 것도 그것이 있는 곳 이외에서는 작용하지 못한다.' 또한 당연하다. 그런데 있는 곳이란 어디냐?

말의 노예가 되지 말라. 먼 곳에 있는 사람, 죽은 사람들도 내가 그들을 사랑하고 그리워하고 그들을 위해 슬퍼할 때는, 진정한 의미에서 '여기' 존재하고 있지 않는가? 내가 딛고 서 있는 땅이 여기 있는 것과 마찬가지로. 그런데 '어디'와 그것의 형제인 '언제'는 처음부터 우리들 꿈 나라의 주요 색소이다. 또는 우리의 모든 꿈과 인생의 환상들을 그린 캔버스(그것을 짜는 씨실과 날실)이다. 그런데도 더 심원한 명상에 잠긴 사람들은 모든 풍토와 시대를 가리지 않고 우리들의 모든 사상으로부터 그처럼 신비스럽게 불가분의 관계를 갖게 된 '어디'와 '언제'는 다만 피상적이고 속세적인 사상의 부착물에 지나지 않는다는 것, 또한 그것들은 천상(天上)의 '편재(遍在)'와 영원 속으로부터 떠오르는 것임을 예언자는 구별할 수 있다는 것을 깨닫지 않았던가. 모든 나라 사람들은 그들의 신(神)이 편재하고 영원하다고, 즉 보편적인 '여기'와 영원한 '지금' 속에 존재하고 있다고 인식하여 오지 않았던가? 잘 생각하라. 그대도 또한 알게 될 것이다. 공간은 다만 우리 인간감각의 양식의 하나에 지나지 않고, 시간도 그런 것이다. 공간도 없고 시간도 없다. '우리'는—정체불명의 것—신의 에테르 속에 떠다니는 불꽃이라는 것을 또한 알 것이다.

그러므로 이 지극히 견실하게 보이는 세계도 결국은 허공에 뜬 환영에 지나지 않고, '우리'만이 유일한 실재일 것이다. 이렇게 천만 가지 생성과 파괴를 거듭하는 대자연도 우리 자신에게 내재하는 힘의 반영, '우리의 꿈의 환영' 또는 파우스트 속의 '지신(地神)'이 말한 바 즉 '신의 살아 있는, 눈에 보이는 옷'일 따름이다.

    삶의 물결 속에, 동작의 폭풍 속에
    나는 걷고 일한다, 위로, 아래로
    끝 없는 운동으로 일하며 짜나간다!
    출생과 사망
    무한한 바다
    삶의 불꽃을
    빼앗고 주며
    시간의 소란한 베틀에 앉아 나는 짠다

신의 옷을, 인간이 신을 볼 수 있도록.

《파우스트》제1부, 501~9)

지신(地神. Erdegeist)의 이 우렁찬 말을 읽고 외운 2,000만 명 중에서 그 뜻을 알아차린 사람이 20명이나 있었을까?

내가 처음 의상 문제에 맞닥뜨리게 된 것은, 이러한 고원한 사색에 지쳐 이러한 심경에 있을 때였다. 의상을 만들어내는 자와 의상을 입는 자가 있다는 사실은 너무 이상했다. 타고 다니는 말은 온몸에 털가죽이 있다. 그러므로 내가 걸쳐 준 배띠(腹帶)·너울 따위 부속물을 벗겨 버려도, 이 고귀한 짐승은 자기 자신이 재봉사·직조공·방직공이며, 자기 자신이 구둣방·보석상·장신구상까지 겸하고 있어, 영원한 방수 예복을 몸에 붙이고 자유로이 계곡을 뛰어다닌다. 따뜻하고 몸에 꼭 맞는 점에서 그 옷은 완전무결하며 맵시까지도 고려하고 있다. 갈기와 색채의 화려한 변화를 교묘히 붙여서 항상 적절한 장소에 배치한다. 그런데 나는 이게 무슨 꼴인가! 죽은 양의 털, 식물의 껍질, 벌레의 창자, 소와 물개의 가죽, 짐승의 털가죽으로 몸에 지붕을 이듯이 덮고 돌아다니고 있다. 자연의 납골당에서 긁어 모은 누더기 나부랭이들을 무겁게 걸치고 움직이는 헝겊막대처럼. 자연 속에서 썩어 버릴 물건들을 내가 걸치고 있는 까닭은 좀더 더디 썩으라는 것인가! 날이면 날마다 나는 새로이 누더기를 걸쳐야 한다. 날이면 날마다 이 초라한 누더기는 조금씩 얇아져 간다. 찢어지고 닳아서 벗겨지므로 솔로 털어서 쓰레기통에 내다버려야 한다. 그렇게 조금씩 솔로 털어 모두 그리로 보내고 나면, 먼지를 내는 특허품 누더기 마찰기인 나는 마찰할 새 원료를 구입해야 한다. 아, 짐승보다 못한 것! 천하고, 아주 천하다! 왜냐하면 빛깔이 희고 검은 차이는 있을지라도, 몸에 꼭 맞고 모든 것을 싸고 있는 피부가 내게도 있지 않은가? 그러면 나는 재봉사·제화공이 누더기를 기워 붙인 덩어리더냐? 또는 손발이 꽉 붙어 하나로 융합된 조그만 형상, 자동적인, 아니 생명을 가진 형상이던가?

이상한 것은 인간이라는 동물이 너무도 분명한 사실에 눈을 감고, 다만 망각과 우둔이라는 타성에 의해서, 경이와 공포의 한 가운데에서 무심히 살고 있는 일이다. 인간은 정말 바보이고 멍청하며, 언제나 그런 물건이었다. 생각하고 머리를 쓰기보다는, 느끼고 소화하기에 재주가 있다. 그는 편견을 미

위하는 척하지만 사실 편견이야말로 인간의 절대적인 입법자이며, 관습이나 습성이 끄는 대로 어디나 끌려다닌다. 그러므로 해가 솟는 일이나 천지가 창조되는 일이 다시 일어나도 그에게는 그것이 경탄스러운 일, 괄목할 일, 또는 볼 만한 일조차도 아니다. 이 예사로운 두 발 가진 짐승에게는, 어느 나라 어느 시대에 속하건, 황금옷을 뒤집어 쓴 왕이든 누런 덧저고리를 걸친 농사꾼이든, 자기의 옷과 자신의 자아가 나누어질 수 없는 것이 아니며, 옷을 사거나 훔치거나 또는 앞 일을 생각하고 옷을 지어서 입을 때까지는 자기는 나체였다든가 옷을 가지고 있지 않았다는 사실은 아마 일생에 한 번도 떠오르지 않을 것이다.

의복이라는 외피가 우리 내심까지 싸고 들어오며, 우리의 내부를 의복에 맞추어 꾸며놓고 우리를 타락시키는 것을 생각하면 나는 나 자신과 인류에 대한 어떤 공포로 충만해진다. 그것은 마치 장마철이면 저고리와 (줄무늬진 마대천으로 만든) 치마를 입고 고우다(노트르담 부근의 지.)의 목장에서 유유히 풀을 먹고 있는 네덜란드의 암소들을 볼 때의 느낌과 비슷하다. 그런데도 인간이 처음 외부에서 덧붙여진 부착물인 의복을 벗어버리고, 자기는 사실상 나체이며 스위프트가 말했듯이 '꾸부러진 다리로 어정대는 두 발 짐승'이지만 또한 하나의 영혼이며 비밀 중에서도 말할 수 없는 깊은 비밀이라는 것을 아는 그 순간에는 위대한 그 무엇이 있다.

9장 나체주의

앞 장의 결론에서 나온 의견에 대해서 예의를 존중하는 독자라 해도 분개하지 않기 바란다. 편집자 자신도 그 기이한 구절을 처음 보았을 때는 이렇게 소리지르고 싶었을 것이다. 아니 이것은 과격한 혁명주의 정도가 아니라, 추상적 차원에서 의복에 대한 적(敵)이 아닐까? 지금은 19세기이며 미신과 광신을 파괴하는 시대라고 뽐내는 오늘날 튀어나온 새로운 나체주의자(Adamite)인가? 라고.

생각하라, 어리석은 토이펠스드레크여. 모든 시대 모든 사람들이 의복으로부터 얼마나 큰 혜택을 받고 있는가를. 흔한 예로 그대 자신이 물컹물컹, 흐물흐물, 침을 흘리는 이 지구상의 신입생·신참자로서 유모의 품에 안긴 채 울면서 젖을 게우고(셰익스피어, 'As You like it' 2막 7장 144행), 산호 같은 꼭지를 빨며 세상을 명한

292 의상철학

보티첼리의 《비너스의 탄생》(1486) 서풍의 신 제프로스(왼쪽)가 비너스를 해안 쪽으로 인도하고, 계절의 여신 호라이(오른쪽)가 옷을 바치고 있다.

눈초리로 내다볼 때에 그대의 포대기, 턱받이, 기저귀, 그 밖의 이름도 없는 싸개들이 없었다면 그대는 무엇이었겠는가? 그대 자신도 세상도 겁을 집어먹기에 충분한 존재였으리라! 또는 그대가 처음으로 반바지를 받은 날, 그대가 어릴 적 입은 긴 옷이 짧아진 날을 잊었는가? 그대가 살고 있는 마을 전체에 이 사실이 알려지고, 이웃 사람들이 잇달아 와서 그대의 둥글넓적한 뺨에 키스를 하고 그대 생애의 맨 첫 번째 축일에 선물로 은화랑 동전이랑 주었던 것이다. 그리고 그대는 일생의 한 시절에 벅(Buck)·블러드(Blood)·마카로니 $\binom{Macaroni. 18세기}{영국의 하이칼라}$·앵크로와야블 $\binom{Incroyable. 18세기 말 프랑스의}{집정정부 시대의 멋쟁이}$·댄디 $\binom{여기 열거된 명칭들은 18세}{기 경부터의 멋쟁이의 별명}$ 등등 시대와 장소를 따라 이름이야 다르겠지만, 멋쟁이가 아니었던가? 그 어느 한 마디 말에도 많은 신비가 깃들어 있다. 이제 어리석은 시절은 지나고 또는 변하여, 인간의 '타락'의 결과로 옷을 입고 우쭐대기 위해서가 아니라 몸을 보호하기 위한 것으로 되어버린 오늘날, 그대는 항상 옷을 입지 않았던가? 그대의 그 이상한 자아를 안락하게 감싸주고, 기후의 온갖 변화로부터도 몸을 지켜주는 따뜻한 이동가옥, 즉 그대와 몸을 둘러싼 몸으로서 기쁘게 입지 않았던가? 두 번 기계에 걸어 만든 두꺼운 나사에 몸을 싸고, 솔

과 챙이 넓은 모자와 덧바지와 장화 속에 반쯤 묻혀, 손가락들마저 사슴 가
죽과 벙어리장갑으로 가리고, 그대는 저 '내가 타는 말'에 걸터앉아 사나운
겨울에도 세상을 달리며 마치 그대가 세계의 주인인 듯 기세를 올리었던 것
이다. 진눈깨비가 관자놀이에 뿌려져도 아랑곳하지 않았다. 진눈깨비는 펠
트 모포로 만든 그대의 겉옷 위에 가볍게 떨어질 뿐 뚫고 들어올 수는 없었
다. 바람이 울고, 숲이 울고, 심연(深淵)이 서로 부르며(시편 42)
장 7절)—폭풍이 서
로 겹쳐 북극해의 엄청난 소용돌이를 이룰지라도, 그대는 큰길에 불꽃을 튕
기며 그 한복판을 쾌주했다. 천연의 음악은 그대의 귀에 가득하고, 그대는
마치 '창공의 수부(水夫)'(실러의 《마리 스튜아르트》 3)
막 1장, 구름을 가리킨다
인 듯했다. 물질의 파괴, 세계의
충돌은 그대의 바탕이며 원하는 곳으로 실어다 주는 파도였다. 그러나 의상
이 없고, 자갈과 안장이 없었다면 그대는 어떻게 되었을 것이며, 그대의 쾌
속 말은 어떻게 되었겠는가? 자연은 선(善)한 것이지만 최선은 아니다. 여
기에 진실로 자연에 대한 인위(人爲)의 승리가 있었던 것이다. 벼락은 그대
를 관통했을 것이지만 그 이하의 모든 현상이라면 그대는 대항할 수 있다.

  그런데 예의를 존중하는 독자는 외친다. 토이펠스드레크는 '원시적 야만
인'과 그들의 '비참한 상태'에 대해 얼마 전 자기가 말한 것을 잊었는가? 그
말을 모두 취소하고 우리가 '엉킨 외투'(자라도록 내버려둔 머리털을 가리
킴)와 '두꺼운 천연의 모피'에 둘러싸여 돌아다니기를 원하는 것이냐고.

  예의를 존중하는 독자여, 결코 그렇지 않다! 교수는 자기가 하는 말을 충
분히 잘 알고 있다. 독자도 나도 너무 성급한 나머지 그를 오해하고 있다.
오늘날 의상은 '우리의 속을 의상에 맞추어 고치고 타락시키고' 있을망정,
그것을 보상할 만한 가치가 없는가? 보다 더 유용하도록 고칠 수는 없는가?
개한테 내던질 수밖에 없는가? 사실은 토이펠스드레크는 과격한 혁명주의자
이기는 하지만 나체주의자는 아니다. 이 타락한 시대에 하나의 '징조'가 되
어 앞으로 나아가고자 하는 소망이 크지, 옛날 나체주의자들처럼 벌거벗은
상태로 돌아가 그렇게 할 생각은 전혀 없다. 옷의 유효성을 그는 너무도 잘
안다. 어쩌면 그는 옷의 더 깊은 비밀, 거의 신비한 특질, 옷의 전능성을 일
찍이 어떤 사람이 간파하였던 이상으로 간파하고 있는 것 같다.

  예를 들면, 그는 이렇게 기술하고 있다.

  "좋은 자줏빛 옷을 입은 사람, 거칠고 남루한 푸른 옷을 입은 사람, 두 사

람이 있다." 자줏빛 옷을 입은 사람이 푸른 옷을 입은 사람에게 말한다. "교살되어 해부당하라." 푸른 옷을 입은 사람은 이 말을 듣고 벌벌 떨며(경이 가운데도 경이로다!) 설움에 잠기어 교수대로 걸음을 옮긴다. 거기서 고통의 시간을 떨다가 교수형을 당하여 의사에게 해부되고, 뼈는 맞춰져서 해골로 조립되어 의학 연구의 자료가 된다. 이것은 어찌된 일이냐? "어떠한 것도 그것이 존재하는 장소 이외에서는 작용하지 못한다"라는 그대의 말은 어찌 되었는가? 자줏빛 옷을 입은 사람이 푸른 옷을 입은 사람을 사실상 잡고 있는 것은 아니다. 움켜쥐고 있는 것도 아니다. 서로 간의 '접촉'도 전혀 없다. 보안관도, 지사도, 형리도, 집행관도 자줏빛 옷을 입은 사람이 이리저리 끄는 대로 움직이지 않으면 안 될 만큼 굳게 얽매어 있는 것은 아니다. 누구나 자기 껍질을 뒤집어쓰고 따로 서 있다. 그런데도 모든 것은 명령대로 집행된다. 명확한 명령의 말이 모든 손들을 움직이게 하고, 밧줄과 개량된 교수대가 그 의무를 다한다.

"사색적인 독자여, 이유는 두 가지이다. 첫째, 인간은 심령이며, 눈에 보이지 않는 유대로 묶여 모든 사람들과 일체를 이룬다. 둘째, 인간은 이 사실을 눈으로 볼 수 있게 하는 상징인 의상을 입고 있다. 그대의 자줏빛 옷을 입은 교수형 집행자는 말털로 만든 가발, 다람쥐 털가죽, 벨벳 따위를 걸치고 있지 않는가? 그것을 보고 모든 사람이 그가 법관임을 알 수 있도록. 생각하면 생각할수록 놀랍게도 사회는 의복에 기초를 두고 있다. 때때로 울적한 마음으로, 호화찬란한 의식, 프랑크푸르트 대관식(독일 황제는 예로부터 이 도시에서 대관식을 올렸다. 괴테 《시와 진실》의 첫 부분에 묘사), 왕가의 알현실, 아침저녁 왕을 배알하는 의식에 여러 종류의 궁정 관리·종자들이 대령하고 있는 모양, 또는 이 공작(公爵)은 저 태공(太公)에 의해, A대령은 B장군에 의해 왕 앞에 나아가고, 그 밖에 무수한 승정·제독과 기타 관리들이 화려하게 왕 앞으로 나아가는 모양을 읽어볼 때, 나는 나의 먼 사실(私室)에서 그 엄숙한 장면의 그림을 머릿속에 역력히 그려보려고 애쓴다. —그때 갑자기 한 마술사가 지팡이를 휘두르기나 한 듯이—속시원히 말해버릴까—이 극적인 장면에 있는 모든 사람에게서 입은 옷이 날아가 버려, 공작·태공·승정·장군들과 지존하신 몸마저, 각자의 어머니의 아들이 누구나가 다 실오리 하나 걸치지 않고 거기 엉성하게 서 있게 된다면 나는 웃어야 할지 울어야 할지 모르겠다. 이런 육체적 또는 심리적 병은 나만 가지고 있는 것 같지 않아서, 나는 주저하던 끝에 글을 발표하는 것이 옳다고 생각하기에 이르렀다. 같은 병으로 고생하는 사람들을 위로하기 위하여."

이러한 것을 마음속에 숨겨두는 것이 옳다고 그대가 생각했다면 얼마나 좋았으랴. 이제는 조간신문에 난 다섯 단에 걸친 왕을 배알한 사람들에 관한 기사를 읽는 사람치고 몸서리치지 않는 이 누가 있으랴? 신경질적인 사람들에게는 (그런데 누구나 어느 정도는 신경질적이다) 더욱 부드럽게 대해야 하겠다. 이러한 사람들은 토이펠스드레크가 악마처럼 계속해서 이끌어 내는 결론을 더듬어 나갈 때 얼마나 쾌재를 부르며 읽어나갈 것인가.

"우리의 폐하께서는 어떻게 할 것인가. 실제로 그런 일이 벌어진다면 단추는 모두 한 순간에 달아나고, 단정하게 입고 있던 양모가, 여기서는 몽상이지만 실제로 사라져 버린다면 말이다. 아, 하느님! 사람마다 쥐구멍을 찾아들게 되고, 그들의 고상한 정사(政事, Haupt-und Staats-Action, ^{17세기에 베르틴이 드레즈텐에서 상연한 희곡의 이름})는 울음보를 터뜨리게 할 정도의, 즉 가장 초라한 웃음극이 되고 말 것이다. (호레이스가 풍자한 말마따나) 테이블은 물론 그것과 함께 정부·입법·재산·치안 및 문명사회는 울음보를 터뜨리면서 와해되고 말 것이다."

나체의 윈들스트로 공작(^{지푸라기라는 뜻으로 당시에 인기가 나빴던 웰링턴 공작을 가리킴})이 역시 나체의 상원에서 연설하는 장면을 상상할 수 있는 사람이 있을까? 상상력은 가스중독에 걸린 듯이 몸을 가누지 못할 것이고, 그런 그림을 더 펼쳐가지는 못할 것이다. 의장석·장관석·야당석, 언어도단! 언어도단이다. 그런데 왜 언어도단이냐? 우리의 자유의 수호자들인 이들 모두는, 아니 모든 몸이라고 하는 것이 옳을 성싶은 그들은 지난 밤 나체, 또는 나체에 가까운 상태에 있지 않았던가? '머리가 이상야릇하게 우툴두툴 갈라진 무(^{셰익스피어 〈헨리 4세〉 제2부})'가 아니었던가? 우리의 엄숙한 숙명의 명령이라면 침대 속으로 들어갈 때처럼 벌거벗고 성 스티븐(^{영국하원, 성 스티븐교회 땅에 지어 있으므로 생긴 이름})으로 걸어 들어가서, 다른 비슷한 무들과 함께 어전회의(^{Bed of Justice, 본디 프랑스의 정무회에서 왕이 임석하는 자리})를 개최하는 수가 왜 없으랴?

"같은 병으로 고생하는 사람들을 위로하기 위해!" 가엾은 토이펠스드레크여, 이와 같은 '육체적 또는 심리적인 병'을 일찍이 가진 적이 있었던가? 그런데 지금은 얼마나 많은 사람들이 그대의 이제까지 들은 적이 없는 고백(우리는 그것을 평론적·전기적 의무로 가지고 있지만, 비교적 건전한 영국사회에 소개하기를 주저한다)은 그 불치의 병을 얼마나 많은 사람들에게 감

황제 나폴레옹의 성별식과 황비 조세핀의 제관식

염시킬 것인가! 그대는 과격한 혁명주의자 중에서도 가장 악의에 찬 사람인가, 아니면 가장 광적인 사람인가?

준엄하기 이를 데 없는 토이펠스드레크는 또 말한다. "의상을 입은 자로서 허수아비도 또한 성직자의 특권(중세에서 성직자는 보통 재판소의 재판을 면하고,)과 영국식의 배심재판을 받을 권리가 있지 않을까? 나중에 검토될 일이지만, 아니 아마도 그의 높은 직능(왜냐하면 그 역시 재산의 옹호자이며 법의 위력으로써 무장된 왕이 아닌가?)을 고려한다면 왕이 누리는 불가범성·불가침성을 어느 정도 누려야 할 것이 아닌가. 그러나 이러한 특권을, 인색한 자와 비열한 자들은 반드시 자발적으로 그에게 허락하려고 하지 않을 것이다…….

……아, 벗들이여! (요리크 스턴의 말을 빌리면) 우리는 '붉은 헝겊을 달아맨 막대기로 시장으로 쫓겨다니는 칠면조'에 지나지 않는다. 또는 어떤 칠

면조를 쫓는 사람들이 노포크에서 흔히 하는 식으로 마른 오줌통에 콩알들을 넣고 흔든다면 그 소리에 가장 대담한 칠면조도 겁을 집어먹는 것이다!"

10장 순수이성

앞에서 말한 바와 같이 우리 교수는 가장 색채가 짙은 사상적 과격주의자이며, 우리가 존중하는 문명생활의 위엄과 장식을 누더기 조각, 칠면조를 모는 막대기, '콩알을 넣은 마른 오줌통'에 지나지 않는다고 인정하는 자임이 분명하다. 단순한 과학상의 필요 이상으로 오랫동안 이런 사색에 잠겨 있는 것을 분별있는 독자는 원치 않을 것이며, 우리의 목적을 위해서는 나체의 세계가 존재 가능한 것이고, 아니 실제로 (의복을 입은 세계 안에서) 존재한다는 단순한 사실만으로 충분하다. 그러므로 "왕이 잔디밭에서 마부와 씨름하여" 내동댕이쳐졌다는 등의 이야기는 생략한다. "칼을 가지고 해부해 보라", 토이펠스드레크는 외친다. "같은 내장·조직·쓸개·허파 따위 생명의 기관이 들어 있다. 그들의 정신 구조를 검토하라. 똑같이 큰 욕구, 큰 식욕과 눈에 띄지 않는 능력이 있다. 그런데 짐을 끄는 짐승, 마차의 바퀴를 메우는 법, 약간의 불안정과 안정의 이치와, 그 밖의 마부 과학의 다른 분야도 알고, 실제로 손을 뻗어 자연에 작용한 마부 편이 둘 중에서는 10대 1 정도의 비율로 재능이 뛰어나다. 그러면 그들의 이루 말할 수 없는 차이는 어디서 온 것인가? 바로 의상이다."

지위의 구분이 혼돈되고 하녀와 귀부인의 구별이 없어지고 어디서나 "여보게, 잘 만났네" 식의 인사가 다시 태고의 혼돈을 가져왔다는 것에 관해서도 우리는 생략하기로 한다. 이러한 모든 것은 나체상태의 사회(Society in a state of Nakedness)라는 커다란 근본관념을 어느 정도 그려본 사람에게는 저절로 떠오를 것이다. 어떤 회의적인 사람이 의상을 벗는 세계에서, 최소한의 예의·정치조직 또는 치안제도라도 있을 수 있느냐에 대해서 만일 아직도 의심을 품고 있다면, 그는 원본을 찾아서 거기에 과격한 혁명주의라는 세르보니아의 바닥 없는 늪(^{옛날 대군이 빠져버렸다}
는 나일 강 하류의 늪)이, 거칠고 무섭게 전개되어 있음을 보시라. 우리는 그 위를 가볍게 날아왔지만 그 속에는 군대뿐만 아니라 몇 나라의 국민 전체라도 송두리째 빠져버릴 수 있으리라! 사실, 간결하고 확고한 다음의 말은 반발을 허락치 않는 결정적인 것이 아닌가?

"우리는 주머니쥐나 캥거루처럼 천연의 주머니를 가지고 있느냐? 그렇지 않으면 옷도 없이 어떻게 우리에게 그 주요 기관, 즉 영혼의 편안한 집이고, 사회의 진정한 동력원인 그 물건이 있을 수 있느냐? 내가 의미하는 것은 바로 지갑이다."

그러나 토이펠스드레크 교수를 미워할 수는 없다. 최악의 경우라 할지라도 미워할지 좋아할지 알 수 없다. 왜냐하면 왕후 성자의 모습 등을 그린 인생이라는 아름다운 비단 의상을 볼 때에도 그는 겉만을 다루지 않고 주로 안을 상세히 다루며, 보기 흉한 안의 거친 솔기·누더기·실밥 따위를 캐어낸다. 이때도 마치 악마와 같은 끈기와 냉담을 보여준다. 그러므로 대부분의 독자로 하여금 그를 낮게 평가하게 하지만, 그러나 그의 내부에는 과거와 현재의 모든 과격한 혁명주의자와 그를 명확하게 구별하는 요소가 있다. 토이펠스드레크의 유례가 없는 위대한 특이성은 이러한 디센덴탈리즘(비속주의(卑俗主義))과 함께 절대적인 트랜센덴탈리즘(선험주의(先驗主義))을 아울러 가지고 있어서, 고우다 평원의 젖소들을 제외한 대부분의 짐승보다 낮게 인간을 격하시키는 반면에, 인간을 보이지 않을 정도로 아득히 하늘 높이, 거의 신들과 동등하게 승격시킨다.

그는 말한다. "속된 논리의 눈으로 볼 때 인간이란 무엇이냐. 바지를 입고 아무것이나 가리지 않고 먹는 두 발 가진 짐승. 순수이성의 눈으로 볼 때 인간은 어떻게 보일 것인가? 영혼이고 성신이고 신성의 구현이다. 저 양모의 너덜너덜한 누더기 안에 있는 인간의 신비한 '자아'의 주위에는 하느님의 베틀로 짜낸 살의(또는 감각의) 옷이 있다. 이에 따라 그는 그의 동포의 눈에 보이게 되며, 그들과 더불어 또는 합체되고(정신적으로) 또는 분리되어(육체적으로) 살며, 푸른 별하늘과 수천 년의 긴 세월을 가진 하나의 우주를 스스로의 힘으로 형성하고 바라보는 것이다. 이처럼 인간은 저 이상한 옷 아래에 깊이 감추어져 있다. 즉 음향이나 색채나 형태 속에 싸여 벗어버릴 수 없게 포장되어 있다. 그러나 이 의상은 하늘에서 짜여진 것이며, 신이 입으셔도 손색이 없다. 그것으로써 그는 무한의 중심점에, 또 영원의 합류점에 서 있지 않느냐? 인간은 이렇게 느낀다. 알고 믿는 힘이 그에게 주어졌다. 아니, 천상적·원시적 광명을 띠고 빛나는 자유로운 사랑의 정신은, 여기 지상에서도, 비록 순간적이라고는 하나 '의복'을 뚫고 내비치지 않는가? 성 크리소스톰(347~407년, 콘스탄티노폴의 승려)은 황금의 입술을 가지고 "진정한 세키나(사람 앞에 나타난 신의 형상)는 인간이다"라고 말한 것은 지극히 당연한 말이다. 우리의 눈뿐만 아니라 우리의 영혼에도 신의 자태가 나타나는 것은 우리와 같은 인간이 아니면 다른 어디랴?"

이러한 구절에서 너무도 드문 것은 애석한 일이지만 우리의 원저자의 고매한 플라톤적 신비주의가, 아마 그의 본성의 근본적 요소로 보는 그것이 밀물처럼 쏟아져 나온다. 그러므로 외모와 환경에서 흔히 그처럼 엉키고 거친 것을 둘러싸는 모든 안개와 어둠을 뚫고, 우리는 그 내부에 있는 광명과 사랑의 큰 바다가 보이는 듯하다. —그러나 애석하게도 어둡고 둔중한 구름은 다시 펴져 그 바다를 우리의 시계로부터 가리고 만다.

이러한 신비주의 경향은 이 사람의 어디서나 찾을 수 있다. 사실 주의깊은 독자는 이미 분명히 보았을 것이다. 그가 보는 모든 물건은 보통 이상의 두 가지 의미를 가지고 있다. 그러므로 지존한 왕의 홀(笏)과 샤를마뉴 대제의 망토 안에서도, 가장 천한 목동의 쇠막대기와 집시의 담요에서와 마찬가지로, 그가 보는 것은 산문정신과 부패와 경멸의 대상뿐이라 할지라도, 그 각종의 것에는 또한 시적 정신이 있고 귀한 가치가 있다. 왜냐하면 물질은 아무리 천하다 할지라도 정신이고 정신의 구현이기 때문이다. 아무리 귀하다 할지라도 그 이상이 될 수가 있으랴? 볼 수 있는 물건, 상상할 수 있는 물건, 또한 볼 수 있다고 생각되는 물건, 그것은 보다 더 고차원적인, 천상적이어서 우리 눈으로 볼 수 없는 것, "상상할 수 없고, 형체가 없고, 너무도 광채로워 어두운"(실락원 3~380행) 것의 의복, 옷이 아니고 무엇이랴? 이러한 관점에서, 그 의미에서, 그 용어에서 아주 이상한 다음의 한 구절은 아주 특징적이다.

"모든 지혜의 시초는 의복을 자세히, 안경의 도움을 빌려서라도 그것이 투명하게 될 때까지 보는 것이다. 이 시대의 가장 현명한 이는 '철인은 자신의 위치를 가운데 두어야 한다.'(괴테의 《빌헬름 마이스터의 편력시대》)고 말하고 있다. 얼마나 당연한 일이냐! 철학자란 가장 높으신 이[神]도 그에게까지 내려오고, 가장 낮은 자(賤)도 그에게까지 올라오는 인물이며, 모든 것에 대하여 평등하고 친근한 형제인 사람이다.

모직물이나 거미줄이 아크라이트(1732~1792, 방적기계 발명가)의 베틀로 짜여졌건, 또는 우리의 상상 속에서 소리 없는 아라크네(그리스 신화, 길쌈을 매우 잘하는 소녀로 아테네 여신과 경연을 하여 지고 거미가 되었다)에 의해서 짜여겼건 우리가 그 앞에서 떨어야만 할 것이냐? 또 모든 것은 신이 지으셨으니 우리가 사랑할 수 없는 것이 무엇이 있으랴?

인간의 의상(양모의 의복, 육체의 의복, 은행지폐의 의복, 공문서의 의복)을 뚫고 그 속의 인간 자신을 들여다보는 사람, 또는 저 무서운 왕공(王公)도 정도의 차이는 있을망정 다같이 불완전한 소화기계임을 알아차리기도 하나, 그러면서도 또 한편 눈뜬 장님인 가장 친한 땜장이에게도 깊고 아득한 신비

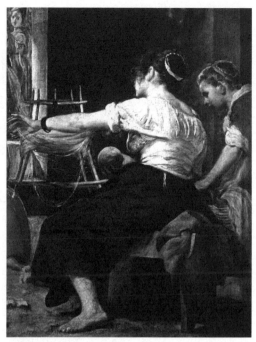

벨라스케스의 《직녀들》(1657)

가 깃들어 있음을 보는 사람은 행복하여라!"

그 밖의 부분에서는, 이런 종류의 사람에게는 당연한 것같이, 그는 경탄의 감정에 대하여 많이 논하고 보편적인 경탄의 필요성과 가치를 역설하며, 그것이야말로 이 지구와 같은 이상한 유성의 주민에게는 유일하고 타당한 감정이라고 생각한다. 그는 이렇게 말한다. "경탄은 숭배의 근본이다. 경탄하는 마음은 영구불멸하게 인간의 마음에 군림한다. 다만 (현재와 같은) 어떤 단계에서 그것은 어떤 짧은 시간 동안 불신자의 지방에서 군림한다." 경탄하는 마음을 파괴하고 그 대신 측량과 계수를 세우려는 과학의 발전을 토이펠스드레크는 그다지 환영하지 않는다. 이 두 가지를 다른 의미로는 그도 역시 존중하지만.

그는 외친다. "그대의 과학은, 작은 틈에서 새어 들어오는 빛, 또는 기름 등잔의 빛으로 비친 논리의 지하실에서만 진행해야 할 것인가? 그리고 사람의 마음은 기억력을 맷돌로 삼고 사인과 탄젠트의 수표와 법전과 경제학설 따위를 밀로 삼는 수학적인 방앗간이 되어야 할 것인가? 그리고 (아라비아

의 옛 이야기 속의 의사의 머리처럼) 나사처럼 돌려 뽑아서 대야에 담아 살려둔 과학적인 머리만이, 티끌만큼의 감정도 없이 할 수 있는 과학이란 일종의 기계적이고 천한 기물에 지나지 않으며, 그와 같은 물건을 위해서는 과학적인 머리도 (그 속에 영혼이 들어 있으므로) 너무나도 고귀하다. 내가 의미하는 것은 숭배의 생각이 따르지 않는 사상은 비생산적이 아니면 유독한 물건이기 일쑤이고, 기껏해야 요리처럼 만들어낸 그 날로 없어지며, 뿌려지는 씨와 같이 계속적인 경작과 보급되는 수확으로 모든 시간에 식량과 풍부한 번식을 가져오지는 않는다는 것이다."

이러한 식으로 토이펠스드레크는 그의 능력에 따라, 또는 심하게 또는 부드럽게 정평(正評)을 더한다. 그러나 항상 우리가 믿고자 하는 것처럼 선의를 가지고 한다. 특히 "궤변가나 음성이 높은 조소자들, 경탄의 적이라고 공언하는 자들, 이와 같은 계급의 인간들이 오늘날에는 과학연구원 주위를 무리를 지어서 야경을 돌며 마치 주피터 신전 주위를 도는 로마의 거위나 거위 새끼들(기원전 390년 고올족이 로마를 기습했을 때 거위가 떠드는 소리에 로마인은 잠이 깨어 적을 물리쳤다고 한다. 리비우스 역사에 나오는 고사)처럼, 어떤 이상한 소리를 듣거나 또는 아무 소리도 들리지 않아도 떠드는 자들, 아니 때로는 계몽된 회의주의자를 자청하며 한낮에 딱따기와 호롱불을 들고 평화로운 사회에 들어와서, 태양이 휘황하게 비치고 거리에는 정의를 사랑하는 사람들만이 오감에도 불구하고, 그것을 가지고 안내하고 보호해 주겠다고 우기는 자들." 이런 족속들에게 그는 말할 수 없는 염증을 느낀다. 평소에 없는 어세(語勢)로 그가 결론을 맺는 것을 들으라.

"경탄을 느낄 수 없고, 평소에 경탄(그리고 숭배의 생각)을 하지 않는 사람이 설령 왕립학회의 회장이며, 그의 머릿속에 '천체역학'과 헤겔 철학과 온갖 종류의 연구소와 관측소의 업적의 개요를 담아 가지고 돌아다닐지라도, 눈이 없는 곳에 끼어둔 하나의 안경에 지나지 않는다. 눈이 있는 사람은 그것을 끼고 보라. 그러면 그는 비로소 유용하게 될 수 있을 것이다.

그대는 어떠한 신비도 신비주의도 가지고자 하지 않으며, 그대가 진리라고 부르는 것의 햇빛으로, 또는 변호사의 논리라고 내가 부르는 등잔빛으로 세상을 걸어가며, 모든 것을 '설명'하고 모든 것을 '해석'하면서 그 어느 것도 전혀 믿지 않으려고 하는가? 아니, 그대는 다른 사람을 비웃으려고 하는가? 우리 발 아래, 우리 손 안에, 곳곳에 있는 깊이를 모를, 모든 것에 침투한 신비의 세계를 인식하는 사람, 즉 우주는 부엌이며 외양간일 뿐만 아니라 성스러운 제단이며 성전이라고 보는 사람들을. 그런 사람을 광적인 신비주의자로 보고 그대는 조소적인 친절로 그대의 등잔불을 내밀었다가, 그 사람이 그것을 발길로 차버리면 호의를 무시당한 듯이 외칠 것인가? ―불쌍한 자여! 그대의 암소가 새끼를 낳고 황소는 씨를 주지 않는가? 그대 자신으로 말하더라도 그대는 태어나지 않았는가, 죽지 않을 것인가? 이 모든 것을 내게 '설명'하라. 그렇지 않으면 다음 두 가지 중 하나를 하여라. 즉 그대의 어리석은 거위 소리를 가지고 눈에 띄지 않는 곳으로 기어들어가라. 또는 그보다 더 좋은 것은, 그대의 거위 소리를 그치고 울어라. 경탄의 지배가 종말을 알리고, 신(神)의 세계가 그 아름다움을 잃고 산문적으로 된 것 때문이 아니라, 그대가 지금까지 딜레탕트였고 눈뜬 장님인 현학자였음을 생각하고."

11장 예상

의상철학은 이제야 모든 독자에게, 우리가 미리 예언한 바와 같이 무한한 신천지를―구름에 싸여 거의 신기루 같지만, 아득히 먼 곳에는 청정한 자태와 천국적 광명의 빛살이 없지 않은―드러내고 있다. 그것의 매우 의심쩍은 의의와 전망을 더듬어보는 것이 우리로서는 더욱 더 중요해지고 있다. 수많은 행인들이 조심스럽게 묻는다. 그것은 그야말로 천국적인 광명인가, 또는 지옥에 있는 용암의 반사인가? 그것은 우리를 아스포텔(그리스 신화에서 낙원에 피는 향기로운 꽃)의 행복의 동산으로 인도하는 진리인가. 또는 지구상 지옥의 누렇게 타는 진흙(《실락원》 제1편 296 행에 나오는 표현이다)인가?

우리의 교수는 다른 신비주의자들처럼 정신착란에 빠졌든지 영감을 받았든지 간에 편집자에게 많은 수고를 끼친다. 그는 차츰 더 높은 곳으로 우리를 이끌어간다. 그의 시야와 시력은 차츰 더 날카롭고, 모든 것을 포괄하고 모든 것을 혼합한다. 예를 들면 자연은 집합체가 아니라 하나의 전체라는, 다음 의견과 같은 것이 그것이다.

"히브리의 시편 시인(詩篇詩人)이 '내가 새벽 날개를 치며 바다 끝에 가서 거주할지라도 주는 거기 계시나이다(시편 139편 9~10절에 나오는 다윗의 시)'라고 노래한 것은 실로 잘 부른 것이다. 아, 교양있는 독자여. 아마 시편 작자와 같은 시인이 아니라, 신을 다만 전승에 의해서만 아는 산문가인 그대는 세상의 어느 구석치고 적어도

'힘'이 존재하지 않는 곳을 아는가? 그대의 젖은 손에서 흔들어 떨어뜨리는 그 물방울은, 떨어진 그 자리에 머물러 있지 않고 내일이면 그것이 쏠려 갔음을 그대는 볼 것이다. 벌써 북풍의 날개를 타고 북회귀선으로 접근하고 있음을. 그것이 그대로 가만히 있지 않고 증발하는 것은 어쩐 일이냐? 움직이지 않는, '힘'이 없는 완전히 죽어버린 어떤 것이 있다고 그대는 생각하는가?

나는 슈바르츠발트 마을을 말을 타고 지나면서 이렇게 혼자 말했다. 저물어가는 습지 저편에 별처럼 반짝이는 저 조그만 불—거기서는 그을음을 뒤집어쓴 대장장이가 모루에 엎드려 일하고, 그곳에서 그대는 잃어버린 말의 징을 갈 생각이다—저 불은 전우주에서 떨어져 나온 격리된 하나의 점이냐, 아니면 우주 전체와 불가분하게 묶여 있는 것이냐? 그대 어리석은 자여, 저 대장간의 불은 (시초에) 태양에서 씨를 얻고, 노아의 홍수 이전부터 시리우스성 저편에서부터 불어오는 거침 없는 바람으로 자라난 것이다. 그 불 속에는 철의 힘, 석탄의 힘, 그리고 보다 더 이상한 인간의 힘에 의하여, 힘의 신비한 결합과 투쟁과 승리가 일어난다. 한 마디로 그것은 무한이라는 위대한 우주의 생명체계 가운데 하나의 작은 신경절(神經節), 즉 신경의 중추이다. 그것은 온 우주의 가슴 위에 점화된 하나의 무의식적인 제단이다. 그것에 제물로 드리는 철, 그 철의 연기와 영향력은 우주 전체에 침투하고 작용한다. 그것을 섬기는 제관(祭官)인 대장장이는 말로써가 아니라 두뇌와 근육으로써 '힘'의 신비를 설교한다. 아니, 현재 지배력을 가지며 언젠가는 모든 것을 지배하게 마련인 자유의 복음서, 인류의 힘의 복음서 중 한 구절을 (아주 세속적으로) 설교하고 있는 것이다.

분리된, 격리된 것이라고 나는 말하지만, 그러한 분리는 있을 수 없다. 일찍이 외딴 곳에 떨어진 물건, 던져진 물건이란 없다. 다만 하나의 마른 잎사귀라 할지라도 모든 것과 함께 작용하며, 활동이라는 밑바닥도 끝도 없는 흐름을 타고 가며, 그치지 않는 변천 속에 살고 있다. 마른 잎은 죽지도 상실되지도 않았다. 그 내부와 주위에는 비록 반대 방향의 질서 속에서 작용하고 있기는 할망정 여러 가지 힘이 있다. 그렇지 않다면 그것이 어찌 썩을 수 있으랴? 종이의 원료가 되는 누더기나 땅이 곡식을 생산하는 바탕이 되는 쓰레기를 경시하지 말아라. 정당하게 보면 아무리 초라한 물건이라도 의미가 없지 않다. 모든 사물은 창문과 같은 것이어서 철인의 눈은 이 창문으로부터 무한(無限) 그것을 내다보는 것이다."

저 경탄스러운 슈바르츠발트의 대장간 제단을 지난 다음에 보는 것은 어떤 공허한 고공을 나는 비행선들인가? 그리고 우리를 어디로 태워 가려는 것인가?

"눈에 보이는 모든 것은 상징이다. 그대가 보는 물건은 그 자체로 인해 거기 있는 것이 아니다. 엄밀히 생각하면 절대로 거기에 있는 것이 아니다. 물건이란 다만 정신적으로 있을 따름이다. 어떠한 관념을 나타내기 위하여, 그것에 형체를 주기 위하여 있을 따름이다. 그러므로 의상을 우리가 아무리 경멸하더라도 도저히 말할 수 없는 큰 의의를 가진다. 국왕의 망토를 비롯해서 모든 의상은 상징적이다. 결핍의 상징이 아니라 결핍에 대한 승리의 상징이다. 반면에 모든 상징적인 사물은 엄밀히 말해서 생각으로 짠 또는 손으로 짠 의상이다. 즉 상상력이 의복, 눈에 보이는 형체를 짜내어, 그것이 없다면 보이지 않을 우리의 이성의 소산이나 영감들이 그 의상과 형체를 띠면 신령들처럼 나타나 비로소 전능한 힘을 가지게 되는 것이 아닌가? 그보다도, 우리가 흔히 보는 것처럼, 상상력을 도와서 손 또한 (양모로 된 의복이나 그 외의 것으로) 눈에도 그러한 것이 나타난다면 더군다나 전능적으로 되지 않을까?

인간은 권위·미(美)·저주, 그 밖의 것으로 옷을 입었다고 한다. 그것은 사실이다. 아니 자세히 생각해보면, 인간 자체 및 인간의 지상생활(地上生活) 전체도 상징 이외의 또 무엇이겠는가? 인간의 신성한 '나'를 위한 의상, 즉 눈에 보이는 의상이 빛의 미립자처럼 하늘로부터 내던져진 것이라는 것 이외의 또 무엇이겠는가? 그러므로 인간은 또한 육신의 옷을 입고 있다고 말한다.

언어는 사상의 의상이라고 한다. 그러나 사실 언어는 오히려 사상에 대한 '살로 된 의상', 즉 육신이라고 해야 한다. 상상력이 이 '육신의 옷'을 짜내는 것이라고 나는 말하였거니와, 사실 그렇지 않은가? 비유야말로 상상력의 자료이다. 언어를 검토해 보라. (자연의 소리로 이루어진) 약간의 원시적 요소를 제외한다면 언어란 거의 전부가 비유가 아니고 무엇이겠는가? 비록 그것이 비유로서 인정되든, 이제는 이미 인정되지 않든, 또한 그것이 아직도 흘러 움직여 생생하건, 이미 고정되어 색채을 잃었건 비유임에는 틀림없다.

만일 저 원시적 요소라는 것이 언어라는 육신에서 뼈를 이루고 있다면—비유는 그 근육이며 조직이며 생명이 있는 피부이다. 비유적이 아닌 문체를 찾아보아야 헛일이다. Attention(주의)이라는 말도 Stretching-to(어떤 쪽으로 뻗친다)라는 뜻이 아닌가? ($^{\text{attention의 어원은 라틴어 ad}}_{\text{+tentio(=to+stretching)}}$) 서로의 차이점은 이것이다. 즉 어떤 문체는 여위고 메마르고, 철사처럼 되어 근육이 뼈처럼 보이고, 어떤 문체는 아주 핏기 없고 굶주려 생기가 없어 보인다. 또 어떤 문체는 건강과 힘찬 자기성장의 윤택을 띠고 있어서, 때로는 (내 자신의 경우처럼) 졸도하는 경향이 없지 않다. 뿐만 아니라 때때로 가짜 비유라는 것이 있다. 이것은 위에서 말한 사상의 육신(나체일 때가 가장 좋다)에 너저분하게 달려서, 그것을 기만적으로 치장하고 부풀게 하는 것이므로, 그것의 속이 빈 것을 감추기 위해 쑤셔넣은 불필요한 외식 외투(Putz-Mäntel), 시선을 끌기 위한 모직 누더기라고 부르기에 마땅한 물건이다. 그러므로 이러한 비유는 달려가면서 읽는($^{\text{구약(하박}}_{\text{국)2:2}}$) 사람조차도 유해무익한 것을 모조리 모아서—태워버리는 것이 마땅하다."

비유에 관한 이 구절만큼 더 괄목할 만하게 비유적인 문장을 독자는 일찍이 읽은 적이 있는가? 그러나 우리가 불평하는 것은 이 점이 아니다. 교수는 계속한다.

"예만 자꾸 들어서 무엇하랴? '하늘도 땅도 다 옷같이 낡으리니'($^{\text{시편 102:}}_{\text{25~6}}$) 라고 있지만, 정녕 그렇다. 영원하신 이의 계절옷(Time-vesture)이다. 감지할 수 있게 존재하는 모든 것, 영혼에게 영혼을 보여주는 모든 것은 사실 하나의 의상, 한 벌의 옷이며, 한 철을 입었다가 벗어버리기 마련이다. 그러므로 이 의상이라는 뜻깊은 주제에는, 바르게 이해한다면, 인간이 지금까지 생각하고 꿈꾸고 행하고 또 있었던 모든 것이 포함된다. 외적 우주 전체와 그것이 내포하는 것은 의복에 지나지 않으며, 모든 과학의 본질은 '의상철학' 속에 있다."

이와 같이 요원하고 무한히 넓은 영역, 감지할 수 없는 허무와 인접한 영역을 향하여 전진·분투하는 자신을 볼 때, 편집자는 불안과 그치지 않는 곤란을 겪는다. 최근까지도 궁중고문관 호이슈레케의 도움이 있으리라는 기대가 희망의 샛별이 되어 용기를 북돋아 주었다. 그러나 그 샛별도 이제는 희미해지고, 아침의 붉은 광명이 아니라 희미한 회색의 어둠이 끼었으니, 새

날의 여명인지 완전한 암흑의 선구인지 모르게 되었다. 지난 주 전기적 문헌이 편집자의 손에 들어왔다. 스코틀랜드 출신인 함부르크의 어떤 상인의 친절로—그의 명성은 상업계 전체에 알려진 저명인사이지만 그의 성명을 밝힐 수는 없다. 그러나 그가 자발적으로 보여준 친절을 미지의 문학동호자에 지나지 않는 편집자는 잊을 수 없다(칼라일은 여기서 자기와 괴테 사이의 편지 연락을 도와준 함부르크의 상회를 언급하고 있다)—바이쓰니히트보에서 보내온 두툼한 소포가 세관의 검인, 외국 글자와 그 밖의 멀리서 왔다는 여러 가지 흔적을 지니고 안전하게 무료로 여기 도착하였다. 편집자가 얼마나 조급히 그것을 끌렀으며, 얼마나 숨막히는 기대로 훑어보았는지 독자는 짐작이 갈 것이다. 그러나 아아, 얼마나 큰 실망으로 그것을 내던졌다가 다시 집어들었던가.

궁중고문관 호이슈레케는 판에 박힌 인사말, 바이쓰니히트보의 정치·연회·연회석상에서의 화제 따위 그날그날의 사소한 일들을 길게 나열한 편지에서 우리가 벌써 알고 있는 이야기를 되풀이하고 있다. 즉 형이상학이나 그 밖의 머리(오성, Verstand)에서만 나오는 추상과학은 어떻든지, 이 의상철학이 자칭하는 것과 같은, 성격(Gemüth)에서 나와 성격에 말하는 인생철학(Leb-ensphilosophie)은 성격 그 자체가 구명되고 관찰되기에 이르기 전에는 그 철학의 참뜻을 달성할 수 없다. "저자의 세계관(Weltansicht)과 그가 어떻게 능동적·피동적으로 그린 세계관을 가지게 되었느냐가 분명해질 때까지는, 요컨대 그의 전기가 철학적·시적으로 기술되고 철학적·시적으로 읽혀질 때까지는" 인생철학의 의의는 달성할 수 없다는 것을 말한다. "아니," 그는 말한다. "사변적·과학적 진리가 알려져 있다 할지라도, 이 탐색적 시대에서 그것은 어디서, 왜, 어떻게 왔느냐 하고 스스로 묻는다. 그리고 보다 더 나은 방법이 없으면, 공상에 의해 하나의 해답을 만들어내어, 사실을 정통으로 논한 윤곽에 있어서도, 허구로 꾸며낸 윤곽에 있어서도, 인간과 그의 정신적 노력의 발생의 역사가 완전히 눈앞에 그려질 때까지는 만족하지 않는다. 그런데 왜," 궁중고문관은 말한다. "나는 토이펠스드레크의 전기의 필요성에 대해 길게 말하는가? 저 위대한 대신 폰 괴테 각하는 '인간에게 관심을 주는 유일한 것은 엄밀히 말해서 인간이다'라고 명철하게 말하고 있다. 바이쓰니히트보에서 우리가 하는 말 모두가 전기나 자서전에 지나지 않으며, 항상 인간적·일화적(menschlich-anekdotisch)임을 나도 역시 깨달았다. 전기는 성질상 모든 것 중 가장 보편적으로 유익하며, 가장 보편적으로 유쾌한 것이며, 특히 유명인의 전기는 더욱 그러하다."

"가장 존경하는 벗이여." 만일 토이펠스드레크로부터 빌린 말이 아니라면 그 자신의 어떤 재롱인가 싶은, 설명하기 어려운 일종의 웅변으로 그는 계속한다. "지금쯤 그대는 의상철학의 대원시림 속에 깊이 들어가서, 모든 독자가 다 그렇듯이 매우 경탄하며 두루 살펴보고 있을 줄 안다. 그대가 이미 깨우치고 지상(紙上)에 실은 부분과 구절들은 그것을 낳은 사람, 그런 것을 제조하여 햇빛을 보게 한, 아마 비교할 것 없는 정신조직에 관하여 이상한 호기심을 자아내지 않을 수 없었을 것이다. 토이펠스드레크에게도 부모가 있었느냐, 그도 턱받이를 걸고 암죽을 먹은 적이 있었느냐? 그도 언제 기쁨에 넘쳐, 또는 눈물로 벗과 부둥켜안은 일이 있었느냐? 그 또한 '과거'라는 긴 매장의 길을, 다만 바람과 바람의 구슬픈 울음만이 대답하는 그 길을 서글피 돌아다보는 것일까? 그 또한 결투를 한 일이 있는가? 요컨대, 어떤 기묘한 계단·지하도·절망의 구렁텅이 (번연의 《천로역정(연애를 할 때에는 그는 어떻게 행동했는가?)》에 나오는 말), 험한 피스가 산 (성경 《신명기》 34 : 1~4 유태 민족에게 약속된 땅을 모세가 바라본 산)을 거쳐 그가 이 경탄스러운 예언적 헤브론 (성경, 《역대기상》 29 : 27, 다윗 왕의 궁전이 있던 곳. 즉 팔레스타인), 정말 헌옷만 파는 유태인 가에 (의상철학을 암시한 것)—와 살게 되었느냐?

마땅히 있을 이러한 모든 물음에 대해 대중에게 알려진 역사는 아직껏 침묵을 지키고 있다. 다만 확실한 것은 그는 어떤 먼 나라에서 온 순례자·여행자였으며, 지금도 역시 그렇고, 다소 발병이 나고 여행으로 먼지를 뒤집어쓰고, 동행자들과 헤어지고, 강도를 만나고 (누가복음 10장 30절), 식중독에도 걸리고, 벌레에 물려서 부었지만, 머무른 곳마다 (왜냐하면 통과시켜 주었으니까) 셈을 치렀다는 것 등이다. 그러나 그가 거쳐온 길과 날씨에 관한 세세한 관측, 그가 그린 아름다운 스케치들은 (눈으로 볼 수 없는 마음 속의 기록자에 의하여 지워지지 않는 동정의 잉크로) 모두 또박또박 씌어 있지만, 어디서도 나오지 않고 말 것인가? 아마 아주 상실되고 말 것인가? (인간의 기억이라는) 저 위대한 책의 또 한 장이 인쇄도, 출판도, 제본도 되지 않고 휴지로서 바람의 희롱물이 되어 썩어 버리고 말 것인가?

아니다, verehrtester Herr Herausgeber (존경하는 편집자여) 결코 아니다! 그대는 우리의 철인으로부터 각별한 사랑을 받고 있으므로, 나는 여기 다만 전기뿐만 아니라 자서전을, 적어도 그것의 자료가 되는 것들을 보낸다. 그것으로부터 그대의 총명은 충분한 통찰을 얻으리라 생각한다. 따라서 의상철학과 그 철인(哲人)의 전모가 경탄하는 영국인들의 눈앞에 분명히 드러나고, 그 곳으로부터 아메리카를 거치고 힌도스탄, 지구(地球)의 반대쪽에 있는 신홀란드(오스트레일리아의 옛이름)를 거쳐, 마침내 이 지구의 대부분을 정복(einnehmen)하게 되리라!"

그런데 '충분한 통찰'을 주리라는 이 자서전 대신 다음과 같은 물건이 나왔을 때의 우리의 심경을, 뜻을 같이 하는 독자들은 짐작해 주시기 바란다. ─조심해서 밀봉하고, 천칭자리(Libra)에서 시작되는 남황도(南黃道)의 6궁(12궁 가운데 천칭자리·전갈자리·사수자리·염소자리·물병자리·물고기자리를 가리킴. 가을부터 봄에 걸쳐 태양이 통과하는 위치로 칼라일의 정신생활의 추이를 암시하는 듯)

시빌레(무녀)

그리스 신화에서 아이네이아스와 동행한 쿠마이의 시빌레.

의 기호를 금색 중국 잉크로 차례대로 그린 여섯 개의 커다란 종이 봉지 안에 들어 있는 것은 잡다한 종이 뭉치, 그것도 대개는 찢어진 걸 베어낸 것인데다가 거의 전혀 읽지도 못할 정도인 토이펠스드레크 교수의 초서체(cursiv-schrift)로, 지상·천상의 상상할 수 있는 모든 문제를 다루고 있으나 자기의 내력에 관한 것은 지극히 드물게 논급하고 있으며, 그나마도 전혀 수수께끼식으로 다룬 것이었다.

여러 뭉치를 읽어도 교수의, 또는 여기서 그가 자신을 3인칭으로 부르는 '방랑자'의 이름이 나오지 않기 일쑤이다. 그러다가도, 형이상학적·신학적 논문인 듯한 것이나 '증기기관에 관한 단상'이나 '예언의 계속가능성' 등 가운데서 어떤 전혀 사적인, 꽤 중요한 전기적 사실을 만나는 수가 있다. 어떤 종이에는 진짜인지 아닌지 모르지만 꿈에 대해 적혀 있으나 그것을 둘러싼 현실적 행동은 생략되고 없다. 대개는 곳도 때도 밝히지 않은 일화들이 마치 시빌의 잎사귀들처럼(고대 그리스의 무녀 시빌레는 예언을 나뭇잎에 적어서 바람에 날려, 연결해서 읽기 어렵게 하였다) 이 장 저 장에 적혀 뿔뿔이 흩어진다. 그러다가도 순전히 자서전적인 긴 글이, 그러나 연결도, 인식할 만한 두서도 없는, 어찌나 시시하고 지나치게 세세한지 《이 교구(教區)의 대리서기》(18세기 초, 영국인 존 아바쓰노트가 승정 생활을 조롱하여 쓴 책)를 생각나게 하는 글도 있다. 이리하여 지성의 빈곤과 낭비는 교체된다. 선택·질서란 어떤 것인지 교수는 전혀 모르는 것 같이 보인다. 어느 봉지 속에나 다 같은 혼돈이 들어 있다. 다만 염소자리와 그것에 가까운 봉지에서는 혼란이 좀 덜한 듯하다. 예컨대 상당히 웅변적인 연설인 '박사 학위모를 받을 즈음하여'의 바로 옆에는 bezahlt(셈을 마침)라고 기입한 세탁소 청구서가 있다. 그의 여행기는 그가 다닌 도시들의 길거리 광고로서 표시되어 있다. 세계의 대부분의 국어로 된 이 길거리 광고집은 아마 현존하는 것 가운데 가장 완전한 수집일 것이다.

그러므로 저 '의상론' 자체가 너무도 혼돈 상태에 있다면, 우리가 얻은 것은 혼돈을 그치게 할 태양의 광명이 아니라, 서로 뒤섞여서 그것을 더욱 증발·해소시키는 허공에 뜬 림보(Limbo, 천국과 지옥 사이에 있다는 곳)이다! 이 여섯 개의 종이 자루는 결국 대영박물관에 보내는 것이 의무라고 우리는 보게 될 것이므로, 거기에 대해 더 기술하거나 평을 가하는 것은 그쳐도 좋을 것이다. 그것에서 자료를 수집할 수 있는 토이펠스드레크의 전기나 자서전은 전혀 없다는 것이 아주 분명하다. 기껏해야 그의 대강의 희미한 순간적인 모습이, 편집자와 독자의 지력과 상상력의 일대 분발로 떠오른다면 고작이다. 원본인 《의상철학》을 유체적(流體的) 혼돈이라고 한다면 이 여섯 개의 자루의 내용은 원본의 부록으로 붙어 있는 기체적(氣體的) 혼돈이라는 상태로 우리 주위에 머물고, 그 중 몇 부분이 우리가 의상론을 소개할 때 이용될 수 있을 따름이다.

편집자는 (초록빛 안경을 끼고) 이 상상도 못할 자료들의 갈피를 못잡을 초서체를 판독하며, 거의 같은 정도로 상상도 못할, 그러나 활자화되었으니 읽을 수는 있는 책과 대조하며 밤낮 앉아 있다. 높고 낮은 것, 뜨겁고 찬 것, 젖고 마른 것의 우주적 혼돈 위에 (같은 것은 같은 것끼리 연결시키는 질서에 의하여) 견고한 다리를 놓아 영국의 여행자들을 다니게 하려고 노력하고 있는 것이다. 우리의 맨 처음 다리의 가설자인 '죄'와 '죽음'이 지옥문

에서 지구까지의 저 거대한 다리를 놓은 뒤부터(^(실락원) 제) 어느 대제관이나 대
성직자도 (원어의 Pontifex, Pontiff는 라틴어의 Pontem〈다리〉에서 유래한 것이며 다리를 놓은 사람을 의미한다) 이 편집자처
는 통속적 해석이 있다. 그러나 플루타르크는 《영웅전》 제1권 누마 9에서 이 설을 배격하고 있다
럼 큰 사업은 아마 착수하지 않았을 것이다. 왜냐하면 저 웅대한 태초의 다
리와는 전혀 다른 데로 가는 다리라고 생각되기는 하지만, 이 다리의 경우에
도 그 재료는 여기서 한 덩어리 저기서 또 한 덩어리, 광분하는 심해에서 끌
어올리고 비등하는 허공에서 끌어내려, 여러 가지 원소를 밑에서 끓는 위에
다 교묘히 결합시켜야 한다. 그런데 이 일에는 어떤 초자연적인 힘을 빌리지
않고, 다만 한 사람의 영국인 편집자의 근면과 미미한 사고력이 독일어로 씌
어지고 인쇄된 혼돈 속을 이리저리 달리며 그 '이유'와 아득히 먼 '원인'을
긁어 모으고 붙잡고 꿰어 놓으면서 활자화된 질서있는 창조를 낳으려는 것
이니, 그의 모든 능력과 자아는 그 속에 삼켜질 지경이다.

　이러한 부단의 고역과 걱정 속에서 인내로써 편집자는 모든 분노를 억제
하며, 평소 훌륭하던 자신의 건강이 쇠퇴함을 느끼는 것이다. 자기에게 할당
된 자연적 수면이 밤마다 사라지며, 열병에 걸린 신경계통만으로 되어가는
것을 본다. 만일 무슨 일을 하는데 쓰려는 것이 아니라면 건강이나 생명을
가져서 무엇하랴? 다른 나라의 사상을 메마른 자기 나라 땅에 옮겨 심는 일
보다 더 고상한 일이 무엇이랴? 물론 자기 자신의 사상을 심는다면 이야기
는 다르지만, 그런 성품을 타고난 사람은 지극히 드무니까. 이 의상철학이
황당하게 보이기는 하지만, 그의 참된 의미에 도달할 수 있다면 세계역사상
신기원을 좀더 고상한 시대의 최초의 희미한 시초와 벌써 싹트는 씨앗들을
우리에게 약속한다. 이런 보수는 얻으려고 애써 볼 가치가 있지 않은가? 우
리 함께 앞으로, 용기있는 독자여, 실패로 향하든 성공으로 향하든! 성공하
면 그대도 우리와 함께 공적을 나눌 것이며, 실패하더라도 우리들만의 실패
는 아니다.

제2부

1장 창생기 (創生記)

심리적 입장에서 볼 때, 출생과 족보를 아무리 면밀히 조사하여도 많은 사실을 알아낼 수 있을는지는 의문일 것이다. 그러나 어떤 일에서든 시초가 가장 주목해야 할 순간이므로, 어떤 위인에 관해서도, 우리에게 과학적으로 이로움이 있든지 없든지, 그가 이 지구상에 처음 나타났을 때의 모든 상황과, 그가 공적으로 어떻게 등장하였느냐를 완전히 밝히지 않고서는 우리는 만족을 못한다. 그런 까닭으로 우리의 의상철학자의 창생기에 제1장을 드리기로 하겠다. 불행히도 그는 제대로 된 혈통을 갖고 있지 않은 듯하다. 도대체 혈통을 가지고 있는지조차 확실치 않다고 말해야겠다. 그러므로 사실 그의 이 창생기는 출애굽기 ^(보이지 않는 세계에서 보이는 세계로의 이동)에 지나지 않는다. 더욱이 그 처음 부분은 아무데서도 나오지 않는다.

'엔테풀이라는 마을에'라고 그는 천칭자리로 표시된 자루 속의 여러 종이쪽에서—그것을 정리하는데 우리는 많은 고생을 한다—기술하고 있다. "안드레아스 푸테랄과 그의 아내가, 아이도 없이 고요한 은퇴생활을 하며, 이제 노년에 접어들지만 즐겁게 살고 있다. 안드레아스는 일찍이 프레데릭 대왕이 거느린 근위대 상사였고 그 밑에서 연대 교관까지 지냈으나, 지금은 핼버트^(창과 도끼를 겸한 한 옛날 무기)와 채찍을 보습과 낫으로 바꾸고 작은 과수원을 가꾸며 신시나투스^(로마인, 출셋길을 탐내지 않고 전원생활을 하다가, 국난을 당하자 집정관이 되어 난리를 다스리고 평화와 더불어 다시 야인이 되다)처럼 거기서 난 산물로 신분에 알맞은 생활을 한다. 복숭아·사과·포도 등 과일들은 철 따라 생산됐고, 안드레아스는 그것을 팔 줄도 알았다. 저녁이면 여러 개비의 담배를 피우거나 (연대 교관답게) 독서를 하거나, 로쓰바하의 승리^(1757년 11월 5일, 프레데릭 대왕은 우세한 오스 트리아·프랑스 연합군을 이곳에서 격파하였다)에 대한 이야기를 듣고자 찾아오는 이웃 사람들에게 그 이야기를 들려주었다. 또는 무적의 프리츠^(프레데릭 대 왕을 가리킴)가 자기에게 말을 걸었던 이야기, 또는 안드레아스가 위병 근무 중 암호를 물었을 때에, 어느 부관도 대답하기 전에 존귀하

루벤스의 《**동방박사의 경배**》(1629) 그리스도가 탄생했을 때, 신비한 별의 움직임에 이끌린 세 명의 왕들이 구세주에게 선물을 바치기 위해 동방에서 찾아왔다.

신 그 입술로 Schweig Hund(조용히, 개야)라고 말하던 이야기를 들려주었다. 그러면 안드레아스는 흔히 "이것이 진정한 왕이야. 그러나 쿠네르스돌프(프레데릭 대왕이 러시아와 오스 트리아의 연합군에 패전한 곳)의 화약 연기는 아직도 그분의 눈을 아프게 하고 있지"하고 큰소리로 외치곤 했다.

주부인 그레첸은 데스데모나처럼, 지금은 늙은 전사인 오셀로의 용모가 아니라 무공에 반해서 결혼한 사람이지만, 그렇다고 군대적 복종 속에서만 살고 있지는 않다. 왜냐하면 안드레아스의 말에 의하면 "여자란 훈련할 수 없다"는 것이다. 그러나 부인은 그의 무용과 지혜 때문에 남편을 마음으로 사랑하였다. 부인이 보기에는 프러시아의 근위대 상사와 연대 교관은 시세로나 시드(Cid, 1040~1099 년, 스페인의 영웅)와 다름없었다. 눈에 보이되, 그 전체를 볼 수 없는 것은 무한이나 다름없다. 아니, 안드레아스는 진실로 질서 있고 용감하고 솔직한 사람이 아니었던가? 부싱의 《지리학》을 이해하고 있고, 로쓰바하의 승리에 참가하였으며, 호흐키르히(1758년 10월 오스트리아 군의 야 습으로 프러시아 군이 패한 곳)에서 야습을 당하였을 때는 전사했다고 버림받지 않았던가? 마음씨 고운 그레첸은 가끔 신경질을 부리긴 해도 상냥한 주부답게 남편을 돌보고 시중을 들었다. 남편을 위해 바지런히 요리하고 바느질하고 청소하였다. 그리하여 안드레아스의 오래된 군도와 근위병 모자뿐만 아니라, 이런 물건들을 명예로운 자랑으로 삼아 못에 걸어둔 집 안팎은 늘 말끔하고 명랑하게 보였다. 페인트칠을 한 널따란 시골집은 과일나무·교목·사철나무·인동덩굴 등으로 둘러싸여 있었다. 짧게 깎은 잔디밭 위에 색색으로 피어오른 꽃들은 창문으로 들어오려고 하고, 길게 내민 추녀 아래에는 (비에 젖지 않게) 정돈해서 쌓은 정원 도구들과, 여름 밤이면 왕도 거기 앉아서 담배를 피우며, 그것이 내 것이라면 하고 싶어할 정도의 의자들만이 있을 뿐이었다. 이런 부동산의 소유권을 그레첸은 남편에게 주었으며, 남편의 튼튼한 팔과 오랫동안 묵혀 뒀던 원예술은 이것을 지금 보는 것처럼 만들었다.

어느 조용한 황금빛 저녁, 지상의 엔테풀에서는 자취를 감추어 보이지 않는 해가 하늘의 천칭자리를 따라 휘황하게 운행하고 있을 무렵, 이 그늘에 사는 '사람의 둥우리'로 위엄 있는 풍채의 어떤 길손이 들어와서, 정중하게 인사를 하고는 놀란 부부 앞에 섰다. 넓은 망토로 몸을 푹 감싼 그는 다른 말을 더 하지 않고, 망토 속에서 푸른 페르시아 비단으로 싼 바구니 같은 것을 꺼내 놓으면서 말하였다. "선량하신 분들, 여기 지극히 귀중한 것을 맡기오. 극진하게 다루고 조심을 다해서 쓰오. 언젠가 이것을 도로 찾을 때는 큰 보수나 또는 무거운 벌을 드리겠소." 이런 이상한 말을 방울같이 맑은, 영원히 기억에 남을 음성으로 말하고 그 손님은 살며시 물러갔다. 어리둥절한 안드레아스 부부가 뭘 물어보기도 대답하기도 전에 그는 사라지고 없었다. 밖에 나가 보았지만 무엇 하나 보이지도 들리지도 않았다. 그는 숲속의 어둠 속으로 사라지고 과수원 문은 닫힌 채 조용하였다. 이상한 사람은 순식간에 영원히 가버렸다. 이 일은 너무 갑자기 지나가고 가을의 고요한 황혼은 너무 부드럽고 조용하여, 푸테랄 부부는 이것이 모두 상상의 장난이 아니면 정말 귀신이 다녀간 것으로 생각할 지경이었다. 그러나 상상 속 인물이나 귀신이 가지고 다니리라고는 여겨지지 않는 물건인 그 푸른 비단으로 싼 바구니는 그들의 작은 객실 탁자 위에 볼 수도 만질 수도 있게 놓여 있었다. 놀란 부부는 이제 촛불을 켜고 그쪽으로 황급히 주의를 돌렸다. 푸른 보자기를 벗기고 어떤 귀중한 것이 그 속에 들어 있나 보니, 털이불과 값진 흰 비단 포대기 속에 피트 다이아몬드(윌리엄 피트 가문 소유의 인도산 큰 다이아몬드)도 합스부르크 왕가의 보물도 아니고, 곱게 깊은 잠에 들어 있는 불그스레한 작은 아기가 있는 것이었다! 아기 곁에는 프리드리히 금화 한 꾸러미가 놓여 있었다. 정확한 액수는 아직껏 공식으로 알려져 있지 않지만. 그리고 또 세례증명서가 있었는데, 거기에는 불행히도 이름뿐이고 다른 아무런 기록도 표시도 씌어 있지 않았다.

이상하게 생각하고 억측하여도, 아무 소용이 없었다. 다음 날에도 그 다음 날에도, 엔테폴의 어느 곳에서도 이 이상한 사람을 보았다는 소문은 돌지 않았다. 사두마차를 타고 이웃 동네를 통과했다는 나그네도, 전혀 터무니없는 상상으로밖에는 이곳에 나타났던 유령 같은 사람과는 관련이 없었다. 한편 안드레아스와 그의 아내에게는 이 조그마한 잠든 아기를 어떻게 하느냐 하는 실제적 문제가 컸다. 겉으로 만족되지 못하고 사라질 수밖에 도리가 없는 놀라움과 호기심 속에서, 신중하고 어진 사람이 이런 경우 마땅히 해야 할 것처럼, 그들은 이 아기를 암죽으로라도 길러서 소년으로, 가능하면 성인이 되기까지 기르기로 작정하였다. 하늘은 그들의 노력에 미소를 보냈다. 이리하여 이 신비에 싸인 아이는 이 눈에 보이는 세계에서 하나의 지위, 약간의 음식과 숙소와 놀이터를 얻고, 몸집·재능·선악의 지식 측면에서도 자라나

디오게네스 토이펠스드레크 씨로서 보이쓰니히트보의 새로운 대학에서, 일반사정학(一般事情學)이라는 신학문을 교수하는지 교수하려는지 하게 되었다. 그러니 그들의 노력이 아주 헛되지는 않은 셈이다.

여기서 우리 철학교수는 능히 그러리라고 생각되는 것처럼 이렇게 말한다. 즉 그의 나이 열두 살 때에 어진 그레첸 푸테랄로부터 들은 이러한 사실들은 그의 "소년다운 마음과 공상에 결코 지워지지 않는 인상을 남겼다. 이 위엄 있는 사람은" 그는 말한다. "태양이 천칭자리에 들었을 때 과수원 속의 시골집에 소리 없이 들어와서, 마치 요정의 날개를 가진 듯 소리 없이 다시 나간 이 사람은 누구일까? 사랑과 설움이 가득한 형언할 수 없는 소망이 해답을 찾아 그때 이래로 자주 내 마음속에서 몸부림쳤다. 괴로울 때나 외로울 때나 항상 내 생각은 그리움으로 부풀어 그 알 수 없는 아버지에게로 달렸다. 어쩌면 아득한 곳에 있고, 어쩌면 내 가까이 있는, 그러나 어쨌든 보이지 않는, 그 자애로운 품에 나를 안아 많은 설움으로부터 보호해 주었을 그 아버지에게로. 그리운 아버지, 이 지상의 공간이라는 얇고 투명한 장막에 의해서만 나로부터 갈라져 있을 뿐으로, 산 사람들의 군중 속을 이리저리 다니고 계신가? 그렇지 않으면 영원한 밤, 또는 차라리 영원한 낮의 훨씬 더 두꺼운 장막, 인간에 지나지 않는 내 눈이나 뻗은 팔이 그것을 뚫고 닿아보려고 애써야 소용없는 장막으로 가려져 계신가? 아, 알 길 없는 나는 알려고 헛된 애만 쓴다. 마음의 갈피를 잃은 나는 위엄 있게 보이는 이상한 사람을 보면 그이가 당신인 줄 알고, 그리운 마음과 무한한 존경을 품고 다가간 일이 있지만, 되쫓겨 와야만 되었지. 그 사람도 당신은 아니었으니."

"그러나 아, 여자의 몸에서 난 인간이여," 우리의 자서전 저자는 그가 흔히 하는 식으로 화제를 갑자기 돌리며 외친다. "어떤 점에서 내 경우가 특수하다는 것인가? 그대는 내 경우보다 나아서 그대가 아는 아버지를 가지고 있는가? 안드레아스와 그레첸, 아담과 이브, 그대를 이 세상에 데려와서 잠시 동안 젖을 먹이고 죽을 먹여준 그 사람, 그대가 아버지·어머니라고 부르는 그 사람, 그들은 내 경우와 마찬가지로, 길러준 아버지와 어머니에 지나지 않는다. 그대의 진정한 시조와 아버지는 하늘에 있다. 그대의 육신의 눈에는 결코 보이지 않고, 다만 영혼의 눈에만 보일 뿐이다."

"그 작은 푸른 보자기를" 그는 설교적이고 갈피를 잡지 못할 많은 비슷한 이야기 속에서 말한다. "나는 아직 가지고 있다. 그리고 그것보다도 더욱 밀접하게 지니고 있는 것은 디오게네스 토이펠스드레크라는 이름이다 (디오게네스는 '신이 낳은 자', 토이펠스드레크는 '악마의 똥'이라는 뜻. 시대의 버림을 받은 자가 시대를 바로잡고 그 광명이 되겠다는 의미의 이름). 보자기만으로는 아무런 추측도 할 수 없다. 이제는 물이 다 빠진 페르시아 비단은 무수한 다른 헝겊들과 다름이 없다. 내 이름에 관해서 나는 많이 생각하고 추측해 보았다. 그러나 그것에도 아무런 단서가 들어 있지 않았다. 거기서 내 미지의 아버지의 이름을 찾아낼 순 없었다. 독일 안팎의 모든 계보나 온갖 종류의 회원 명부·재향군인 명부, 그 밖의 성명록들을 조사해 보았으나 허사였다. 독일에는 괴상한 이름들이 많기도 하지만, 토이펠스드레크라는 성(姓)은 나 자신에게 붙어 있는 것을 제외하고는 아무 데도 없었다. 그리고 그리스도교도답지 않은 디오게네스라는 이름은 무엇을 의미하는가? 바구니를 들고 왔다는 저 위엄 있는 사람은 그러한 이름으로 나의 장래의 운명을, 또는 자기의 현재 울분에 차 있는 심정을 암시하려고 한 것인가? 그것은 아마도 후자이겠고 또 어쩌면 둘 다였을지도 모른다. 나의 불운한 어버이, 마치 타조처럼 당신이 낳은 불운한 것이 다만 우연이라는 하늘의 조화로 부화되어 스스로 살아가도록 버려야만 했던 당신의 인생 행로가 평탄할 수 있었을까? 당신이 불행으로, 불행치고 가장 심한 비행으로 시련을 당하였으리라는 것은 의심할 여지도 없다. 나는 흔히 상상하였다. 당신은 치열한 삶의 전투에서 당신 자신에게도 다른 사람들에게도 있는 시대정신(Zeitgeist)에 의하여 저격당하고 돌팔매를 맞아, 상처를 입고 손을 묶이고, 절름발이가 되고, 냉대와 위협을 받아, 그 결과 당신이 가지고 태어난 어진 영혼은 마침내 고갈되어 음산한 분노가 되고, 당신은 내 속에 성난 호소를, (시대정신뿐만 아니라 시대 자체의 적절한 이름인) 악마에게 대한 살아 있는, 말하는 반항을 남길 수밖에 없게 되었다고. 그 호소와 반항은 아주 허공에 사라지고 말지는 않았다고 나는 겸손하게 말할 수 있다.

왜냐하면 월터 샌디 (영국소설가 Sterne의 작품 《트리스트럼 샌디》의 주인공 트리스트럼의 아버지)가 흔히 주장한 것처럼 이름에는 많은 것이, 아니 거의 모든 것이 포함되어 있다. 이름은 이 지구에 찾아온 손님인 '나'를 싸는 맨 처음의 옷이며, 그때부터 살갗보다도 더 단단히 (왜냐하면 거의 30세기나 지속되는 이름도 있으니까) '나'에게 달라붙어 있다. 그리하여 이제 그것은 밖으로부터 어떤 신비스러운 영향을 안으로, 중심까지도 보내지 않는가. 영혼 전체가 아직 어리고 부드러워서, 눈에 보이지 않는 작은 씨앗이 모든 것을 그늘로 덮는 나무로 자라려고 하는 가변적인 최초의 시기에는 특히 그렇다! 이름? 모든 옷 가운데 가장 중요한 것인 이름의 영향을 밝힐 수 있다면, 나는 그야말로 제2의 위대한 트리스메기스투스(세 가지로 위대한의 뜻으로, 종교·예술·과학 등 인지(人知) 전반의 이집트 신)일 것이다. 모든 언어뿐만 아니라 과학과 시(詩)도, 생각해 보면 바른 '이름을 붙이는 일'에 지나지 않는다. 아담의 첫 일도 자연의 외견에 이름을 주는 일이었다(창세기 2장 19~20절). 우리의 일도 그 일의 계속이 아니고 무엇이랴. 비록 그 대상이 (과학에서처럼) 이상한 식물이고, 유기물이고, 기계이고, 별이고, 별의 운행이든지, 또는 (시에서처럼) 감정이고, 덕성이고, 재난이고, 신(神)다움이고, 또는 신 그 자체이든. 매우 쉬운 뜻의 이런 속담이 있다. '사람을 도둑이라고 불러 보라. 그러면 그 사람은 훔친다.' 거의 비슷한 의미에서 우리는 이렇게 말할 수 있지 않을까? '사람을 디오게네스 토이펠스드레크라고 불러 보라. 그는 의상철학을 창시한다.'"

"어쨌든 지구상에 삶을 시작한 디오게네스는 다른 모든 아기들처럼, 자기에 관한 '왜', '어떻게', '어디'를 전혀 알지 못하고 친절한 광명을 향해 눈을 뜨고, 그의 열 손가락과 발가락들을 펴며, 듣고, 맛보고, 느끼고 있었다. 한마디로 그의 다섯 감각에 의하여, 또 그보다도 굶주림이라는 여섯째 감각에 의하여, 그리고 내면적·정신적인 반쯤 깨어 있는 무수한 감각에 의하여, 자기가 도착한 이 이상한 우주—그 속에서 그가 할 일이 무엇이든지—에 관한 무슨 지식을 스스로 얻으려고 노력하고 있었다. 그의 진보는 무한하였다. 그리하여 약 열다섯 달 만에 그는 말이라는 기적을 행할 수 있었다! 새 영혼을 기르는 것은 새로 (하늘이) 낳은 알을 부화시키는 것과 비슷하지 않은가? 처음에 그 안의 모든 것은 아직 형상도 힘도 없으나, 물기 많은 단백질 속에서 유기적 성분과 섬유질이 차츰 생겨나고, 희미한 감각이 자라서 사상이 되고 상상과 힘이 되어, 우리는 철학·왕정, 아니 시(詩)·종교까지도 가지게 된다.

어린 디오게네스는, 그를 귀여워하는 부모가 지어준 애칭으로 부른다면 어린 그네셴은 빠르고도 순조로운 발육 단계를 거쳐, 앞서 말한 것과 같은 고도의 완성으로 향하였다. 푸테랄 부부는 실없는 소문을 없애고 또 프리드리히 금화를 무사히 보유하기 위해서, 이 디오게네스는 자기의 먼 조카라고 말하였다. 안드레아스의 고국 프러시아의 먼 곳에서 갑자기 죽은 누이뻘 되는 어떤 여자가 남긴 고아라고. 이 여자나, 그 가난하고 설움에 싸인 홀아비에 관해서는 엔트풀에서는 전혀 알 리 없었기 때문이다. 이런 일에는 전혀 무관심한 채, 아기는 암죽을 받아먹고 자랐다. 그는 소리를 내지 않는 아기였으며, 좀체로 자기 생각을 나타내지 않았다. 특히 울지 않기로 널리 알려졌다는 것을 나는 들은 적이 있다. 시간이 귀중하다는 것, 자기는 찡찡거리는 이외에도 다른 임무를 가지고 있다는 것을 그는 벌써 느꼈던 것이다."

잡다하게 쌓인 휴지 뭉치들을 조사하고 조회하며 갖은 고생을 한 끝에, 토이펠스드레크 씨의 족보에 관해서 우리가 수집할 수 있었던 것은 이상이 전부였다. 우리보다도 더 이것을 불완전하고 수수께끼 같다고 보는 독자는 별로 없을 것이다. 일종의 풍자적 기질과 심술궂은 기분의 저류가 차츰 더 엿보이는 교수이지만, 지금은 명예를 걸고 말하고 있으므로, 우리는 그의 말을 의심하려고는 하지 않는다. 그러나 '마음씨 고운 그레첸 푸테랄'이나 다른 어떤 이해관계가 있는 사람에게 그 자신도 속고 있었다고 생각할 수는 없을까? 이 글이 번역되거나 또는 번역되지 않으면 되지 않는 대로 엔테풀의 순회도서관에 도착한다면, 그곳의 어떤 교양 있는 사람이 설명할 의무가 있다고 느끼지는 않을까? 아니, 책이란 보이지 않는 척후병 같아서 사람이 사는 곳이면 지구상 어디라도 침투하므로, 팀북투(중앙아프리카의 지명)라 할지라도 영국 출판물의 침입을 면치 못하는 터이니, 이 책의 어떤 한 부(部)가 신비에 싸인, 바구니를 가지고 다니는 그 이상한 사람, 매우 늙은 모습으로 지금도 어쩌면 살아 있는 그 사람을 찾아서 그로 하여금 자신의 정체를 밝히고, 어떤 아버지라도 자랑으로 삼을 아들을 내 아들이라고 공언하게 하지는 않을는지?

2장 목가적

"행복한 어린 시절!" 토이펠스드레크는 외친다. "만물의 풍요로운 어머니이며, 가난한 사람의 오막살이에도 새벽빛과 함께 찾아가며, 그대의 젖먹이를 사랑과 무한한 희망의 부드러운 포대기로 싸주어, 지극히 단 꿈에 싸여 흔들려 자라면서 재워주는 어진 대자연! 비록 아버지의 '집'이 아직도 우리를 가두어 둔다 해도 그 지붕은 역시 우리를 보호해준다. '아버지'가 있음으로써 우리는 아직도 예언자·성직자·왕을 가지며, 우리에게 자유를 주는 복종을 가지고 있다. 어린 영혼은 영원 속에서 자던 잠이 갓 깨어, 우리가 말하는 시간이란 말의 의미를 모른다. 시간은 아직 빨리 흐르는 시냇물이 아니고 햇빛이 춤추는 바다이다. 아이에게 한 해는 한 세대에 해당한다. 아, 흥망성쇠의 비밀, 바위산으로부터 인간과 하루살이에 이르기까지 이 우주라는 조직의, 빠른 쇠퇴와 끊임없는 붕괴의 비밀스런 이치를 아직 알지도 못한다. 그리하여 고요한 우주 속에서, 우리는 나중의 어지럽게 도는 우주에서는 영원히 맛보지 못하는 쉼의 향기로움을 맛본다. 고이 잠자라, 귀여운 아기. 너의 긴 여로가 앞에 있으니! 잠시가 지나면 너 또한 더 잠자지 못하리니, 너의 꿈마저 전투의 연습이며, 너도 역시 그 옛날의 아르노^(프랑스 신학자)처럼 가혹한 인내 속에서 "쉬어라? 쉬라고? 내가 쉴 시간은 영원무궁토록 있지 않은가?"라고 말하게 될 것이니. 천국 같은 네펜테^(모든 고통·설움을 잊게 하는 약초)여! 피로스가 왕국들을 정복하고, 알렉산더 대왕이 세계를 약탈할지라도, 그대를 찾아내지는 못할 것이다. 그대는 한때 부드럽고 조용히 모든 어머니들의 아기 눈까풀에, 그리고 마음에 내렸던 것이다. 왜냐하면 그때까지는 잠과 깨어 있음이 하나였으며, 아름다운 삶의 동산은 주위에서 무한을 속삭이고, 곳곳에 이슬을 담은 향기가 풍기고, 희망의 봉오리가 피어났으니까. 그 봉오리는 어려서 서리를 맞으면 꽃은 필지라도, 성년에 이르러서는 열매를 맺지 못하고 아무도 씨를 찾을 수 없는 가시 돋친 쓴 돌덩어리가 되고 만다."

이렇듯 우리의 교수는 다른 시인들처럼 자신의 어린 시절을 장밋빛으로 회고한다. 그러므로 지루할 정도로 세세하게 지나간 일들을 (많은 막연한 수사적인 문장에 대해서는 언급하지 않지만) 기술한다. 엔테풀의 마을이 숲이 짙은 경사지에 '믿음직하게 헝클어져' 있음을, 아버지의 과수원이 전초기지처럼 마을의 옆을 지키고 있음을, 작은 시냇물 쿠박흐^('암소의 개울'이라는 뜻)가 줄지어 선 참나무 사이를 쫄쫄 흘러서 여러 개울을 거쳐 도나우 강으로, 흑해로, 공중으로, 우주로 간다는 것을, 그리고 '씩씩한 늙은 보리수'가 반경이 20엘이나 되는 파라솔을 펼친 듯 다른 모든 나무들과 숲보다도 한결 높이, 마을 중앙에 자리잡은 아고라^(Agora, 고대 그리스 도시의 광장) 또는 캄푸스 마르티우스^(Campus Martius, 고대 로마의 군신의 광장)에서 신령한 나무처럼 솟아 있었다는 것을, 그 그늘에 노인들이 모여 앉아 이야기를 하였다는 것을(그네센도 흔히 그것을 열심히 듣고 있었다), 그리고 지친 일꾼들은 누워 있고, 지칠 줄 모르는 아이들은 뛰놀고, 젊은 남녀들은 피리의 가락에 맞춰 춤을 추었다는 것 등을 우리는 듣는다. "영광스러운 여름의 황혼", 토이펠스드레크는 외친다. "태양은 의기 높은 정복자처럼, 일을 감독하는 대왕처럼, 이 진흙 지구상의 고달픈 벽돌공들이 잠시 유쾌함을 훔칠 수 있도록, 금빛과 자주색의 찬란한 장식과 (무지개 빛깔도 화려하게) 불의 옷을 입은 호위병들과 함께 등을 돌리고 서 있는 그 시간, 드문드문 박힌 부드러운 별들도 벽돌공들의 게으름을 일러주지 않는 그 시간!"

다음에는 포도 따기, 추수, 성탄절 등에 관해서 길고 세세하게 기술하고, 엔테풀의 어린이들의 유희를 거의 모두 언급하고 있다. 이것은 다른 나라 어린이들의 놀이와 약간의 표면적 차이밖에 없다. 이 모든 것에 관해서 우리는 아무 말도 하지 않으려 한다. 그 이유는 분명하다. 아직 조그만 우리 철학자가 저 '씩씩한 늙은 보리수' 밑에서 한 일들에 관해서 세상은 무슨 관심이 있으랴? 다음과 같은 실제적 고찰인들 무슨 소용이 있으랴?

"아이들의 모든 놀이에서는 함부로 깨뜨리고 망쳐 버리는 동작을 통해서도 일종의 창조적 본능을 볼 수 있다. 어린이는 자기가 사람으로 태어났으며 자기의 본디 의무는 일하는 것임을 느낀다. 그에게 줄 수 있는 가장 좋은 선물은 도구이다. 그것이 건설을 위한 칼이든, 파괴를 위한 장난감 총이든, 그것은 일과 변화를 위한 것이다. 기술이나 힘이 필요한 집단적 놀이로서 소년은 전쟁, 또는 평화를 위한 지배자, 또는 피지배자로서의 협동을 배운다. 소녀 역시 가정에서 갖는 자기의 운명을 미리 깨닫고 인형을 가지고 놀기를 택한다."

그러나 이야기를 하는 것이 누구인가 생각할 때, 다음 일화는 아마 여기 실어도 좋을 것이다. "처음 내가 입은 아동복은 누런 서지 천으로 만든 것이었다. 아니, 그것은 차라리 옷이라기보다 짧은 옷감이라고 말해야 좋을 것이다. 왜냐하면 그것은 목에서 발꿈치까지 전체가 하나로 된, 그저 몸통에 팔다리가 달린 것에 지나지 않았다. 그즈음 나는 이 양식의 건축적 의의를 전혀 모르고 있었으니, 하물며 정신적 의의야 말할 것이 있었으랴!"

다음의 작은 묘사는 더욱 아름답다. "날씨가 좋은 저녁이면 나는 음식 _(우유에 끓인) _(빵 부스러기)을 들고 나가 바깥에서 먹었다. 과수원 담 지붕으로 기어 올라가서,

또는 아버지 안드레아스가 과수원에서 쓰는 사다리를 세워주면 더 손쉽게 올라가서 내 죽을 거기다 놓고, 여러 날 해질 무렵, 먼 서산을 바라다보면서 나는 입맛을 다시며 저녁 식사를 들었다. 황금빛과 남빛의 그 하늘, 하루 해가 막 기울어질 무렵의 세계의 소리를 가라앉힌 그 고요함은 아직 내게는 히브리 말과 같았다. 그러나 나는 그 아름다운 광채의 글씨들을 보며 그 금빛 아름다움을 보는 눈을 가지고 있었다."

'가축과 가금(家禽)'에 대한 이 어린아이의 사랑'에 대해서는 우리는 별로 관여하지 않으련다. 그는 이것으로써 '동물에 대한 일종의 깊은 이해'를 가지게 되었을 수도 있다. 그러나 전기적 문서를 모은 것 속에서 일찍이 다음과 같은 글을 본 사람이 있느냐고 우리는 묻고 싶다. "이른 아침 돼지 치는 사람의 뿔피리 소리를 듣는 것은 매우 인상적이다. 그 소리를 들으면 배고픈, 그러나 행복한 수십 마리의 네발 짐승들이 사방에서 뛰어 일어나 벌판에서 아침밥을 먹으려고 그 사람에게로 달려오는 것을 알 수 있다. 또는 저녁에 그들이 짤막한 소리로 꿀꿀거리며, 거의 군대처럼 질서 있게 모두 행진해 돌아오는 모습을 보는 것도 그러했다. 저마다 지형대로 정확히 작은 길을 따라 왼쪽·오른쪽 줄을 지어 각자의 우리로 걸어가노라면, 지금은 혼자 남은 쿤츠 영감이 마을 입구에서 마지막으로 뿔피리를 한 번 더 불고 잠을 자러 들어간다. 우리가 돼지를 사랑하는 것은 주로 그것이 햄의 형태를 취하였을 때이다. 그러나 털이 뻣뻣하고 가죽이 두꺼운 이 짐승들은 여기서 지혜, 어쩌면 성격상의 유머, 적어도 인간에 대한 감동적이고 신뢰에 찬 복종을 보여주지 않았는가? —이리하여 그 인간은 비록 돼지 치는 일을 직업으로 가졌을지라도, 기운 덧저고리에 기왓장이나 삭은 주석 같은 가죽 바지를 입고 있을지라도, 이 지상에서는 교주(敎主)가 아닌가?"

엘베시우스(1715~1771년, 프랑스의 철학자)와 그의 무리는, 어린 천재라도 여느 아이와 조금도 다르지 않다, 다만 어떤 놀라울 만큼 유리한 영향이 일생 동안 특히 어린 시절에 그에게 미쳐서, 다른 아이들은 피어나지 못하고 계속 어리석은 채로 있는데 그만이 발전한다고 주장한다. 계시를 받은 예언자와 쌍발 엽총을 가진 사냥감 보호자(칼라일이 각성을 촉구한 지/주와 귀족 등을 가리킴) 사이의 큰 차이가 여기에 있다, 천재가 가진 본성은 육성되어 충분한 발전을 보았고, 그렇지 않은 사람의 본성은 동물적 소화작용 따위의 힘에 짓눌려 발산·증발되고 말았거나, 또는 기껏해야 그의 밥통 바닥에 완전히 가라앉아 되살아날 희망도 없는 상태에서 잠자고 있다고 그들은 말하였다. "이 의견을" 토이펠스드레크는 외친다. "찬성하느니 나는 차라리 토질과 기후의 영향에 따라서 도토리가 양배추로 자라고, 양배추 씨가 떡갈나무로 자란다는 의견에 찬성하겠다."

"그러나" 그는 계속한다. "나도 역시 초기 손질과 양분의 거의 전능한 힘을 인정한다. 그것으로 인해서 앙상하게 말라붙은 나무도, 높이 솟고 그늘이 넓은 나무도, 병들고 누런 양배추도, 먹을 수 있는

칼라일(1795~1881)

영국의 평론가·역사가. 대자연은 신의 의복이고, 모든 형식·제도는 가공의 존재라고 주장.

탐스러운 푸른 것도 생긴다. 실로 모든 사람, 특히 모든 철학자의 의무는 자기가 받은 교육의 특수적인 상황, 무엇이 도움이 되고, 무엇이 장애가 되고, 무엇이 어떤 영향을 주었느냐를 정확하게 기술하는 것이다. 이 의무는 오늘날 독일의 많은 자서전 저자의 급선무가 되어 있으며, 나 역시 자신에게 적극 권하는 바이다." 심술궂은 사람! 천재 아기를 교육하는 것이 누런 서지로 만든 덧저고리나 돼지 치기의 뿔피리라고 말할 수 있겠는가? 그런데 그는 흔히 그렇듯 자서전 쓰기를 좋아하는 이 시대를 자기의 소매 속에 숨어서 조소하는 것인지, 또는 그 자신의 어리석음도 겨냥해서 글을 쓰고 있는 것인지 아직도 의문으로 남아 있다. 왜냐하면 그는 아래와 같이 말하고 있기 때문이다. "마술의 궁전에라도 있는 듯이 어린 그네센은 고통과 쾌락을 불러일으키는 시각·청각·촉각의 끊임없는 조류 속에 둘러싸여 있었다. 그러한 것들 중에서 감히 선택하여 말한다면 다음과 같은 것들이 그 안에 들어갈 것이다."

"어린이의 놀이가 지력과 활동을 불러내듯이 이 어린것의 상상력은, 아버지 안드레아스의 이야기하기를 즐기는 버릇에 의하여 환기되어 일종의 역사적 경향을 띠게 되었음이 분명하다. 전투에 대한 회상이 많고 명랑하고 엄하면서도 진심을 발산하는 가장다운 풍채를 가진 안드레아스는 곧 율리시즈의 재림이며 '많은 시련을 겪은 사람'으로 보일 수 있었다. 이야기를 들으러 온 동네 사람들이 난롯가에 가득할 때 나는 열심히 그의 이야기를 듣고 있었다. 이러한 위험과 전투들, 거의 저승처럼 무섭고 아득한 그 이야기를 듣고 있노라면, 내 마음속에는 몽롱한 모험의 세계가 펼쳐졌다. 저 보리수 아래에서 노인들 곁에 서 있을 때 내가 얻은 지식도 또한 무한량이었다. 나에게 세계는 아직 완전히 새로웠다. 그런데 이 이야기를 즐기는 존경할 어른들은 80년 가까이 어느 정도 그것을 더듬어 보지 않았던가? 나는 놀라면서 알게 되었다, 엔테풀은 한 나라의, 한 세계의 복판에 있다는 것을, 세상에는 역사·전기(傳記)라는 것이 있으며 나도 언젠가 손으로 혀로 그것에 이바지할지도 모른다는 것을.

역마차도 비슷한 작용을 하였다. 그것은 사람과 짐을 산더미처럼 싣고 천천히 굴러 우리 마을을 지나갔다. 그것이 북으로 갈 때는 한밤중이었으나 남으로 갈 때는 초저녁이라 사람 눈에 띄었다. 나는 여덟 살 때 처음으로, 이 역마차는 하늘의 달처럼 오로지 자연의 법칙에 따라 뜨고 지는 지상의 달이 아니라는 것, 그것이 먼 도시에서 먼 도시로 다니며 대로를 통과하여 거대한 (베 짜는) 북인 양 그들을 짜서 더 긴밀하게 만든다는 것을 깨달았다. 그때 나는 실러의 《빌헬름 텔》의 힘을 빌리지 않고 혼자서, 전혀 무의미하지 않은 (정신적인 일에 관해서도 실로 진실인) 생각에 도달하였다. 즉 어떤 길이든지, 이 단순한 엔테풀의 길도 세상의 끝까지 통한다!"

"듣건대 먼 아프리카를 떠나 많은 산과 바다와 자치도시와 싸우는 나라들을 굽이굽이 지나서 해마다 5월이면 우리 오막살이 추녀 밑에 둥지를 트는 제비들까지 굳이 말할 필요야 있으랴? 손님을 반기는 아버지는 (청결을 위해서) 둥지 바로 아래에다 조그만 판자를 댔다. 제비들은 거기 집을 짓고, 파리들을 잡고, 재재거리고, 새끼를 쳤다. 누구나, 특히 나는 그들을 정말 사랑하였다. 명랑하고 재빠른 것들, 누가 너희들에게 흙으로 하는 집짓기를 가르쳐 주었느냐? 그보다도 이상스러운 것은, 누가 미장이조합을—사회적 질서를—가르쳐 주었느냐? 왜냐하면 운이 나빠서 또는 시간의 압력으로 너희들의 집이 무너지면, 다음 날 이웃에 사는 다섯 마리가 와서 씩씩하고 높고 긴 소리로 재재거리며, 제비 같지 않게 몹시 활기를 띠고 이리저리 획획 날며, 어둡기 전에 집을 다시 완성하는 것을 나는 보지 않았던가?”

　“그러나 의심할 여지도 없이 엔테풀 소년의 교육의 큰 요지는, 온갖 영향이 집중되어 동시에 우리에게 쏟아지는 배기통과 같은, 해마다 서는 가축시장이었다. 여기서는 사방팔방에서 모여든 요소들이 말할 수 없는 소란을 피웠다. 밤빛의 아가씨들, 밤빛의 사내들. 모두 깨끗이 단장하고 높은 소리로 웃으며, 나들이옷에 리본을 달고, 춤추러, 놀러, 그리고 될 수 있는 한 행복을 찾으러 왔다. 북쪽에서 온 장화를 신은 목동들, 또 장화를 신은, 남쪽의 스위스에서 온 브로커들과 이탈리아의 소장수들, 이들이 데리고 온 가죽 저고리에 가죽 모자를 쓰고 긴 막대기를 든 부하들. 반쯤 알아들을 수 없는 그들의 고함소리, 전혀 알아들을 수 없는 개 짖는 소리, 소 우는 소리. 좀 떨어진 곳에는 멀리 삭소니에서 온 항아리 장수들이 그릇들을 줄지어 늘어놓고 있고, 뉘른베르크의 행상인들은 내가 보기에는 호르무즈(페르시아 만 어귀의 도시) 시장보다 더 번화한 노점들을 벌이고 있었다. 라고 마조레(이탈리아와 스위스 접경 최대의 호수) 지방에서 온 광대들, 도박을 감시하며 떠들어대는 비엔나의 부랑자 패거리들. 엉터리 가수들이 목청을 떠는 소리, 경매꾼들의 목쉰 소리. 싸구려 햇포도주가 물처럼 흘러서 전체를 더욱 혼란하게 만들고, 그리고 무엇보다도 더 높은 곳에선 알록달록 옷을 입은 어릿광대가 이 고장의 아니, 삶의 화신인양 땅에 공중에 곤두박질치고 있었다.

　이리하여 삶의 신비에 둘러싸여, 높은 하늘의 지붕 아래에서 저마다 다른 산물을 가져오는 네 개의 황금과 같은 계절을 따라 아이는 얌전히 배웠다. 왜냐하면 음산한 겨울도 스케이트 대회, 사냥 대회, 눈보라와 크리스마스 캐럴을 가지고 왔으니까. 이런 것들은 그가 후년에 우주라고 하는 위대한 책의 글자를 모아 쓰고 그 일부를 읽을 알파벳이었다. 이러한 알파벳이 금색의 큰 글자이든 또는 평범한 검은색 작은 글자이든 아무 상관이 없다. 배우는 데 열성적인 그네셴에게는 그것을 본다는 것만도 모든 것에 금빛을 아롱지게 하는 행복이었다. 그의 삶은 빛나고 온화한 희열이었으며, 마치 프로스페로(셰익스피어의 극《템페스트》의 주인공)의 섬처럼 경이가 잇달아 솟아나 황홀함을 가르쳐 주었다.

그러나 비록 그때조차도 나의 행복이 완전했다고 말한다면 나는 실없는 몽상가에 지나지 않을 것이다. 나는 다시는 돌아가지 못하도록 하늘에서 땅으로 내려와 있었다. 나의 지평선 위에 빛나는 무지개 빛깔 속에는, 소년 시절에도 근심의 검고 둥근 테가 들어 있었다. 그것은 아직 실보다 더 굵지 않고 휘황한 빛 속에서 보이지 않는 때도 자주 있었지만, 항상 다시 나타나고 더 넓게 퍼져, 마침내 뒷날에는 나의 하늘 전체를 가리고, 종말적인 밤의 어둠 속에 나를 삼켜버리려고 위협하였다. 그것은 우리 모두를 둘러싸고 있는 필요라는 둥근 테였다. 그것에 광명을 주어 의무의 둥근 테로 만들고, 프리즘에서 발산된 아름다운 굴절광선으로 주위를 물들여 주며, 우리 삶 전체의 기초이며 한계로서 거기 있어 주는 고마운 저 하늘의 태양을 가진 사람은 복되도다.

지상에서 수련을 쌓는 처음 몇 해 동안은 우리의 할 일은 많지 않다. 무료로 숙소와 양식을 받고 우리 주위의 일터나 두루 구경하며, 일의 도구들을 다소 이해하고 이것저것 쓸 수 있게 될 때까지 남들이 일하는 것을 보며 지낸다. 필요한 것은 좋은 수동성(受動性)뿐이고, 좋은 수동성과 좋은 능동성을 합한 것이 아니었다면, 나의 어렸을 때의 교육 환경은 대부분 사람들보다 더 유리한 것이었다. 감수성, 다정한 기질, 순수한 탐구심, 그리고 이런 것의 함양에 관련된 모든 것에서, 내가 더 원해야 할 것이 무엇이 있었으랴? 그러나 다른 면에서는 일이 그다지 잘되어 나가지 않았다. 나의 능동적인 힘은 불리하게 폐쇄되어 있었다. 이 불행의 많은 자취가 아직도 내게 남아 있다. 아이들이 놀며 어지럽히는 것을 싫어하는 질서 잡힌 가정에서는 훈육이란 너무나도 금욕적이다. 물건을 만들고 행동하는 것보다 참고 하지 않는 것이 으뜸이다. 나는 많은 것을 금지당했다. 조금이라도 대담한 소망이면 나는 버리지 않으면 안 되었다. 어디서나 복종의 엄격한 구속이 나를 옴짝도 못하게 억제하였다. 그리하여 벌써 자유는 '필요'와 심하게 부딪치게 되었다. 그리하여 나는 눈물이 흐르고, 때때로 인생의 온갖 열매에 섞여 있는 쓴 뿌리 (성경 히브리서 12장 19절)를 맛보게 되었다."

"이 복종의 습관에서는, 복종의 부족에서보다 복종의 과잉으로 실수하는 것이 비교할 수 없을 만큼 더 안전하였다. 복종은 우리의 보편적 의무요 운명이다. 여기에서 굽히려 하지 않는 자는 누구든지 꺾일 수밖에 없다. 우리의 이 세상에서는 소망은 의무에 비하여 그저 영(零)에 지나지 않고, 대체로 운명에 비하더라도 지극히 작은 분수에 지나지 않는다는 것을 아는 훈련은 아무리 일찍 아무리 철저히 받아도 부족하다. 이것으로 나의 세속적 분별, 아니 도덕 자체의 기초가 놓였다. 나의 교육을 탓하지 않기로 하련다! 그것은 엄격하고, 너무도 검소하고, 숨 막힐 정도로 격리되었고, 모든 점에서 과학적이 아니었다. 그러나 바로 그 엄격성과 가정적인 고독 속에 더 깊은 성실성, 모든 고상한 열매를 기르는 줄기의 뿌리가 있지나 않았을까? 그리고 아무리 서투르다 하여도 그것은 사랑이 깃든, 어진, 정직한 것이었으며, 그러므로 모든 결점은 보충되었다. 나의 고마운 어머니는, 그런 어머니로서 나는 언제까지나 어진 그레첸을 사랑하겠지만, 내게 무한히 고마운 일을 해 주었다. 즉 그녀는 말보다도 오히려 행동과 나날의 경건한 표정과 습관으로, 그녀의 독특하고 단순한 그리스도교 신앙을 가르쳐 주었다. 안드레아스도 교회에 다녔으나 그는 세상 사람의 이목 때문에 나가는 듯이 보였으며, 그 수고에 대한 보수는 이자까지 합하여 내세에 가서 받을 것을 기대하였다. 아마 이제는 받았을 것으로 생각된다. 그러나 진정한 여자의 마음과, 세련되지는 않았으나 섬세한 감각을 가진 나의 어머니는 가장 엄밀한 의미에서 종교적이었다. 악(惡)이 잡초처럼 엉킨 속에서도 선(善)은 죽지 않고 자라 얼마나 번성하는가! 이 지상에서 내가 아는 가장 높은 이가, 천상에 계신 더 높은 이 앞에 형언할 수 없는 외경심을 가지고 엎드려 절하는 것을 나는 보았다. 이런 일은 특히 어린 시절에는 골수까지 영향을 미친다. 우리 마음의 신비한 밑바닥에는 지극히 신성한 것이 쌓이고 쌓여 눈으로 볼 수도 있게 된다. 그리하여 사람에게 가장 신성한 것인 숭배심이 그것을 둘러싼 천한 공포 속으로부터 죽지 않고 솟아난다. 그대는 하늘에도 사람에게도 신(神)이 깃들어 있다는 것을 대충이라도 아는 농부의 아들이기를 원하느냐, 아니면 자기 집 마차에 서른두 개의 문장이 붙어 있다는 것만을 아는 공작의 아들이기를 원하느냐?"

이 마지막 물음에 대해 우리는 이렇게 대답하지 않을 수 없다. 아, 토이펠스드레크, 정신적 교만을 조심하라!

3장 교육

지금까지 우리는 어린 그네센이 누런 서지 천으로 만든 한 개의 꼬투리 속에 든 채, 주로 고마운 자연의 팔에 안겨 성장하는 것을 보았다. 이 지상의 일터에 그는 자기 마음 내키는 대로 앉아 있었다. 그러나 (벌써 고요한 지성으로 틀림없이 빛나고 있었을 개암열매 같은 눈은 따로 하고) 그 일터에서 의식적 활동을 하지 않아도 되었다. 그러므로 지금까지의 그의 모습은 다분히 개괄적이었다. 초기의 추상적인 철학자와 시인의 그것이었다. 그의 독특한 의상철학의 싹이 어디에 있었던가를 말하는 것은 아마 호이슈레케 씨로서도 곤란할 것이다. 왜냐하면 그네센의 경우에도 다른 사람들의 경우와 마찬가지로, 성인은 소년 속에 그려져 있기 때문이다(적어도 그림의 모든 재료는 거기 있다). 그러나 어린이 또는 어린 소년 속에는 성인이 아직 반쯤만 그려져 있다. 즉 그의 수동적 소질만 그려져 있고 능동적 소질은 그려져 있지 않다. 이 능동적 소질에서 그는 어떤 그림을 나타낼까? 그 자신의 말을 빌린다면 "그가 일의 도구를 다소 이해하고 이것저것 쓸 수 있게 되었을" 때 그가 어떻게 그것을 쓸 것인가를 알고 싶은 생각은 더욱 간절하다.

그러나 여기서 아무래도 말해야 할 것은 우리 철학자의 경력의 대부분에는 거의 힌두교도와 비슷한 성격이 있다는 것이다. 뿐만 아니라 그렇게 잘 육성되고, 어느 모로 보나 눈에 띄게 상반되는 능동성의 자유로운 발전을 더 붙지 아니하고 그의 어린 시절을 괄목할 만한 것으로 만든 그의 '수동성'에서도 우리는 훗날, 그리고 현재에도, 세상을 놀라게 하는 많은 것들의 싹을 볼 수 있다는 것이다. 얕게 보는 사람에게는 토이펠스드레크는 흔히 어떤 종류의 능동성도 가지지 않는 사람, 사람 아닌 사람이다. 그러나 깊이 보는 사람에게는, 그는 거의 지나칠 정도로 활동성을 가졌으면서도 그것이 지극히 정신적이고, 은밀하고, 수수께끼 같아서, 어떤 인간도 그의 폭발을 예견할 수 없고, 그가 폭발하였더라도 그 의의조차 알 수 없을 것이다. 현대 유럽인으로서 그는 위험하고 이해하기 곤란한 기질을 지니며, 특히 전기(傳記)의 주인공으로서는 불리하다! 하지만 본서의 편집자는 비록 성공을 거두지 못한다 할지라도, 지금까지처럼 노력을 계속하는 것을 의무로 생각하고 있다.

사람이, 특히 글 쓰는 일에 종사하는 사람이 가장 빨리 그 용법을 익히는, 다소 복잡한 도구들 중 하나는 바로 그의 교과서이다. 자기 경력의 이 부분에 대해 토이펠스드레크는 중요치 않은 것이라고 공언하며 경시해 버린다. 독서라는 것은 "언제 배웠는지 생각도 나지 않는다"라고 말한다. 그러니 그것은 아무래도 천성으로 타고났나 보다. 그는 개괄적으로 말한다. "내 교육의 무의미한 부분, 즉 학교에서 얻은 부분에 대해서는 아무런 주의할 것이 없다. 나도 남이 배우는 것을 배우고 그것을 내 머리의 한 구석에 넣어두었을 뿐 그것의 용도는 전혀 몰랐다. 나의 초등학교 선생님은, 그 노릇을 하는 다른 사람들과 같이 세간에 치여 굽어들고, 낙망하고, 짓밟힌 희생자였으며, 그가 나를 위해 할 수 있는 일이란 거의 없다는 것을 알게 한 정도였다. 그 솔직한 분은 나를 가리켜서 천재이다, 학문적 직업에 적당하다, 김나지움 (독일의 인문계 고등학교)에 보내고, 나중에 대학에

학문의 정점에 그려진 피타고라스
피타고라스는 수학에 공헌했다는 점으로 학문의 정점에 그려져 있다. 첫째 단에 한 손에 책을 들고 있는 사람은 논리학에 공헌한 아리스토텔레스이다.

보내야 하겠다고 말하였다. 한편 나는 어떤 인쇄물이라도 닥치는 대로 읽었다. 나는 동전 한 닢까지도 노점의 싼 책들을 사는 데 썼다. 그 책들이 쌓이는 대로 내 손으로 한데 꿰매어 한 묶음으로 만들었다. 이런 방법으로 어린 머릿속에는 여러 가지 잡다한 사물과, 사물의 그림들이 들어갔다. 진짜 역사의 단편은 황당무계한 환상과 섞여 있었는데, 후자 속에도 현실은 담겨 있었다. 이러한 것은 전체적으로 말해서 죽은 지식이 아니라, 아직 소화력이 왕

성한 마음을 위해서는 상당한 양분을 가진 산 양식이었다."

엔테풀의 학교 선생님의 판단이 옳았음을 우리는 이제 안다. 젊은 그네센에게는, 외적 고요함에도 불구하고 전도유망한 내적 활기가, 특이하게 개방된 사색적, 거의 시적인 정신의 징조가 뚜렷하였던가 보다. 그리하여 과수원 담 위에서 저녁을 먹은 일이나 어린 시절에 있던 다른 일들은 그만두고라도, 이 글의 많은 독자는 열두 살 때 다음과 같은 생각을 한 일이 있었는가?

"어느 조용한 낮, 나는 쿠박하 시냇가에 앉아 물결이 졸졸 흘러가는 것을 바라보며 감개무량함을 느꼈다. 이 작은 시냇물은 역사상 가장 오랜 시대의 저편에서부터 기후와 운명의 모든 변화를 넘어 한결같이 졸졸 흘러왔다. 그렇다, 여호수아가 요단 강을 건너는 아침에도, 카이사르가 아마 간신히 나일 강을 헤어 건너, 그의 《갈리아 전기(戰記)》를 적시지 않은 그 한낮에도, 이 작은 쿠박하는 타이버 강·유로타스 강·실로아 강(차례로 로마·스파르타·예루살렘을 지나 흐르는 강)처럼 쉬지 않고 종알종알 벌판을 건너고 있었다. 아직 이름도 없이 사람의 눈에 띄지도 않고. 유프라테스 강·갠지스 강과 마찬가지로 여기에도 하나의 물의 거대한 세계적 순환의, 그의 대동맥을 타고 지구를 싸고 돌며 천지와 더불어 계속해 왔고, 또 계속하는 그 순환의 또 한 줄기 혈맥이 있다. 어리석은 자여! 오직 자연만이 유구하며, 인공은 제아무리 오랜 것일지라도 그에 비하면 하룻밤 만에 생겨난 버섯이다. 네가 앉아 있는 하는 일 없는 돌의 나이도 6000살이다." 이 조그만 생각 속에도 작은 샘처럼, 의상철학에서 큰 역할을 하는 시간의 위대성과 신비 및 시간과 영원의 관계에 대한 거의 형언할 길 없는 명상의 시작이 있지 않은가?

김나지움 시대와 대학 시대를 이야기할 때 교수는 소년 시대를 말할 때처럼 정서적인 기쁨을 가지고 머무르지는 않는다. 이 시대에도 푸르고 빛나는 데가 아직 있기는 하지만, 그러나 거기에는 눈물의 쓰디쓴 개울들이 흐르다가 침체하여 여기저기 울분의 늪을 이루고 있다. 그는 이렇게 쓰고 있다. "힌터슈라그 김나지움(칼라일이 다닌 아난의 학교를 가리킨다고 함)을 처음 보았을 때, 나의 불행한 나날은 시작되었다. 붉은 해가 비치는 성령강림절 아침, 희망으로 부푼 가슴을 안고 아버지 안드레아스와 함께 그곳의 큰 거리로 접어들었을 때, 나는 뾰족탑의 시계(마침 여덟 시를 알리는)와 감옥과, 앞치마를 두르거나 두르지 않은 주민들이 아침을 먹으려 돌아오는 모습을 보았다. 무서워서 미친 듯한 강아지한 마리가 달려 지나갔다. 어떤 장난꾸러기가 알루미늄 주전자를 꼬리에 매달았던 것이다. 그래서 강아지는 요란하게 쟁그랑거리면서 시가지 한복판을 달려가 주의를 끌었다. 이 강아지야말로 정복을 일삼는 영웅들의 상징으로서 적절하다. 운명은(다른 경우에도 흔히 그렇듯이, 환상과 맑은 정신을 화합시켜) 야망이라는 알루미늄 주전자를 달아매주고 그를 쫓는다. 그가 빨리 달리면 달릴수록 더 빨리, 더 요란하게, 더 어리석은 꼴로 달리게끔 몰아댄다! 그것은 또한 저 장난의 소굴인 학교에서도, 또 학교가 그 한 부분이자 축도이기도 한 세상에서도, 나를 기다리고 있는 많은 운명의 상징으로서 적절한 것이었다!

아, 엔테풀의 그리운 너도밤나무들은 멀리 사라졌다. 내가 있는 곳은 무정한, 또는 나한테 무관심한 낯선 사람들 속이었다. 어린 내 마음은 처음으로 혼자임을 느꼈다."

같은 학교에 다니는 아이들은 늘 그러듯이 그를 못살게 굴었다. 그는 이렇게 말한다. "그들은 소년들이고 대개 거칠었다. 거친 자연의 충동에 복종하고 있었다. 그 충동은 사슴 떼에게, 상처 입은 사슴이 있으면 습격하라고 시키고, 오리 떼에게 날개가 상한 오리가 있으면 죽이라고 하며, 어떤 분야에서나 강한 자에게 약한 자를 학대하라고 시키는 충동이었다." 그는 "아마 예사롭지 않게 도덕적으로 무척 용감하였으나" 싸움에는 서툴러서 이를 피하고자 했다. 이것은 그의 체격이 작은 데에서 온 것이라기보다는(감정이 북받칠 때는 그는 '믿을 수 없을 만큼 민첩'하였으므로), '도덕적 원리'에서 온 것으로 보인다. "지는 것이 수치였다면" 그는 말한다, "싸웠다는 것은 그보다 별로 나을 것 없는 수치였다. 그러므로 나는 동시에 두 방향으로 끌렸다. 이리하여 학교 경력의 이 중요한 부문, 즉 싸움 부문에서 내가 겪은 것은 설움뿐이었다." 토이펠스드레크의 유년 시절에 그처럼 현저하던 저 훌륭한 '수동성'은 여기서도 다시 눈에 띄게 양분을 얻고 있었다. "그는 잘 울었다. 그 우는 정도가 어찌나 심하였던지 '울보'라는 별명을 얻었다. 이 칭호는 열세 살 때까지는 그에게 전혀 들어맞지 않는다고는 볼 수 없었다. 그러나 때때로 이 젊은 영혼은 불을 내뿜는 눈으로 분노를 터뜨리고, 어떤 대담한 상대라도 주춤하게 하는 태풍 같은 기세로 사람으로서의 권리, 적어도 작은 사람으로서의 권리가 있음을 주장하였다."

(천재라고 하는) 하나의 좋은 꽃나무, 시나몬 나무가 호박덩굴이나 잡초나 초라한 관목들 속에서 거의 질식당하여 만일 살려면 옆으로는 못 자라고 위로만 자랄 수밖에 없어서 그의 넓이와는 전혀 균형이 맞지 않는, 아주 병적인 높이를 가지게 되었음을, 위와 같은 기술에서 누가 보지 못하랴?

우리는 그의 그리스 어와 라틴 어는 '기계적으로' 가르쳐졌음을, 히브리 어는 기계적으로조차도 거의 가르쳐지지 않았음을, 그리고 역사·우주형태학·철학 따위는 전혀 가르쳐지지 않았음을 본다. 그러므로 자연은 늘 바쁘게 움직여 변하는 것인데, 그 자신은 '지금까지의 습관대로 각종 일꾼들의 작업장으로 돌아다니며 여러 가지 것을 배웠다'는 것, 나무통을 만드는 한스 와첼의 집에 하숙하면서 이상한 책들의 조그만 더미를 만났다는 것 등을 제외하면, 그의 시간은 완전히 낭비됐던 듯하다. 이 사실을 교수는 아직까지도 만족스럽게 볼 줄 모른다. 우리가 지금 조사하고 있는 전갈자리(Scorpio)의 주머니 전부에서, 그리고 그 다음 주머니에서도 자주, 그는 교육 문제에 관해서 보통 이상의 활기를 보여주고 있다. 그리고 분노로도 보이는 감정을 어느 정도 띠고 있다.

그는 말한다. "나의 선생님들은 많지 않은 지식을 자랑하기 좋아하는 고루한 사람들이었다. 인간이나 소년의 본성에 대해서 전혀 아는 것이 없고, 단지 아는 것은 그들의 단어장과 1년을 사계절로 나눈 회계장부뿐이었다. 무수한 죽은 단어(그들은 아무 언어도 몰랐으니 죽은 언어라고 말할 수는 없다)를 우리들에게 주입하고, 그것이 정신의 성장을 돕는다고 하였다. 생명이 없는 기계적인 동명사나 씹고 있는 것들(Gerund-grinder. 무익한 것을 중대시하여 따지는 문법학자)이, 다음 세기에는 나무토막이나 가죽 조각으로 뉘른베르크에서 제조해 낼 수 있는 그 따위들(뉘른베르크에서 자동목조인(自動木造)(人)을 제조한 일이 있음을 가리킨다)이 어찌 무엇의 성장을 도울 수 있겠으며, 더욱이 (그의 뿌리에 어원학적 비료를 뿌려주면) 생장하는 야채와는 달리, 정신과의 신비한 접촉에 의하여 성장하는 정신의 성장을 도울 수 있으랴? 생각이란 산 생각의 불길을 받아 타는 것이다. 그러니 자기의 마음속에 산 불덩어리가 있지 않고, 다 타버린 뒤의 문법적 재만 남은 사람이 남에게 어찌 타는 힘을 줄 수 있으랴? 힌터슈라그의 선생님들께서는 문장론은 충분히 알고 있었다. 그러나 인간의 영혼에 대해서 그들이 알고 있던 것은, 영혼에 기억력이라는 것이 있으며, 교편을 활용함으로써 그 기억력을 싸고 있는 근육이라는 외피를 통해서 그것에다 작용을 가할 수 있다는 것 정도였다."

"아, 어디서나 다 이런 상태이다. 언제나 이럴 것이다. 흙일꾼을 해임하거나(죽은 지식을 가르치는 자는 교직에서 제거하려는 외침) 그에게 흙짐이나 지게 하고 그 대신 건축가(건설적인 산 지식의 소유자)를 채용하여 적절히 장려하기까지는, 사회와 개개의 사람들이 경악하며 다음 사실을 발견할 때까지는. 즉 한 시대 사람들의 영혼을 지식으로 형성하는 일은 화약으로 그들의 몸을 산산히 날려버리는 일과 같은 지위에 설 수 있다는 것, 살인을 일삼는 장군들과 원수들이 있듯이 세상의 존경을 받는 대관(大官), 가능하면 신(神)이 임명한 성직자가 교육을 위해서 있어야 하겠다는 것을. 그런데 군인들은 살인 용구를 공공연하게 차고 다니며 행진까지 하지만, 내가 다녀본 범위 내에서는 학교 선생님들이 교수 용구(敎授用具)를 자랑하는 것은 구경하지 못하였다. 아니, 선생님들이 만일 회초리를 허리에 차고 존경을 받을 줄로 생각하고 나돌아다닌다면, 유한계급들 사이에 아마도 어떤 경솔한 행동을 일으키지는 않을 것인가?"

이 김나지움 시대의 셋째 해에 아버지 안드레아스가 사망한 것으로 보인다. 그렇지 않아도 몹시 불우했던 젊은 학도는 처음으로, 자기가 겉에는 상복을 입고 안에는 이루 말할 수 없는 설움을 지니고 있음을 보았다. "우리의 발 아래 있는, 깊이를 모를 검은 심연이 열렸다. 창백한 죽음의 나라가, 무수한 침묵의 중생들과 세대들과 함께 그의 앞에 섰다. 저 무자비한 말, '다시는 결코!'가 이제 처음으로 그 의미를 보여주었다. 나의 어머니는 울었으니, 그의 설움은 새어나갈 구멍을 얻었다. 그러나 내 마음속에는 눈물의 호수가 있었으나 소리 없는 설움으로 막혀 있었다. 그러나 시련의 상처를 입지 않은 정신은 강하다. 삶은 지극히 건강에 넘쳐 있으므로 죽음 속에서도 양분을 얻는다. 이런 준엄한 경험이 기억력에 의하여 나의 상상 속에 심어져 구슬프지만 아름다운 사이프러스의 숲을 이루고, 젊은 날의 긴 세월에 걸쳐 아무리 뜨거운 햇빛 아래에서도 무성한 어둠 속에서 선율적인 한숨을 내쉬며 흔들렸다—성년기에도 그랬고 또 앞으로도 그럴 것처럼. 왜냐하면 나는 나의 천막을 사이프러스 나무 아래 쳤기 때문이다. 무덤은 이제 나의 견고한 성이었으며, 나는 거기서 문 가까이 있는 적의 군세와 횡포한 삶의 고통과 형벌들을 천연스럽게 바라보며, 그것의 아무리 소리 높은 위협도 고요한 미소를 띠며 들었다.

아, 사랑하는 이들이여. 벌써 소리도 없는 안식의 자리 위에 잠들어 있으며, 살아 있을 때 내가 눈물은 흘려줄 수 있었으나 아무런 도움도 주지 못한 이들이여. 멀리 떨어져 맹수들이 들끓는 사막에서 아직도 고난을 당하며, 들판을 피로 물들이고 있는 이들이여. ―그러나 좀더 시간이 지나면, 우리는 모두 거기서 만나고 우리 어머니인 대지의 가슴은 우리를 감싸주리라. 그러면 압제의 고초도 설움의 화형도, 항상 시달리는 시간을 순시하며 그 속에 사는 게혜나(지옥)의 사령들도 이 이상 우리를 괴롭힐 수는 없다!"

이 다소 아름다운 말 곁에는, 고인이 된 안드레아스 푸테랄에 대한 상세한 인물평이 있다. 거기에는 그가 타고난 소질, 살아 있을 때의 공로 (프러시아의 상사로서의) 및 푸테랄 가문의 족보의 기다란 역사적 연구가 있으며, 이것은 매 사냥꾼 헨리(876~936년, 매 사냥 중 독일 왕으로 뽑혔다)로까지 더듬어 올라간다. 이 모든 것을 우리는 생략하겠다. 거기에 놀라운 점이 없지는 않지만 우리가 여기서 말해 두어야 할 것은, 이제야 어머니 그레첸은 양아들에게, 자기와 그 사이엔 전혀 혈연관계가 없다, 친척도 아니다, 그는 우리가 이미 아는 것과 같은 사연으로 역사적 존재가 되었다는 것을 아들에게 알려주었다는 일이다. "이리하여 나는 이중으로 고아가 되었다"고 그는 말한다. "소유뿐만 아니라 기억도 잃었다. 설움과 경탄이 여기서 갑자기 결합하여 많은 열매를 맺지 않을 수 없었다. 이런 시기에 이루어진 이런 사실의 폭로는 그 뿌리를 온 정신에 깊이 박아, 성년기에 다다를 때까지 항상 나의 모든 생각과 섞여, 나의 모든 날의 꿈과 모든 밤의 꿈의 원줄기처럼 되었다. 그것은 일종의 시적 흥분과, 또 여기에 대응하는 사회인으로서의 우울을 가져왔다. '나는 다른 누구하고도 닮지 않았다'라는 때로는 가장 고상한 데로, 더 자주 가장 무서운 결과로 나를 이끄는 고착관념, 그 속에는 나의 생애에서 충분히 현저해진 모든 경향의 원천이 있지 않을까? 탄생에서처럼 행동·사색·사회적 지위에서도 나와 같은 사람은 아마 많지 않을 것이다."

사수자리(Sagittarius)의 자루에서는, 토이펠스드레크가 대학생이 되어 있는 모습을 우리는 마침내 본다. 그러나 어떻게, 언제, 어떤 자격으로 되었는지는 어디에서도 조금도 확실하게는 나타나지 않는다. 혼란과 변덕스런 막연함이란 측면에서 우리 독자를 아직도 놀라게 할 수 있는 일은 거의 없다. 전기(傳記) 작품치고 거의 유례가 없을 정도로 날짜가 전혀 없지만, 그것도 놀라울 것은 없다. 이 헝클어진 종이들은 지금까지 항상 그렇게 수수께끼 같았고 혼돈하였으니 우리는 그러려니 할 수밖에 없다. 그러나 사수자리에서 토이펠스드레크는 여느 때보다도 더 수수께끼 같다. 온갖 종류의 단편, 보통 기록문의 조각, 대학에서의 답안·시간표·수료증, 우유 배달 계산서, 개중에 때로는 사랑의 글같이 보이는 것도 있는 찢어진 편지, 이런 모든 것이 단순한 우연에 의해서 그런 듯 한데 모여서, 앞으로 올 건전한 역사가를 당황케 한다. 이것을 결합시켜서 이 대학 시대와 그 뒤 몇 해의 그림을 이룩하거나, 의상철학을 예증하는 어떤 원시적 요소를 찾아낸다는 것은, 독자도 상상할 수 있을 만큼 어려운 문제가 된다.

나부끼는 나뭇잎 사이로 보듯이 어렴풋이 우리가 볼 수 있는 것은, 행복한 어린 시절과 덜 행복하지만 그래도 생생한 소년 시절을 보냈으며, 이제 완전히 '죽은 말' 속에서, 그의 희망대로 생명의 샘터에 앉아 여러 가지 사상과 지능을 더해보려는 결코 평범하지 않은 소질을 타고난 하나의 젊은이다. 이 샘에서 그는 목마른 사람처럼 부지런히 물을 긷는다. 그러나 마음을 기울여 긷는 일은 전혀 또는 거의 없다. 왜냐하면 그 물은 전혀 그의 입에 맞지 않기 때문이다. 실망했고, 혼란을 느꼈고, 정도에서 벗어나는 일도 있었으리라고 짐작된다. 금전상의 곤란조차도 없지 않았으리라. 왜냐하면 "그 마음씨 고운 그레첸은 다소 그녀를 신경 써 주는 친척들의 충고도 물리치고 아들을 대학에 보내기는 했으나, 얼마 뒤에는 뜻은 있었으나 힘이 부족해서 손을 떼지 않으면 안 되었던 것이다." 그러나 빈곤과 많은 설움 속에서도 그 젊은 영혼의 본질, 그의 속에 숨은 특질은 비로소 결정적으로 나타난다. 그리하여 그것은 우는 하늘의 강한 햇빛처럼 여러 가지 색채를 발산한다. 그것은 때때로 무지갯빛 같다. 이리하여 시간과 시간이 가져오는 것들의 도움으로 젊은 디오게네스 토이펠스드레크는 성장하여 성인 몸집이 되고, 또 아주 이상스러운 외모가 되었다. 따라서 우리는 새로운 열성을 띠고 어떻게 그가 이런 외모를 가지게 되었느냐고 물으며, 이번에도 별로 명백한 대답이 없음을 새삼 서운해한다. 그래도 의미가 통하고 때때로 의의도 있는 소수의 휴지들을, 종이 자루의 혼란 속에서 구출하여 여느 때처럼 정리하여 싣기로 한다.

전갈자리 자루에서 토이펠스드레크는 학교 교육에 대한 규탄을 이미 토로하였건만 마치 전혀 그런 일이 없었다는 듯이, 사수자리라는 이름은 활을 쏘라는 뜻이라고 생각한 듯이, 여기서 우리는 다시 다음과 같은 것을 만난다. "내가 교육받은 대학은 (1809년부터 1813년까지 칼라일이 다 닌 당시의 에든버러 대학을 평한 것) 아직도 나의 기억 속에 생생하게 남아 있다. 그 이름을 나는 잘 안다. 그러나 그 이름은 현존하는 단체와 개인들을 고려해서 결코 밝히지 않으려고 한다. 영국과 에스파냐를 제외하면, 우리 대학은 세상에서 지금까지 발견된 대학들 가운데 최악의 것이었다. 이렇게 말하는 것이 나의 고통스러운 의무이다. 오늘날은 바른 교육이 거의 불가능한 시대이다. 그러나 그릇된 정도에는 한이 없다. 나는 말 못할 그 대학의 제도보다 더 나쁜 제도를 생각할 수 있다. 독이 든 음식은 절대적 결식보다 나쁠 수 있듯이.

'장님이 장님을 인도하면 둘 다 구덩이에 빠지리라'라고 기록되어 있다 (마태복음 15장 14절). 그러므로 이런 경우에는 인도하는 자도 인도 받는 자도 그저 가만히 앉아 있는 것이 더 안전하지 않을까? 크리미아 지방의 어느 네모난 땅에 담을 두르고, 서툴게 모은 장서를 조그마하게 마련하고, 거기에 1100명 정도의 그리스도교 청년들을 몰아넣어 3년 또는 7년 동안 마음대로 헤매게 하고, 교수라는 명함을 가진 사람들을 대문에 세워 놓고, 이것이 대학교라고 외쳐대며 거액의 입학금을 징수한다면—기계적 조직에서는 아닐지언정 그 정신과 결과에서는, 그것은 불완전하지만 우리의 고등 교육 기관과 비슷한 어떤 것이 된다. 불완전하다고 말하는 이유는 기계적 조직이 전혀 다르다면 결과 또한 완전히 같지는 않겠기 때문이다. 그런데 불행히도 우리는 크리미아 지방에 있지 않고, 연기와 죄가 넘쳐나는 썩은 유럽의 도시에, 더욱이 저 사각형의 담과 높은 외침보다 훨씬 더 비용이 드는 기구 없이는 기만하기 힘든 대중의 한복판에 있었다.

그러나 모든 대중은 적절한 기구를 사용하면 기만할 수 있다. 그리고 기만하면 가장 놀라운 이득이 생긴다. '기만의 통계'(Statistics of Imposture)라는 것을 내기 위해서 지금까지 행해진 일은 거의 없다. 이상스러운 무관심에서 우리 경제학자들은 산업의 사소한 부문의 통계표에 묻혀 있으며, 저 절대한 기만이라는 부문은 전혀 잊어버리고 있다. 마치 우리의 선전술·기만술·성직자의 지략, 왕의 정략, 그리고 무수한 다른 술책과 이런 종류의 비결은 산업적 공업과 전혀 무관하다는 듯이! 예컨대 문학이나 구두닦이 일에서 실제 가르치거나 구두에 새까맣게 광을 냄으로써 어느 정도 돈을 벌 수 있으며,

그런 일을 했다는 듯 거짓으로 그럴싸하게 선언함으로써 어느 정도 돈을 벌 수 있는지, 그 돈의 분배·유통·지불·수입을 어느 정도 정확히, 분명하게 세목(細目)을 내서 누가 말할 수 있겠는가? 그러나 사회적인 일의 무한히 복잡한 여러 분야에서, 정치·경제, 온갖 종류의 수공업적·상업적·지적 제작에서, 어느 정도까지 인간의 수요가 진정한 제품에 의하여 공급되며, 어느 정도까지 진정한 제품의 외견만을 갖춘 것에 의하여 공급되는가—다시 말해 여러 시대와 나라에서 기만이 일의 대가의 자리를 어느 정도까지 어떤 방법으로 빼앗느냐, 여기에 진실로 장래에 대한 큰 결과를 가진 문제가 있다. 그러나 아직은 이 문제에 대하여 가장 막연한 대답을 할 수밖에 없다. 만일 오늘날 유럽에서 우리가 제품과 제품의 외관만을 갖춘 것의 비율을 1대 100으로 추정한다면, (이것은 교황, 러시아의 전제군주, 영국의 사냥감을 지키는 자들(귀족·지주들을 가리킨다)의 삶을 고려에 넣는다면 아마 지나치게 틀리진 않았을 것이다) '기만의 통계'가 진전되어 가짜의 제조가 (진짜의 제조가 더욱 더 분명하게 나타남에 따라서) 차츰 감소되고 마침내 거의 불필요해질 경우, 막대한 절약을 예측할 수 있지 않겠는가!

이것은 앞으로 닥칠 황금시대의 일이다. 현재의 청동시대에 대해 말하고자 하는 것은, 교육·정치·종교 등 각종 분야에서 필요하고 불가결한 것이 그렇게 많고 공급할 수 있는 것은 그렇게 적으니, 아마 기만은 치료적 ·진통제적인 성질을 가지고 있을 성싶으며, 사람이 잘 속는다는 것은 그의 최악의 축복은 아니리라는 것이다. 그대의 전쟁을 위한 근육이 아주 망가진다 해도, 즉 군자금이 고갈하고, 군량이 거의 끊어지고, 또한 군대 전체가 폭동을 일으키고 해산되어, 그대와 저희들이 서로의 목을 떼려고 든다 해도—그때 마치 요술에 의한 듯이, 어떤 종류의 가짜 돈으로 그들에게 급료를 지불하고, 물을 뭉친 것이라도 또는 상상의 고기라도 먹여주고, 진짜 보급이 올 때까지 흩어지지 않고 조용히 있게 할 수 있다면 다행스런 일이 아니겠느냐? 이것은 아마 목적 없이 무슨 일을 하는 법이 없는 자연이, 사랑하는 인간에게 속는다는 그 전능하고 수동적인 소질을 줄 때에 목적한 바였을 것이다.

이 소질은 조그만 조직만 있으면 얼마나 아름답게 작용하는가! 아니 스스로 조직을 만들어낼 수도 있다. 예의 말 못할 대학의 교수들은 과거에 구축된 명성에 의하여, 그것도 대단한 노력도 없이 전혀 다른 종류의 사람들이 구축해준 명성에 의하여 편안하게 살고 있었다. 이 명성은 일반적 흐름 속에 잠긴 견고하고 활발히 도는 물레방아처럼, 그들이 해마다 조금씩 수리만 해 놓으면 오랫동안 부서지지 않고 저절로 그들을 위해 곡식을 찧어주었다. 그 것은 방앗간 주인을 위해서는 잘된 일이었다. 그들은 일을 할 필요가 없었 다. 그들의 일, 그들의 이른바 교육을 하는 흉내는, 지금 회고하여 볼 때 일 종의 아연한 경탄을 부른다.

이 정도에 그치지 않고 우리는 합리적 대학이라고, 신비주의에 대하여는 최고도로 적대적이라고 그들은 자부하였다. 이리하여 청년의 공허한 마음은 인류의 진화, 암흑시대, 편견 등에 관한 많은 논쟁으로 가득 차서, 모두 이 풍조를 타고 허무한 토론 상태로 부풀어났다. 그 결과 비교적 나은 편에 속 하는 자들은 병들고 무기력한 회의주의에 빠져 버렸고, 나쁜 편에 속하는 자 들은 완전한 자부의 상태에서 폭발하여 모든 정신적 의도에 대해 사멸하고 말았다. —그러나 이것도 또한 인간의 운명의 일부이다. 우리 시대가 불신의 시대라면 그 아래에서 불평을 중얼거릴 필요가 무엇이랴? 더 좋은 시대가 오고 있지 않은가. 아니, 와 있지 않은가? 심장이 크게 수축되었다가 크게 확장되듯이 신앙의 시대는 부정의 기간과 교체하며 모든 의견, 정신적 재현 과 창조는 봄의 성장과 여름의 무성함을 겪은 뒤에는 가을의 조락과 겨울의 쇠망을 만나게 되고, 또다시 성장과 무성함이 반드시 찾아든다. 왜냐하면 인 간은 시간 안에서 살며, 지상에서의 그의 삶 전체와 노력과 운명은 시간이 형성해 주기 때문이다. 다만 일시적인 시간 기호(Time-Symbol)에 의해서만 우리가 딛고 서 있는 항상 무변한 영원이 나타난다. 그러나 이러한 부정(否 定)의 겨울철에 세상에 태어났다는 것, 그리고 눈이 뜨여 일한다는 것은 고 상한 마음을 가진 사람들에게는 아마 비교적 불행한 일일 것이다. 그런 한편 으로 우둔한 사람들에게는 동면하는 짐승들처럼, 살라만카 대학 (스페인의 오래된 신학
교, 1486년 이곳에서
개최된 학자들의 대회가
콜럼버스의 계획을 반대했음)이나 시바리스 시 (이탈리아 반도 남부의 지명, 기원전 720년 경
그리스의 이민자가 되어 부와 사치로 유명했음)나 또는 다른 어 떤 미신적이고 음란한 유락의 성 (1748년에 제임스 톰슨
이 발표한 시의 제목)에 안일하게 파고 들어 어리석 은 꿈들을 꾸며 잠만 자다가, 요란스러운 우박 사태가 와서 할 일을 완수하 고 우리의 기도와 고난에 대해 새로운 봄을 갖다줄 때 잠에서 깨어날 수 있 다면, 그것은 축복일 것이다."

여기에 신비하게 그림자만 묘사된 환경에 대하여 토이펠스드레크가 불안을 느꼈으리라는 것은 의심할 수 없다. 그는 말한다.

"굶주린 젊은이들은 그들의 정신적 유모를 쳐다보았다. 그러나 양식으로는 동풍(영국에서는 동풍은 농작물에 해를 끼치는 나쁜 바람으로 인식됨)을 받았다. 그곳에 성행하는 잠꼬대 같은 논쟁적 형이상학·어원학, 당치도 않은 것에 과학이라는 이름을 붙인 기계적 조작 따위를 나는 과연 대부분의 학생들보다 더 잘 배웠다. 1100명의 그리스도교 청년들 속에는 11명 정도의 열성적인 자가 있었던 것이다. 나는 이런 사람들과 서로 부딪쳐서, 어느 정도 열과 마찰을 받게 되었다. 본능과 다행스러운 우연으로 나는 소란을 피우기(renommiren)보다 생각하고 책읽기를 더 즐겼다. 그렇게 하는 것도 내 자유였으니까. 그 도서관의 무질서 속에서 나는 도서관 직원조차 모르고 있었던 많은 책들을 찾아냈다. 이리하여 문학생활의 기초를 닦았다. 나는 내 혼자 힘으로 배워 거의 모든 문명국 언어로, 거의 모든 주제와 학문에 관해 능숙하게 읽을 수 있게 되었다. 그리고 인간은 항상 인간의 첫째가는 흥미 대상이므로 사색 속에서 성격을 읽고, 저술 속에서 저자를 이해하는 것이 내가 가장 즐기는 일이었다. 인간성과 인생의 어떤 기본 윤곽이 내 속에 형성되기 시작하였다. 지금 회고하니 정말 놀라운 일이다. 왜냐하면 나의 물질적·정신적 우주 전체는 아직도 하나의 기계였으니까! 그러나 이러한 의식적으로 인식된 기본 윤곽, 즉 내가 가진 것 중에서 가장 진실한 것은 거기 있기 시작하였고, 실험을 자주 함으로써 고쳐지고 무한히 확대되었다."

이와 같이 강한 사람은 빈곤 속에서 더 고상한 부를 얻어낸다. 이와 같이 황량한 사막의 결핍 속에서 우리의 젊은 이스마엘은 모든 소유물 중 가장 귀한 것인 자조(自助)를 얻는다. 하지만 그럼에도 불구하고 이곳은 여전히 황폐한 사막이며, 사나운 괴물들의 고함소리가 으르렁거렸다. 토이펠스드레크는 길게 아주 자세히 이야기한다. 자기가 겪은 '의혹의 열병 같은 발작들', 기적과 종교적 신앙의 증거에 관한 연구들, 그리고 "고요한 밤을 새워가며, 하늘과 땅보다 마음속이 더 암담한 밤을 새워가며, 그는 모든 것을 보시는 이 앞에 자기를 내던지고 기도를 드리며 열렬하게 외쳤다. 광명을, 죽음과 무덤에서의 구조를 바라면서, 그러나 오랜 세월과 말할 수 없는 고통이 지난 뒤에 신앙심은 꺾이고, 그는 불신이라는 악몽에 묶여 잠들었다. 그리하여 이 요사한 꿈 속에서 신(神)의 아름다운 세계를, 생기 없는 공허한 저승이나 생명을 가진 것이라고는 씨도 없는 마귀의 전당이라고 알았다."

"그러나 이런 연옥 같은 고생을 거쳐서" 그는 이야기를 계속한다. "가는 것이 우리의 숙명이다. 첫째로 종교의 죽은 글씨가 죽은 것임을 스스로 인정하고 산산히 흩어져서 떨어져 땅 속에 들어가야만 한다. 만일 그의 무덤에서 구출된 종교의 정신이 하늘에서 새로이 탄생하여, 그 치료하는 날개를 새로이 펴고 우리들 위에 솟아오르게 되려면."

매우 심했던 것으로 보이는 이 연옥의 고통에다가 세속적 고난, 실제적 지도의 결핍, 동정의 결핍, 돈의 결핍, 희망의 결핍을 추가한다면, 그리하여 상상력이 그렇게 과대하고 소망이 그렇게 무한하지만 수단에 있어서는 여기서 그렇게 가난했던 열렬한 청년기에 일어난 일을 아울러 생각한다면—발육하기 시작하는 굳센 영혼이 밖으로부터 안으로부터 억압되고 과중한 짐에 눌려 있음을, 천재의 불길이 아주 청청한 땔감 속에서 올라오려고 싸우며, 밝은 화염보다는 독한 김을 더 많이 내뿜고 있음을 우리는 보지 못하는가?

편지들과 그 밖의 글들의 조각으로 판단하면, 토이펠스드레크는 고립되고 눈에 띄기를 싫어하였지만 전혀 주의를 받지 않을 수는 없었다. 약간의 저명한 인사들이 그의 존재를 알게 되었다. 그들은 도움의 손길을 뻗쳐주지는 않았지만 주목은 하고 있었다. 그는 그다지 기분이 내키지 않았으나 법률을 직업으로 삼으려는 듯이 보였다—사실 그것을 위해 그가 정식으로 졸업한 것을 세상 사람들은 보았다.

그러나 경제적 관계에 관한 이런 끊어지고 변변치 않은 실밥들은 그만두고 도덕적 관계에 관한 다음의 조그만 실오리를 제시함으로써, 독자 스스로 적절한 곳에다 그것을 짜넣을 수 있게 함으로써, 이 대학 시절에 대한 우리의 희미한 애러스(그림을 짜넣은 / 일종의 벽보) 그림을 끝마치기로 한다.

"영국 중부 출신의 귀족 청년인 토굿(Towgood) 씨, 차라리 Tough-gut (억센 창자 / 를 뜻한다)이라고 쓰는 것이 좋을 듯한 그 사람을 내가 알게 된 것도 여기서였다. 그는 독일의 이 지방에 사는 폰 제다름 (Zähdarm, 영어의 Tough-gut와 같은 / 뜻의 독일어. 칼라일이 지어낸 말) 백작 가문과, 혈통과 친절한 점에 있어 서로 연결되어 있었다. 그리고 그의 소개로 나도 이 귀족 가문과 가까워져 매우 친절한 대우를 받았다. 토굿은 말할 수 없을 정도로 세련되지 못한 상당한 재능과, 꽤 유머가 있는 성질을 가지고 있었다. 그리고 완전히 무식하여 권투와 약간의 문법밖에는 전혀 아는 것이 없었으니 말인데, 그의 나라에서 오는 나그네들이 대개 가지고 있는 귀족적 냉담성과 침묵으로 감춘 분노가 그에게는 비교적 적었다. 영국 사람과 그들의 습성에 관한 나의 맨 처음의 실제적 지식, 그리고 그 특수한 민족을 그 뒤 내가 아끼는 마음을 가진 것도 아마 이 사람을 통해 얻은 것이다. 토굿은 눈이 없지는 않았다. 그저 그는 어떤 광명을 만나지 못했던 것뿐이다. 의심할 것도 없이 제다름 가문이 여기 있었다는 사실에 이끌려 그는 자기의 공부를 완성하겠다는 광기에 가까운 희망을 품고 이리로 왔다. 아직 요람기에 있는 지식을 가진 그가, 완성을 위한 노력은 고사하고 완성이 어떤 것인지도 전혀 모르는 이 대학으로 온 것이다! 우리는 흔히 이 시대 청년들의 냉혹한 운명을 개탄했다. 그들은 갖은 고생을 한 다음, 턱에 수염은 과연 달고 있으나 그 밖에는 한 사람 몫의 성인의 자격도 없고 의지할 만한 기술도 갖추지 못했으며, 믿을 것조차 하나 없는 상태로 세상에 내던져지는 것이다."

토굿은 자주 외쳤다. "우리는 겉으로는 번쩍거리는 모자를 썼으나 안에는 공허 아니면 낱말이나 변호사적 논리의 거품으로 가득 차 있을 뿐이다! 사람들은 적은 돈을 들여 구두 만들기를 배운다. 그런데 잔뜩 돈을 들이고 나는 무엇을 만들 교육을 받고 있느냐? 어처구니없다! 여기까지 오는 동안 내가 벌써 먹고 입은 것을 모으면 불치병 환자를 위한 병원 하나쯤은 크게 차릴 수 있겠다." 나는 자주 이렇게 대답하였다. "사람은 소화능력을 가지고 있다. 이 능력은 때로 숨겨서라도 지속시켜야 한다. 그러나 우리의 그릇된 교육에 관해 말한다면, 나쁜 것을 더 나쁘게 만들지 말고, 아직은 우리 것인 시간을 낭비하며 무화과가 열지 않는다고 엉겅퀴를 짓밟지 말라^(마태복음 7장 16절). 자, 힘내서 시작하자! 여기 책들이 있고, 우리에게는 책을 읽을 머리가 있다. 여기 땅 전체와 하늘 전체가 있고, 우리에게는 그것을 볼 눈이 있다. 자, 시작하자!"

"때로는 우리의 이야기가 명랑하여 광채와 불빛도 없지 않았다. 우리는 인생을 내다보았다. 거기는 모든 어릿광대들이 춤추며, 사람들이 목을 잘리고 팔다리가 찢겨지는 이상한 무대가 있었다. 어수선하고 무서운 광경이었다. 그러나 우리는 용감한 청년처럼 그것을 바라보았다. 나로 말하면 이때가 가장 흐뭇한 시간이었다. 이 젊고, 정열적이고, 융통성이 없고, 고집이 센 토굿에 대해, 나는 지금은 폐물이 된 우정을 경험하기까지 하였다. 과연 나는 어리석은 이교도이긴 했지만, 어떤 조건하에서는 이 사람을 사랑하고 내 가슴에 껴안고 영원한 그의 형제가 될 수도 있겠다고 느꼈다. 그러나 나는 차츰 새로운 시대와 그 시대의 필요를 알게 되었다. 사람의 영혼이 핀란드 말이나 공리주의 철학에서 말하는 것처럼 일종의 위(胃)라고 한다면, 정신적 결합의 진정한 의미는 같이 먹는 것이 아니고 무엇이랴? 그러므로 우리는 벗이 아니라 같이 식사를 하는 손님들이다. 따라서 여기서도 다른 경우에서처럼 쓸데없는 망상을 버렸다."

이 작은 로맨스의 싹은 평소와 같이 갑자기 수수께끼처럼 끝났다. 이제부터 용감한 토굿인지 억센 창자인지 하는 친구는 어떻게 되는가? 자서전적 혼돈 속에 빠져버린 그는 어디에서 헤엄치고 있는지 보이지 않는다. '영국'의 독자로서 이런 사람을 아시는 이가 있는가?

4장 인생 출항

"그럼에도 불구하고 이리하여" 대학을 나오면서 우리의 자서전 작자는 말한다. "다소 실현된 것이 있었다. 즉 나, 디오게네스 토이펠스드레크라는, 몇 입방 피트의 공간을 차지하고 그 속에 물질적이자 정신적인 힘·희망·정열·생각·하나의 인간이라는 신비에 딸린 경탄스러운 도구 일체를 어느 정도 완전한 상태로 가지고 있는, 눈으로 볼 수 있는 일시적 그림(Zeitbild)이 실현된 것이다. 내 속에는 암흑의 대왕국(大王國)에 전쟁을 걸 수 있는 힘이 있었다. 삽으로 도랑을 파는 사람, 굴을 파는 사람도 많은 엉겅퀴와 물판을 없애고 작으나마 질서를 이룩하지 않는가. 그와 반대되는 혼돈이 있던 자리에? 아니 하루살이도 이런 종류의 힘을 가지고 있어, 이때까지 무기물이었던 무엇을 질서화하여 유기물로 만들고 (다른 데서 못한다면 적어도 그 자신의 체내에서), 소리 없는 죽은 공기를 가지고 산 음악을 만든다. 비록 지극히 미미한 것이기는 하지만 날갯짓을 함으로써.

하물며 정신적인 힘을 소유하고 있고 생각이라는 위대한 마술적 재주를 배운 사람 또는 배우기 시작한 사람은 더 말할 나위가 있으랴! 마술적이라고 부르는 까닭은 그것으로써 지금까지의 모든 기적이 이루어졌고 또 앞으로도 무수히 이루어지겠기 때문이며, 오늘날과 같은 시대에서도 우리는 때때로 그 증거를 보기 때문이다. 시인과 예언자의 계시적인 말, 그것이 어떻게 세계를 만들고 허무느냐에 대해서는 나는 언급하지 않겠다. 그러나 아무리 둔한 사람이라도 자기 주위에서 요란한 소리를 내는 증기기관들의 소리는 들을 수 있지 않겠는가? 놋쇠를 가지고 일하던 저 스코틀랜드 사람^(제임스 와트)의 '생각'(그런데 이것도 기계적인 것에 지나지 않았다) 이 불의 날개를 타고 희망봉을 돌고, 두 개의 대양을 건너고, 그리고 어느 다른 마술사의 정령보다도 더 강력하여 곳곳에서 지치는 일이 없이

제임스 와트 (1736~1819)
영국의 기계 기술자.

가져오고 가져가고, 본국에서는 천을 짤 뿐만 아니라 낡은 사회적 구조를 급속히 변혁시켜, 봉건제도와 사냥감을 지키는 일 대신에 간접적이지만 확실한 방법으로, 산업주의와 가장 현명한 자에 의한 정치체재를 준비하는 것을 보지 않았던가? 실로 생각하는 사람은 암흑의 왕이 가질 수 있는 최악의 적이다. 그런 사람이 자기의 존재를 선언할 때마다 암흑의 왕국에는 전율이 스쳐가고 새로운 역군들이 새로운 전술로 훈련된다, 가능하다면 암흑의 왕의 눈을 싸매고 손을 동여매려고.

이러한 높은 소명을 받고 나 역시 이 우주의 시민으로 왔다. 그러나 불행스러운 것은, 이와 같이 가장 충분한 주권을 가지고 태어나서 시대의 왕(Zeitfürst) 즉 악마와 그의 모든 영역에 대해 화평과 전쟁을 마음대로 할 수 있는 절대권을 가지고 있지만, 그대의 대관식을 올리려면 그렇게 몹시 수고해야 하고 홀을 잡으려면 아니, 보려고만 해도 그렇게 어렵다는 것이다."

이 마지막 긴 비유를 통해 토이펠스드레크가 의미하는 것은 바로 젊은 사람이 이른바 '인생 출항'이란 것을 할 때에는 여러 가지 장애가 따른다는 것이다. 그는 계속한다. "내가 소유하는 것이 아니라 내가 하는 일이 내 왕국

와트가 발명한 뉴커먼 기관 모형

이다. 각 사람에게 어떤 내적인 재능과 어떤 외적인 운명의 환경이 주어져 있으며, 또 각 사람에게는 이 둘을 가장 현명하게 결합시킴으로써 얻을 수 있는 능력의 어떤 최대한도가 주어져 있다. 그러나 가장 어려운 문제는 항상 이 첫 번째 것, 즉 자기 자신과 자기의 입장을 연구하여 자기의 내적·외적 능력이 특히 무엇인지를 알아내는 것, 그것이다.

왜냐하면 우리의 젊은 영혼은 여러 가지 능력의 봉오리로 가득 차 있는데 안타깝게도 우리는 그중 무엇이 크고 진정한 것인지 알지 못하고 있기 때문이다. 그리고 또 항상 새 사람은 새 시대의 새로운 조건 아래 있다. 그의 진로는 먼저 간 어떤 사람의 길을 복사한 것도 아니고 본질적으로 새로운 것이다. 그리고 외적 능력이 내적인 것에 적합하는 일이란 또 얼마나 드문가! 충분히 놀라운 재능을 가졌을지라도 우리는 빈곤하고, 벗이 없고, 소화기능이 약하고, 수줍어한다. 아니, 무엇보다도 나쁜 것은 어리석다는 일이다. 그리하여 여러 가지 능력이 엉킨 미궁 속에서 우리는 어리석게 더듬거리며, 무엇이 우리 것인가 더듬다가, 아닌 것을 잡기가 일쑤이다. 이러한 얼빠진 일을 하며 우리의 짧은 기간의 여러 해를 보낸 다음, 반 장님의 젊은이는 체험으로 거리의 관념을 얻어 비로소 눈이 제대로 보이는 성인이 된다. 아니, 많은 사람은 그런 식으로 일생을 보내며 항상 새로운 기대와 실망과 함께 이 일에서 저 일로, 이쪽에서 저쪽으로 이동하다가 마침내 70이나 되고도 소년처럼 안타까워하며 마지막 일, 즉 무덤에 들어가는 일로 이동한다.

우리 대부분은 너무도 눈이 나쁘므로 이와 같은 것이 일반적 운명이다. 배고픈 고생이라는 저 하나의 것이 우리를 거기서 구해주지 아니한다면. 이 땅 위에서는 굶주림의 급한 성질이 잘 알려져 있으므로 신속한 선택을 해야만 된다. 그러므로 우리는 영리한 선견지명으로 우리의 비이성적인 젊은이들을 위한 견습공 수료증서와 견습제도를 두고 있다. 그 결과 적당한 시일이 경과하면, 인간의 막연한 보편성은 정해진 틀을 통해 특수한 종류의 직공이 되어, 이제부터 능력의 많거나 적은 낭비를 초래하며, 그러나 가장 나쁜 종류의 낭비인 시간 낭비는 없이 일하게끔 된다. 정신적인 일에서도—왜냐하면 정신적 예술가도 날 때는 장님이며, 다른 어떤 동물처럼 생후 9일이면 눈이 보이게 되는 것이 아니고 훨씬 더 오랜 뒤에 그렇게 되거나, 어떤 자는 영원히 보지 못하고 마는 것이니—이른바 학문적 직업이라든가 빵의 학문 (Brodzwecke)이라는 것이 우리에게 미리 배정되는 것이 좋지 않은가? 반 장님이든 아주 장님이든 상관없는 맷돌방앗간의 말〔馬〕처럼, 빵 기술자는 언제나 앞으로 앞으로 전진하고 있다고 상상하며, 만족스럽게 같은 장소를 돌고 돌면서 많은 것을 실현할 수 있다. 자기를 위해서는 먹을 것을, 세상을 위해서는 경제적 사회라는 위대한 밀가루 공장이나 실 공장에 한 마력(馬力)을 추가할 수 있는 것이다. 내게도 이와 같은 안내의 끄나풀이 제공되었다. 그러나 그것은 목을 졸라매는 끈이 되어 나를 교살할 지경이었으므로, 나는 그것을 끊어버리고 달아났다. 그러자 기수 피스톨(셰익스피어의 극 《명랑한 아내들》에 나오는 사람, 2막 2장 참조)의 말대로 세상은 전반적으로 내 굴조개가 되었다. 나는 그것을 힘과 꾀로 어떻게든 열어야만 했다. 나는 거의 다 죽게 되었다. 굴조개의 주둥이는 그토록 굳게 다물린 채 열리지 않았다."

우리의 자서전 작가에게 장차 생길 많은 사건의 정신이 여기 의미심장하게 비춰진 것을 우리는 본다. 그것의 역사적 구체화는, 그의 생애 속에서 고통스럽게 형성됨에 따라 물고기자리(Pisces)의 기호를 가진 자루와 그 다음 자루들 속에 모호하고 재난적인 기술로서 두루 흩어져 있다. 고상한 소질과 고요한 기질을 가진 한 청년이 젊고 성급한 망아지처럼 '목을 졸라매는 끈을 끊어버리고' 그의 이상한 외양간에서 뛰쳐나와 넓은 세상으로 뛰어든다. 그러나 아, 그것에는 엄중한 담이 둘러쳐져 있음을 그는 본다. 가장 풍성한 클로버 밭이 눈을 유혹한다. 그러나 그것은 그에게는 금지되어 있는 풀밭이다. 차츰 심각해지는 굶주림에 시달리며 그냥 서 있거나, 그렇지 않으면 미칠 듯한 분노 속에서 이리저리 달리며 뛰어넘을 수 없는, 살을 깎아내고 다리를 상하게 할 뿐인 돌벽에 달려들어 부딪치거나 할 수밖에 없다. 마침내 수천 번 시도하고 인내한 뒤에 마치 기적처럼 그는 길을 타개한다. 무성하고 호화로운 클로버 밭은 아니지만 그래도 생존은 가능하고, 아직 결핍은 따르고 있으나 자유의 단맛이 없지 않은 관목이 서 있는 어떤 광야로 간다. 다시 말하면 토이펠스드레크는 법률이란 직업을 내던지고, 외적인 지도의 이정표가 없는 곳에 있는 자신을 본다. 그 결과 결정적 신앙, 즉 내적 지도의 지금까지의 결핍이 무서울 정도로 심해진다. 필요는 그를 재촉하고 시간은 멎지 않을뿐더러 시간의 아들인 그도 멈출 수 없다. 달랠 길 없는 광포한 감정, 일거리가 없는 분방한 능력이 그를 항상 괴롭히고 흥분시킨다. 그도 또한 저 엄한, 혼자서 하는 연극 '무목적·무휴식'(^{파우스트} 제)을 연기하며 그 연속적인 운명들을 겪고 그 결말까지 밀고 나가, 자기가 찾을 수 있는 교훈을 거기서 찾아내야 한다.

그런데 우리는 그에게 공정한 태도를 취하여 그의 '목을 졸라매는 끈'은 결코 헐렁하게 걸린 것이 아니었다는 것, 또 그는 그것을 끊어버리게끔 어느 정도 강제되었다는 것을 인정하자. 이 말 못할 수도(首都)의 말 못할 대학을 나올 때의 이 청년의 사회적 지위를 본다면, 우리는 그것이 도무지 부럽지 않은 것이었음을 알 수 있다. 그는 제1차 법무관 시험에 의기양양하게 합격하였다. 엄격한 최종 시험도 두려울 것이 없다고 장담할 수 있다. 그러나 그가 '존경할 만한 아우스쿨타톨(^{그 시대의 프러시아에}_{서 법관시험 합격자})'이 된들 무슨 소용이 있으랴? 채용될 가망은 거의 없었다. 더욱이 끌어주는 사람을 가지지 못한 청년에게는 기대의 과정이란 그 자체가 별로 희망적인 것이 아니고, 그와 같은 성격의 사람은 밖으로부터 많이 장려를 받는 일도 없다. "나의 동료 아우스쿨타톨들은" 그는 말한다. "그야말로 아우스쿨타톨다운 사람들이었다. 옷을 입고, 밥을 소화시키고, 분명한 말로 얘기했다. 그러나 다른 활력은 거의 없었다. 그들이 노려보는 눈에는 시력이 없었다! (^{맥베스} 3막 4장 95~96 맥베
_{스가 뱅코의 유령에게 한 말}) 높은 것에 대해서도 깊은 것에 대해서도, 인간적인 또는 신적인 어느 것에 대해서도 전혀 감각이 없고, 다만 임용될 듯한 냄새가 조금만 돌아도 거기 대해서는 민감하였다." 이런 말로 토이펠스드레크는 그로부터 완전히 멀어졌음을 보여주고 있으니, 상한 자존심에서 나오는 쓰디쓴 자취 같은 것이 그 속에 숨어 있지는 않을까? 의심할 것도 없이 이러한 산문적인 동료들은 이상한 태도를 가진 그에게 조소를 던졌을 것이다. 그를 미워하려고도 하고, 그보다도 어려운 일인 그를 경멸하려는 시도도 하였을 것이다. 어쨌든 정다운 교제는 있을 수 없었다. 젊은 토이펠스드레크는 벌써 다른 오리 떼를 떠나 (안데르센의 동화 《미운 오리새끼》) 자기가 백조새끼인지 오리새끼인지 잘 모르는 채 혼자 헤엄치고 있었다.

그리고 아마 그는 어떤 일도 대충, 아니면 기껏해야 불유쾌해하면서 하였을 것이다. '대단한 실제적 방법과 숙달'을 본인은 자랑할지 모른다. 그러나 거기에는 깊이 숨은, 따라서 그만큼 더 깊이 자리잡은 대단한 실제적 자부심이 또한 있지 않은가? 그렇게 내성적인 사람이 인기가 있었을 리가 없다. 그 시절에 그가 그처럼 외롭게 살면서 어떤 이상한 짓을 하였는지 짐작이 간다. 그 자신의 말이 많은 암시를 주지 않는가? "내가 받은 사명은 일과 싸우는 것일 뿐, 나 자신이나 남의 어리석음과 죄와 싸울 필요는 없다고 나는 젊은이답게 상상하였다." 어찌 되었든 수동적인 아우스쿨타톨에서 능동적인 법관보로의 승진은 매우 느린 것이었다고 보인다. 한때 그를 비호하던 지위가 있는 인사들은 차츰 외면하고 그를 천재라고 내버려두었다. 이 일에 대해 그는 여기 지면에서 거세게 항의하고 있다. 그는 말한다. "높은 것은 보다 낮은 것을 예상할 수 있고, 하늘을 날 수 있는 자는 마음만 먹으면 날쌔게 지상을 질주할 수도 있는 것이 당연하지만, 세상은 마치 그것을 무시하고 있는 것과 같다. 세상은 늙어빠진 할머니와 같아서, 페인트칠만 해놓으면 동전도 모두 금화로 안다. 이렇게 자주 속고 나면 그 다음부터는 동전밖에는 아무것도 믿지 않으려 한다."

우리의 날개 돋친 하늘의 사자(使者)는 땅을 달리는 것을 용인받지 않아, 아주 자기가 돌아오지 못하게 하늘로 날아오르는 것을 삼가려고 얼마나 애썼는지는, 이 문서들에는 분명히 나타나 있지 않다. 마음씨 고운 오랜 그레첸은 이 무대에서, 정확히는 아마 이 땅에서 사라져버린 것으로 보인다. '풍요의 뿔피리'(곡식의 신 세레스의), 아니 인색의 뿔피리 소리도 그를 위해 흐르지 않는다. 게다가 '굶주림의 성급한 성질이 잘 알려져 있는'지라, 불안이 없을 수 없다. 많은 언어와 학문을 가르치고 있다고는 하나 가정교사를 함으로써 얻을 수 있는 도움은 미미한 것이다. 그의 말을 빌리면 "젊은 모험가는 자기에게 문학적 소질이 있다고는 생각하지 못했다. 그의 광범한 번역의 재능으로

(칼라일은 괴테의 《빌헬름 마이스터》를 비롯해서 Tieck, Richter의 작품 등 많은 번역을 하였다) 빵과 물 정도의 보수를 얻고 있음에 불과하다. 그러나" 그는 계속한다, "내가 목숨을 이어 나온 것만은 분명하다. 지금도 내가 살아 있음을 그대는 보고 있으니까." 그러나 이 사실은, 우리의 진실하고 친절한 오랜 속담, "산 것에는 항상 생명이 있다"는 원칙에 의하지 않고서는 설명할 길이 없음을 우리는 고백하지 않을 수 없다.

그래도 어떤 집주인의 집세 독촉장과 또 다른 경제상 문서에 청산되었다는 표시가 있는 것으로 보아 그는 돈이 전혀 없지는 않았으며, 제 집은 없으나 제 방은 가진 사람답게 치를 것을 치러 나갔다는 것을 알 수 있다. 여기에는 또 많은 다른 것들 속에 섞여, 그의 상황을 짐작할 수 있게 하는 두 통의 파손된 짧은 편지가 있다. 처음 것은 날짜도 보낸 사람의 이름도 없고, 그 대신 잉크로 커다랗게 얼룩이 진 이런 내용이다. "(잉크 얼룩)은 선약에 얽매여 있으므로, 그저 마음속으로 성공을 비는 것 외에는 그 법관보의 지위에 관한 토이펠스드레크 씨의 희망을 밀어줄 수가 없습니다. 보다 높은 승리가 장래 기대되는 천재를 위해 길을 열어드리는 일을 돕는다는 것은 의무요 기쁨으로 알지만, 현재로서는 그렇게 하지 못하오니 유감천만이옵니다." 다른 하나의 편지는 금종이에 쓴 것이므로, 한때는 살아서 고마운 일을 하였지만 지금은 죽은, 일종의 편지의 미라처럼 우리의 흥미를 자아낸다. 이것은 원문대로 싣는다.

'Herr Teufelsdröckh wird von der Frau Gräfinn, auf Donnerstag, zum AESTHETISCHEN THEE schönstens eingeladen.'(토이펠스드레크 씨는 백작부인으로부터 목요일의 미학적 다과회에 정중히 초대되셨음을 아뢰나이다.)

이리하여 생과자를—그 필요성은 지극히 절실했다—요청하는 소리에 대답하여 실로 적절하게도, 아주 부드러운 미학적 다과회에 와달라는 초대장이 날아든다! 이제는 운명과 맞붙어 싸우고 있는 토이펠스드레크가 이러한 남녀 양성의 음악적·문학적 딜레탕트 속에서 어떻게 행동하였겠는지 우리는 짐작할 수 있다. 치킨위드(풀의 이름)를 먹으라고 초대된 굶주린 사자 꼴이었을 것이다. 아마 의미를 알고도 남음이 있는 침묵을 지키거나 전혀 먹지 않았을 것이다. 그러나 사자가 먹어야 할 것은, 이런 경우에는 치킨위드가 아니라 치킨(닭고기)이었을 것이다. 그런데 백작부인은 제 다름 댁에서 초대장을 내고 있으니, 이 분은 백작부인이자 그 댁의 여주인이었음에 틀림없다. 부인의 지적 성품과 토이펠스드레크에 대한 호의는 토굿 씨 또는 그 자신, 누구를 보아서 베풀어진 것이든 이것으로 분명히 알 수 있다. 사실 어떤 종류의 관계가 얼마 동안 지속되어, 비록 약하게나마 우리의 자서전 작가를 이 명문과 연결시키고 있었느냐에 관한 분명한 증거를 우리는 다른 곳에서 보았다. 만일 그가 비호(庇護)를 원하였다면 그것은 허사였을 것은 의심할 여지도 없다.

여기서는 그가 항상 배제되었다고 우리가 한때 상상했던 광대한 세상을 좀 들여다보았다면 그것으로 충분하다. 그는 말한다. "제다름 집안 사람들은 귀족계급의 부드럽고 호화로운 장식 속에서 살고 있었다. 문학자와 예술가는 외부에서 끌려와 거기에 붙은, 아름다운 옷 장식 역할을 하였다. 이와 같은 장식을 단 사람은 Gnädigen Frau(백작부인)이었다. 부인은 그것들을 부지런히 모아서 재치 있게 달았다. 그곳에서 생산되는 레이스 단이든 거미줄 단이든, 구할 수 있는 대로." 토이펠스드레크도 또한 장식이었던가? 레이스로 만든? 또는 거미줄로 만든? 또는 장식이 될 만한 것이었던가? 그는 말을 계속한다. "영광스럽게도 그 백작 각하와 이야기해 본 일이 나는 한두 번이 아니었다. 화제는 주로 일반적인 시사와 세태 등이었다. 그는 이미 중년이 지났지만 결코 그것을 비관적으로 보지는 않았다. 사실 저널리즘을 없애버리려는 것을 제외하면 세상에 대해 별 불평이 없었다. 화제에 따라서는 백작은 화를 내는 일도 있었으므로 나는 침묵을 지키는 것이 더 낫다는 사실을 깨달았다. 그는 땅을 차지하고 있을 뿐만 아니라 재능도 충분했을 것이다. 그러나 그런 것은 모두 그 일에는 이용할 수 없다고 보고 별로 발전시키지 않았다."

토이펠스드레크가 보기에 세태는 그렇게까지 좋지는 않았고, '저널리즘을 없애버리는' 것 말고도 많은 개량의 여지가 있었다는 것을 우리는 쉽게 알 수 있다. 밖으로부터는 전혀 생산성이 없는 아우스쿨타톨의 이름을 받고, 안으로부터는 그렇게 많은 반항적 생각과 소망이 솟아나고 있었으니, 그의 처지는 결코 편한 것이 아니었다. 그는 말한다. "우주는 위대한 스핑크스의 수수께끼이다. 나는 그것을 도무지 모르고 있었지만 풀지 못하면 잡아먹힐 수밖에 없었다. 말할 수 없이 장려한 붉은 줄들의 얼룩과 암흑의 검은 빛으로 인생은 너무도 갖춘 것이 없는 내 생각 앞에서 전개되고 있었다. 이상한 모순이 내 속에 누워 있었다. 그리하여 나는 아직도 그것의 해결을 알지 못하였다. 영혼의 음악은 불협화음을 조화시키는 것에서 이루어진다는 것도, 악이 없으면 선도 없다는 것도, 싸움이 있어야만 승리가 가능하다는 것도 알지 못하였다."

"박애심이 없지도 않은 사람들이(물론 농담으로 하는 말이겠지만) 다음과 같이 말하는 것을 나는 들었다." 그는 다른 곳에서 이렇게 기술하고 있다. "만일 모든 청년들을 19세 때부터 나무통 속에 넣어 덮어두거나 다른 방법으로 보이지 않게 하고 그 속에서 바른 공부와 직업에 종사하게 하다가 한결 건실하고 현명하게 되는 25세 때에 나오게 한다면 인간의 행복은 크게 증가할 것이라고. 이런 계획은 적어도 실제적 계획으로서 생각할 경우, 나는 결코 찬동하지 않는다는 것은 말할 필요조차 없다. 그러나 젊은 아가씨들은 이 나이에 인간의 눈에 가장 큰 기쁨을 주는데, 젊은 신사들은 이 나이에 최고 미운 상태에 도달한다는 말은 그럴 듯도 하다. 그들은 심각한 바보들이며 어리석은 겉치레꾼들이면서도 방탕한 도락에 대해서는 독수리처럼 굶주림을 느끼고 또 매우 완강하며, 소란하고 자만심이 많으며, 모든 의미에서 매우 건방지고 뻔뻔스럽다. 어떤 사람의 노력이나 업적도, 아직 노력도 하지 않고 무엇 하나 이룩한 것이 없는 젊은 신사 나으리를 눈꼽만큼도 만족시킬 수 없다. 그는 자기 같은 신사가 할 만한 가치가 있는 일이라면 무한히 더 잘할 수 있다고 생각한다. 인생은 어디에서나 지극히 다루기 쉬운 비례의 문제처럼 단순한 것이어서—제2항과 제3항을 곱한 수를 제1항으로 나누면 나오는 것이 답이다. 그것을 낼 줄 모르면 아주 바보인 셈이다. 이 젊은 신사 나으리께선 항상 그놈의 분수라는 것이, 또 흔히 순환소수라는 것이 있으며, 꼭 나누어 떨어지는 정수의 답이란 생각할 수도 없다는 것을, 아직 스스로 셈을 해보지 않아서 모른다."

이 글은 토이펠스드레크가 그의 외면적 장애뿐만 아니라 내적인 더 큰 장애와 싸워야 하였음을, 어떤 일시적인, 청년다운, 그러나 지금도 고통스러운 고민을 머릿속에 가지고 있었음을 은연중 고백하지 않는가? 아, 안타깝게도 외적인 면에서도 그의 처지는 충분히 어려웠다. 그는 말한다. "사탄 즉 크로노스 또는 시간이라는 것이 (사탄은 우라누스 '하늘'과 테라 '땅'의 아들. 그리스 신화의 크로노스 '시간'과 동일시되어 있다. 제 새끼를 잡아먹는 버릇이 있다) 제 새끼를 잡아먹는다는 것은 항상 계속되는 일이다. 다만 멈추지 않고 달림으로써, 멈추지 않고 일함으로써, 우리는 (약 70년 가량) 그에게 잡히기를 면할 수 있다. 그러나 그는 마침내 우리도 잡아먹는다.

　어떤 왕 또는 왕들의 신성동맹(1815년, 나폴레옹이 망한 뒤에 러시아·프러시아·오스트리아 3국의 군주가 종교의 이름으로 자기들의 안전을 위해 맺은 동맹)이 시간에게 멈추라고 명령할 수 있으며, 생각만으로 어찌 시간을 떨쳐버릴 수 있으랴? 이 땅에서의 우리의 생활 전체가 시간 위에 서 있고 시간으로 이루어져 있다. 그것은 완전히 하나의 움직임, 시간충동(Time-impulse)이다. 시간이 그것을 만들어내고 또 그것의 재료가 된다. 그러므로 우리의 모든 의무는 움직이는 것, 일하는 것이다—바른 방향으로. 우리의 신체, 우리의 정신은 우리 의사를 묻지 않고 부단한 운동 속에 있지 않는가? 부단히 소모되고 있지 않는가? 그래서 부단히 수리를 요하지 않는가? 우리의 모든 외적·내적 필요에 따른 극도의 만족도 단지 어느 시간 동안의 만족에 지나지 않는다. 그러므로 우리가 한 모든 일은 끝난 일이며, 우리로서는 완전히 없어져버린 일이다. 우리는 항상 더 걸어가서 새로이 하여야 한다. 아, 시간의 신이여. 그대는 어쩌면 우리를 이렇게 에워싸고 감금하고, 그대의 탁하고 어두운 시간의 본질 속에 이렇게 깊이 우리를 빠뜨리는가? 따라서 우리가 우리의 하늘의 푸른 집을 잠시나마 볼 수 있는 것은 다만 청정한 순간뿐이다!

　그러나 나는 시간의 아들로서 다른 사람들보다 더 불행하여 시간은 너무도 일찍 나를 잡아먹으려고 들었다. 아무리 애를 써도 나는 제대로 달릴 수가 없었다. 길에 장애가 너무 많았고, 발은 묶여 있었기 때문이다." 이것은 즉 세속의 말로 하면, 토이펠스드레크의 모든 의무와 필요는 다른 사람의 그것과 마찬가지로 '바른 방향으로—일하는 것'이었지만, 얻을 수 있는 일이 없어서 극도로 처량한 처지에 있게 되었다는 것이다. 메마른 궁핍이 멀리서 그를 위협하는데 할 일을 얻지 못한 초조함 속에서 말라가는 그렇게 열렬한 영혼은, 마치 휴디브라스(사무엘 버틀러의 풍자시 《휴디브라스》의 주인공)의 검이 녹슬어가는 것처럼,

　베고 찍을 것이 아무것도 없어서
　제 몸을 파먹어 들어가는
　길밖에 없지 않았던가!

　그러나 대체로 말하면, 저 '탁월한 수동성'은 지금까지 항상 그랬던 것처럼 여기서도 다시 힘차게 자라난다. 이 상태에서 지금 우리 교수가 지닌 많

은 특징들을 우리는 찾을 수 있지 않을까? 그리하여 아직 모호한 본디 상태 속에 있는 의상철학의 미미한 근원을 찾을 수 있지 않을까? 그가 세상에 대해 가지게 된 태도는 벌써부터 너무도 방어적이었고, 우리가 기대하는 만큼 과감한 공격의 태도는 아니었다. 그는 말한다.

"지금까지 사람들과 사귀어 오는 가운데 내가 어떤 점에서 특색이 있었다면 그것은 태도가 조용하였다는 점이었다. 이것은 많은 벗들이 나무라는 뜻으로 말한 것과 같이, 내 강렬한 감정을 잘못 표현한 것에 지나지 않았다. 사실 나는 지나친 사랑과 공포를 가지고 사람들을 보았다. 사람이 지니고 있는 신비는, 신성한 것을 보는 눈을 가진 사람에게는 항상 신성하다. 그러나 나는 자주 이른바 나의 몰인정(Härte)이라는 것, 사람들에게 무관심하다는 것 때문에, 그리고 대화할 때 내가 곧잘 쓰는 조소적인 어조 때문에 비난도 받고 반쯤 생소한 사람에게는 미움도 받았다. 아, 조소적인 어조는 나의 껍데기에 지나지 않았다. 그것은 내가 나 자신을 그 속에 싸려고 한 껍데기였다. 나라는 가엾은 사람이 그 이상 상처를 받지 않고 안전하고 지극히 친절하게 살기 위해서. 나는 지금은 안다. 조소란 대체로 악마의 용어임을. 따라서 나는 그것을 버린 지가 이미 오래이다. 그러나 그 시절의 나는 그것으로 얼마나 많은 사람을 분개시켜 얼마나 적의를 가지게 하였던가! 속을 알 수 없는 조용함과 저의가 있는 듯한 태도를 가진 조소적인 사람은, 특히 그럴 이치가 없이 조소적인 청년은, 사회의 페스트라고 보아도 무방할 것이다. 우리는 보지 않았던가, 세력과 명성이 있는 사람들이 그 따위 것은 초개같이 또 벌레같이 여기고선 밟아 버리려고 지극히 점잖고 무관심한 태도로 다가왔다가, 놀라서 천장까지 뛰어올랐다가는 혼비백산하여 떨어져 들것에 실려 집으로 가는 것을! 상대가 전기를 띠고 있는 일종의 지뢰였다는 것을 알고 적잖이 분개하면서!"

아, 이렇게 악마적인 성질을 가진 사람이 어떻게 세상으로 나가는 인생의 길을 터나갈 수 있으랴? 인생의 첫째 문제는 토이펠스드레크도 말하듯이, "자기를 어떤 사람, 또는 무엇과 결합시키는 것이니 말이다." 그의 행동의 대부분에는 결합이 아니라 분열이 있다. 여기에서 또 말해 둘 것은, 그가 이룩한 하나의 중요한 결합, 즉 제다름 가문과의 관계도 '성내기 쉬운' 노백작의 사망과 더불어, 그리 오래 지나지 않아 마비되어 어떠한 실제적 용도도 없게 된 듯하다는 것이다. 이 사실은 다른 많은 것 속에 섞여, 우리가 지금 다루고 있는 자루 속에 있던 '묘비명론'이라는 글 속에 우연히 기록되어 있다. 그런데 이 논문은 그 정신보다도 학식과 이상한 통찰력을 취할 만하다. 그의 대원리는, 무릇 금석문이란 어떠한 종류의 것이든지 서정적이기보다는 사실적이어야 한다는 것이다. 그는 기술하고 있다. "저 훌륭하신 귀족의 유가족들의 요구에 따라 나는 그의 비문 짓기를 착수하여, 나의 원리에 따라 다음과 같이 지었다. 그러나 이것은 나로서는 잘 보이지 않는, 라틴어 어법상의 결함이 있다는 이유로 아직도 새겨지지 않고 있다." 그런데 이 글에는 영국인 독자를 놀라게 하는 것이 라틴어 어법 말고도 더 있음을 우리는 예언할 수 있다.

HIC JACET
PHILIPPUS ZAEHDARM, COGNOMINE MAGNUS
ZAEHDARMII COMES
EX IMPERII CONCILIO
VELLERIS AUREI, PERISCELIDIS
NECNON VULTURIS NIGRI
EQUES
QUI DUM SUB LUNA AGEBAT
QUINQUIES MILLE PERDRICES
PLUMBO CONFECIT ∶
VARII CIBI
CENTUMPONDIA MILLIES CENTENA MILLIA
PER SE, PERQUE SERVOS QUADRUPEDES BIPEDESVE
HAUD SINE TUMULTU DEVOLVENS
IN STERCUS
PALAM CONVERTIT
NUNC A LABORE REQUIESCENTEM
OPERA SEQUUNTUR
SI MONUMENTUM QUAERIS

FIMETUM ADSPICE

PRIMUM IN ORBE DEJECIT [sub dato] : POSTREMEM
[sub dato]

여기 영면하심은

위대하신 필리푸스 제다름

제다름 백작

황제고문관

황금양모훈장·무릎훈장·검은 독수리 훈장을 받으신

기사

달 아래 사시는 동안

5000마리의 꿩을

연탄(鉛彈)으로 잡다

각종 음식물

천백천 파운드를

스스로, 또는 네 발 두 발 가진 동물의 힘을 빌려

다소 수고롭게 소화시켜

똥으로

엄연히 만들다

이제 수고를 그치고 쉬며

그 행하신 일이 뒤를 따르다

그의 기념비를 묻는 이는

똥 무더기를 보시라

이 땅에 오신 처음은 〔날짜〕 마지막은 〔날짜〕

5장 로맨스

토이펠스드레크는 기술하고 있다. "오랜 세월 가엾은 히브리인이 아우스쿨타톨의 지위라는 애급(성경 출애굽기 5장)에서 지푸라기도 없이 벽돌을 구워내려고 고생스럽게 수고한 끝에, 마침내 다음의 의문이 전적으로 그의 마음을 때렸다. 무엇 때문에? —Beym Himmel (에!) 먹을 것 입을 것을 위해! 그런데 먹

을 것 입을 것이
이 넓은 천지 다른
데는 없다는 것이
냐? 그래서 어떤
일이 있더라도 찾
아보기로 나는 결
심하였다."

이리하여 새로운
자활의 길에 나선
그를 우리는 본다,
비록 조금도 나을
것이 없기는 하겠

그리스 신화의 오디세우스와 칼립소

지만. 토이펠스드레크는 이제 직업이 없는 사람이다. 그는 지금까지 청어잡
이배 또는 고래잡이배들의 여느 무리에 속하여 언제나 바람맞이에서 뒤떨어
지는 뱃길에 고생하고 있었으나, 이제는 그 무리를 떠나 독자적 진로를 따
라, 자기의 육분의와 나침반에 의지하여 필사적으로 배를 조종해 나간다. 불
행한 토이펠스드레크! 선단도 짐도 지도자도 그대 마음에 들지 않았다 해
도, 그래도 그것은 일정한 목적을 향하여 미리 정해 놓은 항로를 따라가는
선단이 아니었던가. 더욱이 연합 상태에 있었으므로 서로 지도해 가며, 빌려
주고 빌려받는 것도 자유자재이고 여러 가지 모양으로 서로 도울 수 있지 않
았던가? 이제 미지의 바다로 나가서 그대는 어떤 방법으로 가야 할지 어디
에 위치해 있는지도 모르는 아름다운 향료의 나라로 가는 지름길 서북항로
(아메리카 대륙의 서북해안을 따라 항해해서 태평양으로 나오는 미지의 항로)를 홀로 찾으려는 것인가? 이런 항해술을 가지고 이
런 항해에 나서는 고독한 뱃사람은 위험을 만날 것이다. 사실 우리가 곧 보
게 되겠지만, 일종의 칼립소(오기기아 섬의 요정으로, 트로이 전쟁에서 돌아오는 오디세우스를 7년 동안 잡아두었다)의 섬이 초반부터 그를
잡아둔다. 그리하여 그의 모든 계획을 휴지로 만들고 뒤집어놓는다.

그는 언젠가 이렇게 적었다. "만일 청년 시대에 우주가 장엄하게 너울을
벗고 곳곳에서 천국이 땅 위에 펼쳐진다면, 청년 남자의 이러한 지상천국은
무엇보다도 젊은 처녀 속에 가장 즉각적으로 전개된다. 이상한 일이지만 우
리의 이 신기한 인생에서는 이미 그렇게 정해져 있다. 대체로 볼 때, 내가

자주 말한 것처럼 하나의 인격은 우리에게 항상 신성하다. 어떤 정통적인 '사람이 곧 신'이라는 생각이 나의 '나'와 모든 '너'를 사랑의 유대로써 연결해준다. 같은 것과 같지 않은 것의 이러한 접근에서, 음전기와 양전기 사이와 같이, 신성한 인력이 비로소 발화하여 불타오른다. 생각해보라. 가장 가엾은 사람에게 우리가 무관심한가? 그와 하나가 되는 것이, 그를 우리와 결합시키려는 것이, 감사·감탄, 심지어 공포로써라도 그렇게 하는 것이, 또는 그렇게 안 되는 경우는 우리를 그에게 결합시키려는 것이, 차라리 우리의 진심 어린 소원이 아닌가? 그러나 같은 것과 같지 않은 것의 경우는 이 소원이 얼마나 더 절실한가! 여기서 이러한 결합의 보다 고상한 신비적 가능성이, 우리 지상(地上)에서는 가장 고상한 그 가능성이 우리에게 허락되어 있다. 그리하여 환상이라는 전기가 통하는 물건 속에서 저 보편적 정신적 전기의 불꽃이 타오른다. 이것이 남자와 여자 사이에 생겼을 때, 우리는 이를 힘차게 이름지어 '사랑'이라 부른다.

추측컨대 모든 정신적인 청년의 가슴에는 어떤 지극히 아름다운 이브에게 자극받아, 벌써 미래의 낙원이 피어나고 있다. 그리고 그 동산의 수려한 수목, 덩어리진 꽃과 잎 속에는 지혜의 나무가 아름답고도 엄숙하게 그 한복판에 자리잡고 있다. 또 만일 천사들과 화염 검(^{창세기}3장 24)이 모든 사람이 들어오지 못하게 그것을 지키고, 상상력이 풍부한 그 청년도 바라다만 보게 허락한다면, 그것은 아마 더욱 아름다울 것이다. 순결한 청춘의 행복한 시절이여, 수줍음이 아직도 넘을 수 없는 장벽인 채 남아 있고 희망의 신성한 공중누각이 현실의 초라한 토담집으로 줄어들지 않은 시절, 그리고 사람은 그의 본성대로 아직도 무한하고 자유로운 시절이여!"

"우리의 고독한 청년은" 토이펠스드레크는 분명히 자신을 의미하며 이야기를 계속한다, "그의 고고한 생활방식, 그의 타오르는 상상력, 마치 열이 새어나가지 못하는 용광로처럼 덮어싸여서 타고 있으므로 더욱 달아오르는 그것 때문에, 이 지상의 여왕들에 대한 그의 감정은 전혀 형언할 수 없었다. 그들 속에는 눈에 보이는 신(神)이 깃들어 있었다. 우리의 젊은 벗이 보기에 모든 여자는 신성하고 천국적이다. 그러나 아직까지는 그들이 오색 빛 천사의 날개를 달고 날아 지나가거나, 또는 미학적 다과회의 주변에 소리 없이, 가까이 가볼 길 없이 서성거리고 있음을 그가 본 정도에 지나지 않았다.

그들은 모두 공기로 되어 있으며 넋이고 형상이다. 그들은 지극히 아름답고 또 신(神)을 섬기는 신비한 제관들 같으며, 그들의 손에는 인간이 진정 천국으로 올라갈 수 있는 눈에 보이지 않는 야곱의 사다리(창세기 28장 12)가 있는 듯하다. 이런 선녀들 중 하나를 우리의 가엾은 벗이 언젠가는 자기 것으로 만든다면—아! 어떻게 그것을 바랄 수 있으랴. 그 행복을 위해 죽는 것이 마땅하지 않았으랴? 생각만 해도 미칠 지경으로 아찔해지는 무엇을 느꼈다.

이리하여 이 청년은, 속된 사람들이 믿는 악마와 천사들 따위는 전적으로 의심하였으나 진정한 선녀들의 무리의 방문을 받은 적이 없던 것도 아니다. 이러한 선녀들은 어디로 가나 그의 주위에 날고 있는 것이 눈에 보이고 귀에 들렸다. 그는 아직 지상의 평범한 이름으로 그들을 부르기는 하였지만, 그들은 그의 마음속에서 종교적 숭배를 받고 있었다. 그런데 지금 이런 상태에 있는 그의 영혼 앞에, 만져볼 수 있는 실재로서 형상화된 천상의 처녀가 나타나서 정다운 눈으로 전기를 띤 시선을 던지며 '당신도 사랑하고 사랑을 받을 수 있으리니'라고 암시하여 그에게 불을 지른다면—아, 어떤 활화산과 같은, 지진 같은, 모든 것을 소진하는 불꽃이 일어날지!"

이런 불꽃이, 나중에 알게 되는 것처럼, 어느 정도 베수비오 산 같은 폭발과 함께 디오게네스라는 인간의 내부에서 실제로 일어났다. 어찌 그렇지 않으랴? 그 자신의 비유적 문체를 빌린다면, 초조감이라는 탄소화된 적지 않은 인화물과 잠재적 정열이라는 많은 초석(硝石)과 또 유황적 기질을 충분히 가지고 있던 그가, '상상의 용광로' 가까이, 그렇게 뜨거운 언저리에 놓여 있었던 것이다. 즉 그는 티끌만한 불꽃만 튀겨도 단번에 폭발할, 건조할 대로 건조한 화약 성분을 갖추고 있던 셈이 아닌가? 그런데 우리 인생의 대기 중에는 어디든지 불꽃이 부족하지 않다. 의심할 것도 없이, 그의 주위에서 떠돌던 그렇게 많은 천사들 중 하나가, 어느 날 미학적 다과회 주변을 떠나서 그에게 더 가까이 날아와, 전기를 띤 프로메테우스의 시선으로, 결코 얕볼 수 없는 불꽃이 피어나게 할 것이다. 만일 그것이 진짜 불꽃이어서 불화살처럼 연속적으로 아름답게 터지며, 그 하나하나가 서로 다른 것으로부터 자연적으로 생겨나 행복한 젊은 사랑의 단계들을 모두 넘는다면, 그리하여 마침내 전부 무사히 다 타서 젊은 영혼이 거의 상하지 않고 구해진다면 얼마나 행복하랴! 또 만일 그것이 고통스럽게 심장마저 찢거나, 아니, 심장을 산산히 폭발시키거나 (이것은 죽음일 것이다), 설령 그 정도는 아닐지라도, 상상의 그 용광로의 얇은 벽을 터뜨리고 부근의 인화물로 맹렬히 퍼져 펄펄 타서(이것은 광기일 것이다), 우리 디오게네스의 그토록 아름답고 다채로운 내부 세계를 무(無) 또는 휴화산의 아궁이가 되게 하는, 그런 큰 화재나 광적 폭발이 되지 않는다면 얼마나 행복하랴!

염소자리의 기호가 있는 이 자루 또 그 전후의 자루들 속의 잡다한 문서들을 보면, 우리의 철학자는 지금 아주 금욕적이고 조소적으로 보이지만, 진심으로 아니 광적으로 사랑에 빠졌음을 알 수 있다. 그러므로 그의 심장이 돌로 되어 있느냐 살로 되어 있느냐 하는 우리의 오랜 의문은 해소된다. 그는 한 번 사랑하였다. 현명하지는 않으나 너무도 진정으로(오셀로, 5막 2장), 단 한 번. 왜냐하면 콘그리브(1778~1828년, 로켓을 발명한 영국인)의 새 로켓 하나를 위해 새 통 또는 포장 하나가 필요하였던 것처럼, 사람의 심장은 하나의 사랑만이 피어나게 하기 때문이다. 물론 그마저도 쉽지 않지만 말이다. '무한한 첫사랑'(괴테의 《시와 진실》 제3권) 뒤에는 다시는 그와 같은 것이 오지 않는다. 그러므로 최근에 이르러서는 이 문서들을 정리하는 사람도, 토이펠스드레크는 비단 결혼하고 싶지 않을뿐더러 여자와 놀고 싶어하지 않은 사람, 대액운의 해(나이가 7의 배수가 되는 해를 액운의 해라고 하며, 63세 때가 대액운의 해)에도 노년 초기의 새 봄 같은 계절에도 새로운 사랑을 모르는 사람이라고 보게 되었다. 교수에게 이제 여자는 예술품, 실로 천국의 예술품이며, 그는 그것을 미술관에서 바라보기를 즐기지만 사고 싶은 생각은 아주 상실하였다.

심리적인 독자들은, 토이펠스드레크가 그로서는 전례가 없는 위기에 처하여 어떻게 대처하는가, 어떤 특수한 형상·광채·색채의 연속으로 불꽃을 터뜨리는가 보고 싶은 호기심이 없지 않다. 그러나 여느 경우와 마찬가지로 그런 사람들이 얻을 수 있는 만족이란 매우 적다. 찬미와 설움의 시(詩)가 혼잡한 더미를 이루고 그 광적 페트라르카적·베르테르적인 문자가 전혀 관계 없는 온갖 종류의 문서 속에 엉망으로 흩어져 있는 그 속에서는, 그가 사랑한 여인의 이름조차도 알아낼 길이 없다. 왜냐하면 그 여인을 가리키는 제목인 블루미네(Blumine)도 단순히 꽃의 여신을 의미하는, 지어낸 이름임이 틀림없기 때문이다. 그러면 그 여자의 본명은 플로라(꽃)였던가? 그리고 성은 무엇이었을까? 혹시 성이 없었을까? (여기서 저자가 생각한 여자가 있다면 Margaret Gordon이라는 소녀였을까? 그는 결혼 전에 이 소녀와 사랑을 속삭인 일을 나중에 회상하고 있다.) 이 세상에서 그 여인의 지위는 어떠하였으며, 부모·재산·용모는 어떠하였던가? 특히 어떤 인연으로 사랑하는 사람과 사랑받는 사람이 이 넓은 세상에서 서로 만나게 되었으며, 그와 같이 만났을 때 그들은 어떻게 행동하였던가? 전기적 저술에서 상당히 중요한 이런 모든 의문에 대해서는 대체로 단순한 억측으로밖에 대답할 수 없다. 우리 철학자는 말한다. "블루미네의 높은 천상의 궤도가 우리 고독한 젊은이의 낮은 속세의 궤도와 서로 교차되어, 그 여인의 천국 같은 눈을 들여다보고, 높은 광명의 세계가 이 낮은 그림자의 세계로 내려오신 것으로 상상하였다가, 자기가 잘못 안 것을 깨닫고, 큰 소란을 일으키도록 운명적으로 정해져 있었다."

이 여자가 담갈색 눈의 젊은 미인으로 어떤 누구의 사촌누이였다는 것, 좋은 집안과 높은 지조를 타고났으나 불행히도 남에게 의지하여 사는 가난한 신세여서, 아마 부유한 친척의 마음에도 없는 동정심으로 살고 있었다는 정도는 짐작된다. 그런데 우리의 '유랑자'가 어떻게 이 여자의 세계로 들어오게 됐을까? 그것은 미학적 다과회라는 축축히 젖은 수단에 의함인가, 또는 단순한 실무라는 메마른 수단에 의한 것인가? 토굿 씨의 손에 의해서인가, 또는 백작부인의 손을 통해서였던가? 백작부인은 장식 예술가로서, 특히 젊고 조소적인 뜨내기들을 위해서 때로 이성간의 교재를 조장했을지도 모르니 말이다. 그러나 아마도 그것은 주로 우연과 자연의 은총에 의한 것인 듯하다.

우리의 자서전 저자는 이렇게 기록하고 있다. "그대, 아름다운 발트슈로쓰(숲속의 성이라는 뜻의 이름), 누구라도 그대를 처음 보면 문득 멈추고 눈여겨볼 것이다. 비록 마지막 보고서를 격식대로 주머니에 넣어 가지고 있는 아우스쿨타톨이라 할지라도! 고귀한 성이여! 그대는 깊은 숲속에, 그늘진 잔디 위의 고요한 고독 속에 서 있었다. 장엄하게, 거창하게, 전체가 화강석으로 된 것이 저녁볕에 찬란히, 보석으로 장식한 엘 도라도(신대륙에 있다고 상상된 황금의 나라)의 궁전처럼. 그대를 수호하는 산들은 파도 같은 곡선으로 아름답게 솟아 있고, 푸르디푸른 풀밭에는 흑갈색 바위가 우뚝 솟아 있고, 외따로 선 듬직한 나무가 곳곳에 그 그림자를 수놓고 있다. 넋을 잃은 그 행인에게 그대는 또한 리비아 사막 속의 암몬의 신전과 같아서, 기쁨이든 슬픔이든, 그의 운명의 문자는 거기 기록되어 있었다. 그가 문득 서서 응시한 것은 당연하며, 그의 시선에는 예언과 형언할 수 없는 예감이 담겨 있었다."

그런데 여기서 한번 상상해보자. 이러한 예감을 가진 아우스쿨타톨은 그의 보고서를 제출하고 한 잔의 라인 포도주에 초대받아, 더러운 거리에 있는 자기 집까지 맥없이 마른 목으로 돌아가는 대신 정원의 정자로 안내되었다. 여기에 가장 알뜰한 숙녀와 신사들이 앉아서 미학적 다과회 자리는 아닐망정 흐뭇한 저녁 이야기 꽃을 피우며, 아마도 커피를 마시면서 음악에 귀를 기울이고 있었을 것이다. 왜냐하면 '하프와 맑은 음성들이 정적에 활기를 주고' 운운하는 구절을 우리는 보기 때문이다. 정원의 정자도 고상한 점에서는 그 고귀한 성에 지지 않는가 보다. "울창한 나무, 장미숲, 그리고 무수한 꽃들의 빛깔과 향기 속에 싸여 저 빛나는 무리는 여기 앉아 있었다. 앞에는 넓게 열어젖힌 문 너머로 꽃과 숲, 나무들과 융단 같은 잔디밭이 펼쳐지며 파도쳐서 먼 산정에까지 계속되는 전망은 퍽 아름답다. 그것은 밝고 고요하며 사방에는 새들과 행복한 짐승들의 노래가 가득하여, 마치 사람이 태양을 피해 쉴 곳을 여름의 여신의 품 속에서 얻은 듯했다. 어떻게 이 방랑자가 그토록 예감으로 넘치는 가슴을 안고 그 쾌활한 집주인의 곁으로 가게 되었던가? 이와 같이 부드러운 분위기에 대하여 자기의 굳은 가슴은 닫혀 있어야 된다고 그는 느꼈던가? 여기서 다시 한 번 운명은 그를 조롱하며 그에게도 쾌활한 데가 있나 시험할 셈이라고 그는 느꼈던가?

다음 순간 그는 자기가 소개되고 있음을 깨달았다. 거기 있는 사람들, 특히, 그 이름 블루미네에게! 모든 숙녀와 아가씨들 속에서 블루미네는 유난히 번쩍거렸다. 그 수줍은 모습, 지상의 등불 속에 섞인 별처럼. 지극히 고상한 동정녀! 그는 그녀에게 몸도 마음도 굽히어 예를 드리고 감히 쳐다보지도 못하였다. 그 여인이 거기 있는 것만으로도 그는 괴롭고도 지극히 달가운 당황함을 느꼈다.

블루미네는 그도 잘 아는 이름이었다. 이 아름다운 사람은 그 소양, 그 미모, 그 변덕으로 멀리까지 널리 알려져 있었다. 풍문의 이러한 모든 막연한 빛깔로, 칭찬으로 또 비난으로도, 우리의 벗은 혼자서 어느 장엄한 하트의 여왕을 그렸다. 또는 고요한 혈관 속에 다감한 사랑의 불을 너무도 적게 가진, 다만 결백하기만 한 천국의 천사 같은 여자보다는, 훨씬 더 매혹적인 뜨겁게 피어나는 지상의 천사를 그는 그리고 있었다. 그는 사람들이 모인 곳에서 그녀를 여러 번 보았다. 그 가벼우면서도 위엄 있는 자태, 그 진지한 깊은 것$\binom{눈을 \; 가리}{게는 \; 말}$ 위로 미소와 햇빛이 희롱하는 얼굴, 그 위에 그늘을 던지는 그 검은 머리를. 그러나 이 모든 것을 그는 접근할 수도 없는, 거의 현실성을 띠지 않은 하나의 환상이라고 보았다. 그 여자의 세계는 자기의 세계와는 너무도 멀리 떨어져 있었으니, 어찌 자기를 넣어서 생각해 보았으랴. 아! 두 사람이 서로 만났다는 것만 해도! 그런데 지금 그 장미의 여신이 자기와 자리를 같이 하고, 그 눈의 광채가 자기를 보며 미소를 지은 것이다. 자기가 말하면 그녀는 들을 것이다! 아니, 누가 아느냐. 하늘에 있는 태양이 가장 낮은 산골짜기도 들여다보는 것과 같은 이치로, 블루미네가 어쩌면 그렇게도 보잘것없는 자기를 벌써 보아 두었는지. 어쩌면 그 여자를 나무라는 사람들의 말로부터 자기가 그랬듯이, 자기를 나무라는 사람들의 말로부터 자기에 대한 경탄과 호감을 그 여자가 주워모으고 있었는지? 그렇다면 끌어당기는 힘과 흔들림은 서로 작용하는 것이라, 일단 서로 접근하자 음극과 양극이 떨리면서 접촉하게 된 것인가? 하트의 여왕을 만나니 가슴이 부풀어오른 것인가? 마치 달이 가까워지면 바다가 부풀 듯이! 이 방랑자의 경우는 바로 그러하였다. 천사의 마법 지팡이에 의해 하늘을 향해 부풀어오르는 경우처럼, 별안간 그의 마음은 가장 깊은 데까지 울렁거렸고, 그 속에 있는 모든 괴로운 것, 복된 것, 모든 과거와 미래의 몽롱한 형상과 막연한 정서들은 가슴속에서 두근거리는 소용돌이를 일으키며 부풀고 있었다.

흔히 이보다 한결 덜 울렁거리게 하는 장면에서도 우리의 조용한 벗은 심하게 위축되어, 그의 떨림과 동요를, 그것이 어떤 것이었든지 침묵이라는 안전한 포장으로, 외면의 무감각으로 싸서 감추었다. 그러면 이때 가슴 밑바닥까지 떨리면서도 그가 실신하지 않고, 오히려 분발하여 힘과 용기와 명석함을 갖게 된 것은 웬일이었던가? 바로 그의 수호신이 격려하여 주었기 때문이다. 나아가 너의 운명을 만나라, 너 자신을 지금 보여주라, 그렇지 않으면 영원히 자취를 감추라, 라고 그것은 속삭였다. 이리하여 때로는 그대의 불안이 최고점에 이를 바로 그때에, 그대의 심령은 비로소 스스로 불안을 초월할 수 있음을 느끼고 그것을 초월하여 찬란한 승리를 얻을 수 있음을, 새로이 얻은 승리의 날개를 타고 아주 신속하고 아주 벅찬 까닭에 아무 거침없이 날아갈 수 있음을 느낀다. 우리의 방랑자는 어느 정도의 만족과 놀라움을 가지고 항상 기억하여야 한다, 이런 경우에 그는 과묵하게 앉아 있지 않고 대화

의 흐름을 재치있게 타고 나갔음을, 그런 다음부터는 그 흐름을, 정말 자랑
은 아니지만 자랑처럼 보이는 것을 가지고 말한다면 그가 앞장을 서서 헤치
고 나갔음을. 사실 그런 시간에는, 그는 어떤 영감을 받았었다.

이 말세에도 있을 수 있는 정도의 영감을. 스스로 세상과 절연하고 있는
이 사람은 고상한 생각과 자유롭고 광채로운 말로 피어나며, 그의 영혼은 광
명의 바다, 진리와 지혜의 특별한 고향같이 되어 그 속에서 환상은 갖가지
색깔이 찬란한 형상으로 잇달아 탄생시킨다."

그렇지만 않았더라면 이렇게 복된 회합에 하나의 속된 사랑이 나타났던
것으로 보인다. 아니, 이 때에도 그는 그 속된 생각을 억수같이 쏟아내며 모
든 사람들을 진절머리나게 하고 있었다. 자기를 처치해 버리려고 어떤 영웅
이 와 있는 줄도 모르고! 우리는 소크라테스적인 아니 디오게네스적인 이런
의 웅변을 여기 신지는 않지만 그것은 그런대로 도도한 것이어서, 그 속된
것은 '말문이 막혀' 곧 제자리를 찾아 어둠 속으로 물러가고 말았다. 우리의
영웅은 기술하고 있다. "이야기를 가로채던 이 속물의 패배를 대부분의 사
람들은 잘 된 것으로 느꼈다. 그러나 모든 갈채도 다름아닌 블루미네가 승리
자에게 준 금세 활짝 피어날 듯한 기쁨의 미소에 비교하면 무엇이었으랴?
그는 용기를 내어 말을 걸었다. 블루미네는 정중히 대답하였다. 그 은(銀)
같은 음성이 가벼운 떨림을 띠고 있었다면, 붉은 저녁놀이 잠시 붉어지는 안
색을 감추었다면 어떨까!

대화는 한결 더 고상해지며 하나의 아름다운 생각은 다른 아름다운 생각
을 이끌어냈다. 그것은 심령이 완전히 자유롭게 피어나며 사람이 서로 더욱
가까워짐을 느끼는 지극히 드문 때의 하나였다. 명쾌하고 아름다운 흥에 겨
워 정다운 이야기가 둘러앉은 사람들을 싸고 흘렀다. 왜냐하면 모든 마음에
서 짐이 벗어지고 상류생활의 법칙인 예의의 장벽이 사라져, '나'니 '너'니
$\binom{루바이}{앗}_{32}$ 하는 주장이 엄격한 담으로 갈라져 있지 않고, 이제는 서로 부드럽게
교류하며, 삶은 완전한 화음과 찬란한 색채에 싸여 있다. 오직 사랑만이 그
곳의 왕이고 주인이 될 수 있는 어떤 아름답고 거룩한 평원처럼. 그러나 산
마루의 공기는 한결 얕아지고 골짜기 그림자가 더 길어지자, 어떤 희미한 설
움의 선율이 마음속에 스며들어, 어쩌면 들리는 듯한 속삭임으로 이 광채로
운 날이 저물어가듯이 인생도 기울어져 흙과 어둠 속으로 사라지고, 인생의

모든 병적인 수고도, 기쁨과 슬픔의 소리도 고요한 영원 속에 가라앉아야만 한다고 일러주었다.

우리의 벗에게는 이 시간들이 순간처럼 느껴졌다. 마음은 신성하고 행복하였다. 저 달가운 입술에서 흘러나오는 말은 마른 풀 위의 이슬같이 그에게로 왔다. 그의 마음의 모든 고상한 감정이 속삭이는 듯싶었다. '우리가 여기 있는 것이 좋사오니'라고 ^(마태복음 17장 4절). 헤어질 때 그는 블루미네가 맡긴 손을 잡고, 향기로운 저녁 어둠 속에 부드러운 별들을 머리 위에 두고 다시 만날 이야기를 속삭였다. 블루미네도 싫다고는 말하지 않았다. 그 작고 부드러운 손가락들을 잡은 손에 그는 힘을 주었다. 갑자기 노한 듯 끌어가는 것 같지는 않았다."

가엾은 토이펠스드레크, 그대가 사랑의 화살에 맞은 것은 분명하다. 하트의 여왕은 '천재'라는 사람도 자기가 그리워 한숨짓는 것을 보고 싶어서, 악마적인 기교로 그 신비한 시간에 그대를 묶어놓고 넋을 빼앗았다. 그는 다른 곳에서 말한다. "사랑은 넋을 빼앗는 열병이 아니다. 그러나 많은 점에서 같다. 사랑이란 유한 속에 무한을, 실재가 된 관념을 인식함이며, 이러한 인식은 또한 진실일 수도 허위일 수도 있고 천사적 또는 악마적일 수도 있으며 영감 또는 광증(狂症)일 수도 있다. 그러나 영감일 경우에도 여느 광증의 경우와 마찬가지로 정상적인 시력에 환상이 첨가되어 하찮은 현실의 영역에 아르키메데스적인 지렛대를 ^(아르키메데스는 '적당한 지렛대 하나면 지구라도 움직이겠다'고 말하였다) 대고 무한한 정신의 영역을 자유자재로 움직이는 것이다.

환상은 인간의 진정한 천국문이고 지옥문이다. 인간의 감각적 생활은 소규모의 일시적 무대이며, 이 무대 위에서, 이 멀고도 또한 가까운 영역에서, 세계 흘러나오는 두 세력이 만나 비극과 멜로드라마를 연출한다. 대부분의 나라에서는 감각은 하루 18펜스 정도의 비용이면 훌륭하게 보전된다. 그러나 환상을 위해서는 여러 개의 행성도 태양계도 충분하지 않다. 그 증거로 세계를 정복하여도 전과 다름없는 적포도주를 마신 그대의 피로스가 있다." ^(《플루타르크 영웅전》 제3권, 피로스 14) 아, 그 증거는 마치 세상에 다른 여자가 없는 것처럼 '기풍있는 갈색머리의 여성'을 얻으려고 불길에 싸여 하늘높이 날며 거의 미쳐버리는 그대의 디오게네스가 있다.

두 사람은 다시 거리에서 만났다고 그는 말한다. "날이면 날마다, 마치 그의 마음의 태양처럼 피어나는 블루미네는 높이 빛났다. 아, 잠시 전까지도 그는 아직 암흑 속에 있었다. 어떤 아름다운 여인이 그를 사랑한 적이 있었으랴? 이런 모든 것을 믿지 않음으로써 이 가엾은 청년은 자기를 믿을 줄을 몰랐다. 교만한 내향성과 자기 자신의 탑 속에 파묻혀 사람들로부터 고립되어 있으면서 많은 몽상에 사로잡혀 있던 그는 인생의 가장 아름다운 희망을 버린 자기 스스로를 보며 슬프게도 울분을 느꼈다. 그런데 지금! "그녀가 나를 바라본다." 그는 외쳤다. 세상에서 가장 아름답고 고결한 그녀의 검은 눈이 말하고 있지 않는가? 너를 경멸하지는 않는다고. 하늘에서 온 사자여! 하늘의 모든 축복은 그녀에게 있다!" 이와 같이 부드러운 선율이 그의 마음 속을 흘렀다. 무한한 감사의 가곡이. 자기도 또한 남아이다, 자기에게도 말할 수 없는 기쁨이 베풀어졌다고 하는 지극히 달가운 느낌이 흘렀다.

"정겨운 시선, 웃음, 눈물, 그리고 흔히 분명하지 않은 신비스러운 말의 음악으로 아로새긴, 때로는 진지하고 때로는 명쾌한 흐르는 물 같은 말, 그들은 지금처럼 꾸밈없는 분위기로 살고 있는 것이다. 이러한 다채롭고 찬란한 새 아침의 광명 속에, 그리고 동녘빛을 가져오는 이 지극히 아름다운 여신에 의하여 눈이 뜨여, 우리의 벗에게는 대자연의 새로운 묵시록이 전개되었다. 세상에서 가장 아름다운 블루미네! 샛별처럼 온통 불과 윤택함을 가진 광명의 화신! 없었으면 좋겠다고 그에게 생각되는 그 어떤 허물이, '변덕'인들 있었으랴? 그 여자는 그에게는 진정 새벽별이 아니었을까? 하늘나라의 노래를 가지고 그에게 오지 않았던가? 부드러운 새벽 바람이 연주하는 이오리아의 하프에서 나오는 듯한 오로라(새벽의 여신)의 장밋빛 손가락으로 탄주(彈奏)되는 멤논의 입상(立像 : 애굽의 테베스에 있는 거상(巨像). 아침 해가 여기 비치면 묘한 가락을 내었다고 전해진다)에서 나오는 듯한 천상의 음악이 그를 휩싸서 일찍이 맛보지 못한 향기로운 안식을 주었다. 핏기 없는 의심은 멀리 날아가고 삶은 행복과 희망으로 피어났다. 그리하여 과거는 하나의 수척한 꿈에 지나지 않았다. 그는 에덴 동산에 있었으나 그때는 깨닫지 못했다! 그러나 지금은 보라! 그의 감옥의 검은 벽은 무너지고 갇혔던 자는 살아났다. 자유를 얻었다. 그가 자기를 마술에서 풀어준 이 여자를 사랑하였느냐고? 아! 그의 온 마음·영혼·생명은 이 여자의 것이었다. 그러나 그는 그것을 사랑이라 이름 부르는 일은 없었다. 삶은 하나의 감정에 지나지 않았으며 아직 사상으로 형성되지는 않았다."

그럼에도 불구하고 삶은 사상으로, 아니 행동으로 형성되어야만 한다. 왜냐하면 우리를 마술에서 풀어주는 이가 남자이든 여자이든 그는 하나의 '시간의 자식'에 지나지 않으니, 감정만으로는 살 수 없다. 교수는 오늘날까지도 알지 못한다, "그 아름다운 사람이 그 부드럽고 뜨거운 가슴 속에서, 필연이 명령하는 것이었다고는 하지만, 이 행복한 인연을 끊어버릴 결심을 어떻게 찾아냈는지를." 그는 "초라하고 가난에 시달린 철학으로 청춘의 감정적인 종교에 처음부터 찬성하지 않았던" 듀에나 언니(Duenna Cousin, 듀에나는 젊은 아가씨의 교제를 감독하는 늙은 부인)인가. 그것이 누구였는지 모르지만 뜻밖이라고 생각한 것으로 보인다. 우리는 멀리 떨어져 있지만 이 일을 간단히 설명할 수 있다. 이 철학자가 다음 질문 하나만 대답하라고 하라. 그 당시 토이펠스드레크의 부인이 된 사람이 상류 사회에서 어떠한 모양을 나타냈을 것인가? 부인은 놋쇠를 입힌 마차는 고사하고 그저 쇠 스프링을 단 마차인들 타고 다닐 수 있었겠느냐? 어리석은 아우스쿨타톨이여. 돈이 생길 가망이 전혀 없는 친지와 일찍이 세상에 알려진 '청춘의 감정적인 종교' 중 어떤 것이 인간의 부엌을 따스하게 해주겠느냐? 흥! 그대의 거룩한 블루미네가 "단념하고 더 넉넉한 사람과 결혼하기로 했을" 때, 그 여자는 '재주있는 여자'에 지나지 않았지만 천재를 자칭하는 그대보다 훌륭한 철학을 보여주고 있다(앞에서 말한 마거릿 고든이 칼라일과 헤어질 때 다음과 같은 좋은 충고를 남겼다. "……당신의 마음의 부드러운 면을 계발하세요……천재는 당신을 위대하게 만들고, 덕은 사랑을 받게 만들 것이에요! 당신과 보통 사람들과의 사이에 있는 무서운 거리를 친절하고 상냥하신 태도로써 없애 주세요. 열등한 사람들을 어질게 대하시며, 그러하심으로써 존경을 그대로 받으시고 사랑을 더 받게 되실 것을 굳게 믿으세요").

우리 독자는 이 '사랑의 병'의 발생과 그것이 얼마나 신성한 광휘를 가지고 자라나며 솟아오르는가를 보았다. 그 사랑이 강렬하였을 때의 영광, 또 더욱이 그것이 거의 순간적으로 허물어졌을 때의 공포를 노출시키기를 아무도 우리에게 부탁하지 말기를 바란다. 이제부터는 더욱 심한 무질서 더미가 되어 이들 자루 속에 들어 있는 것들을 가지고 싱싱한 묘사의 단편인들 어떻게 조직해낼 수 있으랴? 그리고 그것이 무슨 소용이 있으랴? 우리는 생생한 기쁨을 느끼며 본다, 화려한 명주 몽골피에(18세기 후기에 프랑스 인 몽골피에 형제가 만든 일종의 기구)가 땅에서 떠나 올라 솟으며 맑은 공중을 솟구쳐 달려 마침내 아득히 반짝이는 별이 되는 것을. 그러나 자연의 탄성이나 우연한 화재로 그것이 터지고 만 다음에는 더 바라볼 것이 무엇이 있으랴? 기구를 탄 기구한 운명의 사람은 찢어진 낙하산, 모래 자루, 어수선한 파편들과 함께 악마의 입 속으로 곧 떨어져 들어간다! 토이펠스드레크는 자연적 포물선을 타고 하늘의 가장 높은 영역에 올라

갔다가 급속한 연직선(鉛直線)을 그리며 되돌아왔다는 것만을 알아두자. 그 나머지는, 불행히도 같은 일을 겪고 이해할 수 있게 된 독자가 있다면, 스스로 상상하기 바란다. 다만 참작할 것은 독자가 비교적 대수롭지 않은 자기의 애인에 대하여 어느만큼 심한 고민과 발광을 하였을진대, 불 같은 마음을 가진 토이펠스드레크가 절세의 블루미네를 잃었을 때는 어떠하였으랴 하는 점이다. 우리는 다만 마지막 장면만 잠깐 보기로 한다.

"어느날 아침 그는 새벽별(애인을 가리킨 것임)이 아주 빛을 잃고 다만 불그레함을 보았다. 그 아름다운 사람은 묵묵히 체념한 상태였으며 울고 있는 것 같았다. 아, 이제는 새벽별이 아니고 최후의 날이 온 것을 말하는 불길한 하늘의 징조로 변하였다! 그 사람은 떨리는 목소리로 말하였다. '이제는 더 만날 수 없게 되었어요'라고." 풍선을 타고 날다가 벼락을 맞은 젊은이는 이 무서운 순간에도 넋을 잃지는 않았다. 그러나 그것이 무슨 소용이랴? 많은 설명·간청·비분이 있었으나 우리는 이것들을 생략한다. 다 소용없이 이유조차 말하지 않은 채, 사태는 종말로 달려갔기 때문이다. "진정 그러시다면, 안녕히!" 그는 다소 화난 음성으로 말하였다. 자존심이 상한 것이 도움이 되어서. 여인은 제 손을 그에게 주고 그의 얼굴을 바라보았다. 눈에는 눈물이 고여 있었다. 미친 듯한 용기로 그는 여인을 품에 안았다. 두 사람의 입술이 서로 닿고 마음은 두 방울의 이슬처럼 하나로 합쳐졌다—처음이자 마지막으로!"

이리하여 토이펠스드레크는 키스로써 영원한 생명을 얻었다. 그런 다음? 그런 다음은—"밤의 짙은 장막은, 운명이 어처구니없이 무너질 때, 내렸다. 그리하여 깨뜨려진 우주의 폐허 속으로 깊이깊이 떨어졌다, 지옥을 향하여."

6장 토이펠스드레크의 슬픔

우리 교수와 같은 사람의 경우 모든 일은 그 자체의 길을 더듬는다. 그렇게 복잡하고 착잡한 성격에는 심리학자도 좀처럼 보지 못한, 들어가고 나오는 길들이 있다. 즉 어떤 큰 사태나 변동에 맞닥뜨려도, 기쁨의 소동이나 슬픔의 바다에서도 어떤 행동을 취할는지 예측할 수 없다는 것을 우리는 벌써 느껴왔다.

예를 들자면, 그다지 철학적이 아닌 독자들에게도 그렇게 정열적인 토이펠스드레크가 '붕괴된 우주 속을' 이처럼 이상하게 떨어진 다음 할 수 있는 일은 다음 세 가지 중 하나라는 것이 분명하다. 즉 정신병원에 들어가는 것, 악마파의 시(詩)를 쓰기 시작하는 것, 자기 머리를 깨뜨려버리는 것. 이러한 종말로 이르는 어느 과정에서든지, 가슴을 두드리고, 벽에 머리를 부딪치고, 욕설을 사자같이 퍼부으며, 발을 구르고, 때리고, 불을 질러버리는 정도까지는 아니더라도, 살림을 부수는 것 같은 심한 자포자기쯤은 있을 것으로 예측하지 않는가?

그러나 토이펠스드레크는 절대로 그렇게 행동하지 않는다. 그는 조용히 순례의 지팡이를 짚고 "지난 일에 종말을 알리고는" 이 지구상으로 순례를 떠나신다!

그런 활기있는 생각, 그런 심각한 감정, 그리고 특히 그렇게 엄청나게 과장하는 말버릇을 가진 그가 저 놀라운 고요함과 외적 행동에서의 극기성을 결합시키는 모양은 실로 이상스러울 정도이다. 사랑하는 사람을 갑자기 잃은 것, 이 경우는 꽃의 여신을 잃은 것을, 운명의 날, 세상의 종말을 맞이한 듯이 말하고 있지만, 사실 그로서는 어느 정도 그렇게 예상했겠지만, 그 자신의 성질은 그로 인해서 느슨해지지 않고 오히려 폐쇄적이 되어 버렸다. 왜냐하면 블루미네가 닫혀 있던 그의 심정을 마치 요술의 열쇠나 사용한 듯이 열어주어, 비장하였던 것들이 홍수같이 무한량으로 쏟아져 나와, 마치 유리병에서 나온 아라비안나이트의 귀신 같더니, 마술의 열쇠가 사라지자 그의 심정이란 이상한 상자는 다시 닫혀 버리고, 다시는 열 수도 없게 되었다. 왜냐하면 토이펠스드레크 같은 사람은, 위에서 말한 것같이 두 번 다시 사랑하지 않는다. 이상한 디오게네스! 그 비통한 일이 생기자, 그는 마땅히 있을 일이 있었을 따름이다, 더 말할 필요도 없다 하고 생각하였다. "하나의 지극히 높은 희망이, 천사의 눈 속에나 보이는 듯한 희망이, 마치 죽음의 그늘에서 천국의 생활로 부르는 듯 그를 불렀다. 그러나 토페트(예루살렘 부근의 지명. 우상에게 아이를 제물로 드리던 장소였으나, 그 뒤에는 쓰레기를 태워버리는 곳으로 쓰여, 화염이 그치지 않았다)의 불빛이 그의 천사의 얼굴을 지나갔으며, 그는 선풍에 휩싸이면서 악마들의 웃음소리를 들었다. 그것은 열사병(열대지방에서 선원들이 가끔 걸리는 병. 환상이 보여서 바다를 풀밭으로 알고 뛰어드는 경우가 자주 발생한다)이었다. 그러므로 이 청년은 대양의 파도를 천국의 녹음으로 본 것이다. 사람을 속이는 환상이었으나 완전히 속이는 것은 아니었다. 왜냐하면 그는 보았다." 그러나 그것이 보이지 않게 되었을 때 그에게 어떤 일이 생겼는지, 토이펠스드레크의 마음속에 어떤 광기와 절망이 왔는지에 관해서는, 그는 다행히도 침묵의 두터운 막으로 감추고 있다.

우리는 잘 알고 있다. 처음의 광증이 사라지자, 그네센은 그의 산산히 흩어진 철학을 모으고 아무 일도 없었던 것처럼 그 자신을 결속하였다. 그는 온순하고 과묵하였다. 그렇지 않으면 날씨에 대해서 또는 신문에서 본 이야기를 주고 받았다. 다만 때때로 그의 푸시시한 눈썹을 모으거나, 눈물의 이슬인지 사나운 불인지 알 수 없는 그의 눈에 번득이는 것을 보고, 마음속의 불지옥을, 모든 악마의 무리가, 소리는 들리지 않아도, 거기서 세상을 저주하고 사랑을 원망하는 시를 읊고 있는 것을 짐작할 수 있었다.

어떤 굴뚝이 자신의 연기를 소화흡수하는 것처럼 자신의 울분을 소화흡수하는 것, 악마의 무리가 비록 소리나지 않게 불을 토해내도록 하는 것, 이것은 소극적이지만, 그러나 경멸할 수 없는 미덕인 한편 현대에는 그렇게 흔한 것도 아니다.

그러나 그가 취하게 된 이상한 조처에는 한 가닥 잠재적 광기가 없다고는 단언할 수 없다. 사실 염소자리나 물병자리의 문서의 실제 상태가 이 점에 대해서는 충분한 표시가 되어 있다. 그의 무제한의 방랑은 몹시 고생스러운 것이지만, 이렇다 할 목적도 없으면 이거라고 결정할 수도 없이, 그저 그의 내적 불안에만 이끌려다니는 것 같았다. 마치 저 예언자의 저주를 받은 듯이, 또는 '굴러가는 바퀴같이'(시편 83장 13절) 그는 방랑에 방랑을 거듭한다. 그리고 이 서류 봉투에 들어 있는 것들의 혼잡 상태가 더욱 알 수 없게 하는 것도 물론이다.

아무런 예비적 주의사항도 없이, 다음과 같은 것이 나오는 것이 그 하나의 예이다. "사람이 인적이 없는 길을 가다가 어떤 산모퉁이를 돌자 아득한 저 아래에 소꿉 같은 작은 나무숲과 천연의 푸른 담 속에 싸인 아름다운 시가지를, 보이는 듯 보이지 않는 많은 사람들이 각인각색의 수단을 타고 왔다갔다 하는 시가지를 내려다볼 때, 그의 가슴 속에는 말로 표현할 수 없는 감정의 물결이 일 것이다. 그 시가지에 있는 하얀 뾰족탑은 그때는 진정 하늘을 가리키는 손가락이고, 푸른 연기의 지붕은 생명의 호흡 같을 것이다. 왜냐하면 영혼은 그 자체가 하나인 까닭에 사랑으로써 바라다보는 사람도 하나이다. 이리하여 사람들이 사는 그 작은 곳, 크고 작은 집들이 모여 있는 그곳 자체

단테(1265~1321)의 《**신곡**》(1321)
단테와 베르길리우스가 지옥의 스틱스 강을 배를 타고 건너간다.

가, 개인, 하나의 인격이라고 생각된다. 그러나 그곳이 우리가 기쁜 일 슬픈 일을 겪은 곳일 때는, 우리가 어려서 잠든 바구니가 아직도 그대로 있는 곳일 때, 우리가 사랑하는 사람이 아직도 거기 살고 우리가 묻은 사람이 거기 잠들어 있는 곳일 때, 얼마나 무수한 생각들이 거기에 또 엉키는가!" 상처입은 독수리가 제 둥우리를 향해 날아간다고 하는 듯이, 군대에서 도주한 자나 모든 도피자들은 마치 본능적으로 태어난 고장으로 향하듯이, 토이펠스드레크도 이 시련을 당하고 자기가 난 고장인 엔테풀로 피신하다가, 거기에도 자기를 기다리는 희망이 없음을 생각하고, 멀리서 못내 그리운 시선만을 보내고 다른 데로 걸음을 돌리는 것인가?

그 다음에 그는 자연의 미개척지로 들어가지만, 마치 어머니다운 그 품 속에 구원을 바라듯이 들어가지만, 조금도 더 행복한 것같이 보이지 않는다. 적어도 이와같이 우리는 해석한다. 위의 글과는 상당한 거리를 두고 떨어져 있으나 주목할 정도가 못되는 그의 이 글을.

"산들은 그에게 새로운 것이 아니었다. 그러나 이곳 산들처럼 장엄하면서도 아름다운 것은 드물었다. 바위들은 광물학자들이 원생암(原生巖)이라고 부르는 종류의 것이라, 준엄하고 거대한 성질의 덩어리로 형성되어 있었다. 그러나 여기서 그 준엄성은 독특한 가벼운 형상과 환경의 부드러움으로 중화되어 있고, 기후가 식물의 성장에 적합한 까닭에 이끼로 덮인 회색 절벽은 초목의 푸른 옷 사이로 솟아오르고, 나무 그늘 아래 하얗고 밝은 집들은 천고 암산(千古巖山) 주위에 덩어리져 있었다. 아름답고 장엄한 것이 잇달아 바뀌는 경치를 보며, 급류가 앞을 막고 높은 절벽이 위를 막은 곳, 암석의 골방에 곧은 길을 따라 말을 타고 간다. 때로는 푸른 옷을 입은 깨어진 절벽·거암 사이를 굽이굽이 돌기도 하고 때로는 에메랄드 빛 골짜기로 별안간 나오기도 하는데, 거기에는 여러 시냇물이 모여 호수를 이루고 있다. 그리하여 사람은 다시 아름다운 살 곳을 얻는다. 이를테면 평화가 '힘'의 품 속에 자리를 찾은 듯이 보인다.

그러나 삶의 이 소용돌이 속에서 시간의 아들은 평화를 바랄 수가 없는 것이다. 과거의 어떤 유령이 그에게 달라붙어 있는 경우는 더욱 그렇다. 미래는 스틱스 강^(Styx, 죽음의 나라에 있다고 하는 강) 같은 암흑에 싸여 있으며, 유령이 들끓고 있다. 방랑자가 혼자 외치는 것도 당연하다. 이렇게, 이 세상의 행복의 문들은 네게는 영원히 닫혀 있지 않느냐? 광적이지 않은 어떤 희망을 너는 가지고 있느냐? 그러나 아직도 중얼거려 볼 수는 있다. 만일 그리스 어 원문 그대로가 더 마음에 든다면 원문으로도, '죽음과 대면할 수 있는 사람은 그 어떤 그림자에 놀라지 않는다.'^(그리스 비극작가 에우리피데스로부터) 이런 명상으로부터 방랑자의 주의는 다른 데로 옮겨간다. 왜냐하면 골짜기는 이제 갑자기 좁아지고 거대한 암산이 앞을 막으며, 빗물에 씻긴 그 오르막은 말을 타고서는 도저히 오를 수 없기 때문이다. 꼭대기에 오른 그는, 다시 저녁 빛에 서 있는 자기를 보고 잠시 거기 쉬며 주위를 돌아다본다. 울통불통한 헐벗은 산지로부터 복잡하게 뻗어나간 골짜기는 가파르게, 또는 느리게 하늘의 모든 방향을 향해서 가지런히 내려간다. 산줄기들은 발 아래 접혀 있고, 다만 높은 봉우리들만이 여기저기 이차적 평원을 내려다본다. 그리고 호수들도 고독에 싸여 훤하게 고요히 누워 있다. 지역과 지역을 연결하려고 이 험한 곳으로 올라오는 저 가느다란 신작로를 만든 사람의 자취를 제외하면, 인간의 자취란 이제는 전혀 보이지 않는다. 그러나 태양 쪽을 보라! 산들의 세계 하나가 홀연히 치솟아 있다.

파에톤 그리스 신화에서 제우스의 벼락과 번개에 맞아 추락하는 파에톤. 파리, 루브르 박물관.

산악지방의 왕관이요 중심! 수천의 원시 산봉우리들이 마지막 햇빛 속에 모두 금빛과 푸른 수정 광채를 발산하고 있는 모양은 마치 황야에 선 거대한 신령 같고, 그 침묵, 그 고독에 싸여 있는 모습은 노아의 홍수가 처음 물러간 밤과 같이 조용하다! 갑자기 보는 이 광경은 우리 방랑자에게는 무척 아름다웠다. 아니 장엄하였다. 그는 말문이 막히는 이 광경을 거의 동경하는 마음으로 바라보았다. 이 시간까지 그는 자연이 단일한 존재임을, 자기의 어머니이고 신령스러운 것임을 몰랐다. 그 붉은 광채가 점차 색을 더해가며 해가 저물어 버린 시간, 영원과 무한, 삶과 죽음의 속삭임이 그의 영혼에 스며들었다. 그리하여 그는 마치 생사가 하나인 듯, 마치 대지는 죽은 것이 아닐까 하는 듯, 마치 대지의 정령이 그 왕좌를 그 장엄함 속에 품고, 그 자신의 정신은 그것이라고 이야기하는 듯이 느꼈다.

이 침묵은 마차 바퀴 소리가 깨뜨렸다. 보이지 않는 북쪽에서 나와 이내 보이지 않는 남쪽으로 사라진 화려한 사두마차는 뚜껑이 열려 있었다. 하인들도 마부들도 결혼식 장식 리본을 달고 있었다. 저 행복한 두 사람은 서로 만났다. 오늘 저녁은 그들의 결혼식! 어느 새 그들은 가까이 왔다. 아! 그것은 토굿 씨와 그리고—블루미네! 가벼운, 알 듯 말 듯한 인사를 던지고 그들은 나를 지나쳐 가까운 숲속으로 사라졌다. 천국을, 영국을 향하여. 그리고 나는 나의 벗 리히터의 말을 빌리자면 혼자 뒤에 남았다. 밤과 함께."

만일 너무 가혹한 일이 아니라면, 여기다가 그의 위대한 의상론(衣裳論)에서 주워온 말을 삽입하는 것도 좋을 것이다. 물론 거기서는 다른 의도로 쓰인 말이지만. 거기서 교수는 말한다. "천연두가 근절되기 얼마 전 일종의 정신적인 병이 유럽에 유행하였다. 지금은 지방성(地方性)까지 띠게 된 이 병은 산수탐승(山水探勝)이란 전염병이다. 옛날 시인들도 감각의 특권을 가졌던지라, 또한 외계의 자연을 즐겼다. 그러나 그들은 우리가 좋고 나쁜 술이 담겨 있는 유리잔을 즐기듯이, 다시 말하면 침묵하거나 또는 가볍게 몇 마디 언급하는 정도로 즐길 뿐, 내가 아는 바에 의하면《젊은 베르테르의 슬픔》이 나오기까지는 다음과 같이 말하는 사람은 없었다—자, 풍경을 묘사해 보자! 술을 다 마셨으니 유리잔을, 이젠 유리잔을 먹자 하고. 이 풍토병의 치료법을 제너(^{1749~1823년}_{종두법의 발명자})는 불행히도 아직 발견하지 못했다."

실로 옳은 말이다!

그의 외면적 극기와 조소가 보여주는 한도 내에서 교수의 방랑은 그것이 의미가 있든 없든, 여기서 영구적 성격을 띠게 된다는 것을 말하는 것이 더욱 중요하다. 바실리스크(사막의 모래 속에 알을 낳아 새끼를 깐다고 하는 구렁이. 그 것이 한 번 노려보면 사람이든 짐승이든 죽어버린다고 한다)의 눈초리를 가진 사두마차는, 아직도 그의 마음속에 혹시 남아 있는 생각의 잔재를 다 죽여버린 것으로 보인다. 인생은 완전히 암흑에 싸인 미로가 됐다. 우리 벗은 환상을 피하여 긴 세월, 닥치는 대로 허둥지둥 걸어가야 한다. 그러니 조급하기만 하고 별로 앞으로 나아가지는 못한다.

그의 이 두서없는 세상 방랑을 더듬어 보려고 하는 것은 어리석은 일이다. 그것을 분명하게 기록할 수 있다 해도, 아무리 단순하게 기록한다 해도 여러 권이 될 것이다. 그 몽롱하고 복잡함은 절망적이다. 그가 이 나라에서 저 나라로, 이 처지에서 저 처지로 전전하며 출몰하는 그 방법·방향은 아무도 예측하지 못한다.

그는 세계의 모든 곳, 사회의 모든 자리를 방황한다. 지리적으로 어디라고 말하기는 어려운 어떤 경치 속에 잠시 머물러 인연을 맺고 있다가도, 반드시 갑자기 그것을 모두 끊어버린다. 어느 유럽의 수도에서 사비(私費) 학생으로서 진실된 크리스천의 생활을 하다가 우리 시야에서 사라졌나 생각하면, 다음 순간에는 메카 부근에서 어엿한 회교도의 모습으로 나타날는지도 모른다. 그것은 도무지 알 수 없는 환상이어서 종잡을 수 없이 빨리 변했다. 우리의 길손은 손발을 가지고 지상을 걸어다니는 것 같지 않고, 마치 어떤 소망의 날아다니는 융단(《아라비안 나이트》. 이것에 올라 앉으 면 소망하는 곳 어디나 삽시간에 간다)이나 운명의 신(神)의 모자(이것을 쓰면 역 시 어디나 간다고 한다)로 날아다니는 것 같다. 이 모든 일은 또 뜻을 알 수 없는 여러 가지 기념물(거리에서 주운 광고 따위)로 상징적으로 표시되어 있으며, 사실을 직접 기록한 것은 매우 조금씩 섞여 있을 뿐이다. 안개의 바다에 있는 광명의 작은 섬들처럼! 그러므로 이제부터 교수는 지금까지보다 더욱 수수께끼가 된다. 비유적인 말로 표현한다면, 그는 유령은 되지 않았을망정 심령화되고 기체화된다. 사람의 일대기에 유례가 없는 것이 된다.

우리는 그의 일생이라는 시냇물을 그 근원인 작고도 작은 샘에서부터 쫓아오면서 그것이 차츰 커져 바다로 들어가는 모습을 보려고 하였지만, 여기에 이르러 물살은 서 무서운 '애인의 뜀바위'(그리스의 여류시인 사포가 서기서 몸을 던져 자살하였다고 하는 바위)에 부딪쳐 거품이 끓어오르는 폭포가 되어, 솟구치는 물방울의 구름이 되어 아주 날아가버린다! 아래로 내려가면 과연 다시 모여 깊고 얕은 늪들을 이루지만, 그러나 그것이 여느 흐름이 되는 것은 많은 거리와 곤란을 넘은 뒤의 일이다. 이러한 깊고 얕은 늪 가운데 몇 개를 잠시 구경하며 그들이 어디로 흐르느냐를 살펴보는 것은, 앞으로 한두 장(章)에 걸친 우리의 노력 범위가 되어야 한다.

이 일을 위해서는 저 직접적인 기사들이, 그런 것을 입수할 수 있는 경우에는 가장 도움이 된다는 것은 말할 나위도 없다. 그러나 이런 것 속에도, 우리가 지금 가지고 있는 지식으로는 밝혀질까 의심되는 것이 많다. 토이펠스드레크는 어디에서나 위아래 양극단을 왔다갔다하며 공사(公私)의 역사를 뒤범벅으로 만든다. 예를 들면 술탄 마무드(1808~1839)나 나폴레옹 같은 저명한 인물과의 담화 및 관계는 사적이라기보다는 오히려 외교적 성질의 것이 아닌가? 편집자는 왕관을 쓴 이들을 신성불가침으로 생각하고, 아니 어쩌면 의상철학자다운 술책이 아닐까 하는 의심으로 이 분야는 잠시 피하기로 한다. 언젠가 새로운 때가 되면 새로운 광명과 다른 의무가 주어지기를 기대하면서.

교수가 이 세계편력을 계획하고 실행한 것이 어떤 장래의 목적에서였는가는 묻지 않고 (왜냐하면 그런 것은 없었으니까), 어떤 직접적인 전망에서, 적어도 어떤 심경에서였는가 묻는다면—그 대답은 바람직하지는 않을지라도 분명하기는 하다. 그는 말한다.

"말할 수 없는 불안이 나를 밀었다. 외적인 움직임은 그저 이 불안에 일시적인 거짓 위로를 줄 뿐이다. 나는 어디로 가야 할까? 내 운명의 별은 완전히 꺼졌다. 그 검은 불의 하늘에는 어떤 별도 빛나지 않았다. 그러나 나는 앞으로 가야만 했다. 내가 밟는 땅은 불덩어리, 내 발바닥은 접촉할 곳을 찾지 못하였다.(창세기, 8장 9절. 노아의 홍수가 있/은 뒤 비둘기가 땅을 찾는 장면에서) 나는 고독하였다. 고독하였다! 그리고 마음의 내부에 있는 강한 그리움은 가지각색의 환상을 지어냈다. 나는 그것들을 향해서 헛되이 방황해야만 했다. 내 열병의 갈증을 달래 줄 영험 있는 샘을 바라며, 이 세상의 성자의 샘들로 나는 덧없는 순례를 갔다. 큰 사람들, 도시들, 사건들을 찾아갔으나, 거기서는 치료를 얻지 못하였다. 모르는 나라로, 잘 아는 나라로, 원시의 사막으로, 부패된 문명의 한가운데로도 갔으나 항상 같았다. 이 방랑자가 어찌 피할 수 있었으랴—자기 자신의 그림자를?

그래도 항상 앞으로! 나는 늘 숨 막히게 조급하였다. 무엇을 하려고? 나도 모른다. 내 마음의 깊은 곳에서 소리가 울려나왔다. 앞으로! 바람도 물도 모든 자연도 내게 외쳤다. 앞으로! 아! 나는 바로, 그야말로 시간의 아들이었다."

이것으로 보아 그의 마음속의 악마의 무리가 아직도 충분히 활약하고 있는 것이 분명하지 않은가? 그는 다른 곳에서 말한다. "나는 에픽테토스의 좌우명을 늘 두고 내 유일한 이성적인 반려로 삼고 있으나, 그것으로부터 얻은 것은 별로 없다고 말하지 않을 수 없다." 어리석은 토이펠스드레크여! 그럴 수밖에 없나? 아무리 고상하다 하더라도 인간의 종국적인 것은 행동이지 사상이 아니라는 것 정도는 알 만한 그리스 어 지식을 가지고 있지 않은가?

<small>(이것은 아리스토텔레스 《니코</small>
<small>마코스 윤리학》의 말이다</small>

언젠가 토이펠스드레크는 이렇게 쓰고 있다.

"내가 어떻게 살았느냐고? 소포클레스가 잘도 이름지은 '거친, 만물을 기르는 대지'에 대해 생각해 보았는가? 대지는 지붕 위의 저 참새들도 그처럼 길러주니<small>(마태복음 10장 29~31</small>
<small>절. 시편 102장 7절)</small>, 그의 사랑하는 아들인 사람이야! 사람이란 살아서 움직이는 마지막 날까지는 먹을 것을 찾아야 한다. 내 아침의 차(茶)는, 흙으로 만든 병을 말꼬리로 닦는 타타르 족의 여자가 강물로 끓여준 적이 있다. 사하라 사막에서는 들새들의 알을 모래에 구워먹고, 파리의 에스트라파데스<small>(사람을 고문할 때</small>
<small>쓰는 시설의 일종)</small>, 비엔나의 말츠라인스<small>(시(市) 근</small>
<small>교의 지명)</small>에서 잠이 깨었을 때에는 원소적 액체<small>(물을 가</small>
<small>리킨 말)</small> 이외의 아침식사가 생길 것 같지도 않다. 먹을 것을 찾아야 한다는 일이 나를 죽음(자살에 의한)으로부터 구해 주었다. 몹시 바삐 돌아가는 우리 유럽에는 지성에 대한 요구가, 화학·기계·정치·종교·교육·상업의 모든 분야에 항상 있지 않은가? 이교도의 나라에서는 부적을 써줄 수 있지 않은가? 산다는 것! 발견의 재주를 가진 심령에는 어떠한 연금술이 숨어 있기에, 마치 새끼손가락으로라도 그러는 듯이 (철학자의) 몸을 위해서 충분한 양식을 만들어내고, 또 마치 두 손을 다 가지고 그러는 듯이, 양식과는 전혀 다른 물건들, 즉 유령들을 만들어내어 스스로 고통을 겪는 것인지 생각도 못할 정도이다."

가련한 토이펠스드레크여! 항상 굶주림이 나란히 따라오고 지옥의 마귀들이 뒤에 따라오니, 굶주림의 얼굴이 그에게는 오히려 친구 같다. 이리하여 그는 옛날의 카인이나, 더 근대적인 방랑하는 유대인의 심정으로—다만 그는 죄가 없다고 느끼면서 죄의 고통을 겪는 것이 다르다—목적 없는 초조감에 몰려 이리저리 방황해야 된다. 이리하여 그는 대지의 얼굴 전체에 (발자국으로) '토이펠스드레크의 슬픔'을 기록한다. 마치 위대한 괴테가 정열의 말로써 《젊은 베르테르의 슬픔》을 썼듯이 그의 마음이 해방되어, '사람'이 되기 전까지 제아무리 빨리 달리는 인간도 '자기 자신의 그림자'로부터 달아날 수 있기를 바라지는 못한다! 그러나 이 병든 시대에서는, 하늘에서 태어난 자가(20세 쯤 되었을 때) 처음으로 자기를 둘러싼 이 시대에 낡아빠진 진리와 이 시대에 뒤떨어진 일, 이 두 가지 것이 심상치 않게 많을 때—그 어리석은 것이 생각하는 것은 세상은 거짓의 소굴로 거짓을 말하지 아니하고 거짓을 행하지 않으려는 사람은 누구든지 다 그저 절망 속에 서 있어야만 한다는 것이 아니고 무엇이랴? 그러므로 비교적 고상한 마음을 가진 사람은 이와 같은 예술작품을 어떤 지방의 말로든지 발표하는 것이 필요하다. 왜냐하면 그것은 악마하고 당당하게 싸우기에 앞서 옳고 그름을 따지는 것이 아니고 무엇인가? 바이런은 로드 조지(바이런은 로드의 칭호가 붙은 귀족이고, 이름은 조지)의 슬픔을 시(詩) 또는 산문으로, 그밖에 다른 것도 많이 발표하고, 보나파르트(나폴레옹의 이름)는 나폴레옹이라는 가극을 연출한다. 그 수법이 너무도 엄청나서 음악은 대포 소리와 전 세계의 단말마의 비명이며 무대 조명은 대화염, 각운(脚韻)과 서창(叙唱)은 전열(戰列)을 이룬 군대의 발자국 소리이고 도시의 함락하는 소리이다. 우리의 의상철학자처럼 자기의 신발바닥만을 가지고 무감각한 대지에 구두바닥으로 누군가 기어이 써야만 되는 것을 써주는 사람, 그리고 그것을 썼기 때문에 후세에 살아 남는 사람, 그 사람은 행복하다!

7장 영원한 부정

이제 우리 교수가 자기 자신을 감싸고 있는 이상하고 희미한 포장 속에서도 그의 정신적 본성은 그래도 진보하고 있음을 의심할 수 없다. 왜냐하면 '시간의 아들'이 어떤 경우인들 그대로 서 있을 수가 있으랴? 우리는 이 모호한 여러 해 동안 그가 위기상태, 전환상태에 있음을 본다. 그의 광적인 방랑과 목적 없이 지리멸렬한 전면적 와해상태는 심한 격동이 아니고 무엇이랴? 그것이 심한 것이기는 하지만 다른 날 거기서부터 더 광채가 나는 물건이 나올 것이다.

이런 변천은 항상 고통으로 가득하다. 독수리도 새로운 털이 날 때에는 기운이 없고, 새 주둥이가 나려면 낡은 것을 바위에 세게 부딪쳐 떼어 버려야 한다. 우리 방랑자가 개인적 행동과 동작에서 어떤 극기성을 보이더라도, 그의 마음속에는 혼란과 고민의 뜨거운 열병이 끓고 있어, 그것의 광채가 번쩍번쩍 튀어나온다. 그렇지 않을 수 있으랴? 오랜 세월에 걸쳐 그가 절망과 운명의 조롱 속에 있음을 우리는 보지 않았던가? 젊은이의 마음이 소망하고 기원할 수 있는 모든 것이 거부되었다. 아니, 마지막이자 가장 심한 경우에서처럼 주어졌다가 빼앗긴 일도 있다. 항상 '탁월한 수동성'은 주어져 있으나 굶주림에 양식이 꼭 필요한 것처럼 이 수동성에 꼭 필요한 유용하고도 합리적인 능동성은 전혀 주어지지 않았다. 그리하여 마침내 이 광적인 방랑에서 그는 소용 없고 비합리적인 것이었지만, 능동성을 취하지 않으면 안 되었다. 아, 한 방울 한 방울 가득 채워진 그의 비통의 잔은 저 힌터슈라그 김나지움으로 간 맨 처음 '붉은 아침' 이래 항상 그의 입술에 닿아 있었다. 그러다가 토굿과 블루미네의 일이라는 한 방울 독이 떨어지자 잔은 거품의 홍수가 되어 끓어 넘친다.

그는 그리 새롭지는 않으나 지당한 말로 이렇게 말한 일이 있다. "사람이란 바른 대로 말해서 희망 위에 서 있다. 그는 희망밖에는 다른 소유물을 가지고 있지 않다. 그가 사는 이 세상은 단연코 희망의 땅이다." 그러면 우리 교수의 소유물은 무엇이었던가? 그는 현재로서는 희망을 완전히 상실하고, 금빛 동녘 하늘이 아니라 지진과 태풍을 가득 품고 있는 찌뿌드드한 구릿빛 하늘을 보고 있다.

아, 우리는 몽상도 못하는 깊은 의미에서 희망을 상실하였다! 왜냐하면 그가 기진맥진 상태로 이 세상을 방랑할 때, 다른 더 높은 세상과의 소식은 완전히 끊어졌기 때문이다.

종교 또는 적어도 종교심이 가득한 것을 그 이전에는 보여주고 있었으나, 요즈음에는 전혀 비종교적이었음을 그는 감추지 않는다. "의심은 점점 짙어져서 불신이 되었다. 검은 그림자가 잇달아 내 심령을 뒤덮으며 지나가 움직이지 않고 별 하나 없는 지옥의 암흑으로 종말을 지었다"라고 그는 말한다. 사람의 일생에 관해서 반성이라고 말할 수 있는 정도의 궁리를 해보고, 사색적 또는 실제적인 이해득실 철학(利害得失哲學)과는 반대로, 영혼은 밥주머니와 동의어가 아니라는 것을 우연찮게 발견한 독자, 따라서 우리의 벗이 한 말을 빌린다면 "사람의 행복을 위해서 단 하나 필요한 것은 신앙이다. 그것으로써 그것을 가지지 않았더라면 나약하였을 순교자들이 치욕과 십자가를 기쁨으로 이겨낼 수 있었고, 그것이 없음으로써 속된 인간들은 사치를 뒤집어쓰고, 그들의 병든 생을 자살로 끝맺었다"는 것을 알게 된 독자, 그들은 분명히 알 것이다, 순결한 도덕적 성질을 가진 사람에게는 종교적 신앙의 상실은 모든 것의 상실이라는 것을. 불행한 청년이여! 모든 상처, 오래 계속된 궁핍의 타격, 거짓된 우정과 거짓된 사랑의 타격, 너의 따뜻한 심장에 가해진 모든 상처는 생명의 온기가 사라지지 않았더라면 다시 치유되었을 것이다. 그의 심한 버릇을 좇아 이렇게 외친 것도 알 만하다. "그러고 보니 신(神)이란 없단 말인가? 있다면 기껏해야 최초의 안식일 이래 자기가 창조한 우주 밖에 걸터앉아 우주가 운행하는 것을 구경할 뿐인, 일하지 않고 항상 자리에 있지 않는 신에 지나지 않는가? 의무라는 말은 아무런 의미도 가지고 있지 않는가? 의무라는 것은 신성한 전령도 안내자도 아니고, 욕망과 공포, 교수대와 의사 그레이엄(18세기 영국의 유명한 의사 사기꾼. 런던에 천국침대(celestial Bed)라는 것을 설치, 거기 누웠다가 나오면 아기를 낳는다고 속여 사용료를 50파운드씩 받았다)의 천국침대 따위에서 솟아나는 거짓되고 지상적인 환상인가? 그렇다고 대답하는 양심의 행복! 타르수스의 바울은 후세 사람들이 성자라고 부르며 우러르는 터이지만 자기 스스로는 "죄인 중에 내가 괴수이니라"(디모데전서 1장 15절)라고 생각하였으며, 로마의 네로는 풍악을 울리며 많은 시간을 유희로 보내지 않았던가? 말을 지어내고 동기(動機)를 쪼개내는 어리석은 자여. 너의 논리의 공장에는 신성한 것도 지어내는 지상적 기계가 있어, 쾌락이라는 겨를 갈아서 미덕을 만들어 내려고 들지만, 나는 네게 말한다. 아니다! 죄를 벗어나지 못한 프로메테우스(아이스퀼로스의 비극에 나오는 이름. 프로메테우스는 천상에서 불을 훔쳐 인간에게 준 죄로 코카서스 바위에 묶여 제우스에게 박해를 당하지만 굴하지 않았다) 같은 사람에게는 자기는 좋은 사람이다, 라는 의식과 자기는 고생하고 있을 뿐만 아니라 억울하게 고생한다는 느낌은 항상 그의 불행을 더욱 무겁게 할 뿐이다.

그러면 어떻게 되나? 우리가 미덕이라고 부르는 영웅심은 다만 일종의 흥분, 피 끓음, 남에게 이롭도록 끓음에 지나지 않는가? 나는 모른다. 다만 아는 것은 이것뿐이다. 만일 행복이 우리의 진정한 목적이라면 우리는 모두 길을 잃고 있다는 것.

단순하고 건강한 위장만 있으면 사람은 어떠한 일에도 태연할 수 있다. 그러나 이 둔하고 상상력이 없는 시대에 양심의 두려움을 간(肝)의 병에 비교하면 무엇이랴! 도덕 위가 아니라 요리 위에 우리의 성을 쌓도록 하자. 거기에서 향로 대신 냄비를 휘두르며 그윽한 향을 악마가 맡게 하고, 악마가 자기가 선택한 자들에게 공급하는 기름진 물건들을 소화시키며 편히 살도록 하자!"

독수리에게 간을 쪼아 먹히는 프로메테우스

이리하여 어리둥절한 방랑자는 수많은 사람들이 그렇듯이 서서 운명의 시빌레(신탁을 전하던 그리스의 무녀)궁을 향하여 잇달아 물음을 던졌으나, 메아리 이외에는 아무런 대답도 없었다. 한때는 아름다웠던 이 세상도 음산한 사막으로 변하고, 거기서 들리는 것은 야수들의 울음소리와 절망과 미움으로 가득찬 인간들의 비명이다.

낮의 구름기둥, 밤의 불기둥도 이제는 순례자의 길을 안내해 주지는 않는다. 탐구의 정신은 인간을 여기까지 이끌고 온 것이다. "그러나 그것이 무슨 소용인가?" 그는 외친다. "우리 시대에는 그것이 흔해빠진 운명이다. 루이 15세의 세기(계몽적 백과사전주의가 왕성하던 시대) 이전의 정신적 성숙기에 도달하지 못하고 완전한 바보로 태어나지도 못했으니, 그대는 다른 가망이 없다. 온 세상은 그대와 마찬가지로 불신앙의 소유물이 되었다. 그들의 오랜 신(神)의 성전들은 긴 세월 비가 샌 끝에 무너진다. 그리하여 사람들은 이제 묻는다. 신(神)이 어디 있느냐? 우리는 눈으로 본 일이 없다."

이런 심한 말을 했다고 해서 우리의 디오게네스가 악하다고 말할 수는 없다. 우리는 모두 쓸모없는 종들이지만, 그의 일생 어느 때에도 신(神)의 존재를 의심하는 이 시대만큼 확실히 선(善)의 종, 신(神)의 종이었던 적은 없을 것이다. 그는 말한다.

"하나의 사실을 나는 명기한다. (항상 그렇지는 않으나) 진실에 대한 진정한 사랑이었던 그 탐구심이 내게 준 그 모든, 이루 말할 수 없는 고생에도 불구하고 더욱 진실을 사랑하고, 진실에 대한 나의 충성은 조금도 줄어들지 않았다. 나는 외쳤다. '진실! 그것을 좇는다고 하늘이 나를 깔아 뭉갠다고 해도 진실! 거짓은 싫다! 신념을 버린 값으로 천국을 준다고 해도 싫다.' 행동에 있어서도 같았다. 구름을 타고 내려오는 신성한 전령, 벽에 나타나는 신기한 글씨가 이렇게 하라고 지시한다면, 지옥의 불 속에 뛰어들어가라는 것일지라도 기꺼이 그렇게 하였을 것이다. 이리하여 모든 동기(動機) 천착자와 기계적인 이불리(利不利)의 철학, 그것들이 가져온 병적인 환상과 착각에도 불구하고 의무의 무한성은 언제나 내 앞에 존재하고 있었다. 신(神)을 잃고 세상에 살면서도 신의 빛을 전혀 잃지 않았다. 내 눈은 말할 수 없이 그리워하면서도 아직도 감겨 있었으므로 어디서도 신(神)을 보지는 못하였으나, 그래도 내 마음 속에는 신이 있었으며 하늘에 쓰신 그의 법은 분명하고 엄숙하게 거기 있었다."

이 모든 고난과 육체적이고 정신적인 빈곤 아래, 방랑자는 그의 말 없는 심령 속에서 어떻게 참고 견뎠을까! 그는 기록하고 있다. "가장 고통스러운 감정은 자기의 무력함에 대한 것이다. 영국의 밀턴이 말했듯이 진정한 불행은 약한 것이다(《실락원》의 157행). 그러나 자기의 힘은 자기가 성공한 것, 행한 것에서만 느낄 수 있다. 막연하게 동요하는 가능성과 확고하고 의심할 수 없는 행동 사이에 어떤 차이점이 있을까. 우리 속에는 일종의 무언의 자의식이 막연히 깃들어 있다. 이것을 분명하게, 단연코 인식할 수 있게 만드는 것은 일뿐이다. 일이란 우리의 정신이 비로소 자기의 형상을 생긴 그대로 볼 수 있는 거울이다. 따라서 "너 자신을 알라"라는 불가능한 격언은 "네가 할 수 있는 일을 알라"라는 다소 가능한 격언으로 고치지 않으면 무의미한 것이다.

"그러나 나는 이상할 정도로 뜻대로 되지 않아서, 내 일의 성과는 아직까지 전혀 없었다. 그러니 내가 어찌 내 힘을 볼 수 있었으랴? 그것을 들여다 볼 거울을 가지고 있지 않았으니! 이 괴롭지만 지금 생각하면 아주 하잘것없는 물음, 즉 너는 어떤 능력이나 가치를 지녔느냐, 아니면 너는 아주 완전한 현대의 바보이냐 하는 물음이 항상 풀리지 않은 대로 내게 남아 있었다. 아! 무서운 불신은 자기 자신에 대한 불신이다. 어떻게 나를 믿을 수 있을까? 나의 처음이자 마지막 믿음은 하늘이 내 앞에 열린 것 같은 사랑을 하게 되었을 때에 너무도 무참히 배신당하지 않았던가? 인생의 사변적 신비는 더욱 신비해지고, 실천적 신비에 대해서도 나는 조금도 더 접근하지 못했으며 어디서나 푸대접받고, 속고, 멸시와 더불어 따돌림을 받았다.

무서운 무한에 둘러싸인 무력한 개체로서의 나는 내 자신의 비참한 상태를 보는 눈밖에는 가진 것이 없는 것처럼 여겨졌다. 보이지도 않고 뚫을 수도 없는 장벽이 마치 마법처럼 나와 모든 살아 있는 사람들 사이를 갈라놓고 있었다. 이 넓은 세상 그 어디에 내가 안심하고 껴안을 가슴이 있었던가? 아니, 그런 건 하나도 없었다! 나는 내 입술에 자물쇠를 채웠다. 이른바 벗이라고 부르는 변하는 족속들과 말을 해서 무엇하랴? 그들의 메마르고, 비고, 탐욕스러운 영혼 속에서 우정이란 믿을 수 없는 전설에 지나지 않는다. 이런 경우에는 되도록 말하지 않고 신문에서 본 것 정도의 말을 하는 것이 좋다. 지금 돌이켜보면 그때의 나는 이상한 고독 속에 살고 있었다. 나와 이야기를 나눈 내 주위의 사람들은 인형에 지나지 않았다. 나는 그들이 실제로 살아 있는 사람이며 단순한 꼭두각시가 아니라는 것을 잊고 있었다. 사람들로 붐비는 거리나 집회에도 나는 홀로 다녔으며, 원시림 속 호랑이처럼 사나웠다(다만 다른 점은 내가 갉아먹고 있는 것은 내 심장이지 남의 심장이 아니라는 것이었다). 만일 파우스트처럼 내가 악마의 유혹을 받아 고생하고 있다고 생각할 수 있었다면 다소 위로는 되었을 것이다. 왜냐하면 악마라도 좋으니 산 것이 있어야지 산 것이라고는 전혀 없는 지옥은 더욱 무서울 것이기 때문이다.

그러나 파괴와 불신을 일삼는 우리의 이 시대에는 악마마저 쓰러졌으므로 악마조차도 믿을 수 없다. 내게 우주는 생명도, 목적도, 의지도, 심지어 적대감도 없는 것이었다. 우주는 하나의 거대하고 무감각하여 제한이 없는 어처구니없는 증기기관이어서, 그 가차없는 무감각 속에서 돌고 돌며 내 팔다리를 갈고 있다. 아, 광대하고 음산하고, 황량한 골고다(그리스도가 십자가에 달린 곳)의 죽음의 맷돌! 아직 의식이 있는 산 인간이 왜 이런 곳으로 친구도 없이 추방되어 왔을까? 세상에 악마가 없다면, 아니 악마가 우리의 신이 아니라면 왜?"

이렇게 부단히 시달리고 있었으니 토이펠스드레크의 무쇠 같은 몸도 상할 위험이 있지 않았을까? 나는 그가 병을 앓았을 것이라고 생각한다. 방랑성을 가졌지만 만성병을 앓았을 것이다. 하나의 예로서 이것을 들으라. "상심으로 죽는다는 것은 얼마나 아름다운가! 그러나 종이 위에서의 이야기, 실제에서는 전혀 다르다. 감각의, 그리고 지성의 모든 창문에 먼지와 오물이 덮여 맑은 광선이 들어오지 못하고, 마음속에 모든 약이 뒤섞여 있으며 쇠약한 정신은 염세의 늪 속에 빠져든다!"

이런 외적·내적 불행을 종합해볼 때, 고요한 기분으로 쓴 교수의 다음 글에서도 충분한 의미는 찾아낼 수 있지 않을까? "내가 자살을 하지 않은 것은 그리스도교의 저녁 노을(Nachschein)이 남아 있었기 때문이다. 또는 성격상의 어떤 타성 때문이다. 왜냐하면 그것이 내게는 언제나 손쉬운 구제의 방법이 아니었던가? 그러나 다음과 같은 하나의 의문이 생겼다. 저 모퉁이를 돌 때에 누가 갑자기 너를 권총으로 쏘아, 이 공간에서 저 세상, 아니 허무의 세계로 보낸다면 어떨까? 이런 생각으로 나는 흔히 바다의 태풍, 포위된 시가지, 또 다른 죽음의 현장에 태연히 나타나서, 용감하다고 오해를 받은 일도 있었다."

"이렇게 계속되었다." 방랑자는 결론적으로 말한다. "이렇게 계속되었다. 길고 긴 사망의 고통 속, 오랜 세월 내 속의 심령은 하늘의 이슬도 맞지 못하고 유황처럼 느릿하게 타들어오는 불에 그을리고 있었다. 철이 들고부터 나는 눈물을 흘린 적이 없었다. 딱 한 번 파우스트가 죽을 적의 그 격렬한 노래 *Selig der den er im Siegesglanze findet*(승리의 광채에 싸여 죽음을 만나는 자는 행복하여라)를 중얼거리고, 이 마지막 벗인 죽음으로부터는 누구도 버림을 받지 않았으며 운명도 내가 죽지 않게 할 수는 없음을 생각하였을 때를 제외하고는. 아무런 희망이 없었으므로 나는 사람에게서건 악마에게서건 뚜렷한 공포를 느끼지 않았다. 아니, 때로는 대마왕이 몸소 지옥의 공포를 뒤집어쓰고 내 앞에 나타나, 내 마음속의 것을 조금이라도 털어놓을 수 있게 되면 오히려 시원하겠다고 느꼈다. 그런데 이상하게도 나는 여전히 막연하고 몸을 깎아내는 것 같은 공포 속에 살고 있었다. 알 수 없는 어떤 것을 두려워하고 있었다.

하늘과 땅 사이의 모든 것이 나를 해치려는 듯이, 마치 하늘과 땅이 어떤 괴물의 벌린 무한한 입이고 내가 그 속에서 숨을 할딱거리며 먹히기를 기다리고 있는 듯이 느껴졌다.

이런 생각으로 가득차, 프랑스 전체에서 내가 가장 불쌍한 인간이었던 어떤 무더운 복(伏)날 온종일 걸어다녔던, 더럽고 좁은 생 토마드랑펠 가(지옥의 성 토마스 가의 뜻. 저자는 1821년 6월 21일 에든버러의 레이스워크 가에서 여기 기록된 경험을 하였다고 한다)를 우글대는 시민들로 숨막히는 분위기 속에 네부카드네자르의 풀무(다니엘 3장 19절)처럼 뜨거운 길을 걸어갔다. 그래도 기분이 별로 상쾌해지지 않았음은 물론이다. 그때 갑자기 한 생각이 떠올라서, 나는 이렇게 스스로에게 물었다. "너는 무엇을 두려워하는 것이냐? 무엇 때문에 겁쟁이처럼 훌쩍거리며 기를 펴지 못하고 달달 떠느냐? 초라한 인간 같으니! 네 앞에 놓여 있는 가장 무서운 것의 전부가 도대체 무엇이냐? 죽음? 그래 죽음이다. 그리고 지옥의 고통이고, 악마와 인간이 네게 주려고 하거나 줄 수 있는 모든 것이라고 하자! 너는 심장도 없느냐? 그것이 어떤 것이든지 다 겪고, 비록 버려졌을지라도 자유의 아들답게, 너를 소모시키는 지옥일지라도 딛고 설 수 없느냐? 올 테면 와 봐라! 나는 조금도 겁내지 않을 것이다!" 이렇게 생각하자 내 온 심령에 불의 홍수 같은 것이 흘렀고, 나는 초라한 공포심을 영원히 쓸어내버렸다. 나는 헤아릴 수 없이 강해졌다. 하나의 정신, 거의 하나의 신(神)처럼 되었다. 그때부터 내 불행의 성질은 달라졌다. 그것은 공포나 훌쩍거리는 비애가 아니라 분노와 무서운 불의 눈을 가진 도전이었다.

이리하여 '영원한 부정'이 나의 자아의 모든 구석구석에 엄숙하게 울려 퍼졌다. 그리고 이때 나의 모든 자아는 본래 신이 창조하신 대로 장엄하게 일어서서 힘차게 항의했다. 그 분노와 도전은 심리학적으로 볼 때, 인생의 가장 중요한 일이라고 불러 마땅할 것이다. '영원한 부정'은 말하였다. "보라, 너는 아비가 없다. 버림받은 자이다. 우주는 나(악마)의 것이다." 이에 대하여 나의 모든 자아는 대답하였다. "나는 네 것이 아니다. 나는 자유롭다. 그리고 너를 영원히 미워할 것이다!"

"나의 새로운 정신적 탄생인 바포메트(템플 기사단원들—Templars —이 신봉한 우상의 이름) 식의 불 세례가 시작된 것은 이때부터라고 말하고 싶다. 내가 '사람'이 되기 시작한 것은 그때부터이다."

8장 무반응의 중심

이 '바포메트 식의 세례'가 있은 뒤에도 우리의 방랑자는 그의 불안이 더 커졌다는 의미의 말을 했다. 그리고 '분노와 도전'은 특히 그것이 사물 일반에 대한 것일 때에는 그다지 평화적인 것은 아닐 것이다.

그러나 그것이 이미 아주 절망적인 불안은 아니었다는 것, 적어도 이제부터 불안은 회전의 축이 될 고정된 중심을 가지게 되었다는 것을 심리분석자는 짐작할 수 있다. 왜냐하면 불의 세례를 받은 영혼은 오랫동안 시련을 받아 온 끝에 여기서 그 자신의 자유를 느끼기 때문이다. 이 느낌이 바포메트 식의 세례이다. 이런 식으로 자유라는 왕국의 성을 공략하고, 절대로 함락되지 않도록 지킬 것이다. 이 성 밖에 있는 나머지 영토에서도 심한 전투가 벌어지겠지만, 물론 점차 정복·진압될 것이다. 다른 비유로 말하면, 지옥의 성 토머스 가(街)에서의 그 위대한 순간에, 오랜 악마의 무리가 완전히 문 밖에 내던진 것이 아니고, 사라져 버리라는 언도만 받은 것이니—따라서 그들의 울음소리, 아날퍼스의 저주(1114~1124년까지 로체스터의 승정. 그의 저주는 로렌스 스턴의 《트리트럼 샌디》 3권 11장에 있음), 덤비려고 이를 가는 소리가 한동안 더욱 심해져 감추기 어려워졌을 것이다.

따라서 이 순례를 자세히 검토한다면, 광증(狂症) 속에도 어떤 질서의 싹을 보게 될 것이다. 토이펠스드레크는 이제는 전혀 악령처럼 세상을 쓸고 다니지 않고, 적어도 악령과 싸우는 사람, 장차 악령을 정벌할 사람으로서 돌아다닌다. 쉴 틈 없이 수많은 '성자의 샘'을 찾아다녀도 갈증을 풀지는 못하지만, 그래도 세속의 샘들을 만나 이따금 갈증을 푼다. 요컨대 지금 그는 '자기 심장 파먹기'를 완전히 그치지는 않았으나 그만두려 한다. 그리고 자기 주위의 보다 건전한 양식을 구하여 밖에 있는 비아(非我)를 손에 넣는 것이다. 다음의 한 구절이 훨씬 더 자연스러운 상태의 그를 보여주지 않는가?

"크고 작은 도시들, 특히 오랜 도시들을 나는 흥미를 가지고 방문했다. 마치 멀리 보이는 경치를 바라보듯이 거기서 아득한 고대를 들여다보는 것, 말하자면 거의 태초의 과거의 생생한 일부분이 그대로 현재로 옮겨져 눈 앞에 전개된다는 것은 얼마나 아름다운 일인가! 오랜 도시의 그것은 2000년쯤 전에 부엌에 있던 불씨였다. 그리고 그것은 이 지방에서 생산되는 종류의 땔감으로 지금까지 타 왔고, 아직도 타고 있다. 여러분은 지금 그 불의 연기를 보고 있는 것이다. 아! 그리고 훨씬 더 신비한 생명의 불씨도 거기에 있었으며, 아직도 신비하게 타올라 번지고 있다. 여러분은 지금 그 불의 연기와 재를 (법정과 묘지에서) 보고, 풀무를 (교회에서) 보고 있다. 그리고 모든 인정 있는 얼굴과 모든 악의 있는 얼굴에서 내비치는 그 불은 아직도 여러분을 따뜻이 해주고 초조하게 한다.

인간의 활동과 업적의 주요한 결과는 공기와 같이 잡을 수 없고 신비하여, 다만 전설 속에만 보존되어 있다. 인간의 정치적 형태와 그 기반인 권위도 같은 것이며, 인간의 풍습, 즉 육체와 영혼이 입는 옷의 유행, 또 인간의 공예기술의 집성, 인간이 습득한 자연을 다루는 모든 능력은 더욱 그러하다. 이 모든 것은 절대 필요하고 귀중하지만, 열쇠를 잠가 놓아 둘 성질의 것이 아니므로 요정처럼 보이지 않는 수레를 타고 아버지로부터 아들로 대대손손 전해져야 한다. 여러분이 보고 싶다고 하여도, 그것은 아무데서도 보이지 않는다. 눈에 보이는 농부나 대장장이는 카인^(창세기 4장 3절 '카인은 농사하는 자였더라')과 투발카인^(창세기 4장 22절 '그는 동철로 각양 날카로운 기계를 만드는 자요') 이래로 항상 있었다. 그러나 축적된 농업·광업·제조업 기술은 어디에 저장되어 있느냐? 그것은 스스로 공기에 실려 태양의 광선을 타고 (청각과 시각으로) 전달된다. 그것은 공기처럼 붙잡을 수 없는, 완전히 정신적인 것이다. 이와 마찬가지로, 법령이 어디 있으며 정치가 어디 있느냐고 묻지 말라. 쉔브룬^(비엔나 시외에 있는 왕궁. 여기서 나폴레옹과 프란츠 두 황제의 협정이 있었음), 다우닝 가^(영국 정부의 중심 거리. 이 거리 10번지에 수상 관저가 있음), 팔레 불봉^(파리에 있음. 하원의 건물)에 간다고 해도 소용없다. 보이는 것은 다만 벽돌이나 돌로 지은 집과 오라기로 묶은 종이 뭉치뿐이다. 그러면 영리하게 고안해 낸 전능하신 정치라는 것은 어디로 가면 만져볼 수 있을까? 어디에서나 만져볼 수 있을 것 같지만 어디에서도 만져볼 수 없다. 그것이 주는 영향으로만 볼 수 있으나, 그것도 공기와 같아서 보이지 않으며 불가사의하고 신비하다고 말할 수 있다.

우리의 일상생활 전체가 매우 정신적(geistig)이다. 우리가 행하는 모든 것은 신비·정신·불가시(不可視)의 힘에서 솟아난다. 구름으로 만든 형상, 공중에 지어진 아미다의 누각처럼 현실은 위대한 신비의 심연 속에서 나타나는 것이다.

과거가 지어낸 볼 수도 만질 수도 있는 물건을 나는 세 개의 범위로 나눈다. 정부청사와 무기고를 가진 도시, 갈아놓은 밭, 길과 다리는 이 두 종류의 어느 것에 포함시켜도 좋다. 그리고 책. 맨 나중에 발명된 이 세 번째 종류는 실로 다른 두 종류를 훨씬 능가하는 가치를 지니고 있다. 정말 신기한 것은 진정한 책의 공덕이다. 해마다 허물어져서 해마다 수리를 해야 하는 죽은 석조의 도시가 아니라 오히려 갈아놓은 경작지와 같으나, 이것은 정신적인 경작지, 아니 정신적인 나무 같아서, 세세대대로 서 있고, (책들 가운데는 인간으로 따져서 나이가 150대(代)나 지난 것이 있다) 해마다 새 잎 ^(부연·철학적·정치적 체계 또는 설교·시평)
(時評)·신문·잡지의 논설에 이르기까지) 을 길러낸다. 그 잎 하나하나가 부적 같은 마법의 힘을 가지고 있다. 사람들을 설득하기 때문이다. 아, 200년에 한 번 또는 두 번 정도 태어나는 책을 쓰는 힘을 가진 사람이여. 도시를 세웠다는 사람을 부러워하지 말고, 정복자 즉 도시소각자(都市燒却者)라고 불리는 사람을 무한히, 불쌍히 생각하라. 그대 역시 정복자, 승리자이다. 그대는 진정한 종류의, 즉 악마를 이긴 승리자이다. 그대 역시 모든 대리석과 쇠붙이보다 더 오래 서 있으며, 기적을 가져오는 정신의 도시·성당·신전과 예언의 성산(聖山)이 되어 지구상의 모든 종족의 순례지가 될 것을 세웠다. 어리석은 자여, 옛 것에 대한 열성으로 고달픈 여로에 나서, 기자의 돌 피라미드나 사하라의 흙 피라미드^{(일명 Step Pyramid라고 하}
며 연대가 훨씬 더 오래됨)를 왜 보려고 하느냐? 이것들은 하는 일 없이 멍하게 사막을 바라보며 지나간 3000년을 어리석게 서 있다. 왜 그대는 히브리 성경이나 루터가 번역한 성경을 읽지 않느냐?"

그에 못지않게 만족스러운 것은, 싸움에 개입하진 않지만 싸움터에 그가 갑자기 나타난 일이다. 이것은 바그람의 전투^{(1809년 6월 5~6일 나폴레옹이}
프란츠 황제에게 크게 승리한 곳)임에 틀림없는 것 같으니, 우리는 여기서 어느 정도 뚜렷한 연대를 알 수 있다. 많이 생략하고 다음의 것만 소개하기로 한다.

"아, 처참하다. 마르히펠트 평원 전면에 포탄의 파편, 부서진 수레, 사람과 말의 시체가 어수선하고, 매장되지 않은 전사자들은 아직도 남아 있다. 그리고 저기 붉은 흙더미들, 거기엔 사람의 껍질들이 던져져 있다. 생명과 미덕이 다 빠져나간 이제, 달걀 껍데기처럼 쓸어모아 처박아 두었다. 카린티아·카르파티아의 고원에서 흙을 실어내려, 여기 갖다 펴서 부드럽고 살찐 평원을 만들라고 도나우 강에게 명령했을 때 자연이 뜻한 것은 아, 마르히펠트여, 자기의 자녀들을 양육하기 위한 곡식을 낳는 탁아소가 되라는 것이었나. 아니면 서로 목을 조르고 벨 수 있는 싸움터가 되라는 것이었나?

유럽의 끝에 와서 만나고 있는 너의 세 줄기 넓은 대로는 그러면 전쟁물자를 실은 수레를 위해 만들어진 것이냐? 너의 바그람과 스틸프리드는 합스부르크 가문이 대포로 공격하고, 대포로 공격받기 위해 미리 만들어 놓은 시설이었더냐? 오토카르 왕 (1260년 보헤미아 왕 오토카르는 헝가리 왕 벨라를 이 벌판에서 격파하고, 8년 뒤 다시 이곳에서 자기 자신이 하프스불그 왕가의 루돌프와 싸워 전사. 그때의 싸움터는 이 평원에 있는 스틸프리드) 이 저 언덕에서 루돌프의 지휘봉 아래 절명하고, 여기서는 프란츠 황제가 나폴레옹의 지휘봉 아래 기절해 쓰러진다.

아름다운 평원아, 5세기 동안에만 너의 가슴이 얼마나 짓밟히고 더럽혀졌느냐! 평원은 찢어지고 유린되고, 인간이 공들여 가꾸던 과수원과 생울타리, 그리고 즐거운 집들은 화약에 날아가고, 정다운 종묘밭은 쓸쓸한 해골의 터 (마태복음 28장 33절, 예수가 십자가에 달린 곳, 골고다) 가 되어 있다. ―그러나 자연은 작용하고 있다. 이 화약이란 소악마들이 제아무리 악마의 장난을 하더라도 자연에 저항하지는 못할 것이다. 저 모든 선지피와 죽은 살들은 감춰지고 비료로서 흡수되어 다음 해에 마리히펠트는 또다시 푸르러질 것이다. 아니, 한결 더 푸를 것이다. 검소하고 쉬지 않는 자연, 우리의 큰 낭비로부터 그대의 어떤 작은 이익을 낳는 자연―어쩌면 그대는 살인자의 시체로부터도 산 자를 위한 생명의 양식을 가져오는가!

툭 터놓고 말해 전쟁의 진정한 목적과 결과는 무엇인가? 내 자신이 아는 바에 의하면 영국 담드라지 (묵묵히 무거운 일을 한다는 의미) 라는 마을에는 보통 500명 가량의 사람이 살며 일하고 있다. 이 사람들 중에서 프랑스 전쟁 중, 프랑스 인의 '뼈에 사무치는 원수들'이 30명 가량의 체격 좋은 사람을 잇달아 골라낸다. 이 사람들은 담드라지 마을이 많은 비용을 들여 양육하였으며, 성인이 될 때까지 키우자니 어려움과 슬픔이 없지 않았다. 그리고 그들에게 기술까지 가르쳐, 옷감을 짤 수 있는 자, 집을 지을 수 있는 자, 기물을 만들 수 있는 자가 되게 하였다. 아무리 약한 자도 압왈듀프와 단위로 30스톤 (압왈듀프와 16온스가 1 파운드, 14 파운드가 1 스톤) 을 짊어질 수 있다. 그러나 많은 울음과 욕설을 뿌리치고 이들을 골라내어, 모두 빨간 옷을 입혀 나랏돈으로 배에 실어 2000마일 또는 스페인 남쪽까지만 갖다 놓고, 먹여 살리며 필요할 때를 기다린다. 그런데 이제 스페인 남쪽에 있는 바로 이곳으로, 30명의 이와 같은 프랑스 일꾼들이, 프랑스의 어떤 담드라지 마을로부터, 이와 같은 절차를 거쳐 오고 있다. 천신만고 끝에 두 무리는 실제로 만난다. 30이 30과 저마다 총 하나씩을 들고 맞선다.

그러자 '쏘라!'는 말이 떨어지고, 그들은 서로의 몸에서 영혼을 날려버린다. 활동적인 일꾼들 60명 대신에 세상에는 시체가 60구 생겨, 새로운 눈물을 흘리며 묻어야 한다. 이 사람들이 무슨 원한이라도 있던가? 악마는 불화를 조성하기에 분주하지만, 그들은 전혀 그리하여 본 일이 없었다. 서로 아득히 떨어져 살며, 만난 적도 없었다. 아니, 우주가 그렇듯 넓지만, 그들 사이에는 상업을 통한 무의식적인 약간의 상호협조가 있었다. 그러면 어찌된 일인가? 바보! 그들의 통치자들이 다투고, 저희들끼리 쏘아 죽이는 대신에, 이 가련한 돌대가리들이 서로 쏘아 죽이도록 꾀를 부린 것이다. —아, 독일에서도, 다른 모든 나라에서도 지금까지는 같다. 지금도 옛날도 "왕들이 어떤 나쁜 일을 해도 백성들이 처리해야 한다!"(로마의 시인 호레이스의 말) 영국인 스몰렛의 소설에는 전쟁의 종식이 예언적으로 그려져 있다. 거기서는 두 불구대천의 원수가 유황을 가득 담은 파이프 하나씩을 피워물고 약한 자가 항복할 때까지 상대의 얼굴에 연기를 뿜는다. 그러나 이렇게 예언된 평화의 시대로 가려면 아직도 얼마나 많은 피로 가득찬 참호와 전란의 세기들을 넘어야 할는지!"

이와 같이 교수는 적어도 맑은 정신일 때는 자기 자신의 슬픔에서 눈을 돌려 다채로운 세상을 바라보고 거기서 일어나는 일들을 적절하게 관찰할 수 있다. 다른 것은 제쳐두고 정신수양에 있어서는 이렇게 풍부한 시기가 그의 평생에 드물었다고 우리는 말할 수 있다. 안으로는, 대단히 중요하고 교훈적인 실천철학의 강의와 실험이 진행되고 있었다. 이 철학을 바르게 이해하는데, 명상에 적합한 그의 소요벽(逍遙癖)이 지장이 되기보다는 오히려 도움이 되었을 것이다. 그리고 겉으로는 각지로 방랑하고 있으니, 그리워하는 마음을 채워주는 것은 별로 없었겠으나, 관찰하는 눈을 위해서는 충분한 구경거리가 있었다. 그의 여행은 무한한 것이었으니, 악마의 무리들을 어느 정도 억제해 두었다고 보면, 우리의 지구, 지구에 사는 사람들, 사람들이 하는 일, 다시 말하면 알 만한 모든 것에 관해서, 믿을 수 없을 정도로 많은 지식을 토이펠스드레크는 얻었을 것이다!

그는 말한다.

"나는 콘스탄티노플과 사마르칸트의 것을 포함한 대부분의 공중도서관에서 독서를 했고, 중국 관리들이 다니는 대학을 제외한 대부분의 대학에서 공부하거나 또는 거기에는 학문이 없다는 것을 확인했다. 미지의 언어도 흔히 자연의 저장소인 공기에서 내 자신의 청각을 통하여 배웠으며, 통계·지리·지형 등에 관한 지식은 눈을 통하여 저절로 습득했다. 인간의 생활방식, 음식과 따뜻함을 얻고 자신을 보호하는 방법은 대부분의 지역에서 내 눈으로 보고 알았다. 위대한 하드리아누스 대제(^{76~138년.}_{로마황제})처럼 나는 나 자신만의 소유물인 컴퍼스를 가지고 이 지구를 거의 다 측량하였다."

"큰 명소에 대해서야 말을 해서 무엇하랴? 여름 날 사흘 동안 나는 보클뤼즈(남프랑스 아비뇽에서 동쪽으로 18마일에 있는 마을. 샘과 시인 페트라르크가 살던 곳으로 유명)의 소나무 골짜기에 머물며 사색과 시 짓기로 보내며, 그 맑고 아름다운 호수에 내 양식을 축였다. 나는 타드모르(시리아 사막 오아시스에 자리잡은 시가지로서, 제노비아 여왕의 수도)의 종려나무 아래도 앉아 보았고, 바빌론의 폐허 속에서 담배 연기를 뿜은 일도 있었다. 중국의 만리장성도 보았다. 그것은 회색 벽돌로 만들고, 쑥돌로 덮은 2류 정도의 석공술을 보여주는 물건이라고 증언할 수 있다. 큰 사건도 나는 보지 않았던가? 베를린·밀라노 조례(나폴레옹이 영국무역을 방해하기 위하여 발포한 대륙봉쇄 조례.)로 말미암아 세관원이 되어버린 왕들. 천하를 멋지게 얻기도 하고 잃기도 하고, 하루에 10만 명 이상이 서로 죽인 일도 한두 번이 아니었다. 모든 종족·민족·나라들이 서로 맞부딪친 뒤에 다른 곳으로 옮겨졌다. 거기서 변하여 때가 오면 화합하도록. 민주주의를 해산하는 고통으로, 유럽의 번민하고 신음하며 하늘에 닿도록 울부짖는 소리를 나는 들었다.

나는 위대한 인물은 무턱대고 좋아하였다. 이 시대에 사는 위인들을 나는 하나도 놓치지 않았다고 자랑할 수 있다. 위인들은 하나의 (말하고 행동하는) 경서의 본문이며, 그 책은 시대마다 1단원씩 완성되어 간다. 이것이야말로 어떤 사람들이 역사라고 부르는 것이다. 다수의 재능 있는 사람들과 무수한 재능 없는 사람들은 이 경서의 본문에 대한 좋은 또는 나쁜 주석이며, 산더미 같은 이단적 또는 정통적 주일 설교이다. 내 연구는 그 경서의 본문 자체이다! 그러므로 나는 오래 전에 벌써 음식점 급사로 변장하고 예나 가도(街道)에 있는 트라이스니츠(실러와 괴테가 처음 알게 된 것은 1788년 바이마르에서의 일. 다음 해에 실러는 여기서 멀지 않은 예나 대학의 교수로 임명되었다. 예나에서 몇 마일 온 트라이스니츠에서 두 시인은 자주 만나 나무 그늘 아래 식탁을 펴놓고 담소하였다)의 나무 그늘 아래에 놓인 야외의자 뒤에 서서 위대한 실러와 더 위대한 괴테의 시중을 들며, 들은 이야기를 잊지 않고 있다. 왜냐하면—." 그러나 여기서 편집자는 얼마 전에 정한 주의(注意)의 원칙을 생각하고 많은 것을 생략해야 했다. 월계관을 받은 시인들, 왕관을 쓴 군주들의 신성함을 건드리지 않기로 하자. 앞으로 언제 사정이 달라져서 공표할 때가 온다면, 그때는 저명한 이들의 사사로운 면을 들여다보아도 될 것이다. 그러나 지금으로서는 두 마음을 가진, 어쩌면 반역적인 도청이나 마찬가지이다. 그러므로 바이런 경이나 피우스 교황(피오 7세, 재위1800~1823년. 1804년에 나폴레옹을 황제로 삼는 의식을 거행)·타라콩 황제(청나라의 도광제, 재위 1820~1861년), 중국의 카르보나리(나폴리 지방에 조직되었던 애국적 비밀결사)인 백련교도(白蓮敎徒)와 그들의 비밀의식 등에 대하여서는 여기서 살펴보지 않기로 한다. 나폴레옹에 관해서는 멀리서 바라다보며, 토이펠스드레크와의 관계는 매우 다양한 성질의 것이었다고만 말해 둔다. 처음에 우리 교수는 간첩으로서 사살될 뻔한 일도 있었다. 그 다음에는 사사로운 얘기도 하게 되고 귀를 꼬집힌 일까지 있으나, 돈은 한 푼도 받지 않았다. 마지막에는 '관념론자'라고 화를 내고 내던지다시피 쫓겨났다. 그러나 교수는 말한다, "나폴레옹이야말로 철저한 관념론자, 적어도 관념실천가였다. 관념 속에서 살고, 움직이고 싸운 사람이다. 그는 스스로 의식하지는 않았으나, 신(神)의 사도로서, 대포의 목구멍을 통하여, La carriere ouverte aux talents(재능이 있는 자에게 길은 열린다)라는 저 위대한 교리를 설교했다. 그리고 이 교리는 우리의 종국적인 정치적 복음이며 자유는 여기에만 있는 것이다. 과연 그의 설교는 광적이어서 열광자나 최초의 선교사가 그렇듯이 불완전한 표현으로 천박하게 소리만 지르는 것이었다. 그러나 사정이 허락하는 한 분명하게 설교하였다. 아메리카 원시림의 개척자라고 불러도 좋다. 이 개척자는 앞을 막은 삼림을 채벌하고, 무수한 늑대들과 싸우며, 때로는 독한 술, 난폭한 장난, 심지어 절도까지도 하였다. 그러나 그의 뒤에는 평화를 사랑하는 사람들이 와서 씨를 뿌리고 무한한 수확을 거두며 그를 축복한다."

더 조리있고 진정한 것은 토이펠스드레크가 노스 케이프(유럽 북단의 지명)의 광야에 6월 한밤중에 나타난 일이다. 그는 '하늘색 스페인 식 외투'를 걸치고 있는데, 이것은 그의 "가장 편리하고 중요한, 아니, 유일한 겉옷"이다. 그렇게 차리고 세계의 끝에 서서 끝없는 대양을 바라보고 있다. 이 대양은 (비유한다면) 조그만 푸른 종처럼 지금은 가만히 있지만, 건드리기만 하면 울려나오는 파동은 지극히 기묘한 변화들을 가져올 듯하다.

그는 기록하고 있다.

"죽음과 같은 침묵, 북극권의 심야는 그의 성질을 그대로 가지고 있다. 불그레한 쑥돌의 절벽, 느릿느릿 출렁거리는 북극해의 고요한 파도 소리, 그 위로 멀리 북녘 끝에 태양이 잠자듯이 나른하게 걸려 있다. 그러나 그의 구름 이불은 자줏빛과 황금색 비단으로 되어 있고, 그의 광채는 거울 같은 수면을 엄청난 불기둥처럼 흘러 바다밑까지 쏟아져 내 발 아래에서 자취를 감춘다. 이런 순간에는 고독도 무한히 귀중하다. 말할 상대가 누구이며 보일 사람이 누구이랴? 나의 등 뒤에는 온 유럽과 아프리카가 깊이 잠들어, 야경꾼들만 깨어 있고, 앞에는 침묵에 잠긴 무한과, 태양을 현관의 등불로 삼고 있는 영겁의 궁궐이 있을 뿐이다.

그런데 이 장엄한 순간에 사람인지 괴물인지가 바위 구멍에서 기어나온다. 북극곰처럼 털이 많고 거대한 그는 러시아말로 나를 부른다. 아마 러시아의 밀수업자인가 보다. 나는 예절 바르면서도 짤막한 말로 금제품 무역에 무관심한 것, 상대를 해치려는 마음을 품지 않은 것, 그리고 혼자 있고 싶은 강한 소망을 나타낸다. 그러나 소용 없다. 그 괴물은 제 몸집이 더 큰 것을 믿는지 심심풀이나 이익을 얻을 양으로, 살인도 주저하지 않을 기세로 다가오며 계속해서 고래기름 냄새를 토해서 나를 공격한다. 이제 그는 다가와서 우리는 바위 끝에 마주 서 있다. 저 아래는 깊은 바다가 탐욕스레 넘실거리고 있다. 어떤 논리가 소용 있으랴? 이 둔감한 북극인에게는 천사의 조리 있는 말도 천군의 웅변도 다 소용 없다. 이런 때를 대비하여 나는 재빨리 한 걸음 비켜서며, 안주머니에서 큼직한 버밍엄 기수용 피스톨을 뽑아 들고 말한다. '물러가주게. 어서!' 이 논리는 북극인도 알아듣고 사과하는 듯 살려달라는 듯이 신음소리를 내며 어정어정 가버린다. 자살할 생각이 없는 한 되돌아오지 않을 것이다.

나는 이것이야말로 화약의 진정한 용도라고 생각한다. 즉 그것은 모든 사람의 몸집을 똑같은 크기로 만든다. 아니, 그대가 나보다 더 냉정하고 영리하다면, 체력은 없는 것이나 다름없을지라도 나보다 더 많은 지력을 가지고 있으면 그대는 나를 먼저 죽일 수 있고 따라서 나보다 더 몸집이 클 수 있다. 여기서 마침내 골리앗이 무력하고 다윗이 무적(無敵)이(사무엘상 4장) 되고, 야만적인 동물주의는 무능하며 지혜로운 정신주의는 만능이 된다.

결투에 관해서도 나는 나대로의 관념을 가지고 있다. 이 놀라운 세상에서도 이보다 놀라운 것은 별로 없다. 두 개의 작은, 허깨비 같은 사람이 대단히 불안전한 형체를 가지고, 오래지 않아 자기들이 사라져 갈 끝없는 심연의 한복판에서 열두 걸음의 거리를 두고 돌아서서, 매우 정교한 기계를 가지고, 동시에 서로 폭발시켜 사라져 버리게 하면 당장 공중으로 없어진다! 성급한 자들! 나는 후고 폰 트림베르크(1260~1309년, 독일 시인. 다음 인용문은 그의 가장 잘 알려진 작품 《달리는 자》에서)와 같이 이렇게 생각한다. '이 땅의 괴상한 인간들이 하는 짓을 보면, 신(神)은 웃음보를 터뜨리실 것이다, 만일 그럴 수 있다면.'"

그러나 이런 특수한 사건들에 구애되어 우리가 여기서 추구하고 있는 전체적인 큰 것을 잊지 말도록 하자. 이렇게 많은 외적 변천 속에서 토이펠스드레크의 내적 인간은 어떤 발전을 이루었는가? 물리치기는 하였으나 아직도 악마(마가복음 5장 8절, 악마의 무리)가 그의 마음속에 숨어 있는가, 또는 그 악마의 무리를 아주 쫓아버렸는가? 징조는 계속해서 희망적이라고 우리는 대답할 수 있다. 경험은 위대한 정신상의 의사이다. 토이펠스드레크는 이미 오랫동안 이 의사의 치료를 받으며 쓴 약을 잔뜩 마셨다. 우리의 이 가련한 벗이 많은 불치의 환자들에 속하는 듯싶지는 않으니 어떤 치료가 반드시 있을 것이다. 따라서 다음과 같이 말하는 것이 마땅할 것 같다. 저 악마인지 악마의 무리인지는 이제는 상당히 소탕되고 쫓겨났으나, 그 자리를 차지할 것은 아직도 들어오지 않아서 마음은 조용해졌으나 편치 않다.

이 자서전의 저자는 이렇게 기록한다.

"나는 이른바 산화칼슘이 되어 버렸다. 다만 바라는 것은 더 흔히 있는 결과인 재가 되지 않기를! 어쨌든 오래 시달린 덕으로 나는 많은 것에 익숙해졌다. 불행은 변함없이 불행이나, 이제는 그것을 다소 꿰뚫어보고 경멸할 수 있다. 이 헛된 세상에서 제아무리 높은 사람이라도, 그림자를 쫓는 자, 그림자에게 쫓기는 자 아닌 것이 누구이며, 화려한 옷차림 속을 보면 비참하지 않은 것이 누구이던가? 나는 생각하였다. 너의 소망은 모두 조소를 당하였다. 그러나 모두 이루어졌던들 무엇하겠는가? 소년 알렉산더는 울지 않았더냐. 정복할 세계가 더이상 없다고, 아니 태양계 전체, 우주 전체를 지배할 수 없다고. 아, 내가 저 별들을 바라다볼 때, 별들은 마치 나를 가엾게 여기는 듯이 그 고요한 공간으로부터 내려다보지 않았던가. 인간의 미미한 운명에 대한 하늘의 눈물로 반짝이는 눈처럼! 우리 세대처럼 소란하며 무수한 인간의 세대가 시간에 삼켜져 그 자취조차 남아 있지 않다. 그러나 아르크투루스·오리온·시리우스·플레아데스 등 모든 성좌는 아직도 반짝이며 운행하고 있다. 시나르 평야(티그리스·유프라테스 유역의 평야. 여기 살던 고대 바빌로니아 인은 천문학에 밝았다)에서 목자가 처음 보았을 때와 같이 맑고 젊게. 지구라 부르는 이 보잘것없는 개집이 무엇이며 거기 앉아 있는 너는 무엇이냐? 너는 아무것도 아니고 아무 존재도 아니다. 그러면 존재하는 것은 누구이냐? 인류는 너에게

괴테(1749~1832)
독일의 시인·극작가·정치가·과학자.

필요를 느끼지 않는다. 너를 버린다. 너는 잘라버린 팔다리와 같다. 그래, 어쩌면 그것이 더 잘된 일인지도 모른다!"

너무도 무거운 짐을 진 토이펠스드레크! 그러나 그의 속박은 헐거워지고 있다. 언젠가는 그는 짐을 내던지고, 자유롭게 다시 젊어져 뛰어나갈 것이다.

우리 교수는 말한다. "이것이 내가 지금 도달한 무관심의 중심(자석의 두 극의 힘이 미치지 않는 중심)이다. 음극에서 양극으로 이행하는 사람은 누구나 반드시 이곳을 거쳐야 한다."

9장 영원한 긍정

"황야의 유혹!"(누가복음 4장 1~2절)이라고 토이펠스드레크는 부르짖는다. "우리는 모두 이런 시험을 받아야 할 것이다. 태어난 때부터 우리 속에 들어 있는 오랜 아담(고린도전서 15장 45절)은 그리 쉽게 없애버릴 수 없다. 우리의 삶은 필연에 포위되어 있다. 그러나 삶의 의미는 자유, 의지의 힘이다. 그러므로 우리는 전쟁을 하게 된다. 초기에는 치열한 전쟁이다. 신(神)이 주신 명령, '너는 선(善)한 일을 하여라'라는 프로메테우스적인 예언의 문자가 우리 심령에 신비하게 씌어 있어서, 우리가 그것을 읽고 따를 때까지, 그것은 눈에 보이는 행동화된 자유의 복음이 되어 우리의 행동에 불처럼 타 나올 때까지 밤낮으로 우리에게 휴식을 주지 않기 때문이다. 그런데 육신이 준 명령, '너는 먹고 배불러

라'가 또한 동시에 모든 감각을 통하여 달콤하게 유혹하고 있으니—선(善)한 힘이 그것을 이기기까지는 혼란과 싸움이 있는 것이 당연하지 않은가!"

"인간의 심령에 신이 주신 이러한 명령이 처음 예언적으로 움직여, 몸을 정복하느냐, 정복되느냐 결판을 지어야 할 때에—악마에게 끌리어 무서운 황야에 가서, 거기서 악마와 맞서 크게 결전을 벌이고 과감하게 싸워 상대를 정복하고 마침내 도망치게 한다는 것은 내가 생각하기에 지극히 당연하다. 그것을 무엇이라고 불러도 좋다. 눈에 보이는 악마를 상대로 하든, 바위와 모래로 된 자연의 사막에서든, 또는 이기심과 야비심이 웅성거리는 윤리적 사막에서든—우리는 이런 유혹의 부름을 받고 있다. 받고 있지 않다면 불행한 일이다! 만약 우리가 반인간이어서, 그 신령한 글씨(^{다니엘서 5}
장 5~28절)가 모든 것을 정복하는 진정한 등불 속에서 의심스럽게 깜박이고 있거나 둔중한 고통 속에서, 암흑 속에서, 세상의 안개 속에서 연기를 올리고 있는 정도라면 불행한 일이다! 우리의 황야는 신앙을 잃은 세기의 넓은 세상이며, 우리의 40일(부활절 전의 40일 동안. 그리스도
의 고난을 상기하고 수양하는 기간)은 고통과 단식의 긴 세월이다. 그러나 이러한 것에도 종말은 온다. 그렇다. 내게도 주어져 있다. 비록 승리는 아닐지라도 싸운다는 의식과 생명과 능력이 남아 있는 한 견디어 내자는 결심. 악마가 들끓고 보이는 것과 들리는 소리가 다 무서운 악마의 숲속에서 헤매는 내게도 허락되었다. 극도로 고달픈 방랑 끝에, 더 높고 햇빛이 비치는 산중턱으로 길을 터 나가는 것이. 꼭대기가 없는 산, 다시 말하면 천국에만 꼭대기가 있는 산의 중턱으로 길을 터 나가는 것이!"

다른 곳에서는 더 평범한 비유로 말한다. 비유는 그에게는 천성적이니. "그대의 생애는 이 시대에서 그대가 아는 바 가장 장한 사람들의 그것이 아니던가? 잡초도 유용한 약초도 함께 있는 무성한 휴한지의 첫 수확 같은 젊은 열정의 폭발, 이것은 사랑과 행동에 있어서의 실망이 자주 반복되어 의심을 낳고, 의심이 차츰 굳어져서 부정(否定)이 됨에 따라, 실제적 및 정신적 불신앙이란 가뭄에 타버리고 말았다! 만일 내게 이차적 수확이 있어 지금 내가 푸른 초원을 보고 있다면, 모든 가뭄과 의심에도 영양을 받지 않는 그 늘진 전나무 아래 앉아 있다면, 이것도 하늘에 감사할 일이지만 유례가 없는 일도 아니고 모범적인 것도 아니다."

이리하여 토이펠스드레크에도 '명예혁명'이 있었다. 그림자를 쫓고 그림자에게 쫓기던 그의 광적인 순례도 심령을 새롭게 하기 위한 '황야에서의 유혹'에 지나지 않았다. 이 일이 있은 뒤 그의 사도적 사업이 (그저 그 정도의 것이었지만) 비로소 시작되었다. 그리고 이 유혹은 이제 행복한 종말을 짓고 악마는 다시 정복되었다! 그러면 '드 랑페르 가에서의 저 중요한 순간'이 바로 싸움의 전환점이었던가? 그것이 악마가 '나를 섬기지 않으면 갈기갈기 찢어 버린다'라고 위협할 때 용감하게 대답하여 '사탄아, 물러가라'(마태복음 4장 10절)라고 한 그때인가? ―괴상한 토이펠스드레크여, 너의 괴상한 이야기를 평범한 말로 해주었으면! 그러나 그 서류 더미 속에서 그런 것을 찾는 것은 헛일이다. 풍자와 비유와 기상천외한 생각, 즉 발작적으로 흔들리는 예언적·풍자적 상징의 그림자이며, 결코 분명하고 논리적인 그림은 아니다. 그는 한 번은 이렇게 물었다. "사람의 신성하고 신성한 심령 속의 일을 어떻게 감각적인 눈에 보이게 그릴 수 있으랴? 이 말세에 알려진 어떤 말로, 말할 수 없는 것을 설령 멀찌감치라도 말할 수 있으랴?" 우리는 반문한다. 이 시대가 말세이기는 할지라도 왜 생략과 기술로써 공연히 모호하게 말해서 당황케 하느냐? 우리 교수는 신비적일 뿐만 아니라 제 기분대로이다. 그 어느 때보다 이제는 더욱 눈이 부시게 빛과 어둠을 섞는다. 여기 충실히 전달하는 계속적인 기록을 이해력 있는 독자는 스스로 결합시키도록 노력하라.

그는 말한다.

"하마타의 열풍(12월부터 2월까지 사하라 사막에서 지중해 연안을 향하여 부는 모래가 섞인 뜨거운 바람)이 사납게 불다가 그쳤다. 그 사나운 소리는 내 마음 속에서 가라앉고, 오랫동안 귀가 먹었던 영혼도 이제는 듣게 되었다. 나는 광적인 방랑을 그치고, 앉아 기다리며 생각하였다. 변화의 시간이 가까이 온 것 같았기 때문이다. 자, 사라져라. 희망의 거짓된 그림자야. 나는 더 이상 너를 쫓지 않겠다. 더 이상 너를 믿지 않겠다. 그리고 공포의 핏기 없는 유령아, 너도 두려워하지 않는다. 너도 다만 그림자이고 거짓이다. 나를 여기 쉬게 하라. 나는 여로에 지치고 인생에 지쳤다. 나는 여기 쉬련다, 죽음을 의미할지라도. 죽는 것도 사는 것도 내게는 다 같다. 다 같이 무의미하다."

그리고 다시 "여기 내가 무관심의 중심에 누워, 확실히 인자한 하늘의 힘이 보내준 치유의 잠을 자고 있을 때, 그 짓눌린 꿈들은 차츰 걷혀 사라지고, 깨어보니 새로운 하늘, 새로운 땅이었다. 첫째의 예비적·윤리적 행동인 자아를 없앰(Selbsttödtung)이 행복하게 이루어지고, 내 정신의 눈은 열리고 내 마음의 손은 풀리었다."

다음 구절은 이 '치유의 잠'을 자고 있을 때의 그의 위치를 말하는 것이고, 그의 순례용 지팡이는 '이 높은 고원'에 내던져졌으며, 그의 휴식은 이미 건전한 효과를 주고 있음을 짐작할 수 있지 않을까? 그 어조가 기대할 수 있는 이상의 쾌활성, 심지어 경박성조차 띠고 있기는 하지만! 그러나 토이펠스드레크에게는 항상 매우 이상스러운 이원성(Dualism)이 있다. 앞뜰에서는 기타의 음악에 맞춘 경쾌한 춤이 계속되고, 실내에서는 설움과 비통의 희미한 울음이 들려온다. 나는 그 문장 전체를 옮겨 적는다.

"꼭 드높은 천막 안에 있는 것처럼 거기 앉아서 깊이 명상하는 것은 뭐라 형용할 수 없을 만큼 대단했다. 높은 고원 위에서, 눈 앞에 많은 산과 봉우리들이 펼쳐져 있다. 내 머리 위로는 지붕 대신에 아치형 창공, 그리고 내 주위의 벽 대신 짙푸름이 흘러내리는 네 폭의 커튼―즉 사방의 창공, 그 밑자락으로는 금빛의 술이 또한 보였다. 그리고 상상하는 것도 아름다웠다. 이산 여러 골짜기에 아늑히 자리잡은 아름다운 성들, 그 푸른 꽃잔디, 아리따운 부인들과 아가씨들, 그보다는 초가집들과 그 안에서 빵을 굽고 있는 많은 어머니들, 그를 둘러싼 아이들―구비치는 산골에 포근히 감싸여 숨어 있으나 내 눈 앞에 보이는 것과 마찬가지로 거기 있고 살아 있는 이 모든 것. 그리고 이 산에 자리잡은 내 주위에 아홉 개의 시가지와 마을들을 보고 또 상상하는 것. 이들은 날씨가 고요할 때는 (교회 첨탑의 종들이 내는) 금속의 소리로 내게 이야기하고, 또 거의 어떤 날씨에도 거듭되는 연기의 구름으로 살아 있음을 알려주었다. 그것이 보이면 나는 요리실의 시계를 본 듯 몇 시인지 알 수 있었다. 왜냐하면 그것은 친절한 주부들이 아침에, 낮에, 저녁에 남편들이 냄비를 끓이며 요리하는 연기였으며, 그 아홉 고장에서 잇달아 또는 '때를 같이하여 푸른 기둥이 하늘로 오르며, 연기는 말할 수 있는 한 분명하게 말하였다. 여기서 어떠어떠한 요리를 만들고 있다고. 정말 재미있다. 왜냐하면 사랑과 추문, 분쟁과 평온을 간직한 그 고을 전체는 마치 지도인양 모자로 감싸버릴 수도 있을 것 같았기 때문이다. 내가 세상을 널리 방랑하는 동안 세상 일의 세세한 것들을 보아 왔다면, 그것을 결합시켜 일반적인 명제를 세우고 그로부터 추론을 꺼낼 수 있는 곳이 어쩌면 여기인 듯도 하였다.

때로는 검은 태풍이 멀리서 세차게 몰아치며 밀려드는 것이 보였다. 어떤 검푸른 슈레크혼(알프스 지방의 '공포의 봉우리')을 돌아, 구름을 모아 휘몰아치며 미친 마녀의 머리처럼 흩날리다가, 이윽고 사라지면 맑은 햇빛 속에 슈레크혼은 저기 처절한 백색의 웃음을 발산하며 섰다. 왜냐하면 그 구름은 눈을 품고 있기 때문이다. 오, 자연이여. 너는 대기라는, 세상이라는, 너의 위대한 발효통이나 화학 실험실에서 어떤 발효나 실험을 하는 것이냐! 그런데 자연이란 무엇이냐? 왜 내가 너를 신(神)이라 부르지 않는가? 너는 '신의 살아 있는 의상'이 아닌가? 아, 그러면 너를 통하여 항상 말하는 이, 네 안에서 살고 사랑하는 이, 내 안에서 살고 사랑하는 이, 그이가 진실로 참된 신이던가?

그 진리 및 뭇 진리의 시초에 앞서 오는 그림자—오히려 앞서오는 광채라 할까—가 신비스럽게 내 영혼을 뒤덮었다. 노바 젬블라(1596년 발렌스 탐험가가 조난당한 곳. 여기서 겨울을 난 발렌스의 일기 중의 일절. '1월 27일, 태양이 둥글게 지평선에 떠오르는 것을 보고 우리는 행복에 넘쳤다.')의 조난자들이 바라본 해돋이보다 더 달갑게, 아, 붐비는 낯선 거리에서 길을 잃고 울며 헤매던 어린아이의 귀에 들린 어머니의 음성같이, 나의 너무도 안타까운 심정에 하늘나라 음악의 부드러운 흐름처럼 그 복음은 다가왔다. 우주는 죽어 악마의 것이 된 것은 아니다. 귀신들이 들끓는 무덤도 아니다. 신성한 것, 내 아버지의 것이다!

다른 눈으로 나는 이제 내 형제 인간들을 볼 수 있었다, 무한한 사랑과 무한한 동정으로. 가련한, 방황하는, 철모르는 것, 사람아! 나처럼 모진 매를 맞은 너 역시 고달프지 않느냐? 너는 왕의 망토를 입고 있든, 또는 거지의 누더기를 걸치고 있든, 그렇도록 고달프고 무겁게 짐을 짊어지고 있지 않는가? 그리고 너의 안식처는 무덤뿐이지 않나? 아, 나의 형제, 형제여. 왜 내가 너를 내 가슴에 품고, 네 눈물을 다 닦아주지 못하는가! 실로 이 고독 속에서 마음의 귀로 내가 들은 인생의 여러 감정의 소리는, 이제는 미칠 듯이 만드는 불협화음이 아니고 마음을 녹여 눈물짓게 하는 것이다. 하늘의 귀에는 기도로 들리는 것처럼, 분명하지 않은 울음소리나 말 못 하는 짐승들의 흐느낌 같았다. 가련한 기쁨을 가진 가련한 땅은 이제는 날 낳으신 가난한 부모로, 무정한 계모가 아니었다. 미친 욕망과 그렇게 초라한 노력을 가진 인간은 더욱 정답게 느껴지고, 그의 괴로움과 그의 죄로 인해서 나는 이제 비로소 그를 형제라고 불렀다. 이리하여 저 '설움의 성전'(괴테의 《빌헬름 마이스터》 제2장의 구절)의 정문에 나는 서 있었다. 이상하고 험한 길로 나도 거기 인도되었다. 오래지 않아 그 신성한 문이 열리고 '설움의 신성한 비밀정원'이 내 앞에 펼쳐질 것이다."

교수는 여기서 처음으로 자기 목을 졸라매고 있던 올가미를 보고, 곧 그것을 풀어버리고 자유를 얻었다고 말하고 있다. "악(惡)의 근원이라고 오늘날 일컫는 것, 또는 그런 어떤 것에 관한 끝없는 언쟁이, 이 세상이 시작된 그때부터 모든 사람의 마음속에 일어난다. 그리고 어이없는 고생을 벗어나서 진실한 노력으로 이행하려는 모든 사람의 마음속에서는 그것이 반드시 종말을 지어야 한다. 우리의 이 시대에는 대부분의 사람들이 이 언쟁을 간단하고 아주 불완전하게 눌러두고 만족해한다. 그러나 소수의 사람에게는 거기에 대한 어떤 해결이 절대 필요하다. 어떤 시대에서도 그러한 해결은 다른 술어를 가지고 나온다. 그리하여 먼저 시대의 해결은 케케묵은 것이 되고 쓸모 없어 보인다. 왜냐하면 시대에 따라 말을 바꾸는 것이 인간의 본성이며, 이 본성은 고치고 싶어도 못 고치기 때문이다. 우리 세기의 정통적 '교리문답서'는 아직 내 손에 들어오지 않았다. 그러나 내 개인적 용도를 위해서 나는 문제를 다음과 같이 밝혀 본다. 내 생각으로는, 사람의 불행이란 그의 위대성에서 온다. 그 사람 속에 무한이 들어 있어서, 어떤 꾀를 부려도 유한한 것 속에 완전히 묻히지 않기 때문이다. 현대 유럽의 모든 재무장관과 가구 상인과 과자 상인이 주식회사를 조직하고 한 사람의 구두닦이를 행복하게 하는 일에 착수했을 때 과연 그의 행복을 보장할 수 있을까. 한두 시간이 지나면 더 이상의 달성은 이루기 힘들다. 왜냐하면 구두닦이도 그의 밥통과는 다른 하나의 영혼을 가지고 있으므로, 생각하면 누구나 알 수 있는 일이지만 그의 항구적인 만족과 흡족을 위해서는, '신의 우주를 완전히 자기 혼자' 가지기를 요구하고, 그 이상도 이하도 아니고 그것을 무제한 즐기며, 모든 욕망이 일어나자마자 채우기를 원할 것이기 때문이다. 호흐하이메르(마인 강 유역에서 나는 포도주)의 바다, 오퓨카스(별자리 이름, 구렁이를 가진 신화 속의 사나이)의 목구멍과 같은 것은 말할 것도 없다. 저 구두닦이의 무한성에 대하여 그것은 아무것도 아니다. 바다가 술로 넘쳐도 그는 만족하지 못하고, 그 술이 특별하고 좋은 술이 아니라며 불평을 늘어놓을 것이다. 그에게 우주의 절반, 또는 전능의 절반을 주어보라. 그는 나머지 반을 가진 자와 싸움을 시작하며, 자기처럼 푸대접받고 있는 사람은 없다고 말한다. ―우리의 햇빛에는 항상 검은 데가 있다. 그것은 내가 말한 바

'우리 자신의 그림자'이다.

그러나 행복에 대해 우리가 가진 생각은 이렇다. 우리 자신이 산출하는 평가와 평균으로 우리는 지상의 운명의 어떤 평균치에 도달한다. 우리는 이것이 우리가 가지고 태어난 불가분의 권리라고 상상한다. 이것은 다만 우리의 일에 대한 삯, 가치에 대한 당연한 보수이며 감사도 불평도 할 것이 못된다. 거기에 무엇이 더 붙은 것이 있어야 그것이 행복이고, 어떤 부족이 있으면 그것이 불행이라고 여긴다. 그런데 우리는 자기의 가

바이런 (1788~1824)
영국의 낭만파 시인.

치에 대한 평가를 가지고 있다는 것, 그리고 우리 각자에게는 얼마나 많은 자부심이 있는가 생각해 보라—저울은 흔히 그릇된 쪽으로 기울어져서, 많은 어리석은 사람들이 '저것 보라, 무슨 보수가 이렇단 말이냐. 의젓하신 신사를 이렇게 푸대접할 수가 있담!'이라고 소리를 지르는 것이 이상한가? 잘 들어라. 어리석은 자여, 그것은 너의 허영심에서 온다. 네가 너의 가치라고 상상하는 것에서 온다. 너는 교수형당하는 것이 마땅하다고 (대개 틀림없을 것이다) 상상하라. 그러면 총살되는 것은 행복이라고 느낄 것이다. 털 밧줄로 교살되어 마땅하다고 상상하라. 삼 밧줄로 교살되는 것은 호사스러울 것이다.

그러므로, 인생이라는 분수는 분자를 더 크게 함으로써가 아니라, 분모를 작게 함으로써 그 수치를 더 크게 할 수 있다는 내 말은 어디까지나 진리이다. 사실 나의 대수학이 나를 속이지 않는다면 단위를 영으로 나누면 무한대가 된다. 네가 요구하는 삶을 영으로 만들라. 그러면 너는 온 세계를 발 아래 딛고 서게 된다. 우리 시대의 가장 현명한 이(괴테를 가리킴)의 다음 말은 마땅하

다. 엄밀히 말하면, 오직 요구의 포기(Entsagen)로써 인생은 시작된다고 할 수 있다.

나는 나 자신에게 물었다. 아주 일찍이 네가 애태우고, 짜증을 내고, 통탄하고, 자학을 가해온 것은 무엇 때문인가? 한 마디로 말하라. 네가 행복하지 않았기 때문이 아닌가? 너의 자아(훌륭한 신사)가 충분히 존대받고, 보양되고, 부드러운 침대에 뉘이고, 사랑으로 보살핌을 받지 못했기 때문은 아닌가? 네가 행복해야 한다고 법으로 규정되어 있느냐? 조금 전까지도 너는 존재하는 권리조차 가지고 있지 않았다. 네가 행복하지 못하고 불행한 운명을 타고 태어났다면 어떨 것이냐! 그러면 너는 먹을 것을 찾아 우주를 날아가며 썩은 고기가 넉넉히 주어지지 않는다고 소리를 지르는 독수리에 불과하다. 너의 바이런을 닫고 괴테를 펴라."(칼라일의 바이런 평은 《과거와 현재》 제3부 4장, 괴테 평은 《영웅숭배론》 중 '문인으로서의 영웅' 참조)

"Es leuchtet mir ein. 나에게 그것이 보인다!" 그는 다른 곳에서 외친다. "사람에게는 행복에 대한 사랑보다 '더 높은 것'이 있다. 그는 행복을 버리고 그 대신 믿음으로 얻은 작은 행복을 발견할 수 있다! 모든 시대의 성자와 순교자, 시인과 성직자들이 가르치고 고난을 겪으며, 사람 속에 있는 신성한 것과 신성한 것으로써만 힘과 자유를 얻을 수 있다는 것을 삶과 죽음으로 증언한 것은, 이 '더 높은 것'을 선포하기 위해서가 아니던가? 신(神)이 계시해 주신 이 교리는 그대도 배울 영광을 받고 있다. 아, 신의 은혜가 깃든 가지가지의 재난으로 부서지고, 마침내 회개하고는 그것을 체득하게 되는 것이다! 이에 대하여 운명에 감사하고 아직도 남은 고난을 감사로써 인내하라. 그것이 그대에게 필요하다. 그대의 자아는 죽어야 한다. 생명은 인자한 열병적 경련으로 이 만성병을 뿌리뽑고 사망을 극복할 수 있다. 시간의 고함치는 파도 위에서 너는 삼켜지지 않고 영원한 창공에 높이 올라갈 수가 있다. 쾌락을 사랑하지 말고 신(神)을 사랑하라. 이것이야말로 영원한 긍정이다. 이 속에서 모든 모순은 해소되고, 이 속에서 걷고 일하는 사람은 누구든지 모두 행복을 누리리라."

그는 또 말한다. "고대 그리스의 제논이 가르쳐준 것처럼 땅과 그것의 학대를 그대의 발 아래 짓밟고 설 수 있다는 것은 사소한 일이다. 그대는 땅이 그대를 해치고 있는 동안에, 그리고 해치기 때문에 땅을 사랑할 수 있다. 이것을 가르쳐주기 위해서는 제논보다 더 위대하신 이가 필요하였으며, 그이도 세상에 오셨다. 저 '설움의 숭배'라는 것을 그대는 아는가? 그 성전(그리스도 교회
를 가리킨다)은 1800년 전에 창건되어 지금은 폐허가 되고 야생의 숲에 묻히며, 처량한 짐승들의 집이 되었다. 그래도 힘을 내고 걸어나가라. 무너지는 돌조각을 아치로 삼은 낮은 지하실에는 아직도 제단이 있으며 그 신성한 등불은 영원히 살아 있다."

편집자는 이런 이상한 말에 대해서는 감히 주석을 붙이지 않고, 다만 이상의 것 아니고도 더욱 의심스러운 문장이 많으나 일반독자에게 알리기엔 적합치 않다. 아니 편집자 자신조차 어떻게 읽어나가면 좋을지 모르겠다는 말을 하는 데 그치기로 한다. 종교에 관한 모호하면서도 가끔 광채를 발산하는 글, '계시의 영원성'에 관한 것, 예언에 관한 것, "현대에는 바알의 종(열왕기상 18장 17절~40
절, 바알을 섬기는 사례)과 진정한 신의 종"이 있다는 것, 그 밖에 이런 종류의 것이 많다. 이 잡동사니 논문의 종말로서 몇 개의 단편을 추린다.

"그치라, 내가 몹시 존경하는 폰 볼테르 씨." 교수는 이렇게 부르면서 말한다. "그대의 아름다운 소리를 그치라. 그대에게 주어진 일은 끝난 것 같으니. 그대는 다음의 말을, 생각해볼 만한 것이든 아니든 충분히 증명하였다. 즉 그리스도교의 신화는 18세기에 있어서는 8세기와 같아 보이지 않는다는 명제를. 아, 그대의 36권의 코토 본, 그리고 그대 이전과 이후에는 주제에 대해서 인쇄된 3만 6000권의 코토 본과 폴리오 본, 그리고 제본되지 않은 무수한 종이 전부가 겨우 그 정도의 것을 우리에게 확신시키기 위해 필요했던가! 그런데 그 다음은 어떠한가? 우리는 그 종교의 거룩한 정신을 새로운 신화로, 새로운 그릇과 새로운 옷에 넣어서 구현하여, 그렇게 하지 않으면 곧 사라져버릴 것 같은 우리 영혼을 구제하려 하는데, 그대는 도울 수 있는가? 뭐라고? 그런 종류의 능력은 없다고? 그저 태워 버리기 위한 횃불을 가졌을 뿐이지 건설하기 위한 연장은 갖지 않았다는 말인가? 그렇다면 우리 인사나 받고—그리고 물러가라."

"그건 그렇고, 시대에 뒤떨어진 신화가 내게 무엇이냐? 내 마음에 느껴지고 실제로 존재하는 신(神)은 폰 볼테르 씨의 논쟁으로 인해 내게서 몰려나간다거나 내 속으로 파고들어올 것인가? '설움의 숭배'의 기원에 대해서는 좋을 대로 설명하라. 그 숭배에는 이미 기원이 있고 생성하였으니 여기 실제로 있지 않은가? 그것을 너의 마음으로 느껴보고 신으로부터 온 것이 아닌가 말하라! 이것이 바로 믿음이고 나머지는 모두 의견이다—의견에 대하여서는 누구든지 속을 썩이든 썩게 되든 뜻대로 하라."

다른 곳에서 그는 말한다. "너희들은 '절대적 계시'^{(성경의 모든 말이 신(神)의 계시)}^{(에 따라 쓰인 것이라는 설(說))} 같은 것 때문에 싸우며 서로 눈까지라도 뽑아내려고 들지 말고, 그보다는 저마다 자기의 부분적 계시를 얻도록 힘써라. 오직 하나의 성경^(신의 책으로)^(서의 우주)이 있다. 이 성경의 절대적 계시는 의심조차 할 수 없다. 아니, 신의 손이 그것을 쓰는 것을 내 눈으로 보았다. 다른 모든 성경은 이 성경의 몇 장들에 지나지 않는다—말하자면 지능이 박약한 자들을 돕기 위해서 그림으로 만든 글이다."

지루해하는 독자에게 휴식을 주고 결말을 짓기 위해 더 알기 쉬울 듯한 다음 글을 따온다.

"내 생각에는" 교수는 말한다. "시대정신과 목숨을 걸고 싸우는 전쟁인 이 인생에서는, 다른 전쟁은 있을 것 같지 않다. 너의 형제와 어떤 싸움이라도 한 일이 있다면 그것의 의미를 잘 생각해 보기 바란다. 그것을 밑끝까지 따져본다면 단순히 이러한 것이다. '이 사람아, 보라! 너는 세상에서 네 몫 이상으로 행복을 얻고 있다. 내 몫에서도 얼마간 얻어가고 있다. 그것은 절대로 인정할 수 없다. 나는 너하고 싸울 테다.'—아, 참으로 무정한 이야기다. 그런데 나누려는 그 전체가 보잘것없는 물건이다. 정말 '껍질의 잔치'이다. 왜냐하면 속 내용은 빠져나갔으니. 한 사람의 속을 채우기에도 넉넉하지 않은데, 인류 전체가 손에 넣으려 달려드는 꼴이다! —이런 경우, 오히려 우리는 다음과 같이 말할 수는 없는가? '가져라, 너무도 탐욕스러운 사리(私利)야. 저 초라한 작은 몫까지 주겠노라. 그것은 내것이라고 생각했지만, 네가 그렇게까지 탐내니 축복과 함께 가져라. 정령 네가 원하는만큼 가지고 있다면 말이다.'—피히테의 Wissenschaftslehre(지식학)이 '어느 정도까지 그리스도교의 활용'^(피히테가 그의 윤리적 저술의 많은 부분을 그리)^(스도교에서 빌려다는 뜻으로, 노발리스가 쓴 말)이라면, 더 많은 정도에서 이것은 그렇다. 이것은 인간의 모든 의무가 아니라 절반의 의무 즉 수동적 절반이다. 우리가 증명할 수 있도록 실천할 수 있다면 다행이런만!

그러나 신념이란, 아무리 훌륭하더라도 행동으로 옮겨지지 않으면 쓸모가 없다. 아니, 엄밀히 말하면 그때까지는 신념이란 있을 수 없다. 왜냐하면 모든 생각은 본질적으로 끝도 형체도 없고 소용돌이 속의 소용돌이이기 때문이다. 다만 경험으로 느낀 의심할 수 없는 경험의 확실성에 의해서만 그것은 회전의 축이 되는 중심을 얻어 하나의 체계로 형성된다. 어떤 현명한 이(괴테)의, '어떠한 종류의 의심도 행동에 의하지 않고서는 풀리지 않는다' _{(빌헬름 마이스터의 수업시대) 5부 16장}라는 가르침은 실로 마땅하다. 그러므로 어둠이나 희미한 빛 속을 고생하여 더듬어가며, 새벽이 어서 새 날이 되기를 간절히 기도하는 사람은 나에게는 무엇과도 바꿀 수 없는 도움이 되었다. 다음의 교훈도 마음에 새겨두기를 바란다. 즉 네가 의무라고 여기는 '가장 가까운 의무를 다하라.' _{(빌헬름 마이스터의 수업시대) 7부 1장} 너의 다음 의무는 이미 분명해질 것이다.

그러나 정신적 해방의 시기는 바로 이상의 세계, 즉 사람의 전인격이 그 속에서 활동하고자 어둠 속에서 싸우며, 말할 수 없을 정도로 동경해 온 그 세계가 드디어 나타나고 열려서, 너희가 마치 《빌헬름 마이스터》 중의 로타리오처럼 '아메리카가 여기에 없다면 다른 어디에도 없다'는 것을 발견하고 경탄하는 그때야말로 실로 정신적 해방을 맞이한 때라고 할 수 있지 않을까?

_(빌헬름 마이스터의 수업시대) 제7부 제3장에서, 환경이 나빠서 일을 잘 못한다고 스스로 생각하고 신세계로 갔던 로타리오가, '지금은 모든 일이 아주 다르게 보인다. 가장 가까운 의무가, 그것이 어떤 것이든지, 어쩌면 이렇게 귀하고 중요하게 보이는가!'라고 외치고 제 고장으로 돌아간다)

일찍이 인간이 처했던 상황치고 그것에 딸린 의무와 이상을 차지한 적은 없었다. 그렇다. 그대가 지금 서 있는 이 초라하고, 비참하고, 부자유스럽고, 경멸할 만한 현실, 여기에 그대의 이상이 있지 다른 어디에도 없다. 현실에서 일하여 이상을 만들어내라. 일하면서 믿고 살고 자유를 얻어라. 어리석은 자여! 이상은 네 자신 속에 있고 장애도 네 자신 속에 있다. 너의 조건은 네가 그 이상을 형성화시킬 재료에 지나지 않는다. 그 재료의 종류가 이것이든 저것이든 네가 지어내는 형태가 영웅적이고 시적이면 그만 아닌가? 현실의 감옥에 갇혀 여위어 가며, 자기가 지배하고 창조할 수 있는 왕국을 희구하여 신(神)들에게 눈물로 애절하게 호소하는 사람, 이것이 진실임을 알라. 즉 네가 구하는 것은 네게 있다. '여기 있지 다른 어디에도 없다', 단지 네가 볼 수 없을 뿐이다.

그러나 사람의 영혼도 자연과 같아서, 창조의 시초는—빛이다_(창세기 1장 1~3절). 눈이 제대로 보일 때까지는 모든 지체는 얽매여 있다. 태풍에 시달리는 영혼 위에 마치 태초에 부글부글 끓는 혼돈에 대해 그랬듯이, '빛이 있으라!'는 말이 떨어지는 그때는 신성한 순간이다. 이런 순간을 경험한 가장 위대한 이들에게는 이것은 기적적이고, 신의 강림을 알리는 것이 아니겠는가? 그리고 가장 어리석고 가장 작은 이들에게는 더 단순한 비유로 역시 그런 것이 아니겠는가? 저 광적·원시적 불협화음은 그치고, 엉성하게 뒤섞이고 충돌하던 요소들은 화합하여 뚜렷한 천지를 이룬다. 아래는 깊고 말 없는 암석 기초가 쌓이고, 위에는 영원한 광원체들이 있는 천공(天空)이 이루어진다. 어둡고 황량한 혼돈이 있던 자리에는 꽃다운, 풍성한 하늘로 둘러싸인 세계가 생긴다.

나도 이제는 나 자신에게 말할 수 있을 것이다. 이제는 혼돈이기를 그쳐라. 하나의 세계가 되어라. 작은 세계라도 되어라. 만들라! 만들라! 아무리 가련하고 작은 소산이라도 만들라, 기어이! 그것이 네가 가지고 있는 것의 전부이다. 그러면 그것을 내라. 일어서라, 일어서라! 무릇 네 손이 일을 당하는 대로 힘을 다하여 일할지어다(전도서 9장 10절). 오늘이라고 불리는 동안에 일하라. 밤이 오리니 그때는 아무도 일할 수 없느니라(요한복음 9장 4절)."

10장 휴식

이리하여 우리는 이런 경우에 가능한 한 자세히, 어쩌면 만족스럽다고 말할 수 있을 정도로 토이펠스드레크의 자취를 따랐다. 그의 성장·갈등·불신 및 신의 버림을 받은 것 같은 상태를 거쳐 그 자신이 개종(改宗)이라고 생각하는 듯한 어떤 더 광명한 상태에까지 이르렀다. 그는 말한다. "개종이란 말을 비난해서는 안 된다. 차라리 그런 것을 의미하는 그런 고대에는 가장 현명한 사람에게도 알려지지 않았었건만 우리의 새 시대에 나타났다는 것을 오히려 기뻐하라. 고대 세계는 개종이 무엇인지 전혀 몰랐다. Ecce Homo ('이 사람을 보라')(요한복음 19장 5절. 이 사람은 수난당한 예수이다) 대신에 그들은 '헤라클레스의 선택'(헤라클레스는 쾌락과 덕행 두 개의 생활 중 하나를 선택해야 하는 기로에서 후자를 선택함) 정도나 가지고 있었다.

개종은 인간이 윤리적 발전에 있어서 새로 달성한 하나의 진전이었다. 이것으로써 지극히 높으신 이가 지극히 제한된 자의 가슴 속에 오셨다. 플라톤에게는 환상이었으며 소크라테스에게는 하나의 망상이었던 것이, 지금은 진 첸도르프(1700~1760년. 독일 종교개혁자이며, 모라비아 종파의 조직자)·웨슬리(1703~1791년. 메소디스트 파의 개시자)와 같은 사람들 및 그들을 따르는 경건교도(독일 목사 스펜제르(1635~1705)의 주의를 따르는 종교단체. 영국 메소디스트 파와 비슷함)나 메소디스트교도의 가장 보잘것없는 무리에게도 이제는 확실한 것이 되었다.

그러므로 토이펠스드레크의 정신적 성년기가 시작되는 것은 여기서부터이다. 이제부터 그는 하나의 성인으로서의 정신과 뚜렷한 목적을 가지고 '선(善)을 위해 일하는 것'을 보게 된다. 그는 자기가 그토록 갈구하던 이상적 일터는 자기가 그토록 오랫동안 그 안에서 허덕이던 시설을 제대로 갖추지 못한 이 현실이란 일터임을 발견하였다. 그는 이렇게 자기한테 말할 수 있다. "기구? 너는 기구를 가지지 못했다고? 웬말이냐? 살아 있는 사람치고, 물건치고, 기구를 못 가진 자가 없다. 신(神)이 창조하신 작은 동물 중에서, 가장 열등한 거미조차도 방직기와 동력시설을 그 머릿속에 가지고 있다. 가장 어리석은 굴도 파팽의 소화기 (파팽. 1647~1712년. 프랑스의 과학자가 발명한 뼈나 그 밖의 굳은 물질을 열로 무르게 만드는 장치)와 그것을 설치할 돌과 석회로 된 집을 가지고 있다. 살 수 있는 모든 것은 어떤 일을 할 수 있다. 그러면 그 할 수 있는 일을 하면 된다—기구가 어떻다고? 너는 '광명'의 번득임을 가진 머리와, 펜을 잡을 수 있는 세 손가락을 가지고 있지 않은가? 아론의 지팡이 (민수기 17장)가 활용되지 않게 된 이래, 또는 그 전에도 펜처럼 기적적인 기구는 없었다. 기록된 모든 기적보다 더 위대한 기적이 펜으로 이루어졌다. 왜냐하면 이상하게도 이 매우 견고한 것으로 보이면서도 실은 항상 그치지 아니하고 변동하는 세계에서 가장 재빨리 움직이는 것같이 보이는 소리는 모든 것 중에서 가장 영속하도록 정해져 있기 때문이다. 이 세계에서 말이 전능하다는 것은 마땅하다. 그것으로 인하여 신성을 갖게 된 인간은 Fiat(있으라) 한 마디로 (창세기 1장 3절. 라틴어로 Fiat lux 빛이 있으라) 없던 것을 있게 할 수 있다. 잠을 깨라, 일어나라! 네 손에 있는 것, 신이 네게 주신 것, 악마가 너로부터 빼앗지 못할 것을 말하라. 신의 뜻을 드러내는 것보다 더 고상한 일이 인간에겐 주어져 있지 않다. 신을 섬기는 자 가운데 네가 가장 작은 자라 할지라도 그 일에 쓰고 또 쓰임은 충분한 영광이 아니냐?"

토이펠스드레크는 부가적으로 말한다.

"이 예술을—이것을 모독적으로 낮추어 기술이라고 말하고 싶어하는 사람도 있으나—나는 그때 이후로 지켜나왔다. 내가 글로 쓴 말은, 내 것이라고 알려지지는 않았지만 (왜냐하면 내가 무엇이냐?) 아마도 전혀 내용없는 것이 아니었던지, 여론이라는 위대한 모판에 떨어졌다. 눈에 보이지 않게 내가 뿌린 씨의 열매를 여기저기서 볼 때마다 흡족하였다. 나는 이제야 내 천직을 찾아낸 것을 하늘에 감사한다. 눈에 보일 정도의 성과가 있든 없든 나는 이 천직에서 근면으로 인내해 나갈 생각이다."

그는 외친다. "아니 어떻게 네가 아느냐. 이제는 성장하여 세계에 알려진 멀리 작용하는 제도가 된 어떤 특수적 계획이, 마치 적당한 땅에 갖다 심은 겨자씨 한 알이 자라서 이제는 든든한 가지들을 사방의 바람에 내뻗고 공중의 새들이 와서 깃들게 된^(마태복음 13장 21~22절) 그것이—바로 내가 한 일이라는 것을? 그것이 어떤 사람이 한 일임에는 의심이 없다. 어떤 하나의 머리에서 나온 어떤 생각에서 처음 그것은 시작되었다. 그러니 내 머리에서 나온 어떤 생각에서 시작된 것이어서는 안 된다는 법은 없다." 여기서 토이펠스드레크는 '소유권보존협회'에 대하여 언급하고 있는 것일까? 이 협회에 관해서는 매우 많은 모호한 기사가 뭐라고 말할 수 없는 서류 자루의 곳곳에 유령처럼 출몰하고 있다. 그는 암시한다. "이것은 시대의 요구에 적합하지 않는 것은 아니다. 사실 갑작스럽게 이와 같이 발전한 것이 그것을 증명한다. 왜냐하면 이 협회는 임원과 통신회원들로서 이미 독일·영국·프랑스의 가장 높은 사람이라고는 할 수 없지만 최고의 명성을 떨치는 사람들을 꼽을 수 있으며, 물질적, 정신적 원조가 곳곳에서 쏟아져 들어오고 있으므로, 가능하다면 세계에 남아 있는 모든 사람들을 규합하여, 방비와 장래를 위해서, 협회를 더욱 강건히 할 준비를 꾀할 것이다." 그러면 토이펠스드레크는 저 괄목할 존재인 '소유권보존협회'의 창안자라고 정체를 드러낼 셈인가? 만일 그렇다면 악마 ^(토이펠스드레크는 악마의 퇴이라는 뜻)의 이름으로 묻는다. 그것은 어떤 것이냐? 그는 다시 암시를 준다. "'도둑질하지 말라'라는 신성한 계율, 바르게 이해하고 보면 그 속에 히브리의 십계명, 솔론과 리쿠르구스^(전자는 아테네, 후자는 스파르타의 법을 세운 사람)의 헌법, 유스티니아누스의 로마 대법전, 나폴레옹 법전, 그리고 지금까지 인간이 사회의 지침으로 생각해 내고 (제단의 성화와 교수대의 밧줄로 시행하여 온) 모든 법규·교리문답·신학·도덕을 다 포함하는 이 신성한 계율이 일반 사람들의 기억에서 거의 다 사라지고, 별로 부끄러움도 없이 '도둑질하라'라는 새로운 정반대의 계율이 곳곳에 선포된 이 시대—이처럼 온 세상이 미쳐 날뛸 때, 인류의 건전한 부분이 움직이고 뭉치는 것은 아마 마땅한 일일 것이다. 그 재산에 대한 신성한 권리, 오늘날 남아 있는 또는 상상할 수 있는 유일한 신성한 권리, 그것의 가장 광범하고 광적인 침범도 사악한 언론에 의하여 공인되고 장려되며, '우리는 우리의 육체 속에서조차 아무런 소유권은 없다. 다만 우연적인 점유권과 종신대차권(終身貸借權)을 가지고 있을 뿐이다'라는 사상이 주장되게끔 된 오늘날의 세상에—그 결과로서 어떠한 상태가 예상될 것인가. 비교적 조무라기 해충들이라면 교수형리나 포리들이 목을 매는 올가미나 미끼가 달린 덫으로 억제할 수도 있을 것이다. 그러나 고기를 삼키고 사람을 삼키는 것으로 보아 대사(大蛇 : 더운 나라에 사는 구렁이. 기름진 몸으로 사람을 압사시키고 삼키는 방법이 어떤 정치인 같다고 비유한 것)의 무리에 대하여 우리를 보호할 수 있는 것은, 이러한 세계적인 협회가 아니고 무엇인가? 그러므로 아마 그리 잘못 작성되지는 않은 듯한 그 취지서가 공상한 현상문제와 큰 상을 첨부해서 공공 언론기관에 실린 것을 보고, 세속을 떠난 사상가가 사적으로 놀랐다면 이제는 그만큼 놀라고 지능을 집중하여 이 경쟁에 참가하도록 하라."

우리는 묻는다. 이 '그리 잘못 작성되지는 않은 취지서'나 그 밖에 저 '소유권보존협회'의 다른 어떤 진정한 업무보고가 외국 또는 국내의 어떤 지상(誌上)에 실려 영국 독자의 눈에 띄었던가? 만일 그랬다면 그 현상문제는 무엇이고 경쟁의 조건은 무엇이며, 언제 어디에서의 일인가? 활자화된 신문 조각이나 어떤 종류의 단서도 이 서류 자루들 속에서 눈에 띄지 않는다! 그렇다면 이것은 모두 토이펠스드레크 씨가 여러 의미가 있는지 또는 전혀 의미가 없는지 모든 것을 가지고 흔히 우리를 농락하고 자기 기분대로 심술부린 알 수 없는 버릇 중의 하나인가?

사실 여기서 편집자는 마침내 고통스러운 의심을 나타내지 않을 수 없다. 이것은 최근의 몇 장에 걸쳐 내 마음속에 자주 나타나며, 전기를 쓰는 이 고생스러운 일을 사랑하는 마음으로 할 수 있게 만들어준 당초의 열성을 꺾어버렸다. 그것은 아마 사소한 것에 근거를 둔 의심이겠으나, 밑에 숨은 유머와 착잡한 조소적 장난은 바퀴 안에 바퀴가 있는 것같이(에스겔 1장 16절) 전혀 알아낼 수 없는 토이펠스드레크의 풍자적·조소적 경향이 차츰 더 드러남에 따라 굳어져 거의 확신처럼 된 의심이다. 한 마디로 말한다면, 이 자서전적인 글은 때로는 자기 정체를 숨기려는 수단이 아닌가 하는 의심이다! 수많은 이른바 '사실'이 지어낸 말에 지나지 않는 것이라면 어떨 것인가. 만일 우리가 가진 것이 교수의 생애의 직접적인 사진이 아니고 다만 그것을 상징적으로, 의미심장하게 그림자를 그려 보인 어느 정도 공상적인 윤곽묘사에 지나지 않는다면 어떨 것인가. 우리의 해석은 다음과 같이 이뤄질 것이다. 다만 상징적인 진실에 지나지 않는 것을 문자 그대로 진실로서 받아들인 궁중고문관 호이슈레케 (이것이 사실이라면 우리는 서슴지 않고
'쯧대없이' 궁중고문관이라고 부르겠다) 는 바보취급을 당한 것이고, 나아가서 우리까지 바보로 만들었다. 과묵하고 자기 속을 보여주지 않기로 이름난 토이펠스드레크가 갑자기 자기 마음속의 비밀의 자물쇠를 부수고, 영국 편집자나 독일 고문관에게 속을 보여주었다는 것, 더욱이 편집자와 고문관을 두 사람 모두 (거기에 꾀어들인 뒤) 그 성곽의 꼬불꼬불한 미로와 갱도에 가두 어두고 예의 악마적인 태도로 그 바보들이 어떠한 얼굴을 할 것인가 보아두자 하고 생각하지는 않는다는 것이 도대체 있을 수 있을 것인가?

그러나 그 중의 한 바보가 슬쩍 빠져 나갔음을 교수님은 아마 알게 될 것이다. 잉크가 거의 보이지 않아서 아무것도 씌어 있지 않다고 과거에 버려두었던 작은 종이 조각에서 우리는 최근에 다음과 같은 문장이 씌어 있는 것을 깨닫고 고심한 끝에 해독한 것이다.

"너의 역사적 사실이란 무엇이냐. 더욱이 전기적 사실이란 무엇이냐? 너는 너의 이른바 '사실'을 염주알처럼 꿰어서 그것으로 사람을 더군다나 인류를 알려고 하는가? 사람이란 그가 일하는 정신이다. 그가 한 일이 아니라 그가 이룩한 인격이다. 사실이란 새겨 놓은 상형문자이며, 그것을 푸는 열쇠를 가진 사람은 지극히 적다. 그리고 세상의 어리석은 자는 그 의미를 연구하지 않고, 그것이 잘 새겨졌는지 잘못 새겨졌는지, 즉 도덕적인지 아닌지만을 따진다. 그보다 더 심한 것은 얼치기 (Pfuscher : 피히테에서 빌린 말. 문화의 외형·외면만을
보고 그 깊은 곳의 진실을 모르는 사람) 이다. 이런 사람은 루소를 알고 읽는다는 것이 서투르게 새긴 영원사 (永遠
蛇 : 제 꼬리를 물고 있는, 따라
서 무한을 상징하는 큰뱀)를 보통의 독사로 잘못 알고 있는 것을 본 적이 있다."

교수는 편집자가, 이 편집자처럼 택함을 받았다고 자처할지라도, 토이펠스드레크라는 영원사를 같은 식으로 잘못 알까 염려하였던 것인가? 이런 이유로 그것이 은근한 풍자의 뜻을 품고, 보다 알기 쉬운 상징으로 고쳐진 것인가? 그렇지 않으면 이것은 다만 반궤변, 반진리라는 것으로, 그는 이것을 비유라는 말잔등에 태우기만 하면, 그것이 어디로 달려가든지 상관하지 않는다는 것인가? 우리는 확신을 가지고 말할 수 없다. 사실, 이 교수는 아주 이상하여 전혀 말할 수 없다. 만일 우리의 의심이 전혀 근거 없는 것이라면 그의 의문스러운 태도를 탓할 것이지 우리의 필요한 신중성을 탓할 것은 아니다.

이것은 어떻든지 다소 화가 나고 또 정말 지친 편집자는 여기서 당분간 서류 자루들을 닫아두기로 결정한다. 우리가 지금까지 토이펠스드레크에 관해서 아는 것은 '그가 한 일이 아니라 그가 이룩한 인격'이라는 것에 만족하자. 그의 성격이 이제는 종국적 경향을 취하여, 그다지 큰 혁명은 있을 것 같지 않으니 더욱 그렇다. 갇혀 있던 번데기가 이제는 날개 돋친 프시케(Psyche : ^{그리스 신화에서 정신·영혼의 신. 그의 상징은 나비. 사랑의 신(神) 에로스의 사랑을 받았다})가 되어 어디로 날아가든 그대로 변하지 않을 것이다.

에로스와 프시케

어떤 복잡한 선무(旋舞 : ^{비상 또는 타율적 부상})로 외적 생활소 속을 통과하여 토이펠스드레크가 대학 교수직에 도달하였으며, 또 그 프시케가 이제는 고정된 그의 성격을 고치지 않고 세속적 칭호를 몸에 감게 되었는가를 더듬는 것은—아마 비교적 소득이 없는 노릇일 것이다. 비록 그것이 허위의 일, 불가능한 일이라는 의심을 가지고 있지 않다 하더라도. 그러므로 그의 외면적 생애는 블루미네의 사건으로 애인의 바위에서 완전히 물방울이 되어 흩어지는 것을 보았으나—그대로의 상태로 떠돌고 있을지라도 여기서는 전혀 상관하지 않는다. 다만 어떤 '늪이나 물웅덩이'를 답사하고 대개 어떤 방향으로 갔을까 알아내는 것으로 충분하다. 그것은 오래 전에 벌써 빗물에 씻겨 강으로 흘러들어가서, 지금도 바이쓰니히트보에서 깊이 고요히 흐르며, '의상철학'을 싣고 감을 누구나 볼 수 있다는 것을 우리는 어떻든 이미 알고 있지 않은가? 채석장 쓰레기 속에 섞인 보석처럼 그 휴지 자루라는 무덤 안에 흩어져 있는 많은 귀중한 자료를 우리는 장래 다시 돌아다보고, 적절한 곳에 삽입할 필요가 있을는지도 모른다. 그러나 우리의 고달픈 채굴은 여기에서 일단 휴지하기로 한다.

만일 이제 위대한 《의상철학》을 펼치기에 앞서 지나간 10장에서, 의상철학을 바르게 이해하는 방향으로 우리가 어느 정도 진전하였느냐 묻는다면, 전적으로 실망할 것은 없다. 혼돈 위에 걸린 지옥문 다리($\binom{《실락원》2권}{1024\sim1033행}$)의 비유로 말한다면 몇 개의 띄엄띄엄 놓인 뗏목이 추가되어 아직도 물결에 떠서 움직이고 있다. 사슬을 바싹 당겨서 묶으면 어디까지 다다를지 현재로서는 추측의 문제에 지나지 않는다.

그러나 이 정도는 짐작하고 있다. 많은 작은 틈으로 우리는 토이펠스드레크의 내적 세계를 보았다. 그의 이상하고 신비적인, 거의 마술적인 우주의 도식 및 그것이 어떻게 차츰 그려졌느냐 하는 경위는 앞으로 우리에게는 전혀 불명한 것은 아니다. 시간에 관한 그 신비한 관념도 생각해볼 가치가 있으며, 전혀 이해할 수 없는 것도 아닌 그 관념들은 점차 깊은 의미를 띠게 될 것이다. 자연에 관한 다소 특이한 그의 견해, 자연은 절대 단일한 것이라는 견해는 더욱 그럴 것이다. 자연 전체와 인생이 '시간의 베틀'에 짜여진, 그리고 항상 짜이고 있는 하나의 옷, '살아 있는 옷'이라는 생각, 과연 여기에 의상철학 전체의 윤곽이, 적어도 그것이 작용하는 무대가 있지 않은가? 또 이 사람의 성격, 이런 일에서는 결코 무의미한 것이 아닌 성격도 수수께끼 같은 점이 사라져가고 있음을 주의하라. 그렇게 심히 격동하는 모호성, 희박해진 광기와 같은 그 속에도 어떤 꺾지 못할 반항과 무한한 존경이 마치 두 개의 산봉우리처럼, 모든 것이 서 있는 암층(巖層) 위에 훤히 드러나지 않는가?

아니, 나아가서는 토이펠스드레크의 일대기는, 위에서도 추측되는 바와 같이 상징적 진실에 지나지 않는다 하더라도, 그것은 의상철학을 하게끔 운명을 타고 난 사람임을 보여준다고 말할 수 있지 않을까? 그는 사물의 외관을 통하여 사물 그 자체를 보게끔 인도되고 강제되어 있다. 태어날 때부터 가지고 있던 '수동성'은 운명의 온갖 변전(變轉)에 의해 조장된다. 곳곳에서 물이 기름으로부터 배척을 받듯이, 어떠한 직업, 어떠한 사교적 교제에도 혼입되는 것은 용인되지 못하고 고독과 병상 생활 이외에 정해진 운명 따위는 없었다. 그의 생애의 온 정력은 오랜 세월에 걸쳐 단 하나의 일, 즉 고통을 치료하지는 못할지라도, 그것을 인내하는 일에 집중되었다. 이리하여 곳곳에서 사물의 외관은 그를 억압하고 그에게 저항하며 가장 무서운 파멸로써 위협한다. 오직 그것을 이겨내고 사물 자체 속으로 파고 들어감으로써만 그는 평화와 안전을 찾을 수 있다. 그런데 사물의 외관 즉 의상을 통해 사물의 본질을 꿰뚫어보는 것이 바로 '의상철학'의 제1의 선행조건이 아니던가? 우리는 이 속에서 철학의 진정하고 고상한 의미와, 이런 사람 이런 시대에 취해야 할 어떤 형식과 이에 관한 작은 암시를 얻을 수 있지 않은가?

제3부로 들어감에 따라 아마 독자께서도 앞으로의 진로에 대해 조금은 추측할 것이다. 그리고 토이펠스드레크를 따라갈 때는 늘 그렇듯 가공적인 꿈의 동굴을 거쳐 방황하겠지만, 때로는 움직이지 않는 북극성의 광채도 있을 것을 기대하자.

1장 근대사에서의 사건

경이를 사랑하고 경이를 모색하는 사람으로서 토이펠스드레크는 의상론(衣裳論)의 시초부터 자기 자신을 드러내왔다.

괄목할 만한 것은 모든 심술궂은 안개 속에서도 얼마나 강한 시력과 직감력으로 세계의 신비를 꿰뚫어보았는가 하는 것이다. 즉 감각이 미치는 한 아무리 고상한 일에서도 다만 새롭거나 낡은 옷과 그 옷을 걸침으로써 보이는 신성한 본질을 인정한 것이다. 그리고 물질의 낡은 누더기와 너덜거리는 장식을 밟으면서, 한편으론 모든 지상적 주권이나 권력보다 정신을 높이고, 비록 그 모습이 아무리 초라하더라도 참된 플라톤적 신비주의를 가지고 숭배하였다. 우주라는 큰 옷장에 그리스 인의 불 (동로마제국 시대에 그리스인이 발명한 물 속에/서도 타는 무서운 불. 여기서는 플라톤의 철학)을 던져 넣은 그의 종국적 의도는 무엇이었을까. 문명생활과 사상의 모든 영역을 통하여 의복을 조금이나마 완전히 찢고 태워버리면 그 결과는 무엇이겠는가. 그는 어떤 의미에서도 나체주의자가 아니고 루소처럼 육체적 또는 지적인 나체 및 야만상태로의 복귀를 장려할 리 없으니 더욱 문제이지만 이 모든 것을 독자는 알아내고자 한다. 사실 이것이야말로 토이펠스드레크 교수의 의상철학의 중심이고 의도이다.

그러나 기억할 것은, 이와 같은 의도는 여기서는 전개되어 있지 않고 오히려 전개할 준비를 하고 있는 것처럼 보인다는 점이다. 우리는 우리의 영국 독자들을 새로운 황금의 나라로 안내하여 광산을 보여줄 뿐이지, 결코 무진장한 그 부(富)를 모두 채굴해버릴 작정은 아니다. 일단 그곳에 도착하면 저마다 자기 마음대로 채굴하여 부유해지면 되는 것이다.

더욱이 교수의 이 저서와 같이 마음 내키는 대로 쓴 형언할 수 없는 저작에서, 앞으로의 우리의 길은 전보다 더 곧게 한 걸음 한 걸음 나아갈 수 있는 것이 아니다. 띄엄띄엄 나아갈 수 있다면 다행이다. 의미심장한 암시가 여기저기 나타나는데, 그것은 넓게 또 세밀히 보는 비판적 눈에 의해서 비로소 전체적인 기초구도로서 비친다. 이 암시들을 잘 선택하여 A에서 B로 뛰어넘을 수 있도록 (우리가 위에서 사용한 비유를 다시 쓴다면) 그것들을 사슬로 연결해서 건너다닐 수 있는 다리를 놓는 일이, 지금까지와 마찬가지로 우리의 유일한 방법이다. 이런 광명점(光明點)들 가운데에서 완전론에 관하여 제멋대로 기염을 토하고 있는 많은 문장 속에 섞여 있는 다음 문장은 다다가 이용할 가치가 있다고 생각한다.

"근세 역사상 가장 주목할 만한 사건은" 토이펠스드레크는 말한다. "보름스 의회(1512년 루터가 교황과 왕들 앞에서 신교(新敎)의 기치를 감연히 세운 의회)가 아니며, 하물며 아우스터리츠·워털루·피털루(1819년 8월 16일, 맨체스터 시의 성 피터 광장에서 의회개혁을 부르짖은 민중이 군대에 진압되고 사상자를 내었다. 이것을 워털루 전투에 비교한 것)나 다른 어떤 전투는 더욱 아니다. 대부분의 역사가들이 소홀히 간과하였으며, 다른 역사가들은 어느 정도 경멸하여 취급한 사건, 즉 조지 폭스(1624~1691. 퀘이커 종파의 개시자)가 스스로 가죽옷을 지어 입은 사실이다. 퀘이커의 개종조이며 직업은 구두장이였던 이 사람은 우주의 신성관념이 조잡하거나 순수한 형태로 나타나서, 무지와 세속적 타락의 모든 껍질을 뚫고 말할 수 없는 두려움, 말할 수 없는 아름다움으로써 영혼에 빛을 내는 사람들, 그러므로 마땅히 예언자, 신(神)이 들린 사람, 또는 어떤 시대에서는 신이라고까지 불리던 사람들 중의 하나이다. 그는 작업장에 앉아 집게·풀통·아교·돼지털 솔 그리고 온갖 잡다한 쓰레기 사태 속에서 가죽을 세공하면서도 자기의 산 정신과 오랜 계시가 깃든 책을 한 권 가지고 있었다. 그의 심령은 이 책을 창문으로 삼아 우러러 그의 하늘 집을 쳐다볼 수 있었다. 비록 내일 먹을 양식에 궁하지 않고, 오랜 세월 후진 양성에 힘을 기울여 존경받는 장인이 되고, 어쩌면 지구의 치안관으로 발탁될 수 있는 가능성이 있다고 해도, 구두장이의 일과는 그런 사람에게는 결코 만족스러운 것이 아니었다. 송곳질·망치질 속에서도 저 먼 나라의 노래와 영광과 공포가 찾아왔다. 왜냐하면 이 초라한 구두장이는 우리가 말한 것처럼 하나의 사람이었다. 그리고 인간으로서 섬기기 위해 파견된 그 광대무변한 성전은 그에게는 신성한 신비로써 충만했기 때문이다.

이 신성한 신비를 살피고 해석하라고 정식 임명을 받은 이웃 교직자들은, 상담을 구하는 그의 소리에 드러내놓고 싫증을 내며, 그의 의문에 대한 해결책으로 '술을 마시고 여자들과 춤을 추라'고 하였다. 장님을 인도하는 장님!

그들 교직자들을 위한 십일조는 도대체 무엇을 위해 거두어 먹게 되는 것인가. 만약 인간이 전매특허인 소화기에 지나지 않고, 위대한 현실이란 창자와 그에 달린 것에 지나지 않는다면—목사들이 테가 넓은 모자를 쓰고, 흰 법의나 검은 법의 에이프런을 입거나, 신의 땅인 그 장소에서 교회를 수리하고, 장사하며, 오르간을 연주하고 그 밖의 소동을 벌이는 것은 무엇 때문인가? 폭스는 눈물과 거룩한 경멸을 품고 이들을 떠나 자기의 가죽 일과 '성경'으로 돌아왔다. 에트나 산보다 더 높고 더 무거운 산이 그의 정신을 짓눌렀으나, 그것은 정신이었으니 그대로 묻혀 있으려고 하지 않았다. 말 없는 고민의 긴 낮과 밤을 통하여 그 정신은 자유롭기 위하여 인간의 온 힘을 기울여 발버둥치며 싸웠다. 그 거대한 정신이 감옥처럼 속박하는 산더미를 이리저리 뒤흔들며 하늘의 광명 속에 모습을 나타냈을 때 그 산들은 얼마나 심하게 요동쳤던가! 레스터 시의 그 구둣방은 단지 사람들이 몰랐을 뿐이지 어떤 바티칸 (로마 교황 의 궁전)이나 로레토 성당 (이탈리아의 안코나 지방에 있는 산타 카사 성당. 성모 마리아의 집이라는 것이 있어 유명하다)보다 더 성스러운 곳이었다. 그는 고통스러워 소리를 질렀다. '몇천 가지 요구·의무·끄나풀·누더기·고리 등으로 얽히고, 막히고, 둘러싸여서 나는 볼 수도 움직일 수도 없다. 나는 나 자신의 것이 아니고 세상의 것이다. 그런데 시간은 빨리 날아가고, 천국은 높고, 지옥은 깊다. 사람아, 생각하라. 너에게 생각하는 힘이 있다면! 왜 생각하지 않느냐. 무엇이 나를 여기에 묶느냐? 가난, 가난이다! —흥, 무엇이 가난이냐! 지상의 모든 구두일에 대한 삯을 다 모으면 저 먼 광명의 나라로 나를 배에 태워갈 수 있겠느냐? 다만 명상과 신에 대한 경건한 기도만이 그렇게 할 수 있다. 나는 숲속으로 가련다. 나무 굴을 집으로 삼고 야생 열매를 따먹으리라. 옷은 몇 해든 입을 수 있는 가죽옷을 직접 만들리라!"

"역사화라는 원색 그림은" 토이펠스드레크는 계속한다. "내가 아직껏 해보지 못한 예술이다. 그러므로 나는 그것이 캔버스에 그리기 쉬운 주제인지 아닌지 알 수 없다. 그러나 사람의 자유의사의 이러한 첫 광채가 장애와 공포 속으로 그를 삼키려 하는 혼돈한 밤을 비추어 차츰차츰 그림으로 만드는 것이야말로 사실은 역사에 존재하는 유일한 장관이라고 나는 흔히 생각하였다. 보는 눈과 이해하는 마음을 가진 안젤로 (1475~1564년, 미 켈란젤로를 말함)나 로사 (1615~1675년, 나폴리의 화가)로 하여금 그 아침의 조지 폭스를 그리게 하고 싶다. 마지막으로 재단판을 펴고

알렉산더 대왕의 방문을 받은 디오게네스
세계의 정복자와, 세속적인 가치관을 거부하고 개처럼 살기를 바란 철학자는, 두 개의 서로 대립하는 가치관의 대표로서 얼굴을 마주했다.

이제까지와는 다른 모양으로 쇠가죽을 재단하여, 그의 바늘의 마지막 일로서 온몸을 감쌀 하나로 이어진 자루를 만드는 그 아침의 그 사람을! 꿰매고 꿰매라, 그대 장한 폭스여! 그 작은 바늘로 한 땀 한 땀 찌를 적마다 그대는 노예근성과 세속숭배와 마몬(⁽배금⁾주의)의 심장을 찌르는 것이다. 그대의 팔꿈치는 힘차게 수영하는 동작처럼 움직이며, 허영이 그때마다 그를 일터와 누더기 시장을 빌리고 있는 감옥의 도랑을 건너 진정한 자유의 땅으로 가게 한다. 이 일이 끝나면 넓은 유럽에 하나의 자유로운 사람이 생기게 된다. 그리고 그대가 그 사람이다!

이와 같이 가장 낮고 깊은 밑바닥에서 가장 높은 정상으로 통하는 길이 있다. 그리고 가난한 자에게도 복음은 전파되었다(마태복음 2장 5절. 세례 요한이 보낸 자들에 대한 예수의 말씀을 인용한 것). 달랑베르 (1717~1783년, 디데로와 함께 유명한)가 말한 바와 같이, 나와 똑같은 이름을 가진 저 프랑스의 '백과사전'의 공동편찬자
저명한 디오게네스 (기원전 412~323, 그리스의 철학자)가 더럽지만 고대의 가장 위대한 사람이었다면, 보다 유력한 이유로 조지 폭스는 근대의 가장 위대한 사람이며, 디오게네스보다도 위대하다. 왜냐하면 그도 역시 모든 버팀대와 지팡이를 내던지고 사람다움이라는 반석의 기초 위에 서 있으나, 그는 반(半)야만적 자부심으로 대지를 경시하지 않고 그에게 따스함과 양식을 주는 장소로서 오히려 대지를 존중하며, 땅에서 하늘을 우러러보며, 저 디오게네스의 통 속에서는 도저히 찾아볼 수 없었던 고요한 힘을 가지고 자비와 숭배의 분위기 속에 살고 있기 때문이다. 디오게네스의 통은 실로 위대하였다. 그 통은 그 안에 자리잡은 인간의 존엄성과 신성함이 시름많은 세상을 조소하며 설교한 성당이었다. 그러나 폭스의 가죽자루는 그보다 더 위대하다. 왜냐하면 여기서도 같은 설교가 나왔으나 그것은 조소가 아니라 사랑으로였다."

조지 폭스의 '영구복(永久服)'과 그것이 싸고 있던 모든 것이 닳아서 완전히 재가 되어버린 지도 거의 200년이나 되었다. 왜 이제 와서 '사회의 완성가능성'을 논하며 그것을 다시 끄집어내는가? 맹목적인 종파심에서 나오는 것은 아니다. 토이펠스드레크 자신은 결코 퀘이커 교도가 아니다. 그의 성향은 매우 평화적이기는 하지만 노스 케이프에서 악마적인 밀수업자를 만났을 때, 그가 화기(火器)를 꺼내는 것을 우리는 보지 않았던가?

그의 뿌리 깊은 급진적 혁명주의를 아는 우리에게 이 구절은 단순한 말 이상의 깊은 의미가 있다. 동시에 그 '사건'을 여기서 꺼내어, 교수의 예의 그 모호한 방법이기는 하지만 바이쓰니히트보에서 말할 수 있는 한 명확한 말투로 그 모방을 권하는 그 진지성·단순성(만약 그 이면에 비밀의 풍자가 없다면)에 누가 미소를 금할 수 있으랴? 토이펠스드레크는 이 문명개화의 시대에 사회의 어떤 계급의 사람이건 많은 사람들이 마몬 신을 반대하고, '허영의 공장과 누더기시장'이라고 불리는 곳, 그들 일부는 거기서 혹사당하고, 매를 맞고, 눈을 싸매고 있음이 틀림없는 그 곳에서 빠져나오기 위해 몸에 꼭 맞는 가죽옷을 입으리라고 예견하고 있는가? 지극히 우스운 생각이다. 왕공이 그 정복을, 미인이 장식과 기다란 자락이 달린 의상을, 벗고 짓기긴 가죽을 이차적 껍질로 삼을 것인가? 그런 변동이 생긴다면 하더즈필드·맨체

스터·코벤트리·페이슬리^(이 지명은 영국에 있는)와 팬시 바자^{(1806년에 런던에})^{설립된 유행시장)} 등은 텅 빈
황야로 전락하고, 다만 데이 앤드 마틴^(런던의 유명한)^(구두약 회사)만이 이익을 볼 것이다. 왜
냐하면 사회를 평등하게 만들어 (사회를 평준화하여 하나의 거대한 늪으로
만들어) 감기나 그 밖의 악영향을 더불지 않는 정치적 나체상태를 가져오려
는 토이펠스드레크의 광적인 꿈은 이 방법으로는 이루어지지 않을 것이기
때문이다. 부자는 러시아 가죽으로 만든 방수복을 사 입을 것이고, 신분이
높은 미인은 영양 가죽으로 안을 댄 빨강 또는 파랑 모로코 가죽으로 만든
옷을 입고 멋드러지게 돌아다닐 것이다. 세상의 일꾼들과 기브온 족속
^(여호수아 9장 23절. '나')^(무 패며 물긷는 자)만이 남아 있는 검은 쇠가죽을 쓸 것이니, 결국 예부터의 계
급적 차별은 또 다시 생길 것이 아닌가?

아니면 교수는 그만의 깊은 의도가 있어서, 그 의도의 일부분에 지나지 않
는 우리의 비판과 주석을 몰래 조소하고 있는 것일까?

2장 교회복

그의 교회복에 관한 장(章)도 그 어느 것 못지않게 수상하다. 그리고 이
장(章)은 책 전체에서 가장 짧은 장이라는 특색이 있다. 그 전문을 여기 번
역한다.

"교회복이라는 말은 카속과 서플리스^{(법의의})^{종류)} 이상의 무한히 많은 것을 의미
하며, 결코 사람들이 교회에 갈 때 입는 이른바 나들이 옷을 의미하지 않는
다는 것은 말할 필요가 없다. 그런 것과는 거리가 멀다. 교회복은 우리가 쓰
는 말에서는 여러 시대의 사람들이 종교적 이념을 싸고 나타낸 형식 또는 의
식이다. 다른 말로 하면, 세계의 신성관념에 감각할 수 있고 실제로 활동하
는 몸을 싸서, 우리들 속에서 살아 있고 또 생명을 주는 '말'로서 깃들어 있
게 한 형식이다.

인간 생활의 온갖 의복 중에서 그것은 말할 수 없을 정도로 중요하다. 그
것은 저 경이(驚異) 중의 경이인 '사회'에 의하여 비로소 실을 뽑고 감으로
짜진다고 해도 과언이 아니다. 왜냐하면 '두세 사람이 모인'^{(마태복음})^{18장 20절)} 때에 비
로소 각 사람 속에 정신적으로 생기고, 또 아무리 보이지 않더라도 결코 멸
망하는 일이 없는 종교가 처음으로 외면적으로 (마치 '불의 갈라진 혀'
^(사도행전)^(2장 3절)로서인 양) 나타나서 눈에 보이는 협력과, 전투적인 교회로서 형성된

다. 함께 하늘을 우러러보는 두 심령이 소통하는 것은 신비하고 기적적인 정도가 아니다. 여기서 진정 심령이 비로소 심령과 이야기한다. 왜냐하면 어떤 의미에서든지 땅을 굽어봄으로써가 아니라 오직 하늘을 우러러봄으로써 협력, 사랑, 사회라고 일컫는 것이 가능해지기 때문이다. '내 믿음은 그것을 다른 사람에게 믿게 하는 순간 무한히 자라난다'라는 노발리스의 말은 얼마나 진실한가! 너의 형제의 얼굴을 자세히 보라. 친절하고 고요한 불꽃이 깃든 그 눈, 또는 분노의 사나운 화염이 미쳐날뛰는 그 눈을 보라. 너의 그처럼 조용하던 마음이 곧 같은 종류의 불로 저절로 타올라, 너희는 서로 불길을 내뿜고 호응하여 마침내는 하나의(포옹하는 사랑의, 또는 목숨을 걸고 싸우는 미움의) 무한한 불바다가 되는 것을 느끼라. 그 다음에 말하라, 어떤 기적 같은 힘이 사람에게서 사람에게로 전달되는가를! 우리 속세 생활의 두꺼운 외피를 쓰고 있을 때에도 그러니, 우리가 말하는 신성한 생활에서, 이를테면 마음 깊은 곳의 '자아'가 마음 깊은 곳의 '자아'와 접촉할 때는 얼마나 그러하랴!

그러므로 나는 교회복은 사회가 처음으로 실을 뽑고 감을 짜서 만든 것이라고 말하였다. 외면적 종교는 사회로 인하여 생기고, 사회는 종교로 인하여 가능해진다. 아니, 과거 및 현재의 상상할 수 있는 모든 사회는 마땅하게 또 전적으로 교회라고 할 수 있다. 그리고 교회는 다음 세 가지 상태의 어느 하나에 반드시 속한다. 그 세 가지 종류란 분명하게 설교하고 예언하는 교회, 이것이 가장 좋은 것이다. 다음은 설교하고 예언하려고 애를 쓰지만 성령강림의 때가 오기 전에는 아직 할 수 없는 교회, 그리고 셋째로 가장 나쁜 종류는, 늙어서 벙어리가 되었거나 해체하기 직전의 헛소리를 중얼거리는 교회이다. 여기서 교회라는 말이 목사관이나 교회 건물을 의미하고, 설교와 예언이 다만 연설이나 찬송 따위를 의미한다고 상상하는 사람은 '그저 가벼운 마음으로(Getrosten Muthes) 읽어나가라'라고 신탁이라도 전하는 듯이 교수는 말한다.

그러나 교회 자체와 교회복이라고 특별히 인정받은 교회복에 대해서, 나는 서슴지 않고 말한다. 그런 의복과 신성한 조직이 없이는 사회가 존재하지 않았으며 앞으로도 존재하지 않을 것이라고. 만일 정부가 말하자면 국가의 '외피'이고 전체를 결속하고 보호하는 것이며, 모든 직업조합과 육체적·정신적 직업 단체가 사회를 세우고 움직이게 하는 (그런 외피 밑에 있는) 근육과 뼈에 해당하는 조직이라면—종교는 그 전체에 생명과 따뜻한 혈액의 순환을 다스리는 가장 깊은 곳의 심장과 신경 조직이다. 만약 이런 심장 조직이 없다면 (산업이라는) 뼈와 근육은 활동을 못하게 되거나, 다만 경련 같은 일시적 활동을 하는 정도에 지나지 않게 된다. 외피는 쭈글쭈글하게 말라붙거나 급속히 썩어가게 되고, 사회 자체도 죽은 시체가 될 것이다—매장해 버리는 것이 마땅하다. 사람들은 이제는 사회적이 아니라 군집적(群集

교황의 법복

的)으로 될 것이다. 그런데 이 상태도 오래 지속되지 못하고, 차츰 번져서 전면적인 이기적 불화, 증오, 야만적 고립, 분산을 초래할 것이다. 그리고 계속해서 말하자면, 그로 인해 사회의 죽은 재와 유골까지도 허공을 날아 소멸될 것이다. 문명인 또는 이성인(理性人)에게도 교회복은 이러한 것이어서 이처럼 모든 면에서 중요하고 모든 것을 유지해준다.

그런데 세계가 우리 시대에 이르자 이러한 교회복은 처참할 정도로 닳아서 해어졌다. 아니 더 심한 상태에 있다. 많은 교회복은 빈 껍데기나 가면이 되었고, 그 속에는 산 사람도 정신도 이제는 들어 있지 않다. 다만 거미들과 더러운 벌레들이 무섭게 덩어리져서 저 할 일들을 하고 있다. 그리고 가면은 변함없이 그 유리 눈알을 번득이며 사람을 노려보고 있다, 소름끼치게도 생명이 있는 듯이 가장하고. 종교가 그 교회복에서 완전히 빠져나와 사람의 눈에 띄지 않는 어느 구석진 곳에서 그것을 입고 다시 나타나서 우리의 아들과 손자들을 축복하기 위한 새로운 의복을 짜기 시작한 지 이제 4, 50년이 되는데 말이다. 성직자, 즉 신(神)의 뜻을 해석하는 자는 모든 사람 중 가장 고상하고 높은 자이지만 가짜 성직자는 가장 거짓되고 비열한 자이다. 그의 법의는 비록 교황의 삼중관이라 할지라도, 언젠가는 찢어서 인류의 상처를 싸맬 붕대로 쓰거나, 태워서 부싯깃으로 만들어 일반 과학 목적이나 취사에 써야 한다.

이 모든 것은 여기서 다룰 것이 아니니, 나의 제2작 《사회의 부활과 신생》에서 논하도록 하겠다. 이 책은 정신적 조직 즉 의복의 소모·파괴·재생을 실제적으로 다루고 있으므로 사실, 이 《의상철학》에 관한 노작의 선험적 또는 종국적 부분을 이루는 것이며, 이미 간행 상태에 있다."

그리고 여기서 이 이상의 기술·주석·논평도 추가하지 않고 토이펠스드레크는 교회복에 관한 이 이상한 장(章)을 마친다. 따라서 편집자도 여기서 마칠 수밖에 없다.

3장 상징

여기서 우리 교수의 상징에 관한 사색을 좀 삽입한다면, 앞서 설명한 모호한 말의 의미를 밝히는데 도움이 될 것 같다. 그가 말한 전체를 논하는 것은 도저히 우리로서는 가능한 일이 아니다. "상상은 가장 신성한 기관이다"라든가 "사람은 외관상 참으로 조그만 가시(可視) 세계를 바탕으로 삼지만, 실은 상상력으로 인해서 불가시 세계의 무한한 심연에까지 뿌리내리고 있으므로, 인간의 생활은 엄밀히 말하면 이 불가시한 세계의 구현에 지나지 않는다"라고 한 부분은 특히 신비적이고 이해하기 어렵다. 우리는 문제의 이런 선험적인 면은 피하고, (서류 주머니나 활자화된 책에서라도) 논리적이고 실제적으로 보이는 약간의 부분을 주워서 검토하고, 잘 정리하여 가능한 데까지 체계를 세워보기로 하자. 서론으로서 그리 분별력이 떨어지는 것 같지는 않은 다음 구절을 인용한다.

"감추는 것이 유익함을" 우리의 교수는 외친다. "누가 새삼스레 말하며 노래할 수 있으랴? 침묵과 비밀! (이 시대가 제단을 세우는 시대라면) 세상이 다 경배하도록 그들을 모신 제단들을 세워야 마땅할 것이다. 침묵은 위대한 사물이 그 안에서 생성되어, 마침내 완전한 형상을 갖추고 인생의 광명

속으로 나와 그것을 지배하게 하는 토양이다. 침묵의 왕 윌리엄^(1533~1584년, 오렌지 공 윌리엄 1세) 뿐만 아니라 내가 아는 모든 위대한 사람들, 그들 중에서 가장 비외교적이고 비정략적인 사람들도 그들이 지어내고 계획하고 있는 일에 관해 지껄이기를 삼갔다. 그대와 같은 보잘것없는 인간이 곤란에 빠졌을 때도 '하루만 혀를 잡아매고 있어 보아라.' 다음날 그대의 목적과 의무가 얼마나 더 분명하게 다가오는가! 시끄러운 소리들을 막아버린 동안 마음속의 말 없는 일꾼들이 얼마나 많은 쓰레기를 쓸어내었느냐! 저 프랑스 인^(볼테르 어록 14)이 규정한 것처럼 말은 사상을 감추는 재주가 아니라 사상을 아주 질식시키고 중절시키는 재주이며, 따라서 감출 것이 아무것도 없게 만든다. 말은 위대하다. 그러나 가장 위대하지는 않다. 스위스의 비명(碑銘)에 있듯이 Sprechen ist silbern, Schweigen ist golden (말은 은이고 침묵은 금이다). 나는 오히려 '말은 시간에 속하고 침묵은 영원에 속한다'고 말하고 싶다.

꿀벌은 어둠 속에서만 일하고, 사상은 침묵 속에서만 일한다. 그리고 미덕은 비밀 속에서만 그 결실을 거둔다. '오른손이 하는 것을 왼손이 모르게 하라!'^(마태복음 6장 3절) 그리고 자기 자신의 마음에게 '모든 사람에게 알려진 비밀'일지라도 알려서는 안 된다. 부끄러움은 모든 미덕, 모든 좋은 태도와 좋은 성품의 바탕이 아닌가? 다른 식물과 한가지로 미덕은 그 뿌리가 태양의 눈을 피해 파묻혀 있지 않으면 자라지 않는다. 태양이 그 위에 비치면 아니 그대 자신이 몰래 그것을 보기만 해도 그 뿌리는 시들고 꽃은 피지 않는다. 아, 벗이여. 예를 들면 신혼집을 장식하고, 인생을 천국의 향기와 색채로 둘러싸는 저 아름다운 덩어리진 꽃들을 볼 때, 그것의 뿌리를 잡아 뽑고 만족스럽게 낄낄거리며, 그 꽃을 배양한 거름을 우리에게 보이는 더러운 도둑놈이 있다면, 어떤 손이 그놈을 때리지 않겠는가? 사람들은 인쇄기와 신문을 자랑한다. 그러나 아! 의복이나 재봉사의 다리미에 비교하면 그것이 다 무엇이냐?

감추는 것이 이처럼 헤아릴 수 없는 영향과 비슷하고, 보다 더 위대한 사물과 연결되어 있는 것은 '상징'의 경탄스러운 작용이다. 상징에는 감춤과 계시가 들어 있다. 그러므로 침묵과 말이 함께 작용하여 이중의 의의를 가져온다. 그리고 말 자체가 고상하고 침묵도 적절하고 고귀하면, 그 둘의 결합은 얼마나 표현적이랴! 그러므로 많은 채색된 문장이나 단순한 봉인기호에서 가장 보편적인 진리가 전혀 새로운 힘을 가지고 외치며 우리 앞에 살아난다.

왜냐하면 신비적 경탄의 세계를 가진 상상이 감각의 작은 산문적 영역으로 들어와 그것과 합쳐지기 때문이다. 본래의 상징, 우리가 진정 상징이라고 일컫는 것에는 어느 정도 분명하고 직접적으로 무한한 어떤 구체화와 계시가 있다. 무한이 유한과 융합하여 눈에 보임으로써 파악할 수 있게 된다. 그러므로 인간은 상징에 의하여 인도되고, 지배되고, 행복해지고, 불행해진다. 사람은 어디서나 자신이 상징—상징으로 인식된 것이든 그렇지 않든—에 의하여 둘러싸여 있음을 본다. 우주는 신(神)의 거대한 상징에 지나지 않는다. 생각하면 사람도 신의 하나의 상징이며 그가 하는 모든 것은 상징적인 것이 아닌가. 그가 지닌 신이 주신 신비한 힘이 감각으로 계시된 것이 아닌가? '자연의 메시아'인 인간이 행동과 언어로 설교할 수 있고, 설파하는 '자유의 복음'이 아니고 무엇인가? 사람이 짓는 오두막 하나도 사상을 눈에 보이도록 구현한 것에 지나지 않으며, 불가시한 것을 눈에 보이도록 기록한 것에 불과하고, 또 선험적 의미에서 현실적인 동시에 상징적이 아닌 것이 없다."

"사람이란" 교수는 다른 곳에서 앞서 전개해 놓은 허공을 내달리는 서술—너무나 높이 날아 사라져버리려는 순간 우리가 붙잡은 것이지만—과는 정반대의 대조되는 말로 이야기한다. "사람이란 날 때부터 어느 정도 부엉이 같다. 그리고 사람이 일찍이 가졌던 모든 부엉이다운 성질 가운데 가장 부엉이 같은 것은, 세상에 실제로 있는 동기분쇄자(행동의 모든 동기를 분석하여 고통과 쾌락이라고 보는 공리주의 철학자)라는 것이다. 사람은 지금까지 환상적 유희를 희롱해 왔다. 자기를 세상의 거의 모든 것, 심지어 살아 있는 유리 더미(버튼의 《우울증 해부》 제1부 1장. 옛날 프랑스에 자기 몸은 유리 같다고 상상하고 다른 사람이 일찐도 못하게 한 자가 있었다고 한다)라고 상상한 적도 있다. 그러나 자기를 고통과 쾌락을 얹고 재는 생명이 없는 쇠저울이라고 상상하는 것은 이 말세에 처음 나타난 일이다. 사람은 여기 서 있다. 우주는 하나의 큰 구유이며, 그 속에는 먹을 수 있는 풀과 먹지 못할 엉겅퀴가 가득 차 있으므로, 둘의 무게를 서로 겨루어 보아야 한다고 상상하며. 그리고 그는 귀가 긴 당나귀와 매우 닮아 보인다. 아, 가련한 것들! 유령이 나타나 그를 괴롭힌다. 어떤 시대에는 마녀에게 걸려 정신을 잃고, 다음 시대에는 중놈에게 걸려 바보가 되고, 모든 시대마다 악마에게 시달렸다. 그리고 이제는 기계주의라는 귀신이 어떤 악몽보다 더 심하게 목을 졸라매고 있으니, 영혼은 숨이 막혀 거의 다 빠져나가고 남은 것은 소화적·기계적 생명뿐이다. 땅에도 하늘에도 기계주의밖에 보이지 않고, 다른 아무것도 무섭지 않고 다른 아무것에도 희망을 가지지 않는다. 세상은 정말 그를 갈아부술 것이다. 그런데 사람이 동기 이론을 철저히 연구하고 교묘하게 계산하여 다른 방향으로 나아가게 할 수는 없는가?

앞에서 말한 것처럼 사람이 마술에 눈이 먼 것이 아니라면, 눈을 뜨고 보라고 말하기만 하면 그만이다. 어떤 나라, 어느 시대이든 인간의 역사 또는 개인의 역사가 계산되거나 계산할 수 있는 '동기'에 따라 진행된 일이 있었는가? 그리스도교·기사도·종교개혁이나 마르세유 노래나 공포시대(프랑스혁명 말기 로베스피에르의 학 정시대. 1793년 5월~1794년 7월)를 어떻게 해석하는가? 아니, 그 동기분쇄자 자신도 한때는 연애를 한 경험이 있지 않을까? 그는 선거전에 나서본 일조차 없단 말인가? 이런 사람에게는 시간이 약이다. 자연히 치유되기를 기다리는 수밖에 없다."

"그렇다, 벗이여." 교수는 다른 데서 말한다. "우리의 논리적·계산적 능력이 아니라 우리의 상상력이 바로 우리의 왕이다. 우리를 천국으로 이끄는 성직자·예언자이자, 우리를 지옥 쪽으로 끌어가는 마술사·마녀이기도 하다. 아무리 저열한 감각주의자에게도 감각은 단지 상상의 도구이며, 마실 때에 쓰는 그릇이 아니냐? 아무리 멋없는 생활 가운데에도 항상 천재나 또는 광인(어느 것을 선택하느냐 하는 것은 반은 본인에게 달렸다)의 광채가 있으며, 그것은 그를 크게 둘러싸고 있는 영원으로부터 비쳐 들어와 자체 색광으로 시간이라는 우리의 작은 섬을 물들인다. 이해력은 과연 사람의 창문이며, 아무리 닦아도 지나치는 법이 없다. 그러나 상상은 사람의 눈이며, 색채감각을 주는 망막이다. 건강할 수도 있고 병들어 있을 수도 있다. 군기(軍旗)라고 부르는 번득이는 헝겊 조각 하나 때문에 500명의 산 군인이 칼을 맞아 까마귀밥이 된 예를 나는 알고 있지 않는가? 어떤 시장가격으로 팔더라도 3그로센도 받지 못할 물건이었다. 헝가리의 온 국민이 요제프 황제가 쇠붙이로 만든 왕관을 주머니에 넣었다고(요제프 2세. 1741~1790. 대관식을 올리러 헝가리로 갔으나, 헌법을 준수하겠다는 선서를 피하기 위해 식을 올리지 않고 왕관만 가지고 비엔나로 돌아왔다. 이것이 1789년의 반란사건의 원인의 하나가 되었다) 달의 영향을 받아 뒤집힌 대서양처럼 봉기하지 않았던가. 물론 그 왕관은, 누군가가 현명하게 말했듯이, 크기에서나 상업적 가치에서나 말의 편자와 큰 차이가 없었다. 사람이 의식·무의식 중에 살고 일하는 것은 모두 '상징' 안에서 일어나는 것이며 '상징'을 통하여 이루어지는 것이다. 가장 고상한 시대는 상징의 가치를 가장 잘 인식하고 가장 높이 평가하는 시대이다. 왜냐하면, 상징이란 그것을 분간하는 눈을 가진 사람에게는 언제나 신적인 것의 계시이기 때문이다. 경우에 따라 더 희미하거나 더 밝을 수는 있다.

그런데 상징에 관해서 더 말하고 싶은 것은, 상징은 부수적 가치와 본질적 가치를 모두 가지고 있지만, 대부분은 부수적 가치만을 가지고 있다는 점이다. 예를 들면 농민전쟁 _(Bauernkrieg, 1524~1525년 독일 남부지방의 농민들이 왕후들의 압제에 반항하여 싸운 참담한 전쟁) 때에 농부들이 자기들의 군기로서 높이 들었던 누더기 신발에 어떠한 가치가 있는가? 또는 네덜란드에서 Gueux(거지떼)가 거지떼라는 그 이름을 자랑으로 삼으며, 필립왕에 반항하여 영웅적으로 단결해서 이겼을 때 그 집단의 상징이 된 자루와 지팡이에 무슨 가치가 있겠는가? 이런 물건들은 본질적 의미는 전혀 가지고 있지 않았다. 정도의 차이는 있으나 신성하게 단결된 군중의 우연적 기치라는 부수적 의미뿐이다 _(로망 롤랑에 의하면 프랑스혁명 때에도 군중에게 어떤 여자가 장난으로 따 던진 나뭇잎이 혁명의 기치가 되었다). 그런데 위에서 말한 바와 같이 그러한 단결 자체에는 항상 신비적인 것, 신성을 띤 것이 있다. 이런 종류의 상징으로는 어리석기 짝이 없는 여러 가문의 문장, 모든 곳의 군기, 그리고 일반적으로 모든 국민적 종파적 의복·풍속 등이 있다. 이것들은 본질적·필연적 신성함이나 가치조차도 없고 다만 부수적인 가치만을 얻었다. 그러나 이 모든 것을 통하여 신성한 관념이 희미하게 광채를 발산한다. 예를 들어 군기가 의무의 신성관념, 영웅적 용기의 신성관념, 때로는 자유와 권리의 신성한 관념을 발산하듯이. 아니, 사람들이 일찍이 그 아래 모이고 품었던 가장 고귀한 상징 십자가도 우연적·부수적 의미밖에는 갖지 않았다.

그러나 상징이 본질적 의미를 가지고 있어, 사람들이 그것을 중심으로 결합하기에 적절한 경우에는 일이 전혀 달라진다. 적어도 신성한 것이 감각으로 나타나고 영원이 시간의 모습을 통하여 조금이나마 보이게 하라! 그러면 사람들이 그곳에 모이고, 그 상징 앞에서 함께 경배하며 날마다 시대마다 그것을 더욱 신성하게 만들어 간다.

나중에 말한 종류에는 모든 종류의 진정한 예술품이 있다. 그런 예술품에서 (예술품과 멋부리기만 한 것을 구별할 수 있는 사람이라면) 시간을 통하여 내다보는 영원, 눈에 보이는 신성을 인식할 것이다. 여기서도 많은 부수적 가치가 첨가되는 수가 있다. 그래서 《일리아드》와 같은 것은 3000년이 지나는 사이에 전혀 새로운 의의를 가지게 되었다. 그러나 이런 것 중 가장 고상한 것은 영웅적인, 신(神)의 계시를 받은 사람들의 생애이다. 다른 어떤 예술품이 그보다 신성하랴? 예술품의 최종 완성으로서의 죽음 속에서도, 또한 정의로운 사람의 죽음 속에서도 상징적 의미를 볼 수 있지 않은가? 그 신성하게 변한 잠, 이제는 모르는 존재가 된 그리운 고인의 얼굴에 깃든 승리의 그것과도 같은 거룩한, 더 이상 이 세상의 것이 아닌 그 잠 속에서(눈물이 앞을 가리더라도 만약 가능하다면) 시간과 영원의 합류와 영원의 광채를 읽으라.

모든 상징 가운데 가장 고귀한 것은, 예술인 또는 시인이 예언자의 지위로 높여져 모든 사람이 현전하는 신(神)을 알아보고 숭배할 수 있게 하는 상징, 즉 종교적 상징이다. 이런 종교적 상징, 이른바 우리의 종교에는 여러 가지가 있었다. 사람들이 이러저러한 문화 정도에 서서 신성한 것을 체현하는 방법의 교묘하고 졸렬한 정도에 따라, 일시적이기는 하나 본질적 가치를 가진 상징도 있었지만, 대부분은 다만 부수적 가치를 가질 뿐이었다. 이 일에서 사람이 도달하였던 가장 높은 곳을 묻는다면, 우리의 가장 신성한 상징, 나사렛 예수와 그의 생애, 전기와 그리고 그 뒤에 일어난 것을 보라. 인류의 사상이 이보다 높이 다다른 일은 없다. 이것이 그리스도교와 그리스도의 세계이다. 영원·무한한 성격을 가진 상징이며, 그 의미는 언제나 새로이 탐구하고 새로이 표현할 필요가 있다.

그러나 전반적으로 시간은 상징의 신성함을 크게 더하지만, 또한 시간이 진전함에 따라 종국에는 상징을 더럽히고 모독까지 한다. 그리고 상징도 지상의 모든 의복처럼 낡은 것이 되어버린다. 호머의 서사시는 아직도 진실성을 잃지 않고 있다. 그러나 그것은 이미 현대를 사는 우리들의 서사시가 아니다. 멀어져가는 별처럼 비록 빛을 더해갈지라도 점점 작아져서 아득히 먼 저쪽에서 빛날 뿐이다. 그것이 한때 태양이었다는 것을 알려면 과학적인 망원경이 있어야 하고, 다시 해석하여 인위적으로 우리에게 가까이 가져와야 한다. 마찬가지로 고대 북유럽 지방의 토르 신과 그 신화는 아련히 먼 세계로 물러나고, 아프리카의 멈보점보(전설적 수호신)나 인디언의 파우아우(아메리카 인디언의 의사 또는 귀신쫓는 사람, 또는 그들의 비밀의식)도 완전히 사라지는 날이 온다. 모든, 심지어 하늘의 별과 공중의 별똥별도 시작·절정·쇠퇴가 있기 때문이다.

왕의 홀이 도금한 나무 조각에 지나지 않는다든가, 피크스(성찬을 넣는 그릇)는 지극히 졸렬한 상자가 되고, 정말로 기수(旗手) 피스톨(셰익스피어 작 「헨리 5세」 3막 6장)의 말처럼 '거의 가치가 없는' 것이 된 정도는 사소한 일이다. 그보다는 가령 나무로 만든 이런 기물에 그것들이 한때 가지고 있던 신성한 미덕을 다시 불어넣을 수 있다면 그는 진정한 마술사일 것이다.

'그러나 이것만은 확신하라. 만일 영원을 위해 무엇을 심으려거든 인간의 깊고 무한한 바탕, 즉 상상과 심정에 심어라. 만일 하루, 또는 한 해를 위해 심으려거든 인간의 얕은 피상적인 능력, 즉 이기심과 타산적 이해력 속에 생장할 듯한 것을 심으라. 그러므로 우리는 시인이며 계시를 받은 창조자인 인간을 세계의 대성직자이며 교황이라고 부르련다. 그는 프로메테우스처럼 새로운 상징을 지어내고, 하늘에서 새로운 불을 가져다가 세상에 줄 수 있는 사람이다. 이런 사람이 항상 없지는 않을 것이다. 어쩌면 지금도 있을지도 모른다. 여하튼 대체로 말해서 어떤 상징이 낡아졌을 때, 그것이 낡았음을 알고 고요히 제거하는 사람을 우리는 입법자요 현자라고 본다."

"지난번 영국왕 대관식(조지 4세의 대관식)이 준비 중에 있을 때" 이 경탄스러운 교수는 결론적으로 말한다. "'영국의 전사(戰士)' 즉 새로운 왕을 위해 온 세계와 싸워야 할 이 사람이 '부축을 받지 않고 말을 탈 만큼'까지 되었다는 신문기사를 읽고 나는 혼자 말하였다. 여기에도 낡아빠진 상징이 있다고. 아, 인간이 어디로 움직이건 (이 누더기시장 같은 세상에서는) 낡아빠진 상징이라는 누더기들이 곳곳에 걸려 그의 눈을 싸매고, 목을 졸라매고, 속박하지 않는가? 아니, 뿌리쳐 버리지 않으면 쌓여서 질식시키려고 달려들지 않겠는가?"

4장 노예생활

여기서 우리는 궁중고문관 호이슈레케의 〈인구제한연구소〉라는 표제의 소논문을 간단히 소개하고자 한다. 아니 그것으로 돌아가고자 한다. 이 논문은 불명예스럽게도 (때로 찢어지고 설사약 냄새가 나는 상태로) 자루 속에 아무렇게나 쑤셔 넣어져 있었다. 대수롭지 않은 그 논문 자체를 위해서가 아니라, 토이펠스드레크의 필적이 분명한, 난외에 잔뜩 기입된 주석 때문에 소개한다. 그 중 일부를 여기 싣는 것은 마땅한 일일 것 같다.

호이슈레케의 연구소와 그 이상한 계획, 통신위원회 등 기구에 대해서는 전혀 살펴보지 않기로 한다. 그는 맬서스의 제자이며 그 학설에 너무 열성적인 나머지 그야말로 열성에 잡혀먹힌 사람이라고만 이해해도 충분할 것이다. 인구증가에 대한 심한 공포, 고착관념 비슷한 비교적 가벼운 광증 같은 것에 그는 사로잡혀 있다. 그의 지적 세계의 이 방향에는 광명이 전혀 보이지 않고 굶주림의 무서운 그림자가 있을 뿐이다. 차츰 더 크게 벌어지는 입들, 인구가 너무나 많은 나머지 굶고 미친 온 세상이 서로 잡아먹으며 아우성치는 종말밖에 없다. 어진 사람에게는 정말 숨이 막혀 죽을 듯한 이 상태에서 숨이나 좀 쉬어 보려고 궁중고문관은 최선의 방법으로서 이 연구소를 설립하거나 설립하려고 계획한다. 그러나 우리의 관심사는 오직 그것에 관한 우리 교수의 주석뿐이다.

그러면 첫째로, 토이펠스드레크는 사상적 과격주의자로서, 인간의 존엄성에 대해서는 독자적인 의견을 가지고 있다는 것, 또 체다름 가의 궁전과 환대도 푸테랄의 오막살이를 잊게 하지는 않았다는 것을 주목하자. 호이슈레케의 소책자의 표지 공백에는 다음의 글이 희미하게 씌어 있다.

"나는 두 부류의 사람을 존경하고, 그 이외의 사람들은 존경하지 않는다. 첫째 사람은 땅에서 만들어진 기구를 가지고 힘써 일하여 땅을 정복하고 인간의 것으로 만드는 일에 지친 일꾼. 나는 존경한다. 굳고, 구부러지고, 거칠어진 손을. 그런 손에는 이 지구의 주인임을 상징하는 홀처럼 영원한 왕자다운 영묘한 미덕이 있다. 나는 또한 모든 풍상을 겪어 검어지고 더러워지고 조야한 지혜를 보여주는 거친 얼굴을 존경한다. 그것은 사람답게 사는 '사람'의 얼굴이기 때문이다. 아, 그렇게 거칠기 때문에 사랑하며, 또한 불쌍히 여기기 때문에 더욱 존경하게 된다. 학대받은 형제여! 그대의 허리는 우리를 위해 굽고, 그대의 곧은 팔다리와 손가락은 우리를 위해 모양마저 달라졌다. 그대는 제비를 뽑은 우리의 군병이다. 우리 대신 싸우다가 그처럼 상처를 입은 것이다. 그대에게도 신(神)이 지어주신 아름다운 형상이 있었으나, 그것은 피어나지 못하고 노동의 기름때와 불명예라는 두꺼운 껍질을 뒤집어쓴 채 있지 않으면 안 되었다. 그대의 몸은 그대의 영혼처럼 자유를 알지 못했다. 그러나 그대는 계속해서 일하라. 누가 의무를 다하지 않더라도 그대만은 자기 의무를 벗어던지지 않는다. 그대는 결코 없어서는 안 되는 것을 위해, 즉 일용할 양식을 위해 일하고 있다.

내가 존경하는, 더욱 존경해 마지않는, 다음 사람은 정신적으로 결코 없어서는 안 되는 것을 위해, 일용할 양식이 아니라 영생의 양식을 위해 일하는 사람이다. 그도 또한 의무를 다하고 있지 않은가? 내적 조화를 찾아 힘을 다하며, 고상하거나 저속한 모든 그의 외적 노력을 통하여 행동 또는 말로 그것을 드러내고 있는 사람이다. 그리고 가장 고상한 사람은 그의 외적·내적 노력이 일치하는 경우이다. 우리가 예술가라 부르는 사람, 비단 지상의 기술자가 아니라 하늘에서 만들어진 기구를 가지고 우리를 위해 하늘나라를 정복하여 주는 계시받은 사상가가 되어 있을 때이다! 만일 가난하고 천한 저들이 우리의 양식을 위해 일한다면, 고귀하고 영광스러운 이들은 가난한 사람들이 빛과 인도와 자유와 영생을 가지도록 일해야 되는 것이 아닌가? 이 두 종류의 사람을 모두 그 정도에 따라 나는 존경한다. 나머지 모든 사람은 겨와 먼지와 다름없으니, 바람이 부는 대로 날아가버리면 그만이다.

그러나 말할 수 없이 감동적인 것은 이 두 위엄이 화합한 경우, 즉 인간의 가장 천한 욕구를 위해 외적으로 일해야 하는 사람이 가장 고상한 것을 위해 내적으로 일하고 있을 때이다. 이 세상에서 농사꾼 성자보다 더 숭고한 것을 나는 모른다. 그런 이를 이 시대에도 만날 수 있다면. 이런 이는 사람들을 나사렛으로 다시 데려가 하늘나라의 영광이 땅의 가장 천하고 깊은 곳에서 솟아올라, 큰 암흑을 비추는 광명(요한복음 1장 5절)처럼 빛남을 보여줄 것이다."

또 이런 말도 있다. "가난한 사람을 위해 내가 슬퍼하는 것은 그의 힘든 일 때문이 아니다. 우리는 모두 일을 하든가, 아니면 도둑질을 해야 한다(도둑질을 무엇이라고 부르든지). 그러나 이것은 보다 나쁜 일이다. 성실한 일꾼은 그의 일을 오락이라고 여기지 않는다. 가난한 사람은 배고프고 목마르다. 그러나 그에게도 먹을 것, 마실 것이 있다. 그는 무거운 짐을 진 채 지쳐 있다(마태복음 11장 28절). 그러나 그를 위하여서도 하늘은 잠을, 가장 깊은 잠을 보낸다. 그의 매캐한 오막살이 안에서도 맑고 이슬맺힌 휴식의 밤과 구름 자락을 가진 꿈의 아련한 광채가 그를 감싼다. 그러나 내가 참으로 슬퍼하는 것은 그의 영혼의 등불이 꺼지고, 하늘과 심지어 땅의 지식의 빛도 그를 찾지 않으며, 다만 음산한 암흑 속에 공포와 울분이 마치 유령처럼 그의 동무가 되어 있는 일이다. 아, 몸은 그처럼 튼튼하고 강건한데, 영혼은 장님이 되고, 이지러지고, 바보가 되고, 거의 다 죽어 있다! 아, 이것도 하느님의 숨결(창세기 2장 7절)이며 하늘에서 받았으나 땅에서는 오래 피어나지 못한다. 지식을 받아들일 능력을 가진 '사람'이 한 사람이라도 무지한 채로 죽는 것, 가령 그것이 어떤 계산에 의하면 1분에 스무 번이나 생기는 일이라고 하더라도, 이것이야말로 비극이다. 우리 온 인류가 합심해서 불가지(不可知)의 우주에서 지금까지 얻은 빈약한 지식, 왜 이것조차도 힘써 모든 사람과 나누지 않는가?"

다음 문장은 전혀 반대방향으로 나간다. "옛날 스파르타 인은 더 현명한 방법을 가졌었다. 즉 노예의 수효가 너무 많을 때는 사냥하여 창과 꼬챙이로 찔러죽였다. 궁중고문관이여, 무기와 상비군이 발명된 오늘날, 우리의 개량된 사냥 방법을 이용하면, 그러한 사냥은 얼마나 쉬우랴! 아마 인구밀도가 높은 나라라도 1년에 사흘이면 그 해에 불어난 모든 신체 강건한 빈민들을 사냥하기에 충분할 것이다. 정부는 이 일을 궁리해 보라. 비용은 문제되지 않을 것이다. 아니, 그 시체만으로도 경비는 나올 것이다. 그것은 소금에 절여서 통에 넣어라. 그것만 가지면 육해군은 아닐지라도 빈민수용소와 그 밖의 쇠약한 거지들을 풍족하게 먹여 행패 부릴 염려가 없이 살려두고, 개화된 자선가 행세를 할 수 있을 것 아닌가?"

"그러나" 그는 계속해 써 나간다. "여기 무슨 잘못이 있는 듯하다. 다 자란 말은 어느 시장에서나, 20프리드리히에서 최고 200프리드리히는 받을 수 있다. 그것이 세상에서의 말의 가치이다. 다 자란 사람은 세상에 대해 전혀 가치가 없을 뿐만 아니라, 고맙게도 나가서 목을 매고 죽어준다면, 세상은 그에게 두둑한 사례금을 내 줄 뜻이 있다. 그런데 다만 기계라고 보더라도 둘 중 어느 것이 더 교묘하게 생긴 물건이냐? 두 발로 서 있고, 손목 뼈에 달린 다섯 손가락이 있는 두 손과 어깨 위에는 기적도 행할 수 있는 두뇌를 가진 하얀 유럽 사람은 분명 50필 또는 100필의 말의 가치가 있다!"

교수는 다른 곳에서 외친다. "그렇다, 친애하는 궁중고문관이여. 정말 너무도 사람이 많다! 그러나 인간은 이 땅과 물로 이루어진 크지 않은 지구의 얼마만한 부분을 실제로 갈고 파서 더 이상 생산할 수 없을 정도로 사용해 왔는가? 아메리카의 팜파스나 사반나의 인구밀도는 얼마나 되는가? 고대 카르타고 부근이나 아프리카 내부에서는, 알타이 산맥의 양쪽 사면이나 아시아의 중앙고원에서는, 또 스페인·그리스·터키·크리마아·킬데어의 카라 ^(아일랜드 북부에 있는 평야)에서는 어떤가? 내가 아는 바에 의하면, 한 사람에게 땅을 빌려주면 1년에 자기 자신과 다른 사람 아홉을 먹여 살린다. 아, 점점 빛나고 점점 팽창하는 유럽의 헹기스트 형제(449년 영국에 침입하여 켄트 왕국을 건설한 주우트족의 수령)와 알라리크(410년에 로마를 공락한 골족의 왕)는 이제 어디 있느냐? 자기들의 본국이 너무 좁아지자 불굴의 생활력이 넘치는 과잉인구 무리를 규합하여, 전쟁에 쓰던 도끼나 수레가 아니라 증기기관과 가래로 장비를 갖추고, 앞장서서 불기둥처럼 이끌어나갈 그들은 지금 어디 있는가? —사유지의 꿩이나 지키고 있다니!"

5장 불사조

이 색다른 4장을 종합하고, 그의 글 속에 흩어져 있는 많은 암시와 직접적인 말들을 참작하면 우리는 다음과 같은 놀라운, 그러나 전혀 기대하지 않았던 것도 아닌 결론에 도달한다. 즉 토이펠스드레크는 진정한 의미에서의 사회는 이제는 죽어 없어진 것이나 다름 없고, 다만 군집적 감정과 오랜 세습적 습성만이 남아서 이 위기의 시대에 우리를 분산과 전면적인 국제적·국내적·가정적·개인적인 전쟁으로부터 막아주고 있다고 믿는 사람들 중 하나라는 것이다. 토이펠스드레크는 분명히 말한다. "지난 3세기 동안, 특히 지나간 7, 80년 동안, 사회의 생명과 본질 속에 들어 있는 종교라는 심장신경 조직은 필요 또는 불필요하게 타격을 받아 구멍이 뚫리고 마침내 갈기갈기 찢어졌다. 당뇨병과 호흡기질환으로 오랫동안 여윈 사회는 죽었다고 생각해도 좋다. 왜냐하면 발작적으로 버둥거리는 이것은 결코 살아 있는 상태가 아니며, 이 상태마저 이틀을 넘기지 못한다."

토이펠스드레크는 다시 외친다. "사회관념은 물론 공동의 집이라는 생각조차 없어지고 다만 공동의 비좁은 하숙방에 지나지 않는 장소를 사회라고 부르는가? 사람들은 저마다 고립하여 옆 사람을 무시하고, 아니, 옆사람에게 달려들며 닥치는 대로 움켜잡고 '내것'이라고 외치며 서로 지갑을 훔치고 살인하는 이 싸움에서, 쇠로 만든 칼이 아니라 그것과는 비교도 안 될 만큼 더 음험한 칼을 쓰고 있다는 이유로 이것을 평화라고 부르는 장소를? 우정이니 마음이 서로 통한다느니 하는 것은 믿지 못할 전설이 되고, 연기가 가득 찬 식당에서 먹는 저녁밥이 가장 신성한 성찬이 되고, 요리사가 복음전도자가 되어 있는 장소를? 성직자가 가진 혀는 접시를 핥는 혀에 지나지 않고, 지도자와 지배자들은 지도할 줄을 모르며, 곳곳에서 우렁차게 '될 대로 되게 내버려두라. 너희들의 지도라는 것으로 우리에게 귀찮게 굴지 말라. 그런 빛은 어둠보다 더 어둡다, 너희들은 네 삯이나 먹고 잠이나 자라'고 소리 지르는 곳을!"

"그러므로" 토이펠스드레크는 계속한다. "예리한 눈은 지극히 슬픈 광경을 곳곳에서 본다. 늙고 병들어 길가에 쓰러진 당나귀처럼 굶주리고 일에 지쳐서 죽어가는 가난한 사람들, 더욱 비참하게도 게으르고 배부르고 살쪄서 죽어가는 부자들. 가장 낮은 사람들의 존경조차 받지 못하고 겨우 술집 심부름꾼들로부터 계산서로 청구되는 입에 발린 존대를 받는 가장 지위가 높다는 사람들. 한때는 신성한 것이었던 상징이 한낱 광대놀음이 되어 펄럭이고 사람들은 그 비용을 부담하는 것에조차 불평을 늘어놓는다. 세계는 분해되어 가고 있다. 한 마디로 말하면, 비대해지고 졸도하여 말을 못하게 된 교회, 비용을 감당 못해 경찰서가 되어버린 나라이다."

우리는 이렇게 물을 수 있을 것이다. 영국이나 다른 곳에 이런 현상을 간파할 만큼 '예리한 눈'을 가진 사람이 많이 있을까. 아니면 이런 경탄스러운 일은 독일 반가세(^{미친 짓}_{의 거리})의 신비적인 높은 곳에서만 보이는 것인가? 토이펠스드레크는 '죽었거나 죽어가는 사회'의 모습은 어디서나 볼 수 있는 것이니, 달리는 자도 읽을 수 있다고 주장한다. 그는 말한다. "예를 들면, 세상 사람이 다 가졌다고 하는 미덕, 오늘날의 거의 유일한 미덕은 무엇이냐? 최근 약 반세기 동안 여러분이 '자립'이라고 부르는 것이다. '복종' 또는 자기보다 높은 자를 존경한다는 혐의는 벌레 같은 인간도 받지 않으려고 기를 쓴다. 어리석은 자들이여! 너보다 높은 자가 지배할 능력이 있고, 네가 복종할 능력이 있는 사람이라면, 그를 존경하는 것이 너희가 가질 수 있는 유일한 자유이다. 모든 종류의 자립은 반역이다. 옳지 못한 반항이면 왜 그것을 자랑하고 곳곳에 그것을 장려하는가?"

그러면 어떻게 되는 것인가? 우리는 루소가 기도한 듯이 자연의 상태로 돌아가고 있는가? 토이펠스드레크는 말한다. "정치 정신이 사라져버린 지금, 정치의 시체가 썩는 것을 막기 위해 잘 매장하는 수밖에 없지 않은가! 많은 자유주의자·경제학자·공리주의자들이 영구를 따라서 소리높이 찬송가를 부르며 화장터로 가는 것이 보인다. 거기서 몇몇은 울고 대부분은 큰 잔치를 벌이는 가운데, 이 늙은 시체는 화장된다. 더 알기 쉽게 말하면 자유주의자니 공리주의자니 하는 이 사람들이 결국 그들의 주장에 따라 현존하는 사회제도의 대부분을 분리시키고 파괴하리라는 것은 이미 얼마 전부터 의심할 수 없는 일이 되어 있다.

공리주의 대군(大軍)의 일부가 외딴섬 영국에까지 상륙한 것을 우리는 보고 있지 않은가? 다른 것들을 흡수하여 자라나는, 살아 있는 핵(核)이 드디어 이상한 상태로 그곳에도 나타났다. 즉 보잘것없는 꽁무니로, 다른 것들보다 너무도 뒤떨어져 있기 때문에 제단에는 앞장을 서서 나가고 있다고 우리 유럽의 기계주의자는 무한한 보급과 활동력과 협동심을 가진 한 종파이다. 공리주의는 과거 50년 동안 유럽의 모든 나라에서, 시간적으로 이르고 늦은 차이는 있으나, 사상계의 높은 자리에서 왕성한 기세를 떨치지 않았던가? 만일 그것이 지금 영국을 제외한 모든 나라 사상가들 사이에서 자라기를 그치고 실제존재조차 사라져서 다만 신문기자들과 대중들 사이에만 숨어들고 있다면—그것이 더이상 제창되지 않는 이유는 이 교리가 곳곳에 다 잘 알려져 있고 열성적으로 마음에 새겨져 있으며, 전면적으로 실천되고 있기 때문임을 누가 모르겠는가? 공리주의는 오늘날과 같은 시대에서는 일종의 거친 공장적(工場的) 이성과 감정 그리고 그것에 상응하는 힘과 추진력을 가진 사람들에게서는 알맞은 마음의 양식이기 때문에 공장과 같은 장소에서 그것을 말하기만 하면 충분한 동조자를 얻는다. 그것은 감탄할 정도로 잘 계획되어 있다. 다만 파괴를 위해서이지 재건을 위해서는 아니다. 그것은 일종의 광견병처럼 퍼져, 세상이라는 개집은 완전히 미쳐버릴 것이다. 그렇게 되면 회초리를 가지고 있든 없든 개주인도 큰일이다. 그들은 이 짐승들에게 너무 늦기 전에 지식과 생명의 물을 주어야 했었다."

그러므로 토이펠스드레크 교수의 말을 믿을 수 있다면 지금 우리는 몹시 중대한 위기에 서 있다. 우리를 벌거숭이로 만들려 드는 무한한 기계주의자 부대와 불신자들의 대군(大軍)에 포위되어 있다. 그는 말한다. "세계는 필연적으로 파멸·황폐의 길을 걷고 있다. 그것은 시간과 때에 따라서 소리 없이 꾸준히 진행되는 부패나 또는 크게 번진 재빠른 불에 의하여 과거의 사회 형태는 매우 효과적으로 없어지고 말 것이다. 현재로서 생각할 수 있는 것은, 사람이 가진 모든 정신적 권리라는 의복이 박탈되면, 이 무수한 박탈된 의복은 대부분 타 없어지고, 그중 비교적 튼튼한 누더기들만을 한데 꿰매서 하나의 큼직한 아일랜드 풍 야경꾼의 외투를 만들어 몸만을 보호하는데 이용되리라는 것이다." 이것은 박식하고 단아한 독자에게는 그다지 기쁜 소식이 아니다.

"그러나" 토이펠스드레크는 외친다. "누가 그것을 막으랴? 누가 운명의 수레바퀴의 살을 붙잡고 시간의 신(神)을 향하여 '반대로 돌아라, 내 명령이다'라고 말할 수 있으랴? 피할 길이 없고 움직일 길이 없다면 운명에 항복하고 그것이 최선이라고 생각하는 것이 현명하다."

그런데 주의 깊은 편집자는 기록되어 있는 것으로부터 자기대로 추리하여, 토이펠스드레크 개인은 이른바 이 '피할 길이 없고 움직일 길이 없는 운명'에 기꺼이 굴복하고, 침착하다고까지는 할 수는 없어도 타고난 악마적·천사적 무관심으로 그 결과를 기다리며 앉아 있다고 생각할 수 있지 않을까? 세계는 '거대한 누더기시장'이며, 곳곳에 '오랜 상징들의 누더기와 넝마들'이 비처럼 쏟아져서 사람을 쓸어가고 질식시킬 지경이라고 그가 불평하는 것을 우리는 듣지 않았던가? '없어지지 않는 종놈들'이란 말과 불평등한 약육강식의 압제와 심한 충돌을 현대사회에서 발견하는 것으로 보아, 그리고 벌레와 거미로 가득 차 있으면서도 유리 눈동자로 사람을 노려보며 '유령이면서도 생명을 가장하는' 저 기분 나쁜 '공허한 가면들'이란 말 등으로 보아―우리는 그가 조용해지기만 한다면 많은 것을 포기하고 철폐하는 것도 어쩔 수 없는 일이라고 생각하고 있다는 결론을 내릴 수 있다. 자기는 '바이쓰니히트보의 절정'에 있으므로 다칠 염려가 없으니 비극적 장엄성을 띤 태도로, 코를 꿰이고, 손을 묶이고, 발을 동여매이고, 상상할 수 있는 온갖 형태의 밧줄로 얽매이고 억제된 공리라는 괴물이 뛰쳐나가 행패를 부리는 것에 동의할지도 모른다―그 큰 발굽에 밟혀 허물어져가는 옛 궁전과 신전들이 모두 유린되고 새롭고 더 좋은 것이 세워질 때까지! 이 점에서 볼 때 다음 구절은 주목할 만하다.

"사회는" 그는 말한다. "죽어 있지 않다. 죽은 사회라고 부르는 그 시체는 사회가 더 고상한 것으로 갈아입으려고 벗어버린 번민의 형체에 불과하다. 사회 자체는 영원한 신생을 통하여 차츰 더 아름답게 발전하고, 시간이 영원과 합쳐질 때까지 살아야 한다. '생명을 가진 사람' 두셋이 모인 곳에는 사회가 있다. 또는 생기게 될 것이다. 교묘한 기구와 놀라운 구조를 가지고 이 작은 지구를 덮어, 위로 천국, 아래로 지옥까지 뻗으면서. 왜냐하면 사회는 어떤 형식에서든지 항상 두 개의 진정한 계시를 가지고 있다. 신(神)과 악마, 다시 말하면 설교단과 교수대이다."

사실 우리는 "종교가 사람의 눈에 띄지 않는 곳에서 자기의 새 옷을 짠다"고 그가 말하는 것을 우리는 이미 들었다. 그렇다면 토이펠스드레크 자신이 그 베틀에 달린 하나의 페달이란 말인가? 다른 곳에서 그는 생 시몽 (1760~1825년, 프랑스)(사회주의 사상의 시조)의 기묘한 경구를 비난하지 않고 인용한다. 그러나 그 경구나 그 사람에 관해서는 많은 비판이 따른다. 인용한 경구란 이것이다. "맹목적인 전설이 지금까지 과거의 것이라고 생각했던 황금시대는 사실 우리 앞에 있다."—그리고 또 이것을 들어보라.

"피닉스[不死鳥]가 자기를 화장할 장작불을 부채질할 때 혹시 불꽃이 날지는 않을까! 아, 무수한 사람들이, 그 가운데에는 나폴레옹 같은 사람도 포함해서, 이미 높이 휘몰아치는 화염에 싸여 하루살이처럼 타서 사라졌다. 우리도 조심하지 않다가는 수염을 태우게 될지도 모른다.

그건 그렇고, 기원 몇 년이면 이 피닉스적 화장(火葬)이 끝날까 하는 것은 물을 필요가 없다. 인내의 법칙은 인간에게 가장 뿌리깊은 것의 하나이다. 인간은 천성적으로 변화를 싫어한다. 그는 자기의 낡은 집이 실제로 무너져 내리기 전에는 떠나려고 하지 않는다. 따라서 나는 장엄한 일이 다만 형식이 되고 신성한 상징이 어이없는 장식이 되어, 그 모든 생명과 신성함이 사라지고도 300년 이상을 남아 있는 것을 본다(종교개혁이 지난 뒤의)(천주교를 가리킨다). 그리고 결국 피닉스가 죽어서 다시 살아나는데 얼마만한 시간이 필요한가 하는 문제는 눈에 보이지 않는 우연에 의하여 정해진다. —어쨌든 만일 운명이 인류에 대하여 가령 200년에 걸친 다소 격렬한 지진과 화재가 있은 뒤 불속에서 신생이 완성되어, 다시 생명이 있는 사회가 와서 더 이상 싸우지 않고 일하게 되기를 제안한다면—인류는 그것을 수락하는 것이 최선책이 아니겠는가?"

이와 같이 토이펠스드레크는 늙고 병든 사회가 (아! 향나무가 아닌 다른 것으로) 천천히 불타가는 것을 체념하고 있다. 사회는 피닉스이며, 그것이 타버린 재 속에서 새로운 천생(天生)의 젊은 새가 나타난다는 신념에서! 우리는 소개자의 본분을 지키며 의견을 말하지는 않기로 한다. 그런데 현명한 독자는 고개를 흔들고 나무라는 듯이, 노하기보다는 오히려 불쌍히 여기며 이렇게 말하거나 생각하지 않을까? 즉 명목상이나마 대학교수라고 불리고 Doctor utriusque Juris(법속학박사
(法俗學博士))인 인물, 그 공헌에 대해서 사회가—비록 나쁜 사회라고는 하지만—이제까지의 양식과 의복뿐만 아니라, 책·담배·맥주까지도 제공해온 그 사람, 이런 사람은 고마운 사회에 대해서 좀더 많은 감사를 표시하고 미래에 대해서 그다지 맹목적 신뢰를 보여야 당연하지 않은가? 그러한 맹목적 신뢰는 그리스도교 나라에서 시민세를 내고 있는 견실한 가장보다는 오히려 철학적 숙명론자나 열광자의 그것과 닮아 있기 때문이다.

6장 낡은 의복

앞서 설명한 것과 같이 토이펠스드레크는 비록 급진민주파이기는 하지만 실제로는 세상에서 가장 정중한 사람이다. 그의 마음과 생활 전체가 정중함으로 투철하게 일관되어 타고난 고상한 예절이 내비치고, 그의 기이한 버릇을 아름답게 한다. 마치 햇빛이 단순한 수증기인 구름으로부터 장밋빛 부채살을 가진 무지개로 물든 오로라(새벽의
여신)를 만드는 것과 같고, 심지어 런던의 안개에까지 빛을 주어 연금술사의 항아리 속에서 오르는 금빛 증기처럼 보이게 하는 것과도 비슷하다. 그가 이 대목에 대해서 비록 공상적이기는 하지만 얼마나 진지하게 말하는지 들어보라.

"예의는 다만 부자에게만 드리고 부자만이 실천해야 하는 것인가? 만일 바른 가정교육을 받았다는 것이 태생이 높다는 것과 다르다면, 그것은 오직 고상하게 자기 권리를 주장하기보다 오히려 남의 권리를 정중히 잊지 않는다는 점이라고 생각한다. 그것은 재산이나 문벌과 특별한 관계가 있는 것이 아니라, 인간이 본성 속에 있는 것, 모든 사람이 모든 사람에 대해 마땅히 가져야 하는 것이라고 본다. 사실, 학교 선생이 그 자리를 지키면서 어떤 가치 있는 구실을 한다면, 다른 많은 것과 더불어 이 문제도 고쳐질 것이다. 그때가 오면 사람마다 자기 이웃의 선생이 되어, 마침내 거친 얼굴을 하고 예절을 모르는 농부는, 식물생리학을 모르거나 자기가 경작하는 땅은 하늘이 만든 것임을 모르는 농부처럼 구경도 할 수 없게 될 것이다.

그대가 홀을 잡고 있든 망치를 들고 있든 그대는 '살아' 있지 않은가? 그대의 형제도 '살아' 있지 않은가? 노발리스는 말한다. '세상에는 단 하나의 성전이 있다. 그 성전은 인간의 몸이다. 이 고상한 형상보다 더 신성한 것은 없다. 사람 앞에 예를 갖추는 것은 그 육신에 있는 신(神)의 게시를 숭배하는 것이다. 우리는 인간의 몸에 손을 댈 때 곧 하늘을 만지는 것이다.

그러므로 나는 대부분의 사람들보다 한 걸음 더 나아가고자 한다. 영국의 존슨(사무엘 존, 슨 박사)은 모든 성직자, 즉 테가 넓은 펠트 모자를 쓴 사람에게만 예의를 다하였으나, 나는 누구에게나, 어떤 모자를 썼든지 안 썼든지 모두에게 예의를 다하고자 한다. 그는 하나의 성전이 아닌가? 신이 눈에 보이는 형상으로 나타난 것이 아닌가? 아, 그런데 이렇게 무턱대고 절해도 안 된다. 왜냐하면 사람의 마음 속에는 신도 악마도 들어 있다. 그리고 악마가 절을 가로채고 마는 일이 너무도 많다. 섣불리 절을 했다가는 허영이(이것이 오늘날은 악마의 가장 분명한 모습이다) 이를 가로챈다. 따라서 절은 보류해야 한다.

그러나 한편 악마적인 감정은 이미 나가고 없고, 사람의 순수한 상징 또는 우상만이 깃든 사람의 껍질 또는 외피에 대하여 나는 더욱 기꺼이 경의를 표한다. 빈 옷 또는 벗어버린 옷을 말이다. 생각하면 모든 사람이 숭배하는 것은 옷이 아닌가? 저명한 존재는 그럴 듯한 모르(옷을무늬 천의 한 가지)가 달린 고급 나사천이지, 결코 그 속에 들어 있는 '꾸부렁 다리로 어정거리는 짐승'이 아니다. 누더기 담요에 나무 꼬챙이를 찔러 몸에 걸친 귀족이 귀족 대우를 받는 것을 본 사람이 있는가? 그러나 이런 종류의 존경에는 위선과 기만이 섞여 있다고 말하지 않을 수 없다. 옷에만 드리는 것을 몸이 가로채는 일이 얼마나 자주 일어나는가! 모든 죄의 본질인 허위를 피하고자 하는 사람은 다른 방법을 취하는 것이 좋을 것이다. 옷을 입고 있는 사람일 경우, 장애와 타락이 반드시 동반되는 존경은 옷을 벗어던졌을 때는 자유롭게 이루어질 수 있다. 힌두교도들에게는 불탑이 신(神) 못지않게 신성하듯이, 나 또한 속이 빈 옷을, 그 속에 사람이 들어 있을 때 못지않게 숭배한다. 아니, 그 이상의 열성으로 숭배한다. 왜냐하면 이 경우는 나 자신이나 남으로부터 오는 기만이 있을 염려가 없기 때문이다.

툼타바드 왕(스코틀랜드의 고어로 '공', 허한 가운'이라는 뜻), 다시 말하면 존 밸리올(1249~1315년, 영국왕 에드워드 1세의 힘을 빌려 스코틀랜드의 왕이 되고, 후에 에드워드에게 왕위에서 쫓겨났다. 그후 스코틀랜드 왕위는 오랫동안 비었다)은 오랫동안 스코틀랜드를 통치하지 않았던가? 존 밸리올이란 사람이 아주 없어진 뒤에도 툼타바드만 남아서 말이다. 얼마나 고요한 위엄이 벗어버린 옷 속에 살아 있었던가! 얼마나 순순히 명예를 지니

고 있었던가! 교만한 표정이나 경멸의 태도도 결코 없이 말 없이 고요하게
세상을 대하며 존경을 요구하는 일도, 존경을 잃을까 걱정하는 일도 없다.
모자는 아직도 그 머리 모양을 유지하고 있으나 허영과 어리석음을 나타내
는 거위 울음 같은 말소리는 없다. 저고리의 팔은 늘어져 있으나 때리려는
것이 아니다. 바지는 겸손하고 소박하게 한가히 드리워 이제야 비로소 맵시
있게 흐르고, 조끼는 악한 감정이나 사나운 욕정을 싸고 있지 않으며, 배고
픔도 갈증도 그 속에 들어 있지 않다. 이리하여 모든 것은 감각의 야비함이
나 세상의 괴로운 근심과 추악한 죄를 씻고, 저기 옷걸이에 걸려 있다. 마치
하늘이 보낸 어떤 사자(使者)나 눈부신 신령이 천마 페가수스를 타고 낮은
벌판의 지상으로 내려오는 듯.

문명생활의 거대한 종기 같은 영국 수도에 머물면서(카라일은 1831년 이 책의 출판사를 찾으려고 런던으로 가서 실망과 궁핍의 추운 겨울을 보냈다) 거무튀튀하고 어수선하여 마치 스파르타의 잡탕국(스파르타의 입법가 리쿠르구스는 사치를 금하고 검소한 음식을 먹게 하였다)
같은 안개의 잉크 바다 속에서 명상에 잠기거나 운명을 의심하며, 붐비는 몇
백만의 사람들 사이에서 하나의 고독한 인간이었던 무렵—자주 그들의 낡은
의복시장으로 들어가서 예배를 드렸다. 두려운 마음으로 빈 옷들이 걸려 있
는 몬마스 가(18세기까지 번창한 헌옷 시장)를 뚫고 갔다. 마치 더러움 없는 유령들의 산헤드렘
(고대 유대나라 법정)을 지나가듯이. 그 옷들은 말은 없지만 그 침묵 속에 천 마디 만 마디
말이 있다. 그것들은 '사람들이 인생이라고 부르는 감옥 속의 설움과 기쁨·정
열·미덕·범죄, 그리고 선(善)과 악(惡)의 까마득한 모든 격동을 과거에 목격
했고 또 그것에 가담해 왔다.

벗이여, 낡은 옷이 존경할 만한 것이라고 생각하지 않는 사람의 마음은 믿
지 말라. 또 그 쉰 목소리로 운명의 천사인 양 사방에서 낡은 옷을 불러들이
는 수염이 기다란 유대 성자(聖者)를 두려운 마음으로 바라보라. 그는 머리에
교황처럼 세 겹 모자—정말 삼중관을 쓰고 있다. 양쪽에는 날개 같은 것이
있어서 불러 모은 옷들이 와 걸려 있다. 그가 천천히 공기를 가르고 나가면,
'인생의 유령들아, 와서 심판을 받아라'라고 나팔을 부는 듯 깊은 운명의 소리
가 흘러나온다. 너울거리는 유령들아, 염려 말아라. 그가 그의 연옥(煉獄)에
서 불과 물로 너희를 깨끗하게 해줄 것이니. 너희들은 새로이 창조되어 어느
날 다시 나타날 것이다. 아, 경건한 마음의 불이 다 꺼져가는 사람, 아직껏
예배를 드려 본 일이 없고 예배하는 방법조차 모르는 사람은, 지극히 엄숙한

마음으로 몬마스 가의 포석(鋪石)을 밟으며 왔다갔다 어정거려보고, 그래도 마음과 눈에 눈물이 떠오르지 않았는가 말하라. 노란 손수건이 길게 줄지어 펄럭거리는 필드 레인 (지금은 없어진 런던의 장물 시장거리)은 디오니시우스의 귀 (옛날 시라큐스의 왕. 기원전 430~367년. 정치범들의 이야기를 들으려고 왕궁에서 감옥까지 귀 모양으로 지하로를 팼다)이고, 빈곤과 죄악이 나태한 부유를 고발하고, 그것이 자기들을 거기다 내버렸기 때문에 궁핍·암흑·악마의 말에 짓밟히고 있다고 목메게 아우성을 치는 곳이라면―몬마스 가는 요컨대 머자의 언덕 (애디슨 작 《머자의 환상》에서. 인생의 가장행렬의 뜻)이며, 여기서는 인생 전반의 가장행렬이 다양한 광경을 보이며 우리 앞을 지나간다. 설움과 기쁨, 미친 사랑과 미친 미움, 성당의 종과 교수대의 밧줄, 희극 같은 비극, 야수적인 신성―한 마디로 미친 세상이다!"

우리에게도 그렇지만 대부분의 사람들에게는 이 모든 것은 과장된 것으로 보일 것이다. 우리도 몬마스 가를 걸어보았으나 경건함은 느껴 보지 못하였다. 아마 그 성전을 소굴로 삼아 돈 바꾸는 자들이 (마태복음 21장 12절) 속세적인 흥정을 걸어와 명상 과정을 완전히 깨뜨려버렸기 때문일 것이다. 그러나 토이펠스드레크는 옷장수들에게 사거나 팔거나 할 어떤 희망도 주지 않는 중간 상태에 있음으로써, 그들의 방해를 받지 않고 머무를 수 있었을 것이다. 그 조그만 철학자가 뿔모양 모자에 헐렁한 옷자락을 드리우고, 눈에는 정열시인 같은 빛을 띠고 저 어리석은 거리를 '지극히 엄숙한 생각에 잠겨 몇 번씩 왔다 갔다하는' 모양은 정말 꽤나 볼 만하였을 것이다. 이 거리는 그에게 '인생의 유령'이 신비한 비밀을 들려주는 델피의 거리이고, 신비한 속삭임의 복도 (런던 소재의 세인트 폴 교회에 있는 이상하게 소리가 잘 울리는 복도)였다. 아, 철학적인 토이펠스드레크, 남들이 재재거릴 때에도 귀를 기울이고, 예민한 고막으로 풀이 자라는 소리까지도 듣나 보다.

그런데 영국에서 출판될 저작의 자료가 될 서류 자루 속 문서에, 그가 런던에 왔던 것에 관한 믿을 만한 일기 비슷한 것도 없고, 의복시장에서의 그의 명상에 관해서도 희미한 상징적 그림자밖에 없는 것은 이상하지 않은가? 대화에서도 (그는 여행담을 늘어놓으며 시끄럽게 구는 사람은 아니었다) 이 일에 관해서 가볍게 암시하는 정도를 넘는 것을 우리는 들어본 적이 없다.

그러나 이제 저명한 의복철학자인 그에게 얼마나 일찍부터 의복의 심장한 의의가 떠올랐느냐를 생각해 보는 것은 매우 흥미로운 일이다. 이 괄목할 만한 책이 처음 싹터서 그 날카로운 끝으로 그의 영혼을 찌른 것은 우리 영국의 '잉크 바다' 깊은 바닥에 깔린 바로 저 몬마스 가에서였다고 상상할 수 있다. 마치 혼돈 속에서 장차 질서있는 우주가 될 에로스의 알이 생겨난 듯이! (그리스 신화에 의하면, 태초에 천지는 혼돈이었으나, 그 속에서 큰 알이 생겨나 부화하여 에로스가 되고, 천지의 조화를 이루었다)

7장 유기적 섬유

세계라는 피닉스가 제 몸을 불태울 때, 토이펠스드레크의 셈에 의하면 '2세기 안에' 끝나면 다행이라고 생각될 정도로 천천히 태우고 있는 이 시대를 우연히 살고 있는 우리에게 미래란 그저 어두운 회색빛으로 보인다. 그러나 교수 자신의 생각은 꼭 그렇지도 않다. 토이펠스드레크는 말한다. "생명 있는 물건의 변화는 늘 점진적이다. 그러므로 뱀이 낡은 껍질을 벗는 동안에는 이미 새 껍질이 그 밑에 있다. 피닉스가 탈 때는 먼저 완전히 타버리고 죽은 잿더미가 된 다음에, 거기에서 새끼 새가 기적적으로 솟아나 하늘로 날아오른다고 상상하는 사람은 사정을 전혀 모르는 것이다. 전혀 그렇지 않다! 그 불꽃 회오리 속에서는 창조와 파괴가 동시에 진행된다. 옛것의 재가 흩날릴 때 새 것의 유기적 섬유가 신비롭게 자아져 나온다. 그리고 그 불꽃 회오리가 휘몰아치고 파도치는 속에서, 아름다운 죽음의 노래가 흘러나와 그것이 끝날 때쯤이면 더 아름다운 탄생의 노래로 바뀌어 있다. 아니, 그 불꽃 회오리 속을 그대의 눈으로 직접 들여다보라. 그대에게도 보일 것이다." 그러면 우리도 실제로 들여다보자. 2세기씩이나 살지 못하는 가련한 개개의 사람들에게는 신비하게 꼬여 나오는 그 유기적 섬유야말로 더없는 광경일 것이다. 그러므로 우선 인류 전체에 관한 다음 글을 싣는다.

"그대가 부인해도 소용없다." 토이펠스드레크 교수는 말한다. "그대는 나의 형제이다. 그대의 증오심, 그대의 시기심, 그대가 기분이 이상할 때 나에 대해 말하는 어리석은 거짓말, 그것은 모두 도착된 동정에 지나지 않는다. 내가 증기기관이라면 나에 대한 거짓말을 하기나 할 것이냐? 할 리가 없다. 내가 아무렇게나 갈고 돌아가도 상관하지 않는다.

정말 신기한 것은 우리들 모든 인간을 하나로 묶고 있는 인연이다. 애정이라는 비단실로 묶느냐, 필연이라는 쇠사슬로 묶느냐 하는 것은 우리가 선택하기에 달렸다. 남에게 괴상한 생각을 불러일으키게끔 괴상한 모습으로 활보하는 사람을 보고, 나는 다음과 같이 혼잣말을 한 일이 한두 번이 아니다.

'나의 작은 형제여, 그대가 상상할 수 있는 가장 거대한 유리 종(鐘)을 뒤집어쓴다면—그대 자신뿐만 아니라 세계에 어떤 일이 일어날까. 많든 적든 사방으로부터 편지가 날아와 그대의 유리벽에 부딪친다. 그러나 읽히지 않은 채로 떨어져야 한다. 안으로부터의 어떤 물음이나 대답도 편지통 안으로 들어가지 않는다. 그대의 생각은 어떤 벗의 귀나 마음에도 들어가지 않고, 그대의 제품은 어떤 살 사람의 손에도 들어가지 않는다. 그대는 이제 피가 순환하는 중심인 정맥·동맥을 가진 심장, 주고 받으면서 모든 공간과 모든 시간을 순환하는 심장이 아니다. 무한한 우주에 다시 채우지 않으면 안 되는 구멍이 하나 생겼다!

그로부터 나가고 그에게로 들어오는 편지·말·종이나 다른 물건 보통이들의 이러한 정맥적·동맥적 순환은 일종의 피의 순환이다. 이것은 눈에 보이는 것이다. 그러나 더 미묘한 신경의 순환, 그가 하는 모든 아주 가늘고 작은 일도 모든 사람에게 미세한 영향을 미치고, 그의 얼굴 표정조차도 마주한 사람에게 축복 또는 저주를 주고, 언제나 새로운 축복과 새로운 저주를 유발하는 이 모든 것은 눈에 보이지 않고 다만 상상으로 아는 것이다. 위니피크 호반에서 사냥을 하는 아메리카 원주민이 자기 아내와 싸우면 온 세계가 타격을 받는다. 수달의 값이 오르지 않겠는가? 내 손의 이 돌을 던지면 우주의 중심이 달라진다는 것은 수학상의 사실이다.

지금 세대의 사람들이 이렇게 서로 얽혀 서 있다면, 한가지로 세대와 세대도 풀 수 없이 얽혀 있다. 그대는 전통이라는 말을 깊이 생각해 본 일이 있는가? 우리가 비단 생명뿐 아니라, 생명의 모든 부속물과 형식을 계승하고 원시시대 이래의 모든 아버지와 조상들이 전해준 대로 일하고, 말하고, 생각하고, 느낀다는 것을 깊이 생각해 본 일이 있는가—예컨대 의상철학에 관한 이 겸손한 책은 누가 인쇄해 주었는가? 슈틸슈바이겐 회사가 아니라 테베의 카드무스 (페니키아 왕자. 테베의 창설자이며 그리스 문자를 생각해 냈다 함)·멘츠의 파우스트 (구텐베르크와 공동으로 활판술을 발명한 독일인), 그리고 그 밖에 알지 못하는 무수한 다른 사람들이다. 고트 족의 울필라스 (311~381년. 원본에서 성경을 고트 족 언어로 번역한 사람)가 없었더라면, 영국의 셰익스피어도 없었거나 있어도 지금과는 달랐을 것이다. 어리석은 사람아! 오늘날 재봉사들의 바늘을 만들고 그대의 궁전 예복을 지은 것은 두발가인 (창세기 4 장 22절)이었다.

진실로 만일 자연이 단일체이고 나눌 수 없는 전체라면 자연을 반영하고 창조하는 형상이며, 그것이 없으면 자연도 존재하지 않게 되는 인류는 더욱 그렇다. 저 경탄스러운 단일체인 인류 속의 눈에 보이는 생명의 흐름으로서, 수많은 눈에 보이지 않는 생명의 흐름에 둘러싸여 제도나 사회나 교회, 특히 책 속에 보존되어 있는 우리들의 이른바 사상이라는 본류(本流)가 흐르고 있다. 사상이란 이제껏 한 번도 죽은 일이 없다는 사실, 그 창시자인 그대는 그것을 모든 과거에서 모으고 창조한 것처럼 그것을 모든 미래에 전하게 되리라는 사실을 이해하고 아는 것은 정말 아름다운 일이다. 그러므로 현재의 우리들은 원시시대의 영웅적 심정과 통찰력이 있는 눈으로써 사물을 보고 느끼는 것이며, 현명한 사람은 언제나 여러 증인과 형제들에게 둘러싸여 정신적으로 안겨 있고, 또한 세계 자체, 세계 역사와 마찬가지로 광범한, 문자 그대로 살아 있는 성도들의 단체가 있는 것이다.

그리고 이 인류라는 단일체가 세대로 나뉘어 있는 것은 주목할 일이고, 이 단일체의 발전에 도움이 되는 일이다. 세대는 힘써 일하는 인류의 하루하루에 해당한다. 사망과 탄생은 밤과 새벽의 종소리이다. 그것은 인류를 잠으로 이끌어주고, 새로운 진전을 위해 새로운 힘을 가지고 일어서게 한다. 아버지가 만든 것을 아들이 만들고 즐길 수 있다. 그러나 아들 또한 자기에게 지정된 일을 가지고 있다. 이리하여 모든 것은 자라고 발전한다. 예술·제도·여론, 어떤 것도 완성되어 있는 일이 없고 항상 완성을 향해 발전하는 중이다. 뉴턴은 케프레르(1571~1630년, 독일 천문학자)가 본 것을 배웠다. 그러나 뉴턴에게도 하늘에서 얻은 새로운 힘이 있어, 그는 보다 더 높은 시점에 올라야만 한다. 이와 마찬가지로 히브리의 율법자 모세 뒤에는 시간이 되자 이방인 사도 바울이 왔다. 파괴도 때로는 필요한 일이므로 거기서도 같은 종류의 연속과 지속력을 볼 수 있다. 루터는 교황의 교서를 태우는 불 옆에 있는 것이 매우 더웠으나 볼테르는 꺼져가는 재로는 몸을 덥힐 수 없어서 전혀 다른 땔감이 필요하였다(종교개혁으로 만족하지 않고, 성경의 계시에 기초를 두었다고 생각된 그리스도교의 중심을 공격하였다). 그리하여 영국의 휘그 당원이 다음 세대에는 영국 급진주의자가 되었음을 나는 깨닫는다. 제3대에서는 영국의 재건자가 되기를 기대한다. 어디를 보나 인류는 살아 움직이며, 빨리 또는 느리게 진전하고 있다. 피닉스는 하늘 높이 솟아 날개를 펼치고, 그의 노래로 대지를 채운다. 아니면 지금처럼 땅으로 내려서 거룩한 임종의 노래를 들려주며 불 속에서 스스로 타버린다, 더 높이 날아오르고 더 맑게 노래하기 위하여.”

현대와 같은 파괴의 시대에 사회질서 편에 선 사람들은 이 일을 마음에 새기고, 비록 적으나마 얻을 수 있는 위안을 얻기 바란다. 이제 칭호에 관한 또 하나의 문장을 덧붙인다.

"모든 명예스러운 높은 칭호는" 토이펠스드레크는 말한다. "이제까지는 전투에 유래하였음을 보면 놀랄 것이다. 공작(Herzog, Duke, Dux)은 군의 지도자이고, 백작(Jarl, Earl)은 장사(壯士), 원수(Marshal)는 기병의 말굽쇠 기술자이다. 천년황금기, 즉 평화와 지혜의 시대가 옛적부터 예언되었고 이제는 날마다 더 분명해지고 있으니, 이런 전투적 칭호는 구미에 맞지 않게 되고 더 고상한 새로운 것이 고안될 것이라고 생각할 수 있지 않겠는가?

내가 확신을 가지고 영원성을 찾아낼 수 있는 유일한 칭호는 왕이라는 칭호이다. König(왕), 옛날 말로 Könning은 Ken-ning(지식) 또는 그것과 같은 것인 Can-ning(노력)을 의미한다. 인류의 통치자는 왕이라고 부르는 것이 영원히 마땅해야 한다."

다른 곳에서 말한다. "왕은 신권에 의해 지배한다는 종교학자들의 글은 합당하다. 왕은 신(神)으로부터 받은 권위를 가지고 있다. 그렇지 않다면 인간은 그것을 결코 그에게 주지 않을 것이다. 내가 내 왕을 선택할 수 있느냐? 나는 내 허수아비 왕을 선택하고 그를 상대로 어떤 비극이건 희극이건 연기할 수 있다. 그러나 나의 지배자, 그의 의사가 내 의사보다 더 높은 것으로 취급받을 사람은 하늘이 나를 위해 선택해서 주는 것이다. 하늘이 택하신 자에 대한 이와 같은 복종 이외에는 자유란 상상할 수도 없다."

토이펠스드레크의 경탄스러운 정신분야들 가운데, 정치 분야에서 가장 큰 놀라움·주저, 심지어 고통까지 느낀다는 것을 편집자는 여기서 말하고자 한다. 우리는 내각과 야당이 서로 대립하고, 각 정당이 크게 싸우고 공익을 위해 경쟁하는 동안, 개인은 그 격투에 의하여 정치적 열정을 기르고 무엇과도 바꿀 수 없는 귀중한 헌법을 피가 통하고 살아 있는 것으로 보존하는 영국 정치조직에 익숙해 있고 그것을 사랑한다. 우리들이 이 유령 같은 네크로폴리스(죽은 자들의 도시라는 뜻)에서, 아니 차라리 죽은 자들과 아직 태어나지 않은 자들의 도시에서—거기서 현재란 다만 과거와 미래를 나누는 얇은 막으로밖에 보이지 않는다—어떻게 안주할 수 있으랴? 그 몽롱하고 긴 광막(廣漠 : 과거와 미래) 속에서는 모든 것이 계량할 수 없고 재난적이고 처참하다. 그리고 강한 광채는 물론 복사 광선까지도 초자연적 성질을 띤다. 그런데 매우 무관심하고 매우 예언적인 평화를 가지고(필연적으로 올 것은 이미 와 있다고 보고, 몇 세기의 거리가 있는 것도 며칠의 거리가 있는 것도 그에게는 다 같다) 그는 앉아 있다. 아니 오히려 현대가 아닌 다른 시대에 살고 있다고 말하고 싶을 정도이다. 이 사람의 내면을 들여다보면, 깊고, 소리 없고, 천천히 불타올라 결코 꺼지지 않는 과격주의, 아스스 떨리는 감탄을 느끼게 하는 과격주의가 보인다고 말하지 않을 수 없는 것이 우리의 괴로운 의무이다.

예를 들면 그는 선거권도 경시하는 것처럼 보인다. 적어도 다음 구절을 우리는 그렇게 해석한다. 그는 말한다. "바로 그대가 지금 하고 있는 대로, 또는 장차 하게 될 일반적인 의심의 여지가 없는 실험으로 확인해 보라. 하늘에서 나고 하늘로 인도하는 자유, 우리 모두에게 그렇게 사활적으로 중요한 자유를 행여 그 투표함이라는 상자 속에서 기계적으로 부화시켜 세상에 내올 수 있겠는지, 또는 심지어 다른 어떤 발견하거나 발명할 수 있는 상자나 건물이나 증기기계 속에서라면 가능하겠는지. 가능하다면 몹시 편리할 것이다. 제조공업이 일찍이 보인 모든 묘기 이상일 것이다."

토이펠스드레크는 영국 헌법을 알고 있는가. 조금이라도 알고 있는가. 그는 다른 비유로 말한다. "결국 문제는 오늘날 어디서나 그렇듯이, 옛 집 ^(영국에서는 상하원을 각각 귀족의 집, 평민의 집이라고 부른다)을 꼭대기서부터 밑을 향해 다시 짓는다면 (왜냐하면 그 동안도 그 속에서 살아야 하니까), 대의제도라는 기구보다 더 좋은 것이 있겠는가? 그러나 어쨌든 자유라는 이름으로 나를 농락하지 말라. '너는 나의 쇠사슬을 엮어 장식용 꽃리본을 만들었다.'(괴테 작, 《베니스에서의 풍자시인》 중 '그러면 세상은 큰 감옥이더냐? 자유는 광인에게만 있느냐' 다음의 행)." 또는 평화협회(1816년 런던에 설립된 단체)의 회원은 다음과 같은 말을 어떻게 들을 것인가? "하층계급 사람들은 어디서나 전쟁을 원한다. 그것은 그리 어리석은 일은 아니다. 그때는 자기들을 찾게 될 것이니—적의 과녁으로!"

따라서 이론적 과격주의라는 정신을 혼란케 하는 미로에서 조금이나마 더 밝은 곳으로 나오게 된 것은 기쁜 일이다. 우리는 여기서 임무대로 '유기적 섬유'를 찾아 두루 살펴보며 이 '영웅숭배'에 관한 문장이 그러한 섬유의 하나가 아닐까 묻는다. 그 내용은 명랑한 것 같지만 매우 괴상하고 신비로워, 그 밑에 무엇이 얼마나 들어 있는지 알 수 없다. 독자가 직접 보도록 여기 싣는다.

"오늘날 사람들은 거의 모든 일을 할 수 있으나 복종만은 못한다. 또한 복종하지 못하는 사람은 자유를 얻지 못하며 지배는 더욱 못한다. 그리고 누구와 겨누어도 낮아지지 않는 사람은 누구와 겨누어도 높아지지 않고, 무엇과 겨누어도 동등해지지 않는다는 것도 사실이다. 그럼에도 불구하고 사람이 존경하는 능력을 잃었다든가 사람 속에 잠들어 있다고 하여 그것이 죽었다고 믿지는 말라. 그 반역적 독립은 피할 수 없을 때라도 고통스러운 것이다. 다만 형제와 서로 사랑하며 같이 지냄으로써만 사람은 안전을 느낀다. 오직 더 높은 이를 경배함으로써 사람은 자기가 높아짐을 느낀다.

그리고 사람은 보다 낮은 것인 공포는 영원히 내던졌지만 보다 높은 것, 가장 높은 것인 영원한 숭배에는 아직 오르지 못했다는 점에 우리의 이 불안한 현대의 성격이 있다면 어떠할까?

그러나 보고 기뻐하라. 자연이 잡아 놓은 질서는 참 교묘하여, 사람은 복종해야 할 것에는 복종하게끔 되어 있다. 신성 앞에서는 그것이 아무리 미미하더라도 항상 숭배하는 마음으로 섰다. 신다운 것이 자기와 같은 인간의 형상으로 구현되었을 때는 더욱 그러하였다. 이리하여 사람의 마음속에는 진정한 종교적 충성심이 영원히 뿌리내리고 있다. 모든 시대, 심지어 우리 시대에서도 그것은 정도의 차이는 있으나 진정한 영웅숭배로서 나타난다. 영웅숭배는 이제까지도, 지금도, 앞으로도 영원히 보편적으로 인류 가운데 있다는 사실에서 너는 가장 까마득한 미래에 이르기까지 모든 정치형태의 안전한 발판을 제공하는 깨지지 않는 주춧돌을 볼 수 있다."

우리 독자는 이 주춧돌을, 아니 토이펠스드레크가 지금 보고 있는 것의 그림자라도 인정할 수 있는가. 토이펠스드레크는 외친다. "그대는 파리와 볼테르를 잊었는가? (1776년 5월 볼테르가 30년 만에 돌아왔을 때 파리 시민은 열광적으로 환영하였다) 그는 늙고 시든 사람은 단지 회의주의자, 풍자가, 부인복 장사 같은 궁정시인 (프러시아의 프레데릭 대왕의 궁중에 머물면 서 레이스 리본 등을 달고 있었기 때문에)에 불과했으나, 가장 현명하고 가장 선량한 사람으로 보인 까닭에 인류는 그의 마차 바퀴를 따랐고, 왕공들도 그의 미소를 갈망했으며, 프랑스에서 으뜸가는 미인들은 그의 발 아래 머리를 풀어 깔고자 하였다! 파리 전체가 영웅숭배의 하나의 거대한 성전이었다. 비록 그들의 영웅은 그 형상이 너무도 원숭이를 닮아 있었으나."

"그런 일이" 토이펠스드레크는 계속한다. "마른 나무로도 이루어진다면,

푸른 나무라면 어찌 되었을 것이냐? (누가복음 23장 31절) 인간의 역사에서 가장 고갈된 계절에, 유럽에서 가장 고갈된 곳에서, 파리의 생활이 겨우 이탈리아의 조화(造花) 등으로 치장된 과학적 Hortus Siccus(마른 화원)에 지나지 않던 때에 이런 장한 일이 생겨날 수 있다면, 생활이 다시 잎이 돋아나고 꽃이 피어 파도치며, 영웅이 전혀 원숭이 같은 데가 없고 완전히 사람 같을 때는 어떻게 되겠는가? 하늘에 속한 것이면 어떤 것에든지 또는 하늘에 속한 것처럼 꾸미고 있을 뿐이라도 영원히 소멸하지 않는 존경심을 느끼게 됨을 알라. 가장 어리석은 농사꾼에게, 가장 교만한 털대가리(왕공들을 가리킴. 가끔 머리에 새털 따위를 달고 뽐내니까)에게 실제로 자기보다 더 높은 영혼이 있다는 것을 보여주라. 무릎이 놋쇠처럼 굳어졌다 하더라도 꿇어앉아 경배할 것이다."

신비스럽게 짜여 나오는 유기 섬유의 더욱 진정한 종류는 다음 구절에서 볼 수 있을 것이다.

"그대는 말하는가? 어디에도 교회는 없다고, 예언의 소리는 막혔다고? 이것이 내가 긍정할 수 없는 점이다. 그러나 어쨌든 아직도 설교는 충분히 이루어지고 있지 않은가? 설교하는 탁발승이 어느 마을에나 자리를 잡고, 신문이라는 설교단을 세운다. 그는 거기에서 자기가 가지고 있는 가장 중요한 교리를 인간을 구제하기 위해 설교한다. 그대는 그것을 듣고 믿고 있지 않은가? 잘 보라, 새로운 탁발승 단체가 생겨나 열심히 가르치고 설교하는 것이 보일 것이다(오랜 탁발승의 단체로는 프랜시스 파·도미니크 파·오거스틴 파 등이 있다). 때로는 맨발, 때로는 거의 아무것도 걸치지 않고 동전과 신(神)의 사랑을 구하며, 이들은 오랜 우상들을 산산히 깨뜨린다. 우상을 깨뜨리는 사람들이 흔히 그렇듯, 그들은 계율을 어기면서도 부끄러운 줄 모르는 파락호지만, 그래도 나중에 올 진실로 신의 명령을 받은 자가 청중을 얻어 법을 펼 수 있는, 새로운 교회의 자리를 찾아낸다. 낡은 껍질이 벗어지기 전에 이미 새것이 그 밑에 생긴다고 내가 말하지 않았는가?"

다음 문장에서도 독자는 유기적 섬유를 볼 수 있을 것이다. 이것으로써 우리는 올이 풀린 옷소매를 서둘러 꿰매자.

"종교가 없다고?" 토이펠스드레크 교수는 다시 말한다. "어리석은 자여, 없을 리가 있겠는가. 우리가 '문학'이라고 부르는 무한한 거품의 바다에 있는 모든 것을 잘 검토해 보았는가? 진정한 교회 설교집의 단편들이 거기 흩어져 있다. 그것을 시간이 질서화할 것이다. 아니, 기도서의 단편들도 나는 지적할 수 있다. 그대는 이 시대의 의복을 입고 환경 속에 살며 이 시대의 언어로 말하는 예언자를 모른다는 것인가? 평범이라는 가장 천한 형식과 가장 고상한 형식 모두를 통하여 신성이 스스로를 계시하고, 그것을 다시 예언적으로 보여준 사람, 누더기를 모으고 누더기를 태워버리는 이 시대일지라도, 신묘한 선율로 비록 먼 훗날이기는 하지만 사람의 생활을 다시 신성하게 한 그런 사람을 하나도 모르는가? 나는 안다. 그의 이름은—괴테.

그런데 그대는 아직도 어떤 성전 안에도 서 있지 않고 어떤 찬송예배에도 참가하지 않으며, 예배의식을 다스리는 성직자가 없는 곳에서는 사람들은 멸망한다는 것을 충분히 느끼고 있는가? 비관하지 말라! 믿음을 가졌다면 그대는 혼자가 아니다. 우리는 성도들의 단체를 말하지 않았는가? 보이지는 않으나 실제로 있으며, 그대가 그만한 가치를 가지고 있기만 하면 그대와 동행하며 형제답게 안아줄 것이다. 그들의 영웅적 인내심은 아름다운 노래가 되어 함께 하늘나라로 오른다. 모든 나라, 모든 시대로부터 신성한 "주여 나를 궁휼히 여기시며"($\substack{시편}{51}$)가 되어서. 그들의 행동 또한 무한하고 영원한 승리의 찬가처럼 울려 퍼진다. 지금 신의 상징이 없다는 말을 하지 말라. 신의 우주가 신의 상징이 아니냐? '무한'한 성전이 아니냐? 인간들의 역사가 영원한 복음이 아니냐? 귀를 기울이라, 풍금소리 대신에 들릴 것이다. 저 옛날처럼 새벽별이 노래하는 소리가($\substack{욥기 38}{장 7절}$)."

8장 자연적 초자연

토이펠스드레크 교수가 비로소 선지자가 되는 것은 자연적 초자연이라는 굉장한 부분에서이다. 우리는 지금까지 보아온 오랜 노력 끝에 완강한 의상철학을 발 아래 굴복시키고 승리로써 소유한다. 토이펠스드레크는 실로 많은 환상과 싸워왔다. 제왕의 망토, 노후한 상징, 그 밖의 갖가지 '의복의 그물, 거미의 그물'과 싸우면서도 용맹스럽게 뚫고 나왔다.

특히 무엇보다도 무서운 두 개의 아주 깊고 비밀스러우며 세계를 에워싸는 환상, 즉 시간과 공간이 항상 그의 주위를 떠나지 않고 괴롭히고 당황케 하였다. 그러나 이것들에게도 토이펠스드레크는 이제 결연히 달려들어 승리를 거두고 산산이 찢어버린다. 한 마디로 말하면, 그는 '존재'를 응시하여 그것의 지상적 외피와 의복을 하나하나 녹여 없앤지라, 이제 그의 황홀한 시야에 내면의 신성한 깊은 신비가 드러나 있다(그는 노발리스와 함께 느낀다. '보이지 않는 세계는 실재일 뿐 아니라 유일한 실재이다'). 그러므로 의상철학이 선험주의에 도달하는 것은 바로 여기에서이다. 이 마지막 도약을 무사히 넘을 수만 있다면, 신생(Palingenesia)이 모든 의미에서 시작되는 약속된 땅(신명기 3장 3절 27)으로 우리는 안전하게 도착할 것이다. "자, 힘을 내라!"라고 우리 디오게네스는, 옛날 디오게네스 1세보다 더 정당한 권리를 가지고 말할 수 있을 것이다. (그리스의 디오게네스는 지루한 강의가 끝난 뒤, 이렇게 말했다 한다). 우리는 오래 심사숙고한 끝에 이 엄청난 1장이 결코 불가해한 것이 아니고, 오히려 반대로 명료하고 찬연하여 모든 것에 빛을 주는 것임을 발견하였다. 독자는 가지고 있는 모든 사색적 지성을 그것에 기울여 자기 몫을 다하기를 바라며, 우리도 적절한 선택과 정리로써 우리 몫을 다하고자 한다.

"기적의 의의는 예나 지금이나 깊고 오묘하다." 이렇게 토이펠스드레크 교수는 고요히 시작한다. "아마 우리가 생각하는 것보다 훨씬 더 깊고 오묘하다. 그러나 문제 중의 문제는 기적이란 특수한 이름으로 불리는 것이 도대체 무엇이냐 하는 것이다. 네덜란드 연극에 나오는 샴 나라 왕에게는 고드름이 기적이었다. 공기 펌프와 유산 에테르가 들어 있는 병이 있으면 누구나 기적을 만들어낼 수 있었을 것이다. 불행히도 매우 비과학적인 내 말[馬]에게는 내가 두 푼의 통행세를 치르고 통과할 수 없는 관문을 열어주거나 닫을 적마다 하나의 기적, 마법의 주문 '열려라 참깨!'를 연출하는 것이 아닌가?

이렇게 묻는 사람들이 있다. "진정한 기적은 자연법칙을 침범함이 아닌가?" 그들에게 나는 이 새로운 물음으로 대답한다. 자연법칙이란 무엇이냐? 내게 죽은 사람이 다시 살아나는 것은 그런 법칙의 침범이 아니라 확인이다. 다른 모든 법칙이 그렇듯이, 어떤 매우 심원한 법칙이 비로소 밝혀져서 그 정신적 힘에 의하여 물질적 영향을 우리에게 미치게 되었다면 말이다.

여기서 어떤 사람들은 놀라면서 물을 것이다. 무슨 근거가 있어 쇠를 물에 떠오르게 하는 사람(열왕기 하 6장 6절)이 와서, 자기가 종교를 가르칠 수 있다고 선언할 수 있는가? 19세기를 살아가는 우리들에게 이런 선언은 아무 의미가 없다. 그러나 1세기의 우리 선조들에게는 의미심장한 것이었다.

발달한 문화 계급은 이렇게 외친다. "그러나 가장 깊은 자연법칙은 영구 불변이 아니던가? 우주라는 기계는 변치 않는 규칙에 따라 움직이도록 정해져 있지 않는가?" 아마 그럴 것이다, 벗이여. 아니, 나도 역시 믿지 않을 수 없다. 계시를 받은 옛 사람이 '변함도 없으시고 회전하는 그림자도 없으시다'라고 단언한 신은 실제로 결코 변함이 없다고. 그리고 대자연·대우주—그것을 기계라고 부르고 싶으면 막을 수는 없지만—는 가장 변할 수 없는 규칙에 따라 움직이고 있다고. 나는 또 그대에게 묻는다. 자연의 완전한 법령집을 이루고 있는 그 절대로 변치 않는 규칙들은 대체 무엇인가?

그 규칙은 우리들의 과학책에, 인간경험의 집적 속에 기록되어 있다고 여러분은 말하는가. 그러면 천지창조 때에 인간이 거기 있어서 그것이 어떻게 이루어졌는지 직접 보았더냐? 어떤 깊이 있는 과학인이 우주의 근본까지 내려가서 거기 있는 모든 것을 조사해 보았느냐? 조물주와 협의하여, 모든 우리가 이해하지 못하는 우주의 기본설계를 보고, 이것은 거기 있고 이 이상은 기록되어 있지 않다고 말할 수 있는가? 그럴 리 없다! 과학인도 우리가 있는 곳 이외에는 아무 곳에도 있어 보지 않았다. 무한하고 밑도 끝도 없는 깊은 바다를 우리보다 손바닥만큼 더 깊이 들여다보았을 뿐이다.

어떠한 행성과 그 위성이 일정한 속도와 궤도를 유지하며 태양 주위를 선회한다는 라플라스의 별에 관한 책은 나에게나 다른 누구에게나 귀중한 것이다. 이것은 라플라스와 그의 동료가 매우 운이 좋아서 발견한 것이다. 그러나 이것이 그대가 말하는 '천체의 기구'니 '태양의 체계'니 하는 것인가? 시리우스 별도, 묘성(昴星: 플레이아데스 성단에 있는 별 가운데 하나)도, 허셜(1738~1822년, 독일에서 태어나 영국에 귀화한 천문학자. 본문에 있는 1분은 시간이 아니라 각도 단위)에 의하면 1분에 1만 5000개나 있는 태양들은 버려두고, 소수의 변변치 못한 달들과 죽은 공들만 보고, 이름을 짓고, 황도대(黃道帶)의 화물송장을 표시하니, 그 결과 우리는 '어떻게', '왜'라는 본질을 허공 속에 흔적도 없이 잃어버리고, '어느 방향'만을 지껄일 수 있게 되었다.

자연의 체계라! 시야가 아무리 넓은 가장 현명한 사람에게도 자연은 영원히 무한한 깊이와 넓이를 가지고 있으며, 자연에 관한 모든 경험은 몇몇 계산된 세기와 계량된 제곱 마일로 제한된다. 작은 행성인 지구 끄트머리에 있는 대자연의 몇 가지 운행은 우리에게 부분적으로 알려져 있다. 그러나 어떤 더 깊은 운행에 의해 좌우되고 있는지, 어떤 무한히 더 큰(원인이라는) 원위를 우리의 작은 원이 돌고 있는지 누가 아느냐? 송사리는 자기의 작은 고향인 개천의 모든 굴과 조약돌, 성질과 사건은 자세히 알 것이다. 그러나 송사리가 대양의 해류와 주기적 조류와 무역풍·계절풍·월식을 이해하겠는가? 이 모든 것에 의하여 송사리의 작은 개천이 조절되고, 때로는 (전혀 기적적일 것 없이) 아주 넘치거나 뒤집힌다고 해도 말이다. 이런 송사리가 사람이고, 개천은 지구, 해양은 무한한 우주이다. 계절풍과 주기적 조류는 영겁에 걸친 섭리의 신비한 진전이다.

우리는 자연이라는 책에 대해서 말한다. 진정 그것은 책이다—이 책의 저자와 작가는 신(神)이다. 그것을 읽는다고! 그대가, 인간이, 그 알파벳이나 제대로 아는가? 책 속의 말, 글, 시적이고 철학적인 장엄한 서술체의 페이지들, 무수한 태양계와 천만년에 걸쳐 펼쳐진 이런 것을 가지고 그대를 시험하지는 않으련다. 이것은 하늘나라의 상형문자를 참으로 신성한 필치로 기록한 책이다. 여기서 한 줄 저기서 한 줄을 읽을 수 있으면 예언자들도 축복으로 안다. 연구소니 학술원이니 하는 것들은 용감하게 노력하여, 총총하고 풀 수 없이 엉킨 상형문자들 속에서 교묘한 결합에 의하여 속된 글씨로 된 몇몇 글자를 끄집어내고, 그것을 가지고 실제에서 이용 가치가 많은 이런저런 경제적 요리서를 지어낸다. 자연은 이런 요리서의 무한한 책, 거대하고 거의 무진장한 가정요리서, 모든 비밀이 언젠가는 다 풀릴 이런 책 이상의 것임을 꿈에라도 생각하는 사람은 지극히 적다."

토이펠스드레크 교수는 계속한다. "습관은 우리를 모두 늙은이로 만든다 (《햄릿》 3막 1장, '양심은 우리 모두를 겁쟁이로 만든다'에서). 생각해보라. 습관은 모든 방직공 가운데 가장 위대한 자이다. 우주에 있는 모든 정신에 눈에 보이지 않는 의복을 입힌다. 그의 옷을 입음으로써 모든 정신은 가정이나 일터에서 우리 눈에 보이는 종으로서 우리와 함께 산다. 그러나 정신의 본질은 대부분의 사람에게는 영원히 감추어져 있다. 습관은 처음부터 우리 눈을 싸매었다. 우리는 모든 것을 습관에 따라 하며, 심지어 신앙도 습관에 따라 한다. 우리가 자유로운 사고력을 가졌다고 자랑하지만, 공리란 우리가 일찍이 의문시한 일도 없는 신앙에 지나지 않는 경우가 많다고 철학은 불평한다. 사실, 철학이란 철두철미한 습관에 대한 계속적 전쟁, 맹목적인 습관의 영역을 초월하여 선험적인 것이 되려는 끊임없는 노력이 아닌가?

습관의 착각이나 속임수는 실로 무수하다. 그러나 그중 가장 교묘한 것은,

기적적인 것을 단순한 반복에 의해 기적이 아니라고 믿게 하는 기술이다. 사실, 이러한 수단으로 우리는 산다. 왜냐하면 사람은 경탄만 할 뿐 아니라 일을 해야 하기 때문이다. 여기에서 습관은 사람의 친절한 유모가 되어 사람을 진정한 복리로 인도한다. 그러나 우리가 쉬고 생각하는 시간에도 같은 기만을 계속하면, 습관은 사랑에 맹목적으로 빠져 있는 어리석은 유모가 된다. 아니, 오히려 우리가 거짓되고 어리석은 유아가 된다. 나는 말문이 막히는 경탄을 둔감한 무관심으로 볼 것인가. 그것을 두 번, 200번, 200만 번 보았다는 이유로? 자연에도 예술에도 내가 그래야 한다는 아무런 이유가 없다. 물론 내가 단순한 노동기계이고, 사상이라는 신(神)의 선물과 나와의 관계는 증기라는 지상의 선물과 증기기관의 관계에 지나지 않으며, 내가 솜을 잣고 돈과 돈의 가치를 거두게 하는 동력이라면 이야기는 다르겠지.

다른 데에서와 같이 여기서도 이름의 힘이 주목할 만함을 그대는 볼 것이다. 이름이란 다만 습관으로 짜여진 경탄을 감추는 의복에 지나지 않는다. 마술, 온갖 귀신과 악마의 조종을 우리는 이제 광증 및 신경성 질환이라고 이름지었다. 그러나 우리가 미처 생각하지 못한 새로운 문제는 광증이 무엇이며 신경이란 무엇이냐, 라는 것이다. 예나 지금이나 광증이란 하계(下界)의 혼탁한 심연이 그 위에 떠 있는 실재라는 이름의 아름답게 그려진 세계의 환영을 뚫고, 신비하고 무섭게 지옥처럼 끓어오르는 것이다. 루터가 본 악마의 모습이 육안 속에 형성되었든 바깥에 형성되었든, 동등하게 실재가 아니었더냐? 모든 가장 현명한 사람의 영혼 속에도 내적 광증의 세계, 진정한 악마의 왕국이 깃들어 있다. 그의 지혜의 세계는 실제로 거기서 창조적으로 건설되었다. 마치 이제는 거주할 수 있는 화려한 땅껍질이 그 검은 토대 위를 덮고 있듯이.

다른 많은 목적과 마찬가지로 경탄스러운 것을 감추기 위한 모든 환상적 허울 중에서 가장 깊고 비밀스러운 것은 세계를 에워싸는 두 가지 근본적 허울 즉 공간과 시간이다. 탄생 이전부터 우리를 위하여 만들어졌으며 천상의 것인 우리의 '내'가 여기 살기 위한 의복인 동시에 구속인 이것은 모든 것을 포괄하고 이 환상 같은 인생의 모든 작은 환상들을 짜고 그릴 우주 크기의 캔버스 또는 날실과 씨실이다. 이 땅 위에 있는 동안은 그것을 벗어버리려고 애써도 소용없다. 기껏해야 잠시 그것을 째고 들여다볼 수 있을 뿐이다.

포르투나투스는 소망대로 이루어주는 마법 모자가 있어서, 그것을 쓰고 어디든 가기를 원하면 곧 그곳에 가게 되었다. 이런 수단으로 포르투나투스는 공간을 정복했다. 공간을 없앤 것이다. 그에게는 '어디'가 없고 '여기'뿐이었다. 바이쓰니히트보의 반가세에 어떤 모자 장수가 자리를 잡고 온 인류를 위해 이런 모자를 만들어낸다면 어떤 세상이 될까! 그 거리 건너편에 다른 모자 장수가 자리를 잡고 그의 동업자가 공간을 없애는 모자를 만든 것처럼, 이 사람이 시간을 없애는 모자를 만들어낸다면 더욱 이상해질 것이다! 두 가지 모자를 다 사고 싶지만 나는 주로 이 나중 종류의 모자를 쓸 것이다. 내가 가진 마지막 그로셴(돈의단위)까지 털어서 모자를 사 쓰고는 어느 곳에 가고 싶다고 소원만 하면 당장 그곳에 있다! 다른 모자를 쓰고 어느 시대에 있고 싶다고 소원만 하면 당장 그 시대에 있다! 이것이 실로 더 굉장하다. 세계의 불의 창조에서 세계의 불의 종말까지 마음대로 날아다니며, 여기서 1세기에 역사적으로 나타나서 바울과 세네카와 마주 앉아 이야기하고, 저기서는 21세기에 예언적으로 나타나서 아직도 그 말대(末代)의 깊은 곳에 숨어 있는 다른 바울과 세네카와 역시 마주보며 이야기한다!

그대는 이것이 가능치 않고 상상할 수도 없다고 생각하는가? 그러면 과거는 없어진 것인가, 다만 지나간 것뿐인가? 미래는 있지 않다는 것인가? 아니면 다만 오지 않았을 뿐인가? 그대의 그 신비스러운 힘, 기억과 희망이 이미 그 대답이다. 즉, 그대는 땅 위에 눈을 싸매인 자이지만 이미 그 신비적인 통로에 의하여 과거와 미래를 불러내고 그들과 이야기하고 있다. 아직은 희미하게, 말 없는 손짓으로. 어제의 막(幕)이 내리고 내일의 막이 오른다. 그러나 어제와 내일은 둘 다 있다. 시간의 본질을 뚫고 영원을 들여다보라. 인간 영혼의 신성한 곳에 쓰여 있는 것을 믿어라. 모든 시대의 모든 사상가들이 경건하게 거기서 그것을 읽은 것처럼. 시간과 공간은 신(神)이 아니라 신(神)이 만든 것들이다. 신(神)에게는 보편적 '여기'와 영원한 '지금'이 있을 뿐이다.

그대는 그 속에서 영혼불멸의 빛을 인정하지 않는가? 아, 하늘이여! 우리 품에서 죽어 저기 뒤에다 남겨둔 사랑하는 이의 흰 무덤은 희미하고 구슬피 멀어져가는 이정표처럼 저 멀리 솟아, 얼마나 먼 괴롭고 지루한 길을 우리가 혼자 왔는가 말해주는 그 무덤은—다만 창백한 유령 같은 환상일 뿐인가!

우리가 신비하게도 여기 있는 것처럼, 우리가 잃은 벗도 아직 신비하게 여기 있는 것이 아닌가. 신(神)과 함께! 다만 시간의 그림자만이 없어졌으며, 없어질 수 있음을 알라.

과거에 있던, 현재 있는, 미래에 있을 모든 것은 지금 또 영원히 '있다.' 불행하게도 이것이 새로운 것으로 보인다면, 그대는 천천히 생각해보라. 앞으로 20년, 또는 20세기 동안. 그대는 이것을 믿을 수밖에 없다. 이것을 이해할 수는 없다.

우리가 한 번 이 땅에 태어났으면 아무래도 그것에 싸여 그 속에서 살아야 하는 공간과 시간이라는 사고형식이 우리의 모든 실제적 추리·개념·상상 또는 가정을 제약하고 규정한다는 것은 전적으로 타당·공정·불가피한 것으로 보인다. 그러나 그것들이 우리의 순수한 정신적 사색을 지나치게 좌우하여 우리 주변 곳곳에 놓여 있는 경탄에 대해 우리를 장님으로 만드는 것은 결코 타당하거나 공정하게 보이지 않는다. 공간과 시간에 생각의 형식이라는 정당한 지위를 주어라. 아니, 그러고 싶다면 실재라는 전혀 부당한 지위까지라도 주어라. 그리고 나서 잘 살펴보라. 그들의 얇은 변장이 가장 밝은 신(神)의 광휘까지도 우리로부터 숨기는 모양을! 그러므로 우리가 손을 뻗어 해를 붙잡을 수 있다면 기적이 아니겠느냐? 그리고 그대는 내가 날마다 손을 뻗어 그것으로 많은 물건을 잡아 이리저리 흔드는 것을 본다. 그러면 그대는 성장한 아기인가? 기적은 아득히 먼데 있거나 몇 파운드라는 중량에 있다고 생각하며, 신을 계시하는 진정한 기적이 사실 내가 팔을 뻗을 수 있고 그것으로 무엇이든 잡을 수 있는 자유로운 힘을 가지고 있다는 것에 있음을 보지 못하니! 이런 종류의 다른 무수한 것은 공간이 우리에게 가하는 기만이며, 경탄을 숨기는 마취작용이다.

시간에 관한 것은 더욱 심각하다. 이 거짓말쟁이 시간은 위대한 마술(魔術) 파괴자이며 우주적인 경탄(驚歎) 은폐자이다. 우리가 시간을 없애는 모자를 가지고 있어서 그것을 한 번이라도 쓸 수만 있다면, 모든 전설적 또는 진정한 요술과 마술의 장난을 능가하는 기적의 세계에 있게 될 것이다. 그러나 불행히도 우리는 그런 모자를 가지고 있지 않다. 그리고 인간은 가련한 바보라 그런 모자가 없으면 거의 꼼짝을 못한다.

예를 들면, 오르페우스나 암피온(둘 다 음악의 명수. 성벽을 쌓은 것은 암피온이라 함)이 다만 그의 하프 소리만으로 테베스의 성벽을 쌓았다면 놀랍지 않은가? 그러나 내게 말하라, 바이쓰니히트보의 이 성벽은 누가 쌓았느냐? 모든 사암석을 불러내어 (지금은 거대한 녹색 땅토를 입은 늪과 원시인 종의 굴이 있다) 채석장으로부터 춤을 추며 이동해 와서 도리아 식·이오니아 식의 기둥이며, 네모난 돌집들과 훌륭하게 정비된 시가(市街)를 만든 것은 누구인가? 과거 여러 세기에 신성한 지혜의 음악으로 인간을 개화시키기에 성공한 보다 더 고상한 오르페우스 또는 오르페우스 같은 사람들이 아니었더냐? 우리의 가장 높으신 오르페우스는 1800년 전에 유대나라에 살아 있었다. 그의 하늘나라 음악은 원생적 천연 가락으로 흐르며, 사람들의 영혼을 황홀하게 사로잡았다. 진정 하늘 음악이므로 지금도 1000 가락의 반주와 풍성한 교향곡을 더불고 모든 사람의 마음속에 흐르고 울리며, 그 마음을 조정하고 또 거룩하게 인도한다. 두 시간에 일어나는 일은 경탄스럽고 200만 시간에 일어나는 일은 경탄스럽지 않다는 것인가? 테베스가 오르페우스의 음악에 의해 세워진 것만은 아니다. 영감을 받은 오르페우스의 음악이 없이는 어떤 도시도 세워진 일이 없고 사람이 자랑으로 삼을 만한 어떤 작품도 이루어진 예가 없다.

시간의 환상을 쓸어버려라. 눈이 있으면 가까운 동인(動因)으로부터 그것의 아득히 먼 원동자(原動者)에게로 (제1 원인 또는 신(神)) 시선을 던지라. 탄력성 있는 구(球)들의 전 은하계를 통하여 전달되어 온 타격은 맨 마지막 구 하나만 날려보낸 타격보다 변변치 못한 타격인가? 아, 만일 내가 (시간을 없애는 모자를 가지고) 그대를 태초에서 종말까지 곧장 데려갈 수 있다면, 얼마나 그대의 눈은 뜨이고, 그대의 마음은 천국적 경탄의 빛바다에 불꽃으로 타오를 것인가! 그러면 그대는 이 아름다운 우주는, 비록 그 중 가장 초라한 부분까지도 사실은 별지붕을 가진 신의 수도임을 깨달을 것이다. 모든 별을 통하여, 모든 풀잎을 통하여, 그리고 특히 모든 산 영혼을 통하여 실재하는 신의 영광이 아직도 광채를 뿜어냄을 볼 것이다. 그러나 신이 입는 '시간'의 의복이며, 현명한 자에게 신을 보여주는 자연은, 어리석은 자에게는 신을 감춘다.

그리고 무엇이 실제로 존재하는 진짜 유령보다 더 기적적일 수 있으랴? 영국 존슨 박사는 유령을 보려고 평생 갈망하였다. 그러나 코크 거리 (존슨 박사가 코크 거리에 갔던 일은 보즈웰의 《존슨전》 1763년 부분에 있다) 에 가보고, 거기서 교회 지하실로 가서 관들을 두드려보기까지 하였으나 유령을 보지는 못하였다. 어리석은 박사님! 그는 육신의 눈뿐만 아니라 마음의 눈을 가지고 주위를 둘러보고, 그처럼 사랑한 사람들의 물결을 지켜 본 일이 없었던가? 그는 자신 속을 들여다본 일조차도 없는가? 그 선량한 박사 자신이 하나의 유령이었다. 어디까지나 실제로 존재하는 진짜 유령이었다. 거의 100만의 유령들이 거리에서 그의 곁을 스쳐가고 있었다. 다시 한 번 말한다. 시간의 환상을 쓸어버리라, 60년을 3분으로 압축시키라, 그는 유령이 아니고 무엇이었나? 우리는 유령이 아니고 무엇이냐? 우리는 정신이 형상을 가져 몸이 되고 환상이 된 것, 그리고 다시 허공으로 보이지 않는 상태로 사라지는 것이 아니냐? 이것은 결코 비유가 아니라 단순한 과학적 사실이다. 우리는 무(無)에서 나와 형상을 띠고 유령이 된다. 우리 주위에는, 진짜 귀신 주위에처럼 영원이 존재한다. 그리고 영원에 있어서 분(分)은 연(年)이고 이온이다 (이것은 통속적인 표현이고, 시간은 시간이 없는 경지인 영원과 아무런 관계가 없다). 사랑과 신앙의 노래가 하늘나라의 하프 줄에서 오는 듯, 천국에 간 영혼의 노래인 듯 들려오지 않는가? 그리고 우리는 (우리의 불협화음, 첫소리로 따지고 서로 고발하며) 찍찍거리고 재재거리며 (《햄릿》 막 1장 1), 재난을 예고하듯 맥 없이, 그리고 두려워하며 흘러가거나 고함치며, 우리의 광적인 귀신춤을 추고 떠들지 않는가? ―아침 바람의 향기가 우리를 우리의 고요한 집으로 부르고 악몽의 밤이 밝아서 새로운 날이 시작될 때까지. 마케도니아의 알렉산더는 지금 어디에 있으며, 이소스와 아르벨라 (둘 다 아시아의 지명. 알렉산더가 페르샤 왕 다리우스 3세를 정복한 곳) 에서 맹렬하게 아우성치던 철갑부대는 그의 뒤에 남아 있는가? 아니면 놀란 귀신처럼 모두 사라져 버렸는가? 나폴레옹과 그의 모스크바 후퇴와 아우스터리츠 전투는! 이것이 모두 정말 귀신의 사냥이 아니었느냐? 밤을 소름끼치게 만들던 그 요란한 소동과 함께 지금은 사라지지 않았는가? ―유령들! 이 지구에는 한낮에 버젓이 돌아다니는 유령이 10억이나 있다. 시계가 한 번 댕! 하는 동안에 50만쯤 사라지고 50만쯤 솟아난다.

아, 신비하고도 무서운 일이다. 우리는 미래의 유령을 하나씩 숨기고 다닐 뿐만 아니라, 우리가 정말 유령이라는 것을 생각하니! 우리는 어디서 얻었느냐, 이 손발, 이 폭풍 같은 힘, 이 생명의 피와 불타는 감정? 모두 진토와 그림자이다. 우리의 '나'를 싸고 엉긴 그림자의 조직이며, 그 속에서 몇 순간 또는 몇 해 동안 나라는 신성한 본질이 육신이란 형태를 빌려 나타난다. 튼튼한 전마(戰馬)에 올라탄 저 용사, 그의 눈에서 불이 번쩍이고 팔과 심장에 힘이 깃든다. 그러나 전마도 용사도 환상이다. 형상을 쓰고 나타난 힘,

그 이상 아무것도 아니다. 그들은 견고한 실체인 양 씩씩하게 대지를 걸어간다. 어리석은 자여, 땅은 한 장의 얇은 껍질일 뿐이다. 그것이 짝 갈라지자 용사도 전마도 장대로 잴 수 없는 심연으로 들어간다. 장대라니? 상상도 그 뒤를 따라가지 못한다. 조금 전까지 그들은 있지 않았다. 잠시 뒤면 다시 그들은 사라지게 된다. 그들의 재조차도 남지 않는다.

태초부터 그러하였고 종말까지 그러할 것이다. 각 세대마다 육신의 형태를 취하여 킴메리오이의 밤(해를 구경할 수 없는 어둠의 나라라고 호머가 말한 곳. 후세 사람들은 혹해 북쪽에 있다고 보았다)에서 나와 하늘의 사명을 띠고 나타난다. 저마다 가진 힘과 불을 소모시키며, 산업 공장에서 가루를 빻는 자, 현기증이 나는 학문의 알프스를 사냥꾼처럼 기어오르는 자, 형제와 겨루는 싸움이라는 암초에 미친 듯이 부딪쳐 가루가 되는 자—그러다가 그를 보낸 하늘이 다시 부르면, 세상에서 입었던 의상이 벗겨지고, 감각에서도 사라진 그림자가 된다. 이리하여 하늘 포병대의 어떤 성난 불, 성난 천둥인 듯이 신비한 인류는 위풍당당하게 천둥을 울리고 불을 토하며, 길게 잇달아 어지럽게 변하는 광채를 내며 알 수 없는 심연을 건너간다. 이리하여 신이 창조하신 불을 토하는 정령의 군대처럼 우리는 허무 속에서 나와, 놀란 지구 위를 태풍처럼 쓸고 가 다시 허무 속에 뛰어든다. 우리는 지나가며 지구의 산들을 허물고 심연을 메꾼다. 죽은 것, 환상에 지나지 않는 지구가 실재성을 가지고 살아가는 정신을 당해낼 수 있느냐? 가장 견고한 반석 위에도 우리의 어떤 발자국이 남아, 이 군대행렬의 맨 마지막에 오는 자들도 가장 선두에 간 자들의 자취를 읽을 수 있다. 그러나 어디서 와서—아, 어디로 가느냐? 감각이 모르고 신앙도 모른다. 유일하게 아는 것은 신비로부터 신비로, 신으로부터 신으로 나아간다는 것뿐.

인생은 꿈과 같은 것
우리의 작은 생애는
잠으로 싸여 있다!"

《템페스트》 4막 1장)

9장 깊이 생각함

그러므로 여기서 매우 중대한 문제가 일어난다. 즉 그것은 많은 영국 독자가 실제로 우리와 함께 약속된 새로운 땅에 도착하였느냐, 의상철학이 지금에야말로 우리 주위에 전개되느냐 하는 것이다. 길은 멀고 험하였다. 사람의 가장 겉에 붙은 평범하고 만질 수 있는 양털로 만든 껍질로부터 불가사의한 육신으로 된 의복을 거쳐, 더 속에 있는 영혼의 의복으로 들어와 시간과 공간에 이르기까지! 이제야 인간의, 아니 인류의 정신적 본질, 영원한 본질은 이런 모든 외피를 벗고, 어느 정도 정체를 드러내기 시작하는가? 많은 독자는 마치 거울을 통하여 보듯이, 거대한 흔들거리는 윤곽으로 인간 본질의 1차적 요소를 보는가? 변하는 것을 변치 않는 것과 구별하여 보는가? 《파우스트》 중의 지신(地神)의 말,

"이리하여 나는 시간이라는 요란한 베틀을 움직여
신을 볼 수 있는 옷을 지어 그대에게 주노라."

또 1000번이나 되풀이되는 마법사 셰익스피어의 말,

"환상의 기초 없는 건물인 듯
구름에 닿은 탑도, 화려한 궁전도
장엄한 성당도, 그리고 위대한 지구(地球)도
상속받는 모든 것은 해체되어
그리고 지금 사라진 호화로운 환영인 듯
한 조각 자취도 남기지 않는다."

(《템페스트》 4막 1장)

이런 말이 우리에게 다소의 의미를 가지게 되었는가? 한 마디로 말하면, 우리는 마침내 인간사회와 인간적 사물의 피닉스적인 사망·탄생이 가능하고 불가피한 것으로 보이는 시적 창조와 신생의 요원한 경지에 도착해 있는가?
이 매우 불완전한, 일찍이 들어보지 못한 다리를 편집자는 하늘의 축복으로, 이제 완성했다고 할 수는 없지만 일단 끝났다고 손을 떼고, 많은 사람들이 사고 없이 건너주기를 기대하진 못하더라도 희망한다. 건널 수 없는 심연 위에 포장된 대도(大道)를 가설하는 견고한 다리를 만들지 못하였지만, 이

미 말한 바와 같이 그 위에 격동하며 떠 있는 꾸불꾸불한 뗏목다리 정도는 만들 수 있었다. 아, 그리고 뗏목에서 뗏목으로 건너 뛰다가 목을 분지르는 일도 예사이다. 그 암흑과 심연의 수면(水面)은 모두 우리에게 불리하였다!

그러나 여기저기 1000에 하나쯤, 이 시대에 찾아보기 어려운 지적 추리력을 가진 사람이 있어, 모든 불리한 조건과 관계 없이 거뜬히 다리를 건너오지는 않았을까? 행복한 소수의 사람들! 미약한 세력의 아군들! 잘 오셨소, 힘을 내시오. 차츰 눈이 새로운 환경에 익숙해지고, 손은 여기서 일하기 위해 저절로 뻗어날 것이다. 저마다 능력에 따라 그대들이 하게 되는 일은 이 신생의 세계(파린게네시아)에서의 이 웅대하고 가장 고상한 사업이다. 새 일꾼들이 도착하고, 새 다리들이 가설될 것이다. 아니, 우리의 밧줄과 뗏목 다리도 그대들이 건너는 동안 여러 군데 수리되어, 상한 다리를 가진 사람도 건널 수 있을 만큼 견고해지지 않겠는가?

그런데 기쁨과 희망에 넘쳐 우리와 함께 출발한 수많은 사람들 중, 지금 우리 곁에 보이지 않는 무수한 나머지 사람들은 지금 어디 있는가? 대부분은 멀리 서서 비동정적인 놀라움을 가지고 우리가 가는 것을 차갑게 바라본다. 적지 않은 사람들이 좀더 용감하게 돌진해 오다가, 실족하거나 뛰다가 실패하여 이제 혼돈의 홍수 속에서 이 언덕 저 언덕을 향해 발버둥치고 있다. 이 사람들에게도 역시 구조의 손을 뻗쳐야 한다. 적어도 어떤 격려의 말을 보내야 하겠다.

그런데 토이펠스드레크가 불행히도 우리에게 조금이나마 감염시킨 표현방법인 은유를 쓰지 않고 말한다면—많은 영국 독자들이 머리를 아주 혼란스럽게 만들어 읽고 앉아 있으며, 이 책으로 인해 교훈보다는 오히려 괴로움을 받았다는 것을 편집자한테 감출 수 있으랴? 그렇다, 많은 영국 독자들은 오래 전부터 지금처럼 으르렁거리며 물어왔다. 이 모든 것은 도대체 무슨 효과가 있는가, 무슨 소용이 있는가?

아, 영국 독자들이여. 그대의 지갑을 채워주거나 그대의 소화력을 돕는 방면에서는 이것은 효과도 없고 소용도 없다. 아니, 오히려 그 반대이다. 왜냐하면 이것은 다소의 지출을 요구한다. 그러나 이 변변치 못한 뿔 대문 (버질의 《아이네이스》 4권 893행 이하에, 잠의 궁전에는 두 개의 대문이 있는데, 하나는 상아, 하나는 투명한 뿔로 되어 있다. 뿔 대문에서는 맞는 꿈이 들어오고 상아 대문으로는 거짓 꿈이 들어온다 함) 을 사용하여 토이펠스드레크는, 그리고 그를 통하여 그대를 꿈의 나라로 인도해 왔다. 그리하여 마치 마술적인 피엘 페르튜이 (알프스 산중에 있는 바위문)를 통하듯이 의상을 통해 그대는 비록 몇 순간이라도 경이로운 나라를 들여다보고, 그대의 일상생활이 경이로 둘러싸여 있고, 경이 위에 서 있고, 심지어 그대의 담요와 바지까지도 기적이라는 것을 알고 느낀다면—그러면 그대는 돈으로는 살 수 없는 이익을 얻었으며, 우리 교수에게 감사하게 된다. 아마 많은 문학적 다과회에서 그대의 입술을 열고 분명하게 그 뜻을 표현할 것이다.

그리고 어쩌면 그대도 지금쯤은 깨닫지 않았을까? 모든 상징은 본래 의상이다. 외면적으로나 또는 상상에서나, 정신이 감각에 나타낼 때에 취하는 모든 형식은 의상이다. 따라서 어느 재단사가 하마터면 재단할 뻔했던 양피지에 쓴 마그나 카르타 (마그나 카르타의 원문은 양피지에 쓰여 있다. 그것이 분실되어 어떤 재단사의 손에 들어가 막 재단하려는 참에 로버트 코튼 〈1571~1631〉이 싼 값으로 사서 보존, 지금은 대영박물관에 있다.) 뿐이 아니라 법의 장엄한 권위, 왕위의 신성함, 보다 낮은 숭배의 대상 모두가 본래는 의상이다. 그리고 39조문 (영국개혁교 회의 신조)은 (종교적 관념을 위한) 패물의 품목이라는 것을. 그렇다면 이 의상철학은 고상한 학문이며, 지금보다 무한히 더 깊이 연구한다면 더 풍성한 열매를 맺을 것이라는 것, 학문적으로는 법의 편찬, 정치경제학·영국헌법론과 동등한 지위를 가진다는 것, 아니, 오히려 그 예언적인 높은 자리에서 이 모든 것을, 마치 많은 옷감 짜는 공장, 실 뽑는 공장을 보듯 내려다본다는 것을 인정해야 되지 않을까? 이런 공장들에서는 흔히 자기 코앞밖에 보지 못하는 여위고 주린 기계의 종들이 의복의 과학을 형성하고, 신성화하고, 분배해야 할 의복들을 기계적으로 만들어 낸다.

그러나 이 모든 것을 생략하고, 자연적 초자연에 관한 보다 많은 것, 실로 이 과학의 궁극적(究極的)·선험적 부분에 관한 것이나, 또는 저 약속된 책 Palingenesie der menschlichen Gesellschaft 《사회의 신생》에 조금이라도 관련된 모든 것을 생략하고—우리는 겸손하게 말한다. 의상철학의 어떤 분야도, 가장 낮은 분야도, 직접적인 가치가 없는 것은 아니다. 그리고 실제적 성질을 가진 무수한 결론을 준다. 이 학문의 최초의 발단부터 의상철학자에게 모여든 저 의미심장한 윤리적·철학적·상징적 고찰에 관해서는 언급하지 않고, 모든 형식의 밑바닥에 숨어 있음을 보았다. 그러므로 저 '건축적 개념' (아리스토텔레스의 《논리학》 1권에, '건축가는 설계를 고안해 내고, 일꾼들은 세부를 실행한다'. 전자는 목적을, 후자는 수단을 안중에 두고 있다)에 관해서는 앞날에 저절로 전개되어 중요한 혁신을 가져올 것이니 언급하지 않고—의상철학의 가장 미미한 빛을 가지고, 의복 계급이라고 불러도 좋을 듯한 사람들을 잠시 살펴보고자 한다.

여기에서도 주의해야 할 것은 꽤나 많을 것이다. 실을 만드는 사람, 감을 짜는 사람, 바래는 사람, 염색하는 사람, 빨래하는 사람, 쥐어짜는 사람, 어두운 구석에서 질벅거리고 덜거덕거리며 우리 의복을 만들고, 우리를 살리기 위해 죽어가는 이 무수한 사람들을 그저 무시하고—이 사람들은 나방과 같아서 의복동물이라 볼 수 있는 의복 속에서 살고, 움직이고, 존재를 가지는 사람들이다. 인류의 작은 두 종류로 독자의 주의를 돌리고자 한다. 즉 멋쟁이와 재단사를 의미한다.

이 두 작은 종류에 관해서는 철학을 통해 계몽되어 있지 않으므로 대중의 감정이 그릇되어 있다. 인간성의 명령조차도 무시되고 있다, 라고 단언할 수 있다. 그것은 다음의 두 장을 읽으면 독자들은 잘 알 수 있을 것이다.

10장 멋쟁이 단체

첫째, 멋쟁이에 관해서 다소의 과학적 엄밀성을 가지고, 멋쟁이란 바로 무엇인가 하는 것을 생각해 보기로 하자. 멋쟁이란 의복을 입는 사람, 의복착용을 그 업으로 삼고, 직분으로 알고, 생활로 아는 사람이다. 그의 영혼·정신·지갑·인물의 모든 기능은 의복을 잘 입는다는 이 하나의 목적을 위해 영웅적으로 바쳐져 있다. 다른 사람들은 생활하기 위해 옷을 입는데, 이 사람은 옷을 위해 생활한다. 의복의 전적인 중요성을 보여주기 위해 절세의 학식과 통찰력을 가진 독일의 한 교수가 그의 방대한 책을 저술하였다. 그것은 아무 노력도 없이 마치 천재의 본능처럼 멋쟁이의 지력에서 솟아났다. 토이펠스드레크라면 '의복의 신성관념'(피히테의 '우주의 신성 관념'이란 말에서 나옴)이라고 부를 것이, 이 사람에게서는 저절로 태어나, 다른 개념들처럼 이것도 외면적으로 나타난다. 그렇지 않으면 말할 수 없는 고통으로 그의 가슴을 찢는다.

그러나 너그럽고 창조적인 열성가답게 그는 그의 개념을 행동으로 옮긴다. 그는 자기 자신을 특수한 양식으로 세상에 보여주며, 의복의 영원한 가치에 대한 증인이자 산 순교자로서 나타난다. 우리는 그를 시인이라고 불렀다. 왜냐하면 그의 몸은 교묘한 하더스필드(영국 지명) 물감으로 애인의 눈썹을 찬미하는 14행 시(셰익스피어 작 《당신의 뜻대로》 2막 6장)를 쓰는 (속에 무엇을 넣은) 양피지가 아닌가? 또는 차라리 온 세상에 드리는 마카로니 식 문체(라틴어와 자기 나라 말을 섞어 쓰는 문체)로써 누구나 읽을 수 있도록 공표한 서사시 Clotha Virumque cano('의복과 사람을 노래하노라.' '아이네이스'의 첫 행 Arma vjrumque cano '무기와 사람을

^{노래하노
라'에서})가 아닌가? 멋쟁이가 시간과 공간에 대한 어떤 관념을 가지고 있다는, 있을 수 있는 일을 있다고 본다면, 생명을 의복에 바치는 점, 영구히 없어지지 않는 것을 곧 없어지는 것에 이처럼 기꺼이 희생시키는 점에(비록 거꾸로이지만) 예언자의 성격을 구성하는, 우리가 이미 본 바 있는 영원과 시간의 혼합과 동일시가 다소 있지 않은가?

그런데 이렇게 영구적으로 순교·시·예언까지 드리는 대가로 멋쟁이가 요구하는 보수가 무엇일까? 자기의 존재를 인정해 달라는 것, 살아 있는 존재임을 인정해 달라는 것, 그것이 지나치다면 시각의 대상, 광선을 반사하는 물체임을 인정해 달라는 것, 다만 이 정도라고 말할 수 있다. 그대의 은이나 금은(인색한 법이 이미 그의 생존은 보장해 주기 때문에 그 이상을) 원하지 않는다. 다만 그대의 시선이 주어지기를 바랄 뿐이다. 그의 신비한 뜻을 이해하든, 전혀 이해하지 못하고 오해하든, 보아주기만 하면 그는 만족한다. 이 변변치 못한 은혜조차 거절하는 냉정한 세상을 우리는 비난하여 마땅치 않겠는가? 그러고는 박제의 악어나 샴쌍둥이 따위를 바라보는데 시력을 낭비하고, 국산(國産)의 경이로움 중의 경이로움인 살아 움직이는 멋쟁이는 경솔한 무관심과 노골적인 경멸로써 무시하다니! 그를 포유동물로 분류해 주는 동물학자도 없고, 주의 깊게 분석해 보는 해부학자도 없다. 우리가 언제 방부제를 주사해서 박제로 만들어진 멋쟁이를 박물관에서 보았으며, 알코올 속에 보존된 표본을 본 일이 있는가? 헤링본 나으리(^{헤링본 옷감으로 된 옷}
^{을 입은 멋쟁이 양반})는 갈색 옷에 갈색 셔츠, 갈색 구두로 차리고 나서겠지만, 그것도 소용 없다. 알아보지 못하는 대중은 보다 절실한 욕망에 몰려 무관심하게 저 건너편을 지나간다.

호기심의 시대는 기사도의 시대처럼 정말 가버렸다. 그러나 어쩌면 단지 잠들어버린 것일 뿐인지도 모른다. 왜냐하면 여기 의상철학이 일어나서, 이상하게도 그 둘을 같이 소생시키고 있기 때문이다. 이 과학의 건전한 견해가 자라나면, 영국 멋쟁이의 본질과 그가 가진 신비한 의미가 언제까지나 가소롭고 개탄할 환상 밑에 숨겨져 있을 수는 없다. 토이펠스드레크 교수로부터 따 온 다음의 긴 글은 이 문제를 밝혀주진 못하더라도 그것에 한 발짝 더 다가갈 수 있을 것이다. 그러나 유감스러운 것은 다른 곳에서 흔히 그렇듯이, 여기서도 교수의 날카로운 철학적 안식(眼識)이 거의 올빼미와 같은 둔한 시력 아니면, 어떤 괴팍하고, 비효과적이고, 비꼬는 경향이 어느 정도 섞임으로써 다소 저해되어 있다. 어느 것에 의해서 저해되어 있는지는 독자의 판단에 맡긴다.

"이 광적 시대에는" 토이펠스드레크는 기술한다. "종교의 원리가 대부분의 교회에서 추방되어, 어진 사람들의 마음속에 숨어서 어떤 새로운 계시를 찾으며, 그리워하며, 조용히 일하거나 또는 세상에 정처 없이 떠돌며 몸을 벗어난 영혼이 육체를 찾고 있는 듯이 방황하는 이 시대에는—그것은 얼마나 많은 기묘한 형태의 미신과 광신에 시험적으로 또는 길을 잃고 들어가는 것인가! 인간의 본성에 속하는 고상한 열성이 지금은 그 표현자를 가지지 못하고 있다. 그러나 그것은 불멸성을 잃지 않고 꾸준히 활동하며, 위대한 혼돈의 심연에서 맹목적으로 일하고 있다. 이리하여 교파 또 교파, 교회 또 교회가 생겨났다가, 다시 사라지고 새로운 형상으로 나타난다.

이것은 특히 유럽에서 가장 부유하고 교육수준이 높은 나라로서, 저능아와 기형아가 가장 잘 태어나는 바로 그 요소(^{더위와}^{암흑})를 공급하는 영국에서 볼 수 있다. 그 나라의 새로운 교파 중 가장 주목할 만하고, 우리가 지금 다루는 제목과 긴밀한 관련이 있는 것 중 하나는 멋쟁이들의 교파이다. 이것에 대해 내가 얻은 지식은 많지는 않으나 여기 싣는 것이 적절할 것이다.

영국 언론인들은 대체로 종교적 원리에 대한 감각이나 그것이 구현된 것에 대한 판단을 가지지 않은 사람들이므로, 그들의 짤막하고 애매한 소개 기사에서, 멋쟁이 교는 세속적인 것이지 종교적인 것이 아니라는 듯이 말한다. 그러나 심리분석가의 눈으로 보면 이 교파의 헌신적, 희생적 특질이 분명히 나타난다. 그것이 물신숭배, 영웅숭배 또는 다신교의 종류인지 또는 다른 어떤 종류인지는 우리의 현재의 지식 상태로서는 미해결로 남겨두는 수밖에 없다. 그노시스 파(^{영적 직관을 존중한 한 종파. 세속}^{적·육체적인 것을 극도로 싫어했다})와 같은 형태는 아니지만 일종의 마니교적인 이원관(二元觀)이 보인다(^{페르시아 인 마니의 교로 광명과 암흑, 선과 악,}^{물질과 정신 등 이원대립(二元對立)을 설파했다}). 그리고 (인간의 오류는 순환하며 일정 기간을 두고 다시 나타나는 것이니) 모든 음식을 끊고 오랫동안 자기의 배꼽을 열심히 봄으로써, 그곳에서 자연의 진실한 계시와 천국을 본다는 아토스 산(山)의 수도승(^{마케도니아의 아토스 산에 살}^{았던 무지하고 금욕적인 수도승})들의 미신과 많은 유사점이 있다. 내가 추측하건대 멋쟁이교는 조로아스터(^{기원전 6·7세기에 성}^{행하였던 페르시아의}

^{종교의} ^{창시자})·공자·마호메트까지도 뿌리뽑지는 못하고 다만 규제하였을 뿐이다. 멋쟁이교는 더 순수한 형식의 종교에 의해서 비로소 완전히 제거된 자기숭배라는 원시적 미신을 새 시대에 맞게끔 새로 고친 것이다. 그러므로 만일 누가 멋쟁이교는 아리만 교(^{조로아스터 교의 암흑·악을} ^{대표하는 신(神)의 이름.}) 또는 악마숭배의 새로운 형식이라고 말한다면 나는 아무런 이의도 없다.

그러나 이 사람들은 새로운 교파의 열성에 고무되어 용기와 인내 및 아무리 노예취급을 당하더라도 인간의 본성 속에 존재하는 힘의 전부를 발휘한다. 그들은 위대한 순수성과 독선주의를 갖고 있으며, (이 책에서 이미 다소 주목한 바 있는) 특수한 의복과 그리고 가급적 특수한 언어—일종의 엉터리 링궈 프랭커(^{유럽 인이 아랍 인 등과 말} ^{할 때 쓴 사생아적 언어}) 또는 영국식 프랑스 어를 써서 이채를 띠며, 진정한 나사렛 파(^{종교적 계율이 엄} ^{격한 유태교도})의 태도를 지키며 세속에 물들지 않으려고 애를 쓴다.

그들은 자신들만의 성전(聖殿)들을 가지고 있으며, 그 본산은 유태교의 본산처럼 수도(首都)에 있다. 그 본산은 올맥의 본산(^{1763년 윌리엄 올맥이} ^{런던에 세운 클럽})이라고 부르는데, 그 어원은 확실치 않다. 그들은 주로 밤에 예배를 드리며, 그들의 남녀 제사장들은 웬일인지 종신직이 아니다. 그들의 비밀의식은 마이나데스(^{술의 신 디오니소스} ^{를 섬기는 시녀들})적인 것에 엘레우시스(^{아티카 지방 엘레우시스에서 농사의} ^{신 데메테르를 위해 지낸 비밀의식})적 또는 카베이로이(^{사모트라키 지방에서} ^{지낸 비밀 제사})적인 것을 가미한 것이라고 추측하는 사람도 있으나 이것은 절대 비밀로 되어 있다. 또 그들은 자기들의 성경들도 가지고 있으니 그 이름은 유행소설이다. 그러나 표준성경은 아직 완성되어 있지 않으므로, 어떤 소설은 표준에 맞고 어떤 것은 맞지 않는 실정이다.

나는 이런 성경들의 견본을 다소의 비용을 지출하고 얻은 다음, 이를 정확하게 알기 위해 의상연구자에 어울리는 열성을 가지고, 그것들을 해석·연구하기 시작하였다. 그러나 아무런 소용도 없었다. 나의 장점이라고 세상도 인정하는 끈기있는 독서력도 생전 처음으로 여기서는 아무런 소용도 없었다. 나는 나의 모든 정력을 기울여 최선을 다하였으나 허사였다. 잠시 뒤 곧 귀가 울리는 정도가 아니라, 무한히 계속되어 견딜 수 없는 일종의 찡찡거리는 소리가 나더니 곧 가장 극심한 최면술에 걸린 듯 의식을 잃어 버렸다. 이것을 뿌리치고 절대로 지지 않으려고 애를 쓰면, 알코올 중독과 똑같은 실신상태에 빠진 듯 일찍이 느껴보지 못한 진동하는 광증과 완전히 녹아 없어지는 듯한 느낌을 겪었다. 그러므로 결국 나의 정신적·신체적인 능력의 완전한 파멸과 체질의 전면적 파괴가 염려되어, 의사의 말을 쫓아 하는 수 없이 그러나 단호하게 중지하기로 하였다. 여기에는 어떤 기적의 작용이 있었던가. 유태교의 비밀의식에서 여러 번 외인을 놀라게 하고 물리친 저 불덩어리, 천국이나 지옥의 이변 같은 힘이 있었던가? 이것은 어떻게 되었든지, 내가 이렇게 실패하였을지라도 최선의 노력을 다한 것은 사실이니, 이 묘사의 불완전함이 용서될 줄로 안다. 비록 불완전하기는 하지만 언급하지 않고 지나기에는 너무도 기묘한 이 종파에 관해 내가 할 수 있는 가장 완전한 묘사이다.

나는 내 자신의 생명과 감각을 매우 사랑하므로, 나 개인으로서는 어떠한 일이 있더라도 다시는 유행소설을 펼쳐보지는 않는다. 그러나 이 딜레마에서 다행히도 구름 속에서 손 하나가 내게 뻗어나와, 승리는 아닐지라도 구원을 보내준다. 슈틸슈바이겐 서점이 영국에서 수입해 오는 서적 소포들 중, 속 포장지로 쓰이는 여러 가지 인쇄된 휴지가 도착한다. 그러면 의상철학자는 일종의 마호메트교도적인 존경심을 가지고 (그들은 활자화된 말은 어떤 의미에서 그것을 쓴 사람의 정신을 담고 있다는 생각에서 휴지라도 소중히 다룬다) 어떤 진기한 지식이 있나 싶어 휴지라도 소홀히 하지 않고 살펴본다. 영국에서 발간된 어떤 잡지의 버려진 조각일 가능성이 높은 이런 상하고 흩어진 종잇장이 유행소설에 관한 훌륭한 논문처럼 보일 때의 그의 놀라움을 독자들이 판단하기를 바란다. 그것은 주로 세속적 견지에서 시작하여, 상당히 심하게, 나는 전혀 모르는 펠람 (1828년에 리튼 경이 낸 소설의 주인공)이라는 사람을 공격한다. 이 사람은 이 종파의 유력한 교리설명자 또는 설교자로 보인다. 하지만 본디 떠도는 휴지에서 기대할 수 없는 일이지만, 멋쟁이교의 진짜 비리, 종교적 형태와 생리를 충분히 보여주지 않는다. 그러나 이따금 산발적인 빛이 번득거리므로, 나는 이것을 이용하려고 노력하였다. 그런데 이 교리설명자의 예언집인지 신화적 계보인지 (아주 복잡한 글이어서) 잘 모를 한 구절 중에서 나는 이 종교의 교리를 따른 신앙고백 또는 신도의 의무를 기록한 글로 보이는 것을 발견하였다. 이 고백인지 의무인지 하는 것은 이렇게 권위 있는 출전에서 나온 것이므로 여기 7조로 정리하여 독일 독서계에 제시하는 것으로 이 일에 대해서는 그치기로 한다. 오해의 가능성을 피하기 위해 원문에서 문자 그대로 인용한다.

신앙조항

1. 저고리에는 삼각형으로 생긴 것이 있어서는 안 된다. 동시에 뒤에 주름이 지지 않도록 조심해야 한다.
2. 칼라는 매우 중요하다. 그것은 뒤가 낮고 약간 감겨 있어야 한다.
3. 아무리 유행의 자유라고 하더라도 섬세한 취미를 가진 사람은 호텐토트처럼 엉덩이에 치장을 해서는 안 된다.
4. 연미복을 입으면 틀림없다.
5. 신사의 양식은 무엇보다도 반지에서 가장 잘 나타난다.
6. 인간이 흰 조끼를 입는 것은 어떤 조건 하에서는 허락된다.
7. 바지는 엉덩이 부분이 꼭 맞아야 한다.

이 모든 명제에 대하여 나는 지금으로서는 겸손하게 그러나 단호하게 부인하는 것으로 만족한다.

이 멋쟁이 교파와 기묘하게 대조되는 하나의 영국 교파가 있다. 이것은 내가 아는 바에 의하면 본래 아일랜드에서 일어난 것이며, 아직도 본산은 그곳에 있지만 영국 본토에도 알려져 있고 또 사실 곳곳에 급속히 퍼지고 있다. 이 교파에서는 아직까지 성경을 내고 있지 않으므로, 성경을 내기는 하였으나 인간의 능력으로는 읽을 수 없는 것을 낸 멋쟁이 교파와 마찬가지로 나로서는 그 모습을 알 수 없다. 신도들은 그들이 사는 지방에 따라 가지가지의 이름으로 불린다. 잉글랜드에서는 그들은 고생 족이라고 부르며, 매우 비과학적으로 흰 검둥이 족속이라고도 한다. 다른 족속들이 이들을 경멸하여 누더기 거지 족속이라고 부르는 일도 있다. 스코틀랜드에서는 이들을 할란 두드리개들(스코틀랜드 말로 할란은 현관과 방 사이를 막은 벽인데, 집 안에 들어온 거지는 그것을 두드린다) 또는 '누더기 더미 족속'이라고 부른다. 이것은 물론 그들의 복장에서 딴 이름이다. 그리고 이미 말한 것처럼, 그들의 본고장인 아일랜드에서는 정말 정신을 못 차릴 정도로 많은 이름으로 불리고 있다. 늪사람(가난한 아일랜드 인의 별명)·붉은 종아리·리본단원(아일랜드 북부의 영국을 지지하는 오렌지 단에 대항하여 조직된 비밀결사로서 초록빛 리본을 표시)·농사꾼, 새벽청년대원(새벽에 반대파의 집들을 습격한 신교도들의 비밀결사)·숲의 아이(18세기 말엽 아일랜드 위클로에 출몰한 반민들의 무리)·로크 파(1822년에 혁명적 벽보에 '캡틴 로크'라는 이름을 사용하며 활약한 비밀결사)·가난한 종놈 등의 이름이 그것이다. 이 마지막 이름이 1차적으로 그 족속 전체에 통하는 본명이고, 다른 이름들은 2차적인 것이거나 조금씩 고친 이름이다. 그렇지 않으면 원 줄기에서 뻗어나간 가지들일 것이다. 그들의 세세한 구분이나 차이를 길게 말하는 것은 시간 낭비에 지나지 않을 것이다. 우리는 다만 본래의 '가난한 종놈'이 이 교파의 본명이며 그 교리와 실제로 근본적 특색은 이름이야 어떻게 되어 있든지, 외면상으로는 어떻게 다르든지, 교파 전체에 보급되어 생기를 넣어주고 있다는 사실을 이해하는 것으로 충분하다.

이 교파의 정확한 이론적인 교리, 즉 우주·인간·인생이 아일랜드의 가난한 종놈의 마음에 어떻게 비치는가, 그는 어떤 감정과 의견을 가지고 미래를 내다보고 현재를 두루 바라보며 과거를 돌아보느냐 하는 문제는 분명히 말하기가 매우 곤란하다. 그들의 조직에는 수도원적인 무엇이 있는 듯하다. 그들은 가난과 복종이라는 두 개의 수도원적 서약에 규제받고 있으며, 그들은 두 서약, 특히 전자를 매우 엄밀하게 준수한다고 한다. 내가 아는 바에 의하면, 어떤 장엄하고 비밀스런 의식에 의한 것인지 아닌지 모르나, 그들은 절대로 거역할 수 없게, 태어나기 전부터 이 서약에 얽매어 있다. 동정이라는 제3의 서약이 그들 가운데서 엄격하게 지켜지고 있다는 추측을 내릴 근거를 나는 가지고 있지 않다.

그리고 특수한 의복을 입는다는 대원칙에서는 그들이 멋쟁이 교도들을 모방하고 있는 듯 보인다. 아일랜드의 가난한 종놈들이 입는 의복이 어떻게 생겼느냐 하는 것은 이 책에서 말하지 않을 것이다. 왜냐하면 언어는 불완전한 것을 가지고서는 그것을 묘사할 길이 없을 것 같기 때문이다. 그 의복은 온갖 종류의 천과 빛깔의 무수한 자락, 단, 너덜너덜한 소매로 되어 있다. 그 미궁같이 복잡한 것 속에 전혀 알 수 없는 방법으로 그들의 몸을 넣고, 단추·실밥·작대기들의 번잡한 결합으로 잡아매고 있다. 그 위에 흔히 가죽 띠 또는 삼밧줄이나 새끼로 허리를 질끈 동여맨다. 새끼는 그들이 유난히 좋아하는 것인지 흔히 짚신 대신으로 신기도 한다. 머리에 쓰는 것은 상당히 자유스러운지 간혹 테가 떨어져나간 것, 꼭대기가 없는 것, 또는 너덜너덜 문이나 뚜껑처럼 달려 있는 것 따위를 쓴다. 꼭대기가 없어진 것일 때는 어떤 생각으로 그러는지 몰라도 테를 위로 보내고 거꾸로 해서 대학모자처럼 쓰고 다닌다.

'가난한 종놈'이라는 이름은 슬라브·폴란드·러시아 인종과 관계 있는 듯 보인다. 그러나 그들의 미신의 내면적 본질과 정신은 슬라브적이 아니라 튜턴적이거나 드루이드교(옛날 골·영국 등지의 켈트 족의 종교)의 특질을 보여준다. 그들은 헤르타(네르투스. 게르마니아 지방의 지모(地母)의 신) 즉 땅의 숭배자인 것으로 생각된다. 왜냐하면 그들은 항상 땅의 가슴을 파며 거기서 정답게 일하거나, 또는 사적 수도장에 틀어박혀 땅에서 난 물건을 가지고 생각하고 가공하며, 좀처럼 하늘의 광명체를 바라보지 않고, 바라보더라도 매우 무관심하게 본다. 한편 드루이드처럼 어두운 집에 살며, 집에 유리창이 보이면 흔히 그것을 깨어버리고 옷 조각이나 다른 불투명한 물건으로 막아서 다시 알맞게 어둡게 한다. 그리고 또 모든 자연숭배자들처럼 그들은 포악하다고 할 수 있을 정도로 열성의 폭발에 휩싸이기 쉽다. 나뭇가지를 엮어 만든 우상(켈트 인은 나뭇가지로 만든 인형 속에 사람을 넣어 태워 죽였다) 속뿐만이 아니라 초가집 속에 들어 있는 사람들도 태워버린다.

음식에 관하여서도 그들에게는 지키는 바가 있다. 모든 가난한 종놈들은 식물의 뿌리를 먹고 살고 그 중 소수의 종놈들은 생선을 먹거나 소금에 절인 정어리를 먹는다. 다른 짐승의 고기는 일절 먹지 않는다. 다만 예외로서, 브라만 교를 묘하게 뒤집은 듯한 감정에서인지 자연사한 짐승의 고기는 먹는다. 그들의 일반적 식량은 감자라고 부르는 뿌리로서 불로 요리하면 그만이다. 아무런 조미료도 양념도 없다. 단지 포인트라는 이상한 조미료가 쓰일 뿐이다. 그 의미를 조사해 보았으나 나는 알 수 없었다(포인트는 '가리킨다'는 뜻인데, 먹을 형편이 못되는 좋은 음식을 가리켜 그 맛을 상상케 하면서 맛 없는 것을 먹게 하는 것). 감자와 포인트로 만든 요리라는 것은 유럽의 어떤 요리책에도 명확히 나타나 있지 않다. 적어도 세세히 정확하게 설명한 것이 없다. 마실 것으로는 모든 음료 중 가장 순한 우유와 가장 센 포틴(아일랜드 농민이 집에서 만드는 술)을 사용하여, 매우 극단적인 맛의 대조를 보인다. 나도 이 포틴을 영국의 진과 스코틀랜드의 위스키 등 여러 나라의 종놈들이 쓰는 것과 함께 맛본 일이 있다. 그것은 자극적인 기름이 섞여 있기는 하였으나, 극도로 도수가 높은 어떤 종류의 알코올을 포함하고 있음이 분명하였다. 대체로 내가 맛본 것 중 가장 독한 것―그야말로 완전히 액체로 된 불이었다. 그들의 모든 종교적 비밀의식에서 포틴은 반드시 있어야 하는 음료이며 또 대량으로 소비된다고 한다.

보통 정도의 진실성은 지닌 아일랜드의 어떤 여행가는 '고(故) 존 버나드'라고 내게는 별 뜻이 없는 이름으로 자기소개를 하고, 어떤 가정에 대해서 다음과 같이 내게 설명해 주었다. 그런데 그가 분명히 그렇게 말한 것은 아니지만, 그 집의 식구들은 이 종교를 믿는 사람처럼 보였다. 그러므로 이 책을 읽는 독일인들은 아일랜드의 가난한 종놈들을 눈 앞에 볼 수 있게 되었을 뿐 아니라 식사하는 모양까지 볼 수 있게 될 것이다. 더욱이 앞서 말한 그 귀중한 휴지에서 멋쟁이교의 비밀교리 설명자가 묘사한 멋쟁이교 신자의 집 안을 대조한 그림도 발견하였다. 이것 역시 대조하자는 뜻에서 세상에 제시하기로 한다.

그러면 먼저 가난한 종놈에 관한 것부터 소개한다. 이 사람은 또한 일종의 여관업자였던 것으로 보인다. 원문을 인용한다.

가난한 종놈의 집안

'이 여관의 시설로는 커다란 쇠 냄비 하나, 떡갈나무 식탁 둘, 긴 의자 둘, 보통 의자 둘, 포틴 잔 둘이 있다. 위에는 (사다리로 올라가게 만든) 다락이 있는데 그곳은 식구들이 자는 곳이다. 아래층은 칸막이로 막아서 두 개의 방으로 나뉘었다. 하나는 소와 돼지가 쓰고 또 하나는 식구들과 손님들이 쓰고 있다. 우리가 그 집에 들어갔을 때는 11명의 식구들이 저녁을 먹고 있었다. 아버지가 윗자리, 어머니가 아랫자리에 앉고 아이들은 양 옆에 앉아 있었다. 그 식탁의 한가운데는 감자냄비를 넣을 수 있도록 여물통처럼 파내어져 있었다. 같은 간격으로 작은 구멍들이 패어 있었는데, 그것은 소금을 담을 자리였다. 식탁 위에는 우유 단지가 하나 놓여 있을 뿐, 고기·맥주·빵·나이프·접시 등 일체의 사치품은 자취도 없었다.' 우리 여행가의 말에 의하면, 가난한 종놈은 어깨가 넓고, 이마가 넓고, 힘이 세고, 입이 귀에서 귀까지 쭉 째진 사나이였다. 그의 아내는 볕에 그을기는 하였으나 잘생긴 여자이고, 아이들은 토실토실한 벌거숭이들로 식욕은 까마귀에 지지 않았다. 그들의 철학적·종교적 교리나 규칙에 관해서는 아무런 설명도 암시도 없었다.'

이제 다음으로 멋쟁이교도의 집 안을 살펴보기로 한다. 이 집에는 여러 번 언급한 비리설명자인 동시에 영감을 받은 문인인 바로 그 사람이 살고 있다.

멋쟁이의 집안

'으리으리하게 장식된 화장실, 보랏빛 커튼, 같은 빛의 의자와 소파들. 두 개의 몸거울이 사치스러운 화장품이 놓여 있는 탁자 양편에 있다. 여러 가지 향수병들은 일종의 특별한 방법으로 정돈되어 자그마한 자개상 위에 놓여 있고, 그 건너편에는 일부러 광채를 흐리게 한 은으로 만든 세면도구들이 있다. 불(프랑스 인 앙드레 불이 고안
한 금·은·자개로 만든 공예품) 식의 옷장이 왼편에 있는데, 약간 열린 그 문틈으로 많은 옷들이 보인다. 아랫단에는 유난히 작은 구두들만이 가득하다. 옷장 건너편에 있는 약간 열린 문으로는 목욕실이 보인다. 안쪽에는 접히며 열리는 문이 있다. '주인 등장.' 다름 아닌 비리설명자 그 사람이다. '흰 명주 저고리에 케임브릭(평직으로 짠
면이나 마)으로 만든 에이프런을 두른 프랑스 인 하인을 앞세우고 들어온다.'

이것이 오늘날 영국 국민의 비교적 안정적이지 못한 부분을 둘로 나누어, 항상 위험한 그 나라를 더욱 동요케 만드는 두 파벌이다. 정치적 미래를 보는 사람의 눈에는, 불화와 적의를 가득히 내포하고 있는 그들의 상호관계는 결코 낙관적이지 않다. 멋쟁이의 자기숭배 또는 악마숭배와 가난한 종놈 또는 일꾼의 대지숭배, 그 고역의 생활이 어떠한 이름으로 불리든—이 두 주의는 아직까지는 매우 아득하고 희미한 형태로 나타난다. 그러나 그들의 뿌리와 지하의 그물맥들은 사회조직 전체에 뻗어 영국 국민 생활의 깊고 비밀스런 밑바닥에서 쉬지 않고 작용하면서 두 개의 대립적이고 절연된 무리로 분리·고립시키려 애쓰고 있다.

전체의 수와 각 사람의 힘에 있어서 가난한 종놈·일꾼들은 시시각각으로 더 자라는 것으로 보인다. 그리고 멋쟁이파는 결코 잘 전파되는 것이 아니고, 물려받은 큰 역량을 자랑하며 단결력이 세다. 그러나 일꾼파는 여러 갈래로 분열되어 아직 구심점을 갖고 있지 않고, 겨우 부분적·비밀적인 유대로 협력하고 있는 정도이다. 만일 이미 성도들의 단체가 이루어진 듯이 일꾼들의 결사가 이루어진다면 어떤 뜻하지 않은 결과가 올 것인가! 멋쟁이들은 아직까지는 일꾼들을 경멸하고 있지만 누가 누구를 경멸하느냐, 누가 위에 서느냐를 결정지을 시험의 시간은 그다지 멀지 않았다.

이 두 파는 장차 영국을 둘로 나누고, 서로 중간계급을 가입시켜 결국 아무도 그대로 남겨두지 않을 것이라고 나는 본다. 멋쟁이파의 마니교도들은 멋쟁이파가 되어가는 그리스도 교인들과 한 단체를 이루고, 일꾼들은 일꾼의 종류에 속하는 모든 사람, 그리스도교도·이교도·공리주의자·급진주의자·벌이꾼이든 가리지 않고 모두 망라해서 하나의 다른 단체를 이룰 것이다. 멋쟁이파와 일꾼파는 단단한 땅의 양편에 발생한 끓어오르는 깊이 모를 두 개의 소용돌이에 비할 수 있다. 아직은 그저 어수선하게 공연히 거품을 내는 샘에 지나지 않아서 사람의 재주로 덮어버릴 수 있는 듯이 보이지만 그 직경은 날마다 더 커지고 있다. 그들은 무한한 심연에서 끓어오르는 속이 빈 원뿔이며, 그 위에 있는 단단한 땅이라는 것도 얇은 가죽이나 껍질에 지나지 않는다! 이리하여 중간에 있는 땅은 날마다 꺼져들어가고, 두 개의 뷰캔 불러(애버딘서 해안에서 멀지 않은 큰 소용돌이)의 범위는 날마다 더 커질 것이다. 결국 그 사이에는 한 자 넓이의 널빤지 한 장 같은 얇은 땅만 남게 될 것이다. 이것마저 씻겨 버리면 그때는―우리는 물지옥을 만날 것이고 노아의 홍수 이상의 홍수가 터질 것이다.

또는 좀더 좋게 보아, 두 개의 무한하고 유례 없는 전기기계(사회기구에 의하여 운전되는)라고 하자. 거기 달린 두 개의 상반되는 성질의 축전지가 음극에 해당하는 종놈주의와 양극에 해당하는 멋쟁이주의이다. 하나는 전국에 있는 모든 양전기(즉 전국의 돈)를 시시각각으로 자기 쪽으로 끌어다가 차지하고, 또 하나는 그에 못지않게 강력한 음전기(즉 굶주림)를 분주히 끌어 모은다. 아직까지는 그저 일시적인 불꽃이나 일어나고 튀기는 정도였으나, 조금만 두고 보면 나라 전체가 축전된 상태에 있게 되어, 전체 생명의 전기는 건전한 중성적 상태에 있지 못하고, 양전기와 음전기(돈과 굶주림)라는 두 개의 절연된 부분으로 분리되어, 두 개의 세계라는 전지 속에 저장된다. 어린아이의 손가락 하나만 움직여도 둘은 이어진다―그러면 무슨 일이 생기겠는가? 지구는 최후의 심판의 천둥소리와 함께 형체도 없는 연기가 되고, 태양은 공간에 있는 그의 유성 하나를 잃고 달은 앞으로 월식이 생기지 않게 된다―또 더 좋게 비유하면―."

아! 비유니 비교니 하는 것은 이 정도로 그치자. 토이펠스드레크이든 우리든 그것을 너무 많이 사용하는 점에서는 누가 더 심한지 알 수 없을 지경이다.

우리는 흔히 그가 말을 너무 질질 끌며 치장한다고 비난해왔다. 그는 신비주의와 종교적 경향이 강해서, 모든 것에서 종교를 찾아낸다는 것을 우리는 오래 전부터 잘 알고 있다. 그러나 이러한 눈병이, 다른 때는 유난히 예리한 그의 시력을 이 멋쟁이파에 관한 경우처럼 지나치게 흐리고 그릇되게 한 일은 없었다. 혹시 어떤 풍자적 의도가 섞인 것이지, 교수이며 예언자인 그가 진짜로 눈병이 있는 것이 아니라, 있는 시늉을 하고 있는 것이 아닐까? 여느 사람에 관해서라면 확실히 눈이 어둡다고 말하겠으나, 토이펠스드레크에 관한 일이니 항상 조금이나마 의아함을 갖게 된다. 그런데 진짜로 풍자의 뜻이 있다 하더라도 조금도 달라질 것은 없다. 그대의 교수는 우리를 바보로 아는가? 그의 풍자는 도가 지나쳤으므로 우리는 그것을 뻔히 들여다보일 뿐만 아니라 그의 속도 들여다보였다, 라고 대답할 사람이 없지 않을 것이다.

11장 재봉사

그러나 이리하여 의상철학으로부터 우리가 최초로 한 실제적 추론, 즉 멋쟁이들에 관한 추론은 충분히 마친다. 이제는 다음 것 즉 의복을 만드는 사람에 관한 것으로 옮긴다. 여기에서의 우리 의견은 다행히도 이 책의 결말에 실려 있는 토이펠스드레크의 의견과 아주 일치한다. 그러므로 우리는 그에게 흔쾌히 양보하고, 그의 식대로 마지막 말을 하게 한다.

"1세기 이상이 지나고" 그는 말한다. "자유를 위한 피비린내 나는 전쟁이 계속되어 가장 고상한 사람들이 선두에서 죽고, 오사 산(山) 위에 펠리온 산을 쌓은 듯이 (그리스 여러 신들과 거인 타이탄 족이 싸울 때, 거인들은 하늘에 닿으려고 오사 위에 펠리온을 쌓았다 한다) 왕좌들이 제단 위에 쌓이고, 악의 신 몰록 (열왕기 상 2장 7절, 암몬 족의 신, 사람을 제물로 받음)이 충분한 제물을 얻고, 정의의 천사 미카엘 (요한 계시록 12장 7~9절, 천군을 거느리고 악마와 싸우다)이 충분한 순교자를 얻은 뒤에 비로소 의복을 만드는 자들은 인간의 참다운 특권을 인정받고, 고생하는 인류의 마지막 상처가 아물 것이다.

세계의 눈먼 역사에서 무언가가 우리를 놀라게 할 수 있다면, 우리는 실로 여기 서서 경탄해야 한다. 의복을 만드는 자는 생리학적으로 색다른 종류에 속하며, 사람이 아니라 사람의 몇 분의 1이라는 (바느질꾼 아홉이 사람 하나를 만든다. 즉 제대로 옷을 입힌다는 속담이 있음) 관념이 퍼져서 널리 뻗어가는 뿌리박힌 오해가 되었다. 어떤 사람은 Schneider

(제단사·재봉사)라고 부르면, 그것은 현대와 같이 제 정신이 아닌, 앞 못보는 광적인 사회에서는 그 사람의 영구적인 불공대천의 원수가 되겠다고 도전하는 것이 아닌가? 저 schneider-mässig(재봉사다운)이라는 형용사는 다른 무엇보다도 심한 정도의 겁쟁이를 의미한다. 왜냐하면 우리는 '재봉사의 울분'이라는 병은 문둥병보다 더 흉한 것이라고 의학책에 기입해 두고, 그 원인은 양배추만 먹고 사는데서 온다는 알 수 없는 이야기를 한다. 한스 작스 (그 자신이 구두장이 즉 가죽 재봉사였다)와 그의 《군기를 가진 재봉사》 _(한스 작스의 작품. 자기가 훔친 형 겊을 모아 군기를 만든 꿈 이야기)에 대해서 이야기하거나 《말괄량이 길들이기》와 그 밖의 작품에서의 셰익스피어를 말할 필요가 있을까? 영국 여왕 엘리자베스가 재봉사 18명의 인사를 받을 때조차 '잘들 있었나, 두 양반!'이라고 말했다는 기록이 있지 않은가? 이 여왕은 또 말도 사람도 절대로 상처를 입지 않는 기병연대를 가졌다고 자랑하지 않았던가? 그것은 즉 암말을 탄 재봉사들의 연대였다. 이처럼 어디서나 이러한 거짓이 진실이라고 인정되었고 의심할 수 없는 사실로서 행동의 기초가 되어 있다.

그러나 의심할 여지가 있든 없든 이것을 생리학자에게 물을 필요가 있을까? 재봉사도 그의 의복 밑에 뼈·내장·살을 가지고 있다는 정도는 추측할 수 있지 않을까? 재봉사는 못한다고 상상되는 것은 인간의 어떤 기능인가? 그도 빚을 갚지 못하면 체포되지 않는가? 대부분의 나라에서는 그도 역시 세금을 내는 동물이 아닌가?

이 책을 읽는 독자는 어떤 것이 나의 신념인지를 의심하는 일은 없을 것이다. 오랫동안 밤을 새워 이루어낸 거의 초인간적인 연구의 이 열매가 완전히 떨어져버리지만 않는다면, 세상은 더 높은 진리를 향해 접근할 것이다. 그리하여 스위프트가 천재의 예리한 선견지명을 가지고, 막연하게 예견한 원리 _(스위프트의 작품 《통 이야기》 제2부에서 《의 상철학》의 씨가 발견되었으리라고 본다)가 광명하게 드러날 것이다. 즉 재봉사는 인간일 뿐만 아니라, 어느 정도는 창조자 또는 신(神)에 가까운 존재라는 원리이다. 프랭클린에 관해서는 '그는 하늘에서 천둥을 빼앗고, 왕에게서 홀을 빼앗았다'라는 말이 있다. 그러나 나는 묻는다. 주는 사람과 빼앗는 사람 중 누가 더 위대한가? 왜냐하면, 사람은 재봉사를 통해 새로운 귀족으로 창조되며, 옷을 입게 될 뿐 아니라 위엄과 신비한 지배권에 싸이게 되는 것 같은 개별적 경우는 그만두더라도―사회의 아름다운 조직조차도, 모든 왕복과 법의로써 우리가 나체와 해체를 면하고 정체·국가, 그리고 협조하는 인류 전체를 구성하는 것도 이 책에서 여러 번 논쟁의 여지가 없을 정도로 보여준 바와 같이, 재봉사가 창조한 것이 아니고 무엇인가? 그리고 모든 시인과 윤리교사는 일종의 비유적 재봉사가 아니고 무엇인가? 이 고상한 길드(동업조합)에 관하여 이 시대에 살아 있는 가장 위대한 조합원(괴테를 가리킴)이 우리에게 우렁차게 묻는다. '생각건대 인간을 위해 신들을 창조하여 우리에게로 끌어내리고, 우리를 신에게로 올려준 것은 시인이 아니고 누구인가?'(《빌헬름 마이스터의 수업시대》 중에서).

재봉틀이 놓인 딱딱한 바닥에 침울하게 앉아 일하는 이 사람을 세상은 멸시하여 사람의 9분의 1이라고 부른다! 얼굴을 들라, 그대 아주 억울한 사람아! 희망에 빛나는 눈과 고상하고 더 좋은 시대의 도래를 예감하고, 얼굴을 들어라. 그대는 너무도 오랫동안 그곳에서 다리도 펴지 못하고 발목이 굳어져 뿔처럼 되기까지 앉아, 어떤 신성한 은자나 가톨릭의 수도사처럼 고생스러운 수련을 쌓으며, 그대를 조롱하는 세상을 위해 하늘나라의 풍요한 축복을 불러 내리고 있다. 희망을 가져라! 벌써 푸른 하늘 조각이 세상의 구름 사이로 나타나고 있다. 무지의 짙은 어둠이 걷히고 있으니 곧 새로운 날이 올 것이다. 인류는 오래 쌓인 빚에 이자를 덧붙여 그대에게 갚을 것이고, 비웃음을 당하던 은자는 존경을 받고 분수(9분의 1이라고 하였으니)는 정수(整數)가 되고, 제곱·세제곱이 될 것이다. 세상은 크게 놀라며, 재봉사가 자기들의 사제이고 교주이고, 심지어 신(神)임을 볼 것이다.

나는 세인트 소피아 회교사원(콘스탄티노플에 있는 이슬람교의 대성당)에 가서 메카에 있는 카바(정방형의 성전. 그 북서편 구석에 신성한 검은 돌이 있다)를 위해 대왕이 해마다 보내는 값진 옷을 만들고 수놓는 24인의 재봉사를 볼 때 마음속으로 생각하였다. 아라비아의 이 검은 돌 외에도 얼마나 많은 신성치 못한 것들을 그대들의 기술이 신성하게 만들었는가!

더욱 감동적인 것은 스코틀랜드 에든버러의 어떤 거리 모퉁이를 돌다가 하나의 간판을 보았을 때였다. 거기는 어떤 사람이 '왕의 바지를 받드는 사람'이라고 쓰고 가죽바지 하나를 그려놓았는데, 그 바지의 무릎 사이에는 SICITUR AD ASTRA('이리하여 별나라까지 오른다', 《아이네이스》 9의 614행에 있는 말)라는 명구가 있었다. 이것은 속박 속에서 한숨을 쉬면서도 교수를 바라보며, 더 좋은 날을 기원하는 재봉사가 순교자 같은 감옥살이를 하며 하는 말이 아니었는가? 바지의 가치가 세상에 계시되고 재봉가위가 영원히 거룩한 것이 되는 그날이야말로 정의의 날이다.

그런데 이 기원은 전혀 헛된 것이 아니었다고 말할 수 있을 것 같다. 내가 처음으로 의복에 관해 저술할 생각을 가진 것은, 이른바 내 영혼이 찢어지고 아무것도 가리운 것 없이 신성한 영감을 받았던 그 숭고한 순간이었다. 이 의복에 관한 일은 내 일생 최대의 일이며, 오랜 시간이 흐른 뒤에 이미 내 일생의 대부분을 점령하였다. 그중 일차적이고 더 단순한 부분을 여기서 종말을 짓는다."

12장 작별

우리는 토이펠스드레크 선생이 인류 동포를 위해 반죽한 거대하고 두루뭉술한 플럼 푸딩! —아니, 차라리 스코틀랜드의 하기스(소나 양의 내장을 썰어 오트밀 등을 섞어 위 속에 넣고 삶아낸 것) 같은 것을 일부분 정리하여 따로 우리의 접시에 올려 제시한다. 고생스럽고 어쩌면 고맙다는 말도 듣지 못할 일이었으나 이따금 희망 같은 것을 보고 힘을 얻었고, 이제 손을 뗄 때에 이르러 전혀 만족을 느끼지 않는 것도 아니다. 만일 이것이 비록 원시적 방법으로나마 다소의 정신적 영양을 사랑하는 영국사회의 빈약한 양식에 추가한다면 편집자로서는 최대의 보람으로 알겠다. 만일 그렇게 되지 못한다 해도 불평할 것은 없다. 이것은 어차피 운명이 그에게 준 일이었으니, 그는 이 일을 끝냄으로써 그의 일생의 과제는 그만큼 더 가벼워지고 단축되었음을 본다.

토이펠스드레크 교수와 작별하면서, 놀라움과 감사와 불만에 섞인 감회를 느낀다. 철학의 더 고상한 분야에서나 예술에서 더 큰 일을 하였을는지도 모르는 소질을 쓰레기장을 뒤지는 일에, 아니, 잃어버린 반지나 다이아몬드 목걸이만 나온다고 장담할 수 없는 하수구까지 뒤지는데 바친 것을 안타깝게 여기지 않을 사람이 누구랴? 안타깝게 여기지 않을 수는 없지만 비난하는 것은 시간 낭비이다. 그의 광적인 장난을 그만두게 하려고 하는 것은 영국 비평계로서도 헛된 노력이 될 것이다. 그것이 우리나라에 퍼지는 것을 간신히 예방할 수 있다면 그것만으로도 다행이다. 이 얼버무려지고 뒤엉켜진 유난히 비유적인 글의 양식이, 생각의 양식은 아니더라도 우리 문인들 사이에 퍼진다면 어떤 결과가 오겠는가! 그것은 매우 쉬운 일일 것이다. 편집자 자신도 토이펠스드레크의 독일어 문장을 가지고 씨름하는 동안 그 자신이 가진 영어의 순수성을 많이 잃었으니 말이다. 작은 소용돌이는 큰 소용돌이에 휩쓸려 함께 돌 듯이, 이 경우에 더 작은 영혼은 더 큰 영혼의 일부가 되어, 그것과 마찬가지로 모든 사물을 비유적으로 보게 되었다. 이 습성을 제거하려면 시간과 고된 노력이 필요할 것이다.

그러나 우리 교수님이 제멋대로인 것처럼 보이기는 하지만, 그의 원수가 되어 그와 작별할 수 있는 독자가 있을까? 이 야성적이고 많은 고생을 사서 하고 남에게도 고생을 많이 시키는 사람에게는 애착을 느끼게 하는 무엇이 있음을 인정하자. 그의 태도는, '위선아, 물러가라. 향락주의야, 여기는 네가 있을 곳이 아니다. 진리야, 모든 것이 물러간 자리에 네가 나와 함께 있어라' 라고 외치는 사람, 다시 말해서 '시대의 왕' 즉 악마에게 정면으로 용감하게 도전하는 사람, 한니발처럼 날 때부터 신비스럽게 이 전쟁에 몸을 바치고, 이제 모든 수단으로 모든 때, 모든 곳에서 그 전쟁을 수행하기로 마음먹은 사람의 태도이다, 라고 우리는 희망하고 또 믿으련다. 이런 전쟁에는 어떤 용사도, 심지어 낫을 든 폴란드 인(1830년 폴란드에는 다시 농민의 혁명운동이 일어났다)도 환영이다.

그럼에도 불구하고 아직도 문제는 다시 우리에게로 돌아온다. 이따금 예리한 통찰력을 가진, 때와 장소에 따라 예리한 감각을 가진 사람이, 세상에 전해야 할 진정한 사상을 가지고 있으면서, 왜 그것을 바보 같은 형식으로 발표하려고 결심하였을까? 이 문제에 만족스럽게 대답할 수 있는 사람은 편집자보다 현명한 사람일 것이다. 우리가 이따금 추측한 바로는, 그렇게 하는 것이 좋으냐 그르냐 하는 선택의 문제뿐 아니라 그렇게 하지 않으면 안 된다는 필요의 문제가 있었을 것이다. 자연으로부터 받은 천품이 그렇게 풍부한데, 그것이 실제로 실패와 수포로 돌아간 우리 교수의 생애에서는 문학도 제대로 발전되지 못한다는 것, 그는 독특한 열렬함을 가지고 이것저것 그림을 그리려고 하지만, 도무지 생각대로 되지 않아서 나중에는 자포자기하여 온갖 색소를 가득히 빨아들인 해면을 캔버스에 던지는 것으로 거품이라도 그려보려고 한 것이라고 생각할 수도 있지 않을까? 지극히 조용한 사람이지만 토이펠스드레크에게는 이 정도로 악에 받친 무엇이 있었던가 보다.

우리의 다음 번 추측은 근거가 부족하여, 좀 덜 확실하다. 그것은 토이펠스드레크는 다소의 보편적 감정, 즉 사람의 길을 바로잡아 주려는 소망을 가지고 있다는 것이다. 이 수수께끼 같은 성격의 깊은 밑바닥에 있는 것이 금욕주의와 절망인지, 또는 이런 모양으로 시든 사랑과 희망인지 겉모습만으로는 판단할 수가 없어서 망설인 일이 한두 번이 아닌 것이다! 그의 다음과 같은 말도 주목할 만하다. "우정이란 어떤 때에 가능한가? 선(善)과 진리를 위해 서로 헌신할 때이다. 그렇지 않으면 불가능하다. 무장한 중립과 본심 없는 상업적 결탁이 있을 뿐이다. 하늘에 감사할 일은, 사람이란 자기만으로도 충분하다는 것이다. 그러나 만일 열 사람이 사랑으로 결합하면, 만 사람이 개인이었을 때 가진 가치와 능력 이상을 갖게 된다. 사람이 사람에게 줄 수 있는 도움은 무한하다." 이것과 관련하여 다음 것도 생각하라. "지금은 세계의 밤이다. 낮이 오기까지는 아직도 멀다. 우리는 연기를 내뿜는 폐허의 검은 빛 속에서 헤매고 있다. 태양도 하늘의 별들도 사라지고 두 개의 무한한 환상, 즉 위선과 무신론이 감각적 쾌감이라는 귀신과 함께 지상을 활보하며 제 세상이라고 소리친다. 인생을 덧없는 꿈이라고 보는 사람들은 편히 잠들어 있다."

그러나 그것이 현실임을 깨닫고 두려움을 느끼는 사람들은 어떠한가? 정말 귀신도 두 사람이 모이면 보이지 않는다고 하니 이들이 서로 결합하는 것이 어떠한가? —그렇게 한다면 이 방대한 의상론은 거대한 기름통이 되어 고독한 망대 속에서 그것에 불을 지른 우리 교수는 밤의 어둠을 뚫고 멀리 넓게 광명을 보내면서, 쓸쓸히 헤매는 많은 사람을 형제의 품속으로 인도할 것이다! 이미 말한 것처럼, 이 심술궂은 무관심의 탈을 쓰고 있는 사람이 어떤 광적 희망을 품고 있는지 누가 알겠는가?

그러나 이런 추측과 잘 부합되지 않는 한 가지 사실을 여기서 말하지 않을 수 없다. 만일 토이펠스드레크가 다른 사람들과 같다면, 이 추측을 깨뜨리기에 충분할 것이다. 즉 봉화가 가장 밝게 타오를 동안 그것을 지키는 사람이 떠나가 버리고 말았으니, 어떤 순례자도 '파수꾼이여, 밤이 어떻게 되었느뇨?' (이사야 21 장 11절)라고 묻지 못하게 된 사실이다. 토이펠스드레크 교수는 이제는 바이쓰니히트보의 어느 구석에서도 보이지 않고, 이 세상에서 완전히 사라진 듯하다. 얼마 전 궁중고문관 호이슈레케는 우리에게 긴 편지를 보내왔다. 그 속에는 '인구제한연구소'에 대한 긴 이야기와 저 서류 자루 속의 문서에 대한 칭찬을 거듭하고 있었다. 고문관은 이 문서의 상징적 성격을 아직도 깨닫지 못하고 있는 듯하였다. 그리고 마지막으로 지극히 이상한 사건을 우리에게 처음으로 알려주었다. 그 구절을 여기 싣는다.

"얼마만한 애정과 또 아직까지 헛된 걱정으로 바이쓰니히트보가 그 철인(哲人)의 실종을 슬퍼하고 있는지 아마 신문을 보시고 알고 계시는 줄로 생각합니다. 모든 독일인의 소리를 합쳐 불러서 다시 그분이 와 주신다면, 아니 어떤 비법으로 자취를 감추셨는지 알 수만이라도 있다면! 그러나 늙은 리셴은 귀가 먹어서 전혀 모르는지 아니면 그런 시늉을 하고 있는지 알 수 없습니다. 반가세의 집은 모든 것이 깨끗이 정리된 채 고요하게 문이 닫혀 있습니다. 정무원(政務院)조차도 아무런 대답이 없습니다.

파리의 3일혁명(1830년 7월의 3일혁명) 소식이 입에서 입으로 전파되어, 바이쓰니히트보의 모든 사람들 귀에 가득 찼을 때, 토이펠스드레크 선생은 일 주일 동안 간스에서나 다른 어디에서도 아무 말도 하지 않고, 단 한 번 Es geht an(시작되었구나)라고 말하였습니다. 아시다시피 그 뒤 얼마 지나지 않아서 베를린에서처럼 이곳에서도 재봉사들의 소동이 사회의 안녕을 위협하였습니다(1834년에 런던에서 일어난 스트라이크 소동). 일이 잘못되기를 원하는 사람이나 자포자기에 빠져 공연히 겁내는 사람도 없지 않아서 그 원인이 의상철학의 마지막 장 때문이라는 비난도 있었습니다. 이 무서운 위기에 처한 우리 철학자의 태연함은 형언할 수 없는 것이었습니다. 아니, 어리석은 한 사람의 입을 통하여 그것이 정무원에까지 전달되어, 우리나라를 구하는데 도움이 될지도 모릅니다. 재봉사들은 이제는 완전히 평온합니다.

이 두 사건 중 어느 것에서도 우리가 교수를 잃어버린 원인을 찾을 수 없습니다. 그러나 파리와 그 곳 정세로부터 의혹의 그림자가 옵니다. 예를 들면 생시몽학회가 그 선언서를 이곳에 보내왔을 때, 간스는 웃음과 울음과 놀라움의 도가니가 되었습니다. 그러나 우리 철인은 침묵을 지키고 앉아 있더니 사흘째 저녁에야 다만 이렇게 말하였습니다. '사람이 사람이라는 것을 발견하고 크게 놀라는 사람들이 여기에도 있다. 그 고상하고 오래도록 잊혀졌던 진리를 잘못 실천에 옮기고 있다.' 우체국장이 조사하고 확인한 바에 의하면, 그 뒤 바자르·앙팡탱 두 사람과(생시몽주의를 추종한 프랑스 사회주의자들) 우리 교수 사이에는 적어도 한 번 서신 왕래가 있었는데, 그 내용은 이제 오직 추측할 도리밖에 없습니다. 그 뒤 닷새째 밤을 마지막으로 그는 다시는 보이지 않았습니다.

우리 시대를 소란케 만드는 많은 적대적 주의 신봉자로부터 냉대받고 있었기 때문에 이 귀중한 사람이 그들의 밀사에 의해 제거되었는지, 또는 자기의 의사를 쫓아 그들의 본부로 따지고 싸우러 갔는지 알 길이 없습니다. 우리는 행방불명된 그가 아직도 살아 있다고 믿을 만한 이유를, 비록 소극적인 것이기는 하지만 가지고 있습니다. 오래지 않아 그가 다시 자취를 나타내리라는 작은 소망이 우리의 상심한 가슴 속에 있습니다. 그렇지 않으면 그의 서재는 어느 날 관헌에 의해 열리게 될 것입니다. 그 속에는 많은 원고가, 아마 그 Palingenesie(《신생(新生)》)도 감추어져 있으리라 생각합니다."

고문관의 말은 여기서 그치고, 그는 다시 한 번 도깨비불처럼 사라져 암흑을 더욱 어둡게 만든다.

그렇다면 토이펠스드레크의 정사(正史)는 끝나 버린 것이 아니고, 평범한 비낭만적인 것이 된 것도 아니고, 오히려 어쩌면 그 좋은 부분은 이제 막 시작된 것인지도 모른다. 실체가 그림자로 녹아들고 무엇이 무엇인지 분간하지 못할 추측의 영역에 우리는 서 있다. 모든 문제를 풀거나 없애주는 시간이 여기에도 반가운 빛을 던져주면 좋으련만! 이제는 거의 확신이나 다름없는 우리의 사사로운 추측에 의하면, 토이펠스드레크는 지금 런던에 있으며 어떤 매우 조용한 구석에 안전하게 틀어박혀 있지만, 언제까지이고 그렇게 있지는 않을 것이다.

그러나 여기서 편집자는 너무 피곤해서 저절로 잠이 오는 듯한 반가운 기쁨을 느끼며 펜을 놓는다. 사람들의 증언에 어떤 가치가 있다면, 무수한 영국 독자들도 이 끝맺음을 시원스럽게 여긴다는 것, 무수한 영국 독자들이 지금까지 여러 달 동안 편집자를 그들의 사고와 소화의 습관에 대한 불안한 방해물로만 알고, 적지 않은 분개와 욕설을 토로했다는 것을 잘 안다. 다른 은혜를 입었을 때처럼 이러한 독자의 태도에 대해서도 편집자는 신(神)에게 감사해야 할 것이 아닌가? 아, 분개하는 독자들이여, 편집자는 그대들 모두에게 두 팔과 가슴을 크게 벌리고 정다운 작별을 고한다. 그리고 기적적 존재인 요크 또는 올리버(《프레이저》지의 편집장의 필명)여, 명쾌하고, 다정하고, 진정 아일랜드 인다운 명랑성과 열광, 펀치(아일랜드의 술) 냄새를 풍기며 그렇게 괴상한 작품을 내는 그대여 안녕, 언제까지나 오래오래 안녕! 영원을 지나가는 나그네 길에서 우리 생애의 몇 달 동안을 우리는 서로 바라보며 지나오지 않았는가. 비록 싸워 가면서도 우리는 함께 살아오지 않았는가?

칼라일 생애와 《영웅숭배론》《의상철학》

성실한 생애

토마스 칼라일은 저작의 분량이나 영향력에 있어서 빅토리아 시대(1837~1901)를 대표하는 문필가이자 최고 지성이다. 그가 영국에서 누린 지위는 독일에서의 괴테에 필적하는 것이었다. 다윈은 칼라일을 가리켜 '내가 알고 있는 가장 귀 기울일 가치가 있는 인물'이라고 평했다. 역사가 브린턴은 "칼라일은 빅토리아 시대의 거의 모든 전기나 서간집에서 그에 관한 내용을 찾을 수 있을 정도로 명성을 누렸다. 칼라일과 밀(J.S. Mill, 1806~1873)을 이 시대의 양대 세력으로 맞세우는 것이 결코 부당하지 않다"고 평가했다. 카자미언은 "칼라일을 배제하고는 영국 문학사도, 19세기 영국 사회사도 설명할 수 없다"고 했다.

빅토리아 시대 칼라일이 누렸던 명성과 영향력은 이처럼 대단하지만, 이것이 단번에 얻어진 결실은 아니었다. 그의 생애 초기는 온통 가난과 질병 그리고 종교적 회의와 벌인 투쟁으로 점철되어 있었다.

칼라일은 1795년 스코틀랜드 시골마을 에클페칸에서 제임스 칼라일의 둘째 아들이자, 그의 두 번째 결혼에서 얻은 아들로 태어났다. 제임스 칼라일의 직업은 석공이었지만 나중에 영세농이 되었다. 칼라일은 '농부'인 아버지를 자랑스럽게 여겼다. 제임스는 확고한 신념을 지닌 칼뱅교도로서, 그의 성격과 생활방식은 아들에게 깊고 지속적인 영향을 주었다. 토마스 칼라일은 어머니만이 아니라 8명의 형제자매한테도 헌신적이었고, 가족에 대한 깊은 애정은 변함이 없었다.

칼라일에게 가장 큰 종교적 감화를 준 인물은 어머니 마거릿이다. 어머니는 세상을 떠나기 직전까지, 칼라일의 나이 50대 후반에 이르도록 아들에게 극진한 애정을 쏟았으며 특히 아들의 신앙에 각별한 관심을 기울였다. 칼라일은 이처럼 부모의 영향을 받아, 한 점의 의심 없는 순수한 신앙이야말로 개인이나 사회의 건전을 나타내는 표지로 간주했다. 빅토리아 시대 영국에서 신앙이 퇴보함에 따라, 칼라일은 철저한 믿음의 필요성을 더욱 드높이 역설했다. 그는 '지적'으로는 종교적 전통에서 벗어났을망정, '정서적'으로는 결코 그럴 수 없었다.

칼라일은 14세 때인 1809년 에든버러 대학교에 진학한다. 당시 에든버러는 런던과 더불어 영국의 지적 중심지로 '근대의 아테네'라고 불릴 정도였다. 에든버러 대학교는 18세기에 스코틀랜드 계몽주

칼라일의 어머니 마거릿 초상화(1842)
아들에게 극진한 애정을 쏟았으며, 특히 신앙에 각별한 관심을 기울였다.

의 중심지로 유명했으며, 철학자 흄, 경제학자 애덤 스미스, 역사학자 로버트슨 등을 배출하기도 했다. 종교적 감수성이 누구보다 예민했던 칼라일은 이곳에서 겪은 지적 경험으로 신앙에 큰 상처를 입는다. 볼테르와 백과전서파 저작을 읽은 그는 자신의 종교에 대해 크나큰 회의에 빠졌다. 특히 계몽주의 역사가 기번의 영향은 결정적이었다. 칼라일은 기번의《로마제국 쇠망사》를 읽은 뒤 결국 1817년, 부모가 그에게 그토록 기대하던 성직의 길을 포기하게 된다.

수학에 소질이 있었던 칼라일은 1814년에 애년에서 수학 교사 자리를 얻었다. 1816년에는 커콜디에 있는 다른 학교로 옮겼는데, 스코틀랜드의 목사이며 신비론자인 에드워드 어빙이 이 학교에서 교사로 재직하고 있었다. 칼라일은 어빙에게 깊은 존경과 애정을 바쳤다. 그는 나중에 이렇게 말했다. "어빙이 아니었다면, 나는 인간과 인간의 영적 교감이 무엇인지 끝내 몰랐을

것이다." 두 사람의 우정은 어빙이 1822년에 런던으로 옮겨 설교자로 명성을 얻은 뒤에도 계속되었다.

그 뒤 몇 년 동안은 칼라일에게 힘겨운 시절이었다. 이끌어 줄 스승도 없이 가난과 만성적인 신경성 위장병으로 고통받으며 성과 없는 탐구와 의혹 속에서 불안정한 나날을 보내게 된다. 가르치는 일이 적성에 맞지 않아 결국 교사직도 포기했다. 1819년 12월에 그는 법률을 공부하러 에든버러 대학교로 돌아갔고, 이곳에서 인생의 어떤 의미도 확신하지 못한 채 3년 동안 외롭고 비참한 날들을 보냈다. 성직자가 되기를 포기한다. 그는 가정교사로도 일했고 언론계에도 잠시 종사했지만 여전히 가난하고 외로웠으며 격렬한 정신적 갈등을 겪었다. 1821년쯤에 그는 일종의 개종을 체험했다. 몇 년 뒤 그는 《의상철학》에서 이 개종을 소설화했다. 이 개종의 특징은 그를 지배한 생각이 부정적(신에 대한 사랑이 아니라 악마에 대한 증오)이었다는 점이다. 그가 모든 것을 정말로 책에 묘사한 대로 체험했는지는 의심스럽지만, 이런 격렬함은 분명 고통받고 반항적인 칼라일 정신의 특징이었다. 이 비참한 몇 년 동안 그는 독일을 진지하게 연구하기 시작했다. 그가 가장 감탄하고 좋아한 것은 언제나 독일 문학이었다. 특히 괴테를 숭배했고 1824년에는 괴테의 《빌헬름 마이스터의 수업시대》를 번역하여 출판했다. 한편 에든버러와 던켈드를 비롯한 여러 지역에서 잠깐씩 가정교사로 일하면서 방랑생활을 했다.

1826년 10월 17일에 칼라일은 해딩턴에 사는 유복한 의사의 딸로 지적이고 매력적이지만 약간 변덕스러운 제인 웰시와 결혼했다. 웰시는 어빙의 제자였고 칼라일과는 5년 동안 사귄 사이였다. 그들을 괴롭힌 망설임과 경제적 근심은 서로 나눈 편지에 기록되어 있다. 평소에는 그토록 오만한 칼라일이 미래의 아내에게 구혼할 때는 나약하고 간청하는 말투를 자주 쓴 것이 흥미롭다. 연애시절에는 이처럼 조심스러운 애인이었음에도 결혼한 뒤에 그는 제멋대로이고 까다로우며 화를 잘 내는 남편이 되었다. 그들 부부는 서로에게 강한 애정을 품고 있었으나 결혼생활은 말다툼과 오해로 얼룩졌다. 그를 잘 아는 사람들은 칼라일이 성불구자라고 믿었다.

결혼 초에 칼라일 부부는 주로 덤프리스셔 주의 크레이겐퍼툭에서 살았다. 그 무렵 칼라일은 《에든버러 리뷰》에 글을 기고하고 《의상철학》을 썼다. 처음에는 책을 출판해줄 출판사를 찾기가 무척 어려웠으나 결국 큰 인기를 얻고 대성공을 거두었다. 신랄함과 익살이 뒤섞인 이 책은 자서전과 독일 철학의 환상적인 잡탕이었다. 이 책의 주제는, 지금까지 인간의 가장 깊은 확신을 주조한 지적인 틀은 이제 죽었고 시대에 맞는 새로운 틀을 찾아야 하지만, 이 새로운 종교 체계의 지적인 내용은 좀처럼 파악하기 어렵다는 것이다. 저자는 "새로운 신화체계, 새로운 표현수단과 옷으로 종교의 '신성한 정신'을 표현하는 것"에 대해 말하지만 그 새로운 옷이 어떤 것이어야 하는지는 명쾌하게 밝히지 않는다.

칼라일은 원하는 일자리를 얻지 못하자 1834년에 아내와 함께 런던으로 이사하여 체인로에 정착했다. 1년이

괴테(1749~1832)
칼라일은 괴테를 가장 숭배했으며, 1824년에는 괴테의《빌헬름 마이스터의 수업시대》를 번역 출판했다.

넘도록 글을 썼으나 한푼도 벌지 못한 그는, 저축해둔 돈이 바닥날 것을 두려워하면서도 타협을 거부하고 야심적인 역사책《프랑스혁명사》를 쓰기 시작했다. 그가 일부 완성한 원고를 J.S. 밀에게 빌려주었다가 화재가 나는 바람에 모두 불타버린 이야기는 널리 알려져 있다. 이 사고가 일어난 뒤에 칼라일은 너그럽고 쾌활한 투로 밀에게 편지를 썼다. 그의 야심, 성공적인 문필생활에 전적으로 의존해 있었던 그의 형편, 궁핍, 헛수고가 되어버린 몇 개월 동안의 작업, 이제 버릇이 된 우울증, 걸핏하면 화를 내는 성급한 성격 등을 고려하면 이것은 정말 주목할 만한 일이다. 사실 그는 사소한 괴로움보

다는 오히려 크고 끔찍한 시련을 더 쉽게 견딜 수 있었던 것 같다. 욕구불만에 따른 습관적인 우울증은, 그의 불운이 그 자신의 비극적인 인생관에 걸맞을 만큼 심각하지 않다는 사실에서 비롯된 것이기도 했다. 그래서 그는 자신의 인생에 부족한 신의 드라마가 가장 뚜렷이 드러나 있는 것처럼 보이는 역사의 주제를 골라 집중적으로 연구하는 것에서 위안을 찾았다. 프랑스혁명에 관한 책은 아마 그의 가장 위대한 업적일 것이다. 원고를 잃은 뒤 그는 맹렬히 그 원고를 다시 쓰기 시작했다. 원고는 1837년 초에 완성되었고 발표되자마자 진지한 찬사와 대중적 성공을 얻었으며, 사방에서 강연 요청이 쇄도했다. 이로써 경제적 어려움은 해결되었다.

역사를 '신의 경전'으로 보는 견해에 충실한 칼라일은 프랑스혁명을 군주와 귀족계급의 어리석음과 이기주의에 대한 필연적인 심판으로 간주했다. 이 단순한 견해는 방대한 양의 자세한 증거 자료와 때로는 뛰어난 인물묘사로 뒷받침되었다. 다음의 발췌문은 비틀리고 열렬하고 비관적인, 때로는 구어적 표현을 사용하고 때로는 익살스럽고 때로는 섬뜩할 만큼 무자비한 그의 산문의 특징을 가장 잘 보여주는 예이다.

"……위엄 있는 의회가 대형 천막을 쳤다. 불화가 천막 주위에 끝없이 크고 검은 장막을 드리운다. 천막은 끝없이 깊은 심연의 흔들리는 바다 위에 서 있다. 천막 안에서는 계속 왁자지껄한 소동이 벌어진다. 천막을 둘러싸고 있는 것은 시간과 영원과 무한한 공간이다. 의회는 그것이 할 수 있는 일, 하도록 맡겨진 일을 한다."(제2부 제3권 제3절)

많은 독자들은 이 극적인 서술에 전율했다. 그들이 칼라일의 예언적인 열변 및 그 글과 당시 상황의 관련성에 당황한 것은 놀라운 일이 아니었다.

《차티스트 운동》(1840)에서 그는 이제까지의 경제이론에 대한 신랄한 반대자로 등장하지만, 이 책에는 급진적·진보적인 요소와 반동적인 요소가 기묘하게 기묘한 상태로 뒤섞여 있었다. 《영웅숭배론》(1841)의 출판과 더불어 힘, 특히 종교적 사명에 대한 확신과 결합한 힘을 숭배하는 태도가 나타나기 시작했다. 그가 이 책에서 논한 영웅들은 신(이교의 신화), 예언자(마호메트), 시인(단테와 셰익스피어), 성직자(루터와 녹스), 문필가(존슨·루소·번스), 군주(크롬웰과 나폴레옹) 등이다. 칼라일은 시인을 다룰 때가 가장 돋보인다. 그는 심술궂고 고집스러운 사람일지 모르지만 결코 관습에 휘둘리지 않았다. 특히 단테를 다룰 때는 다른 인물보다 훨씬 많은 것을 보여주었다.

2년 후에 나온 《과거와 현재》에서 이런 영웅관은 더욱 정교하게 다듬어졌다. 이 책은 "우리의 빈약한 세기를 명확히 설명할 수 있을지도 모른다는 희망을 품고······ 약간 먼 과거의 세기로······ 뚫고 들어가려고" 애썼다. 이 책에서 그는 중세 수도원장의 현명하고 강력한 규칙과 부드럽지만 혼란스러운 19세기의 상황을 대조했다. 그 자신은 교조적인 그리스도교 신앙을 거부했고 로마 가톨릭 교회에 특별한 혐오감을 품고 있었지만, 중세의 규칙을 편들었다. 영국인들 가운데 그가 가장 이상적인 인물로 꼽은 사람은 크롬웰이었다. 그리하여 그는 1845년에 방대한 《올리버 크롬웰의 편지와 연설》을 썼다.

다음에 쓴 중요한 저서는 《현대논설》(1850)인데, 이 책에는 그의 본성 가운데 야만적인 측면이 특히 두드러지게 드러나 있다. 예를 들면 모범 감옥에 관한 논설에서 그는 국민들 가운데 가장 야비하고 쓸모없는 부류의 인간들이 19세기의 새로운 감옥에서 극진한 보살핌을 받고 있다고 대중을 설득하려 했다. 칼라일은 거짓말을 하지는 않았지만 관찰자로는 전혀 믿을 수 없는 인물이었다. 그는 언제나 자신이 보아야 한다고 미리 작정한 것만 보았기 때문이다.

1857년에 칼라일은 그의 또 다른 영웅인 프리드리히 대왕을 집중적으로 연구하기 시작했다. 《프리드리히 대왕전》은 1858~65년에 발표되었다. 이 무렵 그의 정치적 입장은 1855년 4월에 망명한 러시아 혁명가 A.I. 헤르첸에게 쓴 편지에서 어느 정도 짐작할 수 있다. 이 편지에서 그는 다음과 같이 말했다. "나는 전에도 그랬지만 지금은 어느 때보다도 더 '보통 선거'에 대한 기대를 접었습니다. 그 제도를 어떤 식으로 수정해도 전혀 기대를 걸 수 없음은 마찬가지입니다." 이어서 그는 "'의회의 장광설', 자유언론, 그리고 인원수를 세는 일이 초래할 완전한 무정부 상태(불행히도 나는 그렇게 판단합니다)"에 대해 언급하고 있다 (E.H. 카의 《낭만적 망명자들 The Romantic Exiles》에서 인용).

불행히도 칼라일은 보통 사람들을 존중하지 못했다. 그가 신앙에 반대한 이유의 핵심은 아마 복음서의 정확성에 대한 역사적 의심보다도 오히려 여기에 있었을 것이다. 그리스도교 신앙은 허약하고 죄 많은 사람들에게 너무 많은 가치를 부여하고 있기 때문이다. 그의 격렬한 정신은 2가지 요소로 이루어져 있었다. 하나는 악덕을 공공연히 고발하려는 칼뱅주의자의 진지한 소망이고, 또 하나는 버릇처럼 신경질을 부리는 성급함이었다. 이런 성미 때문에 그는 자주 자신을 질책했지만 끝내 이 약점을 극복하지 못했다.

1865년에 그는 에든버러 대학교의 총장 자리를 제의받았다. 1866년 4월에 행한 취임사 자체는 별로 주목할 만한 점이 없었지만 도덕적인 설교조의 말투 덕분에 성공을 거두었다. 이 연설은 1866년에 《책의 선택에 관하여》라는 제목으로 출판되었다. 그가 에든버러에서 성공을 거둔 바로 뒤 아내 제인이 런던에서 급사했다. 제인은 해딩턴에 묻혔고 남편이 쓴 묘비명은 교회에 안치되었다. 아내를 잃은 슬픔에서 칼라일은 끝내 완전히 벗어나지 못했다. 그는 아내가 죽은 뒤에 다시 15년 동안 거의 칩거 상태로 울적하고 따분하게 살았다. 그동안 몇 가지 사회적 쟁점이 그의 지지를 얻었다. 그는 1865년에 흑인 봉기를 너무 가혹하게 진압했다는 이유로 해임된 자메이카 총독 E.J. 에어를 적극적으로 옹호했다. 칼라일은 에어가 "서인도제도를 구하고, 내가 판단할 수 있는 한 당연히 교수대에 올라가야 마땅한 선동적인 흑백 혼혈인 한 사람을 목매달았다"고 칭찬했다. 또한 프랑스─프로이센 전쟁(1870~71)에 흥분하여 "독일은 마땅히 유럽의 대통령이 되어야 한다"고 말했지만, 그런 열광적인 순간은 곧 사라졌다. 만년에는 거의 글을 쓰지 않았다.

그의 역사책인 《노르웨이의 초기 왕들 : 존 녹스의 초상화에 관한 평론》은 1875년에 나왔고, 《회고록》은 1881년에 출판되었다. 그 뒤 그는 아내의 편지들을 편집하여 1883년에 《제인 웰시 칼라일의 편지와 기록 : 토마스 칼라일 엮음》이라는 제목으로 출판했다. 웨스트민스터 사원이 그의 묘지로 제의되었지만 칼라일은 자신의 소원대로 에클페칸 묘지의 부모 곁에 묻혔다.

《영웅숭배론》

《영웅숭배론》은 토마스 칼라일의 여러 작품 가운데 특이한 지위를 차지하고 있다. 그것은 본디 강연으로서 준비된 것을 나중에 손질하여 책으로 출판한 것이다. 그런데 칼라일이 강연을 시도하게 된 데에는 다음과 같은 내막이 있다.

칼라일이 약 6년 동안, 이른바 수업시절을 보낸 '영국에서 가장 황량한 장소' 크레이겐푸토크를 뒤로 하고 '배수의 진을 치고' 런던으로 나가 첼시에 주거를 마련한 것은 1834년(40세) 초봄이었다. 그런데 칼라일의 기대에 어굿나게 그 전해에 〈프레이저〉 잡지에 연재된 《의상철학》은 세평이 좋지 못하여 출판을 약속하는 서점도 없는 형편이었고, 기대했던 평론지에서의 기고 의뢰도 거의 없었다. 한편 런던으로 이주한 뒤 만 3년 동안 정력을 기울여 완성한 《프랑스혁명사》는 1837년 5월 프레이저 서점으로부터 출판되기는 했으나 원고료는 단 한 푼도 없었다. 이리하여 스코틀랜드에서 가져왔던 300파운드의 돈도 얼마 남지 않았다. 이러한 칼라일의 경제 상태를 가엾게 여긴 해리엇 마티노 여사를 비롯한 유력 지인들의 알선 결과 칼라일은 강연을 시작하게 된 것이다.

처음은 1837년 5월 '독일문학'에 관한 것으로, 여러 해 동안 쌓아 모은 지식을 기울여 호평을 얻고 130파운드의 수입을 얻었다. 그 뒤의 《프랑스혁명사》는 점차 세평을 끌기 시작하여, 이듬해 1838년에는 《의상철학》 및 《논문집》을 출판했으나, 이 해도 '유럽문화의 각 시대'라는 강연을 시도하였고, 《차티즘》이 출판된 이듬해인 1839년에는 '유럽의 모든 혁명'에 대하여 강연했다.

《영웅숭배론》(On Heroes, Hero-Worship, and the Heroic in History)은 1840년 5월 5일부터 22일까지 런던에서 매주 화·금요일에 행한, 그의 마지막이자 가장 중요한 여섯 차례의 강연 원고를 그 이듬해인 1841년에 책으로 펴낸 것이다. 책 제목을 직역하면 《역사 속의 영웅, 영웅숭배 그리고 영웅정신》이 되지만 흔히 《영웅숭배론》으로 알려져 있다. 그 강연의 청중은 런던 전체의 명사, 그가 말하는 '영국의 선량한 일부'를 망라했다. 이미 앞선 3차례 강연으로 칼라일은 강연자로서 좋은 평판을 얻었고, 또한 저서와 논문 등을 통하여 상당히 광범위한 독자의 지지를 받고 있었기 때문이다. 그들은 강연 내용의 참신함과 기발함에 이끌려 때때로 감탄 어린 외침을 흘리면서 숨을 죽이고 이 '분방한 애넌데일의 포도탄'에 귀를 기울였다.

'영웅'이라 하면 전사(戰士)의 이미지를 강하게 풍긴다. '영웅숭배'란 어휘도 '군인 영웅에 대한 맹목적 숭배와 절대적 복종'으로 받아들이기 쉽다.

그러나 《영웅숭배론》에서 칼라일이 말한 '영웅'은 결코 군사적인 의미에 한정되는 것이 아니다. 물론 이 책에서 다룬 11명의 영웅 중에는 나폴레옹과 크롬웰 같은 군사적 영웅도 있다. 그러나 나머지 영웅들은 북유럽 신화의 주인공 오딘, 이슬람교 창시자 마호메트, 종교개혁자 루터와 녹스, 시인 단테와 셰익스피어, 문인 존슨·루소·번스 등이다.

칼라일은 인격적 성실성과 도덕적 통찰력을 갖춘 '위인'을 영웅이라고 정의한다. 실제로 칼라일은 '영웅'과 '위인'을, '숭배'와 '존경'을 같은 의미로 혼용하고 있다. 칼라일은 예수 그리스도에 관련해 "모든 영웅 중 가장 위대한 영웅은, 우리가 감히 여기서 그 이름을 말하지 않는 바로 그분"이라고 단언하기도 했다. 예수야말로 모든 영웅 중 맨 윗자리를 차지한다는 점을 분명히 밝힌 것이다. 칼라일의 영웅개념에서는, 정신적 위대성이야말로 위인의 가장 큰 특징인 것이다.

《영웅숭배론》은 19세기 유럽 최고의 베스트셀러로 꼽힌다. 1841년에 초판이 간행된 후 1928년에 이르기까지 영국에서 28판, 미국에서 25판이 각각 간행되었고, 독일어 번역본은 6판이 간행되었다. 칼라일이 세상을 떠난 뒤, 1888년에는 프랑스어, 1892년에는 폴란드어, 1893년과 1932년에는 에스파냐어, 1897년에는 이탈리아어, 1900년에는 헝가리어, 1901년에는 스웨덴어, 1902년에는 네덜란드어, 1903년에는 세르보―크로아티아어, 그리고 1916년에는 덴마크어로 옮겨졌다. 19세기 말과 20세기 초 유럽의 독서인구 중 이 책을 읽지 않은 사람은 없다 해도 과언이 아니다.

대작 《영웅숭배론》은 역사 서술 면에서 이전과는 다른 특별한 본보기를 보인다. 영국 역사가 트리벨리언은, 현대 역사학에서 볼 수 없는 상상력과 설화적 자질을 칼라일이 펼쳐 보였다며 극찬했다. 그것이 가장 두드러진 예로서 '루터'와 '크롬웰'편을 들었다. 현대 역사서술은 보통 과학적 역사해설로 이루어져 있으며, 무언가 메마른 느낌을 준다. 그러나 이 《영웅숭배론》은 그 서술에 저자 특유의 열정이 담겨 있어 읽는 이로 하여금 색다른 맛을 느끼게 한다. 또한 '셰익스피어와 인도를 바꿀 수 없다' 등의 수많은 명언과 명구들도 읽는 맛을 더해준다.

그런데 이러한 성공과 명성을 획득했음에도 불구하고, 칼라일은 그것을 마지막으로 두 번 다시 강단에 서지 않았다(약 20년 뒤 에든버러 대학의 명예총장으로 뽑혔을 때 취임사를 한 것이 전부이다). 강연은 언제나 칼라일에게 적지 않은 희생을 부과했기 때문이다. 원래 사교를 싫어하는 그는 공개석상에서 뭇사람의 시선을 받는 것에 참기 힘든 고통을 느꼈다. 출연 전날 밤에는 좀처럼 편안한 잠을 이루지 못하여 브랜디의 힘을 빌렸던 적도 있었다. 뿐만 아니라 강연자가 청중에 도취되어 자칫하면 마음에도 없는 아첨으로 이끌리는 일도, 진실을 사랑하는 칼라일에게는 꺼림칙한 일이었다. 다만 생활을 위하여, 필요에 쫓겨서 이 성질에도 맞지 않는 부업을 시도했을 뿐이어서, 생활이 안정될 것이 거의 확실해진 것을 기회로 깨끗이 그만두고 자기 본래의 직분에 전념하려고 결심한 것은 그로서는 당연한 일이었다. 그러나 이 마지막 강연만은 책으로 남기고 싶어 했다. 그리고 이 책은 이듬해 1841년 3월에 출판되었다.

이 책이 강연을 위하여 준비된 것은 앞에서 말한 바와 같으나, 그것은 강연의 초고였다는 의미가 아니다. 칼라일은 이 강연의 구상을 얻기 위하여 충분한 사전준비를 마치고 그 각서를 만들었으나, 그것은 뼈대에 지나지 않는 것이고 강연 자체는 그것을 기초로 한 즉흥적인 서술이었다. 그것을 '읽을 수 있는 책'으로 만들면서, 칼라일은 이 각서를 참조하여 강연 속기에 상당한 증보와 정정을 가했다. 그러나 어디까지나 강연의 어투를 살리기 위하여 '그 문체는 어투를 낮추어서 될 수 있는 한 담화처럼 할 필요'가 있었다. 이리하여 이 책의 문체는 《의상철학》이 대표하는 것과 같은 칼라일의 다른 산문에 비하면, 전아함이나 유려함과는 거리가 먼, 시인을 놀라게 하고 매료시킨 여러 특징이 얼마간 완화된 것이었다. 때때로 지나치게 저속하다고 여겨지는 일도 있지만, 이내 고원한 설교가 되고, 조화로운 산문시가 이어지고, 인상적인 초상화가 나타나고, 상상의 날개가 비약한다. 이 당돌한 변화에서 화술의 묘미가 느껴져 이 책의 독특한 매력을 형성하고 있다.

칼라일에 의하면 영웅은 근본적으로 같은 속성을 가지고 있다. 무엇보다도 그들은 진실하다. 그러나 자신의 진실성을 의식하지 못한다. 오히려 자신이 '진실치 못함'을 예민하게 느낀다. 영웅이 '진실한 사람'을 의미했으므로 영웅이 될 수 있는 길은 모든 사람에게 열려 있다. 진실성을 갖는다는 것은 평범한 사람들에게도 가능한 일이기 때문이다.

칼라일의 인간관에는 숭고한 면이 있다. 그는 아무리 천박해 보이는 인간일지라도 무언가 고귀한 점을 갖고 있다고 말한다. 인간이 그리워하는 것은 안일과 쾌락이 아니라 고상하고 진실한 일을 하는 것이다. 그러므로 계기만 주어진다면 아무리 하찮은 사람이라도 빛을 발하며 영웅이 될 수 있다.

그러면 칼라일의 '영웅'이란 어떤 사람인가? 그것을 이해하려면 일단 칼라일의 세계관을 접해야 한다. 칼라일의 세계관은 이차적이다. 그에게 '이 너무나도 견고하게 보이는 물질적 세계는, 사실은 본래 공허한 것이며, 신의 위력과 존재의 눈에 보이고 손으로 만질 수 있는 현현(顯現)이다—무한한 허공의 한가운데에 신이 던지는 그림자일 뿐이다.' 그것을 거꾸로 말하면 모든 존재에는 신성한 신비—피히테의 이른바 '신적 이념'이 깃들어 있으며, '별이 반짝이는 창공으로부터, 들의 풀에 이르기까지의 삼라만상, 특히 인간과 그 영위가 되는 현상은 그것의 의상, 그것을 눈에 보이게 하는 구상일 뿐이다.' 괴테의 이른바 이 '우주의 공개된 비밀'은 누구에게나 분명하게 제시되어 있지만 평범한 사람의 눈에는 보이지 않는 것이다.

그러나 영웅이란 '그 눈빛이 사물의 가상(假想)을 꿰뚫고 사물 자체를 꿰뚫는 것에 그 첫 번째 특성이 있으며, 이것이야말로 올바른 영웅적 자질 전체의 최초이자 최후, 알파이자 오메가라고 불러야 마땅한 것이다.' 영웅이 성실한 선비답게 되는 것은 여기에 유래한다. 그리하여 영웅의 근본적 특질인 성실이란 '깊고, 크고, 순수한 성실'이며, '대개 자만심에 지나지 않는' 자칭적 성실과는 크게 다르다. 위인의 성실에 이르러서 그는 무의식적, 아니, 오히려 의식적으로 자기의 불성실을 자각하는지도 모른다. 그의 성실은 자기에게 기초하는 것이 아니라, 그의 정신이 성실할 수밖에 없도록 되어 있는 것이다. '이 우주는 그에게는 무섭고, 신기하고, 삶처럼 진실하고, 죽음처럼 진실한 것이다. 예를 들어 모두가 그 진실을 잊고 허무한 그림자의 삶을 보낸다고 하더라도 그는 그럴 수 없다. 하루 종일 실재의 불길로서의 그의 빛을 받고, 지울 수 없도록 현전한다.'

이상에서 분명한 것과 같이 칼라일의 성실은 동시에 통찰과 직관이며, 지력이라 할 수 있다. 그리하여 '이러한 성실에는 실로 숭고한 부분이 있다. 이러한 사람의 말은 자연 자체의 중심으로부터 단적으로 나오는 목소리이다. 사람들은 다른 어떠한 말보다도 그것에 더 귀를 기울인다. 또한 그럴 수밖에 없다.' 즉 영웅은 '무한하고 알 수 없는 세계로부터 우리들에게 소식을 가져다주기 위하여 보내진 사자이며', '시대가 추구하는 것을 바르게 인식하는 지식, 그것을 이끌어 바른 길을 밟아 그곳에 이르게 하는 용기'를 통하여 시대의 구제자가 된다. 그러므로 위인은 인류의 지도자이며, 일반 대중이 어쨌든 행할 수 있었던, 또는 도달할 수 있었던 모든 것의 모범, 전형, 나아가 넓은 뜻의 창조자였다. 실제로 세계에서 볼 수 있는 모든 기성의 사물은 본래, 세계에 강림한 위인 가운데 깃든 사상의……구상화이다.

칼라일의 '영웅숭배'는 수동적 '복종'이 아닌 자발적인 '존경'이라는 점에서 니체의 초인(超人) 개념과 사뭇 다르다. 니체가 초인과 범인(凡人)의 특징을 '의지'와 '무(無)의지'로 파악하고, 양자를 '상반된' 속성을 지닌 존재로 간주했던 것과는 달리, 칼라일은 영웅과 추종자의 차이가 다만 '정도'의 차이에 불과하다고 생각했다. 그가 주는 메시지는 간단하다. 우리 모두가 '진실한 작은 영웅'이 될 때 위대한 지도자를 선택할 수 있다는 것이다.

이들 위인에 대하여 일반민중이 취해야 할 태도는 충성, 존경, 찬양이다. '자기보다 뛰어난 자에 대한 찬탄의 감정보다도 고귀한 감정은 결코 인간의 뇌리에는 깃들지 않는다.' 그것은 고금동서에 걸쳐서 '인생에 생기를 불어넣는 힘이며' 인류와 마찬가지로 불멸한 것이다. 이제까지 존재했던 모든 종교도 그것을 근거로 하고 있다. '온갖 사회의 생명의 숨결인 본래의 충성은 참으로 위대한 자에 대한 유순함과 찬탄에서 근본을 발하는 것이므로, 사회 또한 영웅숭배에 기초를 두고 있다.' 사회는 순위 등급이 있는 영웅숭배, 즉 영웅제도이다. 칼라일이 의미하는 질서란, 바로 이러한 사회의 순위등급이 각자의 능력에 따라서 장소를 얻고 있다는 것이다.

그리하여 세인의 위인에 대한 요망, 대우 또는 환경이 위인의 다양한 형태를 결정하는 요인이다. 위인은 대자연의 손에서 온 그대로는 언제나 동일한 소재로 이루어지는 것이지만 '태어난 세계의 종류에 따라, 시인, 왕자, 승려, 또는 어떠한 자라도 될 수 있다.' 이런 의미에서 볼 때, 이 책에서 다루고 있는 여섯 종류의 영웅 외에도 많은 종류가 있다는 것을 칼라일은 인정하고 있다. 그러나 시대가 영웅의 직능을 결정한다는 것은 시대의 추세가 위인을 낳는다는 의미가 아니다. 칼라일은 위인을 하늘에서 온 번갯불에, 민중을 점화시킬 수 있는 마른 장작에 비유하여 말한다. '그들(장작)에게는 위인을 요망하는 아주 절실한 것이 있었다. 그러나 그를 불러내는 것에 이르러서는! "보라, 불을 일으킨 것은 장작이지 않은가"라고 외치는 무리는 그 눈빛이 좁쌀만 한 비평가이다.'

유의할 점은, 영웅과 추종자의 관계가 지배·예속의 '물리적 관계'가 아니라는 사실이다. 양자의 관계는 '도덕적 관계'다. 추종자의 '존경'이 영웅숭배의 전제조건이기 때문이다. 그러므로 영웅만 있으면 되는 것이 아니라 영웅을 알아볼 안목을 지닌 '수많은 작은 영웅들'이 반드시 필요하다. 그런 사람들이 존재하지 않는다면 설령 탁월한 영웅이 나타난다 해도 아무 소용이 없다. 대중에게 인정받지 못한 영웅은 지도력을 발휘할 수 없기 때문이다.

그런데 영웅과 민중의 관계에 대하여 하나의 난관이 있다. 그것은 영웅의 출현에는 그에 상응하는 세계가 수반되어야 한다는 것이다. '누구도 종복의 눈에는 영웅일 수 없다'라는 경구가 있듯이, 종복적인 세계에는 가령 위인이 강림해 온다 해도, 도량이 좁은 자들의 무리는 방해를 받아 그 영웅적 자질이 닳아 없어지고 무위에 그칠 수밖에 없다. '성실한 자만이 성실을 볼 수 있다.' 그리하여 성실은 영웅에 불가결한 근본적 요소이기는 하지만, 사람이 성실해지기 위해서 반드시 영웅일 필요는 없다. 적어도 아담의 자식이라면 누구나 성실해질 수 있다. 만약 한 시대의 사람들 전체 또는 그 대다수가 성실하다면, 그것은 위대하고 풍성한 시대이다. '참된 우월자인 영웅이 이 시대만큼 존경을 받은 일은 없기' 때문이다. 세계 역사에서 온 세상이 성실한 시대가 일찍이 있었다. '이것이야말로 진정한 영웅숭배자들이었다.' 그것은 녹스가 출현한 스코틀랜드 국민이다. 영성을 결여한 것 같은 미개야만민족이, 녹스의 종교개혁의 봉화를 접하고 갑자기 내적 생명의 연소를 초래하여 '이로 인하여 매우 비천한 인간도 단지 공민이 될 뿐만 아니라 그리스도의 눈에 보이는 교회의 일원이 된다. 그에게 결국 진실한 인간이란, 진정한 영웅이 되는 것이다. 이미 한 번 존재했던 이상 또 있을 수는 없다. 이러한 시대의 도래를 염원하여 그 실현을 촉진하는 것이 이 책의 이상이었을 것이다.

그러나 민중이 어떻게 동시대의 영웅을 인식할까? 이 '문제 중의 문제'에 관하여 칼라일은 아무런 명확한 해답도 주고 있지 않다. 그 유일한 실마리로 간주할 수 있는 것은 '힘은 잘 이해되었을 때는 모든 가치의 척도이다. 어떤 사물에 빌려줄 때는 시간을 기준으로 하고, 만일 그것이 성공한다면 그것은 정당한 것이다.' 또는 '권력은 긴 안목에서 보면 정의이다'라는 주장에서 엿볼 수 있는 것인데, 그것은 역사적 거리를 전제로 하는 것으로, 현전 즉 시간의 위기에는 도움이 되지 않을 것이다. 한편 칼라일 자신이 동시대의 탁월한 인물, 스콧, 워즈워드, 콜리지, 매콜리, 키블, 글래드스턴에 대하여 그 진가를 인정할 수 없었던 사실은 이 문제가 얼마나 어려운 것인지를 말해주고 있다. 요컨대 칼라일의 영웅론의 최대 난점은 여기에 있다고 생각된다.

한때 히틀러의 전성시대 파시즘과 칼라일의 《영웅숭배론》이 비교된 적이 있다. 사실 책 제목부터 오해를 살만한 점이 있긴 했다. 독재자에 대한 맹목적 복종을 연상케 하기 때문이다. 그러나 이 책에서 '영웅 중 가장 위대한 영웅'으로 꼽힌 인물이 '예수'라는 점을 상기하면 오해는 풀린다.

칼라일의 초역본이 1920년부터 1922년에 거쳐 이탈리아에 나타나고 독일에서는 1926년부터 1932년에 걸쳐 30만 부의 칼라일선집이 팔렸으며, 《영웅숭배론》은 많은 학교에서 필독서로 지정되었다. 그러나 칼라일이 당시에 있었다면 다음과 같은 말을 되풀이하지 않았을까? '겉모습은 어디까지나 겉모습이다. ―아아! 칼리오스트로, 수많은 칼리오스트로의 무리, 세상에 이름을 날린 천하의 패자(霸者)들, 그들은 그 사기꾼 기만에 의하여 한때는 번성한다. 그것은 위조지폐와 같은 것이다. ……자연은 프랑스 혁명, 그 밖의 유사한 화염이 되어 폭발하고 엄청난 기세로 적나라하게 위조지폐가 위조된 취지를 천하에 포고한다.' 우리는 히틀러나 무솔리니와 같은 사기꾼 같은 영웅의 영화가 너무나 덧없음을 보아왔다. 그리하여 칼라일의 '한 시대의 역사에 있어서 가장 의미 깊은 특색은 위인을 맞이하면서 그 시대가 취하는 태도이다. 실로 한 시대의 모든 영위의 핵심은 그것이 마땅한가에 있다고도 할 수 있다'는 말을 접할 때, 현재의 이탈리아 인이나 독일인 나아가서 우리 국민들이 뼈저리게 느끼는 것이 있을 것이다.

게다가 그의 인도에 관한 예언이 너무나 훌륭하게 적중했다는 데에는 놀라지 않을 수 없다. '만약 외국에서 이런 이야기가 들려온다면 어떻게 될 것인가. 영국인들이여, 여러분은 여러분의 인도제국과 셰익스피어 중에서 어느 쪽을 포기할 것인가, 여러분은 인도제국이나 셰익스피어를 전혀 가질 수 없게 된다면 어느 쪽을 선택할 것인가, 라고. 이것은 실제로 중대한 문제일 것이다. 관리들은 물론 외교적인 어투로 대답하겠지만, 우리들로서는 대답하지 않을 수 없다. 인도제국이 있든 없든 우리는 셰익스피어 없이는 안 된다, 라고. 인도제국은 어쨌든 언젠가는 잃게 될 것이다. 그러나 셰익스피어는 잃는 법 없이, 영원히 우리에게 존속한다. 우리는 셰익스피어를 포기할 수 없다.'

칼라일은 그 무렵의 대세를 이루는 모든 경향에 대해 반동적인 태도를 표시했다. 즉 팽배한 자유평등의 민주주의를 아나키즘과의 파멸의 도정으로 간주하고, 자유방임주의의 전성시대에 산업조직을 산회적 결합의 자연적 법칙에 반하는 것으로 보아 장족의 진보를 이룬 과학에 대해서는 우주의 기계화적 과정으로서 멸시했다. 또한 그 사관도 사회학적·과학적 방법에 기반하지 않고, 개인주의적·주관적 방법에 치우쳐 있었다. 그럼에도 불구하고 당시의 청년들은 반드시 한 번은 칼라일에게 감화를 받았다고 할 만큼 위대한 영향력을 부여한 것은 주로 그의 열렬한 도덕적 감정과 그 독특하고 박력 있는 문체에 따른 것이다. 오늘날에도 수많은 모순이나 현대에서 지지하기 어려운 주장을 포함하고 있음에도 불구하고, 우리가 이 책을 읽을 때 그 문체에 매료되어 우리 덕성의 동요를 느끼게 한다. 그리고 과거 백년에 걸쳐 이 책이 소설 이상으로 다수의 독자를 얻은 것도 이해가 된다. 그것은 앞으로도 변함없을 것이다.

《의상철학》

이 책의 원제는 *Sartor Resartus : The Life and Opinions of Herr Teufelsdröckh in Three Books*다. 우리말로 직역하면 《다시 재단된 재단사 : 토이펠스드레크 씨의 생애와 견해 3부작》이 된다. 이것은 독일인 디오게네스 토이펠스드레크(실은 저자 칼라일 자신)의 의상철학(Philosophy of Clothes) 책을 편집 보충한 것으로서, 흔히 《의상철학》이라는 제목으로 널리 알려져 있다.

토마스 칼라일은 에든버러 대학을 졸업한 뒤 최초에 지망했던 목사라는 직업은 신앙상의 문제로부터 마음에 들지 않았다. 그 대신 선택한 커콜디에서의 교사생활도 2년 만에 흥미가 떨어져 에든버러나 런던 등에서 가정교사나 번역일로 생계를 꾸려갔다. 그것도 내키지 않자 앞서 결혼한 제인 웰시의 소유였던, 스코틀랜드 숲 속의 오두막이라고 불러야 할 크레이기번의 집으로 부인과 함께 옮겼다. 그는 건강 유지를 위해 승마를 하거나 생계를 위해 때때로 〈에든버러 평론〉에 기고하는 것 외에는 전문적으로 독서와 사색에 심취하여 약 7년의 세월을 보냈다. 그 사이에 그의 사상은 스스로 흘러넘쳐 예전처럼 잡지에 평론이라는 형식으로는 담을 수 없게 되었고, 어떻게든 한 권의 책이라는 형태로 말하고 싶은 것을 마음껏 말해 보지 않으면 직성이 풀리지 않게 되었다. 그렇게 해서 완성된 것이 이 책이다. 칼라일은 이것을 출판하려고 여러 서점과 교섭했지만 어느 곳에서도 받아주지 않았다. 어쩔 수 없이 이 책 안에도 등장하는 〈프레이저〉라는 잡지에 1833년 11월부터 1834년 8월에 걸쳐 연재했다. 지인이었던 에머슨은 미국에서 이 연재를 보고 감탄하여 출판을 교섭해주었고, 1836년 본국인 영국에서보다 먼저 미국판이 출판되어 그 인세가 손에 들어와 고생하던 칼라일 부부를 기쁘게 했다. 영국판이 나온 것은 2년 후인 1838년이다.

앞서 서술한 내용에서도 대략 상상할 수 있듯이 이 책은 칼라일의 가장 물오른 작품으로, 최초의 창작적 서적이다. 지금까지의 사상과 의견을 집

〈프레이저〉지에 실린 칼라일 스케치.

대성함과 동시에 장래의 여러 가지 경향의 출발점이 되었고, 모든 저작들의 싹을 그 안에 숨기고 있다.

《의상철학》제1부와 제3부는 철학을 다룬다. 칼라일은 육체·자연 등 눈에 보이는 모든 것을, 영혼·신 등 보이지 않는 것을 상징하는 '의상'이라고 생각한다. 그는 자연 그 자체에서 초자연적인 것을 받아들이고, 도덕적 실천에 종교적 가치를 부여한다. 이것이 이른바 '의상철학'이다. 제2부에서는 한 인물이 기계적·유물적 세계관에서 벗어나, 자아를 초월하여, 자유와 동포애에 이르는 정신적 발전을 서술한 것이다. 즉 영원의 부정에서 무관심을 지나, 영원의 긍정에 도달하는 과정이다. 이 책은 독일 낭만주의 문학과 철학의 영향을 받았으며, 공리주의와 물질주의에 반대하면서도 전통적 그리스도교에

불만을 품었던 그 시대 사람들의 정신적 목마름을 채워주는 것이었다. 그 시대 청년의 전형적인 영혼과 의지를 대표하는 저서로서 큰 의미를 가진다.

이 책은 그의 책들 중에서도 가장 문학적이고 예술적이다. 우선 배치에 관해서 상당히 신경을 썼다. 얼핏 보기에는 너저분하게 생각되지만 사실 독자를 일부러 연기로 휩싸 전체의 효과를 돕고 있으며, 실제로는 꽤나 굳건하게 조직되어 있다. 칼라일의 초기 번역이나 평론의 문체는 후기처럼 버릇이 없고 화려한 맛이 있어, 고전적인 모범문장이라고 평해진다. 그에 비하면 이 '의상철학'의 문체에는 버릇이 있다. 아니, 저자가 자주 자조적으로 이야기하듯이, 매우 비유적이고 어떤 추상적인 일이라도 그것을 눈에 보이고 귀에 들리게 말하는 것보다는, 오히려 손에 닿고 코로 냄새를 맡을 수 있는 구체적인 비유로서 나타내지 않으면 인정하지 않는다. 대부분의 문학자가 언어의 예술가라는 것은 일반적인 진리이지만, 칼라일은 이 책에서는 의식적으로 그렇게 하고 있다. 그는 금은의 세공사처럼 단어를 다루고 문장을 짜내면서 기뻐한다. 연어법(의미상 연관이 있는 말을 사용하여 수식함)을 많이 사용하고, 재치 있는 말장난까지 사용한다. 이러한 연유로 이 책의 문체는 다른 비유에선 볼 수 없는 매우 특이한 것이긴 하지만, 찬란함으로 눈길을 빼앗는 듯한 문양을 짜내고 있다. 칼라일이 문장을 두고 고심하며 명장의 고뇌를 직접 맛보았다는 점에서 이 책을 최고로 친다는 것에는 아무도 이론을 달지 않을 것이다. 이 문체를 아침이나 저녁의 노을이나 구름을 통해 굴절되어 내리쬐는 수많은 광선에 비유한다면, 후년의 그것은 한낮의 태양에 비유할 수 있을 것이다. 물론 거기에는 그만의 장점이 있지만 찬란한 광채는 확실히 결여되어 있다.

《의상철학》의 내용은 의상철학과 의상철학자의 전기 두 부분으로 이루어져 있다. 이 지구를 한 벌의 옷으로 보고 모든 것을 그로부터 설명하려는 시도는 칼라일이 애독했던 스위프트의 《통 이야기》에 있으므로, 그로부터 암시를 받았다는 것은 의심의 여지가 없다고 생각된다. 그러나 그것과 이것을 비교해보면, 스위프트의 것은 로마가톨릭과 영국교회와 청교도 등 종파간의 싸움을 옷에 비유해 설명했던 절묘함 이외에는 약간의 간단한 착상이 서술되고 있을 뿐이고 본격적인 발전은 보이지 않는다. 칼라일은 그것과 동일하게 이야기하는 것이 아니라, 육체를 영혼의, 자연을 신의, 옷과 견해, 시간·공간도 습관이 만든 옷, 사회의 조직기구도 역시 끊임없이 더듬어 가는 것과 동시에 새롭게 짜여가는 옷을 보고, 천지간의 거의 모든 것을 옷의 형태로 설명하려고 하고 있으므로, 이것은 아득히 정교하고 복잡하고 본격적이다. 그렇지 않으면 칼라일은 독창성을 과시해도 지탱하지 못할 것이다.

칼라일은 이 책에서 그의 고금동서에 이르는 박학다식함을 펼쳐 보이며, 완전히 독자들의 예상을 깨고 나오는 듯한 예증이나 인용을 가져오고 있다. 그러나 그것은 특수한 의복의 역사에 관한 부분에서 현저하다. 형체를 도구로서 인물이나 사물의 깊은 곳에, 아니면 그것을 통해서 영혼을 보는 이른바 '초자연주의'는 실제 칼라일의 특색이다. 런던 시절의 일기 등을 보면 인파에 밀려 사람들의 흐름 한가운데에서 이러한 경이를 느꼈던 적이 자주 있었던 모양이다.

사회유기체의 신경조직에도 비유할 만한 종교적 관념이 해소되고 있는 회의부정의 시대가 현재이며, 또 새로운 신앙긍정의 세대가 도래해야만 한다는 사상은 피히테나 생시몽에게도 있었다. 칼라일도 초기의 논문 속에서 서술하고 있지만, 그 새로운 조직적 섬유의 하나가 인간의 영혼 속에서 오랫동안 사라지지 않는 영웅숭배심이라는 이 책의 생각은 '영웅숭배론'의 강연이 되고, 나아가서는 크롬웰이나 프리드리히 대왕의 위인전을 낳았다. 칼라일은 프랑스혁명에 흥미를 느끼고 그 문명을 천하에 알린 그 역사에 심혈을 기울이기에 이르렀고, 그것을 구사회해체기의 한 현상으로 봄과 동시에 신사회로의 약속을 그 안에 간파할 수 있다고 생각했음에 틀림없다.

칼라일은 의상철학자 토이펠스드레크로서 빈민을 위한 잔을 들고, 사회를 멋쟁이족과 종놈 두 파로 구분하며, 전기의 양극과 음극처럼 둘의 대치분립하려는 중대한 형세를 예언하고, 풍자적·반어적이라고 하지만 아일랜드의 감자주식자의 비참한 가정의 모습을 묘사하고 있다. 이 사회적 관심이야말로 '챠티즘'이나 '과거와 현재' 등의 저작을 낳는 동기가 되었다.

토마스 칼라일이 생애를 통해 전기에 대해 끊임없는 흥미를 느낀 것은 '전기'라는 평론을 통해 분명히 나타날 뿐만 아니라 그 자신이 그 저작의 여러 곳에서 고백하고 있다. 아니, 그의 저작의 대부분은, 그리고 그 가장 뛰어난 부분은 전기라고 단언할 수 있을 것이다. 이 책에서도 역시 그 예에 빠지지 않는, 가장 뛰어나고 풍부하여 어떤 독자라도 시선을 뗄 수 없는 부분은 토이펠스드레크의 자전적 부분이다.

그것에 흥미를 더하는 것은 토이펠스드레크의 전기를 빌려 저자가 자서전을 쓰고, 그 가장 내밀한 경험에 귀중한 표현을 부여하고 있는 것이다. 그래서 사람들은 토이펠스드레크의 애인 블루미네가 칼라일에게는 누구에게 해당하는가. 마거릿 고든인가 키티 커크패트릭인가, 후의 칼라일의 부인이 되는 제인 웰시인가 하는 등의 시시한 문제를 떠올려 논의하게 된다. 그러나 그것에 대한 괴테의 〈나의 생애로부터〉와 마찬가지로, 이 부분이 '진실'임과 동시에 '작위'를 포함하고 있다는 것으로써 대답하지 않으면 안 된다. 칼라일은 처음에 충실한 자서전을 쓰려고 의도하지 않았다. 아니 오히려 그의 시대에 태어난 순진하고 고매한 청년이라기보다는 전형적인 청년의 영혼이 발전해가는 흔적을 더듬어가려 했다. 그런데 그것이 개인적, 사실적인 진실이 아니라 대표적, 상징적인 것이 되었기 때문에 오늘날에도 독자의 마음속에 동감과 공명을 불러일으키고 있다.

이 자서전적 부분이 특히 뛰어난 점은 지금 한 가지 큰 이유가 있다고 생각된다. 이 책의 다른 부분에 나타난 사상 감정이라 해도 칼라일에게는 하룻밤 사이에 생긴 것이 아니다. 일기나 평론 등에 그 일부분을 드러내든가, 그렇지 않으면 마음속에 몇 번씩 되새김질한 것이 대부분이라고 할 수 있다. 이 자서전적 부분은 그가 몇 번인가 쓰려고 시도했던 것으로, 이미 '워튼 라이플레드'라고 제목 붙인 한 편의 소설로까지 만들어진 것이다. 그렇게 해서 이번에는 그것을 다시 고쳐 쓴 것이다. 필력에 물이 오른 것도 특히 뛰어난 점이라고 수긍될 것이다.

토마스 칼라일 연보

1795년   토마스 칼라일은 이해 12월 4일, 스코틀랜드 서남부 덤프리스셔 에클페칸에서 태어났다. 제임스 칼라일의 차남이자, 그의 두 번째 결혼에서 얻은 장남이었다. 제임스 칼라일의 직업은 석공이었지만 뒤에 영세농이 되었다. 제임스는 확고한 신념을 지닌 칼뱅교도로서, 그의 성격과 생활방식은 아들에게 깊고 지속적인 영향을 주었다.

1806년(11세) 칼라일은 에클페칸에서 시골학교를 다닌 뒤, 1805년 에클페칸에서 6마일 떨어진 애넌 아카데미로 보내졌지만, 이곳에서 급우들에게 시달림을 받았던 것 같다.

1809년(14세) 에든버러 대학교에 진학하여 폭넓은 독서로 지식을 쌓았지만, 엄격한 계통을 밟아야 되는 학문에 정진하지는 않았다. 아버지는 그를 성직자로 키울 생각이었지만 칼라일은 스코틀랜드 계몽주의의 흐름을 잇는 합리주의를 접하면서 그 직업에 점차 회의를 느끼게 되었다.

1814년(19세) 수학에 소질이 있는 칼라일은 애넌에서 수학 교사 자리를 맡는다. 20세 전후 청년기에는 교직·번역·서평 등으로 생계를 꾸리면서 문학 공부를 계속했다. 그 무렵 진행 중이던 산업혁명과 나폴레옹전쟁의 반동이 더해져서 노동자를 괴롭히는 모습을 보면서 점점 더 섭리를 의심하게 된다.

1816년(21세) 커콜디(Kirkcaldy)에 있는 다른 학교로 옮겼는데, 이 학교에는 스코틀랜드의 목사이며 신비론자인 에드워드 어빙이 교사로 재직하고 있었다. 어빙은 칼라일이 깊은 존경과 애정을 바친 몇 사람 중 하나이다. 칼라일은 나중에 이렇게 말했다. "어빙이 아니었다면, 나는 인간과 인간의 영적 교감이 무엇인지 끝내 몰랐을 것이다."

1819년(24세)　12월, 그는 법률을 공부하러 에든버러 대학교로 돌아갔으나 인생의 어떤 의미도 확신하지 못한 채 3년 동안 외롭고 비참한 날들을 보냈다. 그는 결국 성직자가 되겠다는 생각을 포기하고 가정교사로 일했으며 언론계에도 잠시 종사했다. 그러나 여전히 가난하고 외로웠으며 격렬한 정신적 갈등을 겪었다.

1821년(26세)　칼라일은 개종을 체험한다. 몇 년 뒤에는《의상철학(衣裳哲學, Sartor Resartus)》에서 이 개종을 소설화했다. 이 개종의 특징은 그를 지배한 생각이 부정적(신에 대한 사랑이 아니라 악마에 대한 증오)이었다는 점이다.

1824년(29세)　특히 괴테를 존경했던 칼라일은, 이해에 괴테의《빌헬름 마이스터의 수업시대》(Wilhelm Meister's Apprenticeship)를 번역해 출판했다. 그러면서도 에든버러와 던켈드를 비롯한 여러 지역에서 잠깐씩 가정교사로 일하면서 방랑생활을 했다.

1826년(31세)　10월 17일, 칼라일은 해딩턴에 사는 유복한 의사의 딸로 지적이고 매력적이지만 약간 변덕스러운 제인 웰시와 결혼했다. 결혼 후에는 아내 소유의 농장에서 은거했다. 웰시는 어빙의 제자였고 칼라일과는 5년 동안 사귄 사이였다. 그들을 괴롭힌 망설임과 경제적 근심은 서로 나눈 편지에 기록되어 있다.

1828년(33세)　결혼 초에 칼라일 부부는 주로 덤프리스셔 주의 크레이겐퍼툭에서 살았고, 칼라일은《에든버러 리뷰》(Edinburgh Review)에 글을 기고하고《의상철학》을 썼다. 초기에는 책을 출간할 출판사를 찾기가 무척 어려웠으나 결국 큰 인기를 얻고 대성공을 거두었다.

1829년(34세)　기계적인 시대정신을 분석한 논평〈시대의 도전〉을 쓴다.

1834년(39세)　칼라일은 원하는 일자리를 얻지 못하자 아내와 함께 런던으로 이사하여 체인로에 정착했다. 1년이 넘도록 글을 썼으나 한 푼도 돈을 벌지 못한 그는, 저축해둔 돈이 바닥날 것을 두려워하면서도 타협을 거부하고 야심적인 역사책《프랑스혁명사》(The French Revolution)를 쓰기 시작했다. 제1부가 완성된

35년, 원고를 밀(J.S. Mill)에게 빌려주었다가 화재가 나는 바람에 모두 불타버린 이야기는 널리 알려져 있다.

1836년(41세) 《의상철학》은 단행본의 형태로 미국에서 첫선을 보였다. 그 결과 에머슨(R.W. Emerson)을 비롯한 수많은 추종자가 미국에 생기게 되었다.

1837년(42세) 연초에 《프랑스혁명사》 원고가 완성되었고, 발표되자마자 진지한 찬사와 대중적 성공을 얻었으며 사방에서 강연 요청이 쇄도했다. 이리하여 경제적 어려움은 해결되었다.

1839년(44세) 《챠티즘》 출판.

1840년(45세) 《차티스트 운동》(*Chartism*)에서 그는 이제까지의 경제이론에 대한 신랄한 반대자로 등장하지만, 이 책에는 급진적·진보적인 요소와 반동적인 요소가 기묘한 상태로 뒤섞여 있었다.

1841년(46세) 강연 중에서 가장 성공했던 《영웅숭배론》(*On Heroes, Hero -Worship, and the Heroic in History*)을 출판했다. 신의 뜻을 파악하고 인간의 역사를 이끈 영웅의 중요성을 이야기하며, 반동적 성향이 강하다. 그가 이 책에서 논한 영웅들은 신(이교의 신화), 예언자(마호메트), 시인(단테와 셰익스피어), 성직자(루터와 녹스), 문필가(존슨·루소·번스), 군주(크롬웰과 나폴레옹) 등이다. 특히 루터와 단테를 탁월하게 다루었다.

1843년(48세) 《과거와 현재》(*Past and Present*)를 출간하여 이른바 〈영국이 당면한 문제〉를 논하며, 무위무책한 자유방임주의를 비판하고 정부의 책임을 물었다. 질서 있는 중세와 방임주의의 현재를 비교하여 사회에 경종을 울린 작품으로, 산업주의의 폐해를 고발하는 한편, 그 건전한 발전을 지지하여 훗날 작품들과는 미묘한 균형을 이룬다. 보수주의를 편들면서 러스킨이나 W. 모리스를 통해 영국의 사회주의에도 영향을 끼쳤다.

1845년(50세) 방대한 《올리버 크롬웰의 편지와 연설》(*Oliver Cromuell's Letters and Speeches*)을 썼다. 영국인들 가운데 그가 가장 이상적인 인물로 꼽은 사람은 크롬웰이었다. 많은 영국인들이 싫어하는 청교도 독재자를 재평가하는 분위기를 형성한다.

1850년(55세) 《현대논설》(*Latter-Day Pamphlets*)을 출간한다. 독재적인 영
웅을 고대하는 날카로운 어조가 두드러진다.

1856~65년(61~70세) 1857년부터 또 다른 영웅인 프리드리히 대왕을 집중
적으로 연구하기 시작하여,《프리드리히 대왕전(The History of
Frederick II of Prussia, Called Frederick the Great, 1858~65)》을
발표해 세계적 명성을 얻었다. 그는 공리주의와 정통적 그리
스도교로 말미암아 벌어진 빅토리아 조 시대인의 정신적 공백
을 메워, 한 세대의 예언자로서 큰 영향을 미쳤다. 그의 영웅
대망과 반민주주의적 견해는 20세기에 와서 반동적인 파시즘
과 결부되어 그 빛을 잃었으나, 역사 속에서 인간의 진실성을
파악하려는 태도는 후세 역사학자들에게 큰 영향력을 주었다.

1865년(70세) 칼라일은 에든버러 대학교의 총장 자리를 제의받는다.

1866년(71세) 4월에 행한 칼라일의 총장 취임사가 《책의 선택에 관하여》
(*On the Choice of Books*)라는 제목으로 출판되었다. 그가 에
든버러에서 성공을 거둔 바로 뒤 아내 제인이 런던에서 급사
했다. 제인은 해딩턴에 묻혔고 남편이 쓴 묘비명은 교회에 안
치되었다. 아내를 잃은 슬픔에서 칼라일은 끝내 완전히 벗어
나지 못한 채 다시 15년 동안 거의 칩거 상태로 울적하게 살
았다. 그 뒤로는 중요한 작품을 남기지 않았다.

1875년(80세) 역사책 《노르웨이의 초기 왕들 : 존 녹스의 초상화에 관한 평
론》(*The Early Kings of Norway: Also an Essay on the Portraits
of John Knox*)이 출판되었다.

1881년(86세) 2월 5일 토마스 칼라일은 세상을 떠난다. 웨스트민스터 사원
이 그의 묘지로 제의되었지만 칼라일의 소원대로 에클페칸 묘
지의 부모 곁에 묻힌다. 이해 칼라일의 《회고록》(*Reminiscenc-
es*)이 출간되었다.

옮긴이 박지은
충남 공주에서 태어남.
세종대학교 영문학과 졸업. 중앙대학교 대학원 문학예술학과 수학.
지은이 「사랑의 선물」「날아다니는 얼룩이」아동문예상 수상
옮긴책 제임스 알렌 「결과와 원인의 법칙」데일 카네기 「링컨, 우리는 할 수 있다!」

세계사상전집069
Thomas Carlyle
ON HEROES, HERO–WORSHIP, AND THE HEROIC IN HISTORY
SARTOR RESARTUS
영웅숭배론/의상철학
토마스 칼라일/박지은 옮김

동서문화창업60주년특별출판
1판 1쇄 발행/2016. 11. 30
발행인 고정일
발행처 동서문화사
창업 1956. 12. 12. 등록 16–3799
서울 중구 다산로 12길 6(신당동 4층)
☎ 546–0331~6 Fax. 545–0331
www.dongsuhbook.com
＊
이 책의 출판권은 동서문화사가 소유합니다.
의장권 제호권 편집권은 저작권 법에 의해 보호를 받는 출판물이므로
무단전재와 무단복제를 금합니다.
사업자등록번호 211–87–75330
ISBN 978–89–497–1584–1 04080
ISBN 978–89–497–1514–8 (세트)